国際立法

――国際法の法源論――

村瀬信也　著

東信堂

序　言

後世、われわれの生きたあの二〇世紀は、国際法の歴史の中で、国際立法の始動と進展を画した時代として記憶されよう。黎明期以来の近代国際法の歩みを大まかにふりかえれば、一八世紀までの自然法の時代を経て、一九世紀は国際法が実定法として確立した世紀であった。そうした歴史の潮流の中で、国際法にとっての二〇世紀は、ハーグ平和会議における戦争法・国際紛争処理法の立法とともに始まり、一九二〇年代の国際連盟の下での国際法典編纂事業や一九五〇～六〇年代の海洋法・外交関係法・条約法の法典化や宇宙法の定立を経験し、一九七〇年代から八〇年代初頭における国連海洋法条約の作成を経た後、一九九〇年代に至って新たな国際貿易法や国際環境法の成立をみた。そして今、われわれは、新しい世紀の始まりを迎えることとなった。

もとより二〇世紀における国際立法の試みは、輝かしい成功の記録ばかりではなかった。否むしろ、失敗と破綻の経験の方が多かったというべきかもしれない。多くの困難を克服して立法作業が完成した場合でも、それが実際に世界の各国に受容され国際社会の法として機能することが常に保証されているわけでは決してない。採択されても批准されず、あるいは批准されても国内的に履行されずに店晒しとなっている立法条約の例は、少なくない。こうして過去一世紀における国際立法の光と影は、そのまま、この時代を通過していった世界の人々の希望と期待を、そして同時に挫折と失望を、映し出しているように思われる。残された課題の多くは、新しい世紀の次の世代に引き継がれていくことになる。

本書において私は、この国際立法という現象を、できる限り実証的に把握し、かつ、理論的に体系化するよう努めた。その意図としては、国際法学において「国際立法学」とも称すべき相対的に独立した学問の一部門が確立しつつあり、そこに固有の対象と方法が存在しうることを論証するところにあった。今日、国際立法が、量的にも質的にもかなり高度な段階に達しているとはいえ、右の論証のためには、単にその現象を事実として叙述するのみでは明らかに不十分である。国際立法論の存立基盤は、何よりも国際法の法源論そのものの中に求められなければならない、というのがこの問題に対する私の基本的な接近法であった。現代において、国際法の法源論は激しく動揺している。そしてこの法源論の動揺そのものが国際立法論の展開を要請しているという点こそ、本書のライトモチーフなのである。

私は、一九七二年に東京大学大学院で博士論文としてまとめた最初の研究が『最恵国条項論』という「条約と第三国」に関するテーマであったため、その後一九七四年七月から二年間のハーバード・ロー・スクールでの在外研究をはさんで、条約の慣習法的効力や慣習国際法の法典化といった問題に関心を寄せてきた。また一九八〇年五月から二年間、国連本部の法務局法典化部に出向し、そこで国際法委員会や国連総会第六(法律)委員会を担当して、短期間ながら国際立法の実務に携わる機会を得ることができた。その後は、国際経済法・海洋法・宇宙法・国際環境法といった個別の分野における立法過程について検討を重ねてきたが、本書はそうした私の拙い歩みに一応の区切りをつけるために、これまで発表してきた関連の論文を集め、これに必要な加筆を行って、出版することとしたものである。書き下ろしではなく論文集という形で公刊することには躊躇もあったが、収録した各論文は、内面的にはかなり一貫した問題意識の下に執筆されており、全体として、現代の国際法学に対するささやかな問題提起になっているとするならば、望外の幸せである。本書とほぼ同じ時期に刊行された拙著『国際法の経済的基礎』(有斐閣、二〇〇一年)と併せてご批判頂けることを、読者各位にお願い申し上げたい。

本書の公刊に当たり、私は改めて、多くの先生・先輩・同僚・友人に対し、心からの感謝の念を表したいと思う。

とくに東京大学大学院時代に指導教授をお願いした高野雄一先生には、これまで測り知れないほどお世話になってきた。また、国際基督教大学で初めて国際法の講義を受けて以来、山本草二先生は私にとって生涯の学問の師であり、先生から受けた学恩の大きさは、言葉に尽くしえない。ハーバードでの留学中、リチャード・バクスター（Richard R. Baxter）教授の指導の下で勉強できたことは、その後の研究を方向づける重要な契機となった。ハーバードではまた、在外研究で偶々滞在されていた京都大学の太壽堂鼎教授から親身のご指導を頂くことができた。国際立法の実務については、国際法委員会の委員をはじめ国連事務局の先輩・同僚の方々、また外務省条約局の方々に、多くの貴重なご教示を得た。国際法学会では日頃から実に多くの先生方に理論的側面のご助言を頂いてきた。上智大学で私がその後を継ぐことになった石本泰雄先生をはじめ、国際司法裁判所裁判官の小田滋先生、慶應義塾大学の中村洸先生、関西学院大学の小川芳彦先生が、折に触れて研究上の貴重な示唆を下さったご好意も忘れられない。またこの十数年、国際立法研究会での自由闊達な議論の中で大いに鍛えられてきたことを、感謝の気持ちを込めて記しておきたい。

東信堂の下田勝司社長は、何年も前から本書の出版を熱心に勧めて下さっていたので、身の程知らずとは思いつつも、ご好意に甘えることにさせて頂いた。深謝の念を特記しておきたい。本書の企画・校正では、東信堂の二宮義隆氏、向井智央氏に大変お世話になったほか、上智大学大学院の水田周平君、岩石順子さんには、校正や索引について支援して頂いた。心から感謝申し上げる。

二〇〇二年一月一日

村瀬　信也

【略　記　表】

AFDI ··························· *Annuaire français de droit international*
AIDI ··························· *Annuaire de l'Institut de droit international*
AJIL ··························· *American Journal of International Law*
BYBIL ··························· *The British Year Book of International Law*
ICJ Reports ··························· *International Court of Justice, Reports of Judgments, Advisory Opinions and Orders*
ICLQ ··························· *International and Comparative Law Quarterly*
ILM ··························· *International Legal Materials*
JAIL ··························· *The Japanese Annual of International Law*
JDI ··························· *Journal de droit international*
JWT(L) ··························· *Journal of World Trade (Law)*
LNTS ··························· *League of Nations Treaty Series*
PCIJ Series ··························· *Permanent Court of International Justice, Publications, Series*
Proceedings of IISL ··························· *Proceedings of the International Institute of Space Law*
Recueil des cours ··························· *Recueil des cours de l'Académie de droit international de La Haye*
UNTS ··························· *United Nations Treaty Series*
UNCLT Official Records ··························· *United Nations Conference on the Law of Treaties, Official Records*
Yearbook of the ILC ··························· *Yearbook of the International Law Commission*
ZaöRV ··························· *Zeitschrift für ausländisches öffentliches Recht und Völkerrecht*

目次／国際立法——国際法の法源論

第二節　国際法委員会における立法過程の諸問題……213

国際立法

——国際法の法源論

第一章　法源論の諸相

——序論的考察

第一節　現代国際法における法源論の動揺——国際立法論の前提的考察として

一　問題の提起

1　法源論の動揺

国際法の変革期には必ずといってよいほど「法源論の再検討」が叫ばれてきた。国際社会の構造に根底的な変化がもたらされ、それが国際法の変革を迫っているとき、国際法学の平面において、人々は常に既存の法源に疑問を提起し、その再構成の必要を訴えてきたのである(1)。一九七〇年代以降の世界の国際法学界の動向も、まさにそのような状況を反映しているように思われる。この間に出版された法源論に関する夥しい数の論稿(2)や、国際法学会(Institut de droit international)(3)や国際法協会(International Law Association, ILA)(4)等の活動をみても、国際法の法源論を再検討すべきだとする気運の高まりを感じさせるのである。「法源」の意義とその変遷については後述するが、最近のこうした法源論の動揺には、さし当たり次のような二つの契機があったと思われる。一つは「条約と慣習国際法の関係」をめぐる問題の展開であり、他の一つはいわゆる「ソフト・ロー」概念の提唱である。

右の第一点は、従来、相互に独立した法源として存在してきた条約と慣習国際法との関係が、近時、両者の間の著しい相互浸透の結果、相対化の傾向を示しているとの認識に基づくもので、この相対化現象が国際法体系に対してどのようなイムパクトを与えているかが、極めて重要な問題として提起されてきたのである。こうした議論の発端になったのは、周知のように、一九六九年の北海大陸棚事件に関する国際司法裁判所の判決(5)であった。そこでは条約(いわゆる法典化条約)における慣習法の「宣言」および条約による慣習法の「創設」の可能性が真正面から取り上げられたのである。さらに同年ウィーンで採択された条約法条約がその三八条で「条約の慣習法的効力」について規定し(6)、その内容について論議されたことも、条約と慣習法との相互作用について大きな注目を集め、両者の関係に関する問題関心を広く惹起させることとなった。

一九世紀以来の伝統的国際法の下では、条約と慣習法とはそれぞれ相互に独立した法源として存在してきた。この両者はいわば車の両輪のごとく位置づけられ、互いに交錯することのない軌道をそれぞれが完結的に自己展開していくものと観念されていたのである。仮に両者の抵触によって相互の効力関係が問題になる場合にも、概ねそれは一般法(慣習法)と特別法(条約)の関係における特別法優位の原則によって解決されるべきものと考えられた。しかるに現代の国際社会において、一般法としての慣習法の機能にかなり顕著な変化がみられるばかりでなく、それに伴って、「慣習法の個別化(条約への近似)」や「条約の非条約化(慣習法への近似)」の傾向が進んできており、国際法の伝統的な二法源の区別が相対化してきているのである。そして条約と慣習法とのこうした相互浸透と相互作用が、両者をそれぞれ純化し強化するというよりは、むしろその相対化によってそれぞれがその規範性の稀薄化を招き、結果的には、国際法の体系に亀裂と間隙を生じさせているのである。

法源論の動揺についての第二の背景は、いわゆる「ソフト・ロー」概念の提唱に関連している。この概念は、条約ないし慣習国際法としての地位・形式を持たない国際文書や、形成過程にある未成熟規範を総称して、従来の国際法の法源論を補完しようとするものである。こうした「ソフト・ロー」の提唱は、概ね次の二つの事態を直接的な契機としている。一つは一九七四年の国連総会における「新国際経済秩序」(NIEO)関連決議、とくに「国家の経済的権利義務憲章」(第二九総会決議三二八一)の採択であった。もう一つの契機は一九七五年におけるヘルシンキ会議最終議定書(7)

の採択である。このいずれの場合も、それらの文書が条約と同等の地位を持つものでないことは明白であったが、それにもかかわらず、多くの論者はこれらの文書に、単なる「勧告」や「道徳的制約」以上の拘束力を認めるべきだと主張したのである。

「ソフト・ロー」の提唱は、このように、「法」と「非法」との中間地帯ないし灰色地帯に存在する規範群を積極的に捉えることにより、既存の法源に生起してきた様々な間隙や欠缺を埋めていこうという意図に基づくものであった。たしかに変革過程にある法領域においては、新しい規則の迅速な形成は困難なため、往々、とりあえずは「ソフト・ロー」形式の文書で抽象的にであれ原則を確認し、その後の国家実行の集積によってそれが成熟した「ハード・ロー」に凝固・結晶していくことを期することが多い。そうした観点からは、「決議」・「宣言」・「綱領」などは、将来における国際法形成の前段階として位置づけられるものであり、いわば法社会学的な視点からこれらを「ソフト・ロー」としてカテゴライズすることの意味は、その限りで、認められよう。しかし他方、この概念の導入は国際法における「法」と「非法」の境界を曖昧にし、「灰色地帯」の無制約な拡大を許して、結果的には国際法の規範体系そのものを脆弱化させてしまう危険性を内包しているとも指摘されるのである。

以上のように、国際法の法源論が近年において根底的な動揺を示し、一つの重大な「桎梏」に突き当たっていることは疑いえない。それはまず、条約と慣習法という既存の二法源の間の相対化によって、従来の国際法体系に欠缺状態が生み出されるという様相を呈しているところに示されている。さらに、この動揺は、「ソフト・ロー」概念の提起による「法」と「非法」の相対化として、国際法の規範性にとっては一層深刻な形であらわれている。こうして現代における国際法法源論は、右のような二重の意味での相対化傾向をいかに克服していくことができるかという課題に応えるものでなければならないのである。

2　国際立法論の整備

右のように法源論再検討の必要が強調されている一方で、近年においては、国際社会における法の定立過程を整備することの重要性が広く認識されてきている。周知のように国連の枠内では一九四七年に設立された国際法委員会(International Law Commission, 以下ＩＬＣ)が国際法の法典化と漸進的発達のために、中心的機関として位置づけられてきた。そしてこの間ＩＬＣは、海洋法・外交法・条約法等の分野について法典化草案の起草を行い、その多くはすでに条約として採択され発効している。ＩＬＣに限らず、今日、国連の枠内でも国際法の定立に携わっている機関は極めて多数にのぼる。こうした状況の下で、現在では、国際社会の「一般的」ないし「普遍的」利益の規範化をめざす「組織化された」法形成——定義の仕方によってはこれを「立法」と呼ぶことが適当と思われるような現象——が、量的にも、かなり高度な段階に達していることが指摘されるのである(8)。そうだとすれば、国際法学においても、この新たな現象を体系的・統一的に把握することは、極めて重要な課題の一つとして考えられなければならないであろう。

もっとも、現実の国際立法の展開は極めて多元的である。多元性こそは国際立法の基本的性格といってもよい。たとえば国際立法のフォーラムについてみても、当初国連で意図されたＩＬＣ中心主義は、一九六〇年代に入ると修正されて様々な個別の立法機関が設立されてくる。こうして国際法の新しい分野に関する立法活動が、ＩＬＣとは別のフォーラムに委ねられるようになり、それに反比例して一九七〇年代以降、ＩＬＣの機能が著しく低下してきているということは否めない事実である。そして、こうした国際立法の多元的傾向を(ひいてはＩＬＣの「地盤沈下」を)決定的にしたのは、一九七三年から始まった第三次国連海洋法会議の展開にほかならなかった。

この会議は参加国の規模や、経過した年月、投入されたエネルギーなどからみても、史上最大の「国際立法」会議であった。そこで作成された一九八二年の国連海洋法条約は、「海の憲法」として、およそ海洋に関わるすべての事項を一元的・包括的に規律することが意図されたのである。しかし、そのような意図にもかかわらず、この条約の立法的一元性の理念は、ほとんどその採択と同時に崩壊を開始して、条約中の一部規定については慣習国際法の自生的創出を許す結果となりつつある。実際、この条約は一九九四年に発効したが、海洋をめぐる国家間の関係は、一般的な規律については引き続きこの慣習国際法に委ねられる部分が多く残されるとともに、具体的に権利義務確認というレヴェルでは往々にして個別の関係国協定に依存する形で、多元的に展開してきたし、今後もそうした展開が予想されるのである。こうした状況は、一元的法秩序の設定を企図した「国際立法」にとって、極めて深刻な背理といわねばならない。

第三次海洋法会議にみられる不統一という状況の中で、国連総会第六（法律）委員会では、一九七七年以降、「多数国間条約形成過程の再検討」(Review of multilateral treaty-making process) に関する審議が重ねられてきたが、一九八四年の第三九回総会でこの問題に関する「最終文書」(Final Document) が採択されて審議を終結した(9)。この議題にはそもそも国連における立法作業があまりに多様多岐にわたりその方法が不統一なため、可能な限りこれを体系的に整理し、その合理化をはかろうとするものであった。事務局による多角的な調査・研究を踏まえて第六委員会がまとめた右の「最終文書」では、まず、多数国間条約の形成が何よりも複層的過程 (multistage process) であることを認識し、発議・条文草案の定式化・採択および発効の各段階において、国際立法に従事する人々が留意すべき諸点を明記している。この文書は簡潔ながらもこれまでの国際立法における経験の蓄積を文章化したものであり、今後はこれが色々な形で参照されることになろう。と同時にこのことは、国際立法という多少とも組織化された国際法定立の方式について、その基盤が徐々に整備されてきており、これを学問的対象として扱うに足るだけの内容を持つに至ってきている、ということが示されているといえよう。

以上ここで概観してきたように、一方で国際法の伝統的な法源論が動揺を示し、他方、国際立法という意識的な法の定立が注目をあびるようになってきたことには、内面的に深い結びつきがあることを示唆してはいないだろうか。本節の目的はまさに、そうした法源論の動態的な展開の中に国際立法論の存立基盤を確定し、その具体的な内容を提示することにほかならない。

右に述べたところから、本書の課題もほぼ明らかである。すなわちそれは、現代国際法における法源論の動揺の背景を探り、その作業の中から、国際立法論の可能性を考察すること、そしてその前提に立って、国際立法の複層的な過程とその内実を明らかにすることである。今日、従来の形式的・静態的な法源論は少なからずその分析的意義を失い、むしろ「法源」の語が本来意味していた「法の定立」という能動的・動態的側面が顕在化してこざるをえない。今日、「国際立法論」が要請されるのは、まさにそうした法源論自体に内在する弁証法的な発展法則に規定されているものと考えられるのである。条約と慣習国際法を軸とする従来の静態的・自己完結的な法源論は、主権的合意理論の自己展開により体系化されて、これまでの国際社会の構造に見合ったものであった。しかし、現代の国際関係においては、先に概観したとおり、既存の法源に間隙ないし真空状態の存在が露呈してきており、これまでの静態的法源論に代わって、より動態的な国際法形成論が、単に事実的プロセスにおいてのみならず、すぐれて論理的な展開としても要請されているものといわねばならない。そこでまず、従来、国際法において用いられてきた法源概念の意義を、前提的に確認しておく必要がある。

3　国際法における法源概念の多義性

法源論を考察する場合の前提的な問題点として、そもそも「法源」の語が様々な意味で用いられてきているところから、まずこの概念の整理をしておかなければならない。

「法源」(*fontes juris*, sources of law, sources de droit, Rechtsquellen) の概念の多義性とそれによる法源論議の混迷については、す

でに多くの学者の指摘するところである。国内法の学者[10]のみならず国際法学者の中にも、「法源」という混濁した概念はこれを放棄した方がよい、と指摘する例は少なくない[11]。しかし、現に多くの研究者によってこの概念が用いられてきている以上、これを「放棄」しても問題の解決にはならない。それのみか、法源概念の多義性自体、実は学問としての法源論の多面的な構造を反映しているように思われるのである。そうした観点から、ここではまず、法学上、とりわけ国際法学において、これまで、法源概念にいかなる意味付与が行われてきたかを整理しておきたい。

「法源」の語の用法には、大別して二つの系譜がある。いわゆる動態的意味の法源と、静態的意味のそれである。前者は主として「法の泉」(*fontes juris*)という語源からも明らかなように、法を発生させる行為(法定立行為ないし立法者)に着目した能動的な観念である。これに対して後者は、いわばその結果として存在する法の態様、すなわち静態的な観点における法の存在形式をいう。現在では、「法源」の語は、この後者の意味で用いられることが多い。しかし「法源」の語に刻印されてきた多様な意義は、相互に密接な関連を持っており、その歴史的および論理的な連関性を明らかにすることこそ、国際法の法源論にとって、そしてとりわけ国際立法論にとって、重要な意味を持つのである。したがってここでは、その前提的な作業として、法源概念の類型化を行っておくこととする[12]。

「法源」は、右のように、「静態的法源概念」(第一群)と「動態的概念」(第二群)とに大別される[13]。第一群は、まず、「法源」を、①「法の表現形式」として用いる語法で、法の認識源ないし認識資料を意味する。これには、ローマ法学や法史学で用いられるように、「法に関する史料」という意味で各種の法令彙纂・学説彙纂等を指す場合をはじめ、「法が権威的に表現される形式」(forms of law)[14]、「法を認識するための文書」(literary sources)[15]などが、この種の用い方である。国際法に関しては、たとえば、条約・協定、関連する国内法令、国際・国内裁判所の判決、国際会議の決議、著名学者の著書等が挙げられる。こうした意味での法源は、要するにパリーのいうところの「国際法規の発見場所」ないし、その存在の「証拠」(evidences)[16]を指すものといえよう。

次に法源概念は、②「法の成立形式」という意味で頻繁に用いられるが、いわゆる「形式的意味の法源」とは、概ねこれを指称するといってよい。すなわち、「実質的法源が実定的秩序規則としてとる形態」（formelle Rechtsquelle）(17)、「規範に実定法たる性格を付与する事実」（sources formelles）(18)、「行為規範が確実性・定型性・強制性を獲得する機関」(19)、「法を成立させる直接の手段」（legal sources）(20)など、いずれも規範が法として成立するための形式に着目して、制定法・慣習法・判例法といった「法源」が挙げられるのである。今日、ルソーなどに代表される国際法学において一般に用いられている法源概念は、この形式的意味におけるものであり、そうした観点から国際法の主要な法源として、条約と慣習法が位置づけられるのである(21)。

静態的な法源概念には、さらに、③「裁判の基準」としてこれを捉えようとする立場がある。すなわち、「裁判所によって正当なものと認められる法」（legal sources）(22)、「裁判官の活動を通じて作られる素材」（material sources, これはさらに拘束的法源〔binding sources〕と説得的法源〔persuasive sources〕とに区分される）(23)などであり、国際法においても、ロスによって「国際裁判において裁判官が判決の基礎とする規範」（the general factors〔motive components〕that determine the concrete content of law in international judicial decisions）(24)として観念されているところの「法源」がこれに当たるが、国際司法裁判所（ＩＣＪ）規程三八条一項ａ～ｄに列挙される条約、慣習法、法の一般原則、判例・学説等がそのようなものとして指摘されるのである。

以上が第一群に属する静態的な法源概念の諸類型であるが、これに対して第二群の動態的な法源概念は以下のとおりである。まず④「法の効力根拠」の意義で用いられる場合が挙げられる。これは「法源」の語源の「法の泉」という語義を忠実に解して、法の効力がそれから発生するところの源泉と捉えるものである。こうして、自然法学派においては「神」ないし「人間理性」がその源泉として想定されていた(25)のであり、これに対して法実証主義の立場からは、たとえばオースティンによれば、「法の効力が究極的に演繹される最終の権威」としての「主権者の意思」が「法源」として捉えられるのである[26]。国際法学においても、H・ラウターパクトはこの意味での「法源」につき、「国家間の合意」を国際法の拘束力の根拠としているのである[27]。

動態的な法源概念にはまた、⑤「法内容の規定要因」として捉える場合がある。「法の内容がひき出される源」(material sources)[28]や、「法の内容を規定する要因」[29]等がこれに当たる。国際法では、コーベットのいわゆる「淵源」(origins)がこれに近いように考えられる[30]。

さらに、⑥「法の形成・発展の要因」、いわゆる実質的法源として動態的に法源を捉えるものには、「歴史的意味における法源」(historical sources)[31]があり、法の形成過程に着目して、法規・制度を形成してきた事実ないし行為を指称する場合である。「法の本質の形成に貢献するもの」(sources matérielles)[32]、「法規を生み出すもの」(materielle Rechtsquelle)[33]、「法規則を生み出す社会的・文化的・経済的ないし政治的諸条件」としての「原因的淵源」(causal sources)[34]などがこれに当たる。国際法学においても、セルやドゥ・ヴィシェなどの「創設的法源」(sources créatrices)、すなわち法規を創設する法の外の事実(facteurs extra-juridiques de l'élaboration du droit)[35]に着目する法社会学的な法源の捉え方がこうした類型に属するものといえよう。

以上のように法源の意義を類型化したが、もとよりそれは分類そのものに関心があるわけではなく、学問としての法源論が極めて広汎・多面的性格を持つことを示すとともに、右の類型化を基礎として国際法法源論の構造を提示することがその目的である。本書ではとりあえず、現代における国際法の法源論の問題領域を次のような形で捉えておきたいと考える。

二　現代国際法における法源の相対化傾向

伝統的国際法の下では、慣習法と条約はそれぞれ相互に独立した法源として存在し、仮に両者の抵触によって相互の効力関係が問題となる場合にも、概ねそれは一般法（慣習法）と特別法（条約）の関係における特別法優位の原則によって解決さるべきものと考えられたのである。しかるに現代の国際社会においては、慣習法の機能が従来とはかなり顕著な変化を示している。またそれに伴って、慣習法と条約法との関係も次第に変容してきているように思われるのである。そうした変化が、国際法総体に対してどのようなイムパクトを与えているかを明らかにすることが、本節の目的である。

1　慣習国際法の機能変化

慣習国際法が国際法の自立的な法源としてクリエイティヴな意味を持つようになり、国際社会における「一般法」としての機能を担うようになるのは、一八世紀後半における、あの実証主義の黎明期以降のことである。たしかに、グロティウスにおいても、「正しき理性の命令」としての自然法とともに、「すべての、または多数の国民の意思に基づいて拘束力を有する」意思法としての国際法（万民法）の妥当を認めており、それは「時と慣行との所産」であるとともに、諸民族間の、「不断の慣行」（*usus continuus*, unbroken custom）によって、その存在が証明されるものとしていた(36)。しかし、この時代にあってはあくまでも自然法が普遍人類社会を規律すべき上位法として、この国際法に妥当根拠を与えるものと観念されていたのであり、慣習法が自立的法源として独立の地位を得ていたわけではもとよりなかった。慣習法のこのような従属的地位は、これをかなり積極的に位置づけていたヴォルフと、彼の理論を引き継いだヴァッテルにおいても、基本的には変わりない。すなわちヴァッテルは国際法を自然法（必要的国際法、droit des gens nécessaire）と国家間の合意に基づく法に区分し、これを意思国際法（droit des gens volontaire）、協定国際法（droit des gens conventionnel）および慣習国際法（droit des gens coutumier）の三つの形態に分類したのであるが、慣習国際法の妥当性が自然法に依拠するものであることには変わりなく、また慣習法概念の内容についても、彼は「相互間でそれを遵守する諸国民の黙示の同意、いわば黙示の協定に基いている。したがって、明らかにこの法はこれを受諾した国家のみを義務づけ、協定法と同様に普遍的ではない」[37]と述べているように、国際法の単なる一部門にすぎず、一般法としての性格を持つその後の時代の慣習国際法とは明らかに異質なものであった。

慣習国際法が自立的法源として、一躍重要性を持つに至るのは、自然法思想が衰退し、代わって実証主義が隆盛を迎える一八世紀末から一九世紀においてである[38]。異質な体制をとる諸国家の並存関係として成り立っている国際社会においては、何よりもその多元的な構造の故に、この社会をグローバルに規律する一般法の存在と機能が強く要請されるのである。そのため、それまで自然法が担ってきた一般法としての機能を、実証主義の下では、慣習法が代替することになったのである。慣習国際法が一般国際法の概念と重ね合わされて捉えられることになったのは、そうした事情に基づくものといえよう。慣習国際法におけるこうした一般性の観念には、規範内容の普遍性とその効力・適用範囲の一般性（全国家を拘束する *erga omnes* な効力）という二つの側面があるが、いずれにせよこのような形で慣習国際法が国際法の最も重要な法源として確固たる地位を確立し、それに伴って、その成立要件等についても詳細な検討が行われるようになってきたのである。

そうした背景の下で展開された慣習法理論の焦点は、何よりもその構成要素（成立要件）の確立にあった。すなわち、伝統的な立場においては、慣習法規則は、客観的・事実的要素（*consuetudo*,「継続的・統一的慣行」）と主観的・心理的要素

(*opinio juris*,「法的確信」ないし法意識)との複合として捉えられてきたのである。ＩＣＪは庇護事件において次のように判示したが、これは右の二要素を端的に表現した判決としてあまりにも有名である。

「この種の慣習を援用する当事者は、この慣習が他の当事者を拘束するよう確立されていることを立証しなければならない。コロンビア政府は、その援用する規則が、当該諸国により実行されてきた継続的かつ統一的慣行(usage constant et uniforme)に合致しており、しかも、この慣行が庇護国に属する権利および領域国に関する義務を表現していることを立証しなければならない。このことは『法として認められた一般慣行の証拠としての』国際慣習に言及する、裁判所規程第三八条から出てくるところである。」(39)

右の、伝統的理論における慣行および法的確信の要件を、もう少し詳しくみておこう。まず第一に、慣行については、時間的要素(永続的反復)と空間的要素(慣行の一般性・統一性)が指摘される。前者の時間的要素については、常設国際司法裁判所(ＰＣＩＪ)における「ダニューヴ河ヨーロッパ委員会」事件でネグレスコ判事(Judge Negulesco)が述べた「記憶を超えた昔からの慣行」(immemorial usage)(40)の要件が支配的な考え方であった。「インド通行権」事件でも、ＩＣＪは、一二五年という期間の経過をもって慣習法上の権利の確立を認定したのである(41)。このように、少なくとも古典的には、慣習法の形成においては、非常に長い期間にわたって同一事実が反復されているということが慣習法形成にとって必要だと考えられていたのである(42)。また後者の、慣行がどの程度広汎に行われていることが必要かという点についても、伝統的には、すべての国家による当該慣行への参加は要求しないまでも、大多数の国の参加が必要であると捉えられていたことは疑いない(43)。また第二に、法的確信の必要については、その存在が慣習「法」と「事実たる」慣習との区別のメルクマールとして、不可欠な要素と考えられてきたことはいうまでもない。たとえば「ローチュス号」事件において、ＰＣＩＪは「国際慣習について語ることができるのは、このように［刑事管轄権の行使を］差し控えてきたことが、差し控えるべきだという義務意識(le conscience d'un devoir)によって動機づけられていた場合だけである」[44]と述べている。

以上みてきたように、伝統的な慣習法の機能は、一面、すぐれて「一般法」としての位置において捉えられたのであり、その構成要素についても、主観・客観の両側面から、かなり厳格な基準において、定式化されていたのである。しかしこのような慣習法理論には極めて周到なバランス感覚が働いていたことも事実である。それは、一方で、国際社会全体の利益の実現をはかるという観点から、慣習法規則がすべての国家の合意を得なくても（まさに「黙示の合意」として）生起しうることを容認しつつ、他方で、個別国家の主権的利益の観点から、慣習法規則をそのようなものとして認めない国家にはその拘束から免れうる可能性を実際上容認するという、極めてデリケートなバランスの上に（on a delicate, indeed precarious, equilibrium）定式化されていた[45]のである。そしてこの均衡こそ、慣習法規則の「一般性」と「規範性」を保障していたものと考えることができるのである。しかるに、このように定式化されてきていた伝統的な慣習法が、今世紀後半以降徐々に変容してきていることに、われわれは注目しなければならない。これこそまさに、慣習国際法の機能変化として、ここで提示する諸側面なのである。

まず第一に、右の時間的要素における変化である。国際関係の緊密化と迅速化は、慣習法形成の時間的要素を大幅に短縮したのである。「北海大陸棚事件」において、この紛争の発生が大陸棚条約発効後わずか一年足らずであったにもかかわらず、ＩＣＪは「ほんのわずかな時間の経過も、……新しい慣習法の規則が形成されることを妨げるものではない」[46]と述べている。こうした考え方は、すでにビン・チェン（Bin Cheng）教授等による、即時的慣習法（instant customary law）理論の主張するところであったことは周知のとおりである[47]。この見解は実際上、国連総会決議をもって新たな法的確信を識別する手段として使うことをめざしたもので、時間的要素、さらには慣行そのものを慣習法の構成要素から取り除くことによって「慣習法」の新たな生成やその変更を容易にしようとする意図があるといえるが[48]、これは後述するように規範性の稀薄な「ソフト・ロー」に連なる考え方である。

他方、第二に、右の即時的慣習法理論が「慣行」の排除であるとすれば、これとは逆に、今日では、慣習法の構成要素から「法的確信」を揚棄しようとする立場がみられるのである。「ノルウェー漁業事件」においてリード判事(Judge Read)は、「慣習国際法は、沿岸国が領海拡大の主張を行ったり、外国船に対する主権の主張を行ったり、といった例をいくら援用しても確立されない。……唯一説得力のある国家実行の証拠は、侵入外国船に対して沿岸国が主権を主張する形で行った捕獲だけである」(49)と述べて、物理的な行為(physical acts)のみが慣習法確立の必要条件であるとした。こうした見解は、たとえば、ダマト(D'Amato)教授の強調するところでもある(50)。「法的確信」という心理的要素を排除する右の立場は、慣習法を事実たる慣習に同化するものであり、慣習法の規範性を著しく稀薄なものにするといわねばならない。

以上述べてきたように、伝統的に定式化されていた慣習法の構成要素は、慣行と法的確信のいずれかを捨象していこうとする現代の相反する二つの方向の中で、両極分解的な徴候を呈しているのである。こうした傾向の中で、伝統的慣習法理論において暗黙のうちに確保されていた主観と客観の、あるいは全体と個別の微妙な均衡が喪失され、それによる規範性の相対化・稀薄化が進行した結果、現実の慣習国際法の機能にも大きな変容がもたらされてきているものと考えられる。それが次に指摘されるような、慣習法の「個別化」(individualization)(51)とも称すべき現象である。

慣習国際法が伝統的にその規範内容の普遍性と対世的効力を持つ「一般法」の機能を担うものとして確立されていたことは前に述べたとおりである。しかし今日、慣習法のこうした一般法的性格は大幅に後退しつつある。すなわち、従来、未分化のまま観念されていた規範内容の一般性(いわゆる普遍妥当性)と、その効力の一般性(全国家に対する拘束力)とが、徐々に乖離してきており、それが慣習法規則の具体的適用という平面において「個別化」の傾向を促す背景となっている。従来も、慣習法の成立において、必ずしもすべての国家に受け容れられる必要はないとされてきた(52)が、このことは、その規範が一般的に妥当すべき内容を持っているということと、そのルールが現実的に適用可能か否かという問題とを、切り離して考える発想がすでに内在していたことを示していよう。そうした慣習国際法の在り方が、今日、「個別化」という形で顕在化してきたのは、やはり国際司法過程が整序されてきたことと無関係ではない。国際裁判という権利＝合法性主張の過程（claiming process）においては、慣習法規則の適用問題も、それが一方の当事者に対して拘束的であるか否かという形で争われるから、問題はその限りで不可避的に「個別化」することになるのである。それはたとえば、「ノルウェー漁業事件」において、ＩＣＪが「いずれにせよ、一〇カイリ規則は、ノルウェーがその規則を自国の沿岸に適用せんとするいかなる企てにも反対してきたということがある限り、ノルウェーには対抗しえない」(53)と述べたことにもすでにあらわれていた。

慣習法の個別化への方向を一層顕著にしたのは、条約の慣習法的効力について規定した条約法条約三八条をめぐるウィーン会議（一九六九年）の審議過程においてであった。この問題については後に詳述するが、これは、「条約の定める規則が慣習的規則として第三国に対して拘束的となることを妨げるものではない」という国際法委員会草案に対して、「慣習的規則と認められるものとして」（as a customary rule of international law, recognized as such）という部分が付加修正されたことに端を発している。この修正の目的は、「ある規則が第三国に対して拘束的となるためには、当該国家がそれを国際法の慣習規則として承認しなければならない、ということを明確にすることにある」と説明されたが(54)、伝統的な「一般的承認説」に対して、右のようないわゆる「個別的承認説」の立場（しかもこれは概ね明示的承認を要求する）が第三世界の国々を中心に広汎な支持を得たことは、注目すべき事実といわなければならない。

もとよりこうした個別的承認説が条約法条約三八条の解釈基準としてただちに受け容れられるわけではなく、ましてその解釈論的立場を慣習国際法の性質一般にそのまま敷衍しうるものでもない。しかしそれにもかかわらず、こうした個別化は慣習法の機能面における一つの強い傾向として認識しておかなければならないように思われるのである。そしてこの個別化の進行が結局のところ、慣習法を条約に近似させる形で法源間の相対化を促進させていることこそ、最も重要な問題なのである。

2　慣習法と条約の相対化

さらに、右にみた「慣習法の条約化」ともいうべき現象が確認される一方で、実は逆に「条約の慣習法化」とも称すべき、もう一つの傾向が指摘されるのである。いうまでもなく、条約は厳格な合意拘束命題の下に締約当事国のみを拘束し、当事国以外の第三国については、原則として、これを益しも害しもしない、という前提で結ばれてきた。条約には慣習法のような対世的効力はないが、明示の合意として、規定内容の明晰性と当事者間の効力の確実性において、慣習法に対し法としてはるかに優位を誇っていたのである。こうした条約の性質は今日においても基本的に変化はない。しかし最近、この条約にも若干の変化が認められるのである。すなわち、「条約規定の非条約化」(de-conventionalization of conventional rules)[55]といわれる現象である。

ここでは詳論する余裕はないが、本書第二章第一節で論じる[56]ように、条約規定が今日では様々な形で慣習法的効力を持ち、それによって条約当事国以外の第三国へもその効力を及ぼしていくことが少なくない。それは二国間条約の累積による場合もあれば、多数国間のいわゆる法典化条約の場合もある。いずれにせよ今日では条約と慣習法との相互作用・相互浸透は著しく、その結果、条約規則が間接的に第三国を益し、あるいは害する効果を持つこととなる。さらに今日では、条約が発効する以前に、未批准国や批准する意思のない国に対してもその規定が慣習法規則の証拠として国際裁判等で援用されたり[57]、法典化のための外交会議における「一般的合意」(general assent)のようなものさえ慣習法を生起せしめると捉えられることがある。こうした状況の下では、条約締結のための要式行為として「明示の合意」の確立のために永年の慣行により厳しく定式化されてきた、署名・批准といった手続が無意味になるばかりでなく、留保や廃棄といった主権的権利も意味を持たなくなる。こうして条約が、当事国・非当事国を問わず、あるいは発効済みか未発効かを問わず、その慣習法的効力によっていわば対世的に適用されていくことになれば、条約と慣習法の境界は極めて不明瞭なものとなってしまうのである。そしてそのことは、本来、明晰な法的内容と明確な法的効力を有するものとして確立されてきた条約自体の規範性を曖昧にしてしまうのである。

条約と慣習法の相互作用は、両者をそれぞれ純化し強化する側面もないとはいえない。しかし先に述べた慣習法の機能変化といい、また今概観した条約規定の非条約化傾向といい、伝統的な法源がそれぞれ干渉しあうことによって、お互いの規範性をいわば相殺しあってきたというのが、今日の国際法の直面している状況のように思われるのである。

三　「ソフト・ロー」概念とその問題点——「法」と「非法」の相対化

冒頭にも述べたように、二五年ほど前から一部の国際法学者の間に「ソフト・ロー」(soft law, droit doux) の概念が提唱され、一定の広がりをみせてきている。この概念はそもそもマクネア卿 (Lord McNair) によって用いられたのが最初といわれるが(58)、その後様々な学者により多様な意味を持つ言葉として使用され、そのことがまた、議論の混乱を招いている。しかし「ソフト・ロー」の概念が登場してこざるをえなかったそれなりの背景があったことも事実である。ここでは、まず、「ソフト・ロー」の概念がどのような意味を内包するものとして用いられているか、またそれは具体的にどのような対象をカヴァーするものとして想定されているかを明確にしておきたい。その上で、従来の法源論の地盤の中から、この概念が生起せざるをえなかった事情を掘り起こし、一方で「ソフト・ロー」として性格規定することとの積極的側面に光を当てながらも、他方、この概念が孕んでいる危険性ないしは自家撞着という消極的側面をも認識しておきたいと思う。

1　「ソフト・ロー」概念の多義性

伝統的な国際法の法源については、先にみたように幾つかの問題があるとはいえ、条約と慣習国際法のそれぞれについて、それらが「実定国際法」として承認されるために、かなり厳格な要件が課されていた。すなわち、条約の場合には、署名・批准といった一定の要式行為の存在であり、また慣習国際法の場合には、慣行（*usus*）と法的確信（*opinio juris*）の二要件の存在であった。そして従来の国際法学はこの二法源を考察の対象として、その学問的「境界」を確定してきたのである。もっとも、従来においても条約の形式を持たない「紳士協定」（gentleman's agreements, たとえば一九一七年の石井・ランシング協定）の法的性質が問題となったり、慣習法として確立される以前の段階における「未成熟権原」（inchoate title）(59)が争点となったことはある。しかし、こうした国際法としての地位・形式を持たない国際文書や、形成過程にある法を、一個のカテゴリーとして把握しようとする傾向は、極めて最近のことである。

一九七〇年代に「ソフト・ロー」の概念が登場するのは概ね次の二つの事態を直接的な契機としているとみてよいであろう。一つは一九七四年における第六回国連特別総会三二〇一号決議、「新国際経済秩序樹立宣言」および同年の第二九回総会三二八一号決議、「国家の経済的権利義務憲章」（以下、経済憲章）等の採択であった。とりわけ「経済憲章」の法的性格については、すでにその起草過程から争点となっており、それが条約と同等の拘束力は持たないことは明らかであるとしても、多くの論者はそれが単なる「勧告」にとどまらず、何らかの法的拘束力を有しているものと認むべきだとする主張を展開したのである(60)。同様の主張は、国連多国籍企業委員会（UNCTC）や国連貿易開発会議（UNCTAD）で作成されている「行動綱領」（Code of conduct）についても行われてきている。周知のように、国連総会決議の効力については従前から様々に議論されてきたが、この一連のＮＩＥＯ関連決議の拘束力については、「決定」と「勧告」の中間段階に、別言すれば、「法」と「非法」との灰色地帯に、これを位置づけようとする意図が極めて強く表出しているのである。すなわち、こうした中間段階ないし灰色地帯に存在する規範群を「ソフト・ロー」と想定することによって、これらの「宣言」・「憲章」・「行動綱領」などに、通常の決議とは異なる一定の法的効力を認めていこうというのが、それを主張する論者の主たる関心事であったといえよう。

「ソフト・ロー」提唱の契機となったもう一つの事件は、一九七五年におけるヘルシンキ会議最終議定書（ヨーロッパにおける安全と協力に関する会議の最終議定書）(61)の採択であった。この議定書は、米・ソを含む三五ヵ国が、ヨーロッパの安全保障、現存の国境承認、経済的・社会的協力、人権保障等の広汎な事項について取り極めた重要な文書であるが、それは「法的誓約」(legal commitment)を含まず署名国を拘束しない文書として性格規定(62)されたのである。すなわち、右議定書の最終条項では、この文書が「国連憲章第一〇二条の下における登録資格を持たない」(not eligible for registration under Article 102)ものと規定され、各署名国においても、そのようなものとして理解されているのである。このためヘルシンキ議定書は「非拘束的国際協定」(non-binding international agreement)とも呼ばれているが(63)、こうした協定の存在を国際法の枠組みでどのように把握すべきかという点においても、先と同じような理由から「ソフト・ロー」の概念が積極的に評価されるようになってきたのである。

右に挙げた二例で示されるように、「ソフト・ロー」と観念される規範は、①具体的な権利義務関係の画定に関わるものではなく、むしろ、一般的・抽象的な原則・指針を内容とする、②法規範としては未成熟で規範内容の明確性に欠ける、③法的拘束力を持たないか稀薄であり、緩やかな行動規範にとどまって、その履行は当事者の善意に依拠する場合が多い、等がその特徴として指摘されるのである。

さて、それでは「ソフト・ロー」の対象として、具体的にどのような国際文書が想定されているのであろうか。厳格な国際法上の合意（いわゆる「ハード・ロー」）に至らざる非拘束的合意の形態については、それを「ソフト・ロー」と呼ぶか否かは別として（後述のように「ソフト・ロー」と称することの危険性を指摘する学者も多い）、最近、国際法学会(Institut de droit international）における検討[64]を含めて、幾人かの学者がその類型化を試みている。それらを参考として、ここに分類しておくと、大体、次のように提示されるであろう[65]。

（一）　成文の国際文書

1　条約としての地位をもつが、その拘束力の希薄な国際文書

（i）プログラム規定的条約・枠組条約（framework treaty）[66]

（ii）具体的な条約規定の実施や権利義務関係の画定を事後の条約・協定に委任している条約（*pacta de contrahendo, pacta de negotiando*）[67]

（iii）条約義務の回避を容易にしているもの（easy releaseを認めている条約）[68]

（iv）義務の履行を当事者の善意ないし信義に委ねているもの[69]

（v）義務の履行につき当事者に大幅な裁量的留保を認めているもの[70]

（vi）当事者の努力目標を定めるにとどまるもの[71]

2　条約としての地位を持たない国際文書

（i）国際組織・国際会議の決議・宣言など[72]。

（ii）行動綱領（Code of conduct）、行動基準[73]など。

（iii）紳士協定[74]

（iv）非拘束的国際協定（non-binding agreement）[75]

（二）　慣習法に至らない不文規範（未成熟規範、事実たる慣習、「ゲームのルール」など）

以上のように、「ソフト・ロー」の対象に含まれうる規範群は極めて広汎・多様な分野に及んでいる。「ソフト・ロー」に関する議論が混乱している原因は、後でも触れるように、それぞれの論者が、そうした広範囲の事項のうちの、ど

の部分を問題としているかについて、必ずしも一致がないことである。こうした広汎・多様な内容を「ソフト・ロー」という一つのカテゴリーで捉えようとすること事態に大きな問題があるといわざるをえないのである。

2 「ソフト・ロー」概念の積極的側面

「ソフト・ロー」の概念については、それが右に述べたように、極めて広い範囲の規範を対象としているということだけではなく、その基準についても、実は論者によって微妙な差があるように思われる。たとえば学者によってはこれを「規範の発展における過渡的段階」[76]にあるもの、と捉えるのに対して、バクスター教授などは、その規範が「実施可能(enforceable)か否か」[77]という基準によって考察する。ザイドゥル・ホーヘンフェルデルン教授も同様に、その誓約ないし義務が「拘束的か否か」[78]によって「ソフト・ロー」の本質的特徴を把握していこうとする。ヴェイユ教授は、「ソフト・ロー」を語る場合、規範内容の未熟性と問題となっている国際文書の地位の如何を区別すべきだと述べて、「ソフト・ロー」概念の混乱を間接的に指摘している[79]。

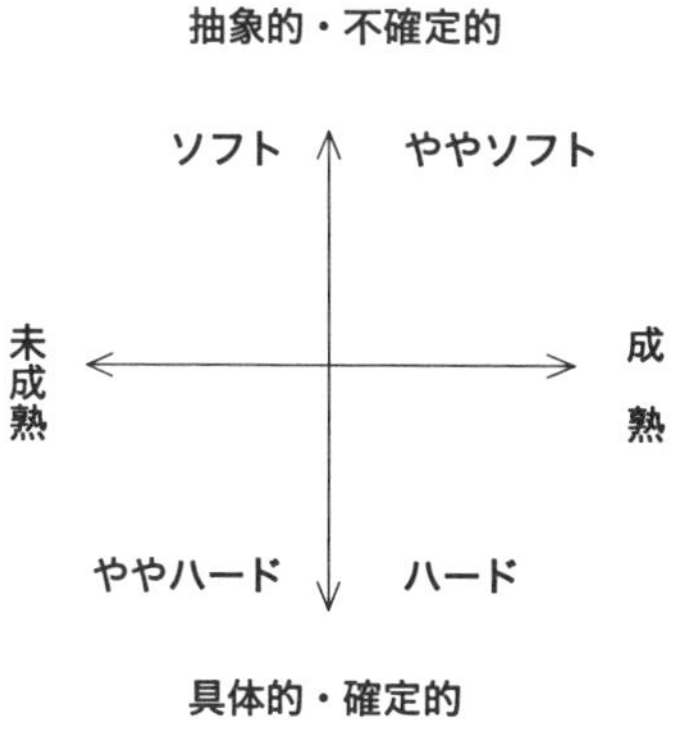

　このようにみてくると、「ソフト・ロー」について語る人々の間には大別して二つの軸があるように思われる。一つは、規範の形成・発展という動態的視点における「過渡的性格」ないし「未成熟性」を基準とする軸であり、他の一つは規範内容からみた「一般性・抽象性・不確定性」といった軸である。国際文書が「拘束的な」性格を持つか否かといった問題も、右の二つの基準の複合的な判断によって決まることのように思われる。いずれにせよ、現実の規範的世界は決して一元的ではなく、その規範性の内実には様々な段階があるこ

とを、この図は示しているであろう。

いうまでもなく、「ソフト・ロー」の提唱は、国際法関係における「法」と「非法」(law and non-law)を二元的に截然と分断するのではなく、この両者を一連の系列の中で捉え、その中間段階ないし灰色地帯を積極的に把握していこうとする意図に基づいている。故バクスター教授がその遺稿で強調したように、「ソフト・ロー」ないし「弱い規範」としてこの中間段階に属する規範群を位置づけることは、それが現実の国際関係において果たす機能を正しく認識するという点で、ある程度必要なことのように思われる。同教授等が「ソフト・ロー」概念の積極的側面として示唆しているのは、次の諸点である。すなわち、第一に、仮に規範性の弱い国際文書であっても、それが存在することによって、それ以降の当事者間における議論の交渉・合意形成のコースは、それがない場合とはかなり違ったものになる。第二に、ひとたびある問題がそのような規範の主題として取り上げられたならば、その問題についてはそれ以降、国家の国内管轄事項であるという主張を行うことができなくなる。また、第三にその規範は当事者間の交渉に関連する新しい基準を設定するとともに、一定の論点についてはすでに当該規範によって解決済みだとして排除されるなど、議論の土俵を整理する。さらに第四に、そうした「ソフト・ロー」規範は、法的見解の支配的傾向や指針を提示することによって紛争解決のための法的枠組みを設定するのである(80)。これらに加えて、第五に、その「ソフト・ロー」を生み出した国際組織自身にとってはほとんど法的拘束力と同様の効力を持ち、その機関を拘束する。たとえば、一九四八年の「世界人権宣言」は、採択時、加盟国にとっては「ソフト・ロー」であったとしても、国連の機関においては男女平等賃金の原則に反する行為が認められなくなったように、ハード・ローと同じような効力を持つことになるのである(81)。さらに第六に、「ソフト・ロー」は、一定の国家においては、その国内法の定立ないし国内裁判の判断基準としての援用を促し、ある種の国内的効力を持つこともある(82)。最後に第七として、「ソフト・ロー」規範の多くは、定期的な「再検討」ないし「履行確保」の制度を内包しており、それによって「ハード・ロー」への進化が促進されうる。「ソフト・

ロー」のこのような機能に着目するとき、たしかにわれわれは、国際法規範の法的世界を単に拘束力の有無によって白と黒に塗り分けるのではなく、その中間に介在する濃淡、限りない変化（her infinite variety）を、あるがままに捉えていかなければならないであろう。

「ソフト・ロー」の概念がとりわけ強く要請されるのは、国際法の分野の中でも、国際社会の実体的基盤の根底的な変化に伴い、旧い規則を廃して新たなルールの定立が求められているような、いわば変革過程にある法領域である。国際経済法は、まさにその典型的な例であろう[83]。この分野における伝統的な国際法規則が先進諸国の優位を保障し、途上国との不均等性を一層助長しているとの認識から、第三世界の国々は、そうした国際体系を根底から改変すべく新国際経済秩序の樹立を求めてきたのであった。しかし、もとよりそうした新たな規範が「ハード・ロー」として一朝一夕に定立されるはずはなく、実際には規範性の弱い宣言や決議として国連総会等の場で積み重ねられてきたことは周知のとおりである。こうしたことから、多くの学者が総会決議の効力について考察し、何らかの形で一定の決議に法的拘束力を認めるべきだとする弁証を行ってきたのである[84]。それらの決議に表明された新たな規則が、採択の時点では未成熟な規範ではあっても、将来における国際法形成の前段階として位置づけられるならば、それを「ソフト・ロー」としてカテゴライズすることの意味は、その限りで、認めることができよう[85]。

3　「ソフト・ロー」概念の問題点

右にみたように、「ソフト・ロー」の概念が提唱されるに至った背景には、それなりの必然性があったように思われる。にもかかわらず、これには様々の問題点が指摘されるのである。まず第一に、前述のような、この概念の多義性、対象の広汎さ、が挙げられなければならない。形式的に捉えるにせよ内容的に捉えるにせよ、あるいは機能的な観点から画定するにせよ、「ソフト・ロー」として観念される規範群はあまりにも広汎であり、論者の間に、どの部分を問題としているかにつき、必ずしも共通の了解がなく、仮にすべての領域を、そしてその多様な現実を、「ソフト・ロー」という言葉で包含するとすれば、それは分析概念としての用を担えないであろう(86)。

第二に、これと関連して、「ソフト・ロー」概念の基準の曖昧さが指摘されよう。これも先に触れたように、「ソフト・ロー」の本質を、(1)「規範の未成熟性」として法形成の動態的過程において捉えるか、(2)「国際法上の合意に至らない国際文書」として、文書の形式ないし地位に着目するか、(3)具体的権利義務関係の画定基準としての法に対比して、「規範内容の一般性・抽象性」といった、規定の内容を重視するか、あるいは、(4)「法的拘束力(binding character)・執行力(enforceability)の欠如ないし不完全性」といった基準がこれを捉えるか、等によって、「ソフト・ロー」の概念規定には微妙な差異が生まれるのである。(1)の法形成過程における過渡的性質として「ソフト・ロー」を位置づけようとするには、いわば法社会学的視点で把握しようとするものであり、これはたとえば(4)におけるような実定法の効力に関する解釈論上の問題とは、明らかに区別されなければならないのである(87)。

第三に、「ソフト・ロー」の主張には、細かくみていくと、幾つかの自家撞着が含まれているように思われるのである。たとえば、(1) *pacta de negotiando* は、「ソフト・ロー」の規範の枠組みの中で具体的内容を「交渉」により画定するという趣旨であるが、枠組みの存在自体がフリー・ハンドの「交渉」という概念と矛盾するばかりか、具体的状況においては、「ソフト・ロー」が設定されたということは往々にして一方当事者にその規範内容の履行に対する期待権を与えるので、他方当事者が、これに反するような行動を執った場合には、かえって関係国間に緊張を生むことさえある、との指摘もある(88)。(2)ある事項に関する「ソフト・ルール」の設定は、その内容を支持する国家に対してその行動を正当化する事実上の効果(justifying effect)を与えるが、逆にその規範内容を受け入れない国家の態度を硬直化させ、法の発展にとって行き詰まり状況を惹起させるような効果(standstill effect)の原因ともなる(89)。さらに、(3)より一般的な「ソフト・ロー」概念の自己矛盾として、ある規範を「ソフト・ロー」であると主張することは、それが未だ「ハード・ロー」

ではないということを自認することであるから、仮にその規範が、たとえば慣習法上の規則として確立されたという段階になっても、かつての「素生」が問われて、その法的効力が十分に認められない、という状況さえ考えられないわけではない。総じて、「ソフト・ロー」の主張は、自己破壊的（self-defeating）(90)となる危険性を孕んでいることに、注意すべきである。

第四に、右の点とも関連するが、「法」と「非法」との間の灰色地帯を積極的に位置づけようとする「ソフト・ロー」の考え方は、国際法総体においてこの灰色地帯が無制限に広がってしまうという危険性（the danger of a continuous expansion of the grey area）(91)を常に内包している。そして、この点こそ、まさに、ヴェイユ（Prosper Weil）教授が、「現代国際法の病理現象（pathology）」として指摘している危険性にほかならない。同教授の論旨は、ソフト・ローの考え方が、「規範」と「非規範」との区別を曖昧にし、両者を相対化する結果、国際法の規範体系総体を脆弱化させてしまう、という点にある(92)。この警告は、「ソフト・ロー」概念に対する根底的批判であるが、現代国際法における法源論は、右の批判に応えるものでなければならないように思われる。最後に、項を改めて、この点に触れておきたい。

四　法源論の動態——国際立法論への展望

本節ではまず伝統的な国際法の法源について、とくに慣習国際法に焦点を当て、その機能変化の過程を考察した。そこでは、伝統的に定式化されてきた慣習法の構成要素、すなわち慣行と法的確信が、現代の国際関係においては往々いずれか一方の要素に傾斜して捉えられ、その結果、慣習法の規範性を内側から支えてきた微妙な均衡が失われてくるとともに、かつての「一般法」としての機能も変容して「個別化」の方向を顕著にしている今日の態様が明らかにされた。このような慣習法の機能変化に並行して、条約法自身もまた慣習法との相互作用において本来の明確な合意形式としての性格を変容させ、その規範性の稀薄さを招来している。こうして慣習法と条約法は、今日、相互に近似ないし相対化し、結果的には、国際法の体系に亀裂と間隙を生じさせてきているのである。

ここにおいて伝統的な国際法の法源論は、一つの桎梏に突き当たっていることが認識されよう。従来は、条約と慣習法の二法源がそれぞれ相互に独立的に、かつ完結的に存在してきた。それぞれの法源がその枠で自己展開している限り、従来の形式的・静態的な法源論は十分にその分析的意義を持ちえたであろう。しかし今日のように、法源間の相対化が進行し、相互に浸透し影響しあうような関係において展開しているとき、法源論が本来的に内在していた立法および立法過程に関する動態的側面が顕在化してこざるをえないのである。換言すれば、右にみたような今日の国際法の法的現状において、法源論には、すぐれて国際法形成論・立法過程論として展開されなければならない必然性があるように考えられるのである。著者には、学問としての法源論自体が、そうした弁証法的な発展法則に規定されているように思われるのである(93)。

右の法源間の相対化傾向とともに、最近の国際法学界の一部で展開されてきた「ソフト・ロー」の考え方は、さらに、「法」と「非法」との関係をも相対化させて捉えようとするものであった。たしかに、「ソフト・ロー」の概念が出てこざるをえなかった背景こそ、現代国際法における法源論の動揺を何よりも雄弁に物語るものであった。すなわち、「ソフト・ロー」は一面において、一般的・抽象的規範の設定により既存の法源に生起してきた様々な間隙や真空地帯を埋める役割を期待されたのである。しかし「ソフト・ロー」概念の多義性やそれに基づく議論の混迷、そして様々な自己矛盾や問題点は先に指摘したとおりであった。こうした「ソフト・ロー」についても、それが「法」と「非法」の境界を曖昧にし、国際法の「ハード」な部分についてもその規範性を稀薄にしてしまう恐れのあることを危惧しなければならなかったのである。

われわれは、「ソフト・ロー」と呼ばれる（そう呼ぶことが適当か否かは別として）未成熟で不完全な規範群が存在することについては、これを真正面から受け止めなければならない。とくに、こうした概念が登場しなければならなかった現代の国際法状況を十分認識しなければならない。しかし、ここにおいて重要なことは、「法」と「非法」の間のグレイ・エリアを狭めて（narrow down）いく不断の意識的な営為が積み重ねられていくことにほかならない。それを可能にするのは体系化された国際立法活動である。既存の国際法秩序に生じた真空状態は、自然発生的な未成熟規範によっては、到底克服されうるものではない。否、むしろ、「ソフト・ロー」にみられる相対的発想こそ、国際法総体の脆弱化につながるとみるべきである。そこでは明らかに、意識的かつ組織化された体系的な法定立メカニズムの設定が、理論的にも実際上も強く要請されているのである。

すでに一九六六年の「南西アフリカ事件」判決反対意見において、田中耕太郎裁判官は、国際法の法源についてかなり詳しく検討したのち、現代における国際社会の組織化が慣習法形成の形態を、従来の個別的性格のものから、国連決議の累積などによる集合的方式に変容させてきており、「それは社会学的観点から考慮すれば、伝統的慣習法形成（traditional custom-making）から条約による国際立法（international legislation by treaty）への過渡的形態として性格規定されよう」(94)と述べていた。われわれとしては、こうした鋭い田中判事の洞察を基礎に据えて、これを一層、理論的に発展させていかなければならないであろう。

以上のように、今日、国際立法論への要請は、法源論の展開そのものの中に見出されるのである。しかも、本書第三章第一節で後述するように(95)、国際立法に関する理論的考察は一八世紀末のベンサム以来の永い史的系譜を持ち、かつ、現代における広汎な国際立法活動の多元的展開により、それはすでに独立した学問的考察に足るだけの現実的内容を持つに至っているのである。そのことを考えあわせれば、国際立法論の存立基盤は、既存国際法の展開過程それ自体の中に、はっきりと認識されるであろう。

注

（1）国際社会に構造的変動が生じた場合、国際法のレヴェルにおいてまず問題となるのはいわゆる「主体論」である。すなわち国際社会に新たに参加した新興諸国（一九世紀における中国・日本・トルコなどの非西欧諸国、第二次大戦後のアジア・アフリカ諸国など）に対して、国際法における主体的地位を認めるか否かがまず問われたのである。その問題が解決して新興諸国の法主体性が認められると、次に問題となるのは、新しい状況に即応できなくなった個々のルールの「平和的変更」である（もっとも一九世紀の非西欧諸国の場合には単に既存国際法を受容するのみで、その変更を要求する力はなかった）が、これを突きつめていくと、結局それは国際法の「法源」の問題に突き当たり、「法源論の再検討」が要請されることになったのである。高野雄一・太壽堂鼎「国際社会における法変動」小林直樹編『現代法の展開』（岩波講座・現代法1、一九六五年）二七九〜三五七頁参照。ソビエト国際法については、内田久司「平和共存と現代国際法」高野雄一編『現代法と国際社会』（岩波講座・現代法12、一九六五年）二五九〜二五六頁、G. I. Tunkin, "Co-existence and International Law", *Recueil des cours*, 1958-III, pp. 9f. 参照。アジア・アフリカ諸国の態度については、T. O. Elias, "Modern Sources of International Law", W. Friedmann *et al.*, eds., *Transnational Law in a Changing Society*（Essays in honor of Philip C. Jessup）, 1972, pp. 34-69 参照。

（2）さし当たり、G. J. H. van Hoof, *Rethinking the Sources of International Law*, 1983, Bibliography 参照。

（3）国際法学会では一九七八年以来、「法的性質を有する国際文書と法的性質を有しない国際文書との区別」（La distinction entre textes internationaux de portée juridique et textes qui en sont dépourvus）について検討が行われ、一九八三年のケンブリッジ大会には報告者ヴィラリ（M. Virally）教授による包括的レポートがまとめられている（*Annuaire de l'Institut de droit international*, tome 60-I, II, 1983, 84）。さらに同学会では、一九七五年以降、「一般的多数国間条約および規範的機能ないし目的を有する非契約的文書の形成」（L'élaboration des grandes conventions multilatérales et des instruments non conventionnels à fonction ou à vocation normative）に関する検討が継続中であり、一九八四年にはスクビシェフスキ教授（Krzysztof Skubiszewski）により、国連総会決議の位置づけを中心とした中間報告が提出されている（*Annuaire*, tome 61-I, 1985）。

（4）国際法協会（International Law Association）では一九八四年のパリ大会で「国際法規則の形成」（Formation of the Rules of International Law）に関する部会が持たれたが、そこでは、法源、法と非法、強行規範、条約と慣習法の関係、ソフト・ローおよび法源論研究の方法論上の問題について極めて有益な討議が行われた。ＩＬＡではその後、このテーマに関する委員会を設置して研究を継続することとなった。この部会での発言で注目されたのは、法源論を論ずる際の方法ないし視点の確定が何よりも重要であるという指摘であった。まず、イギリスのメンデルソン(Maurice Mendelson)教授は、三つの視点が区別されなければならないと述べた。すなわち、①法過程に関する諸要素を「客観的な観察者」(detached observer)の立場からみる場合、②法の存在を司法過程における公平な「第三者たる判定者」(third party decision-maker)として捉えようとする場合、③「規範の名宛人」(addressees of the norm)、具体的には各国政府の政策担当者などの視点における法源である。オランダのボス(M. Bos)教授も、方法論的立場の明確化こそ、法源を論ずる場合の前提条件であり、とりわけ、法の消費者(consumer)、すなわち法の適用を受ける立場からの法源を論じているのか、それとも法の生産者(producer)すなわち定立者の立場からそれを論じているのかを明確に区別しなければならないと強調した。村瀬信也「国際法協会第六一回パリ大会報告・国際法規則の形成」『国際法外交雑誌』八三巻六号（一九八五年）一一三～一一四頁。

(5) *ICJ Reports 1969*, pp. 4-54. 詳しくは本書第二章参照。

(6) 条約法条約第三部第四節は「条約と第三国」について三四条以下の規定を置いているが、三八条では次のように定める。「第三四条から前条までの規定のいずれも、条約に規定されている規則が国際法の慣習的規則と認められるものとして第三国を拘束することとなることを妨げるものではない。」この規定をめぐる論議については、本書第二章参照。

(7) *Internatoinal Legal Materials* (*ILM*), vol. 14, 1975, pp. 1293f.

(8) 戦後三五年間に、国連における立法作業の成果として、国連の機関ないし国連の招集した外交会議で採択された多数国間条約の数は二〇〇にのぼる(ＩＬＯなど専門機関による条約を含まない)といわれる。それらが対象とする事項も、宇宙・海洋・人権をはじめ、社会的・経済的・政治的な分野に至るまで、極めて広汎である(*United Nations Legislative Series, Review of Multilateral Treaty-making Process*, ST/LEG/SER. B/21, 1985, pp. 16f. 参照)。

(9) G.A.res. 39/90, Dec. 13, 1984.「最終文書」(A/C. 6/39/8)の内容については本書第三章第一節二〇一～二〇三頁参照。

(10) 加藤一郎「法源論についての覚書」日本法哲学会編『法源論』(法哲学年報、一九六四年)八五～九一頁。

(11) コーベットはすでに七五年あまりも前の論文で、法源の語の「振幅」の大きさを指摘し、この言葉は放棄した方がよいかもしれない、と述べている(P. Corbett, "The Consent of States and the Sources of the Law of Nations", *The British Year Book of International Law* (*BYBIL*), 1925, p. 30)。

(12) 前掲、日本法哲学会編『法源論』(注10) 所収の各論文および巻末「法源論議のための資料」参照。田岡良一「国際法の法源論」国際法学会編『国際法講座』第一巻(有斐閣、一九五三年)三六～四七頁、広部和也「国際法の法源」寺沢

一・山本草二編『国際法の基礎』（青林書院新社、一九七九年）三五～三七頁。

国内法のレベルでは、法源論は、大陸法系よりも英米法系の諸国において、より盛んに行われてきた。大陸法系諸国においては法典が整備され、法源中、国家制定法の比重が圧倒的で、時期によっては慣習法や判例の法源性をめぐる激しい議論が行われたこともあったが、一般的な法典を持たない英米法系の諸国のそれに比肩しうるほどのものではない。後述（本章第二節）するように、法源論議の比較法的考察は、国際法の法源論においても、極めて示唆的である。高柳賢三『英米法源理論』全訂版（有斐閣、一九五六年）参照。

(13)　ここで用いた「静態的」および「動態的」法源概念は、後述の「法源論の動態化」を媒介とした「国際立法論」の展開という本書の主題を念頭に置いたものである。

(14) Roscoe Pound, *Jurisprudence*, vol. III, 1959, pp. 379-436.

(15) O. H. Phillips, *A First Book of English Law*, 2nd ed., 1953, p. 77.

(16) C. Parry, *The Sources and Evidences of International Law*, 1965, pp. 1-27; R. Jennings, "What Is International Law and How Do We Tell When We See It?", *Annuaire Suisse de Droit International*, t. 37, 1981, pp. 59-88.

(17) H. Coing, *Grundzüge der Rechtsphilosophie*, 2. Auflage, 1969, S. 280-281.

(18) C. du Pasquier, *Introduction à la théorie générale et à la philosophie du droit*, 3e éd., 1948, pp. 70-74.

(19) Allen, *Law in the Making*, 6th ed., 1958, pp. 1-63.

(20) Phillips, *op. cit., supra* note 15, p.77.

(21) Charles Rousseau, *Droit international public*, t. 1, 1970, pp. 55f., 田岡「前掲論文」（注12）三九頁以下、高野雄一『国際法概論』全訂新版、上巻（弘文堂、一九八五年）六一～八〇頁など。

(22) Glanville Williams, *Salmond on jurisprudence*, 11th ed., 1957, pp. 133-135.

(23) Keeton, *The Elementary Principles of Jurisprudence*, 2nd ed., 1949, pp. 73-75.

(24) Alf Ross, *A Textbook of International Law*, 1947, pp. 79-83.

(25) 田岡「前掲論文」（注12）三六～三七頁。

(26) John Austin, *Lectures on Jurisprudence*, vol. 2, 5th ed., 1911, pp. 509f.

(27) E. Lauterpacht, ed., *International Law: Collected Papers of Hersh Lauterpacht*, vol. 1, 1970, pp. 51f.; Oppenheim-Lauterpacht, *International Law*, vol. I, 8th ed., 1955, pp. 23f.

(28) Williams, *op. cit., supra* note 22, pp. 133-135.

(29) Pound, *op. cit., supra* note 14.
(30) Corbett, *op. cit., supra* note 11, p. 30.
(31) Williams, *op. cit., supra* note 22, pp. 133-135.
(32) du Pasquier, *op. cit., supra* note 18, pp. 70-74.
(33) Coing, *op. cit., supra* note 17, S. 280-281.
(34) Albert Kocourek, *An Introduction to the Science of Law*, 1930 (reprint 1982), pp. 155-157.
(35) G. Scelle, *Précis de droit des gens*, t. 1, Recueil Sirey, 1932, pp. 2-3; Ch. de Visscher, *Théories et réalités en droit international public*, 2e éd., Éditions A. Pédone, 1955, pp. 169f.; Max Huber, *Die Soziologischen Grundlagen des Völkerrechts*, 1928, S. 16-17.
(36) Hugo Grotius, *De Jure Belli ac Pacis*, 1635 (The Classics of International Law, ed. by J. B. Scott), Book. I, Chapter 1, XIV, p. 44, 田畑茂二郎『国際法Ｉ』(有斐閣法律学全集、新版、一九七三年)二六〜二七頁、伊藤不二男「『捕獲法論』におけるグロティウスの国際法(万民法)の基本観念」『国際法学の諸問題』(前原光雄先生還暦記念、慶應通信、一九六三年)二〇三頁。
(37) E. de Vattel, *Le droit des gens ou principes de la loi naturelle, appliqués à la conduite et aux affaires des nations et des souverains*, 1758. ヴァッテル研究会訳『立命館法学』七二号(一九六七年)二二一頁。
(38) 藤田久一「現代国際法の法源」長尾龍一・田中成明編『現代法哲学３・実定法の基礎理論』(有斐閣、一九八三年)二八五、三〇六頁。
(39) *ICJ Reports 1950*, pp. 276-277.
(40) *PCIJ, Series B*, no.14 (1927), p. 105.
(41) *ICJ Reports 1960*, p. 40.
(42) Michael Akehurst, "Custom As a Source of International Law", *BYBIL*, vol. 47, 1974-1975, p. 15.
(43) *Ibid.*, pp. 16-17.
(44) *CPIJ, Série A*, no. 10 (1927), pp. 96-97; Akehurst, *op. cit., supra* note 42, pp. 31-32.
(45) Prosper Weil, "Towards Relative Normativity in International Law?", *American Journal of International Law (AJIL)*, vol. 77, no.3, 1983, pp. 433-434.
(46) *ICJ Reports* 1969, p. 45. なお田中耕太郎裁判官は、すでに一九六六年の「南西アフリカ事件」判決反対意見で、従来その形成に幾世紀も要した慣習法規則が、今日では、社会構造の変化、とくに交通通信手段の発達等により、極めて短期間のうちに形成されてきていることを指摘していた(*ICJ Reports 1966*, p. 289)。
(47) Bin Cheng, "United Nations Resolutions on Outer Space: 'Instant' International Customary Law?", *The Indian Journal of International*

Law, vol. 5, no. 1, 1965, pp. 45-46.

(48) 藤田「前掲論文」(注38)二八七頁。

(49) *ICJ Reports 1951*, p. 191. もっともこの見解が他の裁判官によっても支持されていたかどうかは判決からは明らかでない。 Cf. Akehurst, *op. cit., supra* note 42, p. 1.

(50) 同教授によれば、国家が行う主張や請求は往々にして他国の主張・請求と矛盾するから、国際法の内容を確定する上で信頼できる指標とはならない。国家は様々なことをいい、様々な声で話し、一国の政府内においてさえ見解の対立が反映されることも稀ではない。これに対して、一国の「行う」行為は一時点においては一義的であり、決定的な説得力を持つ、という。Anthony D'Amato, *The Concept of Custom in International Law*, 1971, pp. 50f. もっとも、これに対する反論として、Akehurst, *op. cit., supra* note 42, p. 3.

(51) van Hoof, *op. cit., supra* note 2, p. 97.

(52) 多数国による慣習規則の「一般的」受諾を、すべての国による「普遍的」受諾の推定に値するとみる諸学説については、藤田「前掲論文」(注38)二八八〜二九〇頁参照。田中耕太郎裁判官も、前記反対意見(注〔46〕参照)において、反対する幾つかの国があったとしても、それらの少数国が拒否権を持つわけではないから、慣習法の創設は妨げられない、と述べていた(*ICJ Reports 1966*, p. 291)。

(53) *ICJ Reports 1951*, pp. 116f. なおここで慣習法の「個別化」というのは、本文でも触れたとおり、慣習法規則の「適用」の平面における一つの傾向を示すために用いた表現であって、「庇護事件」で問題となったいわゆる「地域的慣習」(regional custom)や、「インド通行権事件」で争点となった「二国間慣習規則」(bilateral custom)などとは直接関係ない。

(54) 村瀬信也「ウィーン条約法条約第三八条の意義」『国際法外交雑誌』七八巻一・二号(一九七九年)六九頁(本書第二章第二節一一五頁)。

(55) P. Weil, *op. cit., supra* note 45, p. 439.

(56) 村瀬信也「条約規定の慣習法的効力——慣習国際法の証拠としての条約規定の援用について」『国際法学の再構築・上』(高野雄一先生還暦記念、東京大学出版会、一九七七年)三〜四〇頁(本書第二章第一節に収録)。

(57) たとえばウィーン条約法条約の規定を非当事国との関係にも適用した例として、ヴェイユ教授は次の判例を挙げている。「南アがナミビアに引き続き存在することの法的効果」(*ICJ Reports 1971*, p. 47)、「漁業管轄権事件」(*Ibid.*, *1974*, p. 14)、「エーゲ海大陸棚事件」(*Ibid.*, *1978*, p. 39)、「ＷＨＯとエジプト間協定の解釈」(*Ibid.* 1980, pp. 92, 95)、「ビーグル海峡事件」(*ILM*, vol. 17, 1978, p. 645)、「ドイツ対外債務事件」(*ILM*, vol. 19, 1980, p. 1370)など。P. Weil, *op. cit., supra* note 45, p. 440, n. 106.

(58)　van Hoof, *op. cit., supra* note 2, p. 187.

(59)　未成熟権原 (inchoate title) については、一九二八年のマックス・フーバー (Max Huber) 裁判官によるパルマス島 (Island of Palmas) 事件に関する常設仲裁裁判所の判決参照。*Reports of International Arbitral Awards*, vol. II, pp. 829f.

(60)　経済憲章の法的地位については、その起草目的が、「国家間の経済関係において生起するところの、真の法的性格を持つ」権利義務の定式化として捉えられていたこと (起草に当たったＵＮＣＴＡＤ作業部会議長カスタネーダ〔Jorge Castañeda〕大使の発言、*UN Doc*. TD/B/AC. 12/1, 6 March 1973) や、国連総会決議の中でも特別の「憲章」というタイトルがつけられていること、さらにこの文書は、内容的にも、従前の総会決議等で繰り返し確認されてきた経済的自決権を中核とする諸原則を集大成したもので、すでに法として確立されているという主張がなされた (S. R. Chowdhury," Legal Status of the Charter of Economic Rights and Duties of States", in K. Hossain, ed., *Legal Aspects of the New International Economic Order*, 1980, p. 84)。しかし、起草過程で、この文書が「国際法の法典化と漸進的発達の第一の措置として」作成された、との文言が削除されたこと、その採択には主要先進国が反対ないし棄権していること等を考慮すれば、この経済憲章に法的性質を認めることは困難である。せいぜいそれは「生起しつつある原則」(an emergent principle) の表明として捉えることができるのみである (I. Brownlie, "Legal Status of Natural Resources in International Law : Some Aspects", *Recueil des cours*, 1979-1, p. 295)。一九七七年のリビア国有化事件仲裁判決 (*ILM*, vol.17, 1978, pp. 1f.) でも経済憲章 (とくに第二条二項の国有化条項) の法的性質は否認された (詳しくは、S. Murase, "International Law-Making for the New International Economic Order", *The Japanese Annual of International Law*, no. 25, 1982, pp. 51-56)。

(61)　*ILM*, vol. 14, 1975, pp. 1293 f.

(62)　Harold S. Russell, "The Helsinki Declaration : Brobdingnag or Lilliput ?", *AJIL*, vol. 70, no. 2, 1976, pp. 247-248.

(63)　Oscar Schachter, "The Twilight Existence of Nonbinding International Agreements", *AJIL*, vol. 71, no. 2, 1977, pp. 296-304; Michael Bothe, "Legal and Non-Legal Norms", *The Netherlands Yearbook of International Law*, vol. 9, 1980, pp. 65-95.

(64)　報告者ヴィラリ (M. Virally) 教授の最終報告では、次のようにまとめられている。すなわち、

①「制限的」な法的約束 (Les engagements juridiques 《limités》)

a「善意の」約束 (Les engagements 《de bonne volontés》)

(ⅰ) 適切な形で検討し行動する約束 (Les engagements d'examiner et d'agir de façon appropriée)

(ⅱ) 協議の約束 (Les engagements de consulter)

(ⅲ) 交渉の約束 (Les engagements de négocier)

(ⅳ)協力の約束 (Les engagements de coopérer)

b 裁量的留保の下の約束 (Les engagements sous réserve discrétionnaire)

②純粋に政治的な約束 (Les engagements purement politiques)

③「非公式」の法的合意 (Les accords juridiques《informels》)

④明示的約束を構成しない諸規定 (Les stipulations ne comportant pas d'engagements explicites) (Michel Virally, "La distinction entre textes internationaux ayant une portée juridique dans les relations mutuelles entre leurs et textes qui en sont dépourvus: Rapport definitif", *Annuaire de l'Institut de droit international*, 1983, pp. 328-357.)

(65) ここに類型化したのは、「ソフト・ロー」ないし非拘束的規範として幾人かの学者が挙げているものを、まず、成文の国際文書であるか否か、そして国際文書の場合には、条約としての地位を持つか、否か、という形式的基準で分け、その上で具体的に拘束性・規範性を基準とした機能的視点から細分している。学者の多くは、前記の国際法学会の最終報告書の場合をも含めて、「政治的条約」(典型例として、一九四五年のヤルタ協定などが挙げられる)を挙げているが、何が「政治的」かは決して自明なことではなく、本節ではそうした内容的基準による類型化は排除した。同様の理由から、「経済的ソフト・ロー」といった概念も採用しない (Cf. I. Seidl-Hohenveldern, "International Economic 'Soft Law'", *Recueil des cours*, 1979-II, pp. 168f.)。なお、ここでの分類項目は相互に排他的なものではなく、実際には重複している。また一つの国際文書の中にも、性質の異なる種々の規定が混在していることはいうまでもない。

(66) たとえば、一九三三年に米州諸国の間で結ばれた「国の権利および義務に関する条約」に類する条約。一九六六年の「宇宙条約」(月とその他の天体を含む宇宙空間の探査及び利用における国家活動を律する原則に関する条約)なども概ねこの類型に属する例といえよう。

(67) 「国連軍」の設置に関する国連憲章第四三条、「国際刑事裁判所」に関するジェノサイド条約六条、ＥＥＣ設立に関するローマ条約八五、八六、一三五条、ＬＡＦＴＡ設立に関するモンテヴィデオ条約四条など。

(68) 容易な脱退権を認めた一九六三年の部分的核実験停止条約四条、一九六八年の核不拡散条約一〇条、一九七一年の海底非軍事化条約八条、一九七二年の生物毒素兵器禁止条約一三条など。なお、「事情変更原則」(*rebus sic stantibus*)を内在化させているような、いわゆる「政治的条約」もこの類型に含まれるであろう (Cf. R. R. Baxter, "International Law in 'Her Infinite Variety'", *International and Comparative Law Quarterly*, vol. 29, 1980, pp. 550-552; M. Virally, *op. cit., supra* note 64, pp. 227-233, 336-339.

(69) 前出注(64)。国際法学会最終報告書①—ａの諸類型参照。なお、ヴィラリの中間報告(Rapport provisoire)参照。協議・交渉義務については、山本草二「国際紛争における協議制度の変質」『紛争の平和的解決と国際法』（皆川洸先生還暦記念、北樹出版、一九八一年）二四五〜二七二頁参照。

(70) M. Virally, *op. cit., supra* note 64, pp. 222-224, 334.

(71) たとえばＧＡＴＴの諸規定、ＩＭＦ協定四条一項など。Joseph Gold, "Strengthening the Soft International Law of Exchange Arrangements", *AJIL*, vol. 77, 1983, pp. 443f.

(72) 一定の国連総会決議のほか、一九七二年のストックホルム人間環境宣言、一九六七年ＡＳＥＡＮ設立に関するバンコク宣言など。なお、ＡＳＥＡＮの場合には、加盟国相互間の緩やかな連携により漸進的な経済統合をはかるという基本方針を反映して、ＥＥＣやＬＡＦＴＡの場合と異なり、重要な文書はほとんどすべて共同宣言ないし共同コミュニケの形式で発出されていることが注目されよう。詳しくは、村瀬信也「ＡＳＥＡＮ統合の国際組織法的側面」『アジア経済』一九八五年一〇月参照。

(73) ＵＮＣＴＡＤの「多国籍企業に関する行動綱領」案、一九七六年ＯＥＣＤによる「多国籍企業のガイドライン」、一九七一年のＵＮＣＴＡＤによる「一般特恵スキーム」（村瀬信也「特恵制度の展開と多辺的最恵国原則」『立教法学』一五号（一九七六年）参照）など。

(74) たとえば、国際法委員会の構成における地理的配分・ローテーション等に関する紳士協定。野村一也「国際法委員会及び国際司法裁判所の一九八一年選挙結果について——国際法委員会の議席拡大を中心に——」『国際法外交雑誌』八〇巻六号（一九八二年）八一〜八九頁参照。

(75) 前出、ヘルシンキ最終議定書のほか、一九七八年の中東和平の枠組みを取り極めた、いわゆる「キャンプ・デーヴィッド」協定など。

(76) R. Dupuy, "Declaratory Law and Programmatory Law : From Revolutionary Custom to 'Soft-law'", in R. Akkerman *et al.*, eds., *Liber Röling. Declarations on Principles : A Quest for Universal Peace*, 1977, p. 252, quoted in van Hoof, *op. cit., supra* note 2, p. 187, n. 804.

(77) Baxter, *op. cit., supra* note 68, p. 549.

(78) Seidl-Hohenveldern, *op. cit., supra* note 65, p. 182.

(79) P. Weil, *op. cit., supra* note 45, pp. 414-415, n. 7.

(80) Baxter, *op. cit., supra* note 68, p. 565.

(81) Seidl-Hohenveldern, *op. cit., supra* note 65, p. 195.

(82) *Ibid.*, pp. 198-205.

（83） *Ibid*., pp. 173f.

（84） 国連総会には、いうまでもなく、立法権能が付与されておらずその決議は「勧告」以上の効力を持たない（一九六六年の「南西アフリカ事件（第二段階）」に対する国際司法裁判所判決参照。*ICJ Reports 1966*, pp. 50-51）。それにもかかわらず、一定の総会決議に法的拘束力を認めるべきだとする主張が一部の論者の間で行われてきたが、その論拠も多様であった。第一に、国内憲法秩序のアナロジーにより、議会制民主主義の原則に基づく多数決原理の承認によって、総会決議は反対者をも拘束するという立場がある（T. O. Elias, "Modern Sources of International Law", in Friedman *et al*., eds., *Transnational Law in a Changing Society : Essays in Honor of Philip C. Jessup*, 1972, p. 51）が、こうした主張が立法論としてしか成り立ちえないことは、多言を要しないであろう。第二に、宣言的総会決議を「即時行政協定」(instant executive agreements）と規定し、拘束的な条約に同化させて捉えようとする立場（O.Y. Asamoah, *The Legal Significance of the Declaration of the General Assembly of the United Nations*, 1966, p. 70）や、「国連憲章の真正の解釈」として、憲章の法的拘束力に同化させていこうとする見解（O. Schachter, "Interpretation of the Charter in the Political Organs of the United Nations", in Métall *et al*, eds., *Law, State and the International Order, Essays in Honor of Hans Kelsen*, 1964, pp. 271-273）などがあるが、これらも実証性に欠けるものといわざるをえない。第三は、総会決議の長年にわたる累積が、慣習法を形成するとみる考え方で、その可能性はたしかに否定されないように思われる（Cf. Bleicher, "The Legal Significance of Re-citation of General Assembly Resolutions", *AJIL*, vol. 63, no. 3, 1969, pp. 477-478; see also Jorge Castañeda, *Legal Effects of the United Nations Resolutions*, 1969）。仮に、ある種の総会決議に慣習法的効力を限定的に認めるとしても、その前提として、①その内容が「規範創設的ないし宣言的」な性格を持つか、②決議採択の形態が、コンセンサスないし、全会一致もしくはそれに近い表決によるものか、採択時の投票説明・立場表明（explanation of vote, and of positions）の内容如何、さらに、③採択後の決議内容に関わる各国の態度・実行等、を慎重に吟味する必要があろう。

いうまでもなく、条約や法律を作成する過程では、関係省庁間での慎重な検討・調整が行われ、法制局の審査を経て国会上程された後、衆・参両院であらゆる角度から詳細な審議に付されている。それがわが国において拘束的なるまでに費やされるエネルギーは相当なものであり、それ故に民主主義の要請にも叶うものとされるのである。これに対して、国連総会決議の作成のために注がれる努力は、一国レベルにおいては、条約・法律の作成に比すべくもない。総会の委員会のうちでも法律問題については権威があるはずの第六委員会でさえ、「若い外交官たちの遊び場（a playground for junior diplomats）になってしまった」（長年第六委を観てきた国連職員の感想）と嘆かれてさえいる（もとより、こうしたコメントは日本の代表には当てはまらないが）昨今、そこで採択される決議に条約や法律と同等の拘束力を認めることには、民主制の要請という原理的な立場からも、極めて、慎重にならざるをえない。

(85) バングラディシュのホセイン(Kamal Hossain)博士は、前記ＩＬＡパリ総会において、「ソフト・ロー」として類型化される総会決議の機能は、ちょうど、オランダの海浜に築かれる堤防(dike)のようなもので、その堤防の存在によって当初は海であったところに土砂が堆積して、陸地になる、という比喩で説明した。たしかに、たとえば「国有化の問題」一つを取り上げても、一九五〇年代以前には国有化措置自体の合法性が問題となっていたのに対し、一九六〇年代以降は補償の問題に移行し、その中身についても伝統的な「正当な」補償から「適当な」補償(一九六二年「天然資源に対する恒久的主権」宣言四項)へ、さらに「可能な」補償(一九七三年、同宣言一二項)から、いわゆる「合理的」補償(一九七四年経済憲章二条二項c)へと変容してきた過程をみれば、まさに右の「ソフト・ロー」による「堤防効果」論が一定の説得力を持っていることが認められよう。なお、高島忠義「開発の国際法と〈Soft Law〉」『慶應義塾大学大学院論文集』(一九八〇年)四三〜六〇頁参照。

(86) Virally, *op. cit., supra* note 64, p. 247.

(87) *Ibid.*, p.243. なお、完全な法に成熟していない規範を「ソフト・ロー」と呼ぶとすれば、あらゆる法規範は、かつては「ソフト・ロー」であったということになろう。「ソフト・ロー」概念をこのように遡って捉える(retrospective concept として)のであれば、それは法の形成過程を示す一つの指標として有益であろう。

(88) Seidl-Hohenvelderm, *op. cit., supra* note 65, p. 195.

(89) *Ibid.*, pp. 195-196.

(90) 前記ＩＬＡパリ総会におけるブラウンリー(I. Brownlie)教授の発言。

(91) van Hoof, *op. cit., supra* note 2, p. 190.

(92) P. Weil, *op. cit., supra* note 45, pp. 413 f.

(93) もとより著者は、国際立法ないし立法により定立された規範を、現在の段階において、形式的な意味での国際法の法源の一つとして承認すべきだという見解を提示しようというのではない。法の存在形式としての国際法の法源は、今後もかなりの期間にわたって、条約と慣習法という二元的構成をとるものと考えられる。著者における国際立法とは、あくまでも法源論の動態的側面について言及する概念である。

(94) *ICJ Reports 1966*, pp. 287-294.

(95) 村瀬信也「国際立法学の存在証明」浦野起央・牧田幸人編『現代国際社会の法と政治』(深津栄一先生還暦記念、北樹出版、一九八五年)一〇五〜一二九頁参照(本書第三章第一節に収録)。

第二節　日本の国際法学における法源論の位相

一　はじめに

本節の目的は、国際法の法源論に即して、日本の国際法学の変遷を辿り、その特質を明らかにするとともに、現在および将来の課題を提示することにある。法源論は、国際法の体系的基礎をなす部分であり、日本における法源論の位相は、そのまま、わが国における国際法学の在り方を映し出しているように思われる。

1　考察の視点——「国際法の欠缺」とその克服

国際法学を志す者にとって、最も大きな心理的脅威は、国際法は法かという法的性質の問題であるといわれてきた。しかし今日では、国際法の法的性質を否定するような見解はみられないし、仮にそうした批判が国際法に投げかけられたとしても、反論は十分に可能で、もはやかつてのように、国際法学者がその「職を賭して」論争するような問題ではない。職業としての国際法学にとって真の脅威は、国際法が「法としての性質」を具えているかどうかではなく、それが「法としての構成」(construction)を整えているか、という点にあったのではないかと思われる。法の解釈者としての法学者の権威は、法そのものの権威に依存する部分が大きいが、国際法には、国内法のように体系化された制定法があるわけでもなければ、膨大な判例法の蓄積があるわけでもない。国際法学者は、断片的な条約と曖昧な慣習法で作られた、いわば隙間の多い家に住みながら、法学者としての権威を保ち、その職業を維持していかなければならない。そのことの方がよほどわれわれ国際法学者にとって、重い心理的負担になってきたはずである。

国際法の法源論とは、まさにこのような意味で、「法としての構成（体裁！）」を整える作業であり、その中心課題は、国際法という家の隙間をいかにして埋めていくかという問題であるといってよい。それは解釈論のレヴェルでは「法の欠缺」の補充の問題であり、それで解決できない場合には、立法論的に法の修正・改廃をめざすということになる。そうした問題に「筋道をつける」ことが、何よりも法源論研究の目的である。そこで本節ではまず、このような「国際法の欠缺」という問題に対して、先人たちがこれをいかに認識しいかに克服しようとしてきたかを検証し、そうした観点から日本の国際法学における法源論の変遷を跡づけるとともに、これを百年にわたる国際法学会の研究活動に重ね合わせて考察したいと思う。

2　法源論の諸相

本書で考察する法源の意義ないし法源論の論点について、予め明確にしておく必要がある。周知のように「法源」という言葉は極めて多義的である。いわゆる形式的法源と実質的法源のほか、法の効力の基礎ないし法的性質の根拠という意味で用いられる場合や、国際司法裁判所規程三八条のような裁判準則といった意味の場合もある。さらにはまた、国際法をどのように認識するかといった観点から、法の認識資料という意味で用いられることもある。本節ではしかし、主として、形式的法源と実質的法源の二つの意味に焦点を合わせて考察する。

「形式的法源」というのは、法の存在形式、つまり国際法と呼ばれる規範がどのような形式で存在するかという静態的基準に着目するものである。これに対して「実質的法源」とは、法を発生させる事実ないし行為、つまりそうした法の定立を促す要因に着目する動態的な観念であり、実定国際法の修正・変更・新たな形成という、広い意味での国際立法の指標となるものである。

ここでとくに、次の二点を指摘しておきたい。第一点は、形式的法源と実質的法源との相関関係についてである。すなわち歴史的にみて、国際社会の基本的な構造にあまり変化のない相対的安定期には、法源論の主たる関心も形式的な分類学が中心となるのに対し、国際法が変革過程にあるような時期には、その関心は法源論の能動的側面、すなわち、より根源的な実質的・立法的側面に移行する傾向が認められるということである。国際法の法源論はそうした弁証法的な性格を刻印されているのであって、この視点を抜きにしては日本の国際法学における法源論の位置づけもなしえないと思われる。同様に、国際立法に対する真に積極的な貢献も、法源論的基礎が確立していなくてはなしえない、というのが本書の仮設である(1)。

第二には、上記の点と密接に関わるが、こうした法源論の構造は、国際法における解釈論と立法論との区別に、直接関係してくるということである。国際法の法源が相対的に安定している時代には実定法解釈の範囲も確定しており、解釈論と立法論の棲み分けもかなり明確にできるのであるが、法源論の動揺期には、その区別が曖昧となり、実質的法源論への要請が強くなればなるほど、実定国際法における「法の欠缺」に対する意識が強く前面に押し出されて、欠缺補充の限度を超えた「法創造的解釈」が横行することにもなる。こうして、国際法における法解釈論の基礎としての法源論研究が、一層重要な意味を持ってくるように思われるのである。

いずれにせよ本節では、国際法における法源論研究を、法の存在形式を問うだけの狭い法源論に閉じ込めるのではなく、それが「国際法解釈論」および「国際立法論」にいかなるインパクトを与えているかという視点から、日本の国際法学の歴史を捉えていきたいと考える。

二　近代日本における国際法法源論の展開

1　前　史――国際法の導入期

開明期の日本は、欧米の国際法テキストの翻訳をとおして初めて国際法と出会うのであるが、その時代の人々にとって、国際法がいかなる性質のものであるかということを、欧米の学者が説いたとおりにそのまま理解することは、ほとんど不可能であった。したがって当初は、伝統的な儒学の思想に基づき、「宇内之公法」ないし「天地ノ公道」という形で「萬國公法」の本質とその存在理由を理解しえたと考えたのである。これら欧米の原著書は、概ね実定法主義・法実証主義の立場に立つものであったが、自然法思想の残滓を残して、自然法（性法）が実定国際法の基礎を与え、国際法の拘束力の根拠となっていると説明していたから、当時の日本の知識人が、これをあまり違和感なく儒学的な観念に置き換えて理解したとしても不思議ではない(2)。

こうしてたとえば、神田孝平編『性法略』において、西周は法源につき「法律之淵源乎人性云者」と定義した上で、実定国際法としての泰西公法は「夫ノ性法ノ本源ヨリ発」するものと捉えつつ、具体的には、「或ハ明許シ（條約等ニ書載シタル條款）或ハ黙許シタル（明許ニ依ラス互ニ甘服シ例トナリタル事ヲイフ）定約ニ依テ立チ而シテ是ニ本ツキ常行トナリタル風習ニ由テ成レル者ニシテ、夫ノ文明ナル諸國ノ際ニテ漸ヲ追イ交際ノ條規トナレリ」として、条約と慣習法に言及しているのである(3)。

しかしいうまでもなく、日本を取り巻く国際情勢は、そのような形而上学的な思弁を許すほど甘いものではなく、国際法の研究も急速にそうした厳しい現実に対応しうる技術の修得に力点が置かれるようになる。当初は個々の国際法規則の意味を理解することが精一杯であったが、明治の外交担当者は、条約改正作業などを通じて、驚くべき早さで国際法の知識と技法を獲得していくのであり、時には欧米の専門家を凌駕するような見事な解釈を打ち出す場面さえみることができる(4)。しかし、それはもとより解釈論として一般化・体系化されたものではなく、個別の案件処理のための実利的観点を優先した当事者解釈にとどまるものであった。明治六年（一八七三年）に出版された箕作麟祥の『國際法、一名萬国公法』はウールジーの概説書の翻訳で、わが国で最初に「国際法」という言葉を用いたことでも有名であるが、その時代の実利的・実学的風潮はこの本の訳し方にも明瞭に表れている。すなわち、訳者は原著の序章で国際法の定義や法源論に関する部分は全部これを省略することとしているが、その理由を「其理論頗ル高妙ニ渉リ且能ク其義ヲ了解スルモ今日ノ實際ニ必シモ益アリトス可キニ非ス」と述べ、もっぱら「現今交誼通商ノ實際ニ処シテ必用ニ充ルヲ期スルノミ」としているのである(5)。

当時の日本において仮に法源論に関心があったとしても、それは外交上の実際的観点からの「認識資料としての法源」にとどまるものであった。幕末から明治にかけて最も影響力のあった国際法のテキストはフィートンの *Elements of International Law* であったが、この本は『萬國公法』という題名で、漢訳本、和訳本が幾種類も出版された。同書では国際法の法源として、学説、条約、国内法令、国際裁判、法律顧問の意見、その他の先例の六つを挙げている(6)。これらは国際法を認識するための手掛かりとして列挙されているものにすぎないが、国際法を外交の実際に役立てることに専心していた当時としては、その法源論も、こうした実利的・実用的な面にのみ、その存在理由が認められていたといえよう。

明治初期における国際法上の関心はもっぱら戦時法の問題に集中しており、国際法学会が創設される明治三〇年頃になってようやく本格的な平時国際法の概説書が出版されるようになる。しかしそれらも欧米の国際法学者の学説を多数引用列記するにとどまるのがほとんどで、概して解説的・啓蒙的なものであった。法源論についても、たとえば高橋作衛博士の場合、国際法の法源を二つに区別し、第一は（今日いうところの）形式的法源、第二は認識材料であるが、博士は主として、この第二の意味の法源を問題としているのである(7)。当時の他の学者の論述も高橋博士とかなり近似している(8)。これとやや対照的に、千賀鶴太郎博士は哲学的な観点から国際法の基礎を説明しようとした学者として知られている。千賀博士は高橋博士の法源論を批判論駁する論文を書いているが、その表題からもわかるように、批判は主として法源の「定義」の仕方に向けられており、かつ欧米学者の引用の仕方が不適切であるとか、誤訳ないし誤解であるといった類の批判であって、法源論の「中身」に関する議論にはなっていない(9)。

もっともそうした中で、寺尾亨博士が一九〇二年に、条約解釈に関して「法の欠缺」の問題を取り上げ、類推（「比敷衍引の解釈」）や条理による補充について論じ、同時にその濫用を戒めるなど、含蓄豊かな論考を発表していることが注目される(10)。その頃の学会誌の慣習で引用注もない小論ながら、常設国際仲裁裁判所における「日本家屋税事件」を抱えて、創立間もない当時の学会が、かなりの切迫感をもってこの問題を考えていたことが感得される。

2　法源論の確立――立作太郎

日本における法源論の本格的な理論研究は、やはり一九一〇年代以降のことであり、立作太郎博士において一つの到達点を迎えるのである。わが国におけるそれ以前の国際法の理論は、国際法の実行を補完・補強するものであったにせよ、概ねそれは実行の中に埋没していたものとみなされるが、立博士において理論がその埋没から脱して自立することができたのである。それによって初めて理論は実行を対象化しうることになり、前者は後者に対して内在的批判と積極的貢献を行うことができるようになったのである。

(1)　国際法の体系化と法源論の確立

立博士は、厳格な法実証主義の立場に立って、かつ、欧米の学者の受け売りではない独自の見解をもとに、わが国で初めて国際法の理論的体系化を果たした学者であった。その『平時国際法論』において、博士は、従来の議論を整理するとともに、独自の観点から法源論の枠組みを提示している。すなわち、法源には二種あり、第一は、国際法の効力の基礎という哲学的意味の法源であるが、これについて立博士は、究極の淵源としての「国際団体の法的確信」について自説を展開し、これはドイツの歴史法学派の説と近似するけれども、必ずしもそれと同一ではないということを、縷々説明する。第二は、国際法規が効力を受ける形式、つまり法の存在形式という意味での法源で、それは条約と慣習法ということになる。立博士の法源論の神髄はこの形式的法源の詳細な分析にあるといってよいであろう。博士はこのほかに、認識材料としての法源にも言及しているが、それは先の明治期の学者の場合とは違って、もはや副次的なものにすぎない(11)。また、博士の後期の著作では、実質的法源に関する問題意識も強く窺うことができ、とくに「法の一般原則」の法源性を積極的に認める必要を力説していることが、注意をひく(12)。

こうした立博士による法源理論の基盤整備は、国際法における解釈論の確立および国際立法活動への貢献という二つの側面において、極めて重要な意味を持つことになったのである。

(2)　国際法解釈学の確立

まず国際法解釈学の面についてみると、伊藤不二男教授が「立作太郎は解釈法学としての国際法学を確立し、それによってわが国の国際法学を、憲法・刑法・民法などの国内法に関する法律学が到達しえた水準にまで高めた」(13)と評価しているように、立博士の貢献は、法学の一部門としての「市民権」を、国際法学に認めさせたことにある。

立博士の解釈論は、当事国の意思に重きを置き、条約の場合には文理解釈を基本としながら、論理解釈や合理的解釈ないし目的論的解釈、さらに歴史的解釈の技法を適宜採用していくというオーソドックスな立場である(14)。慣習法については、とくに沿革的事実と先例の考証を丹念に行うことが強調されるが、博士の膨大な数の実作には、そうした方法がいかんなく示されている。もっとも、どのような場合にいかなる解釈技法を用いるかについて必ずしも明確な基準が示されているわけではなく、職人的な「勘」に頼る部分が大きいことは、立博士の解釈論の限界でもある。「国際法の欠缺」について、立博士は率直に「国際法の不完全性」を認め、これを解釈論として補充し克服していく必要性を強調する。「常設国際司法裁判所の立法に依る国際法の発達」と題された一九三七年の論文では、「裁判所の立法作用はこれを軽視することはできない」とさえ書かれている(15)。もっとも、これは必ずしもいわゆる「司法立法」の意味ではなく、概ね欠缺補充のことであるが、その文脈で「法の一般原則」の機能がとくに重視されていることは、博士の解釈論の動態的な側面をよく現している。

他方で、立博士は、国際法の不完全性を克服するためには、国際組織のイニシアティヴによる国際立法を推進するほかないことを力説し、自らその実践活動に積極的にコミットしていく。そこで次に、博士の国際法典編纂に関する取り組みについてみておきたい。

(3)　国際法典編纂

立博士は早い時期から「国際法典編纂」について強い関心を持っていたが、一九二五年から三〇年にかけて行われた国際連盟の法典編纂活動について、わが国における主導的な役割を果たした。国際法学会ではこの事業に協力するために、学会の中に国際法典編纂研究委員会を設置し、九個の条約草案を作成して、連盟の法典編纂委員会に提出した。この日本の学会による条約草案は国際的にも高く評価され、一九二八年九月の連盟総会で報告者のアンリ・ローランは、各国の学会の協力に謝辞を述べた中で、とくにアメリカのハーバード草案と日本の研究グループの活動に触れ、そのことは連盟総会の決議(16)にも明記されて、創立三〇年を迎えていたわが国際法学会としては、大いに面目をほどこしたのである。この法典編纂について立博士は、その後も学会サイドにおける中心的な役割を果たし、一九三〇年のハーグ会議における日本代表団の法律顧問としても活躍している(17)。

いずれにせよ、わが学会としては、この法典編纂事業に総力を挙げて取り組み、それまで受動的に国際法の導入をはかってきた時代から、国際立法という形で国際法の形成そのものに対して積極的に貢献していく姿勢に転換したのである。もっとも、ハーグ会議における日本の提案は、領海の問題にせよ(18)、国家責任にせよ(19)、最終的には極めてコンサーバティヴな立場に立つものになったが、その点だけをとって評価するのは皮相な結論であろうと思われる。国際立法というのは一回限りの事業ではなく持続的なプロセスであるから、この法典編纂の過程で日本が果たした役割は、やはり極めて大きなものであったと考えられる。これが可能となった背景には、もちろん国際法の個別分野における研究成果がこの頃から続々と発表されてきたこともあるが、やはり、日本の学界において、国際法の体系的な基礎である法源論が整備・確立されてきたという事実を看過してはならないのである。

3　法源論の静態と動態――横田喜三郎・田岡良一

立博士の後を受けて、日本の国際法学が横田・田岡両博士の下で飛躍的な発展を遂げたことはいうまでもない。両博士はそれぞれ独自に、確固たる法実証主義の方法論を確立し、それに基づいて、国際法規の全体を統一的・体系的に理論づけようとした。しかしその方向性にはかなり大きな差があり、法源論についても顕著な違いが見受けられる。

(1)　国際法の規範論理と動態的理解

まず横田喜三郎博士は、周知のように純粋法学の立場から、実定国際法の認識に当たって、法的なものとそれ以外のものとを峻別し、もっぱら法的なものだけを認識の対象とすべきことを強調した。すなわち、一切の道徳的・政治的価値判断の混入だけでなく、法の社会学的・心理学的・経済学的考察をも排除して、実定法を純粋に構造分析するという立場である。したがって、横田博士においては、「狭義の法源」としては形式的法源のみが意味を持つものとされ、法の外にある実質的法源の要因は、博士のいう「法的考察」の対象外に置かれることになる(20)。

これに対して田岡博士の場合には、純粋法学の規範論理的な形式主義を排して、法規の形成と存在を、法的な要因とそれ以外の歴史的・社会的・政治的要因との総合の上に理解しようという立場である。法源論についても、法源（*fontes juris*）、「法の泉、源流」という言葉は、本来「立法者」ないし「立法行為」という実質的法源を指すということが強調され、その本来の意味が後世「法の存在形式」という意味に転換し、かつ、それが一般化してしまったことが法源論の混迷をもたらしてきたとされる(21)。

法源の捉え方について、両博士の間でとくに際立った認識の違いは「法の一般原則」の法源性に関する点であった。いずれもこの原則を「国内法の原則で国際関係に適用可能なもの」とする点では一致しているが、法源性について横田博士はもちろん否定説で、「法の一般原則」は常設国際司法裁判所規程で認められた「裁判準則」にすぎないという立場である(22)。これに対して田岡博士の場合は、形式的法源としては一応否定説ながら、法源という言葉をその「正しい」意味、すなわち「国際法規を発生せしめる経験的事実」という意義に立ち返って捉えるならば、国内法原則もそのような経験的事実にほかならず、したがって「法の一般原則」は国際社会における「行為規範」として、条約と慣習法に並んで、国際法の法源として認められるべきであるという肯定的な見解をとる(23)。こうした論争にも、実定法現象を純粋に規範論理の世界で捉えようとする立場と、法規の社会的機能に着目して捉えていこうとする方法態度との差異が、よく窺えよう。

(2)　国際法解釈論

このような法源把握の相違は、両博士の国際法解釈論の違いに直結している。すなわち科学的認識と実践的価値判断とを厳格に峻別する純粋法学の立場から、横田博士の法解釈論は、基本的に、文理解釈のみが法学者としてなしうる解釈であるという考え方であり、文脈や準備作業の検証も、文理解釈の補完としてのみ許容される。それ以外の論理的解釈とか目的論的解釈などは、解釈の名の下に実は法の外から価値判断を持ち込んで実定法の内容を修正・変更するものと非難され、法の客観的認識を任務とする法学の対象から分離・切断されることになるのである(24)。

他方、田岡良一博士の法解釈論は、同じ実証主義でも、法規の社会的機能に着目してその実質的な意味の解明を求めるものである。この点に、先に紹介した田岡博士の法源論の特質が、博士の法解釈論に密接な関連を持っていることがわかる。純粋法学が法以外の要素を捨象していくのとは逆に、田岡博士の場合には、常に、extra-legal な政治的・経済的・歴史的な要因を考慮に入れ、現実の社会関係と照応させながら、ある解釈をとることが具体的にどのような社会的意味を持つことになるかを明らかにしていくことに重点が置かれることになる。そうした作業の前提として、まず徹底的に詳細な歴史的事実の分析を行うというのが特徴的である(25)。こうして田岡博士においては、法解釈は、伝統的な解釈技法だけではなく、広義の法社会学的な解釈方法が幅広く援用されることになる。田岡博士の大きな功績の一つは、そのような形で、国際法解釈学の内容を非常に豊かなものにしたという点にある。

さて「法の欠缺」について両博士はどのように捉えていたかという問題であるが、横田博士は、実定法に「法の欠缺」があることは認めつつも、法解釈の立場からは欠缺の存在を認定するだけにとどめるべきであるとする。なぜなら博士によれば、「法の欠缺」には、本来的な(真正の)欠缺と、技術的な(不真正の)欠缺とがあるが、とくに前者の場合、そこで欠缺として観念されているものは、「在る法」と「在るべき法」との差異のことである。したがって、その欠缺を補充するということは、結局のところ、実質的価値判断を持ち込むことにほかならない。そうした作業は、客観的認識を旨とする法学の任務ではなく、裁判官などが実践的に行う活動に属するというものである(26)。

これに対して、田岡博士は、「法の沈黙ないし欠缺」には、少なくとも次の二つの場合がある。すなわち、第一に、ある事柄について法規が存在しないことは、法がその事柄の処置を各国の自由裁量に任せていることを意味する場合と、第二に、国際社会の秩序維持のためには、本来、法の介入を必要とする性質の事柄であるにかかわらず、立法者の懈怠により、たとえば国家間の激しい利害対立によって国際的な合意ができないため、法がその任務を放棄している場合とがある、というものである。前者はたとえば一九二七年のローチュス号事件判決で「禁止規範の欠如は、国家の自由裁量としての許容を意味する」というような場合、また後者の例としては、一九三〇年の法典化会議でも合意できなかった「領海の幅員」のような場合である。前者の自由裁量的欠缺の場合には、解釈論の枠内での「欠缺の補充」という形で対応しうるのに対して、後者の合意不成立による欠缺の場合には、それは不可能で、あくまでも立法的な解決をはかるほかないということになる(27)。

田岡博士のこの指摘は「法の欠缺」について、極めて本質的なポイントを突いたものと思われる。ただ問題は、自由裁量的欠缺と合意不成立による欠缺との区別を行うことが、実際には困難な場合がありうるという点である。また前者の欠缺についても、法規の不存在が全く無制約の包括的許容を意味するか、それとも、国際秩序の維持という観点から一定の制限を受けるのか、という解釈の対立があった。横田博士は、ローチュス判決の評釈で、国家主権の概念を基調とした裁判所の判断、とくにその「問題の立て方」が不適切だという趣旨の批判をし、国家の裁量の範囲について制限的な解釈を示唆している(28)。法の欠缺と自由裁量の関係に関するローチュス原則は、七〇年後に、再び核兵器事件で争われることになるが、それについては後で触れる。

(3)　国際立法の位置づけ

先に対比した横田・田岡両博士の方法論と法源論の違いは、「国際立法」という概念の位置づけ方にも現れている。横田博士の場合には、国際立法という概念は、少なくとも同博士の戦前の著書では、「国際法規範が定立される一切の場合を含む」極めて広い概念として用いられている(29)から、あえて「国際立法」という表現を用いる積極的な意味は見出しがたいが、いずれにせよ、狭義の法源論とは切り離されたところで設定されているのである。これに対して田岡博士の場合には、先にも触れたように「法の源流」という本来の法源概念に遡ればそれは「立法」を意味する、ということであるから、国際立法はあくまでも法源論の一部として位置づけられるものとなっている。実際、田岡博士は、法源論に関する章にとくに一節を設けて「国際法典の編纂」について論述している(30)。もとより、どのような形で分析概念を立てるかは、それぞれの学者の自由であるが、国際法の歴史的発展の中で国際立法を捉える場合、やはり法源論と国際立法論との内面的な関係が重視されなければならないように思われる。

なお、戦前のこの時代に、自然法主義の立場における田中耕太郎博士や大沢章教授の貢献を、忘れてはならない(31)。しかし、自然法論の下では「法は発見すべきもの」として、解釈論も立法論もともに理論的認識の対象であり、「法の欠缺」も論理的に存在しえないのであるから、本節における考察の範囲からは省かざるをえない。

4　法源論の混迷――戦中期

ともあれ、これまでみてきたように、立博士を経て横田・田岡両博士に至る国際法学の奔流の中で、実証主義の方法論は確固たる理論的体系性を獲得して「対象としての実定法主義」および「方法としての法実証主義」は着実に定着し、そうした流れの中で、少なくとも、一九三〇年代までの日本の国際法学は、概ね健全な発展を遂げてきた。この流れを大きく変えようとしたのが、戦時中、一部の学者によって推進された大東亜共栄圏の思想を国際法学に取り込もうとする運動であった。ここで、非常に極端な事例であることは承知の上で、あえて戦時中の安井郁教授の著作に触れなければならないと思う。これを過去における特異な例として無視するには、あまりにも現代的な意味を持ちすぎていると考えるからである。

当時、戦時体制の下で、国際法学会の生き残りの道を探るために、関係者が多大の努力を払ったことは想像にかたくない。しかし、学会における「大東亜国際法委員会」の活動などは、学会百年の歴史の中でも異例の事態であったと思われる。安井郁氏はそこで中心的役割を果たし、カール・シュミットの国際法理論の紹介などを内容とする大東亜国際法叢書第一巻を執筆するのであるが、一九四二年初めに行われたこの委員会の初会合で、安井教授は「研究の大綱」を次のように報告している。すなわち、従来の西欧中心の国際法秩序は徹底的に批判されなければならないということ、代わって、新たな一般国際法は、それぞれ文明形態を異にする「広域国際法」相互間の関係を規律する法として、再定義されなければならないこと、などである。さらに安井教授は、こうした研究においては「実定国際法の実証主義的認識では不十分」であり、この新しい国際法理論の建設において、特定の歴史観や理念との結合は必然となり、それは思想闘争の性格を帯びる、といった指摘を行っている(32)。戦後、安井教授は一転してマルクス・レーニン主義に基づく国際法理論の構築に力を注ぐとともに、原水爆禁止や平和運動のリーダーとして国内的にも国際的にも華々しく活躍し、晩年にはその功労により「国際レーニン平和賞」を受けるが、同教授の国際法研究に戦前・戦後を通じて一貫しているのは「法実証主義に対する蔑視」であろうと思われる(33)。

実定国際法の解釈を特定のイデオロギーの下に歪曲しようとするこうした勢力に対して、戦時中の横田喜三郎博士が、純粋法学の立場からこれに敢然と立ち向かい、執筆停止の弾圧を受けながらも、ほとんどただ独り批判と抵抗の姿勢を貫いたことは、わが国際法学会の歴史において、特筆大書すべき輝かしい功績である。横田博士流の徹底した法実証主義は、戦時体制という異常な時代背景の下では、極めて有効な抵抗の武器となり、それによって日本の国際法学は辛くも生き延びることができた、そのことは永く銘記しておきたいと思う。

三　現代における法源論研究の意義と課題

1　戦後の法源論研究の特質

戦後の日本では、法源論それ自体として論じられた論稿は必ずしも多くない。しかし逆に、戦後の国際法学においては、どのような問題を扱う場合にも、法源論的考察を抜きにしては論じられないという状況となったことも確かである。とくに戦後は、国際法の新たな分野が次々と広がってきたが、そうした問題を扱う場合には、適用法規の欠缺をいかにして克服するかがまず問われるから、法源の問題を避けて通ることはできなかったのである。国際法の変容は、しかし、単に個々の法規の進化・発展や新たな規範の形成にとどまらない。むしろ国際法の規範構造そのものの転換こそ、法源論として真正面から受け止めなければならない課題であったのである(34)。国際法における強行規範（*jus cogens*）の思想も、未だその実定的な基礎や内容は不明確ながら、そうした意味で国際法学に対する根底的な挑戦を投げかけていることは否定できない(35)。

こうした状況の中で、現代における法源論研究の顕著な特質は「形式的法源の相対化と実質的法源論への傾斜」ということに集約されるように思われる。「法源の相対化」ということには二重の意味がある。第一には伝統的法源の間の、つまり条約と慣習法との相対化、第二には法と非法との相対化ということである。

(1)　形式的法源論の相対化

まず第一の側面についてみると、伝統的には独立の法源として交錯することのなかった条約と国際慣習法との間に、密接な相互作用・相互浸透が認められるようになってきたことが挙げられる。慣習法が多数国間条約の形に法典化されたり、あるいは条約規定が慣習法の証拠として援用されることが多くなったことによるものであるが、一九六九年の北海大陸棚事件に関する国際司法裁判所判決を契機にこの問題が明確に意識されるようになった(36)。また同年採択された条約法条約の起草過程でも、慣習法との関係が強く意識されていたことは明らかである(37)。こうした条約との相互作用の中で、従来の慣習法理論も変容を迫られてきており、伝統的な慣習法の要件論について見直しが行われてきたほか、「一貫した反対国」の位置づけについても議論を呼んだ。これらの点について、国際法学会でも一九八八年に「慣習国際法の再検討」というテーマで若手研究者を中心としたパネルが企画された(38)。また、尹秀吉事件、テキサダ号事件、オデコ事件、シベリア抑留事件などの国内裁判で、条約規定の慣習法的効力が争われたことも、こうした問題に関する研究を大いに刺激した[39]。このように、伝統的な形式的法源の動揺と相対化をいかに受け止めるかという問題意識が、戦後の法源論研究における第一の特質ということになろう。

（2）実質的法源論への傾斜（法と非法の相対化）

次に第二の側面として、法と非法、いわゆるハード・ローとソフト・ローとの相対化が顕著になってきたのも、現代法源論の大きな特色である。国連総会の勧告決議とか国際会議の宣言などに、どのような法的効果を認めるか[40]について様々に議論が展開されてきた。全く法的な効果を認めないというコンサーバティヴな立場から、従来の慣習法成立の要件を緩和し法的確信一元論のような形でこれを慣習法として認めようという立場、あるいはまた「国際法の一般原則」ないし「一般国際法」の類型において捉えようとする学説、さらには「国連法」といった範疇を設定することにより、そうした未成熟規範に対して積極的な意味づけをしていこうとする理論など、多種多様である[41]。もとより、それぞれの学説や理論について論評をすることがここでの目的ではない。むしろ、ここで注目しておきたいことは、このような非拘束的文書や未成熟規範について、国際法学上これを問題とせざるをえなくなったということの意味である。それは明らかに、従来の形式的法源論が「桎梏」に突き当たり、そのために「法の欠缺」が生じ、代わって実質的法源論が強く要請されているということの、何よりの証左であろうと思われる[42]。

実質的法源論への傾斜は、ただソフト・ロー現象だけにみられるものではない。今日、国際法上、重要な争点となっているのが、国家の「一方的措置」の法的評価に関わる問題である。周知のとおり、国際司法裁判所は漁業管轄権事件など幾つかの事件で、当該事案に関する適用法規の欠缺を理由として、一方的措置の対抗力（opposability）を基準とする判断を示しているが、そうした判例の動向を基礎に、今日では「一方的措置の国際法形成機能」[43]が無視しえないという状況も、実質的法源論の一つの現れ方にほかならない。

いずれにせよ、こうした実質的法源論の背景に、現代における国際社会の構造的な変革という要因があることはいうまでもない。歴史的にみても、こうした変革期には、国際法上、まず主体論が、そして次に法源論が、大きな影響を受けるのである。とくに現代における国際関係の複層化と多元化は、国家間の合意としての国際法の在り方に深刻な問題を投げかけている。すなわち、今日の国際法は、一方では主権国家を「素通り」するような形で形成され、かつ国家による受諾や履行を媒介としないで機能している、いわゆる transnational law と呼ばれる規範群からの挑戦を受けている。他方で国際法の内部においても、急速に専門分化が進行し、それぞれの専門分野ではかなり高度な法制度が形成されてきているが、全体としての統一性が次第に希薄になってきていることも事実である。一言でいえば、国際法は分断化と多元化の危機を迎えているといっても過言ではない。今日の国際法法源論は、こうした傾向を克服し、国際法における一元的体系性の回復をめざすものでなければならない。

このような課題を、国際法解釈論および国際立法論のそれぞれのレヴェルにおいていかに受け止めるべきか、以下に若干の指摘をしておきたい。

2　法源論と法解釈論

国際法学の内容をどのように捉えるにせよ、実定法の解釈学がその中心にあること、少なくともその重要な部分を占めることには異論はないであろう。法源論はこの法解釈論の前提をなすものであるから、両者の関係は密接不可分である。歴史的にみても、実質的法源からの要請が強くなる変革期には、解釈のプロセスにも欠缺補充の必要性が強調されるとともに、現行法の修正と新たな立法の要素が混入されがちとなる。

こうした文脈でやはり避けて通ることのできない問題が、国際法における「法の欠缺」と、その補充である。完備した制定法を持たない国際法では欠缺補充の方法も、類推や反対推論などより「一般条項」による場合の方がはるかに多いことはいうまでもない。一般条項というのは、国際法では「法の一般原則」や「衡平原則」、「信義誠実原則」「権利濫用法理」あるいは「条理」などであるが、さらに「人道法の原則」なども含めて、これらの機能をいかに捉えるかが重要な問題である。先にも触れたように、国際法上、法欠缺の概念は一義的ではなく、その認定も容易ではない。

一九九六年に国際司法裁判所の勧告的意見が出された核兵器使用に関する事件(44)でもこれが一つの争点であった。そこで提起されていた実体法上の問題は、核兵器の威嚇・使用に関し包括的・普遍的禁止を直接・明示的に規定した実定国際法の規則は存在しない(勧告的意見主文2B)、つまり「法が欠缺」しているという状況で、この事案を法的にどのように評価するかということであった。この欠缺が、基本的に国家の裁量的自由に委ねるという意味での欠缺であるとしても、前記ローチュス原則を包括的裁量と解釈するか、それとも限定的・制限的に解釈するかによって、核兵器使用の合法・違法の判断は分かれることになる(45)。裁判所の多数意見はローチュス原則の制限的解釈をとる形で、「核兵器の威嚇・使用は、一般的には、武力紛争に適用可能な国際法規則に反する」(2E前段)とした。

その際問題は、「欠缺の補充」が何によってなされているのかということである。裁判所がそこで援用しているのは「国際法の人道原則」や「人道の基本原則」といった概念である。これらのいわゆる「国際法の一般原則」(46)は必ずしも、条約や慣習法上の規則ではなく、そうした諸規則に共通に内在し、その基礎をなす原則として認められてきている。本節では触れないが、「衡平」や「信義誠実」(47)などの原則も、具体的な事案に適用すべき法規の欠缺がある場合に、その補充機能が積極的に容認されてきている。これらのいわゆる「国際法の一般原則」は、先の「法の一般原則」とは一応区別されなければならないが、これを、法源論の中でどのように捉えるかは、今後の重要なテーマである。

また、右の核兵器事件において裁判所は、「極限状況における自衛行為としての核の威嚇・使用」については、「国際法の現状に照らして」、「合法か違法かを確定的には結論しえない」と判断不能(*non liquet*)を宣言している(2E後段)。「国際法の現状」の語をどう読み取るかが問題であるが、この場合の「法の欠缺」は明らかに、国際社会における合意成立が不可能であるために生じた欠缺であると捉えざるをえない。そうであるならば、この部分については、すでに解釈論の問題ではなく、立法的に解決さるべき事柄ということになる。

いずれにせよ、この事例が示しているように、今日の多くの国際法上の争点は、一般条項の援用による欠缺補充が、解釈論の枠内でぎりぎりどこまで許容されるのか、そしてどこからがその枠を超えた立法論なのか、ということが問われているのである。一定の客観化された基準に照らして、ある主張が実定国際法から乖離した立法論であるということになれば、それは所定の制度ないし手続の下で、新たな法の定立を実現すべき問題として議論されなければならない。解釈論と立法論との間にこうした節度と緊張関係が失われると、安易な政策論や政治論がはびこることにもなりかねない。そこで最後に法源論と国際立法論との関係について触れておきたい。

3　法源論と国際立法論

もっとも、この問題については、本書を通じて検討していくことになるので、ここでは一点だけを述べておきたい。今後の課題としてとくに重要な点は、実質的法源の諸要因がどのような経路を経て新たな国際法規として形成されていくか、そのプロセスを解明することとともに、これを基本的な内容とした「国際立法の理論」を整備していくことであろうと思われる。それは、やはり田岡博士が強く示唆したように、法源論の一部として、かつ法源論の基礎の上に、構築されるものでなくてはならないはずである。そのような国際立法論の確立こそが、現代および将来における国際法の規範性の強化と体系的統一性の確保についての展望を与えてくれるものと思われる(48)。

国際立法への貢献ということについて、もはや戦前のように学会が組織的にこれにコミットするということは、もとより、ありえない。実際にも戦後においては、国際法学会の会員が色々な形で国際立法活動に協力し、国際法委員会をはじめ、海洋法、宇宙法、条約法、武力紛争法など、それぞれの分野で貴重な貢献を果たしてきた。これら諸先輩は、国際法の理論的水準においても、それぞれ日本を代表する最高の学者として活躍された方々であり、われわれ後進は、そこに理論と実践のあるべき姿をみることができるのである。

四　小結

本節でみてきたように、日本の国際法法源論の研究は、開明期における「認識資料」の探究から、形式的法源の解明、さらに実質的法源の追求へと、その重点が徐々に移行してきたことが窺える。そうした変遷はとりもなおさず、日本の国際法学が、欧米の国際法理論と実行を受動的に受容することに専心していた段階から、次第に国際法に対して主体的・能動的に関与していく姿勢に変化してきたことを物語る。法源把握の態様は、国際法の解釈方法にも、また国際立法への関わり方にも、色濃く投影されてきたのである。

現代における法源論の動揺とそれに伴う実質的法源論への傾斜は、何よりもまず、国際法の解釈論に大きな影響を与えてきた。しかし、日本の国際法学において、ウィーン条約法条約第三部第三節などの「条約の解釈」に関する優れた個別研究の成果(49)や、既存解釈論のイデオロギー暴露を主眼とする鋭い批判的検討(50)を別とすれば、国際法解釈論が、それ自体として、内在的かつ総合的に検討されたことはほとんど皆無であったといってよい(51)。国際法学の発展は「学際研究」の流行を追うことでは得られない。その発展は何よりも、解釈学としての法学的基礎を獲得するところから始まる。そのためには国際法学の在り方を、いま一度オーソドックスな法実証主義の枠の中で厳しく捉え返すとともに、国際社会の新たな規範状況に即応する方法論の確立をめざす必要がある。そうした形で自己の存立基盤を強固に固めることこそ、今日の国際法学の最も中心的な課題といわなければならない。その前提を欠いては、新たな国際法の創造を展望することも、不可能だからである。

過去一世紀にわたる法源論の展開と、それに基礎づけられた解釈論および立法論の変遷を跡づけながら、われわれは、多くの先人たちが、時にはぎりぎりの切迫した状況の中で、国際法の規範性を守るために、いかに大きな貴い努力を払ってきたかを学び、日本の国際法学に脈々と息づいてきた実証主義の精神に触れることができたように思う。初期の国際法学者の多くは、国際法に対する底深い畏怖の念とともに切ないほどの憧憬を滲ませながら、この対象と向き合っていた。そこには、選ばれた者にしか許されない学問としての国際法学に従事することの高い誇りと、そして何よりも、ひたむきな真剣さが感じられるのである。その後の時代における日本の国際法学の歩みについては、すでにみたとおりである。一方で壮大な体系が構築され、他方では緻密な論理が蓄積されて、戦前期におけるわが国の国際法学は、確固たる学問的基礎を獲得した。その基礎の上に、戦後における百花繚乱の発展は可能となったのである。国際法学会が創立百年を迎える今日、後に続くわれわれとしては、先人たちが苦難の時代に積み上げてきたこの学問を、確実に継承し、かつ、これを一層発展させていかなければならないという思いを、改めて強くする次第である。

注

(1)　村瀬信也「現代国際法における法源論の動揺——国際立法論の前提的考察として」『立教法学』二五号(一九八五年)(本書第一章第一節に収録)。

(2)　伊藤不二男「国際法」野田良之・碧海純一編『近代日本法思想史』(宮沢俊義・大河内一男監修・近代日本思想史体系七、有斐閣、一九七九年)四六一〜五〇二頁。

(3)　大平善梧「國際法學の移入と性法論」『一橋論叢』二巻四号(一九三八年)四六四〜四八三頁、田岡良一「西周助『萬國公法』」『国際法外交雑誌』七一巻一号(一九七二年)一〜五七頁、住吉良人「西欧国際法学の日本への移入とその展開」『法律論叢』(明治大学)四二巻四・五・六合併号(一九六九年)三四三〜三七〇頁、同「明治初期における国際法の導入」『国際法外交雑誌』七一巻五・六合併号(一九七三年)四〇〜四一頁。

（4）　たとえば、条約改正について最も困難な法的障害は最恵国条項であったが、日本政府は、同条項の「条件的解釈」などを駆使して、これを克服しようとした。Shinya Murase, "The Most-Favored-Nation Treatment in Japan's Treaty Practice During the Period 1854-1905", *American Journal of International Law (AJIL)*, vol. 70, no. 2, 1976, pp. 273-297.

近代日本の国際法学の歩みを総括しようとする場合、学説(doctrine)と実行(practice)との関係をいかに捉えるかが問題である。故・太壽堂鼎教授は、一九七五年、アメリカ国際法学会で幕末開国以来一二〇年間の日本の国際法実行について報告されたが、その中で、この実行と学説の関係につき、極めて示唆的な指摘をされている。すなわち、カルロス・カルボーが後に「カルボー・ドクトリン」と呼ばれることになる体系書を出版した年がちょうど、明治元年に当たるということに重ね合わせてみるとき、同教授によれば、たとえば外国資本に対する規制について明治期の日本は同時代の南米諸国に比し、国家実行の面では優れた対応をしてきたといえるが、日本ではそれがついに国際法の理論として体系化されるには至らなかった、という趣旨である。Kanae Taijudo, "Some Reflections on Japan's Practice of International Law During a Dozen Eventful Decades", *Proceedings of the 69th Annual Meeting of the American Society of International Law*, 1975, pp. 64-69. たしかに日本では、明治・大正を通じて、国際法の理論が一定の体系を具えてdoctrineとして自立することはなかったのである。日本の国際法学が現実の国際法実行の中での埋没を脱し、一貫した体系性を整えた理論として独自の基盤を獲得するのは、やはり立作太郎博士を経て横田喜三郎、田岡良一の両博士に至る時代である。この段階で初めて理論が実行を対象化し、前者が後者に対して内在的批判と積極的貢献をなしうるようになったものと考えられるのである。本節の主題に即していえば、この時代に法源論研究が確固とした理論的基盤を獲得することと、同時期における国際法解釈論の確立および国際立法活動への積極的な参加との間には、極めて密接な内面的関係があるということである。

（5）　箕作麟祥訳『國際法、一名萬國公法』(二書堂蔵版、一八七三年)上編一之上、例言一～二頁。Theodore D. Woolsey, *Introduction to the Study of International Law*, 2nd ed., 1864. もっとも、この「省略」については、「従来の翻訳書や注釈本が、もっぱら国際法の法源の部分を扱い、そのために混乱が生じたことを意識したためであろうか」との見方もある(住吉「前掲論文」(国際法外交雑誌)〔注3〕四三頁)。また箕作自身も「既に此書ヲ讀ミ又其理論ヲ知ラント欲スル者ノ為メ不日必ス其理論ノ数條ヲ譯シ世ニ公ニセントス」と述べている(『前掲書』〔注5〕二頁)。

（6）　Henry Wheaton, *Elements of International Law*, 1836. 恵頓著・丁・良訳『萬國公法』(京都崇実館存版、一八六五年)第一巻第一章第一二節「公法源流」。なお、住吉良人「資料紹介—— Henry Wheaton, *Elements of International Law*, 1836. 丁・良(W.A.P.Martin)万国公法一巻、瓜生三寅・交道起源一号」『法律論叢』(明治大学)四四巻二・三号(一九七一年)一八一～二三二頁参照。
（7）　高橋作衛『平時國際法論』（日本大学、一九〇三年）八七～八八頁。
（8）　中村進午『國際公法論』（東華堂、一八九七年）八九～九三頁、秋山雅之介『國際公法・平時』（和仏法律学校、一九〇二年）三四～五五頁、松原一雄『最近國際公法原論』（東京法学院大学、一九〇四年）二二～二六頁など。
（9）　千賀鶴太郎「高橋博士著ノ國際公法ノ中余ノ所見ト異ナル點ニ就キテ、第二、國際公法ノ淵源ニ就キ博士ノ下セル定義」『京都法学会雑誌』四巻一一号（一九〇九年）一～一二頁。なお、同『國際公法要義』（巌松堂書店、一九〇九年）二〇～二六頁。
（10）　寺尾亨「條約の解釋を論ず」『國際法雑誌』五号（一九〇二年）一～一〇頁。
（11）　立作太郎『平時國際法論』（日本評論社、一九三〇年）三三～四五頁、同「國際法の淵源と法信説」『法學新報』二四巻一一号（一九一四年）三〇～四一頁。
（12）　立作太郎「常設國際司法裁判所の決定に現れたる國際法上の主要観念及學説上の背景」『現實國際法諸問題』（岩波書店、一九三七年）一三一～一六一頁。
（13）　伊藤「前掲論文」（注2）四八五頁。
（14）　立『前掲書』（平時國際法論）（注11）五九二～五九七頁。
（15）　立『前掲書』（現實國際法諸問題）（注12）一五七頁。
（16）　一九二八年九月二四日採択連盟総会決議。Société des Nations, Résolutions et voeux adoptés Par L'Assemblée au cours de sa neuvième session ordinaire, du 3 au 26 septembre 1928, p. 9.
（17）　立作太郎「國際法典編纂」『國際法外交雑誌』一二巻一〇号（一九一四年）八二九～八三七頁、松原一雄「國際法の編纂に就いて」同二五巻六号（一九二六年）一～一九頁、山田三良「國際連盟と國際法典編纂」同二八巻二号（一九二九年）一～三一頁、「日本國際法學會及國際法協會日本支部議定國際法典案」同二九巻三号（一九三〇年）一～二一頁。
（18）　立作太郎「第一回國際法典編纂會議に於ける領海の範囲の問題」『國際法外交雑誌』二九巻一〇号（一九三〇年）一～二二頁。
（19）　松原一雄「國際法典編纂會議に於ける國家責任問題」（一、二完）『國際法外交雑誌』三〇巻二号（一九三一年）一～二三頁、同三号（一九三一年）一八～四四頁。
（20）　もっとも、横田博士は、法源論の箇所で国際法の基礎としての根本規範、すなわち合意拘束命題についても説かれているが、狭義の法源論としては、形式的法源のみである。横田喜三郎『國際法・上』（有斐閣、一九三三年）一

二～一四頁、同『国際法学』（有斐閣、一九五五年）四一～六三頁。
(21) 田岡良一『國際法学大綱・上』（巖松堂書店、一九三四年）一九～四一頁。
(22) 横田喜三郎『國際法の基礎理論』（有斐閣、一九四九年）一九五～二五六頁。
(23) 田岡良一「國際法の法源」國際法學會編『國際法講座』第一巻（有斐閣、一九五三年）三六～四七頁。
(24) 横田喜三郎「法律の解釈」（一九三四～三五年）、「裁判と法律」（一九三三年）、「純粋法学と法律解釈」（一九六八年）など同『純粋法学論集Ⅱ』所載（有斐閣、一九七七年）一～一三六頁、同「条約の解釈」（一九四二年）『国際法論集Ⅰ』所載（有斐閣、一九七六年）二一八～二四六頁参照。
(25) 田岡良一博士の国際法解釈論の特徴は、同『国際法上の自衛権』（勁草書房、一九六四年、改定版＝一九八〇年）などに最もよく示されているように思われる。
(26) 横田「前掲論文」（法律の解釈）（注24）三二～五九頁。
(27) 田岡良一「法律紛争と非法律紛争との區別1」『法學』（東北大學）七巻六号（一九三八年）一～三〇頁。
(28) 横田喜三郎「ローチュス號事件」『國際判例研究Ⅰ』（有斐閣、一九三三年）八二～一〇〇頁。
(29) 横田『前掲書』（國際法・上）（注20）八一頁以下。
(30) 田岡『前掲書』（國際法学大綱・上）（注21）三六頁以下。
(31) 田中耕太郎『世界法の理論』第一巻（岩波書店、一九三二年）、大澤章『平時國際法・第一部』（新法律学全集二五巻、日本評論社、一九三七年）、同『國際法秩序論』（岩波書店、一九三一年）。
(32) 安井郁『歐州廣域國際法の基礎理念』（大東亜國際法叢書Ⅰ、有斐閣、一九四二年）。なお、祖川武夫・松田竹男「戦間期における国際法学」『法律時報』五〇巻一三号（一九七八年）五一～六六頁参照。
(33) 安井郁『国際法学と弁証法』（法政大学出版局、一九七〇年）。なお内田久司「紹介」『国際法外交雑誌』七一巻一号（一九七二年）五八～六三頁参照。
(34) 石本泰雄「国際法――その構造転換への始動」（一）『法学雑誌』（大阪市立大学）二六巻三・四記念号（一九八〇年）三五一～三六二頁、同「国際法の構造転換」『国際関係法の課題』（横田喜三郎先生鳩寿祝賀、有斐閣、一九八八年）一～三六頁、藤田久一「現代国際法の法源」長尾龍一・田中成明編『現代法哲学』第三巻（実定法の基礎理論）（東京大学出版会、一九八三年）二八三～三一一頁。
(35) 国際法の強行規範について日本でも多くの論文が発表されてきたが、この問題は、ここで考察の対象としている狭義の法源論からは大きく離れるので、本節では扱わない。

(36) 同判決の後いち早くこの点を指摘したのは、故・高林秀雄教授であった。同「大陸棚制度と慣習国際法」『龍谷法学』二巻二・三・四合併号(一九七〇年)一～三三頁。なお村瀬信也「条約規定の慣習法的効力――慣習国際法の証拠としての条約規定の援用について」寺沢一・他編『国際法学の再構築・上』(高野雄一先生還暦記念、東京大学出版会、一九七七年)(本書第二章第一節に収録)。

(37) 条約法における「条約と慣習法」との関係については、経塚作太郎「いわゆる慣習法宣言条約としての『条約法に関するウィーン条約』」同『続・条約法の研究』(中央大学出版部、一九七七年)三～四五頁、小川芳彦「条約法法典化に関する若干の問題」同『条約法の理論』(東信堂、一九八九年)二一一～二三三頁。なお村瀬信也「ウィーン条約法条約第三八条の意義」『国際法外交雑誌』七八巻一・二号(一九七九年)参照(本書第二章第二節に収録)。

(38) 村瀬信也「特集・慣習国際法の再検討――序言」『国際法外交雑誌』八八巻一号(一九八九年)一～五頁、兼原敦子「現代の慣習国際法における『慣行』概念の一考察」同、六～三七頁、江藤淳一「慣習国際法の理論と『一貫した反対国』の原則」同、三八～六四頁。

(39) 村瀬信也「国内裁判所における慣習国際法の適用」広部和也・田中忠編『国際法と国内法』(山本草二先生還暦記念、勁草書房、一九九一年)(本書第二章第三節に収録)。

(40) 竹本正幸「総会の決議の効力」『国際連合の研究』(田岡良一先生還暦記念)第二巻(有斐閣、一九六三年)五一～七四頁、内田久司「国際組織の決議の効力」『法学教室』三三号(一九八三年)六九～七五頁、長谷川正国「国際社会における非法律的合意の一考察」(一)『福岡大学法学論叢』二七巻一号(一九八二年)一～三七頁、(二)、同二七巻三号(一九八三年)二〇七～二五四頁、(三)、同二九巻一・二・三・四合併号(一九八五年)一五三～一九三頁。位田隆一「『ソフトロー』とは何か」(一)『法学論叢』一一七巻五号(一九八五年)一～二六頁、(二)、同六号(一九八五年)一～二二頁。

(41) 伝統的な慣習法の枠組みを再構成しつつ、国連における新たな法形成を捉えようとする観点から、たとえば、篠原梓「慣習国際法の形成における国連総会決議の意義」『国際法外交雑誌』八八巻一号(一九八九年)六五～八九頁、山本良「国連総会決議の法的効果――国際司法裁判所の判例を中心として」同、九〇～一二二頁。慣習国際法と区別される意味においての一般国際法の範疇でこれを捉える必要を論じるものとして、小森光夫「一般国際法の法源の慣習法への限定とその理論的影響」(一)(二)『法学論集』(千葉大学)八巻三号(一九九四年)一～九六頁、九巻一号(一九九四年)一八五～二五九頁、同「国際連合における規則作成と一般国際法の形成への影響」『国際法外交雑誌』九四巻五・六合併号(一九九六年)一七三～二〇六頁。「国連法」概念について、奥脇(河西)直也「国連法体系における国際立法の存在基盤――歴史的背景と問題の所在」大沼保昭編『国際法、国際連合と日本』(弘文堂、一九八七年)七七～一二一頁。
(42) 村瀬「前掲論文」(注1)参照。
(43) 山本草二「一方的国内措置の国際法形成機能」『上智法学論集』三三巻二・三合併号(一九九一年)四七～八六頁。
(44) ICJ Advisory Opinion on "Legality of the Threat or Use of Nuclear Weapons", (Request by the United Nations General Assembly), 8 July 1996. *ICJ Reports 1996*, pp. 226f.
(45) Richard Falk, "Nuclear Weapons, International Law and the World Court: A Historic Encounter", *AJIL*, vol. 91, no. 1, 1997, pp. 64-75. なお、朴培根「国際法規の不存在と国際法上の合法性の判断」『法政研究』(九州大学)六三巻二号(一九九六年)三五一～三八一頁参照。
(46) 山本草二『国際法』新版(有斐閣、一九九四年)六〇頁。
(47) 信義則については、村瀬信也「国際紛争における『信義誠実』原則の機能——国際レジームの下における締約国の異議申立手続を中心に」『上智法学論集』三八巻三号(一九九五年)参照(本書第六章第五節に収録)。
(48) 国際立法における理論と実践の関係について付言しておくと、現実の国際立法への関わりが、国際法の基礎理論的考察に十分裏づけられないまま行われるとすれば、その成果が国際法の強化に資することにはならないのみならず、場合によってはむしろ有害ですらある。たとえば、一九九二年の国連貿易開発会議(UNCED)に前後して幾つもの国際環境条約が雨後の竹の子のごとく作成されたが、現在すでに「条約渋滞」(Treaty Congestion)といわれるように、履行されない条約が店晒しになっているような状況を呈している。国際立法のこのようなインフレ状態は、悪貨が良貨を駆逐するごとく、国際法の規範性を蝕んでいくという病理現象として逆説的な結果を招いており、こうした問題について、理論的な立場から国際立法のプラクティスを批判的に再検討する必要があるものと思われる。Shinya Murase, "Perspectives from International Economic Law on Transnational Environmental Issues", *Recueil des cours*, vol. 253, 1995, pp. 314-321.「国際立法と国内履行確保」の問題については、本書第七章参照。
(49) 経塚作太郎「条約の解釈原理をめぐる問題点」『条約法の研究』(中央大学出版部、一九六七年)四三九～四六五頁。同「条約の解釈と法創造的機能」『続・条約法の研究』(同、一九七七年)二四七～二八五頁、坂元茂樹「条約法法典化における解釈規則の形成とその問題点」『法学論集』(関西大学)二七巻六号(一九七八年)二八～八七頁、古賀衞「立法条約交渉記録の機能——実質的法源の再評価として」瀬川善信・布施勉編『現代国際関係の法的諸問題』(経塚作太郎先生還暦記念、あずさ書房、一九八六年)一～二三頁。
(50) 石本泰雄「国際法——その『物神崇拝』」『思想』(岩波書店、一九六五年一〇月号)一～八頁、松井芳郎「国際法解釈

論批判」『現代法学批判』（マルクス主義法学講座七巻）（日本評論社、一九七二年）二一〇～二三六頁、など。

(51)　国際法学においては、少なくとも、民法学の分野で戦後展開されてきた「法解釈論争」（さし当たり、瀬川信久「民法の解釈」星野英一編集代表『民法講座・別巻1』（有斐閣、一九九〇年）二一頁以下参照）や、それを継承する議論の深化（たとえば山本敬三「民法における動的システム論の検討――法的評価の構造と方法に関する序章的考察」『法学論叢』（京都大学）一三八巻一・二・三合併号（一九九六年）二〇八～二九八頁、など参照）は、ほとんどといってよいほど行われてこなかった。もとより、国内私法の領域における法解釈論の了解点がそのまま国際法解釈に移植できるはずはないが、そこでの論点を踏まえつつ、国際法解釈論の特性・構造・技法等を明らかにする作業こそ、今日の国際法学に、まずは強く求められるところである。

第二章　条約と慣習法

第一節　条約規定の慣習国際法的効力
——慣習国際法の証拠としての条約規定の援用について

一　問題の所在

条約法に関するウィーン条約（一九六九年）の三四条から三七条までの諸規定は、条約と第三国との関係について定めているが、周知のようにそこでは、*Pacta tertiis nec nocent nec prosunt*（合意は第三者を益しも害しもしない）の原則が基本的に確認されている。しかるに、それに引き続く三八条では、条約と慣習法との関係に言及して次のように規定される。

「第三四条から前条までの規定のいずれも、条約に規定されている規則が国際法の慣習的規則と認められるものとして第三国を拘束することとなることを妨げるものではない。」

この規定が、右の *Pacta tertiis* 原則を破って条約自体の効力が直接第三国に及ぶ場合を想定しているものでないことはほとんど自明である。すなわちこれは、条約内容が慣習法化した場合、ないしは、すでに慣習法規則となっているルールを条約が採用しているとき、それらが慣習法として条約非当事国を含めて一般的に拘束的となる場合に言及しているのである。その意味で三八条は注意的・留保的規定にすぎない。また、条約の無効・終了・運用停止等に関連して、「条約に規定されている義務のうち条約との関係を離れても国際法に基づいて課されるような義務」までをも免除する趣旨ではないという四三条の規定も、右と同様の注意規定である(1)。

右のウィーン条約の規定を、法源論の規範論理的な観点からのみ捉える限り、条約と慣習法との関係をめぐる現実的な問題点は浮び上ってこない。しかし視点を動態的な側面に移し、国際法の発展を条約と慣習法との不断の相互作用の中に見出すならば、右に引用した規定は、「国際社会の組織化」――それ自体多元的な現象であるが――という現代的状況の中で国際法の法源を捉え返すための重要な契機となるであろう。これまでも断片的に条約規定の慣習法化が指摘されてきており(2)、また、戦後はとくに国連国際法委員会の活動を中心とする慣習法の「法典化」が注目を集めてきた。しかし、法典化とは逆のプロセス、すなわち、国際慣習法の形成過程における条約の役割、ないしは慣習法の存在証明としての条約の意義等については、必ずしも十分な関心が払われてこなかったといえよう。この問題は国際法の理論と実務に関わりを持つ者ならば誰しも一再ならず直面したであろうと思われるのであるが、これまでかなり安易に、かつ曖昧にしか考えられてこなかったのではないであろうか。

こうして本節では条約と慣習法との関係、とりわけ条約規定の慣習法的効力について論ずるが、この問題については次の三つの分析レヴェルが区別されるであろう。第一には、先にも触れたように、規範論理的な視点から、実体法上のレヴェルで、条約内容が慣習法化することにより第三国(条約非当事国)の権利義務関係に及ぼす効力を論ずる場合で、従来、いわゆる対物的条約などにつき、*Pacta tertiis* 原則の関連でその効力が論じられたのは、主としてこのような観点においてであった。これに対して第二の場合は、手続法的なレヴェルにおいて、かつ、国際司法過程論的な観点から、条約を慣習法存在の証拠として(すなわち国際司法裁判所規程三八条一項bに規定される「法として認められた一般慣行の証拠として」)援用できるか否かを論じる場合である。さらに第三の分析レヴェルは、条約の慣習法化に関する法社会学的解明を行う場合であり、条約内容が慣習法規に転化する態様、慣習法成立の条件・時期などを科学的に明らかにすることがその目的となる。

もとより右の三つの分析視角は相互補完的な関係にあるが、本節では主として第二の場合、すなわち、国際慣習法の証拠としての条約規定の援用について論述したいと考える(3)。しかるに、条約が慣習法存否の証明にとっていかなる証拠力を持つかという点は、実はわが国の裁判においても、尹秀吉事件(最高裁第二小法廷一九七六年一月二六日判決)等の政治亡命事件に際して、重大な問題となっていたのである。すなわち、そこでは政治犯罪人不引渡原則が国際慣習法のルールとして確立しているか否かが争われたのであるが、その証拠を条約から引き出しうるかという点の法的評価が大きな分かれ目となった。本節での論点を具体的に浮き彫りにするため、本論に入る前に、われわれに身近な尹秀吉事件に即して、条約と慣習法との関係についての問題点を明確にしておきたい。

論点の第一は、政治犯不引渡原則が二国間条約の堆積によって(同時に各国国内法の規定や諸国の具体的実行によって補強されつつ)、これを国家の義務とする国際慣習法に昇華したか否かという点であった。尹氏の主張を支持した第一審と国側の主張を認めた第二・第三審との決定的な対立は、まさにこの点に関する評価の差異にあった。第一審・東京地裁の判決理由によれば、「ここ一世紀来の逃亡犯罪人引渡条約が政治犯罪人を引渡犯罪から除外して不引渡しを規定し、しかも、その圧倒的に多くのものがこれを義務的命令に規定し」ているところから、「一般の国際社会においては、政治犯罪人不引渡しの国際慣習が成立していることは疑問の余地がない」(4)と結論される。これに対して国側の控訴理由は、「二国間の条約において不引渡しが義務命令的な形で定められているからといって、……これを根拠として不引渡しを義務とする国際慣習法が成立していると認定することはできない。……さらに少数であるにせよ許容的な形で規定した条約のあることは不引渡しが一般的な義務であるという慣習法の成立を妨げるものである」(5)と述べる。東京高裁がこれを認めて「政治犯罪人不引渡の原則は人道上の要請にとどまっており、未だ法的な義務の要請にまで高まっていない」(6)と判旨し、最高裁が右高裁判決を支持して不引渡原則の国際慣習法的性格を否認した(7)ことは周知のとおりである。

尹秀吉事件の裁判過程で論じられた第二の点は、条約中のある条項が、国際慣習法を確認・表明したものであるか否かという点であった。これは右の第一の論点を逆立ちさせた立論のようにも考えられるが、それとは明らかにレヴェルを異にしている。第一審の鑑定人の一人であった高野雄一教授によれば、「［一八八六年の日米犯罪人引渡条約第四条における］政治犯不引渡の規定は、……他国に逃れた政治犯罪人は処刑される本国に引渡すべきではないという一般に定着した慣習規範の表現である。条約の規定事項に関係のある既存の一般的［慣習］規範をこのように条約に規定することは、とくに国際法の場合、しばしばあることである」(8)という。裁判所はいずれの段階でも、この点については言及していないが、日米条約における不引渡規定がいわゆる典型条項として既存の慣習法規を確認し表明する法宣言的性格を付与されたものか否かについて、掘り下げた検討がなされるべきであったと思われる。

とまれ右の尹事件では、(1)同種条約規定の堆積による慣習法化とその証明、および(2)いわゆる法宣言的条約による慣習法の存在証明、という二つの論点が顕在していたのである。しかるにこれらの論点は、本節がこれから分析しようとする国際司法過程での条約と慣習法の関係を集約しているといってよい。右にみたような問題は、実は思いのほか多くの国際裁判事件で取り上げられてきているのである(9)。そこでは第一の論点が様々な態様において提起されているほか、第二の論点については、法典化条約の法宣言的性格に関連する新たな問題が登場している。さらに法典化条約については、その法創設的機能が、慣習法の証拠としての援用という観点から、再評価されていることも重要な点である。

こうした問題については、バクスター (Richard Baxter) 教授とダマト (Anthony D'Amato) 教授の間で、一定の論争が重ねられてきているが、その対立は、前者のオーソドックスなアプローチと、後者の斬新な法過程論的・主張志向型 (claim oriented) の方法的立場との差に基づいているといってよいであろう。伝統的な立場においては、慣習法は、客観的・事実的要素 (*consuetudo*,「継続的・統一的慣行」) と主観的・心理的要素 (*opinio juris*,「法的確信」ないし法意識) との複合的契機の上に成立している一定の規範群 (a set of norms) として捉えられることになる。これに対して、ダマト教授等の方法論的視角からすれば、慣習法は静態的な一群の規範集合としてではなく、不断の権利＝合法性主張の過程(claiming process)として捉えられ、その構成要素も一定の質的要素(明晰性、articulation)と量的要素(実行の誓約、commitment)という二重の基準において検証されるが、その判定は結局のところ、抗争当事者のいずれが説得的であるかという相対的な基準に依存することになる。こうして両者の結論も、条約の慣習法的効力につきバクスター教授は極めて慎重・消極的であるのに対し、ダマト教授は積極的に容認の態度を示していることが対照的である(10)。著者の方法意識からいえば、ダマト教授のアプローチは現実の国際裁判過程を分析する上で極めて大きな有用性を持つと思われる。「判例をとおして国際法を確定する」という従来の客観主義的方法態度が、国際法および国際裁判の特殊性に照らして不十分であるとの観点から「論争中心的」に接近することの必要性について以前にも言及したことがあるが、慣習法の問題についても、国際法の場合と国内法の場合とではそのあらわれ方の違いが顕著であり、したがってそのアプローチも自ずと異ならざるをえないであろう(この点に関してわが国の法例二条と民法九二条をめぐる論争に留意しておかなければならない)(11)。しかし、そうした理由から主張志向的な方法意識を共有するとしても、ダマト教授のいわゆる説得性という判定基準は可能な限りインターサブジェクティヴな、その意味で客観性の高い基準として捉えられなければならない。とすれば、そこにバクスター教授の手固い実証的な接近の意義も積極的に認められよう。その意味で、右にみた両者のアプローチは相互補完的な関係に立ちうると思われる。

以上に概観したような問題関心と方法意識の上に、以下、国際判例を素材として、条約が慣習法の証拠として援用される場合の、幾つかの側面について検討していきたい。まず条約慣行(二国間条約、多数国間条約を問わず)の援用について論述し、次にいわゆる法典化条約(多数国間条約)の援用に関する問題点を明らかにしたいと思う。

二　慣習法の証拠としての条約慣行

ここではまず、慣習国際法の証拠として条約慣行を援用することの意義と問題点を明らかにし、次に条約慣行の堆積が慣習法存否の証明となりうるための基準について検討し、さらに条約解釈に関する慣習規則を証明する場合の問題を取り上げておきたい。いずれも具体的な国際判例に即して論述していくこととする。

1　条約援用の意義

国際裁判において慣習国際法規則の存否が問題となるとき、紛争当事者および裁判所は、条約のみならず各国の具体的実行、国内立法・判例、国際判例、国際組織・国際会議の宣言・決議から学説に至るまで、あらゆる可能な素材を証拠として提出する。しかしそれらのうち、多くの場合、条約が、諸国家の意思の表明としての比重の大きさおよびその明晰さというメリットの故に、比較的に有力な証拠として挙げられるのである。

その顕著な例は、ノッテボーム事件(12)（リヒテンシュタイン対グアテマラ、第二段階、一九五五年四月六日）の判決にみられる。この判決については後にも述べるが、裁判所は、外交保護権行使の前提としての国家と個人の絆である国籍は実効的なものでなくてはならないという慣習法ルールの証拠として、国籍に関する二国間条約および多数国間条約を援用している。すなわち、

「帰化した者が、事実上長期の不在により、もはや彼にとっては名目的な国にすぎないほどその国との結びつきを切断した場

合、彼のために保護を行うことを差し控えるという諸国の慣行は、国籍が他国に対して援用されるに値するものであるためには、その国籍が事実上の状態に一致するものでなければならないというこれらの国々の確信を明示している。この確信は、一八六八年以降アメリカ合衆国が他の国々と締結してきた国籍に関する二国間条約、しばしばバンクロフト条約（Bancroft Treaties）の名で呼ばれるような条約、および一九〇六年八月一三日にリオデジャネイロで署名された、その出身国で居住を再開する帰化市民の地位に関する全米条約の中に見出されるところの対応規定を鼓吹してきたのである。」(13)

裁判所はさらに、一九三〇年に多数国間で採択された国籍法の抵触に関する条約を引用しているが、本件の紛争当事国は双方とも右の諸条約の締約国ではない（バンクロフト条約等は一九七一年にアメリカが世界大戦に参戦した際、失効している）。このように、本件において、これらの条約が、いわゆる「真正の結合」（genuine link）の慣習法規則を確定する手段として援用されたことは、裁判所としても画期的な判断であったといわければならない。それだけに学者の中には反撥も多かったようである。たとえばクンツ（Josef Kunz）は、バンクロフト条約は「当事国間においてのみ拘束的なもの」であり、ノッテボーム事件には無関係の存在であるとしてその先例的価値を否定している(14)。またバクスターは、ハーグ条約が慣習法宣言的な条約であるという明示的証拠がないこと（この点は本節三項で後述する）、さらにバンクロフト条約などの二国間条約に裁判所が言及しているのは、「単なる比喩、例示ないし類推としての意味以上のものではないかもしれない」と消極的な見解を示している(15)。しかし右に引用した判決文に明らかなように、これらの諸条約は国籍の実効性原則に関する「諸国の慣行」と「国々の確信」の表現として援用されているのであり、単なる比喩や例示とは読めない。さらに、判決全体からみても、右の諸条約が唯一の明示的証拠として挙げられている点に注目するならば、先の消極論は裁判所の姿勢をまともに受け止めた批判とはいいがたい(16)。ノッテボーム事件における裁判所の態度はこのように極めて積極的なものであった。しかしこの事件は決して孤立した一例ではない。常設国際司法裁判所の時代以来、裁判所は慣習法の存否を証明するために、積極的に条約慣行の検討を行ってきたのである。

そのことは以下に本節で論述される各事件が自ずから明らかにするところである。

ローチュス号事件(17)（フランス対トルコ、一九二七年九月七日）においても、フランス側が公海上の船舶に対する旗国の排他的管轄権に関する慣習法規の存在を奴隷売買・海底電線損傷・漁業等に関する幾つかの取締条約によって証明しようとした(18)ところから、裁判所がこの点について判示することとなったが、本件では次の三つの理由から条約の援用を否定した。第一には、フランスにより列挙された旗国管轄権を明文で留保したところの諸条約が、果たして法の一般原則を表明したものか、単に取締り目的の条約に特殊な異例の管轄権の態様を定めたものかが明確ではないこと。第二には、右の諸条約は公海での海上取締り（policing）を目的としたものであって、本件が問題としている一般法上の犯罪（the common law offence of manslaughter）を対象としているものではないこと。さらに第三には、右の諸条約が予想している犯罪は単一の船舶に関わるものであるにすぎず、二隻の船舶の衝突といったような、相異なる国の二つの裁判管轄と対応している事実に関しては、いかなる結論も右諸条約からは引き出しえない、という点(19)である。このように裁判所が条約の援用を認めなかった理由は、引用された条約規定と立証しようとした慣習法ルールとの実質的関連を否認したためであって、慣習法の証拠としての条約の援用そのものを否定したのではない。フランスが列挙した諸条約のうち両当事国が締約国となっているのはわずかに一八八四年の海底電線に関する条約など二条約のみである。それにもかかわらずこれらの条約を慣習法の確定に対して無関連であるとせず、個々の条約規定の実体的分析の上に判断を下したことは、裁判所が、むしろ条約の援用可能性を積極的に認めたことを示すものと考えられよう(20)。この点は、本件判決が、批判の多かった裁判長の決定投票によって下されたことを考えれば、一層強く肯定されよう(21)。

このように、右に紹介した二つの事件は、条約が慣習法の証拠として援用されうること、しかも有力な証拠資料として援用されうることを確認した先例として評価されよう。しかしこの援用により、条約の非当事国が拘束される（少なくともその外観を呈する）ことになれば、与えるイムパクトは無視しえない重大なものとなる。そこにこのテーマの本質的重要性が存在する。それでは、どれだけの、また、いかなる条約の慣行であれば慣習国際法の証拠として援用することができるか。量と質の両面からの検討が次に必要となる。

2　条約慣行の堆積

右にみたように、慣習法存否の立証における条約援用の意義は極めて大きい。しかるに、その存否をいかなる基準によって行うかは、方法的にも実体的にも、極めて困難な問題である。

この点に関する重要な国際判例としては、まず、庇護事件(22)(ペルー対コロンビア、一九五〇年一一月二〇日)が挙げられる。この事件においてコロンビアは外交的庇護の制度がラテン・アメリカ諸国に固有の地域的慣習法であると主張したが、裁判所は次のように述べた。

「この種の慣習を援用する当事者は、この慣習が他の当事者を拘束するように確立されていることを立証しなければならない。コロンビア政府は、その援用する規則が、当該諸国により実行されてきた継続的かつ統一的慣行(usage constant et uniforme)に合致しており、しかも、この慣行が庇護国に属する権利および領土国に関する義務を表現していることを立証しなければならない。このことは『法として認められた一般慣行の証拠としての』国際慣習に言及する、裁判所規程三八条から出てくるところである。」(23)

換言すれば、裁判所の提起している慣習法認定のためのテストは、第一に、継続的かつ統一的慣行、第二に、それが国家間の権利義務関係に対するコミットメントであること、の二点に集約されている。裁判所はこの基準に照らしてコロンビアの主張を検討するが、条約の援用について次のように述べている。

「そのような慣習の存在に関する主張を支持するために、コロンビア政府は……ここで審査されている問題とは何ら関係のない多数の犯罪人引渡条約を引用した。コロンビア政府は、その主張した一方的かつ確定的な性質決定に関する規則を掲げていない条約や協定を引用した――たとえば、国際刑事法に関する一八八九年のモンテヴィデオ条約、一九一一年のボリビア条約、一九二八年のハバナ条約がそうである。コロンビア政府は、一九三三年および一九三九年のモンテヴィデオ条約のような、ペルーが批准していない条約をも援用した。実際、一九三三年の条約は一一ヵ国、そして一九三九年の条約はわずか二ヵ国が批准したにすぎない。」(24)

こうして判決は、外交的庇護に関する実行に言及したのち、次のように結論している。

「……裁判所に提出された事実は、外交的庇護の実行および種々の機会に公式に表明された見解には、極めて多くの不確実と矛盾、動揺と不一致があることを明らかにしている。ある国々は批准し、他の国々は拒否した、続けざまに締結された庇護に関する条約文には甚だしい一貫性の欠如があったし、しかも実行は、種々の場合に政治的便宜の考慮によって影響されるところが多かったので、そのすべてから、いわゆる犯罪の一方的かつ確定的な性質決定の権利に関して、法として認められた継続的かつ統一的慣行を引き出すことは不可能である。」(25)

以上のように庇護事件で裁判所は、コロンビアが援用した犯罪人引渡条約については審査の対象となっている問題との関連性を否認することにより、また庇護条約については一貫性の欠如を理由として、いずれもこれを排除している。

同様の結論は、漁業事件(26)(英国対ノルウェー、一九五一年一二月一八日)にみられる。すなわち、この事件では国際法上の「湾」の概念に関連して、湾入の閉鎖線の一〇カイリ規則が問題となったが、裁判所は各国国内法、仲裁判決とともに、条約慣行を検討した結果、その慣行は統一的なものではないとして、「一〇カイリ規則は、まだ国際法の一般規則たる権威を取得していない」(27)と判示している。

たしかに国際法の中でもその規範内容が極めて流動的な海洋法の分野において、慣習法の確定が困難なことはいうまでもない。しかし、漁業管轄権に関する事件(28)(英国対アイスランド、本案、一九七四年七月二五日)では、裁判所がむしろ積極的に現行条約の検討を進め、その中から目的意識的に慣習法の存在を見出そうとしている点で大きな意義がある。すなわち、その判決によれば、一九六〇年の第二次海洋法会議は領海の幅と漁業管轄の範囲に関する条文の採択に一票足らずで失敗したが、「二つの概念が、近年、同会議で明るみに出されたコンセンサスから生じる慣習法として結晶するに至った」(29)という。その第一は、漁業水域の概念であり、第二は、沿岸国の優先的漁業権概念である。ここではまず後者の概念からみていくと、裁判所は次のように指摘している。

「漁業問題に関する国家実行は、沿岸国、わけても沿岸漁業にとくに依存する立場に置かれている国または地域のための優先権という概念がますます広く受諾されていることを明らかにする。……これらの［一九五八年、六〇年の］会議の後、沿岸国の優先権は、様々な二国間および多数国間協定において承認された。裁判所の注意は……一九七三年一二月一八日にベルギー、デンマーク、フランス、ドイツ連邦共和国、ノルウェー、ポーランドおよび連合王国の各政府の名において、コペンハーゲンにおいて署名された。フェロー諸島周辺の水域における漁業についての取極や、一九七四年三月一五日に連合王国、ノルウェーおよびソビエト社会主義共和国連邦各政府の名において署名された北東北極海たら漁業の規則に関する協定にも引きつけられた。上述の協定は両方とも、その水域における当事国の過去の実績に基づいて年間配分量を割り当てるに当たり、沿岸国には、その隣接水域における優先権を理由として、追加的配分量を割り当てている。」(30)

裁判所が右の漁業管轄事件判決で「近年、慣習法として結晶するに至った」という、もう一つの概念、すなわち漁業水域については、次のような問題がある。判決の多数意見によれば、漁業水域とは国がその領海とは独立に排他的漁業管轄権を主張することのできる水域であり、「その漁業水域が基線から一二カイリの限界まで及ぶことは、いまや一般的に承認されているようである」(31)という。しかるに五裁判官（フォースター、ベングゾン、アレチャガ、シン、ルーダ）の共同分離意見によれば、一二カイリということの意味は、沿岸国が漁業水域を一二カイリに広げても遠洋漁業国はもはや反対しない、という限りにおいてのことであって、一二カイリが最大限でありそれ以上の拡大は違法であるとの意ではない、とされる。英国が主張するところの、一二カイリ最大限の規則が今や慣習法とは認められないことの証左として、この共同意見では、米国およびソ連が相互間で、および他の諸国と締結した諸条約——一九五二年の日米加公海漁業条約、一九五六年の日ソ条約、一九六七年の二つの米ソ漁業協定および一九六八年の日米協定——を引用している(32)。こうして本件の判決主文においても、アイスランドの五〇カイリ漁業管轄権の一方的設定が「連合王国政府に対抗できない」(33)とされているのみで、その行為自体の合法違法について判断を下しているのでないことはもとよりである。

右のケースのように慣習法自体が動いているような法内容については、条約慣行の不一致・不統一が慣習法の不存在ないし未確定の証拠となることは、いうまでもない。さらに一歩を進めて、ある規則ないし制度が慣習法上の制度ではなく条約上の制度であることを示すために、いわばネガティヴなかたちで、条約慣行が提示されることもある。バルセロナ・トラクション会社事件(34)(ベルギー対スペイン、一九六二年の新たな請求の提起、一九七〇年二月五日)では、外国投資家の保護に関して、次のような判決が下されている。

「法の現状において、株主の保護は、条約の規定または私的投資家と投資が行われる国々の間で直接に締結される特別の合意に頼らなければならない。国々は、二国間または多数国間の関係において、特別の文書により、またより一般的な範囲の経済的取極の枠内で、ますます頻繁にこの種の保護を確保している。外国における投資の保護に関する発展は、すべて第二次世界大戦以後に生じており、それは、国々の間の二国間・多数国間条約または国と会社との間の協定に表現されている。」(35)

しかるに、本件の当事者間には、何らこの種の文書が通用していないことを根拠に、裁判所は本件におけるベルギー(右会社の株主本国)の原告適格を否認したのであった。ここまでみてきた諸判例から慣習法の証拠として条約を援用する場合の基準を抽出することは困難である。庇護事件判決で定式化された二つのテスト、すなわち継続的・統一的慣行および権利義務関係の表現という基準のうち、条約を援用する場合には後者のテストはあまり問題とならないであろうし、その点が条約援用の最大のメリットである。しかし前者については、まず証明しようとする慣習国際法自体が単に不明確という以上に流動的であるような分野については、自ずから困難が予想されよう。さらに、援用される条約の数および矛盾する内容の条約の存否などによって評価は大きく分かれることになろう(36)。程度の差ではあれ、二国間条約や当事国が少数の多辺条約の場合にはそうした種々の問題が提起される。しかしそれにもかかわらず、アイスランド漁業管轄権事件にみられるような、裁判所の条約援用に対する積極的な態度が注目されるのである。

3　条約解釈と条約慣行

国際裁判では、ある条約の解釈が争点となった場合、その点に関する慣習法規則を探求する一環として既往の条約慣行を検討し、その中から解釈原則を引き出すことがある。これは慣習法を媒介として第三国間の条約慣行が援用される場合であり、条約の慣習法的効力に関する一類型である。

常設国際司法裁判所が扱った最初のケースであるウィンブルドン号事件(37)（英仏日伊対ドイツ、一九二三年八月一七日）においては、キール運河に関する制度を設定したヴェルサイユ平和条約三八〇条の解釈が、国際運河の自由航行原則と沿岸国の中立義務との関連で問題となったが、裁判所はその際、スエズ運河およびパナマ運河に関する諸条約を検討している。すなわち、スエズ運河に関する一八八八年のコンスタンチノープル条約の規定とその運用、およびパナマ運河に関する一九〇一年の英米条約ならびに一九〇三年の米国とパナマとの条約等について詳しく考察したのち、裁判所は「スエズ運河およびパナマ運河の先例は、ドイツ当局がウィンブルドン号のキール運河の通航を許したならば、同船が当時武力闘争を行っていた一国に向けて戦時禁制品を輸送していたから、ドイツの中立が必然的に危くされていたであろうという主張を予め否認するものである」(38)と述べた。この際裁判所はスエズ、パナマの先例をアナロジーとしてキール運河の地位を確定しているのではない。むしろこれらの先例を一般的な慣習規範として位置づけているのである。そのことは判決の次の文章からも明らかである。「右の先例は、二つの公海を連接する人工的水路が永続的に全世界の使用に供されたときは、交戦国軍艦の通航さえ、当該水域に対し管轄権を有する主権国の中立を危うくするものではないという意味でこの水路は自然海峡と同様に扱われるという一般的意見の証拠であるにすぎない。」(39)

同様のアプローチは、より一層明確な形で、オーデル河国際委員会の地域的管轄権に関する事件(40)(オーデル河委員会構成国、一九二九年九月一〇日)において採用されている。裁判所はヴェルサイユ条約の関連条項の解釈に当たり、「一般に国際河川法(international fluvial law)を支配する諸原則に立ち返って」これを考察することを自らの任務とした。そしてその結果、「一八一五年六月九日のウィーン会議議定書が設定し、その後の条約が適用し発展させてきた国際河川法が疑いもなく基礎を置いているのは」、「利益共同(community of interests)を基礎とする共同の法的権利という観念」であるとする。この判決は続けて次のように述べる。

「もし共同の法的権利が、数国を分けまたは貫流する航行可能な水路の存在に基づくとすれば、この共同の権利が河川の航行可能水路の全体に及び、最後の国境の間際で停止するものでないことは明白である。河川国際化の上流の限界が、航行可能の一定条件よりもむしろそのような国境によって決定されている条約の実例は一つも裁判所に知らされなかった。」(41)

このように裁判所は、ヴェルサイユ条約規定の解釈を確定するために慣習法規範として定着してきた共同利益概念に訴え、その証拠として、ウィーン議定書以下の条約を援用しているのである。しかもここでは条約慣行が唯一の証拠となっていることが注目されよう。

右二事件と同じように、紛争当事者を含まない第三国間の条約慣行が、解釈原則に関する慣習法の証拠として援用されたケースには、マヴロマチス事件(42)(ギリシャ対英国、一九二四年八月三〇日)が挙げられる。そこでは、委任統治規程の紛争付託条項の解釈が争われたが、裁判所は、「多くの仲裁裁判条約においては、条約締結前の事実から生ずる紛争が留保されているが、そのことは管轄権の制限は明示的になされなければならないこと……を立証しているもののようである」[43]として、そうした明示的留保規定のない前記委任統治規程の下での裁判管轄権の存在を論証している。

ここで、オーストリア・ドイツ関税同盟事件[44]（勧告的意見、一九三一年三月一九日）にも触れておこう。オーストリアは、ドイツとの関税同盟条約案が、永年にわたる条約慣行によって形成された関税同盟概念を充たすものであるとし、その要件を(1)関税法と関税率の統一、(2)第三国に対する関税地域の統一性、(3)同盟国間の関税撤廃、(4)一定割合による徴収関税の配分、として定式化した[45]。裁判所はこの定式をそのまま確認した[46]。英仏等、その墺独条約案の効力を争った国々が、裁判の過程では右の点を争点としなかったため、掘り下げた検討がなされなかったが、理論的には右条約の第一〇条の規定の解釈、すなわちオーストリアの条約上の義務（とくに最恵国待遇供与義務）と関税同盟との調和をめぐって問題が提起されうる。その場合には、慣習法上の関税同盟の定式化、その証拠としての条約慣行の吟味ということが行われなければならなかったであろうと思われる[47]。

これまでみてきた条約解釈に関連して、最恵国条項の問題を検討しておこう。国際法上の制度の幾つかは、同種の条約の堆積によって形成されてきたが、同時に、最恵国条項の作用により一般化され慣習法化されてきたことが指摘される。たとえば、領事関係に関する国際法上の諸制度には、そうした例が顕著である[48]。また現在では過去の遺物として一掃されている領事裁判権の制度も、一九世紀までの時期においては最恵国条項と結びついて世界の後進地域に一般化されていたことは周知のとおりである[49]。

モロッコにおけるアメリカ合衆国国民の権利に関する事件[50]（フランス対米国、一九五二年八月二七日）では、最恵国条項の問題が領事裁判権に絡んで主要な争点となっている。まず第一に、問題となった一八八〇年のマドリード条約一七条に規定される最恵国条項について、裁判所は米国が当事国とはなっていない諸条約中の最恵国条項を検討することにより、その意味内容を確定している。本件において米国は、モロッコのような国々と締結された条約中の最恵国条項は、関係諸国間に差別のない均等待遇を確立・維持するための方法というよりも、むしろ「送致による起草の一形式」とみなされるべきだとする、いわば条約解釈に関する特別慣習の存在を主張したのであった。換言すれば、そうした解釈により、最恵国条項の下に一旦取得された権利・特権（ここでは包括的領事裁判権）」は、「送致によって永続的に編入」されることとなる。裁判所はこの点につき、モロッコが一六三一年から一八九二年までの期間にわたりフランス、オランダ等一〇ヵ国と結んだ諸条約を検討した結果、「そこに現出する一般的な条約パターン」が明らかにするところとして、「これらの条約は、最恵国条項の目的が、常に関係国のすべての間に差別のない基本的均等を確立し、維持することにあったことを示している」と宣言している(51)。

第二に、米国はこの事件で最恵国権利の慣習法化をも主張している。すなわち、最恵国条項を媒介として条約上の権利として取得された包括的領事裁判権が、ある時点に、「慣習および慣行」(custom and usage) に転換したという主張である。この点についても裁判所は、米国とモロッコとの条約のみならず、英国、スペインとの条約、および形式的には条約ではないがフランスが（モロッコの保護国として）関係国から獲得した領事裁判権放棄宣言等を根拠として、モロッコでの領事裁判権が終始「条約上の権利」であったと述べ、米国の主張を排除している。裁判所はさらに、前記庇護事件判決を引用し、「慣習または慣行に基づく領事裁判権の行使は、モロッコを拘束するように確立されているという結論に達することを可能にする十分な証拠は提出されていない」と指摘している(52)。こうしてここでも、裁判所は、条約慣行の実体的分析の上に立って、米国側の主張を斥けているのである(53)。

以上この項では、同種の条約の堆積が慣習法の形成を促し、そのことが条約に司法過程における証拠価値を与える基礎になっているという側面についてみてきた。慣習法の成立条件とされる客観的要素（継続的・統一的慣行）と主観的要素（規範意識）に照らして考えるとき、条約の援用は、あれこれの国家実行や国内立法等を列挙するよりも、規範内容の明晰性および規範意識の明確性という点で、はるかに優れているといえよう。継続性・統一性という前者の側面については証明しようとする法内容・分野によって異なるが、そこでの困難にもかかわらず、国際司法裁判所が条約の動向の中から積極的に慣習法を確定しようとしてきた姿勢が注目されたのである。また、これまでみた個々の判例においては必ずしも明確ではなかったが、裁判所のこうした姿勢を支えてきた契機としては、同種条約の堆積による慣習法化という右に述べた観点のほかに、未分化の形ながら、援用される条約が既存慣習法を表現したものとして、その観点から条約の証拠価値を評価するという側面があったことは否めない。しかしこの点は、次に扱う法宣言的＝法典化条約において、明確な形で提示されよう。

三　慣習法の証拠としての法典化条約

ある条約が、既存慣習法規則を確認し宣言する目的で起草され締結された「法典化条約」であるならば、紛争当事国の一方または双方が仮に当該条約の締約国でなくとも、これを慣習法規則の証拠として提出することができるであろうか。また、多数国間で結ばれる条約が、国際法の漸進的発達をめざして新たなルールを創設したものであっても、その条約の重要性の故に各国に受け入れられるに至った場合、当該条約規定を新たな慣習法の証拠として非当事国に対して援用しうるであろうか。ここでは、これらの問題に関連する最近の国際判例に即して、検討しておきたい。

1　法典化条約援用の問題点

一八九九年のハーグ平和会議以降、徐々に活発化してきた国際法の分野における法典化運動は、戦前においては一九三〇年に国際連盟主催の下に行われたハーグ国際法典編纂会議において頂点に達したが、その後も米州機構などで地域的な法典化が進められたほか、戦後は国際連合の下に「国際法の漸進的発達および法典化を奨励すること」(憲章一三条一項a)を目的として設置された国際法委員会が基軸となってこれを推進していることは周知のとおりである(54)。このような組織的な法典化作業によって成立した条約が、国際裁判の過程で証拠資料として提出される場合、どのような問題が生じるか——この点について、まずノッテボーム事件(前出)からみておこう。

先にも触れたように、ノッテボーム事件では、国籍における実効性の原則、すなわち、国籍は国への個人の実際的結びつきと合致しなければならないというルールについて争われたが、裁判所は次のように述べている。

「このような合致の必要性は、国際連盟および国際連合の発議により、かつ、その後援の下で過去三〇年にわたり続行されてきた作業の中に見出される。そこには、一九三〇年にハーグで開催された国際法典編纂会議が、国籍法の抵触に関する条約の第一条に挿入した、何人が自国民であるかを決定するため、一国が制定した法令は『……国際慣習および国籍に関して一般的に認められた法の原則と一致する限り、他の国により承認されなければならない』と定める規定の説明が見出されるのである。同じ精神で、この条約の第五条は、第三国で提起される二重国籍の問題を解決するための実際的結びつきという基準に言及した。」(55)

このように本件では、右のハーグ条約が、国籍原則に関する慣習法のルールを宣言した文書であるとして、その証拠価値を是認しているのである。

右のケースと対照的なのは庇護事件(前出)判決であろう。この事件においてコロンビアは、犯罪人引渡しに関する一九三三年のモンテヴィデオ条約を援用したが、その理由は、当該条約が「単にラテン・アメリカの慣習によってすでに承認された諸原則を法典化したものにすぎず、それは慣習法の証拠をなすものとしてペルーに対抗できる」からであると主張された。この主張に対して裁判所は、第一に、当該条約の批准国の数が限られていること、第二に、モンテヴィデオ条約前文によれば当該条約は一九二八年のハバナ条約を修正するものであるとされ、必ずしも既存慣習法の厳密な法典化がこの条約の目的であるとはいえないとして、コロンビアの主張を排除しているのである(56)。

右の二つの事件ではいずれも戦間期における法典化運動の結果として採択された条約について、それらの条約の性格が問われているが、そこでの争点は、慣習法の証拠としていわゆる法典化条約を援用する場合の基本的な問題点を集約しているように思われる。すなわち、第一には、法典化された条約が内容的にどの程度、既存慣習法を表現しているか、またそのことをどのようにして検証しうるか、という点である。また第二には、その条約の慣習法的効力が認められるためには、右条約採択の後、どの程度広汎な諸国家のコミットメントに支えられたものでなければならないか、という問題である。

まず第一の点についてみれば、条約の慣習法宣言的性格、すなわち、条約規定のうちのどの部分が既存慣習法の再記述(リステイトメント)に当たるか、を実体的に検証することは極めて困難な作業のように思われる。戦前の連盟下での法典化に際しては、成文化するに十分な成熟(ripeness)を示しているかどうかが一応の基準とされたが、法典化概念にはかなりの混乱があったといわれる(57)。国連国際法委員会では規程上、その法典化(広義)活動は、「国際法の漸進的発達」(まだ国際法の規制するところとなっていない事項、またはそれに関して国家間の慣行上法が十分に発達していない事項について法を定立する)と「国際法の法典化」(狭義)(すでに広汎な国家間の慣行・先例・学説が存在している分野における国際法上の諸規則をさらに精密に定式化し体系化する)という二つの側面を区別し(規程一条・五条)、それぞれに若干異なる手続を用意している。しかしこのような区別にもかかわらず、実際には両者の差異は相対化しており、狭義の法典化が、既存慣習法の精密な複写的記述にとどまらず、それからの乖離・変更・修正を伴い、往々にして漸進的発達という目的論的考慮の優先の上に実現されてきたことは周知のとおりである(58)。

このような状況の中で、いわゆる法典化条約の慣習法宣言的性格を確定するには、どのような方法があるだろうか。ここでみたノッテボーム事件および庇護事件では、それぞれの条約の前文その他で、当該条約起草の目的が既存慣習法の確認・宣言にある旨、表明されているか否かが、ある程度裁判所の判断を左右したようである。たしかにそのような趣旨が明示されていれば、そのような条約の援用に対する正当性は強く支持されることになろう。しかし現実には、そうした表明を規定する例は極めて稀である。条約前文等での明示的宣言に代わって、当該条約の起草段階における交渉・審議議事録（travaux préparatoires）から、条約規定のどの部分が既存国際法の再記述として捉えられるかを確定する方法も考えられよう。さらにまた、他の何らかの方法で慣習法のルールそのものが確定されるならば、そのルールと法典化条約の規定とを比較考証することにより、右条約の証拠価値を検証するという方法も観念的には提起されうる。しかし、そもそも慣習法の証拠としての条約の援用を問題としているときに、その前提として当該条約が現行法（＝慣習法）と合致しているか否かを証明しようとすることは、論理的に意味をなさない。結局、条約の規定における明示的表現ないしは travaux préparatoires によってその間の事情を探るとしても、実際には種々の困難が予想されよう(59)。

法典化条約における慣習法の確定については、さらに、留保制度に関連して問題が生じる。多数国間条約としてできるだけ多数の国の参加を容易にするため、これらの条約では規定の一部について留保を認めることが多い。先に引用された一九三〇年のハーグ国籍条約でも、二〇条で同条約中のほとんどすべての条項に対して留保が認められており、実際にも六の留保の例が記録されている。ある条項に留保が認められているということは、その条項の国際慣習法的性格を否定する要素とはならないであろうか。この点は次項で論述することになる。

法典化条約の援用に関する第二の問題点は、当該条約採択の後の、これを支える国家実行についてである。右に述べた第一の観点からみてその条約の慣習法的効力が確定されれば、条約成立後の実行を問題とする必然性はないかもしれない。しかしその条約が大多数の国によって批准され、あるいは事実上受け入れられてその規範内容が実現されているならば、当該条約の慣習法の証拠としての援用は一層有力なものとなろう。右にみた庇護事件では、モンテヴィデオ条約の批准国が少数（一一ヵ国）であることが一つの理由となって、その援用が否認されている。もっともノッテボーム事件で援用されたハーグ条約の批准国は（裁判当時）一四ヵ国にすぎないから、この点についても一般的な基準を立てることは難しい。また先にも触れた留保も、国家実行におけるコミットメントの度合をはかる上で再び問題となろう。援用しようとする条約規定が現実に多数の国の留保の対象となっている場合には、それだけ援用の効果を減殺することになりうる。

以上概観したような問題点は、次にみる一九六九年の北海大陸棚事件において根底的に再検討され深化されることになったのである。

2　法典化条約における慣習法の宣言

先にも述べたように、国際法委員会はその個々の作業について「法典化」と「漸進的発達」を厳密に区別していないが、それは区別することが不可能ではないにしても極めて困難であり、さし当たり実際上の意味も認められないからである。たとえば一九五八年の第一次海洋法会議に提出された草案の起草過程でも、国際法委員会は当初意図していた条項ごとの「法典化」と「漸進的発達」への区別を中途で放棄せざるをえなかったのである(60)。その結果、四つのジュネーヴ条約のうちでも、公海条約のみが「法典化」に言及しているにすぎない。漁業管轄権に関する事件（前出）では公海漁業に関連して右条約が「この紛争解決に関連性のある国際法の現行規則の確定」(61)のために援用されているが、この条約の前文は次のように規定している。

「この条約の当事国は、公海に関する国際法の規則を法典化することを希望し、［海洋法会議が］国際法の確立した原則を一般的に宣言しているものとして (as generally declaratory of established principles of international law) 次の規定を採択したことを認めて、次の

とおり協定した。」(62)

しかし、右の「原則」という言葉が示唆するように、そこで法典化されている内容は極めて抽象性の高いレヴェルにおいてしか定式化されておらず、実際上の複雑な問題解決にはあまり役に立たない。漁業管轄権事件でも現実に問題となっているのは、先にみたように伝統的な公海漁業の自由が新たな慣習法として定着してきている漁業水域概念や沿岸国優先権概念によりどの程度制約されてきているかという点であった。いずれにせよ、「法典化」と「漸進的発達」との混在が、ここでの問題の基本となっている。

北海大陸棚事件(63)(西ドイツ対オランダ、西ドイツ対デンマーク、一九六九年二月二〇日)では、海洋法条約の一つである大陸棚に関する条約六条の規定が慣習法の証拠として援用できるか否かが争点となった。その際、デンマークおよびオランダは境界確定に関する右の条文が、「既存の慣習法規則を宣言し具体化したものではない」が、「国際法委員会の作業、その作業に対する諸国政府の反応、そして(一九五八年の)ジュネーヴ会議の議事を通じて、現れつつある慣習法(emerging customary law)の明確化および固定化のプロセスが生じていたのであり、この現れつつある慣習法は、会議による大陸棚条約の採択において明確な形をとるに至った」(64)というものであった。

裁判所はこの点に関して、次の二つの理由からデンマーク・オランダの主張を斥けている。第一は、第六条の起草に当たった国際法委員会の審議過程(travaux préparatoires)の検討に基づく。すなわち、

「現在条約六条に現れているような等距離原則は、委員会により、決して *de lege lata* ないし慣習国際法の現れつつある規則としてではなく、いくらか試験的に、そしてせいぜい立法論(*de lege ferenda*)として、かなりの躊躇を持って提案されたものである。」(65)

次に裁判所は第二の理由として、大陸棚条約六条を留保規定(同条約一二条)との関連において性格規定している。すなわち、一二条によれば、留保は四条以下の各条項については認められるが、一条から三条までの各条については

認められない。このことから裁判所は、留保が禁止された右の三条文は「明らかに、当時大陸棚に関する慣習国際法の受容された、ないし少なくとも現れつつある規則を反映し、または具体化するものとみなされていた」とし、留保が認められている条項については六条を含めて、「既存のまたは現れつつある法の規則を宣言するものとはみなされていなかった」[66]と推断するのである。こうして裁判所は、右に述べた二つの理由から、「ジュネーヴ条約は、隣接する国の間の大陸棚の境界画定は、当事者が別段の合意をしない限り等距離＝特別の事情を基準として実施されなければならないという既存のまたは現れつつある慣習法の規則を具体化ないし明確化したものではない」[67]と結論している。

大陸棚条約の場合のように、条約規定の中に慣習法宣言的性質に関する表明のないときには、当該条約の起草過程および条約成立後の条約に対する各国の実行から問題の条約規定が慣習法を定式化しているか否かを全体的な観点から検証しなければならない[68]。裁判所が本件において積極的にこうした追求を行ったことは大いに注目しなければならない。ただしその過程で疑問に思われるのは、裁判所の留保に関する言及である。右にみたように裁判所は問題の規定が留保の対象となっていることを重視しているが、条約中の一定の条項に留保が許容されることと、その規定内容が慣習法を表明していることとは、必ずしも両立しえないことではない[69]。判決の中でも裁判所は、大陸棚条約で留保が許容されている四条(大陸棚での海底電線・パイプラインの敷設・維持を妨げない義務)、五条(航行・漁業等の自由を不当に妨害しない一般的義務)等が同時に受容された慣習法であることを認めながら、「これらの事項は大陸棚の権利それ自体に直接関係せず単にその権利に付随的なものであるにすぎない」として合理化に努めているものの、その立場は明らかに矛盾している[70]。また大部分が慣習法の表明であると考えられる公海条約には、留保規定が存在しないにもかかわらず、実際には「大陸棚条約に対するよりも多い数の留保(裁判当時すでに一三ヵ国による六ヵ条にわたる留保)が行われている」[71]ことも指摘されている。先に触れたハーグ国籍条約における留保の例も、ここで想起されよう。

　このように本件における裁判所の留保問題の取扱い方、すなわち留保の禁止・許容を基準とした慣習法的効力の捉え方は観念的にはともかく、現実的な観点からは適切とはいえない。もっとも留保権の行使が頻繁に行われるならば、事実上その条項を慣習法の証拠として援用する可能性は減殺されていくであろう。こうして、いわゆる法典化条約の慣習法宣言的性格は、条約前文、起草過程そして留保も含めた国家実行の総体から確定されることになる。北海大陸棚事件判決の意義は、まさにそのような作業を裁判所が積極的に行っていることにある。

3　法典化条約による慣習法の創設

　先にもみたように、法典化条約は単なる慣習法の再記述による定式化ではなく、多くの場合、国際法の漸進的発達という、法のあるべき方向をいわば先取りする形でその定式化・体系化が行われる。そのように起草・採択された条約が、条約自体の内包している一般化への志向性とその影響力により、またこれを支える各国の実行によって、国際慣習法の一部に転化していくことがありうるであろうか。もしそのことが証明されるならば、法典化条約の規定は、当該条約成立後のある時点から、条約非当事国をも拘束する一般的な慣習法の証拠として、援用されることになるであろう。

　北海大陸棚事件(前出)において、裁判所は明確に右の可能性を肯定している。デンマーク＝オランダは、大陸棚条約六条の等距離原則が仮に同条約採択の日に慣習法規則として存在していなかったとしても、一部分は条約自体の影響力により、一部分はその後の国家実行に基づき、現在ではすべての国を拘束する慣習国際法の規則であると主張していた。裁判所はこの点について次のように述べている。

「この主張は、……明らかに同条［条約六条］を、次のような意味での規範創設的規定(norm-creating provision)として捉えることを前提としている。すなわち、その起源においては条約上ないし契約上の規則であったにすぎないものが、後に国際法の一般体系に送り込まれるに至り(passed into the general corpus of international law)、そして現在ではこの規則はそのようなものとして法的確信により受け入れられ、その結果条約の非当事国に対しても拘束力を持つようになったと考えられるが、［六条の規定は］まさにそういう規則の基礎を構成し、またはそういう規則を発生させたのであると。こうしたプロセスが完全に可能なものであることは疑いを入れないし、かつ実際にもこうしたことは時々生起する。それは実に慣習国際法の新しい規則が形成されうる方法の一つとして承認されている。」(72)

こうして裁判所は、いわゆる規範創設的条約が慣習法化する可能性を積極的に認めている。しかし同時に「軽々しくこの結果が達成されたものとみなされてはならない」(73)として、慣習法化のプロセスを厳しく限定していることが注目される。そして次の諸点を指摘して本件におけるデンマーク＝オランダの慣習法化の主張を排除しているのである。第一に、裁判所は条約六条が「潜在的に法の一般的規則の基礎をなすものとみなすことができるような、根本的に規範創設的性質」を持つか否かを検討して、これを否定している。その理由はまず、問題となっている等距離原則が、大陸棚境界画定方法を規定する六条の枠組みの中で、第二次的(合意が第一次的重要性を持つ)な位置しか与えられておらず、加えて「特別の事情」に対する考慮が一層その規範創設的性質を不確定なものにしている、という点が挙げられる。さらに、その条約規定の法宣言的性格の際にも指摘されたように、本規定に対して留保が許容されているという事実に鑑みて、留保が禁止されている条約一、二条が有していると同一の規範創設的性質を認めることは困難であるという(74)。

裁判所が慣習法化の主張を斥けた第二の理由は、六条の規定内容が慣習法規則として受け入れられていると認めるに足るだけの国家実行が存在していないという点である。すなわち、慣習法規則の成立には、ほんのわずかの時間的経過であっても不可能ではないが、しかしそのためには、「特別の影響を受ける利害関係を持つ国々の実行を含むところの国家実行が、援用される規定の意味において、広汎かつ実質上統一的であったこと、さらにその実行が、法の規則または法的義務に関わっていることの一般的承認を証明するような態様で生じたこと」(75)が不可欠の要件とされる。しかるに、こうした基準の下に、デンマーク＝オランダが裁判過程で引用した一五の境界画定の実行を検討した結果、裁判所は次のような判断を示している。すなわち、そのうち約半数は、関係国が大陸棚条約の当事国として、条約の適用をしたにすぎないと解されること、また残りの半数の例は、条約の非当事国によるものであるが、「それらの国が自ら慣習国際法の命令的規則を適用しているという確信を持っていたと正当に推断することはできない」ということから、慣習法化の証明としては不十分であると認定されるのである(76)。裁判所はさらに、たとえ大陸棚条約の非当事国による実行例が実際よりもはるかに多数であるとしても、単なる慣行の推移だけでは十分ではなく、各国の行動が法的・必要的確信（*opinio juris sive necessitatis*）の観念に基づく、法的義務の意識に動機づけられたものであることが証明されなければならないと付言している(77)。

こうしてデンマーク＝オランダの主張は結論においては受け入れられなかったが、本判決の大きな意義は、法典化条約における規範創設的規定が慣習法化していくプロセスを肯定的に承認していることである。ここにいう規範創設的規定の用語は、かつてよく用いられた契約的条約（contract-type treaties, traité-contrat, Vertrag）に対する立法的条約（law-making treaties, traité-loi, Vereinbarung）を連想させるが、今日ではこの区別にさしたる分析的意味を見出すことはできない(78)。慣習法化を推進する（generate）ような規範創設的規定とは、条約の構造からみて、規定内容が一般化可能（generalizable）な性質を有することが起草者の明白な意思（manifest intent）として確認されるものをいう(79)（したがって、一時的な商品・サービスの交換を定める協定などがそのような性質を具えていないことはいうまでもない）。しかるに、この規範創設的規定が有する慣習法化への潜在的可能性を顕在化するのは、条約成立後の広汎な国家実行であるとされる。これに関連して、裁判所が慣習法化における時間的要素を極めて柔軟に考えていることが注目される(80)。かなり短期間の経過でも他の条件が具わるならば慣習法成立を認めていこうとする態度は、突きつめれば即時慣習法(instant customary law)成立の可能性を容認する考え方(81)にもつながっていこう。核実験に関する事件(82)(オーストラリア対フランス、ニュージーランド対フランス、一九七四年一二月二〇日)でも、いわゆる法典化条約ではないが、一九六三年の部分的核実験停止条約(モスクワ条約)が、核実験の禁止を命ずる慣習法規則に転化したか否かという点について争われる余地があった(83)が、多数国間条約における法創設的規定が、こうした慣習法化の観点から争点となることは今後も大いに予想されるところである。

四　小　結

本節では国際司法判例に対象を限って、慣習国際法の証拠としての条約規定の援用について検討したが、裁判所の判決にあらわれただけでも、かなり多くの場合に条約が援用されてきたことが示された。国際仲裁裁判、国際軍事裁判さらに国際法に関連した各国の国内裁判を考察するならば、そうした傾向は一層明らかになるであろう。条約の援用も慣習法証明の一つの方法にすぎないが、他の方法(国家実行、国内法の援用など)に比し、その内容の明晰性と実行の誓約性を具えているという意味において、条約の優越は明瞭である。もっとも、国際司法裁判に限定しても、いかなる条約をどれだけ提出すれば慣習法の存在が認定されるかという点について確立した基準が立てられるわけではない。それは、証明しようとする慣習法自体の存在状況に依存するばかりでなく、援用される問題のコンテクストによっても大いに変わりうるからでうる。国際司法過程における説得性の獲得とそれによる間主観性の高揚という観点から一般的にいうならば、一〇の条約を引用するよりは同種の二〇の条約を引く方がよいであろうし、また通常、二国間条約よりも多数国間条約を援用する方が有効であろう。二国間条約でも典型条項として定着している条項の援用はより大きな意義を持つ存在として捉えられようし、多数国間による法典化条約の一定の規定は、すでにみたとおり、今日の裁判過程で無視しえない影響力を発揮しているのである。

しかるに、このような慣習法の証明を目的とした成文法の援用という現象は、国際法に特有のものであると思われる。それは従来、国際法が第一義的には慣習法として形成されてきたこと、そして条約による国際生活の規律が飛躍的に増大した今日においても、慣習法の役割が依然として極めて大きいことに起因している。そのような法構造の下では、必然的に慣習法と条約法との相互浸透の過程が整えられてくるのである。近代以降の国内法社会では――もとよりそれは国により時代により異なるが――とくに整備された成文法体系の下では、慣習法の占める地位は小さく、司法過程における慣習法の機能も一般的には限られたものでしかない(84)(もちろんそれは相対的であるが)。これに対して国際法社会では、成文法(条約)と慣習法との関係は、補完と協働こそがその常態である。主権国家の並存関係を基本として成り立っている国際社会においては、それがいかに「組織化」されてきたとはいえ、統一的な立法機関がそこに存在しない以上、国際法の発展のかなりの部分は、今後とも慣習法という媒介をとおして実現されていくことになろう。周知のように、社会主義諸国や第三世界の国々は、慣習国際法というものに対してこれまで懐疑的ないしは敵対的であった。しかし、伝統的な慣習国際法が組織的・体系的に国際法の漸進的発達を実現する方向で再定式化され、そのように成立した多数国間条約が再び慣習法的効力を及ぼすという動きが、極めて限られた範囲においてであれ、次第に定着しつつあるとすれば、それらの国々の態度も自ずから変化してくるであろう。その意味で、慣習法の法典化、法典化条約の慣習法化というプロセスは、慣習法自体の近代化・合理化の過程でもある。慣習国際法の証拠として条約を援用するというここでみたプラクティスは、そのような条約と慣習法との不断の相互作用を軸とし、国際裁判所の能動的な法適用機能を推進力として実現されるところの、国際法の発展過程における注目すべき一断面を示しているように思われる(85)。

注

(1) Official Records, "Reports of the International Law Commission", 1966, reproduced in *American Journal of International Law (AJIL)*, vol. 61, no.1, 1967, pp. 375-376, 388-389; Official Records, U.N.Conference on the Law of Treaties, First Sess. A/CONF. 39/11, pp. 197-201, 227-228, Second Sess. A/CONF. 39/11/Add. 1, pp. 63-72, 73-74; I. M. Sinclair, *The Vienna Convention on the Law of Treaties*, Manchester, 1973, pp. 8-11, 23-26; T. O. Elias, *The Modern Law of Treaties*, Oceana, 1974, pp. 67-70, 経塚作太郎「条約の第三国に対する効力——条約法草案第三〇条～第三四条を中心として」『国際法外交雑誌』六七巻四号(一九六八年)七八～七九頁、宮崎繁樹「条約の第三国に対する効力(先例研究)」同一二五～一二六頁。宮崎教授の先例研究は条約の第三国に対する効力の問題を、①直接的効力、②間接的効力、③反射的効力(最恵国条項の場合など)、④組織内効力、⑤継承的効力、および、⑥慣習的効力に便宜上分類して検討している。本文で述べたとおり、この慣習的効力が条約自体の効力の意味でないことは明らかであるが、しかし同時に、この問題を *Pacta tertiis* 原則との関連で考察することには十分の意義がある。とくに著者においては、このテーマは「最恵国条項論」『国際法外交雑誌』七二巻四、五号(一九七四年)で取り上げた条約と第三国の関係に関する問題意識に連なっている。

(2) Ch. Rousseau, *Droit international public*, t. 1, Paris, 1970, pp. 334-337.

(3) Cf. L. Kopelmanas, "Custom as a Means of the Creation of InternationalLaw", *The British Year Book of International Law (BYBIL)*, vol. 18, 1937, pp. 163-137; C. Parry, *The Sources and Evidences of International Law*, Manchester U.P., 1965, pp. 56-82.

本節での関心は国際法廷で慣習法規則の存否を証明する際、条約規定がどのような根拠で援用され、それが証拠としていかに役立つかを明らかにするところにあり、法廷への証拠提出の手続・時期・態様・立証責任等の側面にあるのではない。国際法における証拠法の優れた研究としては、Durward V. Sandifer, *Evidence before International Tribunals*, rev. ed., Virginia U. P., 1975 がある。

(4) 東京地裁昭四四・一・二五、『行裁例集』二〇巻一号(一九七〇年)二六頁。国側が「政治犯罪人不引渡しの原則が国際慣習法として確立しているか否かの実質的判断は慣習法理論の適用としてその成立要件の一つとされる規範意識の醸成にかかっている」が、政治犯罪人不引渡しの慣行は「いまだその拘束性が個々の条約を超えて普遍的なものになっているとはいえない」と主張したのに対し、裁判所は「相対的な政治犯罪を含む広義の政治犯罪についてはともかく、純粋な政治犯罪についてのみ、しかももろもろの限定を付したうえで」不引渡原則の国際慣習法が肯定せられるべきであると述べ、さらに、右原則が国際慣習法であるか否かについて学説の対立も、「むしろそれらが前提として採る政治犯罪概念の相違に負うところが多いように思われる」と指摘している。『同上誌』六六頁。

（5）『判例時報』六六四号（一九七二年）六頁。

（6）東京高裁昭四七・四・一九、『前掲誌』（注5）四頁。

（7）最高裁昭五一・一・二六、二小、『判例タイムズ』三三四号（一九七六年）一〇六頁。なお、不引渡しが「義務」として国際慣習法上確立していることを、慣習法の成立条件および構成要素に照らして検討したものとして、芹田健太郎「政治犯罪人不引渡原則の確立——歴史的実証的検討」『国際法外交雑誌』七一巻四号（一九七二年）三四〜八一頁、とくに六五頁以下。

（8）高野雄一「政治犯の本国送還は裁量行為か」『法学セミナー』一九七六年四月、一〇頁。

（9）本節で扱う国際判例は次の事件に関するものである。常設国際司法裁判所によるものとして、①ウィンブルドン号事件（一九二三・八・一七）、②マヴロマチス事件（一九二四・八・三〇）、③ローチュス号事件（一九二七・九・七）、④オーデル河国際委員会の地域的管轄権に関する事件（一九二九・九・一〇）、⑤オーストリア・ドイツ関税同盟事件（勧告的意見、一九三一・九・五）。国際司法裁判所によるものとして、①庇護事件（一九五〇・一一・二〇）、②漁業事件（一九五一・一二・一八）、③モロッコにおけるアメリカ合衆国国民の権利に関する事件（一九五二・八・二七）、④ノッテボーム事件（第二段階、一九五五・四・六）、⑤北海大陸棚事件（一九六九・二・二〇）、⑥バルセロナ・トラクション会社事件（一九六二年の新たな請求の提起、一九七〇・二・五）、⑦漁業管轄権に関する事件（一九七四・七・二五）、⑧核実験に関する事件（一九七四・一二・二〇）。判決引用に際しては原文に当たったが、同時に、皆川洸『国際法判例集』（有信堂高文社、一九七五年）を参照した。

（10）Richard Baxter, "Multilateral Treaties as Evidence of Customary International Law", *BYBIL*, vol. 41, 1965-66, pp. 275-300; *Ditto*, "Treaties and Custom", *Recueil des cours*, t. 129, 1970, pp. 26-105; Anthony D'Aamato, "Treaties as a Source of General Rules of International Law", *Harvard International Law Journal* (Club Bulletin), vol. 3, 1962, pp. 1-43; *Ditto*, "The Concept of Special Custom in International Law", *AJIL*, vol. 63, no. 2, 1969, pp. 211-223; *Ditto*, "Manifest Intent and the Generation by Treatyof Customary Rules of International Law", *AJIL*, vol. 64, no. 4, 1970-I, pp. 892-902; *Ditto*, *The Concept of Custom in International Law*, Ithaca, 1971, pp. 103-166.

（11）村瀬「前掲論文」（最恵国条項論）五号（注1）六一〜六二頁。
わが国における法例二条と民法九二条をめぐる問題についてみれば、従来の通説は、前者の慣習は当事者の権利義務を定める慣習法であるのに対し、後者のそれは法律行為解釈の基準としての事実たる慣習であるとし、その基本的な差異を、社会の法的確信の存否に置いている(もっとも最近の有力な学説ではそのような区別を認めず、任意規定とそれに反する慣習が競合している場合には当事者の慣習によるべきとの意思を前提として慣習の適用を認める——民法九二条——が、法令の定めのない事項についての慣習は、慣習による意思を問題とせずただちにこれを適用する——法例二条——という点に区別を見出そうとしているようである)。さらに、慣習法の場合にはその確定が裁判所の任務に属するのに対し、事実たる慣習は当事者の主張・立証責任に委ねられる、とする学説が多い。国際法学においても、基本的には、このような考え方を採用しているといってよい。しかし国家を単位として構成される国際社会においては、その「法的確信」の擬制性は一層高くなり、その結果、慣習法と事実たる慣習の区別も相対化してむしろ両者は一連の系列の中で捉えられることになる。そして国際裁判では慣習法の立証はほとんどの場合、当事者によって行われる。国際社会の分離性と多元性、そして成文法(＝条約)に対して慣習法が持つ法源としての圧倒的重要性が、国内レヴェルでの慣習法問題の現れ方との違いを顕著にしている。この点は本節での国際判例を検討したのち、結びの部分で再び触れてみたい。淡路剛久「事実たる慣習」川島武宜『注釈民法』３(有斐閣、一九七三年)九八～一二〇頁、来栖三郎「法の解釈における慣習の意義——法例二条の慣習と民法九二条の慣習の関係を中心として」『裁判法の諸問題 下』(兼子博士還暦記念、有斐閣、一九七〇年)六一七～三一頁。来栖教授は、シンボルとしての慣習と権利義務を定める慣習とを区別する新たな視点を導入しているが、国際法の立場からも注目すべき論文である。

(12)　*CIJ Recueil 1955*, pp. 4-26.

(13)　*Ibid.*, pp. 22-23. 皆川『前掲書』(注9)四八七頁。一八六八年から一九二八年の間にアメリカ合衆国は一八ヵ国(リヒテンシュタインを含まない)と二国間条約を結び、出生国に帰還した帰化国民の保護権限の制限を取り決めている。いわゆるバンクロフト条約は、兵役義務を免れるために度々出生国に帰還し合衆国に居住する意思のない者に対して合衆国国籍を取り消す目的で結ばれたもので、たとえば一八六八年のベルギーとの帰化条約(Malloy, *Treaties, etc.*, vol. 1, 1910, pp. 80-81)、一八七二年のエクアドルとの帰化条約(*Ibid.*, pp. 434-35)など。

(14)　Josef Kunz, "The Nottebohm Judgment (Second Phase)", *AJIL*, vol. 54, no. 3, 1960, p. 557.

(15)　Baxter, *op. cit.* (*Recueil des cours*), *supra* note 10, pp. 75-76.

(16)　D'Amato, *op. cit.* (*The Concept of Custom*), *supra* note 10, pp. 113-116. ダマトはかつてハーバード・ロー・スクールでバクスターのゼミナールの学生であったが、先に述べた両者の論争も、そこでのノッテボーム事件に対する評価の差異に端を発している。

(17) *CPJI Série A*, no. 10 (1927), pp. 4-33.

(18) *CPJI Série C*, no. 13-II (1927), pp. 206-207. そこで援用されている条約の多くはフランス・トルコ間の関係を規律するものではない。

(19) *CPJI Série A*, no.10 (1927), p. 27, 皆川『前掲書』(注9)二六一頁。

(20) D'Amato, *op. cit.* (*The Concept of Custom*), *supra* note 10, pp. 116-117.

(21) ナイホルム (D. G. Nyholm) 判事の代表的な反対意見によれば、旗国の排他的管轄権の法理は確立された実定国際法(＝慣習国際法)であるとされるが、その場合にも条約慣行の検討が必要であることが指摘されている。*CPJI Série A*, no. 10 (1927), pp. 59-64.

(22) *CIJ Recueil 1950*, pp. 266-288.

(23) *Ibid.*, pp. 276-277, 皆川『前掲書』(注9)六頁。

(24) *Ibid.*, p. 277.

(25) *Ibid.*; H. W. Briggs,"The Colombian-Peruvian Asylum Case and Proof of Customary International Law", *AJIL*, vol. 45, no. 4, 1951, p. 728.

(26) *CIJ Recueil 1951*, pp. 116-144.

(27) *Ibid.*, p. 131, 皆川『前掲書』(注9)三六二頁。

(28) *ICJ Reports 1974*, pp. 1-34.

(29) *Ibid.*, p. 23.

(30) *Ibid.*, p. 26, 皆川『前掲書』(注9)四二二頁。

(31) *Ibid.*, p. 23.

(32) *Ibid.*, p. 50, n. 1.

(33) *Ibid.*, p. 34.

(34) *CIJ Recueil 1970*, pp. 2-51.

(35) *Ibid.*, p. 47, 皆川『前掲書』(注9)五二五頁。

(36) Baxter, *op. cit.* (*Recueil des cours*), *supra* note 10, p. 89.
いうまでもなく、慣習法存否に関する紛争が頻発するのは、まさに規範内容が流動的ないし不安定な分野においてであり、紛争の原因自体がその不確定性に基づいている場合が多い。バクスター教授はかつて条約による慣習法の確定のためには客観テストと主観テストの二重の基準によるべきであるとした。すなわち、客観テストとは、条約規定内容が事実上、既存慣習法の内容と一致していることが(条約以外の援用によって)証明されることであり、主観テストとは、当該条約の目的が起草者の意思において慣習法の再記述という点にある旨、証明されることであるという(Baxter, *op. cit.*〔*BYBIL*〕, *supra* note 10, pp. 298-300)。ダマトが厳しく批判したように、前者については、条約規定が慣習法内容に一致していることが他の方法で明らかになるのであれば、そもそも条約を援用する必要はなく当初の設問自体が無意味となり、また後者の側面についてみても、(バクスターが念頭に置いている)法典化条約の場合でさえ後述のように起草意思が明白にされることの稀である点を考えれば、現実的に適用しうる基準とはいいがたい(D'Amato, *op. cit.*〔*Concept of Custom*〕, *supra* note 10, pp. 153-156)。少なくとも国際法過程論的な視点においては、条約を慣習法の証拠として援用できるか否かの基準は間=主観的(インターサブジェクティブ)なテストによって決定されることになり、具体的には当該条約の当事国の数ないしは同種条約の存在如何が結局は重要な判断材料となろう。

(37) *CPJI Série A*, no. 1 (1923), pp. 15-34.
(38) *Ibid.*, p. 28, 皆川『前掲書』(注9)七九頁。
(39) *Ibid.*, p. 28, 皆川『前掲書』(注9)七九～八〇頁。
(40) *CPJI Série A*, no. 23 (1929), pp. 5-32.
(41) *Ibid.*, pp. 26-28, 皆川『前掲書』(注9)九〇頁。
(42) *CPJI Série A*, no. 2 (1924), pp. 6-37.
(43) *Ibid.*, p. 35.
(44) *CPJI Série A/B*, no. 41 (1931), pp. 37-53.
(45) *CPJI Série C* (1931), p. 72.
(46) *CPJI Série A/B*, no. 41 (1931), p. 51.
(47) 村瀬信也「特恵制度の展開と多辺的最恵国条項」『立教法学』一五号(一九七六年)一六～二〇頁。
(48) ILC., *Yearbook of the International Law Commission* (*Yearbook of the ILC*), 1960, p. 145.
(49) 村瀬信也「前掲論文(最恵国条項論)四号(注1)五八～八六頁、五号(注1)七三～七七頁参照。Shinya Murase, "The Most-Favored-Nation Treatment in Japan's Treaty Practice during the Period 1854-1905", *AJIL*, vol. 70, no. 2, 1976, pp. 273-297.
(50) *ICJ Reports 1952*, pp. 176-213.
(51) *Ibid.*, pp. 191-192.

(52) *Ibid.*, pp. 199-200.

(53) ここで最恵国条項に関連して取り上げられた二点は、条項が営むところの条約上の規則・制度の慣習法化への媒介機能を明らかにする上で極めて興味深い素材を提供しているように考えられる。すなわち、最恵国条項の主要な機能は、待遇の平等化・無差別化という均霑機能にある。同時に最恵国条項には、第三国条約の内容を条項を含む条約に送致・編入するという送致機能がある。さらに条項は、それが各国に網の目のように張りめぐらされることにより、一定の待遇のレヴェルに固定していこうとする固定機能とも呼ぶべき側面がある。ここで詳論することは避けるが、最恵国条項が一定の規則・制度を慣習法として形成させることに役立っているとすれば、その媒介機能はまさに右の均霑機能・送致機能、固定機能の複合的過程として捉えられるものと考えられる。

(54) R. P. Dhokalia, *The Codification of Public International law*, Manchester U.P., 1970, pp. 76 f.

(55) *CIJ Recueil 1955*, p. 23, 皆川『前掲書』（注9）四八七頁。

(56) *CIJ Recueil 1950*, p. 277.

(57) Dhokalia, *op. cit., supra* note 54, pp. 129-131.

(58) H. W. A. Thirlway, *International Customary law and Codification*, Leiden: Sijthoff, 1972, pp. 16-30; H.W. Briggs,"Reflections on the Codification of International Law by the International law Commission and by Agencies", *Recueil des cours*,vol.126, 1969-I, pp. 241f.

(59) Baxter, *op. cit.* (*Recueil des cours*), *supra* note 10, pp. 42-43.

(60) *Yearbook of the ILC*, vol. 2, 1956, pp. 255-256. 一九五八年の海洋法会議そのものは国連総会の決議によって招集されたのであるが、その決議が「問題の法的側面のみならず、技術的・生物学的・経済的および政治的側面をも考慮して、海洋法を検討する」よう要請していることを考えても、そこでの「法典化」が既存のルールの再記述に終わりえなかったことは明らかである。G.A. Res. 1105 (XI), 1957. 2. 21.

海洋法以外の分野についてみると、ウィーン外交関係条約（一九六一年）の作業について国際法委員会はこれを「法典化」と称しているが、必ずしもテクニカルな意味で使われてはいないようである（G.A. Res. 685 (VII), 1952. 12. 5; G.A. Res. 1450 (XIV), 1959. 12. 7）。領事関係条約（一九六三年）については、委員会は法典化と漸進的発達の双方からなると述べている（*Yearbook of the ILC*, vol. 2, 1960, pp. 145-146）。ウィーン条約法条約（一九六九年）の場合も委員会は両者の混在した作業としてその起草を位置づけ、「条項別にいずれのカテゴリーに属するかを決定することは実際的ではない」としている（*Yearbook of the ILC*, vol. 2, 1966, pp. 169, 177）。同条約四条はその条約の不遡及を定めているが、その但し書で、同条約中の慣習法宣言的規定の作用などは留保されていると考えられる。Sinclair, *op. cit., supra* note 1, pp. 9-10; O.

Lissitzyn, "Efforts to Codify or Restate the Law of Treaties", *Columbia Law Review*, vol. 62, 1962, pp. 1166 f.

(61) *ICJ Reports 1974*, p. 22.

(62) 450 *UNTS* 82 1958. 4.29.

(63) *ICJ Reports 1969*, pp. 4-54.

(64) *Ibid.*, p. 38.

(65) *Ibid.*, 皆川『前掲書』(注9)三八七頁。

(66) *Ibid.*, pp. 38-41.

(67) *Ibid.*, p. 41.

(68) アムーン(Ammoun)判事の補足的意見参照。*ICJ Report 1969*, p. 105.

(69) Baxter, *op. cit.* (*Recueil des cours*), *supra* note 10, p. 50.

(70) *ICJ Report 1969*, p. 39; Baxter, *op. cit.* (*Recueil des cours*), *supra* note 10, p. 49.

(71) ラックス(Lachs)判事の反対意見。*ICJ Reports 1969*, p. 224.

(72) *ICJ Reports 1969*, p. 41, 皆川『前掲書』(注9)三九〇頁。

(73) *Ibid.*

(74) *Ibid.*, pp. 41-42. 裁判所は六条規定の不確定的性格に関連して、強行法規(*jus cogens*)の問題が生ずることも示唆しているが、国際法上、強行法規が存在しうるか、また存在するとしてもそれはいかなる態様においてか、という点について条約法条約五三条の規定にもかかわらず未だ明確な解答が出されていない段階で、裁判所がこの問題を避けたのは当然であった。

(75) *Ibid.*, p. 43.

(76) *Ibid.*, pp. 43-44. 裁判所が大陸棚条約の非当事国の実行を検討したことはそれ自体正当であるが、条約当事国の数が増えれば増えるほど、条約規定の慣習法化の認定が難しくなるというのはパラドックスである。Baxter, *op. cit.* (*Recueil des cours*), *supra* note 10, p. 64; Thirlway, *op. cit.*, *supra* note 58, pp. 90-91.

(77) *ICJ Report 1969*, p. 44.

(78) H. Triepel, *Droit international et droit interne*, 1920, pp. 68-69; Oppenheim-Lauterpacht, *International law*, 8th ed., 1955, p. 878; Ibrahim F. I. Shihata, "The Treaty as a Law-Declaring and Custom-Making Instrument", *Revue egyptienne de droit international*, vol. 22, 1966, pp. 53-58.

(79) D'Amato, *op. cit.* (*AJIL*), *supra* note 10, pp. 892-902; *Ditto*, *op. cit.* (*Concept of Custom*), *supra* note 10, p. 110.

(80)　判決によれば、「条約上の規則が国際法の一般原則になったとみなしうる前に、通常必要とみなされる他の要素に関しては、かなりの期間が経過しなくとも」、条約に対する広汎な参加があればよい、とする。本件の当事国で紛争が発生したのは、大陸棚条約発効後わずか一年足らずであったが、裁判所は、「ほんのわずかの時間の経過は、必然的ないし自動的に、もともともっぱら条約上の規則であったものに基づいて、新しい慣習法の規則が形成されることを妨げるものではない……」と述べている。*ICJ Reports 1969*, pp. 43, 45.

(81)　Baxter, *op. cit.* (*Recueil des cours*), *supra* note 10, p.69; D'Amato, *op. cit.* (*Concept of Custom*), *supra* note 10, pp.162-164.

(82)　*ICJ Reports 1974*, pp.253-274.

(83)　裁判所は本件で、オーストラリア等の請求目的が他の手段によって成就されたことを理由に紛争の消滅を認定し、その結果、核実験そのものの法的評価について言及するに至らなかったが、モスクワ条約の内容が慣習法となったか否かが争われる余地は、状況次第で十分にあった。Joint Dissenting Opinion of Judges Onyeama, etc., *ibid.*, p. 368. デ・カストロ裁判官は、モスクワ条約四条の脱退に関する留保条項および締約国の普遍性の欠如を理由として、当該条約が慣習法規則ないし強行法規性を持つ条項であると論証することには「若干の疑問」があるという。Opinion dissidente de M. de Castro, *ibid.*, p. 388. なお、Anthony A. D'Amato, "Legal Aspects of the French Nuclear Tests", *AJIL*, vol. 61, no. 1, 1967, pp. 66-77; S.A. Tiewul,"International Law and Nuclear Test Explosions on the High Seas", *Cornell International Law Journal*, vol. 8, no. 1, 1975, p. 56.

(84)　来栖教授は、国内の裁判所が判決の根拠として慣習を援用することが以外に少ないことの一つの理由を次のように説明している。「裁判所は……慣習と一致すると思われる判決をする場合にも、多かれ少なかれ存否の認定が困難で不確実さを帯びる慣習を直接の根拠として示すことなく、できるだけ法律および契約から当然に導き出されるように推論しているにすぎない。」換言すれば、「裁判官が判決の基礎として慣習を援用するのは法律および契約から演繹するのがいかにも無理と感ぜられる……場合に限られることになる」と(来栖「前掲論文」〔注11〕六三一、六二九頁)。国際裁判でもこうした傾向がないとはいえないが、判決形成に際して慣習法の演ずる役割は圧倒的に大きい。したがってそこでは、本節でみたように、いわば慣習法の中身に条約内容を投入することにより、その援用を少しでも合理化しようという努力がなされることになるのである。

(85)　条約と慣習法との相互作用において国際裁判所の果たす役割をいかに評価すべきかという問題は、本節の関連において残された重要な問題である。小川芳彦「国際司法裁判所と法の創造」『法と政治』(関西学院大学)一五巻四号、一六巻三号(一九六四年～五年)参照。

第二節　ウィーン条約法条約三八条の意義

一　はじめに

前節でも触れたように、「一九六九年の条約法に関するウィーン条約」(以下ウィーン条約)の第三部第四節は、「条約と第三国」という表題のもとに、三四条から三八条までの各条文を置いている。しかるに、この節の最後の条項である三八条では、「第三四条から前条までの規定のいずれも、条約に規定されている規則が国際法の慣習的規則と認められるものとして第三国を拘束することとなることを妨げるものではない。」と規定されている。この規定は、一定の条約中に定められる規則が慣習法化することにより、あるいは、それが他の何らかの理由で慣習国際法として認められることにより、その条約の非当事国である第三国が、右の規則に拘束されるという場合について定めているのである。

これは一見、自明の理を単に確認するにすぎないとも考えられるが、むしろその自明性の故に、かえって様々な問題を提起しているといえよう。この規定は、条約と慣習法との多様な関係性を想定し、条約法と慣習国際法とが出合う接点として位置づけられることから、ここでは三八条規定の意義を主として解釈論的な観点から明らかにしておきたいと思う。とくに、第一に、この規定と「条約の第三者効力」との関係、第二に、同条の起草の背景と解釈の対立、さらに、第三に、具体的な国際法過程におけるこの規定内容の意義、等について考察することにしたい。

二　条約の第三者効力と慣習法的効力——最近の問題状況から

条約と慣習法の関係に関するウィーン条約三八条を、条約の第三国に対する効力という問題の文脈で考察することは、どのような意義があるだろうか。同条の規定の趣旨は、一定の条約の内容が、慣習法として効力を条約非当事国に対しても及ぼすということであって、条約そのものの効力が直接第三国に及ぼされるということではない。その意味では、三八条は単なる留保的・注意的規定にすぎない(1)といえよう。しかし、現実の国際関係においては、一定の条約規定の第三者効力の問題は、その慣習法的効力の問題と密接な関係をもって論じられることが少なくない(2)。条約と慣習法との関係が「条約と第三国」との関連で考察され、三八条の規定が今日様々な角度から再評価されてきているのも、そうした現実の国際法経験によるところが大きい。

そこで、そのような最近の問題状況を象徴する素材として、パナマ運河における第三国船舶の通航権の問題を取り上げてみよう。「条約と第三国」というテーマの下で国際運河条約の問題が常にその典型的な事例として扱われ、とくに、それが第三国に「権利」を付与するものであるか、それとも単に「反射的利益」を与えるにすぎないかという点が議論の焦点となってきたことは周知のとおりである。一九七八年一月にアメリカ議会で行われた新パナマ運河条約、とくにその中立条約をめぐる審議においても、今日的な文脈においてこの問題が提起されていたのである(3)。ここでは右の条約について上院外交委員会で証言したハーバード大学のバクスター (Richard R. Baxter) 教授の立論を紹介しつつ、従来とは若干異なる視点から、右の問題を捉え返しておきたいと思う。

周知のように、パナマ運河は一九〇一年の英米条約、いわゆるヘイ=ポーンスフォート条約 (the Hay-Pauncefort Treaty of

1901）の三条で、すべての国の船舶に対し「自由航行」を認めた。この規定が一九〇三年の米国＝パナマ間の条約、いわゆるヘイ＝ブナウ＝ヴァリア条約（the Hay-Bunau-Varilla Treaty of 1903）に受容されたのである。さて一九七七年新たに結ばれたパナマ運河中立条約の二条は、実質的にこれと同様の内容であり、次のように規定している。

> 「パナマ共和国は、平時戦時を問わず、運河がすべての国の船舶の平和的通過に対しても、完全に平等の条件の下に、安全でかつ開放されていることのために、運河の中立を宣言する。そのため、通過の条件もしくは賦課金に関し、またはその他のいかなる利用によっても、いずれの国家またはその市民もしくは国民に対して、いかなる差別もあってはならず、また、運河、したがってパナマ地峡が、世界の他の国家間のいかなる武力紛争においても、復仇の目標とされてはならない。」

さらにこの二条の規定は後段において、「以上は次の諸条件に従うものとする」として、通過料金・賦課金の支払い、法令規則の遵守等を列挙している。これらの諸条件は、三条において一層詳しく具体的に規定されている(4)。

さて、このような条約規定の下で、第三国はその船舶の運河通航の権利をいかなる根拠で主張しうるか。この点についてバクスター教授は、次の三つの考え方を示している。第一は、この中立条約二条が「すべての国の船舶」に対して「平和的通過」を保障しているということは、条約非当事国に対しても通過権を認めているに等しく、第三国はこれにより運河通航の「権利」を付与されているとする立場である。換言すれば、この条約はウィーン条約三六条一項にいうところの「第三国に対して権利を付与することを意図」している条約に該当する、というものである。この場合、三六条二項で定められているように、権利を行使する第三国が、「権利行使のための条件」（パナマ中立条約の場合には二条後段、三条等に揚げられる諸条件がこれに当たる）に従うものとされていることはいうまでもない(5)。

新パナマ運河中立条約の場合、両締約国が右のように「第三国に権利を付与する意図」を有していたかどうか、必ずしも明らかではない。私見によれば、この条約が第三国に加入を認めた開放条約であること(6)は、その推定についてむしろ否定的な要素となるのではあるまいか。一九〇一年の旧パナマ運河条約については、米国は、歴代の国務長官の言明によって、第三国がいわゆる反射的利益（benefit）以上に権利（right）として運河の自由通航権を享有しているとの見方を、強く排除している(7)。バクスター教授の示す第二の見解は、中立条約二条がパナマ共和国の一方的宣言という形で規定されていることに着目し、第三国はこの宣言によって権利を享受するというものである。この見方は直接「条約と第三国」の問題には関係ないが、一九七四年一二月二〇日のフランス核実験に関する事件に対する国際司法裁判所判決(8)の論理を援用したものである。すなわち、一国の一方的宣言であっても、ある種の宣言はその国を拘束し、宣言の名宛人となっている第三国は、そこで保障された内容を権利として主張しうるという立場である。こうした考え方も、もとより論理的には可能であるが、右核実験判決については批判も多く(9)、説得力に不十分さの残ることは否めない。

バクスター教授は、第一の見解も第二の見解も、考え方としては可能だとしながらも、「実際上、新条約はパナマ共和国と［アメリカ］合衆国が、慣習国際法の下で負っている特定の義務以上のものを課するものではない」とし、第三の立場として、第三国の権利はパナマ運河の自由通航の制度自体が慣習法となったことに基づく、という論理を展開している。すなわち、パナマ運河は一九〇一年・一九〇三年条約でその当事国により他のすべての第三国に対して自由通航のために「提供」（dedicate）されたもの(10)であるという。この提供（dedication）という行為自体は、それだけではただちに第三国との関係で権利義務関係を設定するに十分ではないけれども、その後国際社会一般がその制度に依存するようになると、それに伴って自由通航制度は漸次慣習法化したのだとしている。その結果、現在では、右の条約とは独立に、第三国は権利を取得しているものと捉えられる。こうしてバクスター教授によれば、新しいパナマ運河条約は、すでに慣習法化している自由通航権を、「より正確な言葉で、より洗練された形で再定義したもの」(11)ということになる。

以上のようなパナマ運河問題の進展は、条約の第三者効力の問題とその慣習法的効力の問題が非常に密接な関係に立っていることを、今日的な国際法状況の中で浮き彫りにしているように思われる。それは同時に、ウィーン条約で「条約と第三国」の節に設けられた三八条の規定の意義を象徴しているといえよう。そこで次に、同条の起草過程とその背景を明らかにし、この規定に対する解釈対立の様相を分析することにしたい。

三　ウィーン条約三八条の起草の背景と解釈対立の様相

ここではまず前提的にウィーン条約三四条以下の「条約と第三国」に関する諸規定に貫かれている特質を起草過程の中から明らかにした上で、三八条規定をめぐる解釈論的な論点を中心に、条約に基礎を置く慣習法の問題を叙述することにしたい。

1　厳格な同意原則（三四〜三七条）

条約が国家間の合意を基礎として成立し、国家はその合意を離れて拘束を受けることがないという原則は、主権概念を前提とした国際法関係の基本である。ウィーン条約二六条は、この「合意は拘束する」(*Pacta sunt servanda*) の原則を正面から規定している。この原則をいわば反面から謳っているのが、冒頭に述べた三四条での「合意は第三者を害しも益しもしない」(*Pacta tertiis nec nocent nec prosunt*) という原則の確認である。条約が当事国間 (*inter partes*) においてのみ有効であり、したがって第三国にとってそれが「無縁者間の存在」(*res inter alios acta*) でしかないということは、従来から条約法の基本原則であった(12)。こうして三四条の規定によれば、条約は第三国に対して、「その同意なしには」(without its consent)、いかなる拘束力も及ぼすことはないのである。そしてこのような「厳格な同意原則」(strict consensualism) こそ、同条に引き続く諸規定の指導規範となっているといってよい(13)。

この同意原則の厳格さは、とりわけ「第三国の義務について規定している条約」(三五条)において顕著である。すなわち、第三国に義務を課する場合には、当該第三国によってその義務の受諾が「明示的に」(expressly)行われなければならないというのみならず、それが「書面によって」(in writing)なされなければならないという点に、同意原則の徹底がはかられているのである。この後者の文言は、国際法委員会の原案にはなく、ウィーンでの条約法会議において新たに付け加えられたものである(14)。従来からも、明示的受諾の条件は、義務を課する条約の場合には不可欠の要素とみる立場が有力であったが、その明示性の態様は必ずしも「書面」という形式に当然に結びつけられるものではなかった。しかるに、ウィーン会議における書面主義の採択は、明示性の中身を形式においても固定するものであり、そのことは、意思表示の方法における従来のインフォーマリズムから新たな形式主義への一大転換の意味を持つ重大な決定であった(15)といえよう。これはいうまでもなく、自国の欲しない義務を負わされることになるのを恐れた中・小の国々が、いわば最後の安全弁としてこの書面形式に固執した結果であった。

右にみたような同意原則は、「第三国の権利について規定している条約」(三六条)の場合には、「反対の表示がない限り」、同意の存在が「推定」されるという形で大幅に緩和されてはいる。しかしこの条項も、三四条の定める一般原則の枠内で位置づけられるべき規定であり、同意原則そのものが崩れ去るわけでは毛頭ない。また権利の付与に伴って義務が並行するのではないかとの危惧が表明されているが、この並行義務(parallel obligation)については、三五条の規定に従って処理されることがウィーン会議でも確認されているところである(16)。また、付与された権利を行使すべき「義務」が第三国に課されるといったこともありえない。こうして本条項においても、第三国の同意(assent)が前提となっていることに変わりはない。付言すれば、この同意は継続的なものでなければならないと解されるから、第三国がその同意を取り下げれば(明示的にまたはその態度によって)、三六条適用の問題も消滅することになる(17)。

さらに、ここでの叙述は省略するが、「第三国の義務又は権利についての撤回又は変更」(三七条)の規定においても、右に述べたと同じような理由で、第三国の同意の必要性が前提的な条件となっているのである[18]。

このように、ウィーン条約においては、一部の学説が主唱していたような国際法上の客観的制度(objective regime)の存在——たとえば国際地役説や国際機構の客観的法人説など——を明確に否認し、その種の条約の対世的効力(the effects *erga omnes*)をはっきりと否定しているのである[19]。全体として、この「条約と第三国」に関する諸規定においては、「厳格な同意原則」が貫徹されているといえよう。そうした基本方針は国際法委員会の提出した草案においても認められるところであったが、ウィーン条約法会議で採択された条約においては、これが一層徹底されたのである。それはいうまでもなく、ウィーン会議に参集した圧倒的多数の第三世界の諸国が、国家主権・国家平等の原則に依拠して、自己の合意していない条約に拘束されることを峻拒するという態度を堅持したからにほかならない。このような基本方針は、条約法条約成立後に残された法典化作業としての、条約に関する国家承継条約、最恵国条項に関する条文草案、国際機構条約法条約等にも、それが「条約と第三国」の問題に関連する限り、同様に受け継がれてきているのは周知のとおりである[20]。

さてそれでは、以上に述べてきたような「厳格な同意原則」の文脈の中で三八条の規定も起草されたのであるが、具体的にそれがどのような形で表現されるに至ったか、次にこの点を検討することにしたい。

2　三八条の解釈と評価

条約規則の慣習法的効力に関する三八条の規定は、一般に注意的・留保的な規定にすぎないと考えられているが、これはハーバード草案などにもみられない規則をウィーン条約で新しく条文化したものとして積極的に評価されよう。この条文全体を削除すべしとするヴェネズエラなどの提案は全体委員会の圧倒的多数で否決(一四—六三—一八)

されたが(21)、他方、慣習法というものに対して第三世界の諸国が抱く漠然とした心理的抵抗感が自己に不利益な義務を負わされはしまいかという危惧の念と相まって増幅され、その結果、この条項が熾烈な論争の焦点となったことも事実である。

そうした事情を反映して、この三八条においても、国際法委員会草案とウィーンで採択された最終条文を比較した場合、後者が一層厳しいコンセンシュアリズムに貫かれていたことがわかるのである。両者の違いは、「……条約の定める規則が国際法の慣習的規則として第三国を拘束する……」(a rule set forth in a treaty……becoming binding upon a third State as a customary rule of international law, *recognized as such*)というILC草案に対して、ウィーン会議が、「慣習的規則と認められるものとして第三国を拘束する」という強調部分を付け加えた点にある。この「認められるものとして」というフレーズは、とくに日本語訳の場合には見落しがちとなるほどの軽い響きしか持たないが、この付加修正(22)(シリア政府の修正提案を五九―一五―一七で採択)によって、実は三八条の意味内容にも微妙な変化が生じてきたことは否めないのである。すなわち、(慣習法として)「認められる」、あるいは「そのようなものとして承認される」(recognized as such)と訳されるこの言葉に対していかなる意味付与をするかによって、三八条規定の位置づけ、解釈も大きく違ってくるのである。ここでは、この「慣習法の承認」という文言を手掛かりに、これを(1)承認の性質、(2)その形態および(3)対象という問題に区分して、ある程度立ち入った考察を加えておきたいと考える。

(1)　承認行為の性質

三八条の下で、「慣習法として承認する」という行為を、どのような性質のものとして捉えるかという点については、(a)個別的承認説とも呼ぶべき立場と、(b)一般的承認説と呼ぶべき立場が対立している。

まず、この承認が個別的性質の行為であるという立場は、右の recognized as such のフレーズの修正案を出したシリア政府代表の提案理由に、それが明らかにされている。すなわち、ある条約規定が慣習法規則となったかどうかは、それによって拘束を受けることになる国家自身が個別的にその拘束性を承認するか否かに依存する、というものである。

「わが代表団の修正案の目的は、ある規則が第三国に対して拘束的になるためには、当該国家がそれを国際法の慣習規則として承認しなければならない、ということを明確にすることにある。……次々と新しい国々が国際社会に他国と同じ主権的権利を有する国際法主体として参加してきており、とくに条約に起源を持つ規則のうちには特定諸国家の個別利益を保証する目的で形成されてきたものがあることを考えると、新興諸国に対して、彼らがその形成に参加しなかった慣習規則を押しつけるということは問題外である。したがって、このような規則が第三国、とりわけ新興諸国に対して拘束的となるためには、その義務的性格が、問題となっているその国によってまず承認されなければならない。」(23)

右の引用で明らかなように、シリアの代表の主張は、ある条約規則が第三国に対して拘束的となるためには、その規則が慣習法規則になったという「客観的条件」だけでは不十分であり、その拘束性が当該第三国自身によって個別的に承認されるという「主観的条件」をも充たさなければならないとするものである。逆言すれば、問題の第三国がこの規則を慣習法と認めない限り、その規則は当該国家に対しては拘束力を持たない、ということになる。こうした考え方は、先に述べた厳格な同意原則の流れに連なるものであり、ウィーン会議の多数を占める第三世界諸国および社会主義諸国の一部代表団の共感を呼んだことは想像にかたくない(24)。

しかし他の諸国が、シリア代表の解釈を受け入れて右の修正案を支持したというわけではない。むしろこの個別的承認説に真向から反対して、「一般的承認説」というべき立場もかなり強く表明されたのである(25)。その根拠は、慣習法の本質からいって、その規範性、したがって拘束性が、「一般的に」——実際には世界の大多数の国々によって——認められた規則であればそれで十分にその条件を充たしているというものである。その場合、個別国家の承認は必要ないばかりか、仮にそのような個別的承認がなくとも、もしその規則が慣習法としての性質——継続的事実の反復と法的確信の存在——を客観的に具えていることが一般的に承認される限り、三八条の適用がある、ということになる。条約に起源を持つ規則の場合も、他の場合と同様、通常のプロセスを経て慣習法となるのであり、この場合についてのみ特別の承認要件を付する理由は全くないにもかかわらず、もしシリア代表の主張するような解釈をとるとすれば、むしろ濫用の道をひらく恐れが多分にある、という危惧も表明された(26)。

承認の性質に関する以上のような議論について、ウィーン会議ではいずれの立場が正当であるかは決着がつかないまま終わった。あえて私見を述べれば、慣習法の性質上、また三八条が留保的条項であるという点からも、一般的承認説が妥当であろうと思われる。もっとも、それでは recognized as such という文言の付け加わったことは何ら新しい意味を持たないと解すべきか。著者は、この語句が承認の性質そのものについて影響を持つことはありえないと考えるが、影響を受けるのはむしろ、具体的紛争において慣習法を証明する場合の証明方法または証拠力の問題であろうと思うのである。つまりこの語句が付け加えられたことによって、条約の援用による慣習国際法の証明には、一層厳しい条件が課せられることになろう。したがって、ある条約規定を慣習法の宣言ないし慣習法創設の契機として論証しようとする場合には、その条約規定や条約実行を援用するだけでは不十分であり、条約非当事国(第三国)の各国がその規定内容を「慣習法として認めている」ということを証明する他の補強証拠を提出しなければならないであろう(27)。これが右の語句の挿入されたことによる一つの重要な効果であると考えるが、この点については、さらに四項でも具体的な問題に即して触れることにしたい。

(2)　承認の形態・方式

この点も右に述べた承認の本質論に関わるが、個別的承認説の立場に立てば、その方式は明示的な承認方法でなければならないと考える傾向にある、したがって、三八条の下では、少なくともその規則によって拘束を受けることになる国家が、その直接的な行為・態度によって、当該規則の慣習法としての規範性を承認していることが証明されなければならない、ということになる(28)。これに対して、伝統的な慣習法の考え方からみれば、慣習法の存在理由はまさにその「黙示の合意」という点にあるところから、承認の形態も黙示的でよい、ということになる。したがって、三八条の下においても、ある条約規則について、多数の国がこれを慣習法として認めているということが、間接的推認——たとえば抗議の欠如など——として認識されるとするならば、それでも十分であるとみなされることになろう。

従来、「黙示の合意」の擬制が大国によっていかに頻繁に濫用されてきたかを考えるならば、明示的承認説に固執するならば、それは慣習法という法の存在形式を、いわば条約そのものに近似させるという倒錯した帰結を招くことになるものと思われる。条約という国際法の存在形式は、その明示性、固定性、安定性にメリットがあるが、流動的な国際関係においては、その柔軟性と黙示性に特徴づけられる慣習法の存在理由も極めて大きいのである。とすれば、三八条における慣習法の承認方式を明示性の要件の下にリジッドに固定してしまうことは、この規定を置いたことの価値そのものを著しく減殺することになるであろう。

(3)　承認の対象

この問題は、どのような条約規定が、三八条の下で、慣習法規則として認められるかという qualification の問題であり、同条の解釈適用の実際においては常に最も重要な論点となる。審議の過程でも、一八五六年のパリ宣言や一九二八年の不戦条約などが慣習法化した条約の例示として挙げられてはいたが、その基準は何ら客観的に明らかにされていない。この点についても、(1)(2)で述べた各論点と同様に、絶対的・固定的な基準に基づく厳格な解釈をとる立場と、相対的な基準の下に柔軟な解釈を認めていこうとする立場が対立する。それはとりもなおさず、同意原則を厳しく貫こうとする第三世界諸国の立場と、慣習国際法の機能しうる範囲をできるだけ広く残しておこうとする西欧先進諸国の立場との対立でもある(29)。

この問題を検討するためには、これまでの諸先例を類型化して、右の基準となるべき法理を経験的に探究する必要があるであろう。次に項を改めて、この点を論じることにしたい。

四　ウィーン条約三八条規定の意義

ここでは、前項に引き続いて、三八条において慣習法化が予想されている「条約の定める規則」とは、具体的にどのようなものが考えられるかを検討し、さらに国際法の法典化および国際裁判の機能に結びつけて、同条が置かれたことの積極的意義を捉え返しておきたい。

これまでの諸先例を類型化すると、「条約に規定されている規則が国際法の慣習的規則と認められる」範疇には、(1)同一の条約慣行の堆積により慣習法化が認められる場合、(2)条約が既存慣習法を宣言していると認められる場合、さらにこれらの区分と重なる面を持つが、(3)法典化条約の場合が挙げられる。法典化条約の場合には、さらに、(i)それが慣習法を宣言していると認められる場合と、(ii)それによって新たな慣習法が創設されたと認められる場合が区別される。個々の判例等の分析は前節ですでに述べたが(30)、ここでは、それぞれの場合の問題点を総括的に捉えておくことにしたい。

同一の条約慣行が積み重なってそれが慣習法化したと認める場合には、一九五〇年の国際司法裁判所における庇護事件判決(31)で定式化された二つのテスト、すなわち継続的・統一的慣行および権利義務関係の表現という基準を充たすことが必要とされている。しかるに前者の基準についていえば、典型条項(たとえば最恵国条項や政治犯罪人不引渡条項など)として永年の条約慣行の中で定着しているような制度の場合にはそれだけ問題は少ないが、多くの場合、援用しうる条約の数、矛盾する内容の条約の存否、あるいは条約当事国の数といった相対的な基準に依存するしかない、というのが実情である。

また後者の基準、すなわち、権利義務の表現という面についてみれば、条約がすでに国家意思の合致として成立しているものである以上、問題とすべき理由はないかもしれない。しかし、やや観念的にすぎるともいえようが、条約における国家意思と慣習法における「法的確信」としての意思とを同一視できるかどうかという前提的な問題は、やはり考慮すべき点であろう。条約はその締約国がそれぞれの思惑を込めて、また様々のバーゲイニングの過程を経て締結されるものであることを考えれば、論理的には、右の両者は無媒介に同一のものとみることはできないであろう。

こうしたことから、バクスター教授は、条約による慣習法の確定のためには、客観テストと主観テストの二重の基準によるべきことを提起した。すなわち、客観テストとは、条約規定内容が事実上、既存慣習法の内容と一致していることが「条約以外の資料の援用によって」証明されることであり、主観テストとは、当該条約の目的が起草者の意思において慣習法の再記述という点にある旨、証明されることである、という(32)。

しかし、これに対してダマト(Anthony D'Amato)教授が厳しく反論している。すなわち、前者については、条約規定が慣習法内容に一致していることが他の方法で明らかになるのであれば、そもそも条約を援用する必要はなく当初の設問自体が無意味となり、また後者の側面についてみても、いわゆる法典化条約の場合でさえ慣習法の再記述であるとの起草意思が明白にされることが稀である点を考えれば、現実的に適用しうる基準とはいいがたい、と主張するものである(33)。

私見によれば、バクスター教授の提唱する二重の基準をそのままの形で適用することは現実にはほとんど不可能に近いであろう。とくに後者の主観テストについては大きな困難が予想される。また前者の客観テストについても、条約規定と条約実行が主たるテストの資料となることは実際上避けられないと思われる。ただ前にも触れたように、条約と慣習法との内容的一致を示すための、条約以外の資料をいわば補強証拠として提出することは、多くの場合可能であろうし、実際上それが要請されるように思われる。

しかし、ここでのわれわれの主題である「慣習的規則と認められる」条約規則についての客観的基準は、いかにして定式化できるであろうか。ダマト教授はこれを「一般化可能な」(generalizable) 性質を持った規則で、かつ、そうした性質を有することが起草者の明白な意思 (manifest intent) として確認されるもの、という形でその基準を立てようとしている(34)。しかしこの「一般化可能性」がいかなる要素を具えるものとして捉えられるかについては具体的に何も示されていない。もっとも、たとえば一時的な商品・サービスの交換を定めるような協定がそうした性質を有するものとは考えられない、という形で説明している。彼の論旨を敷衍すれば、法宣言的 (law-declaratory) であれ規範創設的 (norm-creating) であれ、特定国家(群)の個別的な利益や価値ではなく、国際社会全体の利益・価値の実現を志向する性質、ということであろうか(35)。

著者自身には、右のような抽象レヴェルではともかく、その基準を具体的な形で先験的に定式化することは不可能と思われ、またその試み自体、必ずしも意味ある作業と考えられない。なぜなら、三八条の現実的な意義は、条約規定を慣習法存在の証拠として援用できるか否かという点にあり、そのような国際司法過程に着目するとき同条の規定の機能が最もリアルに捉えられるように思うからである。右に述べた「一般化可能性」や「国際社会の全体利益」といった抽象的な観念に内実を与えるのは実際の国際裁判(あるいは限定的に各国の国内裁判)であり、三八条規定の積極的な意義を顕在化させる場は、そのような裁判過程そのものにほかならない。もしそうだとするならば、条約と慣習法の関係も、不断の権利＝合法性主張の過程 (claiming process) の一環として捉えられ、その判定は結局のところ、紛争当事者のいずれがより説得力であるか (persuasiveness) という相対的な基準に依存することになるであろう(36)。相対的であるとはいえ、三八条の規定の内容は、それに関連する判例・先例の積み重ねにより、徐々に客観化されてくることが期待されるのはいうまでもない。条約規則を基礎とした慣習法の証明についてはすでにかなりの数の国際判例の蓄積があり[37]、またウィーン条約成立以降も、国際司法裁判所は三八条の趣旨を積極的に生かしてきた[38]ように思われるのである。

終わりに一言すれば、同条の意義はとりわけ法典化条約との関係において極めて大きく評価される。戦後の法典化運動が国際法の漸進的発達という目的論的考慮を優先させ、とくに第三世界の国々の意向を最大限に採り入れて進展してきたことは周知のとおりである。そのようにして形成された法典化条約が、三八条の下に新しい慣習国際法の証拠として援用されるようになれば、そのこと自体、第三世界の地位の向上に結びついていくであろう。三項で述べたように、同条に対する「厳格な解釈」が必ずしも第三世界のためにならず、「柔軟な解釈」が必ずしもそれに害とはならないと著者が考えたのも、右のような国際司法過程と国際法定立（法典化）過程との接点においてこの規定を位置づけたからにほかならない。とまれ、条約と慣習法との相互作用を推進し、全体として国際法の内容をより豊かなものに発展させていく上でウィーン条約三八条の果たす役割は極めて大きいものと考えられる。

注

（1） International Law Commission, "Draft Articles on the Law of Treaties with Commentaries", United Nations Conference on the Law of Treaties (UNCLT), *Official Records, Documents of the Conference*, A/CONF 39/11/Add. 2, 1971, pp. 50-51.

（2） 経塚作太郎「条約の効力と第三国」『条約法の研究』（中央大学出版部、一九六七年）三三五～三三九頁、三七三～三八二頁参照。宮崎繁樹「条約の第三国に対する効力（先例研究）」『国際法外交雑誌』六七巻四号（一九六八年）一二五～一二六頁。

（3） Official Document, United States Senate, "Panama Canal Treaties: Hearings before the Committee on Foreign Relations", 95th Congress, 2nd Sess. on Executive N.95th Congress, 1st Sess. Jan. 19, 20, 25, 1978, Part 4.

（4） Official Document, "Treaty concerning the Permanent Neutrality and Operation of the Panama Canal", (Done at Washington, D.C., Sept. 7, 1977) *American Journal of International Law (AJIL)*, vol. 72, no. 1, 1978, pp. 238-241.

(5) United States Senate, *op. cit., supra* note 3, pp. 74f. ("Statement of Richard R. Baxter".)

(6) Protocol to the Treaty concerning the Permanent Neutrality and Operation of the Panama Canal, Article 3.

(7) 周知のように旧条約の場合は一九〇〇年の加入条項付きの条約の批准をアメリカ上院が拒否したため、加入条項を削除した一九〇一年条約が採択されたといういきさつがある。ハーディング大統領下のヒューズ国務長官、アイゼンハワー大統領下のダレス国務長官などが、第三国の権利取得説を否認する言明を行っている。Hackworth, *A Digest of International Law*, vol. 5, 1943, pp. 221-222; Whiteman, *Digest of International Law*, vol. 3, 1964, p. 1150.

(8) *ICJ Reports 1974*, pp. 253, 267.

(9) Cf. Alfred P. Rubin, "The International Legal Effects of Unilateral Declarations", *AJIL*, vol. 71, no. 1, 1977, pp. 1-30.

(10) この用語は、常設国際司法裁判所がウィンブルドン号事件判決で、キール運河につき、「全世界の利用のために永久に提供(dedicate)された人工水路」と規定したところからの引用である。*PCIJ, Series A*, no. 1 (1923), p. 28.

(11) Statement of Richard R. Baxter, *op. cit., supra* note 3, pp. 80-81.

(12) これに関する文献は夥しいが、さし当たり、Lord McNair, *Law of Treaties*, 1961, pp. 309-321; T. O. Elias, *The Modern Law of Treaties*, 1974, pp. 59-70, 経塚「前掲論文」(注2)二五五頁以下参照。

(13) Christos L. Rozakis, "Treaties and Third States: A Study in International Law", *Zeitschrift für ausländisches öffentliches Recht und Völkerrecht (ZaöRV)*, Bd. 35, Nr. 1, 1975, pp. 1f.

(14) *UNCLT Official Records*, 2nd Sess., A/CONF. 39/11/Add. 1, 1970, p. 60. この修正案の提案者は南ベトナム代表であった。

(15) Rozakis, *op. cit., supra* note 13, p.13.

(16) *UNCLT Official Records*, 1st Sess., A/CONF. 39/11, p. 196.

(17) Rozakis, *op. cit., supra* note 13, pp.17-21. なお経塚作太郎「前掲論文」(注2)三二八〜三三三頁参照。

(18) *Ibid.*, pp.21-24.

(19) ILC, "Draft Articles with Commentaries", *op. cit., supra* note 1, p. 51.

(20) 条約に関する国家承継条約一六条等、最恵国条項に関する条文草案七、八条等、国際機構条約法条約三四条以下。

(21) *UNCLT Official Records*, 1st Sess., p. 201. 削除提案の理由は、この条項が「条約法」の範囲外の問題に及んでいること、および、第三国が自己の合意していない規則に「慣習法」の名において拘束される恐れがあること等が挙げられた。*Ibid.*, pp. 191-200. 三八条に対する修正案としては、後述のシリア案のほか、メキシコによる提案として、慣習的規則と並んで「法の一般原則」も付加すべしというものがあったが、全体委員会では少差で採択されたものの、本会議で否決された。*UNCLT Official Records, op. cit., supra* note 14., p. 71. 三八条全体としては八三―一三―七で採択された (*Ibid.*)。

(22) *UNCLT Official Records, op. cit., supra* note 16., p. 201.

(23) *Ibid.*, p.197.

(24) シリア修正には、チェコ、エクアドル、イラク、ソ連の代表などが賛成を表明している。*Ibid.*, pp. 198-201. なお Rozakis, *op. cit., supra* note 13, pp. 31-33 参照。

(25) トリニダッド・トバゴ代表 (*UNCLT Official Records, op. cit., supra* note 16., p. 199)、ウィーン会議の顧問 (Expert Consultant) のウォルドック (*Ibid.*, p. 201) などの発言。なお、ここで「一般的承認説」と名づけたのは、個別的承認説との対比において便宜的につけたものであって、そこでの「一般的」とは「非個別的」の意である。慣習法と無媒介に一般法と等置する意図では必ずしもない (この点については後掲注〔29〕を参照のこと)。

(26) 表決直後のジャマイカおよびガーナ代表の発言 (*Ibid.*, p. 201)。

(27) Rozakis, *op. cit., supra* note 13, p. 33.

(28) *Ibid.*, pp. 36-37.

(29) 三八条の規定は、条約と慣習法の不断の相互作用の「径路」を提供する規定であるところから、それは何よりも動態的な視野において位置づけられなければならない。したがってその解釈論も、国際司法過程および国際法定立過程を見通した地平で立てられなければならない。そうしたダイナミックな視点に立つならば、この規定に対する「厳格な解釈」が第三世界の諸国にとって常に有利で「柔軟な解釈」が不利だというステレオタイプ化した捉え方は、これを再考する必要があるように著者には思われるのである。

この項で述べた著者の見解は一般的承認説といい黙示的承認説といい、慣習法理論の観点からすれば伝統的な立場に近いものと受け取られたかもしれない。しかし著者は、ここで慣習法理論そのものを展開しようとしたのではなく、「ウィーン条約三八条の解釈論として」、その限りでの論述として、展開したものである。同条は本文でも述べたように条約と慣習法の接点に位置づけられる規定であり、両者の関係性の理論として「承認」の在り方を論じたのである。しかし、だからといってその解釈論が慣習法理論と切り離された形で成り立つというつもりはもとよりないが、慣習法プロパーの領域で展開しうる理論とはレヴェルを異にするということを断わっておきたい。慣習法そのものについては、著者の今後の研究課題である。ただ一言この点について付言するならば、従来、慣習国際法を一般国際法と同義反復していたことに対する小森光夫教授の問題提起は、慣習法理論再構築のための出発点として傾聴しなければならないと思われる (「国際法学における伝統的中立と現代の中立」『国際問題』二一三号〔一九七七年）一四頁以下）。小森教授のマレクに対する批判もその意味で正当であろう（同一五頁。Cf. K. Marek, "Thoughts on Codification", *ZaöRV*, Bd. 31, Nr. 3, 1971, pp. 497-498）。ただし、同教授がマレクとともに「慣習法における意思的要素は条約に比べ決定的に稀薄であり、……慣習法は明らかに非意思的性格に基づいている」という認識を共通の前提にしているとすれば再検討の余地があるであろう。そもそも慣習法の存在証明のために条約を援用しようという傾向が多くなってきていること自体、そしてここでみたように、慣習法による拘束性の承認について厳しく争われていること自体、それを「意思」において捉えようとしていることの証左ではないだろうか。

(30) 村瀬信也「条約規定の慣習法的効力」『国際法学の再構築・上』（高野雄一先生還暦記念、東京大学出版会、一九七七年）三頁以下（本章第一節に収録）。

(31) *ICJ Reports 1950*, pp. 276-277.

(32) R. R. Baxter,"Multilateral Treaties as Evidence of Customary International Law", *The British Year Book of International Law*, vol. 41, 1965-1966, pp. 298-300.

(33) A. D'Amato, *The Concept of Custom in International Law*, 1971, pp. 153-156.

(34) *Ibid.*, pp. 103f.

(35) デーリンクは、諸国家の実行の中に示された現実の利益に着目して、条約に慣習法的効力を認めることが国際社会全体にとって利益があり、同時に各国の個別利益（主権の維持）にも見合うようなものがその基準として立てられなければならないとする。Karl Doehring,"Gewohnheitsrecht aus Vertragen", *ZaöRV*, Bd. 36, Nr. 1-3, 1976, S. 77-95.

(36) D'Amato, *op. cit., supra* note 33, pp. 18, 163. なおこの点に関し、河西直也「国際紛争の平和的解決と国際法」『国際法学の再構築・下』（東京大学出版会、一九七八年）七五～八四頁参照。

(37) 村瀬「前掲論文」（注30）参照。

(38) たとえば漁業管轄権事件判決（一九七四年七月二五日）など。*ICJ Reports 1974*, p. 26 .

第三節　国内裁判所における慣習国際法の適用

一　はじめに

1　問題の所在

今日わが国では、訴訟においても、民事・刑事を問わず、国際法に関連する事件が漸増してきている。国際法の中でも、条約については、砂川事件等を契機として、憲法・法律との関係や、その国内的適用可能性に関する検討が、戦後、多くの論者によって行われてきており、未だ幾つかの点について未解決の問題を残しているとはいえ、一応、主要な論点は整理されてきている(1)。これに対して、慣習国際法の国内法上の位置づけに関しては、これまで、必ずしも本格的に検討されることはなかった。それは、最近まで、わが国の裁判所で慣習国際法の適用が争点となるような事件が、断片的にしかなかったことによる。こうして山本草二教授の指摘のように、「わが国の判例・実行上は、……国際慣習法のうちどの範囲のものが直接に個人の権利義務を定め、国内法として自動的に執行されるものであるか、国際慣習法に基づいて個人が国内裁判所で直接に権利を主張しうるためには、どの程度、国内法による受容・具体化を要求しているかなどについては、他の諸国の態度にくらべても、明確な基準は未成立」である(2)。

しかし近年においては、慣習国際法の認定に関する訴訟事件が、幾つかの重要な論点を提供してきており、それらについて一応の整理をしておかなければならない時期にきているように思われる。同様の事情は諸外国にも認められ、各国においても慣習国際法をどのような形で受容するかについて苦慮してきた様子が窺えるのみならず、その評価についても学者の間の分裂がみられる(3)。したがって本節では、そうした諸外国の、かなり多様な対応をも比較検討しながら、わが国における最近の判例を素材として、国内裁判所における慣習国際法の援用について、考察しておきたいと思う。

関連する近年の判例の中でとくに注目されるのは、大陸棚課税権の存否が争われた「オデコ事件」(4)、および自国民捕虜補償原則に関する「シベリア抑留事件」(5)であった。いずれも慣習国際法の成否およびその国内的効力が問題となった事件であったが、両事件に関する裁判所の判断根拠は一見対照的ともいえる。すなわち、前者において裁判所は、大陸棚制度の慣習法としての成立を肯定するとともに、特別の立法措置なしで直接にその国内的効力を認定しているのに対して、後者においては、慣習国際法の成立そのものを否認するとともに、その直接的な国内的適用可能性を否定しているのである。もとよりこの二件は、請求の内容や対象となっている規則そのものが異なっているから、同列には論じられない。しかし、慣習国際法の援用に関する限り争点の構造はかなり類似しており、両者の対比の中から、慣習国際法の成立要件・認定基準・自動執行力等に関する様々な問題に光が当てられるように考えられるのである。それは、今後のわが国の裁判所による判断の集積がどのような方向で行われていくのかを見定める上からも、必要な作業のように思われる。

しかし、条約の国内的適用の場合と違って、慣習国際法については、こうした問題の考察において特別の困難が伴うことを、予め認識しておかなければならない。その困難性は少なくとも次のような三重の意味で存在する。すなわち第一には、まず慣習法が不文法であるために、往々、規範内容について著しく明晰性が欠如しているという点である。第二は、その規範の性質自体が時の経過とともに変容していくという、慣習国際法の「時際法」(inter-temporal law)的な性格に由来している。さらに第三には、この問題が、一般法としての慣習国際法に対して、その規範の内容・性質を、個別国家の立場から認定するという形で提起されている点であろう(6)。しかもこれらすべての問題について、通常、立法府や行政府の関与の余地がほとんどなく、提起された事案の範囲内で、もっぱら裁判所の判断に委ねられているということが、慣習国際法の国内的適用の問題を一層難しくしている。しかし、そうした困難性は、とりもなおさず、現代における慣習国際法の存在態様の何よりも明確な表象にほかならない。逆言すると、こうした国内における適用の実態を解明するという作業をとおしてでなければ、現代の国際社会における慣習国際法の存在と機能を具体的に確定することができないのであり、また国際法と国内法との関係についても、これを実証的に把握することはできないのである。

2　国際法と国内法の関係に関する前提的考察

国際法と国内法との関係について、二元論と一元論の対立を軸とした周知の論争に触れることは本節の主旨から外れるが、慣習国際法の国内的適用というここでの主題に関わる限りで、前提的に右の関係把握の視点を確定しておく必要は認められよう。山本草二教授も指摘するように、右の二元論・一元論が、いずれも実際の妥当範囲に限界があることに注目し、今日では、「国際法と国内法を等位の関係におき、相互間に生ずる『義務の抵触』については、調整による解決に委ねようとする立場が有力になっている」(7)が、この等位理論こそ、従来の（多分に不毛な）両極的学説対立を止揚し、問題を意識的・積極的な「調整」(co-ordination or harmonization) の手続に転換していく途を拓くものである(8)。現実に、多くの理論家も、今日では、一元論の立場に立つにせよ、二元論に依拠するにせよ、いずれも折衷的な修正を加えて互いに近似する傾向を示してきており(9)、義務の抵触は結局のところ具体的な調整をいかにはかっていくかという実際的問題に還元されているのである。

換言すれば、国際法と国内法は、「それぞれ別個の固有の分野において最高であって、法体系そのものとしては抵触も優劣関係も生じない」(10)のである。したがって、「義務の抵触」が生じた場合には、それがいかなる「場」(forum)ないしは「文脈」(context)で問題となっているかによって、調整をはかればよいということになる。すなわち、その問題が国家間の関係において、たとえば国際裁判所で、提起されているのであれば、それは「国際法秩序における」国内法の地位の確定が「国際法優位のもとで」求められているのであり、逆に、国内裁判所で国際法の国内的実現をはかることが問題となっているのであれば、それはその国の「憲法秩序のもとで」解決さるべき事柄なのである。この面では二元論的な考え方が採り入れられているといってよい。

たしかに、こうした「調整」は、かつての二元論の下でも行われてきた。しかし二元論の下での調整は概ね、国家責任の発生を回避するという現実的必要に迫られた結果として、いわば政治的に行われるにすぎないものであった。これに対して、等位理論の下における調整は、それが予め国際法の要請する法的義務と観念されている点で、二元論と異なるのである。等位理論はこの点で一元論的な系譜にも立つのである。前述の「義務の調整」の前提として、問題となっている国際法上の義務の性質がその国内的履行の観点から類型化されなければならないということも、一元論的な考え方であり、かつての二元論の発想にはみられなかったことである。以上のことから明らかなように、等位理論は、一部で誤解されているように理論的問題を棚上げにしてプラグマティックに抵触の調整だけをはかろうとする方法では毛頭なく、むしろ従来の一元論と二元論の双方を踏まえつつ、これらを相互媒介的に綜合しようとする理論的立場として捉えられるべきものである。

こうして右のような等位(調整)理論の方法的前提に立つならば、「国内裁判所における慣習国際法の適用」という本節の主題が、いかなる視角から接近すべき問題であるかは自ずから明らかとなろう。ここではまさに、国際法の国内的実現という視点から、各国の憲法秩序において、慣習国際法がいかなる形でそれぞれの国内法の体系に組み込まれているか、その国内的履行のために各国はどのように調整をはかっているか、そしてそこにどの程度一致した共通の方向性が見出されるかを実証的に検討することが、われわれの課題となるのである(11)。

二 慣習国際法の国内的受容に関する各国法制

比較法的な検討結果をいかに国際法的判断の中に取り込んでいくかは、それ自体、極めて困難な問題であるが、各国の法制・実行から共通要素を抽出することだけが検討の目的ではないのであって、時には、多様性の中からその意味と教訓を汲み取らなければならない。ここで検討する各国憲法上の慣習国際法への態度も、実は、かなり多様である。たしかに一部の欧州諸国についてみれば、慣習国際法の一般的受容について、ある程度の共通項が抽出されるが、世界全体からみれば、それらはかえって特殊な国家群ともいえる。他の多くの国々、第三世界の諸国はもとより、東欧諸国や一部の西欧諸国も含めて、それらの国々の憲法では、慣習国際法に対する無視ないしは消極的態度が顕著であるといわれる(12)。もっとも、明文憲法だけからその国の法態度を規定することは適当ではないし、まして、国の数だけを基準にして一定の傾向を判断することも妥当ではない。加えて留意すべき点は、本節での検討課題が、慣習国際法の国内的な「受容形式」の問題であって、慣習法それ自体の内容や性質を考察の直接的な対象としているのではないということである。第三世界の国々のように、既存の慣習国際法に対する不信感からこれを無視ないし拒否するというのであれば、そもそも国内的受容とそれに伴う国内法令との適合性確保といった問題自身が成り立たない。逆に、こうした問題について、西欧諸国はそれなりの歴史的経験を長期にわたって蓄積してきており、そのことの重みは相応に受け止めなければならないと考えるのである。本節が主として欧米各国の憲法体制を中心に検討するのは、右のような理由に基づく。また本節の目的は、国際法と国内法との関係を一般的に論ずることにあるのではなく、あくまでも、わが国憲法九八条二項の解釈論の前提的考察を行うことにあり、したがって、同憲法が範とした欧米諸国の憲法規定・慣行を重視することは、その課題設定それ自体によっても、正当化されよう。

さて、そうした観点から主要な欧米各国の憲法規定ないし憲法慣行を概観すると、その多くは、慣習国際法を国内法の一部として「自動的かつ包括的に」受容し、一般的にその国内的適用を認めるとの原則を維持している。慣習国際法の受容に関する各国の法制は、大別して、国内法への「変型」(transformation)を必要とするものと、原則的な「編入」(incorporation)を採用するものに分かれるが、今日では、前者を採用する国は圧倒的に少数である。そして慣習国際法上の義務が国内法上の義務と抵触する疑いがあるような場合でも、多くの国では、いわゆる「国際法協調原則」(Völkerrechtsfreundlichkeit, friendliness to international law)に基づき、「国際法適合的解釈」(völkerrechtskonforme Auslegung, interpretation favouring international law)等の援用によって、それぞれの国内裁判所が積極的に調整を行っていくという態度をとっていることが認められるのである(13)。しかし他方、いずれの国においても、慣習国際法の無条件・自動的な国内的適用・執行を認めるという体制にあるのではなく、むしろ国内法令との適合性について審査するための役割を、裁判所に委ねているのである。ここでは、各国が慣習国際法の適用に当たり、どのような形で具体的に国内法令との適合性をはかっているかについて、類型的に比較検討しておくこととしたい(14)。比較の視点としては、(1)慣習国際法に対する自国の受諾を条件としているか否か、(2)編入された慣習国際法の国内法上の地位(効力順位)、さらに(3)国内裁判所で私人が直接に慣習国際法をその権利義務の根拠として援用できるか否か、等がそのポイントとなる。

1　英・米型「編入理論」

英国の裁判所は一八世紀に一連の外交特権免除に関する判例をとおして初めて慣習国際法の国内的適用の問題に直面する(15)が、当初は国際法と国内法との抵触の問題も現実にはほとんどなかったこともあり、少なくとも一九世紀後半に至るまでの期間は、裁判所が適当と認める場合には慣習国際法を職権で適用していくという「編入理論」の立場を採っていたとされる。その典拠として常に引用されるブラックストーンの注釈では、「慣習国際法は、コモン・ローにより完全に採用され、国内法の一部とされて（The law of nations ....is here adopted in its full extent by the common law, and is held to be part of the law of the land）、議会制定法ないし従前の確定判決に抵触しない限り、そのようなものとして執行される」としている(16)。しかるに、こうした立場を大きく転換する契機となったのが、一八七六年のフランコニア号事件(17)であり、その後、判例の大勢はいわゆる「変型理論」に従うことになったと説明されることも多い。すなわち、慣習国際法規の国内的実現のためには、その内容が国内法として変型されていることが条件とされ、議会制定法・確定判決・確立した慣行等により事前の受理ないし採用のない限り、慣習国際法の英国における国内的適用・執行は認められないとの趣旨である。こうして、慣習国際法の英国法上の効力順位も、制定法・確定判決より劣位に置かれることになる。もっとも、従前のいわゆる「編入理論」の下においても、決して慣習国際法の国内的効力が無条件に容認されたわけではなく、裁判所により、既存国内法令との適合性に関する確認がなされた上で初めて、その適用と執行が認められたのである(18)。したがって、右事件以降の「変型理論への転換」といわれる原則も、この条件を一層強化し、英国による慣習国際法受容の「同意」（assent）の存在確認をさらに厳格に行う趣旨を表明したものと解され、これを編入理論の枠内で（ただし「英国型」の編入として）捉える学者も多い(19)。こうして理論的な整理は未だについていないが、いずれの系譜で捉えるにせよ、ここで注目すべき点は、同国が、過去二世紀半の歴史をとおし一貫して、慣習国際法の国内的適用に際し、既存の国内法令との適合性について厳格な審査を行うことを重視するとともに、その任務を裁判所に委ねてきたことである(20)。

最近の英国の裁判所における慣習国際法適用について、一つの顕著な傾向は、主権免除に関する同国の政策転換の契機となった一九七五年のフィリピン・アドミラル号事件判決(21)にもみられるように、行政府見解にとらわれず裁判所独自の判断に基づいて、積極的に新たな慣習法規則を適用していこうとする姿勢がみられること、また、国内法の解釈に際しても、国際法上の解釈原則の援用や、「国際法との一致の推定」(presumption of consistency with international law)の強調などが特筆される一方で、これらと逆行するような判例傾向も指摘され、右に述べたような編入理論それ自身の未整理状況が、コモン・ローにおける慣習国際法の座り心地をやや悪いものにしていることは否めないようである(22)。

米国も基本的には英国型の編入理論を採用している(23)が、同国が採っている連邦制の下で、国内法との適合性の問題は一層複雑である。米国憲法では条約については六条でその最高法規性が規定されているが、これに対応するような慣習国際法についての明文規定はない。しかし一九〇〇年のパケット・ハバナ号事件に関する連邦最高裁判所判決で明示されたように、判例法上一般に、慣習国際法は合衆国法の一部として、裁判所により確認・適用さるべきものと位置づけられ、そのうちとくに「自動執行的」(self-executing)性格の規則については、直接にその効果が付与されるものとされている(24)。とはいえ、慣習国際法を適用すべき場合が国内法によって定められたり、慣習国際法の内容を国内法に変型することが必要とされる場合もあるなど、慣習法規則の具体的適用に当たっては、種々の条件が付されている。

米国の裁判所が慣習国際法の国内的適用について最初に経験するのは、一九世紀初頭に頻発した海賊取締りに関する諸事件を契機としていたように思われる。米国憲法一条八節は、公海上の海賊行為および慣習国際法(the Law of Nations)に違反する犯罪について、連邦議会に対しその構成要件を定め処罰する権限を付与しているが、一七九〇年海賊処罰法の規定上の不備のため、当時のマーシャル長官指揮下の連邦最高裁は、慣習国際法自体を国内法の一部として直接適用できるか否かという問題に直面することとなったのである(25)。未だ自然法思想の残光顕著な当時にあって、とくに「人類全体に対する犯罪」としての海賊行為について、編入理論による国際法の適用が容認された背景は理解されよう。しかしその後の実定法主義の下では、慣習国際法の国内的実現と効力は、少なくとも私人の権利義務に関する限り、国内法による変型と具体化を条件とするものと捉えられてきているのである。

慣習国際法の国内的適用について最も激しい議論が交わされたのは、キューバの国有化の効力をめぐるサバチーノ事件であった。連邦最高裁は一九六四年、慣習国際法上の国家行為論に基づき、外国政府がその領域内の財産に対して行った国有化については、その効力を審理することはできないとして、原審に差し戻した。この差戻審係属中に、連邦議会は対外援助法を改正(いわゆる「サバチーノ修正」)し、当事者が本件事案のように国際法違反を理由として財産権の請求を行う場合には、米国の裁判所は、国際法を適用して判断し、国家行為論によりこれを回避してはならないと定めたのである。こうして米国は、裁判所による慣習国際法の適用につき、国内法を定立することによって、その解決をはかったのである(26)。

このように、米国では編入理論の採用を前提にしているとはいえ、条約の場合に比して、米国法上の慣習国際法の効力順位は種々の側面において不確定であることを指摘しておかなければならない。すなわち、条約は連邦法と同等であってその相互の関係は後法優位の原則によることが明確に確立しているのに対して、新たな慣習国際法がこれと抵触する前の連邦法を排除するか否かについては確立していない(27)。また、慣習国際法は連邦法と同様に州法に優位するものと一般には捉えられている(28)が、この点についても、条約の場合と同じ意味での最高法規性が確保されているとは必ずしもいえないようであり、学説上も、連邦法優位説・同位説・慣習法優位説と分裂して混乱している(29)。さらに最近、米国の学界では、行政府(大統領)は法律による明示的規定がない場合、慣習国際法に違反しても必要な行為・措置を執ることができるか、という問題について論争が繰り広げられているが、こうした論争自体が、米国の法体系における慣習国際法の位置の不確定さを表しているといえよう(30)。

近年の傾向として米国では、慣習国際法を争点とする問題について、裁判所の果たす役割が一層重要視されてきていることが指摘されており、立法府も行政府も、そうした傾向を歓迎しているといわれる（たとえばかつては行政府の判断が優先されていた主権免除についても、一九七六年の外国主権免除法では慣習国際法上の争点は裁判所の判断に委ねることとされた）。同時に、裁判所も、慣習国際法の適用に当たっては、国務省の法廷助言（*amicus curiae*）を尊重するという慣行が定着してきており、三権の分立と協力の上に、慣習国際法と国内法との調整を積極的にはかっていこうとする体制が徐々に整備されてきていることは、わが国においても大いに学ぶべき点であろう(31)。この点については本節の結びでもう一度触れることにしたい。

2　成文憲法による編入の型態

(1)　国内法との等位

一九一九年のドイツ・ワイマール憲法は慣習国際法の国内的遵守を宣明した最初の憲法である。四条は「国際法の一般に承認された法規はドイツ連邦法の一部をなすとみなされ、そのようなものとして、拘束力を有する」と規定していた。もっともこの条項は、無条件に慣習国際法の受容を認めたものではなく、第一にその慣習法規則がドイツ自身を含む国際社会の大多数の国によって承認されていること、第二に、慣習国際法は連邦法と等位であり、後の連邦法によって破られることがありうる、という条件の下に採択されたものであった(32)。

現行のオーストリア連邦憲法（一九二〇年）九条は、前記ワイマール憲法四条とほぼ同文で「国際法の一般に承認された原則は連邦法の有効な部分である」と規定しているが、ここでの慣習国際法の捉え方や国内法上の位置づけも、大体、前記のそれと同様である。オーストリア憲法一四五条では、定立が予定される特別法に従い、憲法裁判所に国際法違反を認定する権限を付与した。もっとも、この特別法は今日に至るも未だに立法されていないため、違憲審査に関する同条は死文化しているようである(33)。

ワイマール憲法とは系譜を異にするが、慣習国際法編入の型態としてはそれと同レヴェルと思われるユーゴスラヴィアおよびソ連の憲法規定をみておこう。一九七四年のユーゴスラヴィア憲法「基本原則」七節では、同国が「一般に受け容れられている国際法規則を尊重するよう努める」旨、規定している。この文言は慣習国際法の国内法としての受容を義務的なものとして設定したものとはいいがたい（起草過程で義務的表現は否決されている）が、憲法裁判所の判例上は慣習国際法をユーゴスラヴィア国内法に優位して適用するものもある（一九七七年三月一六日の同国旅券法の違憲性に関する判決など）(34)。もっとも、ここで注意すべきは、同国においては、問題となっている慣習法規則が事前にユーゴスラヴィア自身によって承認されている場合に限られるとされていることであり、この点で、ワイマール憲法と同様である(35)。

また、一九七七年のソ連憲法は二九条で、諸外国との関係を規律する諸原則を列挙しているが、その一つとして、「一般に承認された国際法の原則および規則から生ずる義務の誠実な履行」を規定している。従前のソ連憲法がいずれも慣習国際法についてこれを敵視ないし無視してきたことを考えれば、その国内的適用を認めた右の規定が憲法に挿入されたことは、重大な変更といわなければならない(36)。もっとも、ソ連においては、後述の西欧諸国の場合と異なり、慣習国際法とは「普遍的に」承認された規則であって、それはとりわけ、ソ連自身の明示的・黙示的承認を前提としたものである。したがって、仮にある国内法が慣習国際法と抵触すると主張されても、そうした慣習法規則の存在はソ連による同意を欠くものとして斥けられることになろう(37)。

(2)　慣習国際法の優位

これに対して、今日のドイツ連邦共和国基本法（一九四九年）は慣習国際法に対して最も高い地位を与える憲法規定である。二五条は「国際法の一般法規は連邦法の一体的部分をなす。それらは法律に優位し、連邦領域内の住民の権利義務を直接的に創設する」と規定する。連邦憲法裁判例および支配的学説により確立した解釈によれば、「国際法の一般法規」とは「国際社会の圧倒的多数の国により拘束的なものとして認められた規則であり、それは必ずしもドイツ自身により認められていなくともよい」とされる(38)。そのように認定された慣習国際法が国内法に優位した地位において自動的に受容されることになる。しかも同基本法においては、慣習国際法適用の統一性を確保するため、憲法裁判所に対して、「ある慣習国際法規則が連邦法の一部となっているか否か、また、そのような規則が個人に直接的に権利義務を創設しているか否かについて疑いがある場合に」、当該慣習法規の存在の確認およびその内容の確定を行うとともに、同国の国内法が国際法に適合しているかどうかを判断する任務を与えているのである(一〇〇条二項)。この憲法裁判所には、下級裁判所や他の国家機関のみならず、個人にも訴えを提起する機会が開かれている。管轄裁判所が慣習国際法の存在を否認したりその適用を誤った場合には、国際法上ドイツ連邦共和国に国家責任が生ずることになるので、憲法裁判所としては、国内法の適合性に関し十分な審査を行い、「国際法協調」(Völkerrechtsfreundlichkeit)原則の下で調整をはかることが求められる(39)。

イタリアも大体において右のドイツ連邦共和国の場合と同様の体制をとっている。同国憲法(一九四七年)一〇条一項は「イタリアの法秩序は一般に承認された国際法の原則に従う」と規定する。ここにいう「一般に承認された国際法」とは、国際社会の大多数の国々が認めた慣習規範であってイタリア自身の受諾は必ずしも必要としないこと、同国の法秩序において慣習国際法が通常の法律よりも上位に位置づけられていること(ただし憲法規定よりは下位)など、ドイツの場合と概して同様の方向が認められる。イタリアでとくに強調されていることは、同国の法秩序が常に慣習国際法と一致しているという状態が継続的に確保されなければならないという点であり、裁判所は、その時々の慣習国際法の発展に応じて裁判所は国内法の適合性を判断するよう求められているのである。こうした国内法の慣習国際法適合性を確保する最終的な任務が憲法裁判所に付託されていることもドイツの場合と同様(ただしその権限は若干限定的)である(40)。

一九七五年のギリシャ憲法は二条で「ギリシャは、一般に承認された国際法規則を遵守して諸民族および諸国家間の平和、正義および友好関係発展の強化を追求する」と規定する。さらに二八条一項は、「一般に承認された国際法の規則は、……ギリシャ国内法の一体的部分であり、これに反するいかなる国内法規定にも優越する」と規定する。また特別の最高裁判所が慣習国際法の存在と内容を確認する任務を付与されている(一〇〇条一項)。ギリシャでは従来から慣習国際法は一般的に国内法に編入されるものとしてみなされてきたが、右の新憲法の起草過程において慣習国際法がギリシャ国内法より優位にあること(したがって、後からの制定法によっても破られないこと)が、明確に確認されたのである(41)。

さらに、一九七六年のポルトガル憲法八条一項は、「一般的または共通の国際法の基準または原則はポルトガル法の一体的部分である」と規定するが、この規定は慣習国際法を一般的・自動的に編入したものと解されている。憲法裁判所の判例上、慣習国際法の位置は、法律に優位(ただし憲法の下位)するものと捉えられている。最近の事例としては、一九八四年の憲法裁判所(第一部)が、ウィーン条約法条約(ポルトガルは未加入)四四条三項の事情変更原則を慣習国際法規則の表明として適用した判決がある(42)。

3　憲法慣行における編入の型態

右のように成文憲法で慣習国際法の国内的編入について規定している場合と異なり、憲法上の明文規定を欠く諸国については、その憲法慣行の把握はやや困難を伴い、その評価の分かれるところもある。この類型に属する英国・米国については編入理論を最初に採用した法体制として、先にみたとおりであるが、ここでは戦後の欧州諸国の場合を検討しておこう。

まずフランスについてみると、一九四六年第四共和国憲法では、前文一四項で、「フランス共和国は、その伝統に忠実に、国際法の規則を遵守する」と宣言され、概ねこれにより慣習国際法を一般的に編入したものと解されていた。しかるに、一九五八年の第五共和国憲法では、前文で前記四六年憲法前文に触れているものの、本文規定はもとより、前文からも慣習国際法に関する言及は消滅している(条約については五五条に規定)。カッセーゼはこうした変化を、慣習国際法に対する懐疑と留保の表明にほかならないとみている(43)が、新憲法の下でも、慣習国際法の国内的適用についてのフランスの立場は変わらないという反対論も強い(44)。裁判所の態度も必ずしも一貫せず、一方で、慣習国際法はもっぱら国家相互間の関係を規律するにとどまり、個人の権利義務を直接に設定する規範として個人が国内裁判所で援用することはできないとする判断があり、他方逆に、形成過程にある慣習国際法規則を直接個人に適用した例もある(45)。

スペインについても同様の傾向が指摘される。一九三一年のスペイン共和国憲法は七条で「スペイン国家は、国際法の普遍的諸原則を遵守し、それらの原則を国内法に編入する」と規定していた。これはワイマール憲法の場合と大体同等レヴェルの編入を定めたものといえよう。すなわち、「普遍的」の語はスペイン自身による受諾を条件とした上での慣習国際法の編入にほかならないし、また、編入された慣習法も、同国の通常の国内法に優位するものではなく、後からの国内立法により改廃されうるものと捉えられていた(46)のである。とはいえ、当時としてはかなり画期的な規定であったことは否めない。しかるに、一九七八年の改正憲法では、右のフランスの場合と同様、条約については明確な規定があるにもかかわらず、慣習国際法の編入に関する言及が一切なくなっていることは、やはり慣習国際法それ自体に対する懐疑的態度に基づくものといえようか(47)。

スイス連邦憲法やオランダ憲法も慣習国際法の編入については何ら規定していない。ただし憲法慣行上は両国とも、これを一般的に編入して、特別の手続を経ることなくただちに国内的に適用されるものとしている。スイスにおいては、判例上も学説上も一致して、慣習国際法は連邦法であり、その内容が十分に明確である限り、ただちに適用・実施されるものと捉えられている(48)。もっとも、スイス国内法における慣習国際法の地位については実行上も学説上も一様ではなく、慣習法がカントン(州)法および連邦規則に優位することは争いがないが、連邦法とは等位(したがって後法優位)と捉えるか、それとも「国際法協調的解釈」によって事実上、慣習法が優位しているとみるか、必ずしもはっきりとしていない(49)。またオランダにおいても、一九五三年採択(五六年改訂)の旧憲法、一九八三年の新憲法のいずれも慣習国際法への言及はない。学説上は、条約の最高法規性に関する憲法規定(九四条)の類推適用によって、慣習国際法についても一般的編入理論が採用され、直接的な適用が確保されているという(50)。しかし慣習国際法の国内法上の地位については、慣習法違反の制定法についてその効力を容認した判例もあり、逆に、国内法の解釈は国際法に一致させてなすべきとする立場の判例もあり、一様ではない(51)。いずれにせよ、スイスやオランダといった国際法上の諸問題に対して極めて積極的な姿勢をとってきている国々が、この慣習国際法に関する限り留保的態度を崩していないことは、かえって注目される結果となっているのである(52)。

以上、各国の慣習国際法編入に関する国内法制を概観してきたが、一応のまとめとして次の諸点を指摘しておくことができよう。すなわち、今日、少なくともここで検討した大多数の主要国においては、慣習国際法の効力が一般的に承認され、その国内的適用についても、個々的な「変型」によることなく「一般的編入」によって受容されている。しかし同時に、慣習国際法を無条件に受容してその国内的適用を無制約に認めている国はほとんど存在しないのである。第一に、対象となる慣習国際法規則の成否の認定に関し、ドイツ連邦共和国やイタリア等の一部西欧諸国を除く大多数の国々においては、ワイマール憲法の場合と同様に、当該国家自身による受諾を(少なくとも黙示的に)条件としているといってよい。換言すれば、これと抵触する国内法が存在する限り、その規則は(少なくとも当該国にとっては)未だ慣習国際法として成立するに至っていないとの認定を受ける可能性が実際には高いであろうことを示唆する。第二に、編入された慣習国際法の成立要件に関する、いわゆる「個別的承認説」(53)が主張される所以でもある。

の国内法上の地位について、これも制定法（連邦法）よりも優位を認めるドイツ、イタリア等の例外を除けば、多数の国では制定法と等位の関係に置き、慣習国際法も後からの制定法によって改廃されるものとしていることが多い。もっとも最近では、いわゆる「国際法協調的」解釈原則により、国内法の解釈をできるだけ慣習国際法に整合的に行う傾向にあることは事実であるが、常にそうした解釈が行われるという制度的保障は必ずしも整備されてはいないようである。ドイツなど、慣習国際法に高い国内法上の地位を認めている国では、その制度的保障として、憲法裁判所に慣習国際法違反の審査を行う権限を付与していることが注目されるのである。第三に、国内裁判において私人が慣習国際法をその権利義務関係の根拠として直接的に援用する場合の問題についてみると、慣習国際法の国内的編入を容認する限り、一般的・抽象的なレヴェルでその援用可能性自体を否認する国はないように思われる。しかし同時に、そのためには、慣習国際法規則が私人の法律関係を規律するに十分明確であることが要求されるほか、多くの場合、実際には、この慣習法を国内的に実施するための国内実体法・手続法が必要とされるのである。もとより、この段階においても、裁判所は「国際法協調的解釈」によりできるだけ慣習国際法の国内的実現が達成されるよう要請される傾向にあることは事実である。とはいえ、こうした傾向をどの程度一般化できるかは、かなり慎重に捉えなければならない。

三　わが国の裁判所における慣習国際法の適用

明治憲法では国際法の国内的効力に関する規定は置かれていなかったが、少なくとも条約については裁判所もその効力を認めていた。しかし慣習国際法については、ほとんど問題にされることもなかったのである。これに対して、日本国憲法は九八条二項で、日本が締結した条約とともに「確立された国際法規は、これを誠実に遵守することを必要とする」と定めている。同憲法の成立過程についてみると、この慣習国際法に関する部分は政府の原案にはなく、衆議院の修正によって加えられたものである。右の「確立された」というのは、「一般に承認された」とほぼ同義であり、「大多数の国によって承認された場合、特にすべての大国が承認している場合には『確立された』とみるべきで、かような場合には必ずしもわが国が承認することを要しないと解すべきであろう」[54]とされてきた。他方でしかし、この「確立された」の語によって、いわゆる「生起しつつある慣習国際法規範」(emerging norms of customary international law)や、「法の一般原則」とともに、その他の非拘束的規範(ソフト・ロー)の適用を排除する趣旨と考えられる。それを前提として、少なくとも右のような「確立した」慣習国際法の規則は、九八条二項の下で、特別の立法手続を執るまでもなく、当然にすべて国内法として法的拘束力を持つものと考えられており[55]、右条項の解釈として、慣習国際法には、法律に優位する効力が認められている[56]。しかしわが国においては、山本草二教授も指摘するように、こうした原則論以上の、その国内的な適用と執行に関する具体的基準は、他の諸国の態度に比べても、不明確である[57]。そこでここでは、最近のわが国における国内判例を素材として、慣習国際法の成否に関する認定、および、慣習国際法が個人に対し直接に適用され自動的に執行されるための条件、等の問題に焦点を合わせて検討しておきたい。

ただここで確認しておかなければならないことは、右の問題があくまでも「わが国の国内裁判所における」慣習国際法適用の問題であるということである。それはたとえば国際裁判所が慣習国際法についてこれを国際法プロパーの問題として認定・適用する場合とは基本的に視点を異にする。すなわち、国内裁判所の任務は、具体的な事案について、適用可能な慣習国際法の規則が存在するか否か、そしてこれにいかなる効力を認めるべきか否かにつき、その国固有の歴史的・文化的・政治的背景に照らして独自に判断するところにある。したがってその判断は、すぐれて創造的・政策志向的なものとならざるをえないのである。この点に留意しつつ、以下論証を進めたい。

1　慣習国際法の成否に関する認定

(1)　慣習国際法の成立要件・認定基準

わが国の裁判所で慣習国際法の成否が争われた事例としてまず想起されるのが、いわゆるシベリア抑留訴訟一審判決(58)である。その詳細については本章第四節第一項(59)で論じているが、この点に関する裁判所の綿密な検討と的確な判断は高く評価されている。すなわち、そこでは、慣習法化の対象となりうる規則の性質、および慣習法成立の要件および認定について、かなり明確な基準が示されたのである。

まず第一に、問題の規則が慣習法化になじむ性質の規則であるか否かが前提的に問題となる。本件においては、原告主張の「自国民捕虜補償原則」が、そもそもそのような慣習国際法化を期待された規則として条約(一九四九年ジュネーヴ捕虜条約六六条・六八条)中に置かれたのか、それとも基本的には所属国の立法政策に委ねられた問題と捉えるものなのかという点が争われた。裁判所は、右条項の起草経緯から推断して、この問題は本質的に各国が国内立法によって解決すべき事柄として原告の主張を斥けたが、その根底には、そもそも国家が「自国民」に対して負う「義務」について「国際法」を援用することの不自然さがあったことは否めない。またこれと関連して、捕虜補償に関する規則が、慣習法としての「結晶化」(consolidation, crystallization)を促すような「一般化可能な」(generalizable)規則か否かが問われた。四九年条約の諸規定の中にも同条約の趣旨・目的に照らして本質的に重要な部分と、実施のための行政的・技術的規定などその重要性において第二次的な位置にあるものとが自ずから区別されるが、一般化可能性のテストは、そうした個々の規則の性質と密接に関連している。そうした観点からみると、本件訴訟で争われた捕虜期間中の労賃の事後的な決裁等に関する規定について、条約上の義務の範囲を超えて慣習法として一般化可能な規則と捉えることは困難であり、裁判所もこの主張を認めることができなかったものとみられる。

第二に、本訴訟の中心的争点である慣習国際法の成立要件および認定基準について、裁判所は次のように判示している。すなわち、慣習国際法の成立要件は「一般慣行」と「法的確信」であるが、まず「一般慣行」については、それが「不断かつ均一の慣行」であることが必要としつつも、「ある国家の実行に若干の不確実又は矛盾がみられても、長い期間におけるさまざまな事実及び事態を考慮すれば容易に説明ができ、大部分の国家実行が反復され大筋で優越し、諸外国が一般的黙認をしてきた場合には、一般慣行の要件を充足するものと解してよい」とする。また「一般慣行」といえるためには、「当該事項に重要な利害関係を有する国の多数の同調を必要とする」と述べるとともに、「相当の期間の経過がない場合であっても、当該事項について特別の利害関係を有する国を含む国家実行が広汎且つ一様なものとなっていればよい」とする。次に「法的確信」の要件について、裁判所は、これを「国家が、国際法上義務的なものとして要求されていると認識して（あるいは国際法上許容されているものと認識して）、特定の行為をおこなうこと」と定義した上で、こうした主観的・心理的要因も慣習法の成立要件として要求されると述べ、「この法的確信によって裏付けられない慣行は、単に事実としての慣行又は慣習であって、未だ慣習法とはいえない」としている。

裁判所は、右の二要件に照らして本件事案をみた結果、まず「一般慣行」については、自国民捕虜に対し各種の補償を規定した国内法令を制定したことが認められる一方で、この原則の一般慣行性に合致しないような国家実行も存在すること、また、他の主要国で同様の国家実行が存在したかを知りうる証拠がないことなどが指摘されて、「第二次大戦の関係国の間で一般慣行が存在したとするには疑問が残る」と述べた。さらに「法的確信」についても、各国における自国軍人への支給例が、「国際法上の義務であるとの観念のもとに実行されたと認めるべき証拠はない」として否認したのである。

このようにシベリア抑留訴訟一審判決では、慣習国際法の成立要件については、むしろ柔軟ともいえる定式を示しているが、その認定については厳格に行うという態度がみられるように思われる。このことは、裁判における立証方法とも大いに関係している。右のように厳しい認定基準を充足するためには、条約慣行・国内立法・判例・学説・実行例などにより十分な証明を行わなければならない。

(2)　二国間条約の累積による慣習国際法の成立

慣習国際法の存在証明について、わが国の裁判所で最も激しく争われた事件の一つに尹秀吉事件(60)がある。周知のようにこの事件では、いわゆる「政治犯罪人不引渡原則」の成否が問われたが、一審判決では、(1)過去一世紀来の二国間条約(逃亡犯罪人引渡条約)の累積、(2)多数の国の憲法その他の国内法、および(3)政治犯罪人の引渡しを拒絶した具体的実行、等が詳細に検討された結果、少なくとも純粋の政治犯罪人については、「ここ一世紀来の逃亡犯罪人引渡条約が政治犯罪人を引渡犯罪から除外して不引渡しを規定し、しかも、その圧倒的に多くのものがこれを義務的命令的に規定し」ているところから、「一般の国際社会においては、政治犯罪人不引渡しの国際慣習が成立していることは疑問の余地がない」と判示した。これに対して国側の控訴理由は、「二国間の条約において不引渡しが義務的命令的な形で定められているからといって、……これを根拠として不引渡を義務とする国際慣習法が成立していると認定することはできない。……さらに少数であるにせよ許容的な形で規定した条約のあることは不引渡しが一般的な義務であるという慣習法の成立を妨げるものである」と述べていたが、東京高裁はこれを認めて、不引渡原則は自由と人道に基づく国際通誼ないし国際慣行であるが、未だ確立した一般的な国際慣習法であるとはいえないとし、最高裁でもこの立場が支持されたのである。

本件の場合、尹氏が政治犯罪人に該当するか否かという点については疑義があった(本国における訴追、逮捕、引渡請求などの不存在)が、純粋政治犯に対する不引渡原則自体が慣習国際法として確立しているか否かの点については、仮に右のシベリア抑留判決で定式化された二要件論とその認定基準を採用する限りは、むしろこれを積極的に容認すべきものと考えられる。とくに二国間条約の累積による慣習法化の可能性については、そこで問題となっている規則が、たとえば通商条約における最恵国条項などのように、ほとんどの条約にも挿入されているところの、いわゆる「典型条項」であるか否かが一つの重要なポイントであるが、右の不引渡原則はまさにそのような性質の条項として位置づけられるものだからである(61)。

なお、一九九〇年の張振海ハイジャック事件(62)でも政治犯罪人不引渡原則の意義が問われたが、逃亡犯罪人引渡法に基づく審査請求に対し東京高裁は「純粋政治犯罪については、多くの国の国内法上も、また国際条約上も政治犯罪とされ、引渡しを行わないのが国際的慣行であると認められるから、同法第二条第一号（及び第二号）にいう『政治犯罪』の解釈にあたっても、同様に考えるのが相当である」と述べた。もっともこの事件では、必ずしも慣習国際法の成否という観点から右の原則が問題とされたのではなく、もっぱら日本の国内法である引渡法上の政治犯罪の概念を、いわば「国際法適合的」解釈によって確定するために、慣習国際法が参照されているのである（なお、本件犯人は純粋政治犯罪人ではなく、引き渡すことができる場合に該当する旨の決定となった）。

(3)　多数国間条約による慣習国際法成立の証明

次に、多数国間条約の援用によって慣習国際法の成立を証明しようとした幾つかの事例についてみておこう。いずれもその条約がわが国について発効していないか未加入のために条約としては適用できない場合に、当該条約規定を慣習国際法の証拠として援用しようとしたものである(63)。援用の仕方には二つの方法がある。一つは、採択当時すでに慣習国際法として確立していた規則をその条約は法典化したものであるとして、これを慣習法の確認ないし宣言したものと主張する方法である。もう一つは、採択当時は未だ慣習国際法として成立していなかったかもしれないが、その後、この条約の重要性そのものが慣習国際法の生成を促したと主張する場合である。

先のシベリア抑留訴訟で原告側は、一九四九年条約の六六条・六八条が既存の慣習国際法規則を法典化したものと主張した。「法典化」概念が広狭二様に分かれる（国際法委員会規程一五条）ことは周知のとおり(64)であるが、捕虜補償に関する右の規定が既存慣習法規則の「確認または宣言」ないし「より正確な定式化と体系化」という意味での狭義の法典化条項であると捉えることは、裁判所の認定を待つまでもなく、その起草過程からみて明らかに困難であった。一九二九年捕虜条約以降の前史、四九年条約当該規定の原案の内容、その審議過程、留保の意思表明など、狭義の法典化条項と認めるにはあまりにも否定的材料が多すぎたのである。

テキサダ号事件(65)の場合はやや微妙であった。この事件では、一九五八年領海条約七条四項の湾口二四カイリ規則の慣習法的性質が争われたのであるが、一審の和歌山地裁は同条約の「一般法的普遍的性格」を強調するとともに、「二四カイリ規則のように留保も付せられず、有力な反対意見の表明もなく、加入以前にも実行されているような条項の創設的部分は、その成立経過および国際条理に照らして、一九六四年の発効時頃には、大多数の国家に法的確信も抱かせ、一般国際慣習法に生成していたと解するのが相当である」と判示した。これに対して控訴審では、一九五八年海洋法会議で右条項が提案・採択された時の状況(突然の提案、有力な海洋国の反対等)、当事国数の少なさ(一九六四年当時二二ヵ国、一九七〇年当時三七ヵ国)等が指摘された上で、「一九五八年に初めて提唱された右二四カイリ規則が、いかに条約において成文化されたとはいえ、それから六年しか経たない一九六四年当時において、またそれより二年後の本件発生当時においても、原判決のいうようにすでに大多数の国家に法的確信を抱かせ、慣行として反復されて一般国際慣習法に生成していたといえるかどうか疑問であり、むしろ否定的に解するのが相当と思われる」と判断されたのである。

これらの判例と対照的に、裁判所はオデコ事件(66)では一・二審とも多数国間条約の規定を基礎とする慣習国際法生成を積極的に容認している(本節関連部分について控訴審判決は一審の判決文をそのまま引用している)。すなわち、「大陸棚条約一条ないし三条に定める規則のうち、定着生物資源に関する規則を除く部分は、同条約の採択とその後の慣行により、遅くとも昭和四四年二月までには慣習国際法になったと認められる」とし、したがって、日本は右条約に加入していなくても、慣習国際法上の権限として、その大陸棚に対し、これを探索・開発するための主権的権利を行使することができた、というものである。周知のように国際司法裁判所は一九六九年二月の北海大陸棚事件判決で、大陸棚条約の一条から三条までの各条(留保が禁止されている)について、「明らかに、当時〔一九五八年の採択当時〕大陸棚に関する慣習国際法の受容された、ないし少なくとも現れつつある規則を反映し、または具体化するものとみなされていた」[67]として、慣習法の成立を認めていた。判決はこれを引用しつつ、「大陸棚条約の採択とその後の国際慣行ないし国家実行は、次第にこれを法的確信にまで高め、大陸棚条約一条ないし三条に織り込まれた大陸棚制度の基本理念を、慣習国際法の規則となし、右慣習国際法の存在は」国際司法裁判所「判決により確認され」て、その結果「どんなに遅くとも」昭和四四年(一九六九年)二月の時点までには慣習法の成立が認められると判断したのである。

以上概観したように、慣習国際法の成否に関するわが国裁判所の態度については、さし当たり次の諸点を指摘しておくことができるであろう。第一に、慣習国際法の成立要件としては、一般慣行と法的確信の二要件論を採用し、いずれか一方の要件で足りるとする一部の学説上の立場は支持されていない。第二にその成立が認定される慣習国際法規則については、一般に特別利害関係国を含む「大多数の国」によって受容されていればよく、わが国自身によって受諾されていることを必要としない。したがって、裁判所としても、当該慣習規則をいつの時点で受容したかを認定する必要はなく、事案の係争時点までの段階で慣習国際法が成立していたか否かを判定すればよいのである。第三に、慣習国際法成否の認定基準についてわが国の裁判所はかなり厳格な態度を示しているように窺われる。それは冒頭にも述べたように、憲法九八条二項が「確立された」慣習法規の誠実遵守を謳っていることからも首肯されよう。慣習法成立の証明方法としては、二国間条約の累積(とくに典型条項)や法典化条約の援用は有効であるが、その場合も、かなり長期にわたる均一・広汎な慣行の存在[68]や、同種の事案についての権威ある国際判例の存在といった、極めて強い特別の事由が必要であると認識されているように思われるのである。

2　慣習国際法の自動執行力に関する認定

先にも述べたように、わが国においては、憲法九八条二項の下で、確立した慣習国際法規は一般的に国内法として編入され、法律に優位する地位において国内的効力を付与される。したがって、慣習国際法の規則は特別の立法手続を執るまでもなく、法的拘束力をもって国内的に適用・執行されるものであるから、国家機関はもとより個人もこれを誠実に遵守しなければならない。しかし他方、慣習国際法は不文法であり、その範囲や内容の不明確な場合が多い。加えて慣習国際規範の圧倒的部分は、もっぱら国家相互間の権利義務を定めるものであり、国内法上の効果として直接に個人の権利義務に関わるものは、ごく稀である。したがって仮に前述のように慣習国際法の存在が認定されても、それが国内法による補完・具体化なしに実施できるか否か、換言すれば、個人の法律関係を決定するに際して、直接にその認定の根拠としてこの慣習国際法規則を適用しうるような自動執行性(self-executing character)を有するか否か、ということが問題となる。

しかるに、ある慣習規則に自動執行力を認めるか否かについては、(条約規定の場合も基本的に同様であるが)、概ね次の二重の規準によるべきものと考えられる。すなわち、第一には国際法のレヴェルにおけるテストとして、当該慣習規則が自動的執行になじむ性質を持った規則であるか否かについての、いわば「客観的」判断であり、第二には、国内法上の規準に従ってみた場合の「主観的」なテストとして、その規則の自動執行性を受け入れるための国内的条件が整っているか否かに関する判断である。前者は自動執行力が承認されるための必要条件にとどまるものであり、後者はその十分条件を構成するものとして位置づけられよう。もとより実際にはこの両者を厳密に区別して判断が下されることは少ないが、いずれも具体的に問題となっている事案に即して、これを審理する国内裁判所が認定すべき問題である。ここではそうした観点から、わが国の裁判所がこの問題についてどのような判断を示してきたかをみておきたい。

まず慣習国際法の不明確性との関係について、前出の尹秀吉事件で東京地裁は「政治犯罪の概念が、多義的、不確定的であることが、国際慣習法の成立を妨げているといわれ、事実、この概念は多義的、不確定的であるが、……政治犯罪人不引渡しの原則の適用のある政治犯罪人は厳格に限定されるのであって、実体的にも手続的にもこれを確定することはさして困難ではない」として、純粋の政治犯に限定する限り、この慣習規則を直接適用することに支障はないと判示している。すなわち、「原告は国際慣習法たる政治犯罪人不引渡しの原則の適用を受ける政治犯罪人であるというべきところ、……政治犯罪人不引渡しの原則は、本件処分のごとき退去強制にも適用されると解すべく、したがって、原告を本国［韓国］に送還することは、右の国際慣習法に違反するといわなければならない。ところで、確立された国際法規を遵守すべきことは憲法九八条二項に定めるところであり、同条項の趣旨とするところは、確立された国際法規の国内法的効力を認めるというにある。それゆえ、右の国際慣習法に違反する本件処分は、違法であるといわざるをえない」としたのである。もっとも、控訴審では前記のとおり慣習法の成立自体が否認されたので、個人に対する慣習法規の適用問題も取り上げられることはなかった。

慣習国際法の自動執行力について、最も立ち入った検討をしているのは、シベリア抑留訴訟一審判決である。原告らは、自国民捕虜補償原則が慣習国際法として確立しているとの前提の下に、同原則は憲法九八条二項により国内法としての効力を有するから、国に対し本件補償請求権を取得したと主張する。これに対して、裁判所は、「国際法が国内的効力をもつ場合には、個人がその属する国との間で直接の関係に立ち、その国の国家機関による適用又は執行を受けることができることになるが、国際慣習法が国内で自動執行力を持つためには、……国際慣習法の存在と内容が格段に明確でなければならないのであり、とりわけ、国際慣習法が個人に個別的に具体化された請求権を付与するというのであれば、法規範の内容として権利の発生要件と効果が明確かつ詳密でなければならない」と述べる。しかるに捕虜補償については前述のようにそれが不明確である以上、自動執行性を認めることはできない、と判断されたのである。加えて、裁判所は、「諸外国においても、国際慣習法の国内的効力については、実際上自動執行力を無条件で認めてはいない」とし、さらに「国際慣習法の国内秩序への編入を原則とする国も、少なくとも個人の権利義務に関する国際慣習法については、その実際の適用に種々の条件を付し、国内法との適合を図っている」とも述べている。

これと対照的に、オデコ事件では、裁判所は、大陸棚に関する慣習国際法の直接適用により、特段の立法措置を執ることなく、国家の個人（法人）に対する課税権（個人の納税義務）を認めた。すなわち、控訴審判決によれば、日本沿岸の大陸棚が、新たに日本国の課税対象地域となったのは、その大陸棚が慣習国際法の成立により、「当然に法人税法の『施行地』となった」からであり、したがって、「右大陸棚における鉱物資源の探索・開発及びこれに関連する事業から生じた所得について、その事業主体である外国法人に課税するために、新たに法人税法を制定したり、これを改正したりする必要をみない」と述べるとともに、そのことは租税法律主義に反するものではない、とした。そして、「諸外国の中には、大陸棚における天然資源の探索・開発に関して国内法を制定している国もあるが、それは……各国それぞれの政治的・政策的な理由・事情に基づくものであることが認められる」とし、日本国の場合は憲法上、「確立された国際法規は、なんらそれに副った国内法の制定をまたずとも当然に国内的効力を有する（九八条二項）とされており、かつ、大陸棚における……課税措置については、一般の領土・領海におけるそれと同一の取扱とする政策的考慮を払っていることが窺われるから、右諸外国の中には前記のような立法措置をとっている例があるとしても、前記の結論に消長を及ぼさない」と判示した。このように、本判決では、大陸棚制度の国内的実施については、国際法はこれを各国の裁量に委ねているとの解釈に立ったのである。

以上のように、わが国の裁判所が慣習国際法の自動執行性について言及した例は未だ少なく、かつ論点の未整理な部分もあり、今後の判例の集積が待たれるところであるが、それにもかかわらず、一定の方向性と留意すべき点はこれらの中にも示されているように思われる。第一に、いうまでもなく、国内的効力と自動執行性は同義ではない。憲法九八条二項の下で慣習国際法に国内的効力が認められているからといって、これに自動執行力が付与されることにはならない。自動執行性の問題の中心は、個人の権利義務関係を慣習国際法に直接に準拠させうるか否かという点にある。第二に、ある慣習法規則に自動執行力を認めるか否かは、その国の国内法上の判断に——具体的には裁判所の判断に——委ねられるべき問題である。裁判所は、自国の国内法制との合致・抵触を検討しつつ、その事案に関する個人の権利義務関係を、直接慣習国際法に準拠させる方が望ましいか、それとも国内法の手続によるべきかを考慮して、当該慣習規則の自動執行性に関する判断を下すのである。それはすぐれて法技術的な判断であると同時に、一面、高度に法政策的な判断でもある。第三に、問題となっている慣習国際法規則の内容・範囲等が明確かつ詳密であるか否かは、少なくともわが国においては、自動執行性を承認する上で重要な要素であることは、右の諸判例からも指摘されよう。また、当該慣習規則がその国内実施のために国内法定立を想定しているものか、それとも国内立法については許容的に捉えられているかによっても、右の判断は分かれる。

四　小　結

本節では、慣習国際法の国内的適用について、各国の法制を比較検討するとともに、わが国の国内判例の考察を行った。ここでは結びに代えて、慣習国際法の適用における国内裁判所の役割、および慣習国際法の認定における鑑定の意義について、簡単に触れておきたい。

冒頭にも述べたように、かつては、国際法と国内法の関係ないし国際法の国内的適用という古典的問題において想定されていた「国際法」は、主として条約であった。二〇世紀においては条約こそ国際法の主流であり、慣習法はいずれ廃れゆく傍流の法源にすぎないと考えられてきた。事実、各国憲法の多くは、条約により高い地位を認め、慣習法はこれを無視するか、そうでなくとも一段低い地位を付与するにとどまる。その理由はまず、条約の成文法としての明晰性にある。慣習法には不文法ゆえの曖昧さが避けられない。しかしそれ以上に根本的な理由は、合意の確実性に対する信頼度の違いであろう。条約の場合には、交渉・署名・承認・批准といった締結手続を通じて、当事国の内部にも、その合意に対するコミットメントが徐々に醸成されていく。これに対して、慣習国際法は、その内容・対象・範囲・効果・成立時期等がはっきりしないまま、かつそれに対する意見表明のための適当な機会もないまま、極端な場合には、自国の与かり知らぬところで、自生的に形成されていく。自国としてどのような義務や負担を引き受けることになるか判然としないような慣習国際法に、無条件・盲目的にコミットしていくことは、責任ある国家として、到底なしうるところではなかったのである。

ところが最近はいささか事情が変わりつつある。慣習国際法が様々な形で再評価されてきているのである。それには幾つかの理由が挙げられようが、とくに、慣習法と条約との相互浸透の進展ということがその要因の一つとして指摘されよう。慣習国際法の証拠として条約（とりわけ多数国間条約）が援用されることで、慣習法に成文法の要素を導入され、その規範内容は十分な明晰性を獲得することとなった。他方、多数国間条約の形成には、かなり長期の期間を要する場合も多くなり、かつ、採択されても発効までにまた長期間が経過する中で、発効を待たずに条約内容が慣習法化するということも珍しくなくなってきている。煩瑣な条約締結の手続が国際社会の動きに即応できなくなってきている反面、慣習国際法の形成は即時的ないし極めて短期間でも可能という、倒錯した現象さえ顕れてきているのである(69)。こうした変化が、国内裁判においても、慣習国際法援用の機会を次第に多くしている背景と考えられよう。

しかし、いうまでもなく、条約も慣習国際法もその形成手続自体はそれぞれ従来のまま変わっておらず、国内的履行の面では両者の間には大きな差異がある。すなわち、条約の場合には、行政府および立法府がそれぞれの立場からその形成手続に参加し、通常、その国内的実施の際の問題を国内法の制定・改廃等の措置によって予め解決した上で、当該条約の当事国となることに同意する。これに対して、慣習国際法の場合には、一般には、国家機関の側で事前にその内容をチェックすることが実際上不可能である。もとより慣習法の場合にも、新たな国際規則の成立に対応して国会が法律を定立したり、政府の代表が対外的に意見表明を行うことはありうるが、それはあくまでも特定的・例外的なケースであり、かつその範囲や効果は限定的なものである。したがって慣習国際法の国内的履行については、結局のところ、裁判所が、提起された事案に即して個別・具体的に、慣習規則の成否・内容・適用範囲等を確定し、国内法との調整をはかることが要請されるのである。このように、慣習国際法の国内的適用の場合には、裁判所に、通常の法律問題の解釈・適用の場合とは違って、実質上、一種の法創造的役割が課せられることになっているとさえ考えられるのである。

それでは、わが国の裁判所は、そのような任務を遂行するに必要な実態と制度を具えているかが問われよう。今日の国際化の進展の中で、裁判所が国際法に関する専門性を確保することの重要性は、裁判所自身が最も強く認識しているところであろう。その実態面の改善については、裁判所と個々の裁判官の努力に期待するほかない。ここでは、国際法の適用に関わる制度的側面の問題について最後に触れておきたい。

日本には、たとえば米国でみられるような、法廷助言人(*amicus curiae*)の制度は存在しない。米国では、連邦最高裁判所規則三六に従って、国際法上の問題については、国務省の提出するアミカス陳述書を裁判所は尊重するという慣行が確立している。この陳述書は裁判所を拘束するものではないが、裁判所の判決によって国際法違反の事態が惹き起こされることを回避する手段として頻繁に活用され、とくに慣習国際法の認定に当たっては、極めて有効な制度として機能しているといわれる(70)。わが国の民事訴訟法一八六条(旧二六二条)には調査嘱託の制度が規定されているが、これは事実の調査に限定され、国際法の解釈に関わる外交当局の見解をこれによって求めることはもとよりできない。

また、「法務大臣権限法」（国の利害に関係のある訴訟についての法務大臣の権限等に関する法律、昭和二二年法律一九四号）に認められているような、意見陳述に関する権限等を、外務大臣に付与する法律は定立されていない。国際法に関する訴訟の漸増が避けられない趨勢であるとすれば、国際法に関する豊富な知識と経験を最も多く持つ外務省との間のコミュニケーションを何らかの方法で密にすることは、裁判所にとっても、今後一層重要な課題となるはずである。また対外的にも、国際法の受容に関する日本の国家意思を統一すること（a single national voice の確保）は、国際責任の回避という観点から、実際上、ますます強く要請されてこよう。もとより、この問題は、行政府の裁判所に対する介入という側面を含蓄することにもなりかねないから、慎重に考慮さるべき問題であることはいうまでもない。ここでは単なる問題提起にとどめておきたい(71)。

ともあれ、右のような制度を欠くわが国では、重要な国際法上の論点を含む訴訟において、裁判所は、国際法を専門とする学識経験者に鑑定を依頼するという手続で必要な知識を補充してきた。慣習国際法に関わる多くの事件において、これらの鑑定結果は実質的に判決を左右する要素となってきた。通常、鑑定人はわが国の指導的な国際法学者の中から選ばれる(72)（なお、本節で扱った事件の中で外務省担当官を鑑定人の一人に含めた例はテキサダ号事件一審裁判所のみである）。鑑定の嘱託を受ける者は、裁判所自身の選任による場合のほか、訴訟当事者の推薦により指名されることもあるが、裁判所としては、いうまでもなく、問題となっている事案について最も権威があり、かつ信頼される専門家に委嘱するよう、細心の注意を払わなければならない。慣習国際法の認定という作業は、未だ多分にそうした権威ある専門家の識見に依存する部分を残しており、その意味からも、鑑定人の選定は、裁判そのものの権威に直接関わるからである。

今日、国際法に関連する国内裁判所の判決は、速やかに翻訳されて外国に伝えられ、日本の国家実行の証拠として記録される。国際法と国内法との相互浸透が一層深く進行する中で、国内裁判所の果たす役割は、ますます重要なものとなってきているといわなければならない。今後とも、わが国の裁判所が、理論的にも実務的にも考え抜かれた立派な判決を出していくこと、そして、それらが諸外国からも範とされるような形で集積されていくことを、心から期待したい(73)。

注

(1) 高野雄一『憲法と条約』(東京大学出版会、一九六〇年)、山本草二「条約と法律の関係」『ジュリスト』八〇五号(一九八四年)一八二～一八七頁、岩沢雄司『条約の国内適用可能性』(有斐閣、一九八五年)、広部和也「わが国裁判所における条約」大沼保昭編『国際法、国際連合と日本』(高野雄一先生古稀記念、弘文堂、一九八七年)三六一～三八三頁。

(2) 山本草二『国際法』(有斐閣、一九八五年)六九頁。

(3) A. Cassese, "Modern Constitutions and International Law", *Recueil des cours*, t. 192, 1985-III, pp. 331-475; Luzius Wildhaber & Stephan Breitenmoser, "The Relationship between Customary International Law and Municipal Law in Western European Countries", *Zeitschrift für ausländisches öffentliches Recht und Völkerrecht (ZaöRV)*, Bd. 48, 1988, pp. 163-207.

(4) 東京地判昭和五七年四月二二日『訟務月報』二八巻一一号(一九八二年)二二〇〇頁、東京高判昭和五九年三月一四日『行裁例集』三五巻(一九八四年)二三一頁。

(5) 東京地判平成元年四月一八日『判例タイムズ』七〇三号(一九八九年)六三～九三頁。

(6) 村瀬信也「現代国際法における法源論の動揺」『立教法学』二五号(一九八五年)八一～一一一頁参照(本書第一章第一節に収録)。

(7) 山本『前掲書』(国際法)(注2)五八頁。

(8) D. P. O'Connell, *International Law*, 2nd ed., 1970, p. 44; Sir G. Fitzmaurice, "The General Principles of International Law", *Recueil des cours*, t. 92, 1957-II, pp. 68-85; I. Brownlie, *Principles of Public International Law*, 3rd ed., 1979, p. 36.

(9) たとえばフェアドロスは国際法優位の一元論を採りつつも、それは「柔軟な一元論」と称されて、かつてのケルゼンやクンツ等の厳格な一元論(国際法違反の国内法の無効性を強調)と区別される(Verdross & Simma, *Universelles Völkerrecht*, 3. Aufl., 1984, S. 37f. 同じく、Georg Dahm, *Völkerrecht*, Bd. 1, 1958, S. 53-69)。また二元論に立つヴィラリやカヴァレの立場も、その内容は「国際法優位の二元論」、「相互浸透を認める二元論」などと称されるほどである(M. Virally, "Sur un pont aux anes: Les rapports entre droits international et droit internes", *Mélanges E. Rolin*, 1964, pp. 488-505; Louis Cavaré, *Le droit international public positif*, t. 1, 1967, pp. 168-184)。こうした点については、Luzius Wildhaber, *Treaty-Making Power and Constitution*, 1971, pp. 4-5 参照。

(10) 山本『前掲書』(国際法)(注2)五八頁。

(11) 広部和也「国際法における国内裁判所についての一考察」『国際法外交雑誌』七五巻二号(一九七六年)一～四八頁参照。

(12) Cassese, *op. cit., supra* note 3, pp. 368f. カッセーゼは各国の現行憲法の慣習国際法に対する態度を以下の四グループに分類している。第一群は、西側諸国の一部(オーストリア、アイルランド、イタリア、日本、西ドイツ、ギリシャ、ポルトガル、フィリピン、韓国)、東欧の一部(ソ連、ユーゴ)などで、明示的に慣習国際法の一般的受容を規定し、その国内的適用を確保しているもの、第二群は、これとは正反対に、憲法上、慣習国際法の国内的適用について完全に無視するものとして、多くの途上国(ギニア、マリ、コンゴ＝ブラザヴィル、ソマリア、中国、インド、ガーナ、タンザニア、チリなど)、東欧諸国(ソ連、ユーゴ、東独を除く)、さらに一部西欧諸国(フランス、スペイン、オランダ、スエーデン)を挙げる。第三のグループは、一定の条件を付して、もしくは、選択的に、慣習国際法の受容を行う国々(ホンジュラス、ドミニカ、パナマ、東独など)、さらに第四群は、慣習国際法に言及する代わりに、「国連憲章の原則」ないし「国際社会の一般原則」等の表現を用いているもので、多数の途上国(アルジェリア、ガーナ、アンゴラ、ビルマ、パラグアイ、エクアドル、中華民国＝台湾、朝鮮民主主義人民共和国など)がその例として列挙される。こうしてカッセーゼは、第一群の諸国を除いて、他の大多数の国々では、慣習国際法に対する「格下げ」(downgrade)ないし「見下し」(disparage)の傾向が顕著だと指摘している。彼の分析は多分に各憲法の明文規定の比較にとどまっており、その具体的運用(とくに訴訟)に必ずしも十分な考察がなされてはいないように思われる(この点については Wildhaber & Breitenmoser, *op. cit., supra* note 3, pp. 188-190, 200-203, 204, 206-207 参照)。

(13) Wildhaber & Breitenmoser, *op. cit., supra* note 3, pp. 167-169.

(14) 山本『前掲書』(国際法)(注2)六四～六九頁参照。

(15) Buvot v. Barbuit (1737), Cas. t. Talb.281; Triquet v. Bath (1764) 3 Burr. 1478, etc., quoted in O'Connell, *op. cit, supra* note 8, p. 57; Brownlie, *op. cit, supra* note 8, p. 45.

(16) W. Blackstone, *Commentaries on the Law of England*, 1769, Bk. IV, ch. 5, s. 67, 畝村繁『英米における国際法と国内法の関係』

（法律文化社、一九六九年）一三〜一二二頁。

(17) Regina v. Keyn (1876) 2 Ex. D. 63, 村上暦造「領海及び緊急入域」日本海洋協会『海洋法・海事法判例研究』第一号（一九九〇年）三〜一七頁参照。

(18) Brownlie, *op. cit, supra* note 8, pp. 45-46.

(19) *Ibid.*, p. 49.

(20) 一九三九年の Chung Chi Cheung v. The King における枢密裁判所判決におけるアトキン卿の意見は、英国における慣習国際法適用の問題を次のように要約している。「この国の裁判所に関する限り、国際法は、わが国自身の国内法によってその原則が受理され採用されていなければ妥当性を持たない。われわれ自身の実体法・手続法に対して強制するような外的な力は存在しない。［他方］裁判所は、諸国家が相互間で受け入れている規則の総体［国際法］が存在していることを認める。いかなる訴訟上の争点についても、裁判所は、その関連の規則の確認に努め、それを認めた場合には、議会制定法または確定判決に抵触しない限り、国内法に編入されているものとして扱う。」（[1939] A.C. 160, 167-168.）

(21) [1977] Q. B. 529; *The British Year Book of International Law* (*BYBIL*), vol. 48, 1976, pp. 253f.

(22) James Crawford, "General International Law and the Common Law: A Decade of Developments", *Proceedings of the 76th Annual Meeting of the American Society of International Law*, 1982, pp. 232-244.

なお、カナダの場合について付言しておくと、一八六七年憲法でも英国憲法との原則的類似性が謳われているように、国際法の編入方式については基本的に英国と同様の方式を採っている。すなわち、一般的に、条約については変型方式の下でその国内的実施のためには国内立法が必要とされるのに対して、慣習国際法はコモン・ローに編入されるという方式を採ってきたのである。しかるに一九八二年の「権利と自由のカナダ憲章」(Canadian Charter of Rights and Freedoms) の発効以来、人権問題に関しては、極めて積極的に人権条約規定（カナダが当事国でないものも含めて）を援用するだけでなく、人権関連の慣習国際法の援用も積極的に行われてきている。詳しくは Anne F. Bayefsky, "International Law in Canadian Courts", *Proceedings of the XIXth Annual Conference of the Canadian Council on International Law*, 1990; G. V. La Forest, "The Use of International and Foreign Material in the Supreme Court of Canada", *ibid.*, 1988, pp. 230-241; Maxwell Cohen, "Towards a Paradigm of Theory and Practice: The Canadian Charter of Rights and Freedoms: International Law Influence and Interactions", in *Essays in International Law in Honour of Judge Manfred Lachs*, 1984, p.83 参照。

(23) 米国による英国型編入理論の継受については H. S. Sprout, "Theories as to the Applicability of International Law in the Federal

Courts of the United States", *American Journal of International Law (AJIL)*, vol. 26, no. 2, 1932, pp. 280-295, 畝村『前掲書』(注16)二〇四～二三一頁。

(24) Justice Gray in The Paquete Habana, 175 U.S. 677, 700 (1900) ; L. Henkin, *Foreign Affairs and the Constitution*, 1972, pp. 221-224.

(25) G. E. White, "The Marshall Court and International Law:The Piracy Cases", *AJIL*, vol. 83, no. 4, 1989, pp. 727-735.

(26) Henkin, *op. cit., supra* note 24, pp. 217-221, 山本『前掲書』(国際法)(注2)六五～六六頁。

(27) Henkin, *op. cit., supra* note 24, p. 221; The American Law Institute, *Restatement of the Law:The Foreign Relations of the United States* (Third), vol. I, pp. 63-69 (§115).

(28) *Ibid*, (*Restatement of the Law*), pp. 44-45 (§111).

(29) Henkin, *op. cit., supra* note 24, p. 222. 米国における慣習国際法の国内的効力順位をめぐる学説の対立とその批判については、岩沢雄司「アメリカ裁判所における国際人権訴訟の展開」(二・完)『国際法外交雑誌』八七巻五号(一九八八年)二～一四頁参照。

(30) A. D'Amato *et al*., "The Authority of the United States Executive to Interpret, Articulate or Violate the Norms of International Law", *Proceedings of the 80th Annual Meeting of the American Society of International Law*, 1986, pp. 297-308; J. I. Charney, "The Power of the Executive Branch of the United States Government to Violate Customary International Law", *AJIL*, vol. 80, no. 4, 1986, pp. 913-922; M. J. Glennon, "Can the President Do No Wrong?", *ibid*., pp. 923-930; L. Henkin, "The President and International Law", *ibid*., pp. 930-937; F.L. Kirgis,"Federal Statutes, Executive Orders and 'Self-executing Custom'", *ibid*.,vol. 81, no. 2, 1987, pp. 371-375; D'Amato,"The President and International Law: A Missing Dimension", *ibid*., pp. 375-377; J. J. Paust, "The President Is Bound by International Law", *ibid*., pp. 377-390.

(31) L. F. Damrosch, "Application of Customary International Law by U.S. Domestic Tribunals", *Proceedings of the 76th Annual Meeting of the American Society of International Law*, 1982, pp. 251-255.

(32) Cassese, *op. cit., supra* note 3, pp. 357-359; Wildhaber & Breitenmoser, *op. cit., supra* note 3, p. 179.

(33) Cassese, *op. cit., supra* note 3, pp. 359-360; Wildhaber & Breitenmoser, *op. cit., supra* note 3, pp. 185-186; I. Seidl-Hohenveldern, "Relation of International Law to Internal Law in Austria", *AJIL*, vol. 49, no. 4, 1955, pp. 451-476.

(34) A. Magarasevic, "The Generally Recognized Norms of International Law in the Practice of the Constitutional Court of Yugoslavia", *Jugoslovenska Revija za Medunarodno Pravo*, vol. 27, 1980, pp. 12-26.

(35) Cassese, *op. cit., supra* note 3, pp. 376-377.

(36) I. I. Kavass & G. I. Christian, "The 1977 Soviet Constitution: A Historical Comparison", *Vanderbilt Journal of Transnational Law*, vol. 12, 1979,

pp. 578-579; H. J. Uibopuu, "Intenrational Law and Municipal Law in Soviet Doctrine and Practice", *Festschrift für A. Verdross*, 1980, pp. 661f.

(37) Cassese, *op. cit., supra* note 3, pp. 377-380.

(38) *Ibid.*, p. 375; Wildhaber & Breitenmoser, *op. cit., supra* note 3, p. 180.

(39) Wildhaber & Breitenmoser, *ibid.*, pp. 181-182. 同国の憲法裁判所は慣習国際法に関する多くの事件を扱ってきているが、同国の国内法が国際法に適合しないと判断されたケースはない。

(40) Cassese, *op. cit., supra* note 3, pp. 370-373. イタリアでも、憲法裁判所によって同国の国内法が慣習国際法違反との宣言された例は、これまでのところない。

(41) A. A. Fatouros, "International Law in the New Greek Constitution", *AJIL*, vol. 70, no. 1, 1976, pp. 492f., 501-503. なお、同国憲法二八条一項の後段では、「外国人に対する国際法規則および国際条約の実施は、常に相互主義の条件に服する」と規定し、その限りで、慣習国際法の国内的適用も制約を受ける。

(42) Wildhaber & Breitenmoser, *op. cit., supra* note 3, pp. 191-195.

(43) Cassese, *op. cit., supra* note 3, p. 393.

(44) Wildhaber & Breitenmoser, *op. cit., supra* note 3, pp. 188-190.

(45) Nguyen Quoc Dinh, "Le Conseil Constitutionnel Français et les régles du droit public international", *Revue générale de droit international public (RGDIP)*, 1976, pp.1001f.; S. Sur, "L'application du droit international", Thierry, Combacau, Sur & Vallée, *Droit international public*, 2e éd., 1979, pp. 155f.

(46) Cassese, *op. cit., supra* note 3, p. 361.

(47) *Ibid.*, p. 382; Wildhaber & Breitenmoser, *op. cit., supra* note 3, p. 204.

(48) P. Guggenheim, *Traité de droit international public*, 2e éd., 1967, pp. 34f.

(49) Wildhaber & Breitenmoser, *op. cit., supra* note 3, pp. 196-199.

(50) J. H. F. van Panhuys, "The Netherlands Constitution and International Law", *AJIL*, vol. 47, no. 4, 1953, pp. 537-558; *Ditto*, "The Netherlands Constitution and International Law: A Decade of Experience", *AJIL*, vol. 58, no. 1, 1964, pp. 88-108.

(51) Wildhaber & Breitenmoser, *op.cit., supra* note 3, pp. 200-203.

(52) Cassese, *op. cit., supra* note 3, p. 382.

(53) 村瀬信也「ウィーン条約法条約第三八条の意義」『国際法外交雑誌』七八巻一・二号（一九七九年）六八～六九頁（本章第二節一一四～一一五頁）。

(54)　法学協会編『注解日本国憲法』下巻(有斐閣、一九五四年)一四八〇～一四八一頁。

(55)　宮沢俊義(芦部信喜補訂)『全訂日本国憲法』(日本評論社、一九七八年)八〇八頁。

(56)　村上謙「わが国における条約および慣習国際法の国内的効力」『時の法令』六八八号(一九六九年)二二～二七頁。

(57)　山本『前掲書』(国際法)(注2)六九頁。

(58)　前出注(5)参照。

(59)　村瀬信也「国際慣習法の成否に関する認定──シベリア抑留訴訟一審判決をめぐって」『ジュリスト』九三七号(一九八九年)七八～八三頁(本章第四節一六二～一七一頁)。なお、東寿太郎「シベリア強制労働補償事件」『ジュリスト平成元年度重要判例』(一九九〇年)二六五～二六七頁参照。

(60)　東京地判昭和四四年一月二五日『行裁例集』二〇巻(一九七〇年)二八頁、東京高判昭和四七年四月一九日『判例時報』六六四号(一九七二年)三頁、最高裁二小判昭和五一年一月二六日『判例タイムズ』三三四号(一九七六年)一〇六頁。

(61)　村瀬信也「条約規定の慣習法的効力──慣習国際法の証拠としての条約規定の援用について」寺沢一・他編『国際法学の再構築・上』(高野雄一先生還暦記念論集、東京大学出版会、一九七七年)三～四〇頁(本章第一節に収録)。

(62)　東京高決平成二年四月二〇日『判例時報』一三四四号(一九九〇年)三五頁。

(63)　なお、ここで検討する判例以外にも、関連する事例としては原爆訴訟(東京地判昭和三八年一二月七日『下民集』一四巻(一九六三年)二四三五頁)や東京水交社事件(東京地判昭和四一年二月二八日『下民集』一七巻(一九六六年)一〇八頁)がある。前者では、空襲における軍事目標主義や非人道的兵器の禁止について、それぞれ、空戦法規案(条約としては発効せず)やハーグ規則二三条等の規定が既存慣習国際法の宣言として認定された。また後者では、ハーグ規則四六条に規定される私有財産尊重・没収禁止原則の慣習法としての確立が認められた。ハーグ規則には総加入条項の制約があるが、仮にその適用があるとしても、右の諸原則は条約を離れて慣習国際法としての独自の効力を持つとされたものである。これらについては、援用された条約慣行以外にも長期間にわたる多くの国家実行と法的確信の証拠が存在しており、対象となった規則の慣習法的性格それ自体についてはほとんど異論はないであろう。もっとも後者の水交社事件に関しては、ハーグ規則の右条項は降伏後の占領について規定したものとは捉えられないので同条項の援用は不適当であり慣習法化を論ずる前提条件を欠く。

(64)　村瀬信也「国際法委員会における立法過程の諸問題」『国際法外交雑誌』八四巻六号(一九八六年)三三頁以下参照(本書第三章第二節二一八頁以下)。

(65)　和歌山地判昭和四九年七月二五日『判例時報』八四四号（一九七七年）一〇五頁、大阪高判昭和五一年一一月一九日『判例時報』八四四号（一九七七年）一〇二頁。

(66)　前出注（4）参照。

(67)　*ICJ Reports 1969*, pp. 38-41.

(68)　慣行の一般性の論証について、兼原敦子「現代の慣習国際法における『慣行』概念の一考察」『国際法外交雑誌』八八巻一号（一九八九年）六～三七頁参照。

(69)　村瀬「前掲論文」（注6）参照。

(70)　R. B. Bilder, "The Office of the Legal Adviser: The State Department Lawyer and Foreign Affairs", *AJIL*, vol. 56, no. 3, 1962, pp. 633-684. ダムロシュは、国務省のアミカス陳述書を米国の裁判所がどのように受け止めているかにつき、条約の解釈の際にはこれを軽視ないし無視する傾向があるのに対して、慣習国際法の場合には、裁判所はほとんどこれを全面的に尊重すると指摘している。裁判官は、条約については制定法と同様の解釈原則で十分対応できるとの自信から行政府の意見に従うことを潔しとしないのに対して、慣習国際法の認定については、その資料や専門技術の不足のため、全くお手上げの心境になるようだと、述べている。Damrosch, *op. cit., supra* note 31, pp. 252-253.

(71)　高桑昭教授は国家の裁判権免除に関連して、「わが国の民事裁判では、裁判所はこのような問題について判断するに当たって、米国における法廷助言者(*amicus curiae*)のような制度もないし、外交当局の見解を知るための手段もほとんどない。わずかに、鑑定という方法を用いて国際法学者の意見をきくことができる程度である。そのようなことで足りるか、あるいはそのような方法によることが適当かどうかについては、なお検討する必要があろう」とする（高桑昭「民事裁判権の免除」澤木敬郎・青山善充編『国際民事訴訟法の理論』〔有斐閣、一九八七年〕一六九～一七〇頁）。

(72)　山本草二教授は、三件の訴訟において、鑑定書を提出している。前記のオデコ事件およびシベリア抑留事件、ならびに本節では扱わなかったが光華寮事件である。これまでに出された判決のいずれにおいても、山本鑑定書の主旨が採用されているのは特記すべきことである。これらの鑑定書は未だ公表されていないため入手が困難なのは遺憾であるが、山本教授の業績を知る上で、これらの鑑定書は、それらが訴訟に与えたイムパクトからいっても、無視できない重要性を持つ。

(73)　Shinya Murase, "Reception of International Law into Domestic Law of Japan", *Proceedings of the XIXth Annual Conference of the Canadian Council on International Law*, 1990.

第四節　シベリア抑留訴訟と慣習国際法

一　国際慣習法の成否に関する認定——シベリア抑留訴訟一審判決をめぐって

1　序　言

第二次大戦後、ソ連軍に連行され、シベリア・樺太等の捕虜収容所に抑留されていた人の数は七〇万にのぼり、そのうち約六万人が現地で死亡したといわれる。いわゆる「シベリア抑留訴訟」(昭和五六年(ワ)第四〇二四号外三件、各損害賠償請求事件)は、六二名の原告が、平均三年半に及ぶ抑留期間中の強制労働や負傷・身体障害等について、国に対し、総額二億六、四〇〇万円の補償を求めた裁判である。東京地裁(民事第二六部)は、平成元年四月一八日、原告側の主張を全面的に斥け、請求を棄却する判決を下した。

本件の中心的な争点は、一九四九年のジュネーヴ捕虜条約(以下「四九年条約」という)六六条・六八条等に規定されるところの、捕虜の所属国による「自国民捕虜に対する補償義務」が、原告らの抑留当時、すなわち同条約発効以前に、国際慣習法として成立していたか否か、という点にあった。このような「条約規定の慣習法的効力」(1)については、すでに国際司法裁判所の多くの判例においてその判断が示されている(2)ほか、後述のように、わが国の裁判所においても、この点は幾つかの事件において争点となってきた(3)。しかるに、条約規定の援用による国際慣習法の成否の証明という問題が、わが国の裁判所によってこれほど詳細かつ根底的に検討された事件は他に例をみない。本件において裁判所は、従来わが国の司法レベルでは断片的にしか触れられなかった国際慣習法の適用問題を真正面から取り上げ、その成立要件と認定基準を明確に定式化しつつ、具体的にその適用の可否を判定したものである。こうした点で本判決の意義は画期的というべく、民事・刑事の両面にわたって国際法の浸透著しい今日の状況の中で、本判決の慣習法認定についての判示事項は、今後、多くの訴訟における指導的判例としての地位を占めることになるものと思われる。本項では、この国際慣習法の問題に焦点を絞って考察することとしたい（本判決ではこの他に、憲法に基づく補償請求、国家賠償法または不法行為に基づく請求、安全配慮義務違反に基づく請求、憲法一四条に基づく労働賃金請求、一九〇七年ハーグ陸戦法規に基づく給養費の請求等についても判断されたが、本項ではこれらの争点には触れない）。

2　争点

原告側は、国に対するその請求を、まず四九年条約に根拠づけた。同条約六六条は、捕虜の所属国は抑留中の貸方残高の決済責任を負うことを定め、六八条は、捕虜が労働により負傷しまたは身体障害を被ったとき、捕虜の所属国がその責任を負うこと、抑留国が捕虜から取り上げた金銭等および捕虜が被った損害で抑留国の責めに帰すべきものに関する補償責任も所属国が負担すべきことを定める。また六七条は、六八条等に基づいてした支払の最終的負担国は関係国間で取り極めるべき旨、規定している。

しかるに、同条約が日本について効力を持つのは一九五三年一〇月二一日（ソ連の加入は一九五四年二月一〇日）であり、その期日以前にすでに帰国していた原告らについては、不遡及の原則からいって、同条約の適用がないことは自明である（右期日以降に帰国した三名の原告に対しては、戦犯容疑など別途の理由で同様に右条約の適用はない。もっとも、ここではこの問題には立ち入らない）。原告側がその請求の根拠を、主として、同条約の諸規定に「宣言」された「国際慣習法」から引き出そうとしたのは、何よりも、そうした事情による。

こうして原告側は、いわゆる「自国民捕虜補償の原則」が、原告らの抑留当時すでに慣習法として確立していたことを示す証明として、とりわけ、次の諸点を挙げた。(1)まず、捕虜の地位に関する近世以降の国際法の発展を受けて、右原則は、第一次大戦後には欧米諸国を中心に慣習法として確立したものと認められる、という(4)。もっとも、一九二九年のジュネーヴ捕虜条約（以下、二九年条約）二七条四項および二四条では、捕虜の所属国ではなく抑留国に労災補償・貸方残高等の支払義務を規定していたが、それが必ずしも捕虜の利益とならないことが漸時明らかとなったため、第二次大戦の多くの交戦国は特別協定を結び、捕虜所属国に支払義務を規定し、実際にこれを履行した。こうして、「自国民捕虜の補償を定めたこれら一群の特別協定の存在自体が、一般的国家慣行の存在を示すものであり、これによって捕虜所属国が自国の捕虜に対し貸方残高等の補償を行う義務を負うとする慣習国際法が確立したといえる」(5)と主張した。(2)原告側はまた、四九年条約について、同条約が「人道法条約」であり「強行規範」(*jus cogens*)としての性格を強く持つばかりでなく、その起草・採択の過程をみると、六六条・六八条が留保もなく全会一致で採択されたことにも示されているように、「自国民捕虜補償の原則」は、第二次大戦終了時に確立していたところの慣習法規則を「法典化」したものである(6)、と主張したのである。(3)以上のような認識は第二次大戦の捕虜に対する主要交戦国の国家実行に照らしても支持されるとして、原告側は、米国、フランス、カナダ、西ドイツ、オーストリアが、戦後、自国民捕虜に対する各種の補償を規定した国内法令を制定したこと、また日本政府も、オーストラリア、ニュージーランド、東南アジア地域および米国に抑留された日本人捕虜に対し、戦後、特別の予算措置を講じた上、貸方残高の支払を行った事実があることなどを指摘した(7)。

右のような原告の主張に対して、国は概略次のような答弁を行っている。(1)まず二九年条約二七条四項および二四条はいずれも抑留国の支払義務を規定し、実際にもドイツ、英国、米国等は二九年条約を実施する国内法を制定したり、同様の政策をとるなど、むしろ抑留国が補償するとの制度が一九四〇年頃には存在していたというべきであり、少なくともその頃までは、捕虜の所属国が補償を行わなければならない旨の国際法上の原則が未だ成立していなかったことは明らかである、と述べた(8)。(2)したがって、四九年条約六六条・六八条の規定は、第二次大戦当時の慣習法を確認したというものではなく、「新たに創設されたもの」である。それ故、両規定が慣習国際法の成文化という意味での「狭義の法典化」の結果でないことは明らかである。そのことはたとえば、右両条項の原案は抑留国補償の原則を前提としていたことなどからも首肯され、原告主張の「強行規範」としての性格規定は失当であるばかりか、「人道法」としての位置づけも、何ら右の認定を変えるものではない、と反論した。(3)さらに国側は、原告の指摘する国家実行の個々の事例につき逐一反駁し、各国の補償例にはその内容に大きな相違があるばかりでなく、いずれも、国際慣習法上の義務の履行として行われたというよりは、それぞれの国の政策的見地に基づくものである、と主張した(9)。

以上の叙述から明らかなように、本件の国際慣習法に関連する争点が、第一に、第二次大戦終了時において「自国民捕虜補償の原則」は慣習法として確立していたか否か(その認定の根拠の一つとして、二国間協定の累積を評価しうるかという問題がある)、そして第二に、四九年条約の規定は右の慣習法規則を確認し宣言したものとして捉えられるか否か、という点にあったことがわかる。もとよりそうした判断の根拠として、具体的な国家実行の評価が問題となることはいうまでもない。

3　判　旨（請求棄却）

本訴訟の中心的争点である「自国民捕虜補償の原則の国際慣習法性」について、裁判所は次のように判示した(判示事項第五の六)。まず一般論として、国際慣習法の成立要件は「一般慣行」と「法的確信」であるとし、庇護事件、漁業事件、北海大陸棚事件等、国際司法裁判所の指導的判例に照らして、それぞれの要件を定式化している。まず「一般慣行」について、裁判所は、それが「不断かつ均一の慣行」であることが必要としつつも、「ある国の国家実行に若干の不確実又は矛盾がみられても、長い期間におけるさまざまな事実及び事態を考慮すれば容易に説明ができ、大部分の国家実行が反覆され大筋で優越し、諸外国が一般的黙認をしてきた場合には、一般慣行の要件を充足するものと解してよい」と述べる。また、一般慣行といえるためには、「当該事項に重要な利害関係を有する国の多数の同調を必要とする」と述べるとともに、「相当の期間の経過がない場合であっても、当該事項について特別の利害関係を有する国を含む国家実行が広汎且つ一様なものとなっていればよい」とする。次に「法的確信」の要件については、これを「国家が、国際法上義務的なものとして要求されていると認識して（あるいは国際法上許容されているものと認識して）、特定の行為を行うこと」と定義した上で、こうした主観的・心理的要因も慣習法の成立要件として要求される、と述べる。

右のような前提の下に、裁判所は本件で争われている「自国民捕虜補償の原則を内容とする国際慣習法の成否」を、一般慣行と法的確信のそれぞれの要件に即して具体的に検討するのである。まず「一般慣行」については、「第二次大戦の交戦国中、アメリカ、フランス、カナダ、西ドイツ、オーストリアは、第二次世界大戦終結後、自国民捕虜に対し、各種の補償を規定した国内法令を制定した」こと、また「イギリスは、日本に抑留された自国民捕虜に対し、労働賃金を支払い、一方、日本政府自身も、オーストラリア、ニュージーランド、東南アジア地域及びアメリカに抑留された自国民捕虜に対し、特別の予算措置を講じたうえ、貸方残高の支払を行った」と指摘する。しかし他方、裁判所は、「これに対して、自国民捕虜補償の原則の一般慣行性に合致しない次のような国家実行も存在する」として、フィリピンに抑留された日本人捕虜に対し、その収入金が抑留国によって支払われたという事実が挙げられている。さらに、「同じく第二次大戦の関係諸国でも、ソ連、中国、オランダ等について、同様の国家実行が存在したかはこれを知りうる証拠がない」とし、「第二次大戦の関係諸国の間で一般慣行が存在したとするには疑問が残る」と述べている。

次に「法的確信」に関しては、裁判所は以下のように認定している。すなわち右の欧米諸国における自国軍人への支給例が、「国際法上の義務であるとの観念のもとに実行されたと認めるべき証拠はなく」、また日本人将兵に対する日本政府がした前述の支払についても、「日本政府が右支払について国際法上の義務であるとの観念のもとに実行したと認めることは困難」であって、日本政府はむしろ抑留国の義務を代行したにすぎないと解される可能性も指摘している。こうして裁判所は、「自国民に対して補償をした各国が自国の内政問題として補償をしたのかそれとも国際法上の義務として補償したのかについて、これを知ることはできないところである」と結ぶ。

さらにまた、四九年条約については、「六六条及び六八条が最終的に採択されるまでの経過においては、自国民捕虜補償とは異なる原則を主張する意見があり、右両条の原案も抑留国補償方式を定めるものであった」などの事実を勘案すると、両規定が「国際慣習法の法典化、すなわち、既存の国際慣習法の確認又は宣言」として捉えることはできない、と判示されるのである。

なお加えてこの判決では、憲法九八条二項により、個人に対して国際慣習法に基づく請求権が認められるか否かという慣習法の国内的な自動執行力については、法規範の内容として権利の発生要件と効果が明確かつ詳密でなければならないが、捕虜補償については前述のごとくそれが不明確である以上、認めることはできない、としている。

4　意　義

右のように本判決は国側の主張をほぼ全面的に認める内容となっている。そこに示された国際慣習法規則の成立要件・認定基準に関する裁判所の判断は、提起された個々の論点について綿密かつ的確な検討を踏まえたものとして高く評価されよう。五分冊に及ぶ長文の本判決では、この慣習法に関連する部分に限ってみても、考察すべき問題は極めて多岐にわたっている。ここでは、条約規定の慣習法的効力に関して、第一に、慣習法化の対象となりうる規則の性質について、また第二に、慣習法化の認定に関するわが国裁判所の判断基準について、それぞれ検討しておきたい。

(1)「自国民捕虜補償原則」の性格と慣習法化の可能性

まず、「自国民捕虜補償原則」がそもそも慣習法化になじむ規則であるかどうかが問題となる。原告の主張は、捕虜の待遇に関する一般的な国際法の発達に伴い、この原則についても徐々に慣習法への結晶化が進み、四九年条約の六六条・六八条は、この慣習法規則を法典化したものである、という点にあった。しかしこの主張にはやはり幾つかの難点があったように思われる。第一には、そもそも国家が「自国民」に対して負う義務について「国際法」を援用することの不自然さである。もとより本件では、憲法・国家賠償法などに基づく請求も行われてはいるが、国際法、とりわけ慣習国際法に対する過度の期待は、やや特異といえよう。領域内の（外国人ならばとにかく）自国民を規範の名宛人とするような国際慣習法規則の存在は、通常は、想定しがたい(10)。そうした問題は基本的に国内管轄事項として国内法の規律に委ねられる問題だからである。逃亡犯罪人に関するいわゆる「自国民不引渡しの原則」が右と近似したものとも考えられるが、これは慣習法上の規則ではなく、特定の国家群が採用している政策にすぎないし、この原則の趣旨は引渡し請求国に対する一定の対抗力を確保する点にあり、「自国民」自身が同原則の名宛人になっているわけではない。本件原告主張の「自国民捕虜補償原則」といわれるものも、その形成の経緯に照らして考えるとき、基本的には、捕虜所属国の立法政策に委ねられた問題と捉えるのが自然である。

第二に指摘されなければならないのは、捕虜補償に関する規則が、慣習法としての結晶化（consolidation, crystallization）を促すような「一般化可能な」（generalizable）性質の規則か否かという点である(11)。四九年条約の諸規定の中にも、同条約の趣旨・目的に照らして本質的に重要な部分と、実施のための行政的・技術的規定などその重要性において第二次的な位置にあるものとが自ずから区分されるが、一般化可能性のテストは、そうした個々の規則の性質と密接に関連している。捕虜の一般的保護に関する同条約第二編の諸規定などが前者のカテゴリーに属することに異論はないであろう。同条約の他の多くの規定がこれと有機的な関係に立つものであるとはいえ、条約全体が「強行規範」であるということはもとよりできないし、また、同条約が「人道的条約」であるからといって、それだけで慣習法化のプロセスが他の条約の場合とは異なると捉えることはできない。そうした観点からみると、本件訴訟で争われた捕虜期間中の労賃の事後的な決済等に関する規定について、条約上の義務の範囲を超えて慣習法としての一般化可能な規則と捉えることは、やはり困難なように思われるのである。

第三に、右と関連するが、四九年条約が「法典化」条約か否かという点も問題となった。「法典化」概念が広狭二様に分かれることは周知のとおりである(12)(国際法委員会規程一五条)が、捕虜補償に関する同条約の規定が、既存慣習法規則の「より正確な定式化と体系化」という意味での狭義の法典化条項であると捉えることは、その起草過程からみて明らかに不可能である。二九年条約以降の前史、四九年条約当該規定の原案の内容、その審議過程、留保の意思表明(13)など、狭義の法典化条項と認めるにはあまりにも否定的材料が多すぎるのである。

(2) わが国の国内裁判における慣習法認定の基準

先にも述べたように、本判決では慣習法成否の認定に関わる国際判例が広く引用され、そこで抽出された基準に即して本件に関する具体的判断が下されている。判決では、しかし、この点に関するわが国の判例については言及していない。当事者も国内判例にはほとんど触れておらず、鑑定証言の中でわずかに尹秀吉事件などが言及されたにすぎない。しかし本件は何よりも「わが国の裁判所における」慣習法認定の問題であり、したがって少なくとも国際判例の分析とは別に、これまでの国内判例で積み重ねられてきた判断基準に照らしてその同異を押さえておかなければならないと思われるのである。条約とは違って、慣習法の場合は、それによって自国が引き受けることとなる義務や負担の範囲が必ずしも明確ではなく、かつ、事前にそれをチェックすることが実際上不可能なため、慣習法規範の国内的履行については、裁判所による個別具体的な認定と、そうした判例の堆積から抽出される基準が極めて重要なものとなるのである(14)。

こうした観点からわが国の国内判例(15)を概観しておくと、条約規定の慣習法的効力に関し確定判決でこれを認容したものは「原爆判決」と「オデコ判決」(大陸棚課税事件)であり、否認したのは「尹秀吉事件」と「テキサダ号事件」であった(もっとも、地裁レヴェルでは右のすべての事件において認容されていたことが注目される)。二国間条約の累積による慣習法化の可能性については、尹秀吉事件において、逃亡犯罪人引渡し条約における「政治犯罪人不引渡しの原則」の慣習法的効力の問題として争われた。二国間条約の場合には、通商航海条約における最恵国条項のように、どの条約にもほとんど挿入されているいわゆる「典型条項」については慣習法化の可能性が高いと考えられているが、右原則はそのような性質の条項として位置づけられるものであったにもかかわらず、高裁・最高裁レベルではその慣習法化が認められなかったのである。本シベリア訴訟でも、二国間の特別協定の慣習法的効力が主張されたが、本件の場合には「典型条項」でさえなかったのであり、わが国の裁判所がこうした立論に厳しい態度をとっていることは明らかである。

これに対して多数国間条約の場合には、わが国の裁判所も、その条約規則の慣習法的効力について、要件を充たしている限り、これを認める方向にあるといってよいであろう。「原爆判決」では、空襲における軍事目標主義や非人道的兵器の禁止について、それぞれ、空戦法規案(条約としては発効せず)やハーグ規則(二三条)等の規定が、既存慣習法の宣言として認定された。また「オデコ社事件」では、大陸棚条約一条から三条までが(定着生物資源を除いて)、少なくとも国際司法裁判所の北海大陸棚事件判決が出た一九六九年二月までの時期には慣習法化していたとされて、わが国の大陸棚に対する課税権が認められたのであった。これに対して、「テキサダ号事件」では、一九五八年領海条約七条四項の湾口二四カイリ規則の慣習法的性質が争われたが、一審判決がこれを容認したものの、控訴審では否認されている。

右の各事件のうち「原爆判決」で対象となった規則の慣習法的性格については、援用された条約慣行以外にも長期間にわたる多くの国家実行と法的確信の証拠が存在しており、(その規則の原爆投下に対する「類推適用」の妥当性については議論がありうるとしても）、ほとんど異論はないであろう。ここでむしろ注目すべきは、本件シベリア抑留事件と争点の構造がかなり近似している「テキサダ号事件」と「オデコ社事件」であろう。とくに後者の判決では、大陸棚条約の規定の慣習法的効力を容認し、しかも各国の国内立法事情を考慮した上で、わが国においては特別の立法措置または改正等の必要なしに、右慣習法規則に基づき直接にその国内的効力を認めており(16)、本件訴訟においてこのオデコ判決への関心が払われなかったのは、やや腑に落ちない点である。もっとも、私見によれば、オデコ事件の場合には、北海大陸棚事件という、同一事案についての国際司法裁判所判決の存在していたことが、シベリア抑留事件の場合とはその相違を決定的なものとしているように思われる。

以上のように、わが国の裁判所では、かなり長期にわたる均一・広汎な慣習の存在(17)や、同一事案についての権威ある国際判例の存在といった、極めて強い特別の事由がない限り、慣習法的効力の認定にはかなり厳格な態度で臨んできたことが知られるのである。前述のように、慣習国際法の認定機能の重要な部分が裁判所の任務として委ねられている以上、これを「誠実に遵守」（憲法九八条二項）していく上からも、裁判所としてはその成否の認定についてかえって慎重にならざるをえない、ということであろう(18)。それにしても提訴以来、一審判決まで八年というのは、いかにも長すぎる、という印象は免れない。しかしこの訴訟の遅延も、請求の主要な根拠を、慣習国際法に求めたという点にその一因があったとはいえないであろうか。慣習法の「証明」は、場合によっては、慣習法の「生成」よりも時間を要する困難な作業なのである。

二　シベリア抑留補償請求事件控訴審判決

1　事　実

前項でみたように、第一審の東京地裁は、平成元年四月一八日、原告ら（六二名）の主張をいずれも理由なしとして請求を全面的に棄却したため、右判決を不服として、その一部（四〇名）が控訴した。控訴審である本判決(19)も、第一審判決をほぼそのまま引用し、当審における主張を含めていずれも理由がないとした。

2　判　旨（控訴棄却）

(1)　四九年条約六六条・六八条の適用の可否について

「四九年条約が日ソ間において発効する以前に捕虜となってソ連に抑留され、その抑留期間中に生起した事実関係に基づいて捕虜がいかなる権利義務を具体的に取得するのか、また、捕虜が解放ないし送還により捕虜たる身分を喪失したことに伴い、すでに発生している権利義務関係の処理やその法的地位の帰趨如何等に関する問題は、専ら抑留当時あるいは捕虜たる身分を喪失した時点において有効であった条約その他の法令等により規律されるのが原則であり、右の法律関係の処理等に関して特段の定めがなされているのであればともかく、かかる明文の規定がない限りは、その後成立した条約や法令等の定めに従って右法律関係が処理されることはあり得ないものというべきである。」「(右条約発効後ソ連の法律でスパイ罪により有罪判決を受け囚人たる地位にあった控訴人Nについて）有罪判決を受けたことにより一旦同条約の適用を除外された者が、その後再審により右有罪判決が破棄されたとしても、特段の定めもないのに、当然に遡って同条約が適用されると解するのは、条約の安定性及び実効性の観点からも相当でないというべきである。」

(2)　国際慣習法の成否について

「四九年条約六六条及び六八条の制定経緯等を検討するも、控訴人らの主張する自国民捕虜補償の原則が当時専門家会議や外交会議等に参加した関係国家において、すでに一般慣行化していたとか、法的必要信念ないし法的確信をもって実行されていたものとまで認めるのは困難である。」「我が国を始め主要な世界各国における自国民捕虜の補償に関する制度を通鑑した結果を総合しても、控訴人らがシベリアに抑留されていた当時、すでに控訴人らの主張する自国民捕虜補償に関する一般慣行及び法的確信の要件が具備され、国際慣習法として成立していたと認めるのは困難というほかない。」

(3)　条約および国際慣習法の国内適用可能性について

「四九年条約の六六条及び六八条の各規定及びこれと内容の同旨の国際慣習法（自国民捕虜補償の原則）の国内適用可能性の有無について検討するに、……同条項においては、補償の対象者、補償の内容、方法及び期間等について、その内容が明確かつ明瞭となっていないし、また、……第二次大戦以前から、世界各国においては、それぞれ自国の軍人に対する各種の年金や手当て、災害補償等の諸制度を設置し、それぞれの国情に応じて実行してきているところ、右の諸制度との整合性が全く明らかでないこと等からすると、仮に、四九年条約六六条及び六八条が控訴人らに適用され、あるいは右条文と同旨の内容の国際慣習法が、第二次大戦集結時、ないしは遅くとも控訴人らがシベリアの抑留されていた当時、すでに成立していたとしても、控訴人らが、直接右条文ないし国際慣習法に基づき、被控訴人に対して補償請求することはできないものというべきである。」

(4)　憲法二九条三項等に基づく請求について

「仮に控訴人らがソ連に対し、ソ連国内法上何らかの請求権を取得したと仮定しても、日ソ共同宣言による請求権放棄の問題も戦争処理の一環として行われたものであることは明らかであって、その請求権が発生した当時、我が国の置かれていた状況、日ソ共同宣言の締結にあたりこれが放棄されるに至った経緯及び同宣言の規定の体裁等を合わせ考えると、その放棄に対する補償が憲法二九条三項の予想外にあったとする点においては、基本的には、在外資産の放棄あるいは日本国との平和条約一九条(a)項の規定による請求権放棄等における場合と差異あるものとは到底認め難く、日ソ共同宣言による請求権の放棄による損害に対し、憲法二九条三項に基づいて国にその補償を求めることは許されないというべきである。」

(5)　貸方残高支払遅滞の違法性の有無について(当審における新請求)

「連合国は、終戦後の数年間、長期の戦争により混乱した我が国の経済体制の立て直しを図るため、引揚者の持ち帰り金等については、一般人、軍人・軍属及びその階級等に応じて一律に一定の制限を設けるとともに、戦時捕虜にあった者については、特に一定の制限の下、すなわち、『戦時捕虜としての所得を示す証明書』を所持するものに限り、その貸方残高の決裁を許可したにすぎないことが明らかであり、占領下にあって連合国の占領政策を誠実に遵守すべき立場にあった我が国としても、抑留国から右資料が示されたものについては、抑留国に代わってその支払措置を講じたものにすぎず、それ以上に控訴人らの主張するように、我が国が国際法上の義務として日本人戦時捕虜の抑留中の貸方残高を決済していたものとまで認めることは困難といわざるを得ない。」

3　評　釈

判旨に賛成。本控訴審判決の内容は、若干の訂正補足等を施したほかは基本的に第一審判決と同じであるが、控訴人らの当審における主張についての判断が付加され、全体的に、国際法上の争点に関し極めて綿密な論証を展開した判決として高く評価されよう。

判旨一に示されるとおり、控訴人らは(スパイ罪で服役していた者を除き)四九年条約が日ソ両国間において発効する以前に帰還し捕虜としての地位を喪失していたので、控訴人らに対する同条約の適用はない(服役していた者は同条約の適用を除外されており、仮にその後有罪判決が破棄されても、当然には右条約が遡及して適用されることはない)。そのため本件の中心的な争点は、右判旨二および三、すなわち、いわゆる「自国民捕虜補償の原則」についての国際慣習法規則の成否如何およびその国内適用可能性に関する問題であり、したがって本評釈でも、これらの点に焦点を合わせて考察しておきたい(なお、判旨四の日ソ共同宣言による請求権放棄と憲法二九条三項の補償との関係については、すでに多くの同種の判例で確定している問題であり、ここでは論及しない)。

(1) 四九年条約における「自国民捕虜補償の原則」の内容と性格

まず前提的に、「自国民捕虜補償」の意味内容を確定しておかなければならない。控訴人主張の骨子は、この原則の下で、捕虜の「所属国」が、補償の「支払義務」を有するということ、そして、そうした内容の原則が、一九四五年までには国際慣習法として確立していた、というものであった。しかし、この点について、一九二九年から四九年の間には大きな転換があり、したがって、同原則もこの期間においては「変容過程」にあったとみるのがむしろ妥当である。

すなわち、まず捕虜に対する労災補償・貸方残高等の支払をいずれの国が負担するかについて、二九年ジュネーヴ捕虜条約(以下「二九年条約」)では、これを「抑留国」としていた(二七条四項・二四条)のである。実際にもドイツ、英国、米国等は二九年条約を実施する国内法を制定したり、同様の政策をとるなど、少なくとも一九四〇年頃には「抑留国補償原則」が優越的に成立していたのである。しかし、それが場合によっては必ずしも捕虜の利益とはならないことが漸次明らかとなってきたため、第二次大戦の交戦国の中には特別協定を結び、「捕虜所属国」に支払義務を規定するものも現れ、それらの国の間では実際にこれが履行された。しかし、ジュネーヴ会議での錯綜した審議過程が何よりも雄弁に示すように、四九年条約の起草交渉が行われていた当時、従前の「抑留国補償原則」を凌駕して、所属国による「自国民捕虜補償原則」が、一般的原則として確立したものとなっていたと考えることは困難であり、本判決の理由第三・二・2で詳述されているように、各国代表の諸提案にも両原則が混在していたことが認められるのである。

こうした曲折を経て採択された四九年条約は、結局、六六条で、捕虜の所属国は抑留中の貸方残高の決済責任を負うことを定め、六八条では、捕虜が労働により負傷しまたは身体障害を被ったとき、捕虜の所属国がその責任を負うこと、抑留国が捕虜から取り上げた金銭等および捕虜が被った損害で抑留国の責めに帰すべきものに関する補償責任も所属国が負担すべきことが規定されるが、上記の経緯からみても、これらの規定を、既存の国際慣習法を確認し再述した（狭義の「法典化」）条項とみることは不可能であり、所属国による補償原則はあくまでも同条約で新たに創設された規定と捉えざるをえない。

(2)　国際慣習法規則の成否に関する認定

本判決は国際慣習法の成否につき、第一審判決と同様、伝統的な「一般慣行」と「法的確信」の二要件論に基づき、それぞれの要件に即して、関連の条約や判例、国家実行等を克明に検討吟味している。裁判所はこの国際慣習法の成立要件については柔軟ともいえる定式を示し、たとえば「一般慣行」について、これを「不断かつ均一の慣行」であることが必要としつつも、「ある国家の実行に若干の不確実又は矛盾がみられても、長い期間におけるさまざまな事実及び事態を考慮すれば容易に説明ができ、大部分の国家実行が反復され大筋で優越し、諸外国が一般的黙認をしてきた場合には、一般慣行の要件を充足するものと解してよい」としている。しかし、その要件の認定についてはむしろ厳格に行うという態度がみられる。「法的確信」について、判旨五でも触れられたように、一部の帰還者に対する貸方残高の支払を「国際法上の義務」と観念して行ったものとは認めなかったのもその一つの顕れであろう。この結果、上記のように多数国間条約（四九年条約）の「法典化条約」としての認定が否認されたのをはじめ、二国間条約の累積による慣習法化、その他の国家実行の評価においても、「自国民捕虜補償」に関する国際慣習法の成立についての主張は、ことごとく斥けられることとなった。国際慣習法の成否の問題については、すでに前項で詳しく論評しているので、ここでは繰り返さないが、判旨は極めて妥当である。

(3)　国際慣習法規則の国内的適用可能性

右のように、「自国民捕虜補償原則」の国際慣習法としての成立は否認されたので、その国内的適用は問題とならない。しかし裁判所は、仮に慣習法の成立が認められる場合、それを国内において受け皿となる国内立法等を媒介としないで直接に適用することが可能か、すなわち、個々の国民が、右国際慣習法を直接の法的根拠として、当然に具体的な権利ないし法的地位を主張したり、あるいは国内の司法裁判所が国家と国民あるいは国民相互間の法的紛争を解決するに当たり、右国際慣習法を直接適用して結論を導くことが可能か、という問題について別途詳細に検討している。

もとより、この国内的適用は条約についても問題となり、これまでも幾つかの研究がなされてきている(20)。が、国際慣習法の場合には特別の困難が伴う。すなわち一般論として、慣習法が不文法であるため、往々、規範内容について著しく明晰性が欠如しているという点、その規範の性質自体が時の経過とともに変容していくという「時際法」的な性格、さらに、この問題が、一般法としての国際慣習法に対して、その規範の内容・性質を、個別国家の立場から認定するという形で提起されていることである。しかもこれらすべての問題につき、条約締結の場合とは違って、通常、立法府や行政府による関与の余地がほとんどなく、提起された事案の範囲内で、もっぱら裁判所の判断に委ねられているということが、国際慣習法の国内的適用の問題を一層難しくしている(21)。本判決は、第一審判決とともに、この困難な問題に真正面から取り組み、一定の明確な基準を打ち立てた点で、高く評価されるものである。

わが国では憲法九八条二項の下で、確立した慣習国際法規は一般的に国内法として編入され、法律に優位する地位において国内的効力を付与される。したがって、国際慣習法の規則は特別の立法手続を執るまでもなく、法的拘束力をもって国内的に適用・執行されるものであるから、国家機関はもとより個人もこれを誠実に遵守しなければならない。しかし他方、国際慣習法の圧倒的部分は、もっぱら国家相互間の権利義務を定めるものであり、国内法上の効果として直接に個人の権利義務に関わるものは、ごく稀である。したがって国際慣習法の存在が認定されても、それが国内法による補完・具体化なしに実施できるか否か、換言すれば、個人の法律関係を決定するに際して、直接にその認定の根拠としてこの国際慣習法規則を適用しうるような自動執行性(self-executing character)を有するか否か、ということが問題となるのである。換言すれば、国内的効力と国内適用可能性(自動執行性)とは同義ではない。憲法九八条二項の下で国際慣習法に国内的効力が認められるからといって、これに自動執行力が付与されることにはならないのである。

しかるに、ある慣習規則に自動執行力を認めるか否かについては(条約規定の場合も基本的に同様であるが)、概ね次の二重の基準によるべきものと考えられる。すなわち、第一には国際法のレヴェルにおけるテストとして、当該慣習規則が自動執行になじむ性質を持った規則であるか否かについての、いわば「客観的」判断であり、第二には、国内法上の規準に従ってみた場合の「主観的」なテストとして、その規則の自動執行性を受け入れるための国内的条件が整っているか否かに関する判断である。前者は自動執行力が承認されるための必要条件にとどまるものであり、後者はその十分条件を構成するものと位置づけられよう。いずれも具体的な事案に即して、これを審理する国内裁判所が認定すべき問題である。裁判所は、自国の国内法制との合致・抵触を検討しつつ、その事案に関する個人の権利義務関係を、直接国際慣習法に準拠させる方が望ましいか、それとも国内法の手続によるべきかを考慮して、当該慣習規則の自動執行性に関する判断を下すのである。それはすぐれて法技術的な判断であると同時に、一面、高度に法政策的な判断でもある。

本件訴訟の第一審で原告らは、自国民捕虜補償原則が国際慣習法として確立しているとの前提の下に、同原則は憲法九八条二項により国内法としての効力を有するから、国に対し本件補償請求権を取得したと主張した。これに対して裁判所は「国際法が国内的効力をもつ場合には、個人がその属する国との間で直接の関係に立ち、その国の国家機関による適用又は執行を受けることができるようになるが、国際慣習法が国内で自動執行力をもつためには……国際慣習法の存在と内容が格段に明確でなければならないのであり、とりわけ、国際慣習法が個人に個別的に具体化された請求権を付与するというのであれば、法規範の内容として権利の発生要件と効果が明確かつ詳密でなければならない」と述べ、捕虜補償についてはそれが不明確である以上、自動執行性を認めることはできない、と判断されたのである。加えて裁判所は「諸外国においても、国際慣習法の国内的効力については、実際上自動執行力を無条件には認めていない」とし、「国際慣習法の国内秩序への編入を原則とする国も、少なくとも個人の権利義務に関する国際慣習法については、その実際の適用に種々の条件を付し、国内法との適合を図っている」とも述べている。

控訴審判決の理由説示では、この点を一層明確にしている。すなわち「国際慣習法は、条約とは異なり、不文法たる性格上、その内容は極めて一般的かつ抽象的であるうえ、歴史的にみると、その大部分が国家間の権利義務関係を規律する場合が多かったこともあって、これまで国際慣習法については、特にその国内適用可能性が問題となる例は少なかった。したがって、直接個々の国民の権利・利益を規律する場合においても、すでに国内法として存在する規定を一部補充・変更したり特則を設ける程度のものであればともかく、権利の発生、存続及び消滅等に関する実体的要件や権利の行使等についての手続要件、更には国内における既存の各種の制度との整合性等細部にわたり詳密に規定されていない場合には、その国内適用可能性は否定せざるを得ないものというべきである。」また、直接には条約の国内的適用についての言及で、「殊に国家に一定の作為義務を課したり、国費の支出を伴うような場合」なども内容が明確かつ明瞭になっていることが必要である、と指摘されるが、このことは国際慣習法についても当てはまるであろう。

（4）結び

以上みてきたように、国際慣習法の国内的適用における裁判所の役割は、今日、極めて重要なものとなってきている。近年においては、国際慣習法と多数国間条約との相互作用が激しく、それが国内裁判において慣習法の援用の機会を多くしている原因とも考えられる(22)。条約の場合には、行政府および立法府がそれぞれの立場からその形成手続に参加し、通常、その国内的実施の際の問題を国内法の制定・改廃等の措置によって予め解決した上で、当該条約の当事国となることに同意する。これに対して、国際慣習法の場合には、一般には、その内容・対象・範囲・効果・成立時期等がはっきりしないまま自生的に形成され、国家機関の側で事前にその内容をチェックすることは実際上不可能である。もとより慣習法の場合にも、新たな国際規則の成立に対応して国会が法律を制定したり、政府の代表が対外的に意見表明を行うことはありうるが、それはあくまで特定的・例外的なケースであり、かつその範囲や効果は限定的なものである。したがって国際慣習法の国内的履行については、結局のところ、裁判所が、提起された事案に即して個別具体的に、慣習規則の成否・内容・適用範囲等を確定し、国内法との調整をはかることが要請されるのである。こうして、国際慣習法の国内的適用の場合には、裁判所に、通常の法律問題の解釈・適用とは違って、実質上、一種の法創造的役割が課せられることになっているとさえ考えられるのである。

それでは、わが国の裁判所は、そのような任務を遂行するに必要な実態と制度を具えているかが問われよう。今日の国際化の進展の中で、裁判所が国際法に関する専門性を確保することの重要性は、裁判所自身が最も強く認識しているところであろう。日本には、米国でみられるような、法廷助言人（*amicus curiae*）の制度は存在しない（米国では第一次的な国際法解釈権限を持つ国務省のアミカス陳述書を裁判所が尊重するという慣行が定着している）ため、裁判所は、本件訴訟第一審でも用いられたように、重要な国際法上の論点を含む事件では、国際法を専門とする学識経験者の鑑定を依頼するという手続で必要な知識を補充してきた。そのような方法によることが適当かどうかについては、なお検討する必要があろうが、わが国では国際慣習法の認定という作業が、未だ多分にそうした専門家の識見に依存する部分を残していることは事実である。

とはいえ、戦後日本の国内裁判で国際慣習法の適用が争われた幾つかの判例(23)を比較して感ずることは、初期のものと比べ最近の判決では、国際法上の論点についても、裁判所は極めて克明な分析を行おうとして努めていることである。ともかくも今日、国際法に関連する国内裁判所の判決は、速やかに翻訳されて外国に伝えられ、日本の国家実行として記録される。国際法と国内法の相互浸透が一層深く進行する中で、裁判所の果たす役割は、ますます重要なものとなってきているといわなければならない。

三　シベリア抑留補償請求事件最高裁判決

右の控訴審判決の破棄を求めてなされた上告に対し、最高裁第一小法廷は、平成九年三月一三日、原審とほぼ同様の理由で、これを棄却した(24)。すなわち、原審が、一九四九年ジュネーヴ捕虜条約を「遡及して適用することはできないとした」こと、また、「自国民捕虜補償の原則が、世界の主要国における一般慣行となり、これが法的確信によって支えられていたとはいえない」と判断したことは、いずれも「正当として是認することができる」というものであった。

こうして、本件における国際法上の争点について、最高裁も一審・二審の判断をそのまま踏襲して、決着をみたのである。本件訴訟の過程では、鑑定人などの形で参加した何人かの国際法学者をはじめ、判例評釈等を通じて学界を二分する激しい論争が繰り広げられた。その中には個人的中傷に近いものさえあったことは、やや残念なことであった。とはいえ、本件が、国内裁判所における国際慣習法の適用という問題に格好の素材を提供したことは確かである。

注

(1) 村瀬信也「条約規定の慣習法的効力――慣習国際法の証拠としての条約規定の援用について」寺沢一・他編『国際法学の再構築・上』(高野雄一先生還暦記念、東京大学出版会、一九七七年)三一～四〇頁参照(本章第一節に収録)。

(2) 関連の国際判例については、同、九頁注(9)のリスト参照(本章一〇〇頁注(9))。最近の判例としては、「ニカラグア事件(本案)」(一九八六年六月二七日国際司法裁判所判決)が、国連憲章・OAS憲章などの「多数国間条約に表現された国際慣習法上の」集団的自衛権概念等について判断している(*ICJ Reports 1986*, paras. 175f., 植木俊哉「ニカラグア・米国紛争に関する国際司法裁判所判決」『法学教室』七五号(一九八六年)九一～九五頁参照)。

(3) わが国における関連の国内判例としては、「原爆訴訟」(東京地判昭和三八年一二月七日『下民集』一四巻(一九六三年)二四三五頁)、「尹秀吉事件」(東京地判昭和四四年一月二五日『行裁例集』二〇巻(一九七〇年)二八頁、東京高判昭和四七年四月一九日『判例時報』六六四号(一九七二年)三頁、最二小判昭和五一年一月二六日『判例タイムズ』三三四号(一九七六年)一〇六頁)、「テキサダ号事件」(和歌山地判昭和四九年七月一五日『判例時報』八四四号(一九七七年)一〇五頁、大阪高判昭和五一年二月一九日『判例時報』八四四号(一九七七年)一〇二頁)、「オデコ社事件」(大陸棚課税事件)(東京地判昭和五七年四月二二日『訟務月報』二八巻一一号(一九八二年)二二〇〇頁、東京高判昭和五九年三月一四日『行裁例集』三五巻(一九八四年)二三一頁)等が挙げられる。

(4) 判決(三)第一編「請求原因」第三章B、一五五～一七七頁。

(5) 同上B、一九九頁。

(6) 同上C、一三三～一五〇頁。

(7) 同上C、一～一三三頁。

(8) 判決(四)第二編「請求の原因に対する答弁」第三章D、五四頁。

(9) 同上D、七二～一〇五頁。

(10)　もっとも米国の裁判所では「慣習国際人権法」が米国政府に対し同国民によって援用される場合があるが、これは極めて特殊な、かつ一九八〇年代以降の新しい現象である。岩沢雄司「アメリカ裁判所における国際人権訴訟の展開(一)、(二)」『国際法外交雑誌』八七巻二号、五号(一九八八年)参照。
(11)　ダマト教授は、条約規則の中で慣習法化が可能となるのは、「一般化可能な」性質を持つ規則で、かつ、そうした性質を有するものであるということが、起草者の明白な意思(manifest intent)として確認されるものでなければならないと述べている。**A. D'Amato, *The Concept of Custom in International Law*, 1971, pp. 103f.**
(12)　村瀬信也「国際法委員会における立法過程の諸問題」『国際法外交雑誌』八四巻六号(一九八六年)三三頁以下参照(本書第三章第二節二一八頁以下)。
(13)　イタリアによる留保そのものは撤回されたが、留保の許容性はむしろ容認された。留保の許容性と「法典化」条項としての認定の関係については、ICJ北海大陸棚事件でも論議された。村瀬「前掲論文」(条約規定の慣習法的効力)(注1)三二〜三三頁(本書九二〜九四頁)。
(14)　従来、慣習国際法は「一般」国際法と同視されてきたから、慣習法の成否とその内容を国内裁判所による「個別的認定」に委ねるという考え方はなじみにくいかもしれないが、こうした慣習法の「個別化」の傾向は最近顕著であり、条約法に関するウィーン会議(一九六八・六九年)でも、個別的認定説が主張された経緯がある。村瀬信也「ウィーン条約法条約第三八条の意義」『国際法外交雑誌』七八巻一・二号(一九七九年)六八〜七三頁参照(本章第二節一一四〜一一五)。
(15)　判例出典については、注(3)参照。
(16)　この点につき、中村洸評釈『ジュリスト・昭和六〇年度重要判例解説』(一九八六年)二五三頁参照。
(17)　本節では詳論する余裕がなかったが、慣行の一般性の論証も、本判決の重要な争点であり、裁判所は本文に述べたのと同様の理由でこの点についても厳格な判断を示している。なお、兼原敦子「現代の慣習国際法における『慣行』概念の一考察」『国際法外交雑誌』八八巻一号(一九八九年)六〜三七頁参照。
(18)　国際法とは直接の関係はないが、重要な示唆を与える文献として、来栖三郎「法の解釈における慣習の意義」『裁判法の諸問題(下)』(兼子博士還暦記念、有斐閣、一九七〇年)六一七〜六三二頁参照。
(19)　損害賠償請求控訴事件、東京高裁平元(ネ)一五五六号、平5・3・5民一六部　判決、控訴棄却、新請求棄却(上告)、『判例時報』一四六六号、四〇頁。なお、村瀬信也「シベリア抑留問題」国際法学会編『国際関係法辞典』(三省堂、一九九五年)三九二頁参照。

(20)　高野雄一『憲法と条約』(東京大学出版会、一九六〇年)、山本草二「条約と法律の関係」『ジュリスト』八〇五号(一九八四年)一八二頁、岩沢雄司『条約の国内適用可能性』(有斐閣、一九八五年)、広部和也「わが国の裁判所における条約」大沼保昭編『国際法、国際連合と日本』(高野雄一先生古稀記念、弘文堂、一九八七年)三六一頁など。

(21)　村瀬信也「国内裁判所における慣習国際法の適用」広部和也・田中忠編『国際法と国内法』(山本草二先生還暦記念、勁草書房、一九九二年)一三三頁(本章第三節一二五頁)。

(22)　同「現代国際法における法源論の動揺」『立教法学』二五号(一九八五年)八一頁(本書第一章第一節五頁)。

(23)　同「前掲論文」(国内裁判所における慣習国際法の適用)(注21)参照。

(24)　最高裁平五(オ)一七五一号、各損害賠償請求事件、上告人・神林共栄外三〇名、『判例タイムズ』九四六号(一九九七年)七〇〜一〇七頁。

第三章　国際立法の存立基盤

第一節　国際立法学の存在証明

一　はじめに

本節は、国際法学における独立の一部門としての「国際立法学」について、その存立基盤を明らかにするとともに、そこに固有の対象と方法が確立される可能性を模索しようとするものである。従来の国際法研究において、その「立法」的側面を体系的に考察しようとする試みは、極めて少なかった。まして、その動態的な「過程」について、これを統一的に把握しようとする理論的検討は、ほとんど皆無であったといってよい。これまでこうした問題は、せいぜい、国際法の「法の定立」に関する静態的なパラダイムにおいて、傍論的に言及されるにとどまった。伝統的な主権概念を基調とした合意理論の枠組みの中では、「国際立法」という多少とも「組織化」された国際法形成の過程を、真正面から見据えてこれを体系化しようとする必然性は、そもそも存在していなかったのである。

しかし今日、こうした事情は次第に変化してきているものとみなければならない。たしかに一方では、従来と同様、主権国家相互間の個別的「合意」による国際法の定立形式が基本的に存続していることはいうまでもないが、他方、国際社会の「一般的」ないし「普遍的」利益の規範化をめざす「組織化された」法形成——定義の仕方によればこれを「立法」と呼ぶことが適当と思われるような現象——が、量的にも質的にもかなり高度な段階に達していることが認識されるのである(1)。そうであるとすれば、後者の新たな現象を体系的・統一的に把握することは、国際法学においても必須の課題と考えられなければならないであろう。同時に、この国際立法現象を、前者の伝統的な合意理論との、どのような関連の中で捉えられるか、ということも考慮されなければならない。本節の目的は、こうした課題に応えて、「国際立法過程論」の存立基盤を画定し、その分析枠組みを明らかにしようとすることにある。とはいえ、本節は未だそうした作業の前段階としての、予備的・試験的な考察と、将来の研究の素描のレヴェルにとどまらざるをえないので、その点を予めお断りしておきたい。

さて、本節で用いる「国際立法」の概念について、一応の定義をしておこう。「国際立法」といえば誰しもまず、ハドソン（M. O. Hudson）教授の *International legislation*[2] を想起するであろう。ハドソンの場合には、多数国間条約の締結そのものを国際立法と捉えており、legislation の語が本来内包するような（狭義の）立法を意図したものではない。いうまでもなく、条約締結と立法とは概念的には区別されなければならない。そして、狭義における立法とは、その権限を付与された機関（立法機関、Legislature）の存在を前提として、それによる一方的な行為により、その機関の管轄権のおよぶすべての主体に対し拘束力を有する法定立を行うことである。このような本来の意味での立法形態が、国内の場合とは異なり、国際社会においてはほとんど見出されないことは周知のとおりである。これに対して、広義の国際立法（国際法形成、International law-making）とは、必ずしも前記のような「超国家的」立法機関の存在を前提としないが、主権国家とは相対的に独立の国際的組織体が法形成のイニシアティヴ（発議、草案起草、審議、採択など）をとるものをいう。この場合の法形成は、右の組織体の一方的行為によるのではなく、主権国家の意思がその過程で様々に介在する。また、形成された法が拘束的となるためには、その適用を受ける主権国家自身が批准等の要式行為によって合意することが不可欠であるということも、狭義の立法と異なる点である。他方、この国際法形成過程は、単なる自然発生的ないし偶然的・断片的な国際法の生成ではなく、個別国家の立場を超えて多少ともグローバルな視野において、一般的・包括的な規律を志向して展開されるところの、意識的かつ組織化された法の形成である。国際社会の発展の現段階において解明されるべき立法の形態が、このような広義の立法であることは容易に首肯されよう。本節が考察の対象とするものも、そうした意味での International law-making にほかならない。

右のような国際立法の在り方を検討する場合、その「過程」に対する検証がとりわけ重要になるということも、自ずから明らかとなろう。すなわち、国内法——少なくとも国際法がそのアナロジー(3)のモデルとした国内私法——においては、立法過程論は法学の主要な対象ではない。もっとも近年わが国でも公法の領域では立法に対する学問的関心が相当の広がりをみせてきたが(4)、一般的には立法過程の研究の多くが、依然としてこれを「政治」の領域に属すべき問題と考えてきたことは事実であろう。これに対して、国際社会における広義の立法活動は、前述のように、立法のイニシアティヴをとる国際組織と主権国家との間の、様々に錯綜した連携と対立、協調と緊張の関係において展開されており、そのことがまた、立法の最終生産物たる法の内容や機能に密接な関連を持つのである。本節が、国際立法の研究において、立法過程の分析の重要性を強調するのも、そのことのためである。

いうまでもなく「国際立法」は、二〇世紀に入ってからの、とりわけ第二次大戦後の新しい現象である。しかし、思想と理論のレヴェルにおいては、それはほとんど近代国際法の歴史とともに古いともいえる。そこで本節では、まず、「国際立法論」の史的系譜を簡単に辿り、とくに一八世紀以降の国際法における *lex scripta* の運動を再評価することにしたい。次に、一九世紀後半以降、徐々に現実化してきた国際立法の歴史を跡づけた上で、現代における国際立法の多元的展開とその諸問題を概観することにしたい。

二　国際立法論の史的系譜

現代の国際立法は、法思想史的な系譜において、どのように捉えられるか。もとよりこの問題を解明するためには、個々の学者の理論内容に即して具体的に検討していかなければならないが、本節ではその余裕がない。ここではただ、仮設的に、次のことを指摘するにとどめておきたい。すなわち、今日の国際立法論は、一方では近世初期自然法学派の、あの生き生きとした「普遍人類社会」に対する「法の支配」への志向性にその根源を持ちつつ、他方、後の法実証主義がその原子論的な国際社会観の下で精緻化した合意理論をもう一つの支柱としている、と考えられるのである。換言すれば、国際立法論を過去四世紀の国際法理論史において位置づけようとするとき、われわれはこれを、自然法主義における普遍的上位法の観念と、法実証主義における主権的合意論との双方にその契機を有するものとして認識し、両者の相互媒介的な「綜合」としてこれを把握することが必要であろうと思われるのである。

1　自然法主義における「法の支配」

まず近世自然法学派についてみると、その構想力という点で、今日の国際立法研究においても高く再評価すべき側面がある。もとより、自然法学者といってもその思想内容には、ビトリア、スアレス、グロティウス等に始まって、ヴォルフ、ヴァッテル等に至る系譜の中で、様々な相違があり、それらを一まとめに論ずることはできない。しかし同時に、その思考形態と構想の方法には一定の共通した傾向が指摘されるのである。すなわち、そこでは、一方で国際社会の現実を権力政治の修羅場である「自然状態」として捉えつつ、他方、その社会を規律すべき上位規範として「自然法」が要請されるという、対立と緊張の図式として、その存在と当為の関係が提示される。しかるに、この「自然状態」の把握における現実性と、そこに「法の支配」を確立すべきものとして要請される「自然法」との緊張は、予定調和的な「普遍人類社会」のイメージの下に、いわばナチュラルに結びあわされ、解消されていくのである(5)。

そのような思考過程に、われわれは自然法学派が示した構想力の強さと、また同時に、その弱さとをみることができる。「強さ」とは、その壮大な「普遍性」への志向であり、強烈な「法の支配」への意思である。「弱さ」とは、当為的要請としてそこに想定される上位規範すなわち自然法の非現実性であり、その権威を「神」ないし「人間理性」に求めて思考停止したことである。

国際社会における「法の支配」が願望として要請されるものでも、また上位の権威からナチュラルに生み出されるものでもないことは、いうまでもない。これはやはり、当為と存在との対立を真正面から認識した上で、なおこれを止揚していこうとする人間の意識的努力によってのみ創り出されるはずのものである。そうした意味において、その後の法典化運動は、法の支配とその普遍的妥当性の理念を自然法主義から継承しつつも、それを意識的努力の累積として確立していこうとした点において、自然法の陥穽を克服するものであったといえよう。

2　実証主義における合意理論

次に法実証主義の下では、国際社会における「法の定立」の問題は、何よりも、国家間の合意の問題として捉えられてきたということができる。一九世紀半ばから第二次世界大戦までの百年間、国際法学者の努力の主要な部分が、この合意理論の整備に集中されてきたことは顕著な事実である。とりわけ、ゲオルグ・イェリネック(Georg Jellinek)の「国家の自己拘束」(Selbstverpflichtung)理論(6)からハインリッヒ・トリーペル(Heinrich Triepel)の「合同行為」(Vereinbarung)の理論(7)への推移、そしてハンス・ケルゼン(Hans Kelsen)の規範論理的合意論(8)に至る国際法理論の系譜においては、様々な位相と振幅の差はあれ、いずれも国家間の「合意」の在り方と、それを基礎に形成されている国際法の「客観的妥当性」をめぐって論じられてきたのであった。その後のハーシュ・ラウターパクト（Hersch Lauterpacht）の「共通の合意」（common consent）に関する考察[9]や、ブライアリー（James Leslie Briery）の「国際法の拘束性の基礎」（the basis of obligation in international law）についての見解[10]も、右と同じような理論的関心に基づくものであったといえよう[11]。

こうした合意理論の焦点が、合意形成の主体である個別国家の主権概念との調整にあったことはいうまでもない。実証主義の時代においては、主権国家の並存関係を基底としたアトミスティックな国際社会観が支配的であり、かつての自然法思想の場合のような「普遍人類社会の法」といった巨視的な視野はそこではすでに喪失されているのである。したがって実証主義者達は、主権概念の存在と国際法の客観的妥当性との背反を、「合意」の論証により媒介することに、その全精力を傾けたのであった。そこで根本規範として要請されたのが、いわゆる合意拘束命題（*pacta sunt servanda*）であったことは、周知のとおりである。こうした意味において、合意論こそは実証主義国際法の理論的支柱であり、個々の国家の「合意」を離れて国際社会における法の定立とその妥当性は説明されえないものと考えられたのである。

しかもこの実証主義が、方法としての「法実証主義」から、対象における「実定法主義」に移行することによって、動態的な法定立の問題は、静態的な法源（法の存在形式）の問題に転換・短絡されるのである。すなわち、まず《条約》については、「真正の合意」が存在するための要件に学者の関心が集中することとなり、したがって、合意形成における「意思表示の瑕疵の存否」といった法律行為の有効性に関する問題が、国内契約法の類推により、ある程度緻密な装いの下に、議論されてきたのであった。もっとも、前記のトリーペルに倣って、契約的条約（Vertrag, traités-contrats）に対する立法的（合同行為的）条約（Vereinbarung, traités-lois）の類型化を行う学者もあったが[12]、これに積極的な意義を認めて国際立法論に結びつけていくようなその後の理論的発展は、マクネア（Lord McNair）などの場合[13]を別にすれば、稀薄であったといわざるをえない。また、もう一つの法源である《慣習国際法》については、「統一的慣行」と「法的確信」という客観・主観の二要素を軸として、その存在証明の努力が重ねられてきたが、その論証は往々、不十分なものでしかなかった(14)。国際法の法的性質に対する一般的な懐疑は、単に国際法が「強制」の契機を十分に具えていないということだけではなく、国際法規則の大半を占める慣習法の検証が、かなりの後ろめたさを覚えさせるものであったことに基因していたのではあるまいか。さらに、条約・慣習法の二元的法源論の陥穽ともいうべき「法の欠缺」と、それによる「裁判不能」(*non liquet*)を克服するため、《文明諸国が認めた法の一般原則》という、極めて不確定な概念が導入されざるをえなかったことは、かえって国際法における実証主義の自己矛盾を露呈したものとさえいえよう。

このような実証主義の限界を認識するとき、そこに国際立法論の積極的意識が明らかとなる。国際立法とは、慣習法の自然的生成や条約の偶然的集積とは異なり、すぐれて意識的かつ組織的な、したがって一般的かつ包括的な規律を志向する法定立の営為である。それは国際社会における主権国家の並存関係を前提として合意理論に基礎を置きながらも、国際関係を原子論的に国家間のばらばらの関係として捉えるのではなく、国際社会をグローバルに捉え、これを可能な限り包括的に秩序づけようとする強烈な意思に裏づけられて、体系的に法を発展させようとする努力である。

以上のように考えると、国際立法論の基礎には、自然法主義と実証主義の双方の契機が綜合されていることが理解されよう。そのことはまた、具体的な *lex scripta* の運動に即してみるとき、一層明瞭となるであろう。そこで次に「国際立法の父」とも呼ぶべきベンサムについて簡単に触れておきたい。

3　ベンサムの「法典化」論

ベンサム(Jeremy Bentham, 一七四八～一八三二)は、時代的にみても、その思想内容からいっても、まさに自然法主義から法実証主義への分岐点に位置する理論家であった(15)。彼は自然法学派の先験的方法やその理論的曖昧さと矛盾を厳しく批判し、グロティウスからヴァッテルに至る自然法主義の国際法理論に対しては極めて否定的である。ベンサムはしかし、後の実証主義のように、*lex lata* を描写することで満足できる法律家では到底なかった(16)。彼のすぐれて実践的な精神は、彼をして国際法の全領域をカバーする「法典」の整備へ、そしてそのような形で「諸国家全体にとっての最大の共通功利」(the greatest and common utility of all nations taken together)(17)を実現するという事業に向かわせたのである。

「国際法」(International law)の語がベンサムの造語になることはよく知られているが(18)、彼は同時に「法典化」(Codification)の語の創始者でもあった(19)。とくに彼は、国際法の発展とそれによる永続的平和の確立を、慣習法による自然的な進化や判例法の堆積による無意識的な法形成に依存するのではなく、「法典化」という意識的な法定立によってそれを達成すべきものと考えたのである。ベンサムは、成文法(*lex scripta*)としての明晰性の故に、条約が持つ法源としての優位性を、曖昧な慣習法や判例法に対して、認めていたのである(20)。

ベンサムが一七八六年から八九年の間に書いた「国際法の諸原則」("Principles of International Law")という論文の中で提示している「国際法典」の中身が、今日の目からみても極めて斬新な内容のものであったことはよく知られているが、それ以上に注目すべきことは、彼の法典化作業の態様に関する叙述である。すなわち、(1)慣習として確立していると考えられている不文法の確認(Homologation of unwritten laws which are considered as established by custom)、(2)新条約——不明確なまま残されているすべての点についての新たな国際法の定立(New conventions - new international laws to be made upon all points which remain unascertained; ……)、(3)国内法であれ国際法であれ、あらゆる種類の法の型式的完璧化(Perfecting the style of the laws of all kinds, whether internal or international)(21)。

ベンサムは右のような形で法典化作業の具体的内容を示しているが、これらはまさに、今日国連の下で行われている国際法の法典化と漸進的発達の区分を先取りしたものということもできよう。ベンサムにおいて「法典化」とは、単に慣習法規則の確認と法典としてのスタイルの完璧性の付与にとどまらず、国家間の利害が真向から衝突する状況の中で、国際社会全体の最大共通利益を実現するという、目的論的考慮を優先させた新たな条約の定立、すなわち「漸進的立法」を含むものだった(22)のである。

ベンサム以降、一九世紀後半には、ブルンチュリ（J. C. Bluntschli）、フィールド（D. D. Field）、フィオレ（P. Fiore）等がそれぞれ国際法の法典化を試み、また一八七三年には相次いで国際法学会（Institut de droit international）と国際法協会（International Law Association, 正確には、その前身である「国際法の改善および法典化のための協会」）が設立されて、法典化への関心は飛躍的に高まることになる(23)。しかしこの時期になると、国際法の法典化はもはや思想や学説上の問題ではなく、すでに国際社会における実際の経験として共有されるに至るのである。とりわけ戦争法の領域において、一九世紀後半からハーグ法、ジュネーヴ法両系列の法典化が進行し、そうした動きが一八九九年・一九〇七年の二回にわたるハーグ平和会議において頂点を迎えることについては、詳論を要しないであろう(24)。ともあれ、ここでみたような自然法学派以来の史的系譜の中に、われわれは、今日に至るまで脈々と培われてきた国際立法のエートスを確認することができるのである。

三　現代における国際立法の多元的展開

現代において国際立法が重要な国際生活の一部となっていること、そして今日この国際立法が国連を中心として展開されていることは改めていうまでもない。ここでは国連憲章の下で制度化された国際立法の在り方を、憲章の起草過程に遡って検討することにしたい。さらに、国連における中心的立法機関として設立された国際法委員会の役割とその機能変化について概観するとともに、今日の国際立法活動における多元化の傾向に光を当てることにしたい。

1　国際連盟における法典化事業――前史

国際連盟においては、一九二四年以降、「国際法の漸進的法典化のための専門家委員会」(Committee of Experts for the Systematic Study of the Progressive Condification of International Law)が設置され、そこでの準備作業を踏まえて、一九三〇年三月一三日から四月一二日までの期間、連盟の主催の下に、四七ヵ国(連盟非加盟国九ヵ国を含む)の参加を得て、ハーグで国際法法典編纂会議が開かれたのである。しかしそこで議題とされた「国籍衝突」「領海」「国家責任」の三分野についてそれぞれ法典化条約の採択をめざしたものの、わずかに国籍に関する一条約、三議定書を採択したにとどまり、全体として不成功に終わったことは周知のとおりである。

その失敗の理由をどのように総括するかは必ずしも容易ではないが、少なくとも次のような点が指摘されるであろう。第一に、端的にいって、ハーグ会議は一ヵ月の期間の一回限りの外交会議としてはあまりにも盛り沢山の議題を用意しすぎて物理的に消化し切れなかったという理由が挙げられる。第二に、法典化草案の準備過程の問題がある。この準備には専門家委員会等での六年にわたる検討作業、加えてハーバード大学や日本の国際法学会など各種団体の協力(いわゆるハーバード草案など)も得て行われたものであったが、この過程における各国政府の介入ないし意見表明の機会が極めて不十分にしか確保されなかったことは、条約採択を最終目標とする事業としては致命的ともいえる欠陥であった。第三に、この会議では「法典編纂」作業の目的に関して参加国の間に明確な意思一致が欠如していたことも、深刻な問題であった。すなわち、その作業の目的が慣習法規則の確認・再記述にあるのか、それとも新たな規則の定立も認められるかという基本的な認識において、結局最後まで一致が得られなかったのである。法典化トピックの選定についても、それに関する慣習法規則が「成熟」(ripeness) しているか否かという「客観的」基準が優先され、法典化の必要性、可能性といった現実的考慮は不十分であったといわなければならない。さらに第四には、会議が法典化の最終形式として「条約」の採択に固執したことが挙げられる。「宣言」その他の形式によって実質的に条文草案を生かそうといった現実的発想はついに採られなかったのである(25)。

ハーグ法典編纂会議はこのような理由によって結果的には不成功に終わった。しかし、ハーグ会議で得られた多くの教訓は、次にみるように、戦後の国連における法典化事業において、様々な形で生かされてきたのである。その意味で同会議が国際法法典化について将来への見通しを与えたことの意義は大きく、「今日の国際連合の下における国際法法典化事業に至る道程の一つの重要な里標であり、その経験が、多くの面で今日の成果を可能にしている」(26)という点に注目しなければならない。

2　国連における国際立法の制度的枠組み――国際法委員会

連盟規約と国連憲章とを、平和維持・紛争処理方式について対比するとき、前者が理想主義的・法律主義的なアプローチをとったのに対して、後者が現実主義的な対応と政治的考慮を優先させていることは顕著な違いであろう。とくに一九四四年のダンバートン・オークス会議の段階では政治的アプローチがとくに強調され、国際法による紛争解決や国際立法の必要性についてはほとんど顧慮されることはなかった。しかし一九四五年のサンフランシスコ会議では、フィリピン代表によって極めてラディカルな国際立法方式の提案がなされた。すなわち、それは総会に一定の立法機能を付与し、安保理事会の承認を条件とし、総会により多数決表決制度の下で定立された国際法規が全加盟国を拘束するという内容のものであった。しかしこのフィリピン提案は全く支持されず、代わって中国代表の提案に基づくところの、「国際法の漸進的発達及び法典化を奨励する」ために「研究を発議し、及び勧告をする」という、「より謙虚な」内容の現行一三条一項の規定が採択されることになったのである(27)。

　この規定を実現するために国連総会は一九四七年、国際法委員会（以下ＩＬＣ）の設置を決議するとともに、同委員会の「規程」を承認した（第二回総会決議一七四号）。委員の選任を経て委員会の活動が実際に開始されたのは一九四九年であった。以来ＩＬＣが国連における国際法法典化のための中枢的機関として活動してきたことは周知のとおりである(28)。このＩＬＣについて注目すべき特徴は、さし当たり、次の二点である。第一は構成に関する点であり、第二はその機能に関する問題である。

　第一に、ＩＬＣは「国際法に有能と認められる個人」（規程二条）で構成される。また委員会全体として「世界の主要な文明形態および基本的な法系を代表すること」（規程八条）が確保されなければならない。委員数は当初の一五名から二一名（一九五六年改訂）、二五名（一九六一年改訂）から三四名（一九八一年改訂）へと拡大されてきたが、各委員が出身国代表としてではなく個人の資格で行動するよう期待されていること、そしてＩＬＣが基本的に専門家委員会としての性格を付与されていることに変わりはない。

　第二にはＩＬＣの機能の問題がある。委員会の目的とする広義の法典化は、狭義における「法典化」（codification）と「漸進的発達」（progressive development）とに区分される。すなわち狭義の「法典化」とは、「すでに広汎な国家間の慣行、先例および学説が存在している分野における国際法の諸規則をさらに精密に定式化し体系化する」作業であり、これに対して「漸進的発達」とは、「まだ国際法の規律するところとなっていない事項、またはそれに関して国家間の慣行上、法がまだ十分に発達していない事項について条約草案を準備すること」と一応の（「便宜的に」）定義がなされている。この点に関連して注意すべきことは、両者の区分における手続的な違いである。「法典化」の場合には、総会との関係におけるＩＬＣのイニシアティヴが明確に認められている。すなわち、委員会は「法典化トピックの選択のために国際法の全分野の検討を行い」、「必要または望ましいと考えるときは、これを総会に勧告する」（規程一八条）ものとされる。

これに対して、「漸進的発達」の場合には、トピックの発議その他における総会のイニシアティヴがはっきりと規定されているのである（規程一六条）。もっとも「法典化」と「漸進的発達」の区分は、定立される規則の内容からみる限り相対的な分類でしかなく、実際の発議・起草過程ではほとんど放棄されている。したがって、手続的にみる限りは、ほとんどすべてのトピックが「漸進的発達」の要素を含むものと想定される結果、実際には総会のイニシアティヴが多くの場合に優先されることになるのである。

このような構成と機能を持つＩＬＣに対しては、周知のとおり、今日種々の角度から問題点が指摘され、とくに過去三〇年ほどのＩＬＣの活動の評価をとおして、その在り方に批判が加えられるようになってきている(29)。まずその構成面については、ＩＬＣ委員構成の重心が大学教授から外交実務家に移行し（「学者」であるか「外交官」であるかは、もとより委員の個人的資質に本質的な関係を持つものではないが）、加えて前記のようなメンバーシップの拡大に伴って、ＩＬＣが本来の専門家委員会としての性格から乖離して、「政治化」してきていると指摘されている。また、その機能面については、ＩＬＣによる法典化作業が一般にあまりにも長い期間が費やされていること、そして、宇宙法や海洋法などの重要テーマがＩＬＣを「飛び越えて」別の機関に付託され、ＩＬＣ自身も、国際法の新分野への進出に意欲を示さず、重要性の乏しい第二次的テーマの法典化作業に甘んじてきた、といった批判が加えられてきている。

たしかにこれらの指摘は、個々の問題に即してみる限り、必ずしも不当とはいえない。しかしＩＬＣをめぐる様々な問題は、実は、より一般的な国際環境と、国際立法を取り巻く全体的な状況——一言でいえば「多元化」の状況——の、直接・間接の反映である。ＩＬＣ自身については後に詳述することとして、ここではこうした問題状況を念頭に置きながら、次に、現代における国際立法の一般的状況を概観しておこう。

3　国際立法における多元性

多元性こそは現代における国際立法の基本的性格である。それは何よりも、定立の対象である規範内容の多様性を反映している。国際立法の多元的性格は、具体的には、(1)立法主体(立法機関)の多元性、(2)立法手続の複層性、そして、(3)立法の最終形式の多様性、として規定されよう。ここではもとよりそれらの個々の側面について詳論する余裕はないので、幾つかの主要なポイントを明らかにするにとどめておきたい。

第一は、立法活動に関する主体についてみると、国連のようなグローバルな機関から地域的ないし特殊機能的な機関まで、その態様は様々である(30)。国連の枠内に限ってみても、前記のように国際法委員会が国際立法の中心的機関として設定されておりながら、経済関係(経済社会理事会、総会第二委員会、国連貿易開発会議、国連多国籍企業委員会など)や人権問題(人権委員会、総会第三委員会など)は、伝統的に別個の機関に委ねられてきた。宇宙法、環境法あるいは国際取引法など高度に技術的な分野は国際法委員会の活動になじまないとされ、これらもそれぞれ別個の立法機関が対応してきたのである(31)。さらに、第三次海洋法会議のように、グローバル・ネゴシエーションを基本とする立法活動も、既存の機関による立法とは大きな相違があることに注目しなければならない(32)。このほか各種の国連専門機関等によるいわゆる「準立法活動」(33)や、国際人道法の定立において赤十字国際委員会のような非政府団体がイニシアティヴをとった立法活動も、それぞれ極めて重要である(34)。国際立法の総合的研究においては、何よりもまず、このような立法主体における多元性を考慮に入れなければならないであろう。

第二に強調すべき点は、立法手続の重層性である。国際立法過程(多数国間条約形成過程)は、常に幾つかの段階を経て最終的な採択に至る複層的過程(multi-stage process)である。もとよりこうした手続は、立法機関によってかなりの差があり、かねてからこれをある程度標準化する必要性が指摘されていた。このため、国連総会第六(法律)委員会では一九七七年以降、「多数国間条約形成過程の再検討」(Review of multilateral treaty-making process) に関する審議が重ねられてきたが、一九八四年の第三九回総会で、この問題に関する「最終文書」(Final Document) が採択されて審議を終結した。この議題は、そもそも、国連における立法作業の現状があまりに多様・不統一であるため可能な限りこれを体系的に整理し、その合理化をはかろうとするものであった。事務局による多角的な調査・研究を踏まえて第六委員会がまとめた右の「最終文書」では、まず、多数国間条約の形成が何よりも複層的過程であることを認識し、発議 (initiation)、条文草案の定式化 (formulation)、採択 (adoption) および発効 (entry into force) の各段階において、国際立法に従事する人々が留意すべき諸点を明記している。この文書は、簡潔ながらもこれまでの国際立法における経験の蓄積を文章化したものであり、今後はこれが色々な形で参照されることになろう。この「最終文書」では、概要、次のような諸点が記述されている。

一　**発議**

1　国連の枠内で多数国間条約形成手続を発議する国家は、とりわけ、以下の考慮を払うものとする。
(a)提案される条約の主題が、既存条約と国家実行に照らし、すでにどの程度国際法によって規律されているか。
(b)その主題が、国際社会全体にとって、とくに国際的規律の必要性 (need) という点からみて、どの程度の利益があるか。
(c)意図された目標を達成する最善の手段として、多数国間条約という形をとることが実際的に有用か。
(d)他の機関ないしフォーラムで、関連する条約形成活動が新興ないし提案されていないか。

2　発議に際しては、その主題について多数国間条約を締結することの提案理由の説明文書 (explanatory note) を付すことが望ましい。

3　提案がなされたとき、総会または他の権限ある機関において、質問表の発送や関連する法的・技術的資料の集収、国家実行に基づく研究等によって、その提案の評価に資するための準備を行うことが考慮される。フォーラムの選択については、財政的問題も含めて、慎重に検討されることが望まれる。

二　条約草案の準備と定式化

4　多数国間条約形成の提案国または他の国家は、交渉の基礎となる条約草案を提出することを考慮する。そのような条約草案がない場合には、国際法委員会のような専門家グループにこれを委託することが考慮される。

5　国家および必要に応じ国際機構に対し、提案された条約についての見解やコメントを提出するよう求めることが考慮される。

6　多数国間条約の定式化は、権限ある国連の機関によって、または、スポンサー国間の合意によって設置された交渉機関・フォーラムで行われ、そこにはすべての関係国、国際機構その他の招聘された参加者が参加するものとする。

7　定式化に当たっては、条文の正確さと統一性および公用語間の一致を確保するよう配慮されなければならない。

8　右の目的を達するため、交渉機関において起草委員会を設置する慣行が重視されなければならない。

三　定式化手続の終結と多数国間条約の採択

9　交渉機関は条文草案について実質的合意が達成されるようあらゆる努力を払い、その条約の採択過程に可能な限り広汎な参加が獲得できるよう努めなければならない。

10　国連総会または他の権限ある機関は、その多数国間条約草案が採択に必要な成熟性を確保していると認めたときは、これを条約として採択するか、採択のための外交会議を開催する。

11　その場合、その条約への予想される参加者、特定分野における専門的知識の実際的必要性、さらに採択手続に必要とされる作業の性質と分量、タイミングおよび予想される経費等の要素を考慮する。

12　多数国間条約採択のための会議は、それ自身の手続規則を適用する（この関連で現在第六委員会で審議中の国連会議のための標準手続規則案、Standard Rules of Procedure for United Nations Conferences, A/38/298 参照）。

四　国家内における多数国間条約形成過程の促進

13　国家は、それぞれの憲法手続に従って、秩序ある多数国間条約形成過程促進のための方法を考察することが望ましい。

以上が、「最終文書」の主要な内容である。この他に、五「条約起草の訓練と技術的協力」、六「条約起草会議の議事録の作成・公刊」、七「登録と寄託」、八「条約作成活動の調整」、九「多数国間条約形成過程に関するハンドブックの作成」、等が述べられている（A/C. 6/39/8）。この「最終文書」において最も重要なポイントは、発議（initiation）および定式化（formulation）に関する部分であろう。国際法委員会の最近の活動をみても、多数国間条約の形で法典化を行うだけの実際的必要ないし有用性に乏しいと思われるようなテーマ（たとえば「外交伝書使・封印袋の地位」！）や、現時点での法典化が必ずしも適当と思われないようなテーマ（たとえば「平和および人道に対する犯罪に関する法典」）がみられるが、第六委員会においても、政治宣伝のために上程されたような議案（たとえば「武力行使禁止のための条約作成」）等、発議の段階で慎重に検討すべきだったと思われるような例が少なくない。また、交渉の基礎となるべき第一次草案の必要性や、フォーラムの選択の問題等、第三次海洋法会議の反省に基づくものも少なからず、この「最終文書」には含まれている(35)。

もとより現実の国際立法過程においては、右の各段階が様々に錯綜する。合意形成の方法も、それぞれの機関・会議によって、コンセンサスの維持を基本とするものや、表決を積み重ねていくものなど多様である。また事務局の関与・協力の仕方も、対象とする問題により、あるいは担当する委員会により、異なってくる。こうしたことから、国際立法の実証的研究を行うためには、右にみたような重層的構造を持つ立法手続に習熟することが不可欠である。

第三に、立法の最終形式における多様性についても注目しておきたい。作成された条文草案に対していかなる法的地位を与えるかについては、拘束力を持つ「条約」(いわゆる法典化条約)以外にも、幾つかの選択肢がある[36]。すなわち、問題によっては「モデル条項」(Model clauses)、「行動基準」(Code of conduct)あるいは「宣言」(Declaration)といった形式が採択される場合がある。この場合、当該の国際文書は厳格な法的拘束力を持つものではないが、(1)各国が国内法の制定や条約締結の際の指針とする、(2)国家、国際機構、私人等が国際関係において尊重すべき緩やかな行為規範としての意味を持たせる、(3)既存のまたは生起しつつある慣習法規則の宣言として性格を付与する、といった役割を担うものとなるのである。ＩＬＣについてみれば、従来はほとんどの条文草案が多数国間条約として採択されてきており、一九五八年の「仲裁手続に関するモデル規則」がこれまでのところ唯一の例外であるが、しかし今後は、ＩＬＣ草案がモデル規則ないし宣言の形で採択される可能性も十分に予想されよう[37]。ともあれ、作成された国際文書の最終形式の多様性もまた、国際立法の一側面として認識しておかなければならない。

以上述べたように、国際立法は、その主体、手続および形式において、極めて多元的である。国際立法の実際的問題としては、その多様性と多元性のメリットを生かしつつ、いかにしてこれを標準化し、その合理化と効率化をはかることができるか、という点にある。また、その理論的問題の中心は、右のような多元性を踏まえた上で、いかにして国際立法の総過程を体系的・統一的に把握することができるか、ということにある、と思われる。

四　国際立法過程論への展望

本節では、まず自然法学派以来の国際立法論の系譜の中にそのエートスを探り、次いで主として制度論的な観点から現代における国際立法の具体的な展開を概観してきた。以上の考察の上に立って、われわれはどのような形で「国際立法学」を構想しうるであろうか。

そもそも国際立法研究の必要性がどこにあるのかといったところから、この問題を考えてみよう。それがまず第一に、実際に国際立法作業に携わる人々、とりわけ外交実務家・国際公務員等にとって不可欠なものであることはいうまでもないであろう。従来、もっぱら専門的経験と職業的熟練に依存していた立法技術に、体系性と統一性を与えようとする試みは、米国の若干のロー・スクールなどで行われてきた。たとえばハーバード・ロー・スクールでは、リチャード・バクスター（Richard R. Baxter）教授の主宰の下に「条約起草法」（International legal drafting）という科目が設定され、様々な利害の対立の中で立法の目的を交渉や協議を通じてどのように調整・確定していくか、その目的にいかなる言語的表現を与えるか、さらにこれをいかに正確・明瞭な条文として作成し体系的に配置するか、といったことについて具体的な素材に即した実戦的訓練が行われていた。これはバクスター教授の国際法全領域に対する深い学識と豊かな実務経験が見事に結合した演習であったが、国際会議の非公式協議や各種委員会の起草委員会といった場で、具体的な立法作業に関わる人々に必要とされる技能と知識そして洞察力の涵養をめざすものであった。法は一面、「実務の叡知」の累積であり、今後わが国の国際法教育にも右のような条約起草法の導入が望まれよう。

とはいえ国際立法研究が右のような実戦的技術ないし実務的必要性にとどまるものであるならば、その存在理由は限られたものでしかなく、少なくとも「学」と呼ぶに値するものではないかもしれない。そこで第二に、これを国際法の解釈学のレヴェルにおいて位置づけることが考えられよう。もとより、法の解釈適用も一面において法の創造・定立という作用を含む(38)ものであるが、解釈適用が個別具体的な事案に即した断片的かつ偶発的な法の発見・創造であるのに対して、立法はあくまでも一般的・抽象的な法の定立である。この区別を前提とした上で、国際法の解釈と国際立法の関係を考えるというのがここでのポイントである。しかるに、従来も条約規則の解釈が、当該条約の形成過程を的確に視野に入れない限り妥当性を持ちえないということは認識されてきた。そのような意味において、ウィーン条約法条約三二条は、「条約の準備作業」を（「条約の締結の際の事情」とともに）、「解釈の補足的な手段」として依拠しうるものを規定しているのである。とくに多数国間・法典化条約の場合には、それが意識的・組織的な法定立であり、合議体における審議を経て起草される条約であることから、その travaux préparatoires によって定立過程を明らかにすることは、解釈の「客観性」を高めるためには不可欠の作業となるのである。

しかし、立法研究が解釈学の侍女の地位にとどまる限り、「立法学」としての独立性を主張することはできない。われわれの課題は、国際法学における相対的に独立した学問領域としての「国際立法学」を構想することであり、それなりに固有の対象と方法を提示するものでなければならない。それはとりわけ、国際立法の制度や技術の説明（国際立法制度論）にとどまらず、国際立法活動の複層的・動態的な現実過程を、そこに働く諸々の価値・利害・力の分析を重ねあわせつつ、解明するものでなければならないであろう。そうした国際立法学の主要な内容が、「国際立法過程論」として構成さるべきものであることは、未だその大半を今後の論証と研究に委ねざるをえない(39)。ただ、いまこれを試論的に要約しておくならば、国際立法過程論は次のような内容を持つ学問領域として考えることができるであろう。

第一に、それは国際立法手続論、具体的には多数国間条約形成手続の研究である。ここでは立法条約の発議・立案・準備作業から草案起草・委員会審議さらに外交会議での採択・各国の批准手続に至る複層的・多元的手続が考察の対象となる。立法機関の性格や機能、手続規則の運用方法(40)、各国政府・国際機構等の関与、地域グループ・交渉グループの役割、事務局の機能、条文草案の最終形式とその効力の問題など、様々な制度・機構・手続に関する検討がこれに含まれよう。

第二に、国際立法の研究には何よりも国際組織論的な側面を無視しえない。国内における立法研究の場合には、その立法機関（議会）の法的地位は、かなりの程度「所与」のものとして前提することができる。これに対して、国際社会はそれ自身の立法府を持たず、法定立権能が基本的に各主権国家に留保されているため、国際立法においては所与とすべき主体が一般的には存在しない。それにもかかわらず国際立法が「組織化された」法の定立であり、その過程においてイニシアティヴをとる国際的組織体が主権国家から相対的に独立の存在である限りは、その前提として、国際組織論の研究が不可欠となるのである。そして、国際組織の存在と機能が、不断の「組織化の過程」としてのみよく捉えられうるということは付言するまでもないであろう。

第三に、国際立法学はすぐれて法政策学的な学問である。すなわち、立法とは端的にいって「あるべき法」(*lex ferenda*)の実定化の過程であり、「当為」それ自体を対象化してその科学的把握をすることが立法研究の基本的内容となるのである。したがってそこでは、国際社会における多元的な利益の衝突の中で、いかなる政策目標を立法目的として設定しうるか、それによって実現さるべき国際公益は何か、立法という形式を採用することの妥当性、立法を可能とする現実的基盤の存否、さらに立法目的を実現するための法規の具体的方向と意味内容など、国際立法政策に関わる様々な問題――それはまた立法技術論とも密接不可分の関係にあるが――の解明がその課題となるのである。

最後に、国際立法学は、法の立案過程から法の適用に至る錯綜した事実過程を機能的連関において把握する狭義の国際立法過程として、これを自己の体系の中に位置づけるものでなければならないであろう。こうした観点から、たとえば、リースマン(Michael Reisman)教授は、「国際立法」(International law-making)を「コミュニケーションの過程」(A process of communication)として捉えるという分析視角を提示している。そこでは「コミュニケーション・モデル」によって、主体・内容・媒体・名宛人・効果等に即した国際立法の機能論的な分析が行われ、政策内容(policy content)、権威づけ信号(authority signal)および統制意図(control intention)の三要素に関する情報伝達過程として、ほかならぬこの国際立法論が把握されるのである(41)。これは極めてユニークな視点を提供するものであるが、国際立法の総過程は、単に規範情報の伝達活動に尽きるものではなく、われわれとしては、国際社会の実態的基盤により即応した視座から理論構築をめざすべきであろうと思われる。

ともあれ、国際立法に関する研究は未だ緒についたばかりである。しかし、本節でみたとおり、国際立法学の存立基盤は理論的にも実証的にもかなり明確に画定されてきており、今後この分野に関する学問的関心は一定の広がりをみせることが期待されよう。

注

(1)　一九四五年から一九八〇年の三五年間に国連における立法作業の成果として、国連の機関ないし国連の招集した外交会議で採択された多数国間条約の数は二〇〇にのぼる(ＩＬＯなど専門機関による条約を含まない)といわれる。それらが対象とする事項も、宇宙・海洋・人権をはじめ、社会的・経済的・政治的な分野に至るまで、極めて広汎である。国連総会でも、こうした状況を踏まえて、一九七七年以降、「多数国間条約形成過程の再検討」(Review of multilateral treaty-making process)に関する議題が係属して第六(法律)委員会で審議が重ねられてきた。また総会の要請を受けて国連法務局でも各国政府の意見および国連諸機関のコメントをもとに、この点に関する研究が行われた(後掲注30参照)。一九八四年の第三九総会は、この問題に関する「最終文書」(Final Documennt, A/C.6/39/8)を採択して、審議を終結した。

(2)　M. O. Hudson, *International Legislation: A Collection of the Texts of Multiparties International Instruments of General Interest*, 1931.

(3)　Cf. H. Lauterpacht, *Private Law Sources and Analogies of International Law*, 1927.

(4)　小林直樹『立法学研究――理論と動態』(三省堂、一九八四年)所収の諸論文、池田政章「立法過程の問題点」『現代の立法』(岩波講座現代法第三巻、一九六五年)二四五頁以下、淡路剛久「立法過程における法律実務家の役割」『社会と法２』(岩波法社会学講座第八巻、一九七三年)二七三頁以下、芦部信喜「日本の立法を考えるにあたって」『ジュリスト』八〇五号(一九八四年)一〇頁以下など。なお神島二郎「立法学」『政治学事典』(平凡社、一九五四年)一三六九頁参照。

(5)　田畑茂二郎『国際法Ⅰ(新版)』(有斐閣法律学全集、一九七三年)一四～三三頁、Ｈ・ラウン、小林宏晨訳『自然法と国際法』(未来社、一九七四年)、Ｈ・ケルゼン、黒田覚・長尾龍一訳『自然法と法実証主義』(木鐸社、一九

七四年)、Arthur Nussbaum, *A Concise History of the Law of Nations*, revised ed., 1954, pp. 147-164; Charles de Visscher, *Théories et réalités en droit international public*, 1955, pp. 22-37.

(6) Georg Jelinek, *Allgemeine Staatslehre*, 1913, S. 476-484 (G・イェリネク、和田英夫他訳『一般国家学』〔学陽書房、一九七四年〕三七九〜三八四頁)。

(7) H. Triepel, *Völkerrecht und Landesrecht*, 1899, S. 70.

(8) H. Kelsen, *Das Problem der Souveränität und die Theorie des Völkerrechts*, 1920; *Ditto*, *Principles of International Law*, rev. by W. Tucker, 2nd ed., 1966, pp. 437f.; Cf. J. Kunz, "The 'Vienna School' and International Law", *The Changing Law of Nations*, 1968, pp. 59-124.

(9) Oppenheim-Lauterpacht, *International Law*, 8th ed., 1955, pp. 15-23; H. Lauterpacht, *The Function of Law in the International Community*, 1933, pp. 420-423.

(10) J. L. Brierly, *The Basis of Obligation in International Law and Other Papers*, 1958, pp. 1-62.

(11) もとより国際法の基礎理論に関する系譜は本文に掲げた学者に尽きるものではない。とくに、マックス・フーバー(Max Huber, *Die soziologischen Grundlagen des Völkerrechts*, 1928)などのように、国際法の拘束性を社会学的な実態から捉えようとする理論、ジョルジュ・セル(Georges Scelle, *Manuel elémentaire de droit international public*, 1943)における社会的連体性の理論、さらにニーマイヤー(G. Niemeyer, *Law without Force: The Function of Politics in International Law*, 1941)などの機能的必要性の理論など国際立法論とも内面的に重要な意味を持つと考えられる諸学説については、今後詳しく再検討していきたいと思う。

(12) Oppenheim-Lauterpacht, *op. cit., supra* note 9, pp. 27-28.

(13) Lord McNair, "The Functions and Differing Legal Character of Treaties", *The British Year Book of International Law (BYBIL)*, vol. 11, 1930, pp. 100f.; *Ditto*, "InternationalLegislation", *Iowa Law Review*, vol. 19, 1934; reproduced in *The Law of Treaties*, 1961, pp. 727-754.

(14) 村瀬信也「条約規定の慣習法的効力——慣習国際法の証拠としての条約規定の援用について」寺沢一・他編『国際法学の再構築・上』(高野雄一先生還暦記念、東京大学出版会、一九七七年)一〇頁(本書第二章第一節に収録)。

(15) 深田三徳『法実証主義と功利主義——ベンサムとその周辺』(木鐸社、一九八四年)二一頁。

(16) R. P. Dhokalia, *The Codification of Public International Law*, 1970, p. 42.

(17) J. Bentham, "Principles of International Law", J. Bowring, ed., *The Works of Jeremy Bentham*, vol. II, p. 538.

(18) *Ditto*, "Principles of Morals and Legislation", *ibid.*, p.149 and footnote: M. W. Janis, "Jeremy Bentham and the Fashioning of International Law", *American Journal of International Law (AJIL)*, vol. 78, no. 2, 1984, pp. 405-418.

(19) Ernest Nys, "The Codification of International Law", *AJIL*, vol. 5, no. 4, 1911, p. 872, n. 1.

(20) Dhokalia, *op. cit.*, *supra* note 16, p. 42.

(21) Bentham, *op. cit.*, *supra* note 17, vol. II, p. 540.

(22) Cf. Georg Schwarzenberger, "Bentham's Contribution to International law and Organisation", in Keeton and Schwarzenberger, eds., *Jeremy Bentham and the Law*, 1948, pp. 165-172.

(23) Dhokalia, *op. cit.*, *supra* note 16, pp. 44-75.

(24) *Ibid.*, pp. 87-109.

(25) *Ibid.*, pp. 112-133; M. O. Hudson, "The First Conference for Codification of International Law", *AJIL*, vol. 24, no. 3, 1930, pp. 449f.; J. H. W. Verzijl, "The First Codification Conference of The League of Nations (1930)", in *International Law in Historical Perspective*, vol. I, 1968, pp. 20-30.

(26) 小和田恒「国際法典編纂会議」国際法学会編『国際法辞典』(鹿島出版会、一九七五年)二二七頁。

(27) *Documents of the United Nations Conference on International Organization, San Francisco*, 1945, vol. III, doc. 1 and 2; vol. VIII, doc. 1151; vol. IX, doc. 203, 416, 507, 536, 571, 792, 795 and 848.

(28) United Nations, *The Work of the International Law Commission*, 3rd ed.,1980; B. G. Ramcharan, *The International Law Commission: Its Approach to the Codification and Progressive Development of International Law*, 1977; H. W. A. Thirlway, *International Customary Law and Codification*, 1972; Herbert W. Briggs, *The International Law Commission*, 1965; Luke T. Lee, "The International Law Commission Re-examined", *AJIL*, vol. 59, 1965, pp. 545-569; S. Rosenne, "The International Law Commission, 1949-1959", *BYBIL*, vol. 36, 1960, pp. 104-173, 小川芳彦「国際法の法典化」『国際法講義』(有斐閣大学双書、一九八三年)二一〜二四頁、同「国際法委員会の活動」『国際連合の研究』三巻(田岡良一先生還暦記念、有斐閣、一九六六年)一三九頁以下、小和田恒「国際法委員会」前掲『国際法辞典』二二四〜二二五頁、同「国連における国際法の法典化事業――国際法委員会の活動を中心に」『時の法令』四八七号(一九六四年)、安藤仁介「国連国際法委員会の法典化作業の近況」『ジュリスト』六二二号(一九七六年)、鶴岡千仭他・座談会「八〇年代の国際立法――曲り角に立つ国際法委員会」『ジュリスト』七一四号(一九八〇年)、波多野里望「国際法委員会の再検討」『国際法学の再構築・下』(高野雄一先生還暦記念、東京大学出版会、一九七八年)二二五〜二五六頁。

(29) たとえば、M. El Baradei *et al.*, *The International Law Commission: The Need for a New Direction*, UNITAR, 1981 など。これに対する著者の論評は、S. Murase, "International Law-making for the New International Economic Order", *The Japanese Annual of International*

Law, no. 25, 1982, p. 49, n. 14.

(30)　Report of the Secretary-General, "Review of the Multilateral Treaty-makingProcess", doc. A/35/312 (1980), pp. 5-12; H. Bokor-Szegö, *The Role of the United Nations in International Legislation*, 1978 ; E. McWhinney, *United Nations Law Making*, 1984, 小和田恒「国連における国際立法の動向」『国際問題』一五二号（一九七二年）二～一五頁。

(31)　たとえば国連国際取引委員会（ＵＮＣＩＴＲＡＬ）の設立に先立って、国際法委員会は国連事務総長より「国際取引法の漸進的発達に関して取り扱う用意があるか否か」について協議があったが、国際法委員会としては規程一条二項で「委員会は一次的には国際公法に関与するが、国際私法分野に入ることを妨げない」と規定されていることを確認しつつも、国際取引法を扱うことについては一致して反対であった。ＵＮＣＩＴＲＡＬの設立が一九六六年一二月一七日の第二一回総会二二〇五号決議で決められたのは、そのような経緯による。しかるに、国際公法という政治性の強い分野を扱うＩＬＣが個人資格の委員構成をとるのに対して、国際取引法という私法領域の技術性の高い問題を扱うＵＮＣＩＴＲＡＬが国家代表（現三六ヵ国）の委員会として構成されたことは、いささか倒錯感を免れないが、これは双方の設立の時期における国際環境の差がもたらした「歴史の偶然」であったとしかいいようがない。ＩＬＣの場合も、もしその設立が数年遅れていたら、国家代表による委員会になっていただろうといわれている。しかし皮肉なことに、過去三〇年ほどの双方の歩みをみると、個人資格のＩＬＣが前述のように「政治化」して国家代表委員会のような変化をみせているのに対して、ＵＮＣＩＴＲＡＬに出席する委員には「学者」が多く、あたかも個人資格の委員会のように機能していることは注目すべきであろう。

(32)　第三次海洋法会議における国連海洋法条約の立法過程については、①立法機関（海底平和利用委員会、国連海洋法会議の設置）、②第一次草案 (initial draft) の欠如、③一括受容方式 (package deal)、④コンセンサス方式、⑤交渉グループの在り方、⑥各委員会の在り方、⑦非公式協議の在り方等、詳細に吟味すべき問題が多くある。さし当たり、M. El Baradei, *Crowded Agendas, Crowded Rooms: Institutional Arrangements at UNCLOS III : Some Lessons in Global Negotiations*, UNITAR, 1981 参照。

(33)　C. S. Rhyne *et al., The International Functions and Law-making Activities of the International Bank for Reconstruction and Development*, 1976; *Ditto, Law-making Activities of the International Atomic Energy Agency*, 1976; Felice Morgenstern, "International Legislation at the Crossroads", *BYBIL*, 1978, pp. 101-117, ニコラス・バルティコス、花見忠・吾郷眞一訳『国際労働基準とＩＬＯ』（三省堂、一九八四年）四六頁以下、篠原梓「国際民間航空機関の準立法活動」『一橋論叢』八四巻四号（一九八〇年）、同「世界気象機関の準立法活動」『一橋論叢』八七巻二号（一九八二年）。

(34)　藤田久一『国際人道法』(世界思想社、一九八〇年)参照。
(35)　*United Nations Legislative Series* (ST/LEG/SER. B/21)
(36)　*Ibid.*, pp. 15-16.
(37)　たとえば一九七八年に第二読会を終了した「最恵国条項」に関する条文草案は総会第六委員会で、主としてＥＣ諸国の反対のため、棚上げになっているが、これなどはモデル規則の形で「草案を救う」という方策が考えられることになるかもしれない。同様の可能性は現在審議中の「国家の裁判権免除」に関する条文草案についても考えられようか。
(38)　H. Lauterpacht, *The Development of International Law by the International Court*, 1958, 小川芳彦「国際司法裁判所と法の創造」『法と政治』(関西学院大学)一五巻四号、一六巻三号(一九六四年〜六五年)、小林直樹『前掲書』(注４)一三頁。
(39)　私法統一の分野での国際的立法過程に関する先駆的な研究として、曽野和明「私法統一における国際的立法過程分析の必要性」『国際法外交雑誌』七五巻三号(一九七六年)三七頁以下参照。村瀬信也「新国際経済秩序と国際立法過程」『ジュリスト』七三一号(一九八一年)二四五頁以下(本書第四章第一節に収録)、S. Murase, *op. cit., supra* note 29, pp. 45 f.
(40)　法典化会議の表決手続に関する研究としては、Louis B. Sohn, "Voting Procedures in United Nations Conferences for the Codification of International Law", *AJIL*, vol. 69, no. 2, 1975, pp. 310-353.
(41)　W. M. Reisman, "International Law-making: A Process of Communication", *The Proceedings of the American Society of International Law*, 1981, pp. 101-120.

第二節　国際法委員会における立法過程の諸問題

一　はじめに

国際法委員会(The International Law Commission, 以下ＩＬＣと略す)は、一九四七年に国連総会決議一七四(Ⅱ)で設置されて以来、過去五〇年余の期間において、全体としてみれば、一応着実な成果をあげてきた、ということができよう(**表1**参照)(1)。しかし、とくに一九七〇年代以降、ＩＬＣは様々な批判に晒されてきた。たとえば、第一に、ＩＬＣは国際環境の変化を真正面から受け止めることができず、国際法の伝統的分野についての法典化のみにその任務を局限して、国際法の発展の方向を先取りするような新しい分野の漸進的発達に極めて消極的であった、と批判されている(2)。また第二に、ＩＬＣによる法典化作業の中身が、往々、重箱の隅をつつくような枝葉末節(the petit-point needle work)に終始することが多く、法的に重要な核心部分については、これを回避してしまうことが多い。また作業自体に長い時間がかかりすぎているにもかかわらず、ＩＬＣ自身、その伝統的な作業方法に大幅な改善を加えようとしない、という非難が行われている(3)。さらに第三に、ＩＬＣの委員構成に関し、「学者」委員の大幅減少と「外交官」出身者の漸増により、「個人資格」(ＩＬＣ規程二条)のＩＬＣが、実際上、国家代表委員会(representative organ)に近似してきて政治的色彩を濃くしていること(4)、また、当初の一五名から現在三四名というメンバーシップの増大により、専門家委員会としての質的低下が危惧されている(5)。加えて第四に、ＩＬＣを研究面で支えるべき事務局（法務局・法典化部、Codification Division）が官僚化の傾向を強め、当初期待されたリサーチ・センターとしての機能を十分果たしていない、等の問題に言及されることもある(6)。

表1　国際法委員会の活動と成果（年代順）

第一期　確立期（一九四九〜五　委員数一五、一九五七〜六一　委員数二一）

一九四七　国際法委員会設置、同委員会規程採択（総会決議一七四〔Ⅱ〕一九四七・一一・二一）

一九四八　事務局文書　ＩＬＣの法典化作業に関連する国際法の概観（A/CN. 4/1/Rev.1, H. Lauterpacht 執筆）

一九四九　法典化リストの暫定決定（①承認、②承継、③裁判権免除、④刑事裁判管轄、⑤公海、⑥領海、⑦国籍、⑧外国人の待遇、⑨庇護権、⑩条約法、⑪外交関係、⑫領事関係、⑬国家責任、⑭仲裁）
国家の権利・義務に関する宣言草案（総会、未採択）

一九五〇　慣習国際法の証拠援用をより容易にするための方法・手段（総会、承認）
国際刑事管轄権（→総会、委員会設置）
ニュールンベルク原則の定式化（→人類の平和と安全に対する罪に関する法典）

一九五一　多数国間条約に対する留保（→条約法）
侵略の定義（→総会、特別委員会設置）

一九五四　人類の平和と安全に対する罪に関する法典草案（総会、採択無期限延期、八二年再審議開始、九六年最終草案採択）
無国籍の削減に関する条約草案（→条約化）

一九五六　海洋法四条約草案（→条約化）

一九五八　仲裁手続に関するモデル規則（総会、「留意」決議）
外交関係条約草案（→条約化）

一九六一　領事関係条約草案（→条約化）

第二期　変容期（一九六二〜八一　委員会二五）
一九六三　連盟下で結ばれた多数国間条約への参加問題（総会、承認）
一九六六　条約法条約草案（→条約化）
一九六七　特別使節団条約草案（→条約化）
一九七一　対国際機構国家代表条約草案（→条約化）
一九七二　外交官等保護条約草案（→条約化）
一九七三　ＩＬＣ作業計画の再検討
（事務局文書　国際法の概観 A/CN. 4/245,1971）
一九七四　条約に関する国家承継条約草案（→条約化）
一九七八　最恵国条項条文草案（総会、未採択）
一九七九　多数国間条約形成過程の再検討、ＩＬＣの見解（A/35/312/Add.2）
一九八一　国家財産等に関する国家承継条約草案（→条約化）
第三期　現段階（一九八二以降、委員数三四）
一九八二　国際機構条約法条約草案（→条約化）
一九八九　外交伝書使・外交封印袋の地位に関する条約草案・選択議定書案
一九九一　国家・国有財産の管轄権免除に関する条文草案
一九九六　人類の平和と安全に対する罪の法典案
一九九七　国際水路の非航行利用に関する条約草案（→条約化）
一九九八　国際刑事裁判所規程（→条約化）
一九九九　自然人の国籍に関する国家承継条文草案
二〇〇一　国家責任に関する条文草案

（一九八九年以降のものについては補筆した。）

こうした批判には、たしかに的を射ているものもあるが、逆に必ずしも正当とは思われない例も見受けられる。これらは、一方で国際環境の変化という大状況の問題をＩＬＣだけのせいにしてしまっている傾向が指摘されようし、他方、国際立法過程そのものの変化がＩＬＣの在り方に機能変化を迫っているという側面を正当に評価していないという反論もありえよう。また、ＩＬＣの任務や手続、法典化作業の実際についての理解の欠如に基づくような論評も少なくない(7)。

本節ではＩＬＣの立法過程を考察の対象としているが、ここでは右に触れたような問題を逐一論評することはしない。むしろ本節は、ＩＬＣの活動を批判的に考察する場合の「視点」そのものを問題にしたいと考えるのである。すなわち、最近のＩＬＣに関する論評の多くは、その活動の表層を捉えて批評しているにすぎないものも少なくないが、国際法形成機関としてのＩＬＣの機能は、何よりも国際法の深層において、とりわけ、その法源論の展開の中で、これを分析していく視点を持たなければならないと思うのである。

周知のように、国際法の法源論は今日大きな動揺を経験しつつある(8)。伝統的には条約と慣習法が、それぞれ相互に独立的に、かつ完結的に存在してきたのであるが、この二つの法源が、最近では相互に浸透しあい影響しあって、両者の関係は次第に相対化の傾向を強めてきていることが認められる。このことは、国際法体系の随所に亀裂と間隙が生じてきていることを示しているが、こうした法の欠缺状態を補完すべき「法の一般原則」の機能は限定的なものでしかない(9)。さらに最近では、こうした法源間の相対化にとどまらず、「法」と「非法」をも相対化して捉えようとする、いわゆる「ソフト・ロー」の観念が一部で提唱されてきている。しかしながら、このような相対的発想自体が、国際法の規範性を稀薄化し、結局、国際法総体の脆弱化につながると危惧されていることを、われわれは深刻に受け止めなければならないように思われる。

同時にしかし、伝統的な国際法の法源論が、今日一つの「桎梏」に突き当たっていることも事実である。ここにおいて、従来の形式的・静態的な法論は少なからずその分析的意義を失い、むしろ法源論が本来意味していた「法の定立」という能動的・動態的側面が顕在化してこざるをえないものと考えられる。今日いわゆる「国際立法論」(10)が要請されているのは、まさにそうした法源論自体に内在する弁証法的な発展法則に規定されているといえよう。ともあれ右のような観点から、立法機関としてのＩＬＣを考察する場合、われわれは常にこれを法源論との関わりの中で捉えていく必要があると考えるのである(11)。

結論を先取りすれば、われわれにとっての基本的視点とは、「国際法における規範性の確保とその強化」という点にある、といわなければならない。法源間の相対化が進行し、亀裂と間隙の露呈されてきている今日の国際法状況にあって、その規範性を維持し、これを一層強化していくためには、ＩＬＣがいかなる機能を担っていくべきか、――これがわれわれの主要な関心事でなくてはならないであろう。

以上のような問題意識の下に、本節ではＩＬＣの立法過程の諸問題を、発議・定式化・採択・採択後の四段階に区分して(12)、検討していきたいと思う。その場合、とくに、それぞれの段階において、ＩＬＣが今日どのようなジレンマに直面しているか、すなわち、いかなる矛盾・対立を孕みながらその活動が展開されているか、という点に焦点を合わせて考察していきたいと考える。

二　発　議（課題の選定）

法典化作業の発議(initiation)に当たって、まず問題となることは、法典化課題の選定である。ＩＬＣがいかなる課題に取り組むかは、ＩＬＣの機能を決定する最も重要な問題であり、それ故にまた、その選定基準についても厳しく吟味されなければならない。故バクスター教授が強調したように、「過度に野心的で誤った考えに基づく法典化と漸進的発達の企ては、ほとんど必然的に失敗に終わる。その失敗は、法典化の試みがなされる以前の段階よりも、慣習国際法の内容を、一層不明確、不確実なものにして権威を失わせ、その状態をより悪化させてしまう。その場合には、法典化は、国家の秩序ある行動に対する刺激や導きとなるよりは、法破壊的なものとさえなりうる」(13)のである。このように、不適切な法典化課題の選定は、その問題に関する慣習法の健全な生成・発展を阻害することになり、その結果、問題を一層混乱させて、国際法規則の規範性をかえって弱めることになりうる(14)ということを、ここではとくに銘記しておかなければならない。

1　「法典化」概念

まずＩＬＣの委任事項(mandate)についてみると、規程一条二項では、「委員会は、第一次的には国際公法に関わるが、国際私法の分野に関与することを妨げない」とし、さらに一八条一項では、「委員会は、国際法の全分野を検討し、……法典化のための課題の選定を行う」と規定している。このように、ＩＬＣに委ねられた任務が、国際法の「全分野」を視野においた極めて広汎なものであることが確認されるのである。

これを前提として、規程一五条ではＩＬＣの任務を、「便宜上」、狭義の「法典化」と「漸進的発達」に区分して定義している。すなわち、狭義の「法典化」とは、「広汎な国家の実行、先例および学説が存在している分野において、国際法の規則のより正確な定式化および体系化」を意味するものとされる。また「漸進的発達」とは、「未だ国際法によって規律されていないか、国家の実行において法が未だ十分に発達していない問題について、条約草案を準備すること」を意味する。そして規程上は、それぞれについて、若干異なる手続が用意されているのである。すなわち、「法典化」の場合には、総会との関係におけるＩＬＣのイニシアティヴが明確に認められているのに対して、「漸進的発達」については、課題の発議その他における総会のイニシアティヴが、かなりはっきりと規定されている(15)。

もっとも「法典化」と「漸進的発達」の区別は、元来、相対的なものである。広い意味での法典化を観念的に類型化すれば、(1)「慣習法規則の複写的再記述」という最も狭義の「法典化」から、(2)「法が未発達ないし不明確な部分の定式化」という広汎な中間地帯、さらに(3)「全く新しい法規則の定立」という形態まで、それらの間には様々な位相の違いが存在する(16)。ＩＬＣ自身も、ごく初期の時期を除いては、実際の起草作業において、「法典化」と「漸進的発達」の区別を設けてはいない。一つの条約の中にも両者が混在することはいうまでもない。ただ一般的傾向としてみるならば、前出**表1**に示されるように、第一期においては「法典化」に傾斜したトピックが多かったのに対して、第二期以降ではどちらかというと「漸進的発達」の色彩の強い課題が増えてきているといえよう。一九四八年に事務局文書の第一号として、「ＩＬＣの法典化に関連する国際法の概観」(17)(これは今日ではＨ・ラウターパクトの筆になるものであることが知られている)というペーパーが提出され、そこで国際法の全分野について、法典化にふさわしいトピックの洗い出しが行われた。この文書をもとに一九四九年、ＩＬＣの第一会期で一四の法典化トピックが暫定的に選定されたのである(18)。この「原リスト」に含まれる課題のうち、現在までに「承認」と「外国人の待遇」を除いては、ＩＬＣですでに法典化を完了しているか、または現在審議中であるか、もしくはＩＬＣ以外の他のフォーラムに付託されることになったものである。こうして一九六六年に「条約法草案」が完了した後は、「国家責任」「国家・国有財産の管轄権免除」を例外として、国際法の伝統的分野における「法典化」の第一次的課題を、ほぼカバーしたといってよい。その結果、その後ＩＬＣが扱ってきたトピックをみると、やや問題を感じさせずにはおかないのである。

2　課題の選定基準

そこで、法典化作業のための課題選定は、いかなる基準に従って行うべきかが問題となる。この点は、ＩＬＣの場合に限らず、およそ法典化を進める際には常に最も重要なポイントであり(19)、法典化作業の成否は、この課題選択の如何にかかっているといっても過言ではない。この選定基準は、概ね、次の三つのレヴェルで考慮されなければならないと思われる(20)。

第一は、課題の「技術的評価」(evaluation on technical feasibility)である。すなわち、そのトピックに関し、条約慣行や慣習規則、国家実行がどの程度存在するか、換言すれば、国際法の現状からみて、それが法典化課題としての「成熟性」を具えているか、といった側面についての判断である(21)。この条件を十分に充たさない課題は、尚早(premature)な選択として、条文の起草過程で困難に直面することになる。技術的考慮としては、さらに、法典化の完了までに要すると思われる時間やコスト、他の立法機関との重複の有無等についても慎重に検討されなければならない。

第二の基準は、課題の「実際的評価」(practical evaluation)に関わる。すなわち、その問題の法典化に果たして必要性(need)が認められるか(22)、そのトピックに、個別の国家ないし国家群の利害を超えた国際社会全体としての普遍性・重要性が存在するか、換言すれば、その課題を国際的規律に委ねることについて、各国政府や関係の国際機構などの間に、これを支える要望や期待があるか、といったことに対する判断である。

課題の選定基準として第三に重要なものは、その「政治的評価」(political evaluation)である。すなわち、あるトピックが技術的にみて法典化にふさわしく、かつ実際上その必要性があると認められても、その法典化について深刻な政治的障害が存在する限り、その課題の選定は望ましくない。したがって、その課題がカバーする基本的な論点について、各国の間でコンセンサスを得る可能性があるかどうかという点を見極めておくことも、選定においては重要なポイントである。

右のような選定基準に照らして、その後ＩＬＣで扱われてきた法典化課題をみてみると(**表2**参照)、幾つかの問題が指摘できよう。たとえば、「外交伝書使・封印袋の地位」については、その need は認められるか(23)、「国際法によって禁止されていない行為から生じる有害な結果に対する国際責任」のテーマは、premature ではないか(24)、「国家と国際機構との関係」(第二部)については、当の国際機構自身がその法典化を望んでいるか(25)、さらに「人類の平和と安全に対する罪に関する法典」については政治的障害が存在しないか(26)、など様々な問題点が潜んでいるように思われる。

ともかく、「第二期」(一九六二年以降、**表1**参照)に入って、ＩＬＣの取り扱うテーマが次第に矮小化(27)され、国際法の中心的問題(major issues)から、周辺的・技術的な問題に重心を移してきたことは否めない事実である。とくに一九六〇年代には、新たな立法機関が次々と設立されて(28)、ＩＬＣが扱ってもおかしくないようなトピックが別の機関に付託されていくようになった。とりわけ、一九五八年の海洋法四条約の形成ではＩＬＣが主要な役割を担ったにもかかわらず、第三次海洋法会議の設立の際には、ＩＬＣは全く無視される形となったのである。これにはそれなりの理由(29)があったとはいえ、ＩＬＣの「地盤沈下」を示す象徴的な出来事であった。

表2　国際法委員会による法典化事業

(1)国際法委員会による法典化作業が完了しているもの

条約名	発議	国際法委員会 特別報告者	国際法委員会 研究開始	国際法委員会 最終草案提出	国際法委員会 所用年数	条約採択	条約発効	締約国数(一九九九・四・一五現在)
①無国籍削減条約	ＩＬＣ原リスト ECOSOC	Hudson Córdova	一九五一	一九五四	三	一九六一・八・三〇・Ｎ・Ｙ、三〇ヵ国	一九七五・一二・一三	一九
②領海条約	ＩＬＣ原リスト	François	一九五一	一九五六	七	一九五八・四・二九 ジュネーヴ、八六ヵ国	一九六四・九・一〇	五一
③公海条約			一九四九				一九六二・九・三〇	六二
④漁業条約							一九六六・三・二〇	三七
⑤大陸棚条約							一九六四・六・一〇	五七

⑥仲裁規則	ILC原リスト	Scelle	一九四九	一九五八	九	(一九五八・一一・一四総会「留意」決議)		
⑦外交関係条約	ILC原リスト	Sandström	一九五四	一九五八	四	一九六一・四・一八 ウィーン、八一ヵ国	一九六四・四・二四	一七七
⑧領事関係条約	ILC原リスト	Zourek	一九五五	一九六一	六	一九六三・四・二四 ウィーン、九五ヵ国	一九六七・三・一九	一五六
⑨特別使節団条約	ILC	Sandström Bartoš	一九五八	一九六七	九	一九六九・一二・一六 総会	一九八五・六・二一	三〇
⑩対国際機構国家代表条約	総会	El-Erian	一九六二	一九七一	九	一九七五・三・一四 ウィーン、八一ヵ国	未発効	(三〇)
⑪外交官等保護条約	総会	W.G. (Kearney)	一九七一	一九七二	一	一九七三・一二・一四 総会	一九七七・二・二〇	九二
⑫条約法条約	ILC原リスト	Brierly Lauterpacht Fitzmaurice Waldock	一九四九	一九六六	七	一九六九・五・二三 ウィーン、一一〇ヵ国	一九八〇・一・二七	八一
⑬最恵国条項	ILC	Ustor Ushakov	一九六七	一九七八	一一			
⑭国際機構条約法条約	(条約法会議) 総会	Reuter	一九七〇	一九八二	一三	一九八六・三・二一 ウィーン	未発効	(二六)
⑮条約の国家承継条約	ILC原リスト	Lachs Waldock Vallat	一九六二	一九七四	一三	一九七八・八・二二 ウィーン、九四ヵ国	一九九六・一一・六	一五
⑯国家財産等の国家承継条約	ILC原リスト	Bedjaoui	一九六七	一九八一	一四	一九八三・四・八 ウィーン、七五ヵ国	未発効	(五)
⑰国家・国有財産の管轄権免除	ILC原リスト	Sucharitkul 小木曽	一九七八	一九九一 ・一九九九 WGで審議・報告	一三			
⑱外交伝書使・外交封印袋	総会	Yankov	一九七九	一九八九	二〇			

⑲人類の平和と安全に対する罪	総会	Spiropoulos Thiam	一九四九、一九八二再開	一九九六	四七			
⑳国際水路非航行利用	総会	Kearney Schwebel Evensen Rosenstock McCaffrey	一九七四	一九九七	二三	一九九七・五・二一国連総会	未発効	(四)
・国際刑事裁判所規程	総会	W. G. (Crawford)	一九九〇	一九九四	四	一九九八・七・一七ローマ、一六〇ヵ国	未発効	(二)
・自然人の国籍の国家承継	総会	Mikulka	一九九三	一九九九	六			

(⑰以降については補充した。)

(2)二〇〇〇年現在の国際法委員会による法典化作業

課題名	発議	国際法委員会			進捗状況（二〇〇〇年一二月現在）
		特別報告者	研究開始	現在までの所用年数	
①国家責任	ＩＬＣ原リスト	Amador Ago Riphagen Arangio-Ruiz Crawford	一九五五	四五	二〇〇一年に最終草案採択
②国際法のよって禁止されていない行為から生じる有害な結果に対する国際責任	総会	Quentin-Baxter Barboza Rao	一九七八	二二	二〇〇一年に「防止」に限定した規定案採択
③条約の留保	総会	Pellet	一九九三	七	ガイドライン作成
④国家の一方的行為	総会	Cedeño	一九九八	二	
⑤外交的保護	総会	Dugard	一九九八	二	

3　課題選定におけるジレンマ

一九七一年に事務局は再び法典化に適したトピックを求めて「国際法の概観」(30)という文書を公表し、その中で今後ＩＬＣが取り組んでいくべき課題として、国際環境法や国際経済法などの新たな分野を提示した(31)。しかしＩＬＣは一九七三年の会期における将来計画の検討に際して、これらの課題に真正面から取り組む姿勢は示さず、とりわけ発展途上国から要請の強かった国際経済法の幾つかの問題については、すでに最恵国条項について研究を開始しているからという理由で、これを回避したのである(32)。

もとよりＩＬＣにおいても、国際法の中心的課題を扱わなければ、国連の立法活動から取り残されるということはよく認識されている。しかし、たとえば「友好関係宣言」や「新国際経済秩序宣言」などに含まれる諸原則を対象としてＩＬＣがその漸進的発達を企てたとしても、政治的困難が立ちはだかっていることは容易に想像されるところである。したがってその立法作業の成功を見込んで課題の選定を行うとするならば、どうしてもそれは国際法の中心的課題から乖離した周辺的問題、つまり政治的にも法律的にもさして重要性を持たない技術的なトピックにその対象を求めざるをえない、ということになるのである。ここに、現代においてＩＬＣが置かれている第一のジレンマがあるといえよう。

このような課題選定のレベルにおいてＩＬＣが直面しているジレンマは、実は、後述の草案の定式化や採択の際の最終形式にも、密接な内面的関連を持っているのである。そこで次に項を改めて、定式化の段階における問題を解明することにしたい。

三　草案の準備と定式化

ＩＬＣは、国連システムにおける他のいかなる立法機関よりも高度にソフィスティケートされた作業方法（method of work）を確立しているといってよいであろう。同時にその方法論（methodology）についても、ＩＬＣはこれまで機会あるごとに慎重な吟味を行ってきている。ここでは、条文草案の定式化のレヴェルにおけるそうした幾つかの問題を掘り下げておきたい。

1　作業の方法と所要年数

ＩＬＣにおける条文草案の起草手続については、ＩＬＣ規程がかなり詳細に定めている。すなわち、国際法の漸進的発達については規程一六、一七条が、そして狭義の法典化については、規程一八条ないし二四条が規定している。もっとも、先にも述べたように、具体的な作業の過程で、狭義の法典化と漸進的発達を区別することは実際上ほとんどないから、いずれの場合もその手続には変わりがない。**図1**に通常の場合の手続を示したが、この図でも明らかなように、あるトピックが選定されてから条約として発効するまでには、かなり複綜したプロセスを経るのであり、ＩＬＣではこうした慎重な手続をとっているだけに、法典化に要する時間が長くなるのは、ある程度やむをえないところである。**表2**に、各トピックの法典化に要した年数を明示したが、最近ではＩＬＣで最終草案が採択されるまでに、一〇年以上の期間を要することが通例といってよい。「国家責任」に至っては、五〇年を経過してようやく二〇〇一年に終了したという状況である。逆に、「外交官等保護条約」の場合には、通常の特別報告者の選任によらず、作業部会

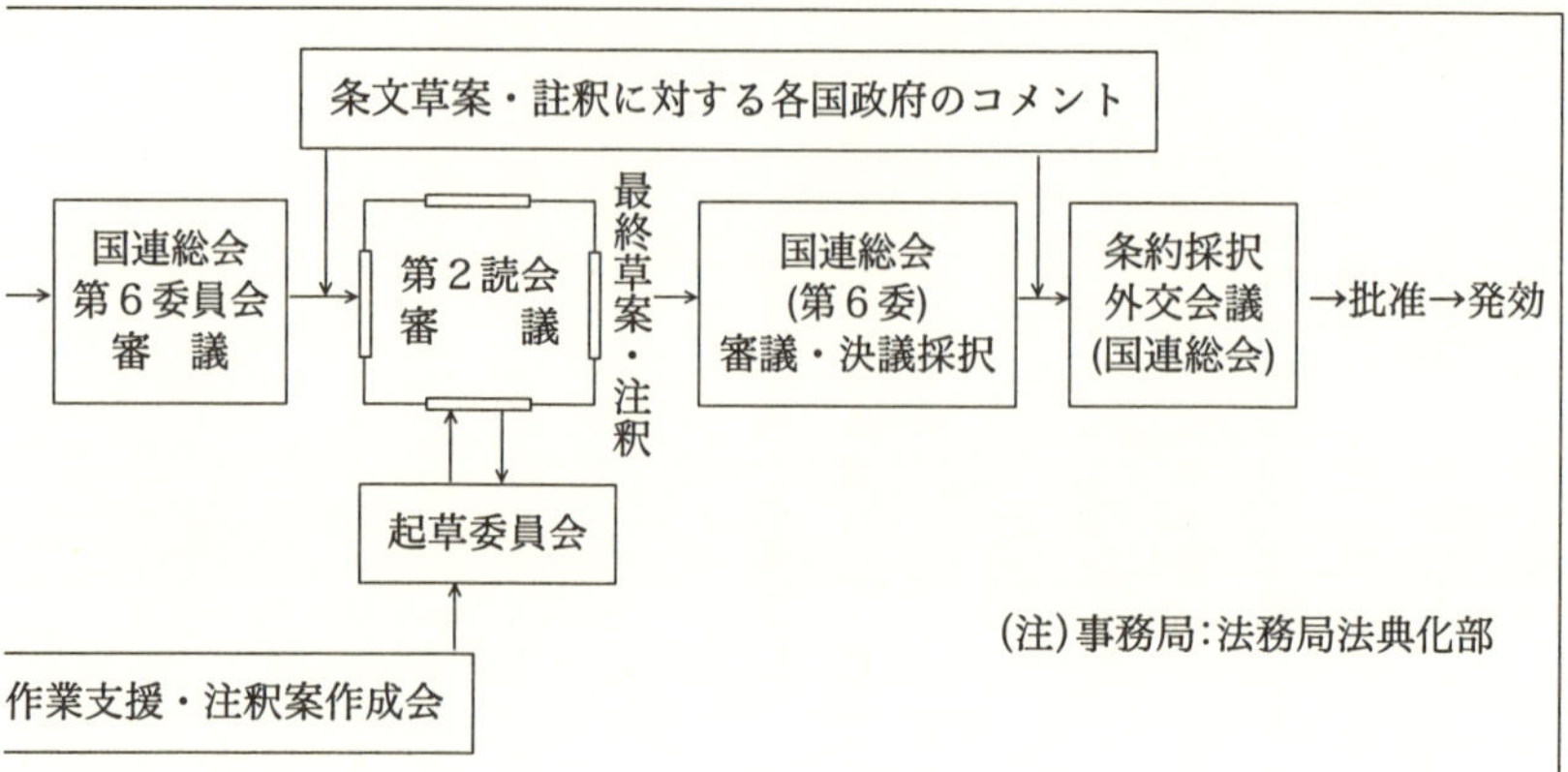

会の立法手続

の議長カーニー大使の手で起草が行われ、かつ国連総会を条約採択の外交会議に振り替えることによって、極めて短期間で法典化が完了した特異なケースであるが、トピックによってはこうした手続がありうることを示している。

　この時間的要素の問題は、法源論的観点から重要な意味を持っている。ラシャリエル判事によれば、従来は慣習法形成に要する期間は非常に長く、これに対して条約形成は極めて短期間に行えることがメリットとされてきたが、今日ではこの関係が「逆転」しているという。すなわち、法典化条約の形成には、右にみたように、一〇年、一五年という期間を要することが現代ではむしろノーマルともいえるが、反面、その条約の形成過程・交渉過程で各国の「法的確信」が集合的・組織的に表明される結果、極めて短期間のうちに――つまりその法典化条約が採択される以前に――すでに新しい慣習法規則の成立がみられる、というものである。こうした彼の見解は、排他的経済水域概念などを念頭に第三次海洋法会議の経験によるところが大きいが、彼は同様のことを、ＩＬＣの国家承継条約案や国際機構条約法条約条文草案についても言及している(33)。こうして彼の立場を敷衍すれば、現代における法典化運動は「条約形成に名を借りた慣習法形成の場」として捉えるべきだということになる(34)。こうした見解には、やや慣習法

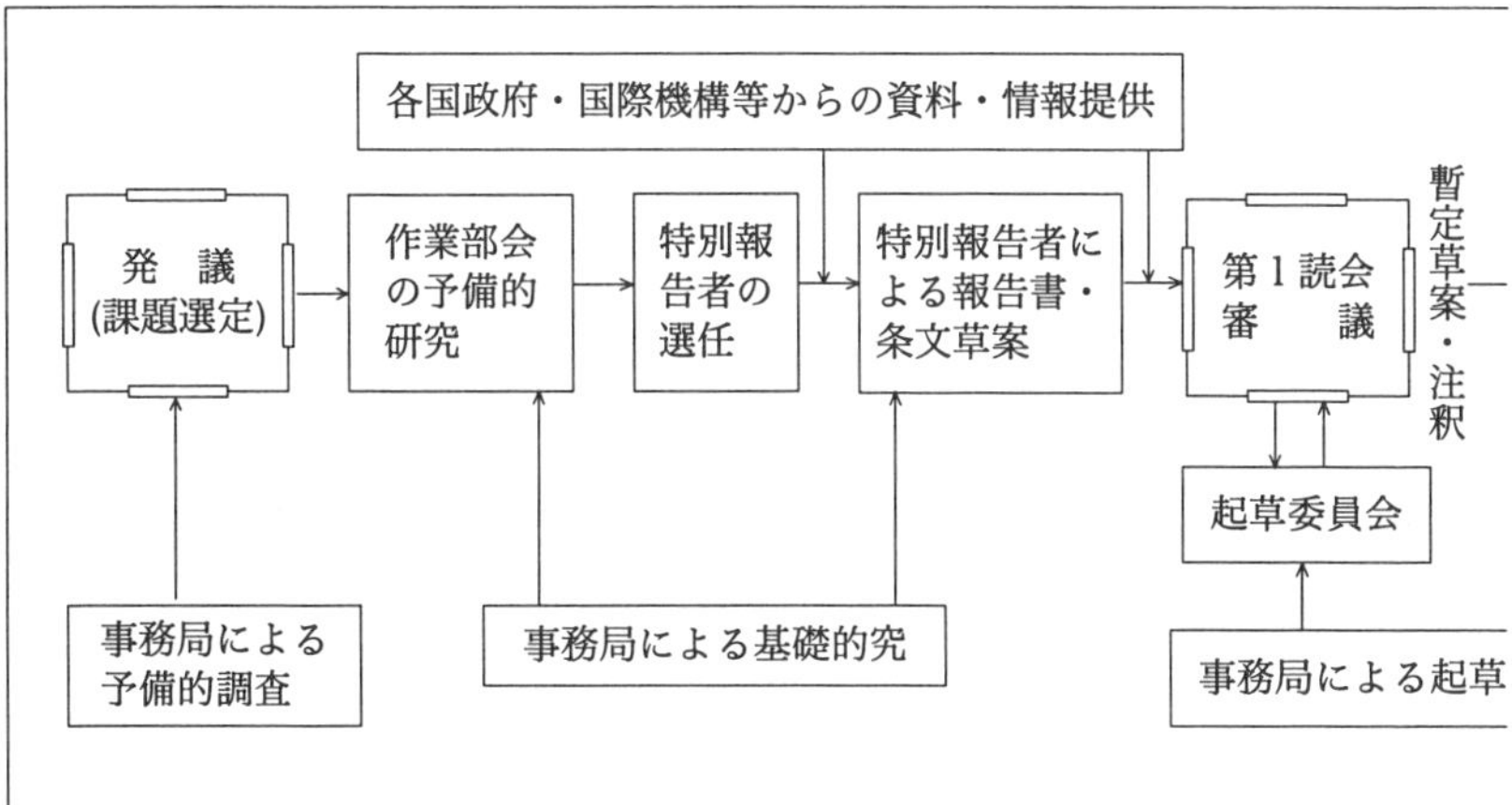

図１　国際法委員

形成機能に対する過大評価があるように思われるものの、法典化作業に「伴う」慣習法の生成・発展という、すぐれて現代的な現象に光を当てたことは、特筆すべき貢献である。

　ともかく、一般にＩＬＣの法典化作業に時間がかかりすぎているとの認識がかなり広汎なものであるところから、その作業方法についても様々な改革案が提起されている。ＩＬＣを国家代表委員会に切り替えるといったドラスティックなものから、ＩＬＣのフルタイム化、あるいは特別報告者のフルタイム化、会期延長(現一二週間)、あるいは年間二会期制の採用、小委員会制度の導入による並行審議、優先課題(priority topics)への集中審議、事務局の拡充と研究センターへの改組などがそうした提案に含まれている[35]。しかしこれらは「専門家グループ」としてのＩＬＣの機能を担保していくという観点および実現可能性ないし有効性という側面からみると、必ずしも妥当とは思われない。また、すでにＩＬＣ自身、できることについては、その経験に照らして常に小刻みの改善を加えてきており、こうしたことからも、作業方法についての大幅な変更は今後もありえないように考えられる。

2　方法論の変遷

草案定式化の段階における問題として本節の視点から一層重要と考

えられるのは、右に述べた作業方法の問題よりも、定式化において援用される「方法論」の問題である。毎会期のＩＬＣ年報や第六委員会の議事録には、各委員の発言にそうした方法論に関するコメントが散見されるが、ＩＬＣの作業の対象が第一期における狭義の法典化に重心を置いた領域から、第二期以降における漸進的発達の色彩の濃い分野に移行してくると、これに対応して、そこで用いられる方法論も徐々に変遷してきている、とみられるのである。

すなわち、狭義の法典化の場合には、規程一五条にあるように、すでに「広汎な国家の実行、先例および学説が存在している分野」を対象とすることから、そこで用いられる方法の中心は、それらの資料をできる限り多く集積して、その基礎の上に「国際法の規則のより正確な定式化および体系化」をはかるという、いわゆる「帰納的方法」(inductive approach)(36)となるのである。発足当初のＩＬＣが規程二四条にいう「慣習国際法の証拠の援用をより容易に行うための方法・手段」(Ways and Means for Making the Evidence of Customary International Law More Readily Available) の問題に意識的に取り組み(**表1**、一九五〇年の項参照)、条文草案の準備においては国家実行の証拠を丹念に集積して既存国際法規則の確定を帰納的な方法によって行うことに精力を集中していたことは明らかである(37)。こうした方法態度は「仲裁規則」の法典化において顕著であり(38)、同様に、海洋法四条約の草案においても、ＩＬＣはそうした立場を貫いている。すなわち海洋法の場合には、条文草案の中で「技術的」な部分と政策的考慮に関わる部分とを峻別して、前者はＩＬＣで成案を作成したのに対し、後者についてはこれを意識的に外交会議に委ねるという態度をとおしたのである(39)。

しかるに、第二期に入って、ＩＬＣの作業の対象が徐々に「漸進的発達」、つまり法が不明確ないし未発達の分野に移行してくると、単に帰納的方法では不十分となり、いわゆる「経験的方法」(empirical approach) が強調されてくるのである。この方法は、起草の対象となるルールについて現実にどのようなクレイムがなされているか、その背後にいかなる利害の対立があるか等についてこれを科学的・経験的に見極めた上で、各国が最も受け容れやすいルールを定式化するというものである。この方法はとりわけ対立の激しい controversial なトピックの場合、その対立の幅を「狭める」

(narrow down) 上で有効な方法とされている(40)。さらに最近の傾向としては、右のような帰納的ないし経験的方法から乖離して、「実際的方法」(pragmatic approach) や「政治的方法」(political approach) により、一層柔軟な方法の強調が認められる。これらの方法の具体的内容は問題のコンテクストによって変わるから一概にこれを規定することはできないが、これらの方法の下で常に強調されるのは、問題となっているルールの定立が、実際上実現可能か (practical feasibility)、あるいは政治的に受け容れられるか (political acceptability) という点である(41)。このことは一面、ＩＬＣにおける表決方式の変遷とも密接な関連を持っているものと思われる。すなわち、ＩＬＣでも一九六〇年代前半までは、条文の採択について、逐一、表決 (voting) を行っていたが、その後はコンセンサス方式が主流となり(今日でも稀にvotingが行われることはある)、その結果、委員の間の政治的妥協が奨励される傾向となってきているのである(42)。こうして条文の定式化においても、折衷案 (middle-of-the-road approach) や対立点を薄めた形の妥協案 (watered-down proposal) が多くの部分を占めるようになるのである(43)。

定式化の段階でこうした非法的方法が支配的になると、出来上がった条文草案は、えてして争点を予め回避した一般的・抽象的ルールの列挙になりがちで、そうした内容の草案が仮に条約化されても、それだけ規範性の稀薄なものになることは避けられない。それは場合によっては法典化がかえって問題を紛糾させる結果となったり、その分野に関する慣習法の健全な発展を阻害することにもなりかねず、危惧されるところである。

3　定式化における方法の対立

右にみた方法論の多様な展開の中で、第二期以降の注目すべき一つの傾向は、国際法の発展の方向を先取りするという目的論的考慮を優先させて、「立法政策的志向」に基づく、いわゆる policy-oriented approach が強調されていることである(44)。これは右の非法的方法の積極的側面といってもよいが、ＩＬＣはこれまで幾つかのトピックにおいて、国際法によって維持・発展していくべき国際社会の基本価値といったものをいわば上位概念として設定し、これを立法政策的な基準として作業を進めてきたことが窺える。国家承継におけるクリーン・スレートの原則や、条約法におけるユス・コーゲンスなどがその顕著な例として挙げられよう。後者についてみると、条約法条約五三条においてはユス・コーゲンスの内容的例示は行われなかった(45)のであるが、国家責任に関する第一部暫定条文草案一九条の国際犯罪に関する規定で四つの例示が行われており(46)、さらにこの条文が個人を対象とした「平和に対する罪の法典」草案では、特別報告者はこれをそのままの形で定義条項に援用しているのである(47)。

こうした形の非法的・政策志向的アプローチの展開において、法的・帰納的方法が意味を持たなくなったということではもちろんない。帰納的方法それ自体は依然として重要性を失っていないが、第一期と第二期以降とでは、法典化作業におけるその位置づけが変化しているものと認められるのである。すなわち、第一期においては、既存国際法の資料を集積し、その帰納の結果が、多くの場合、起草作業の結果でもあった。これに対して第二期以降は、帰納的方法によって既存国際法 (*lex lata*) の内容を確することは、起草作業のいわば出発点にすぎないのであって、帰納的方法の基礎の上に他の方法が、いわば「あるべき法」(*lex ferenda*) の定式化のために付加されるのである(48)。

ともかく、右にみたような政策志向的アプローチが今後一層強調されてくるであろうということは予測しておいてよいと思われる。それは何よりも、このアプローチが国際法の「変革」を志向する方法だからである。そのことはとくに帰納的方法が既存国際法の *status quo* を維持する方法として位置づけされるのと対照的である。こうして、ＩＬＣの立法作業は、今後も、一方では伝統的な法学的方法を主張する立場と、他方で新たな変革を志向する非法的・立法政策的立場との原理的な対立を一つの軸として展開していくものと思われる。

四　採択（最終形式）

これまで概観してきた発議および定式化の各段階における問題性は、形を変えて、採択の段階における条文草案の最終形式にも関連を持ってくるのである。すなわち、出来上がった条文草案にいかなる形式を与えるかという問題は、とりもなおさず、それにいかなる規範性を付与するかということであり、立法過程の最終段階におけるこの問題は、本節の視点からも最も重要な検討課題である。

1　初期の経験

ＩＬＣ規程二三条一項は草案の最終的な取扱いについて、次のように規定している。

「委員会は総会に対し、次のいずれかの勧告を行う。

ａその報告がすでに公刊されていることに鑑み、何らの行動も執らない。

ｂその報告を決議により留意または採択（take note of or adopt）する。

ｃその草案を加盟国に対し、条約として締結するよう勧告する。

ｄ条約締結のための会議を開催する。」

右の条項については、一九四七年にこれが国連総会で起草された時、すでに基本的な見解の対立があった。すなわち、ソ連代表は、ＩＬＣの最終生産物は伝統的な意味での「条約」でなければならない、という立場に固執してｂ項の削除を主張したのである。これに対して米国やブラジルの代表は、「国連総会の圧倒的多数が採択した決議によって国際法のリステイトメントが確認されるならば、それは少数の国だけしか批准しない条約よりも大きい価値を持つ」と述べてb項を支持し、他の代表もこれに同調してb項は生き残ることになったものである(49)。

この最終形式についてILCが経験した最初の大きな事件は「仲裁裁判」に関する条文草案の取扱いであった。このトピックはジョルジュ・セルが特別報告者となってまとめた三二ヵ条からなる条文草案であったが、一九五三年の会期でILCはこれを規程二三条一項cによって、そのまま「条約」として採択するよう総会に勧告したのである(50)。d号によらずc号による勧告としたのは、ILCが、外交会議でその草案が大幅に修正されてしまうことを好まなかった(51)からだといわれているが、そうした点にも当時のILCの誇り高い姿勢が窺えるようである。ところがこれに対して総会第六委員会は、この条文草案はあまりにアカデミックで実際的考慮に乏しいとして、二三条二項に基づきILCに再検討を要請した、つまり差し戻してきたのである(52)。面目をつぶされた形のILCとしては、ここで、条文草案を大幅に修正するか、それとも、条約としての採択を断念するかの選択を迫られることになったのである。苦汁に満ちた審議の末、結局ILCは一九五八年にこの条文草案を「モデル規則」として第六委員会に送付し(53)、総会はこれをただ留意(take note)するにとどめたのである(54)。条約として採択されることを期待して起草された条文草案が「モデル規則」としてしか完成しえなかったことは、ILCにとって深い挫折感を与えた経験として記憶されることになったのである(55)。最終形式をめぐる見解の対立は、周知のように、条約法草案の起草過程で露呈された。条約法のトピックの最初の二人の特別報告者――ブライアリーとラウターパクト――は、その最終形式を「条約」にするという前提で作業を進めていたが、三代目のフィッツモーリスは、これを「解説的綱領」(expository code)として採択することが望ましいと考え、ILCも一九五六年のその時点ではこれを承認したのである。その理由は、主に、条約法の多くの部分が抽象的な原則で占められているため、厳格な権利義務関係を規定する「条約」よりも、宣言的ないし解説的資料を盛り込んだ「綱領」にした方が実り多いと考えられること、と説明されていた(56)。しかるに、一九六一年にウォルドックが四代目の特別報告者に就任した時点で、再び「条約」を最終形式とすることが決定されたのであるが、その理由は、「解説的綱領」の形式では実効性が期待しえず、条文草案に確固たる基礎を与えるためには、国連総会決議での確認では不十分であって、やはり外交会議による条文草案の審議および条約の採択という形式が望ましい、というものであった(57)。

このような、条約か非条約形式かという問題は、一九七一年の会期でＩＬＣの長期計画を審議した際にも、委員の間では見解の相違がみられた。たとえば、ロゼンヌ大使は、「ＩＬＣの起草したものすべてが『条約』になる必要は必ずしもなく、個々のトピックに見合った多様な形式が追求さるべきだ」(58)という考えを示していた。これに対してルテール教授は、アゴー教授などとともに、「ＩＬＣの権威は『条約』のための素材を提供することにあり、条約という形式から乖離するのであれば、ＩＬＣは全く別の機関になってしまう」(59)と考えていた。こうして、最終形式の問題は、ＩＬＣの機能をどう位置づけるかという基本的把握とも関連して論議されてきたのである。

2　規範形式の多様性と規範性確保の要請

ＩＬＣは右の条約法の場合も含めて、これまでほとんどすべての場合に、条約形式を前提として個々の条約草案の起草作業を進めてきた。しかしトピックによっては、条約以外の形式の方が望ましいか、あるいはそういう形でしか条文草案を生かしえないようなものがあるのも事実である(60)。

たとえば「最恵国条項」(**表2**参照)の問題をみると、このトピックについては一九七八年の会期でＩＬＣの最終草案は完成しているのであるが、今日に至るまで未だに第六委員会で事実上棚上げの状態にある(61)。これは主として関税同盟の例外条項につきＥＣ諸国が強硬に反対しているためであるが、このトピックなどは「モデル規則」のような形式でしか条文草案を「救う」ことができないように思われる。「国家裁判権免除」や「国家責任」、「危険責任」のトピックについても、同様の可能性が指摘されている(62)。しかし他方、そうした形で深刻な対立の止揚されないトピックについては条約化をあきらめなければならないということになれば、現在審議中の、あるいは今後取り上げられるトピックのほとんどすべては、条約以外の、いわゆる「ソフト・ロー」形式の文書としてしか採択されないということになりかねない。そのような法的性格の曖昧な文書が拡散するということは、現代の国際社会における規範状況からみて決して好ましいこととは考えられない(63)。少なくとも、ＩＬＣの活動の主たる成果がこうした条約以外の形式に移行するとすれば、ルテール教授の述べたように、ＩＬＣは全く別の機関になってしまう、といわざるをえない。

最終形式について、最近の事例で注目すべきは、「国際水路」の問題である。このトピックについてＩＬＣは、その形式を「枠組条約」(framework agreement)にするという方針を確認している。この枠組条約では、国際水路の航行以外の利用に関する基本的な法原則——たとえば、善隣関係、資源の衡平配分、汚染防止義務、通告・交渉義務など——のみを規定し、個々の国際水路の規制や関係国間の権利義務関係については、それぞれ、この枠組条約の枠内で個別の水路協定が締結されることを期待する、というものである。ＩＬＣとしては、こうした枠組条約の定立によって、一方では国際法の漸進的発達を促進し、他方で個別の国際水路協定の締結を促進するという「二重の目的」を充足しようとしているのである(64)。これは従来のリジッドな条約形式と柔軟な非条約形式との、いわば中間を行くアプローチとも考えられるが、今後の一つのモデルとして注目すべき形態のように思われる。

ともかく、ＩＬＣはこれまで「条約」という形式を前提にしてきており、その基本方針は今後も堅持していくべきものと考える。ＩＬＣの生み出す条文草案には、やはり、署名、批准ないし加入といった要式行為を経て、各国に確実な法的拘束力を持つ条約の形式を与えるものでなければ、先にみたような錯綜した立法過程を経て厖大なエネルギーを費やす作業として正当化されないであろう。条約以外の非拘束的な文書をいくら積み重ねても、少なくとも国際公法の領域に関する限り、その実効性は限られたものでしかない。この点は、私法範域を対象とする国連国際取引法委員会(UNCITRAL)とは、かなり事情を異にするものと思われる[65]。ILCに関する限り、そこで定立される国際法規則の規範性を確保していくためには、「条約」という形式を前提とすることはむしろ不可欠の条件といってもよいであろう。

しかし反面、条約という形式に固執すると成案が得られず、条文草案が棚晒しになる可能性が強くなる。したがって、いわば「次善の策」として、やむをえず非条約形式の文書の採択で草案の生き残る途を選ぶということも、次第に現実的な問題になってきているのである。こうして、条約や非条約文書かという問題は、ILCがその立法過程の最終段階で直面する深刻なジレンマとして認識されよう。

五　採択後の問題

法典化に関連してこれまで十分顧みられることのなかった問題は、採択後の局面(post-adoption phase)である。これには一国レヴェルにおける批准等の国内手続の促進という側面[66]と、国際組織のレヴェルでの法典化条約のより広汎な受容促進のために執りうる措置[67]という側面がある。ここではとくに、後者の面における問題として、ILCによる法典化条約の再検討(review)および follow-up について簡単に触れておきたい。

ILCで起草された最初の条約案が採択されてからすでに四〇年以上を経ているが、ILCにはまだ、そうした条約を再検討する体制が整備されていない。地域的な法典化機関としてすでに実績のある米州法律委員会(Inter-American Juridical Committee)には、すでに再検討システムが確立しているといわれるが[68]、ILCにおいても、新たな国際環境の下で旧くなった条約・条文を確認(identify)し、その改訂・補充の措置(up-dating)をはかっていく必要があるものと思われる(69)。

このフォロー・アップは、先に述べた条約以外のいわゆる「ソフト・ロー」形式をとる場合には一層重要な意味を持つ。すなわち、ILCの条文草案が「行動準則」や「綱領」の形で採取される場合には、定期的な再検討や履行確保などの方法によって、その規範内容の実現をはかるとともに、将来はこれを「ハード・ロー」に、つまり拘束的な「条約」に発展させていくべきフォロー・アップのメカニズムを用意すること、換言すれば、そうした措置によって規範性の確保をはかっていくことが不可欠の重要性を持つように思われる。前にも指摘したように、「ソフト・ロー」規範をいたずらに汎濫させることは、国際法の「ハードな」部分をも浸食し、結局、国際法総体を脆弱化させる危険性を持つものであるが、とりわけILCがそうした傾向を助長してはならないと考えるのである。そうした意味から、このフォロー・アップの問題は今後検討さるべき重要な課題である。

六　小　結

以上、本節では、ILCにおける立法過程の諸問題を概観してきたが、課題の選定、草案の定式化、最終形式の採択というそれぞれの段階で、ILCは今日、深刻なジレンマに直面しているということができる。各段階におけるこのような矛盾や対立は、内面的には相互に深い結びつきを持っているのであるが、それらは結局のところ、冒頭で述べた「国際法の法源間の相対化」、さらに「国際法の規範体系それ自体の相対化」という今日の一般的傾向にその共通の「根」を持っているものと思われる。すなわち、トピックの選定のレヴェルにおける「周辺的課題への拡散」、定式化のレヴェルにおける「方法論の多元的対立」、そして最終的な「規範形式の多様性」、これらはともに、右に述べたような現代国際法の規範状況の反映にほかならない。これに加えて、今日では国連の枠内でも多くの立法機関が設定されて、様々な立法活動が相互に十分な調整もなされないまま多元的に進行していることも深刻な問題として意識されているのである。

それでは、そのような多元化と相対化の進行している規範状況の中で、ＩＬＣはどのような役割を担っていくべきか、が最後に考察すべき問題である。この問題の検討において最も重要なことは、ＩＬＣが国連における立法活動の「要《かなめ》」として設立されたこと、とりわけこれが国際法の「全分野」の法典化について責任を持つ機関として設定された、ということの意味を、今日の新しい状況の中で捉え返すことであろうと思われる。具体的には次のような点が考慮されなければならない。

第一に、ＩＬＣは設立の原点に立ち返り、国際法の全分野を貫いてその体系的基礎となっているような中心的課題に取り組むこと(70)、そして、そうした課題について国際社会の新しい発展の方向を見定めながら立法していくという積極的な姿勢を打ち出すことが必要と思われるのである。そのためには、さし当たり事務局に対して、一九四八年と七一年に出されたような「国際法の概観」(Survey of International Law)が、再び豊かなイマジネーションをもって書かれることが望まれよう(71)。

第二に、ＩＬＣの機能は、単に法典化条約の起草に尽きるものではない。本節でも指摘したように、ＩＬＣにおける立法作業自体が慣習法形成の重要なモメントになっているのである。したがって、ＩＬＣ自身が、国際法全般にわたって新たな慣習法形成を推進(generate)していく立場にあるということを十分認識し、常に健全な慣習法の生成・発展が促されるよう配慮することが望まれるのである(72)。

最後に第三として、今日では国連の枠内でも、先にも触れたように、かなり無秩序に様々な立法機関が設立されているが、そうした国際立法過程の多元的展開の中で、ＩＬＣには、国際法体系の全分野を見据えつつ積極的な調整機能(coordination)を果たしていくことが要請されるのである。それがまさに、国連全体としての立法活動の成果を極大化し、ひいては動揺をきたしている国際法の規範性を回復し、これを維持・強化していく途であろうと思われる。

注

(1)　**表1**は、ＩＬＣの活動とその成果を時代順に三期に区分して概観し、各年度における注目すべき事業を記述したものである。この表に即してＩＬＣの変遷を簡単にみておくと、次のようなことが指摘できるであろう。まず第一期においては、前半の草創期は法典化リストの決定や慣習法の証拠援用といった基礎的作業に手間どり、作業方法にも混乱がみられて模索の苦しみを滲ませている。これに対してその後半(一九五六～六一年)は、六の条約草案と一のモデル規則を完成させ、真の意味の「確立期」となっている。委員構成をみても、Ago, Fitzmaurice, François, Scelle, Tunkin, Verdross および横田喜三郎教授など、世界の学会の最高峰に位置する学者が名を連ねており、ＩＬＣにとって「古き良き時代」を象徴する時期であったといえよう。これと対象的に第二期の二〇年間は、条約草案の数についても右の五年間とほぼ同数にとどまり、内容的にも(条約法草案を別として)問題が多い。この時期はまた、宇宙法律小委員会(一九六二年)、友好関係特別委員会(一九六二年)、国際取引法委員会(一九六六年)、海底平和利用委員会(一九六七年)など、個別の立法機関が続々と設置されて、国際立法の多元化が進行した時期でもあった。第三期(現段階)における成果は、メンバーシップの大幅拡大にもかかわらず(否、むしろ、その故にというべきか)、量的にも質的にも一層乏しいものになっていることは否めない。ＩＬＣの活動内容については、さし当たり、United Nations, *The Work of the International Law Commission*, 3rd ed., 1980; *Ibid.*, 5th ed., 1996 参照。

(2)　たとえば、M. El. Baradei *et al.*, *The International Law Commission: The Need for a New Direction* (UNITAR, Policy and Efficacy Studies, No. 1), 1981, pp. 4-16.

(3)　たとえば、E. McWhinney, *United Nations Law Making : Cultural and Ideological Relativism and International Law Making for an Era of Transition* (UNESCO), 1984, pp. 96-104.

(4)　たとえば、L. T. Lee, "The International Law Commission Re-examined", *The American Journal of International Law (AJIL)*, vol. 59, no. 3, 1965, pp. 549-550, 波多野里望「国際法委員会の再検討」『国際法学の再構築・下』(高野雄一先生還暦記念、東京大学出版会、一九七八年)二三四～二三五頁など。もっとも、学者か外交官かということは、その人の個人的資質とは無関係である。学者以上に「学者的な」外交実務家が存在している一方で、学者としての主体性を喪失したような大学教授も多いからである。いずれにせよ、個人的資質を外側からアプリオリに規定して、「ＩＬＣ委員は外務省の現役から、ハーグの裁判所の方は学界から」といった発想（座談会「八〇年代の国際立法——曲り角に立つ国際法委員会」『ジュリスト』七一四号〔一九八〇年〕一〇〇頁）は、必ずしも妥当とはいいがたい。

(5)　McWhinney, *op. cit., supra* note 3, pp. 155-161. なおメンバーシップの拡大については、野村一成「国際法委員会及び国際司法裁判所の一九八一年選挙結果について——国際法委員会の議席拡大を中心に」『国際法外交雑誌』八〇巻六号（一九八二年）八一～八九頁参照。

(6)　El Baradei *et al., op. cit., supra* note 2, pp. 7, 30-31. もっとも、こうした事務局に対する批判の多くは、法典化実務に対する理解の欠如によるものが多い。この点に関しては、後出注(35)参照。

(7)　たとえば、ＩＬＣが新しい分野の漸進的発達について消極的だとする批判についていえば、ＩＬＣ規程一六条で明記されているように、これは「総会が」ＩＬＣに付託すべき事項であり、批判さるべきは総会（すなわちそれを構成する各国政府）であって、少なくとも第一次的にはＩＬＣではない。最近のＩＬＣ批判文献として有名な前出注(2)のUNITAR文書も幾つかの点でこれに類する誤りを含む。この文書に対する著者の論評は、S. Murase, "International Law-Making for the New International Economic Order", *The Japanese Annual of International Law*, no. 25, 1982, p. 49, n. 14 参照。

(8)　村瀬信也「現代国際法における法源論の動揺——国際立法論の前提的考察として」『立教法学』二五号（一九八五年）八一～一一一頁（本書第一章第一節に収録）。

(9)　法の一般原則の機能をどう評価するかという問題は法源論研究において重要な課題であるが、著者においては今後のテーマとして残されている。

(10)　村瀬信也「国際立法学の存在証明」浦野起央・牧田幸人編『現代国際社会の法と政治』（深津栄一先生還暦記念、北樹出版、一九八五年）一〇五～一二九頁（本章第一節に収録）。

(11)　ドゥ・ヴィシェ、ジェニングス、マレク等の学者はともに、法典化の問題を論ずるに当たって、法源論の研究が不可欠であることを強調している。Charles de Visscher, "La codification du droit international", *Recueil des cours*, t. 6, 1924-V, p. 339; R. Y. Jennings, "Recent Developments in the International Law Commission: Its Relation to the Sources of International Law", *International and Comparative Law Quarterly*, vol. 13, 1964, pp. 385-397; Krystyna Marek, "Thoughts on Codification", *Zeitschrift für ausländisches öffentliches Recht und Völkerrecht*, Bd. 31, 1971, pp. 489-520.

(12)　この区分は、一九八四年の第三九国連総会で採択された「多数国間条約形成過程の再検討」(Review of multilateral treaty

-making process）に関する第九〇号決議に添付された「最終文書」（Final Document）に基づいている。この文書では、多数国間条約の形成が何よりも複層的過程（multi-stage process）であることを踏まえて、その各段階で国際立法に従事する人々が留意すべき諸点を明記している。右決議の採択および「最終文書」の定式化の過程で集収された資料は、一九七九年の「ＩＬＣの見解」をも含めて、United Nations Legislative Series, *Review of the Multilateral Treaty-Making Process* (ST/LEG/SER. B/21, 1985）にまとめられている。なお、右の「最終文書」の概要は、村瀬「前掲論文」（国際立法学）（注10）二二二頁（本書二〇一～二〇三頁）参照。

(13)　R. R. Baxter, "The Effects of Ill-conceived Codification and Development of International Law", *Recueil d'études de droit international en hommage à Paul Guggenheim*, 1968, p. 146 ; See also, J. Stone, "On the Vocation of the International Law Commission", *Columbia Law Review*, vol. 57, 1957, p. 18.

(14)　法典化作業において（とりわけ「狭義の法典化」において）、「慣習法規範の擁護」を強調したのは、クリスティナ・マレク教授である。すなわち、法典化条約がその規則の慣習法的性格を十分に擁護（safeguard）することを怠ると、国家間の法的関係に欠缺状態が生じ、その結果、国際法秩序全体の破産につながりかねない、という（Marek, *op. cit., supra* note 11, pp. 496-497）。

(15)　H. W. Briggs, *The International Law Commission*, 1965, pp. 129-178. もっとも、「漸進的発達」の作業においても、ＩＬＣが総会から相対的独立をもって、いわば固有のイニシアティヴを発揮していくべきだとする見解は強い。このイニシアティヴは、単に課題選定の局面だけでなく、草案の起草過程における「学問的研究機関および個人の専門家との協議」（一六条七項）などに関連して、ＩＬＣでは度々議論になった。

(16)　H. W. A. Thirlway, *International Customary Law and Codification*, 1972, pp. 16-30, 小川芳彦「条約法法典化に関する若干の問題」『国際法外交雑誌』七八巻一・二号（一九七九年）五四～五五頁。

(17)　Secretariat memorandum, "Survey of international law in relation to the work of codification of the International Law Commission", A/CN. 4/1/Rev. 1, reproduced in E. Lauterpacht, ed., *International Law: Collected Papers of Hersh Lauterpacht*, vol. 1, 1970, pp. 445-530.

(18)　前出**表１**一九四九年の項参照。

(19)　この点は、前出注(12)で触れた「最終文書」の起草に際しても、最も議論を呼んだところであった。

(20)　B. G. Ramcharan, *The International Law Commission : Its Approach to the Codification and Progressive Development of International Law*, 1977, pp.60-63.

(21)　前出「最終文書」ではこの点につき、Ｉ項１で次のように規定している。「国連の枠内で多数国間条約形成手続を発議する国家は、とりわけ以下の考慮を払うものとする。ａ提案される条約の主題が、既存条約と国家実行に照らし、すでにどの程度、国際法によって規律されているか。」

(22)　前出「最終文書」ではこの点につき、「その主題が、国際社会全体にとって、とくに国際的規律の必要性という点からみて、どの程度の利益があるか」について考慮を払うべきものとしている（Ｉ項１ｂ）。なお、小川芳彦「前掲論文」(注16)四〇頁参照。

(23)　このトピックについては、ウィーン外交関係条約その他ですでに十分規律されており、四〇ヵ条にのぼる大条約が必要とは到底思われない、とする意見が第六委員会でも強い。See, "Topical Summary of the Discussion Held in the Sixth Committee of the General Assembly during its Thirty-ninth Session on the Report of the ILC", A/CN. 4/L. 382, 1985, para. 83.

(24)　*Ibid.*, para. 313. なおこの危険責任に関するトピックについては、ＩＬＣが扱っている他の課題、すなわち「国家責任」および「国際水路」の課題との重複の問題がある。「国家責任」草案は「違法性」(wrongfulness)を前提としたレジームとして起草されているのに対し、「危険責任」はこれを前提としないところに両者の区別が観念的には成立しているのである。しかし違法性の領域は国際法の在り方に依存して実際には流動的であるため、「危険責任」概念そのものの確定が極めて困難であることも事実である。故クェンティン・バクスター教授が特別報告者として最初から苦慮していた点もまさにそこにあり、そのために彼は条文草案が対象とする「範囲」を確定することさえ結局なしえなかったのである（一九八四年の第五報告書で一〜五条の範囲・定義等に関する条文を示したが、起草委員会の送付は断念せざるをえなかった。See, *Report of the International Law Commission on the Work of Its Thirty-sixth Session*, 1984, A/39/10, para. 237)。他方でこのトピックは越境汚染等を実質的な対象としているため、同種の規定を持つ「国際水路」の条文草案ともかなり重複している。こうした問題の調整を待たずに開始されてしまった点においても、このトピックは尚早であったと考えられるのである。

(25)　小川芳彦「前掲論文」(注16)三九〜四〇頁参照。

(26)　Baxter, *op. cit., supra* note 13, pp. 147 f.; See also, Topical Summary, *op. cit., supra* note 23, para. 18.

(27)　第二期以降にＩＬＣが扱ってきた課題をみると、第一期に法典化を完了した主要なテーマから落ちこぼれたマイナーな課題を、いわば「落ち穂拾い的」に取り上げたものが多いように思われる。たとえば、外交関係条約から派生した特別使節団、対国際機構国家代表、外交伝書使・封印袋など、また条約法条約からの最恵国条項や国際機構条約法条約など、いずれも重要性からいえば二次的な課題とみなされよう。

(28)　注(1)参照。

(29)　国連海洋法条約の定立において、この草案起草の任務がＩＬＣに付託されなかった理由としては、次のような諸点が指摘される。①第三次海洋法会議の対象となった問題の多くが、既存の慣習法に根拠を持たない全く新しい性格の問題であり、したがって本質的に政治的性格の立法作業であったこと、②そのため、条文草案の起草作業の大半が、国家間・ブロック間における政治的交渉(global negotiation)の性格を強く規定されており、各国は海底平和利用委員会以来継続されてきたロビー外交の線上で作業が進められることを望んだこと、③ＩＬＣに対する批判として、その立法作業に時間がかかりすぎており、また全体として保守的・西欧的性格の強い委員会とみなされていたこと、④ＡＡ諸国の多くが、一九五八年海洋法条約体制を、これらの諸国が独立する以前の「植民地主義的」な性格のもの(pre-colonial regime)とみなしており、この面からもＩＬＣに対して批判的だったこと、⑤こうして、第三世界の諸国は一般に新海洋法条約の起草過程に最初の段階から直接コミットすることを強く望んだのであり、これらの諸国は法律家の数が少ないこともあってか、ＩＬＣに第一次草案の準備を委ねれば、結局大国の法律家のイニシアティヴで、条約の骨格が出来上ってしまうことを恐れた、ともいわれている(See, Ramcharan, *op. cit., supra* note 20, p. 117)。

(30)　Secretariat memorandum, "Survey of international law", A/CN. 4/245, *Yearbook of the ILC*, 1971, vol. II (part two), pp. 1f.

(31)　See, M. K. Nawaz, "Future Work-programme of International Law Commission", *The Indian Journal of International Law*, vol. 12, 1972, pp. 71-82.

(32)　*Yearbook of the ILC*, 1973, vol. II, p. 228, para. 159.

(33)　Guy de Lacharrière, speaking as a representative of France at the Sixth Committee, A/C. 6/36/SR. 36, (30 October 1982), pp. 11-13. なお後出注(72)参照。

(34)　McWhinney, *op. cit., supra* note 3, p. 101.

(35)　これらの諸提案とその問題点等については、前出注(4)の文献参照。ここでは事務局の問題についてコメントしておきたい。ＩＬＣの事務局は法務局法典化部(Codification Division)であり、ディレクター以下一六名の法務担当官を擁する。もっともＩＬＣ事務局を構成するスタッフとして会期中ジュネーヴに派遣されるのは、ディレクターと五名の法務担当官のみであり、年間を通じてのＩＬＣ課題の研究活動に従事するのも、通常はこの五名のみである。しかしこれらの人々もＩＬＣの専従というわけではなく、総会期間中は第六委員会の議題を分担して担当するほか、それ以外の期間にも、各種の特別委員会等を担当する。委員会事務以外にも、日常的に種々の調査・研究の任務が課せられるほか、*U.N. Juridical Yearbook, Reports of International Arbitral Awards* 等の編集等も兼担している。こうしたことから、ＩＬＣ事務局を法典化部から切り離して、スタッフがＩＬＣのための研究活動に専念できるよう、研究センターを設置して拡充しようという構想（El Baradei *et al., op. cit., supra* note 2, pp. 30-31 など）もあるが、著者には必ずしもこうした方向での事務局の改組が望ましいとは考えられない。なぜなら、ＩＬＣの作業は総会第六委員会や特別委員会等との活動と切り離してはありえず、したがってＩＬＣ事務局のスタッフは常にニューヨークでの動きを把握していなければならないからである。ちょうどＩＬＣの委員に現実の国際関係への関わりが求められてそれ故にパートタイム委員会となっているように、ＩＬＣ事務局員にも国連本部での活動に熟知していることが要請されているのである。これはＩＬＣ担当のスタッフに非常に厳しい負担を強いることになっているが、事務局の有効性はそうした形においてのみ可能と思われる。法典化部はかつて英国のBowett教授や米国のGoldie教授なども法務担当官として在職し、その他H. Lauterpacht, R. R. Baxter, D. H. N. Johnsonといった学者も関係を持って、その研究水準の高さを誇っていたが、近年はこの事務局においても外交実務家が多くなってきており、以前のような研究所的雰囲気は薄れてきているように思われる。法典化部における著者の個人的体験については、村瀬信也「国連の理想と現実――国連法務担当官としての体験から」季刊雑誌『立教』一〇四、一〇五号（一九八三年）。

(36) Ramcharan, *op. cit., supra* note 20, pp. 93-103 ; See also, G. Schwarzenberger, *The Inductive Approach to International Law*, 1965, p. 113.

(37) B. Cheng, "The International Law Commission", *Current Legal Problems*, vol. 5, 1952, pp. 250-273.

(38) *Yearbook of the ILC*, 1952, vol. II, p. 57, para. 17.

(39) Ramcharan, *op. cit., supra* note 20, pp. 91, 95-96.

(40) *Ibid.*, pp. 91-92.

(41) *Ibid.*, pp. 92, 108 f.

(42) *Ibid.*, pp. 39-40.

(43) *Ibid.*, p. 129.

(44) *Ibid.*, pp. 105-106.

(45) 小川芳彦「国際社会とユス・コーゲンス」浦野起央・牧田幸人編『現代国際社会の法と政治』（深津栄一先生還暦記念、北樹出版、一九八五年）四九頁以下参照。

(46) *Yearbook of the ILC*, 1976, vol. II (part two) , pp. 95-122, 村瀬信也監訳「『国家責任』に関する条文草案注釈2」『立教法学』二四号（一九八五年）一五三頁以下参照。

(47) See, *Report of the International Law Commission of the Work of Its Thirty-seventy Session*, A/40/10, 1985, pp. 25-26.

(48) たとえば現在審議中の「平和に対する罪の法典案」では方法論についての議論が盛んであるが、この法典案で対象となる犯罪のリスト作成に当たっては、一方で帰納主義的方法を採用して慎重に既存国際法ですでに実定化されている国際犯罪を確定していくとともに、他方で、国際社会の連帯性の観点から積極的・創造的にこれを定義していくことも必要で、その意味では「演繹的方法と帰納的方法との結合がはかられなければならない」とも述べられている(Topical Summary, *op. cit., supra* note 23, paras. 34-41)。また、「国家の裁判権免除」についてみると、このトピックについては、一部の国家群、とりわけ英・米には立法例・判例などの国家実行も多いが、他の地域においては先例が圧倒的に少ないという、いわば国家実行の偏在がやや極端で、かつ周知の絶対免除主義と制限免除主義との根底的な対立もあるため、こうした場合には、帰納的方法を最初の出発点にするとしても、常にプラグマティックな方法態度が要請されるのである(*Ibid.*, paras. 201-231)。

(49)　Briggs, *op. cit., supra* note 15, pp. 198-202.

(50)　*Yearbook of the ILC*, 1953, vol. II, p. 208.

(51)　*Ibid.*, vol. I, pp. 309-310.

(52)　*GAOR*, 8th Sess., Sixth Com. SR. 382-388, pp. 349 f.; A/2630, p. 51.

(53)　*Yearbook of the ILC*, 1958, vol.II, p. 82, para. 17.

(54)　*G. A.* Res. 1262 (XIII), 14 Nov. 1958, A/4090, p. 53.

(55)　Briggs, *op. cit., supra* note15, pp. 285-291.

(56)　*Yearbook of the ILC*, 1956, vol. II, p. 107. なお、「綱領」の形式が主張されたもう一つの理由は、条約法に関する原則を規定する文書が「条約」の形式をとるのは不適当であり、この文書には独立の基礎を与えるべきである、と説明された。

(57)　*Yearbook of the ILC, 1961*, vol. II, p. 128. 「綱領」の場合には通常の総会決議で起草過程が終了するが、多数国間条約の形式をとることになれば、外交会議で各国が立法過程に積極的にコミットすることになる。ＩＬＣとしては、一九六〇年以降、多数の新興国際社会に参加し始めたという状況の中で、それらの諸国を主体的にコミットさせることが条約法の条文草案に確固たる基礎を与え、その遵守を確保するために必要だと考えたのである。

(58)　*Ibid.*, 1971, vol. I, p. 362, paras. 17, 18.

(59)　See, "Observations of Members of the International Law Commission on the Commission's Long-term Programme of Work", A/CN. 4/254, paras. 6, 7 in *Ibid.*, 1972, vol. II, p. 206. もっとも、ルテール教授も、仲裁や租税事項など究極的に二国間条約で処理さるべき問題については「モデル条約」を準備するなど、課題によって異なるアプローチを探究する必要性は認めている。アゴー教授は、現代の国際法が大転換期にあることを確認し、「今日のような激動の時代には、成文法規則は条約の形式において記述されなければならない」としている（*Yearbook of the ILC*, 1971, vol. I, p. 376, para. 47）。

(60)　Ramcharan, *op. cit., supra* note 20, pp. 73-78. なお、前出注(12)「多数国間条約形成過程の再検討――最終文書」では、「意図された目標を達成する最善の手段として、多数国間条約という形をとることが実際的に有用か」について、発議の段階で明確にすることが望ましい、としている（I1(c)）。

(61)　*Annotated List of Items*, A/40/100, 1985, pp. 418-419.

(62)　「国家裁判権免除」については「ある種の規範的ステートメント」(Topical Summary, *op. cit., supra* note 23, para. 228)が、また「危険責任」については「行動綱領」(*Ibid.*, para. 318)の可能性が語られている。

(63)　村瀬「前掲論文」（法源論の動揺）（注8）九六〜一一一頁参照（本書第一章第一節二一〜四一頁）。

(64)　Topical Summary, *op. cit., supra* note 23, paras. 341-347.

(65)　ＵＮＣＩＴＲＡＬでは、初期においてはともかく、最近は意識的に非条約形式での採択を追求しているようである（See, Kazuaki Sono,"A Query into the Supremacy of the Traditional Treaty Aproarch - Experience of UNCITRAL with New Techniques", *The Japanese Annual of International Law*, no. 28, 1985, pp. 47-58）。しかし、ＩＬＣとＵＮＣＩＴＲＡＬを比較すると、それぞれが定立する規範の対象および名宛人において、大きな相違がある。第一に、ＵＮＣＩＴＲＡＬが扱う国際取引法の分野は、商取引における実務の英知の累積により形成される技術性の高い法領域であるのに対して、ＩＬＣの対象とする国際公法が、政治的性格の強い法領域であることはいうまでもない。第二に、国際取引法規範の究極的な名宛人は、ほとんどの場合、私人・私企業であり、国家を拘束することの重要性は二次的なものにとどまる。これに対して、国際公法は原則として主権国家それ自体を拘束することが、この法の目的であり存在理由である。こうした基本的差異を考慮するとき、ＵＮＣＩＴＲＡＬのアプローチを他の立法機関に類推していくことは、必ずしも妥当とはいえないように思われる。

(66)　前出（注12）「最終文書」でも「国家内における多数国間条約形成過程の促進」として、「国家はそれぞれの憲法手続に従って、秩序ある多数国間条約形成のための方法を考察することが望ましい」と謳っている（IV13）。

(67)　国際組織として執りうる措置には、①一般的促進の企画(the promotional approach)、②批准手続の進捗状況についての各国からの通報制度の確立(the reporting system)、③事務局による情報提供、法的な技術援助（法務官の派遣や訓練など）等を含む役務提供(servicing approach)、さらに、④条約改訂(revision of treaties)が含まれる、といわれる(See, O. Schachter *et al.*, *Toward Wider Acceptance of UN Treaties : A UNITAR Study*, 1971, pp. 15-18)。

(68)　Ramcharan, *op. cit., supra* note 20, p. 199.

(69)　もとより法典化条約を採択するのは外交会議であり、したがってその再検討や改訂も第一次的には外交会議の任務と考えられよう。しかし外交会議は一旦条約を採択し終われば解散する一時的な組織であるから、やはり恒常的な機関であるＩＬＣがフォロー・アップの任務を担っていかなければならない。因みに、新しい国連海洋法条約がＩＬＣを「飛び越えて」直接、第三次海洋法会議で起草されることになった要因については前記注(29)のとおりであるが、それに付け加えるとすれば、ＩＬＣ自身が一九五八年の海洋法四条約について、その後、これを意識的に再検討することを怠り、アフター・ケアを行ってこなかったということにもあるとはいえまいか。

(70)　ＩＬＣが今後取り組むべき新たな課題として、さし当たり、次のようなトピックが考慮されないであろうか。①承認、②刑事裁判管轄権、③一方的行為、④解釈宣言、⑤法人の国籍、⑥国家管轄権の域外適用、⑦新国際経済秩序の基本原則。

①承認については一九四九年の原リストにも列挙されていたが、政治的にも微妙な課題のため、これまで取り上げられなかったものである。しかし承認制度は国際法の主体の成立について認定するという国際法体系の要石とも称すべき重要な制度である。そもそもこの承認の制度は、革命やクーデター、動乱の絶えない国際社会にあって、そうした秩序破壊的な爆発力を再び新たな秩序の中に転換していくという機能を担ってきたのであって、その意味では、国際法の規範性をぎりぎりのところで支えてきた制度ともいうことができる。とくに政府承認については、最近、この廃棄論が台頭するなど、これを政治的便宜の問題にすりかえようとする傾向も指摘されているが、ＩＬＣとしては、このような国際法の体系的支柱をなすような制度であって、しかもその機能変化が問題となっているような課題には、積極的に取り組んでいくべきものと考えられる。

②～④は従来もＩＬＣでの検討の必要性が語られていたものであり、説明は省略する(なお、その後、③については一九九八年から開始された)。⑤法人の国籍は、いうまでもなく、現代の最も重要な課題の一つである多国籍企業問題を意識しての提案である。多国籍企業の行動準則作りは国連多国籍企業委員会(ＵＮＣＴＣ)で進められてきており、ＩＬＣが同じ問題を扱うことは望ましくないが、これを法人の国籍確定の問題として捉え、そのような法人に対する国家管轄権の在り方や外交保護権の行使等についてＩＬＣが法典化を行うことは極めて有益と思われる。

⑥域外適用問題も今日の国際経済法上の重要課題であり、国際法の立場から確固たるルールの確立が要望されている分野である。国際法協会(ＩＬＡ)ではこの問題について長年検討を行ってきているが、さらに最近では域外適用を裏側からみた形で、外国公法の承認・執行の問題にも積極的に取り組んでいる(松下満雄「外国公法の国際的承認および執行――国際法協会第六一回パリ大会報告」『国際法外交雑誌』八三巻六号〔一九八五年〕九三～九六頁

参照）。こうした公法の衝突と調整の問題は、ＩＬＣが積極的にコミットすべき課題の一つであろう。

最後に⑦新国際経済秩序（ＮＩＥＯ）について触れておきたい。この問題に関する法典化の困難性については本節でも触れたとおりである。にもかかわらず、この問題は第三世界の諸国が強く望んでいるテーマであり、第六委員会も一九七九年以降これを審議しているが、混迷の一途を辿っているといってよい。ＮＩＥＯについては、すでに一般論を論議する時期は過ぎ去っており、現在はむしろ基本原則を確認し、その枠内で個別問題を煮つめていく作業の時期である。そうした状況の中で、ＩＬＣがＮＩＥＯの問題に取り組んでいるという姿勢を打ち出すことは、この問題の生産的な発展という意味からも、またＩＬＣが第三世界の諸国の信頼を獲得するという観点からも、強く要請されているのではないかと思われる。この点でＵＮＣＩＴＲＡＬが、一九七八年以降、積極的にＮＩＥＯの問題に取り組み（対象としている分野は大工業プラント契約という極めて限定的なものであるにもかかわらず）、そのことによって途上国の絶大な支持を受けている（この点でＮＩＥＯ作業部会の初代委員長として敏腕を振った曽野和明教授の功績が極めて大きい）という事実は、ＩＬＣにおいても学ぶべき点ではないであろうか（See, Murase, *op. cit., supra* note 7, pp. 45 f.）。

(71)　第六委員会でもそれを要求する声があがっている（See, Topical Summary, *op. cit., supra* note 23, paras. 569, 576）。

(72)　ＩＬＣの立法活動と慣習法形成の関係については、さし当たり、次のような諸点が指摘できるであろう。第一に、ＩＬＣにおける研究、報告、起草作業それ自体が、慣習法形成の重要な「実行」を構成することがある。第二に、ＩＬＣはその権威および影響力によって、「法的確信」の重要部分を構成しうる。第三に、ＩＬＣがある問題について法典化作業に着手し、これを推進している、ということ自体が、その問題についての慣習法形成を促進し加速する契機となりうる。第四に、完成した法典化条約は新たな慣習法形成を促進することがある（Ramcharan, *op. cit., supra* note 20, p. 24; Marek, *op. cit., supra* note 11, p. 504）。なお、田中耕太郎判事は、一九六六年の「南西アフリカ事件（第二段階）」や一九六九年の「北海大陸棚事件」等の反対意見の中で、ＩＬＣの慣習法形成機能に言及している（*ICJ Reports 1966*, pp. 291-293; *Ibid.*, 1969, p. 177）。ラシャリエル判事の意見については前出注（33）参照。

第三節　国連海洋法条約と慣習国際法――「国際立法」のパラドックス

一　はじめに――問題の所在

周知のようにウィーン条約法条約三八条は、一定の条約中に定められた規則が国際法の慣習法的規則として認められることにより、その条約の非当事国である第三国が当該規則に拘束される場合について定める(1)。国連海洋法条約の場合にも、この条約の当事国とならない第三国との間で、通常議論されるような、いわゆる「条約の慣習法的効力」の問題が発生する(2)。しかし、「国連海洋法条約と慣習国際法」という本節のテーマには、そうした通常の「条約と慣習法」の関係という問題の次元を超えて、現代における「国際立法」の在り方を根底的に問い直すという、一層重大な課題が提起されているように思われるのである。

第三次国連海洋法会議は、参加国の規模や経過した年月、投入されたエネルギーなどからみても、史上最大の国際会議であった。そして、そこで作成された国連海洋法条約は、「海の憲法」(A Constitution for the Oceans)として、およそ海洋に関わるすべての事項を一元的・包括的に規律することが意図されたのである。言い換えれば、同条約は、単なる通常の多数国間条約ではなく、その規律の一元性・包括性を基本とした「国際立法」の成果として存在し機能することが意図されたのである。しかしそのような意図にもかかわらず、この条約の「立法的一元性」の理念は、実は、ほとんどその採択と同時に崩壊を開始して、現実には、解釈宣言の濫発やミニ協定の締結、一方的国内立法の設定といった動きにより、条約関係の多元化がほぼ確実に進行しているのである。国連海洋法条約をめぐるこのパラドックスは、何よりも、その交渉過程で前提とされたところの、あまりにも野心的で行き過ぎた「国際立法」そのものの背理として捉えられるのではないだろうか(3)。つまり、同条約と慣習国際法との関係は、何よりもこの背理・矛盾を投影する形で映し出されているように思われるのである。ここではまず、問題の所在を明らかにする意味で、同条約をめぐる最近の状況——とりわけ深海底制度をめぐる対立——を概観しておきたい。とくに、一九八五年八月三〇日に、国際海底機構準備委員会が採択した「宣言」は、本節のテーマに関わる論点を凝縮した形で表現しているので、さし当たりこれを手掛かりとして、考察を進めることにしたいと思う。

この「宣言」はまず前文で、国連海洋法条約が一五九の署名と二一の批准を獲得し圧倒的な支持を受けていることに留意し(三項)、第二五回国連総会二七四九号決議により反対なしで採択された「原則宣言」が、深海底の区域および資源は「人類の共同遺(財)産」である旨宣明していることを考慮し(四項)、同条約一三七条で、国または自然人もしくは法人は、条約第一一部に従う場合を除いて、深海底から採取された鉱物について権利を主張・取得・行使してはならないと規定しているにもかかわらず(七項)、幾らかの国が同条約を損ない、かつ準備委員会の権限を害するようなある種の行動を執っていることに深い憂慮を表明している(八項)。こうした認識の上に立って、この宣言の本文一項では、(a)区域およびその資源の探査開発に関する唯一の制度(the only régime)は、国連海洋法条約および第三次国連海洋法会議で採択された関連の決議で採択されたもののみであり、したがって、(b)これらと両立しえないような、準備委員会の外でとられるところの、区域および資源に関するいかなる主張・協定・行為も承認されない、としている。さらに二項では、法的権利創設の基礎としての、かかる主張・協定・行為を拒否するとともに、これらを違法なものとみなすと宣言している(4)。

開発途上諸国(七七ヵ国グループ)の提案に基づくこの宣言のラディックスが、国連海洋法条約の深海底関連規定を唯一、排他的、強行的制度として捉えている点にあることはいうまでもない。これに対して、米国および他の若干の先進諸国が、同条約の枠外で、一方的国内措置ないし別個の国際協定(いわゆるミニ協定)による代替制度の並存(the dual régime)を主張し、開発途上国と真向から対立していることは周知のとおりである。そして注目すべき点は、このいずれの立場も、それぞれ独自の慣習法論に依拠して、その正当化のための弁証が行われていることである(5)。

米国はレーガン政権成立(一九八一年一月)以来、国連海洋法条約に対して極めて否定的態度をとり、条約採択に際してはコンセンサスによらず表決を要求して反対票を投ずるとともに、同条約の署名も拒否した。もっとも米国政府の反対は条約中の深海底に関する条項――とりわけ開発活動に対する過度の国際的規制や過重な財政負担、さらに技術移転の強制など――に集中しており、そのため、前記準備委員会へのオブザーバー派遣も行っていない。しかし米国は条約の深海底以外の部分、すなわち、航行・漁業・大陸棚・汚染防止などについてはこれを支持している。とくに海峡通航権や排他的経済水域については、これを強力に主張する立場にあるが、米国としては、これらの規則はすでに「慣習国際法として確立」しており、条約の非当事国であっても権利行使を妨げられない、との見解に立っているのである(6)。

このような米国の主張が、途上国の憤激をかっていることはいうまでもない。それはとりわけ、パッケージ・ディール方式の名の下に第三次海洋法会議が前提とした一元的「国際立法」の理念に反し、国連海洋法条約の「包括性」の原則に対する真向からの挑戦とみなされているからである。海峡通航権など自国に都合のよい規定のみの選択的な適用を求め、それとのパッケージで形成されたはずの深海底制度についてはその負担を回避するという米国の態度は、条約交渉における信義誠実の違背にほかならない、と非難されるのである(7)。

しかし他方、慣習国際法は本来、条約とは独立した別個の法源である。したがって、慣習法の形成は、それが偶々条約規定に端を発したものであっても、それ自体は条約とは切り離されて独立に展開する自生的(spontaneous)現象である。そうだとすれば、仮に国連海洋法条約がパッケージ・ディールの下に包括的一元性の原則に基づいて形成されたものであったとしても、そうした交渉過程での経緯とは別に、条約の完成後にその規定の一部が慣習法化するということは決して不自然なことではない、ともみられよう。そして、こうした捉え方の背後には、第三次海洋法会議で暗黙に前提とされていた「国際立法」の理念は、すでに「破綻」したとの認識が存在するのである。

以上述べたような問題状況を念頭に、本節では国連海洋法条約と慣習国際法との関係に関する幾つかの問題点を解明していきたいと考える。もっとも、この表題の下に論考を展開することは、ほとんど同条約の全体について論究するに等しく、そこで提起される争点も極めて多面的(8)である。この小論では、それらの問題の中身に入って吟味することが目的ではない。本節ではむしろ、海洋法の文脈において「条約と慣習法」の関係を検討する場合の前提的な問題に焦点を合わせ、その判断枠組みの提供ということを主眼とする。

そこでまず先決問題として、国連海洋法条約の「国際立法」的性格について検討しておきたい。同条約がいかなる前提の上に形成され、どのような状況の下で採択されたかが、その法的地位を規定しているからである。

二　国連海洋法条約の「包括性」と慣習国際法の「自生性」

1　第三次海洋法会議における「国際立法」の態様

冒頭でも述べたとおり、国連海洋法条約は、およそ海洋に関わるすべての事項について、包括的かつ一元的に「立法」することを意図して、その作業が進められた(9)。ここでの「国際立法」が、従前に国連で行われてきた「法典化・漸進的発達」とは大きくその位相を異にするものであったことは、すでに周知のとおりである。とくに特徴的な点は、この立法作業の指導理念が、包括性(comprehensiveness)と一元性(single-text approach)を基本としていたことである。これは、一九五八年のジュネーヴ条約が四条約に分かれていたことの反省に基づき、新条約は海洋法秩序の全面的な再検討を経て「単一の」条約として採択さるべきことが当初から前提とされていたことによる(10)。

こうした基本方針に従って、第三次海洋法会議では、その交渉手続の原則的形態としてコンセンサス方式を採用し、これと裏腹の関係において、いわゆるパッケージ・ディール(package deal, 一括取引)を基礎としていた。すなわち、「包括的」条約として採択される新条約においては、各国が自国に都合のよい制度・規定だけを「つまみ食い」(pick and choose)することを認めず、幾つかの争点を「一括して」交渉することにより、関係国の間で相互的な妥協を促すという目的のために考案されたのである(11)。

もっとも、何がパッケージを構成するかは最後まではっきりしなかった。当初はジュネーヴ四条約の範囲に相当する第二委員会事項、とりわけ海峡通航権と領海・排他的経済水域制度との関係であると考えられていた。しかし、会議の後半、次第に第一委員会事項(深海底)が主要な争点となるに及んで、航行制度(とくに海峡通航権)と資源管理制度(とくに深海底)とのパッケージとして意識されてきたといわれる(12)。しかし、こうした条約全体としてのパッケージのほかに、無数のミニ・パッケージが各委員会レヴェルで、あるいは各条項間で存在するといわれ、その内容も決して明確ではない。もとよりそれらを有権的に示す公式の記録も存在しない。結局のところ、第三次海洋法会議で観念されていたパッケージとは、各制度間ないし各規定間の「組合せ」の問題ではなく、やはり新条約の一元性・包括性を確保するという要請にほかならなかったといえよう。そしてこの点こそ、同会議が想提していた「国際立法」の内容そのものであった。

国連海洋法条約におけるこうした「包括性」は、前文三項で、「海洋の諸問題が相互に密接な関連を有し及び全体として検討される必要がある」と謳われていることにも明らかである。さらに、包括的適用の原則は、三〇九条の「留保禁止」の規定に最も端的に表明されている。すなわち同条では、「この条約については他の条の規定により明示的に認められている場合を除くほか、留保を付することも、また、除外を設けることもできない」と定められる。署名または批准・加入の際に、いわゆる「解釈宣言」を行うことはできるが、それは「当該国に対するこの条約の適用において、この条約の法的効力を排除し又は変更することを意味しない」(三一〇条)と明定されているように、留保と同様の効力を持つ宣言・声明は認められない(13)。こうして、留保の一般的禁止条項こそ、国連海洋法条約の一元性と包括性を担保する「要《かなめ》」の規定といえる。

ともあれ、国連海洋法条約が上記のようなコンセンサス＝パッケージ・ディールの原則によって起草されたものである以上、いずれの国もこれを一括して受諾し当事国にならない限り、条約中の個々の規定を援用することはできないと主張されるのである。換言すれば、同条約において、「選択的適用」(selective application)の可能性はいわば原理的に否認されていることになるのである(14)。この条約では、当事国とならない国、すなわち第三国の存在をほとんど完全に無視しているといわれる(15)が、これは、そうした条約体制を設定することによって、およそ海洋と関わりを持つすべての国家がこの条約の当事者となることを前提にしているといってもよい。その意味では、この条約にはある種の「総加入条項」が暗黙の前提とされていたとさえいえよう。

このように観念された「国際立法」の企図が、国連海洋法条約においてそのまま成就されたのであれば、慣習国際法との関係という問題はほとんど実際的な重要性を持ちえなかったであろう。あらゆる国家が、少なくともすべての有力海洋国家が、同条約の当事国になるのであれば、そもそもその慣習法的効力、すなわち第三者効力の問題を論ずる実益がないからである。しかるに今日、海洋法の文脈で慣習法論議が噴出してきているのは、上述したような「国際立法」の観念が、国際社会の現実の前に「破綻」したからにほかならないのである。

2 「包括性」原則の破綻

国連海洋法条約は一九八二年四月三〇日、表決に付されて、賛成一三〇、反対四、棄権一七で採択された。上述のように、第三次海洋法会議では当初から実質事項の決定についてはコンセンサス方式を堅持してきたのであるが、最終段階で表決により採択されるに至ったものである。この事実を法的にいかに評価するかということが、ここでの問題である。

周知のように、第三次海洋法会議の最終会期（一九八二年三月八日〜四月三〇日）に先立つ一年間、米国はそれまでの八年間に固められてきた条約草案に対して根本的な「再検討」を行い、会期冒頭、深海底関連規定の全面修正案を提出したのである。会議を一年間空転させた後の厖大な修正案の提出自体、米国政府の「信義」に対する重大な疑念を抱かせるに十分であったが、途上国側の「自制」により、各委員会に少なくとも形式的に上記修正案に照らして条約草案全体を再検討する会合を持った。こうして三月二九日、本会議に、各委員長からの報告を受け、その報告書に含まれる妥協案を条約草案に組み入れる旨を決定し、これが手続規則上は「正式交渉」のための基礎であるとみなされることになったのである。こうして四月二日には議長の下で草案の改訂案と付帯決議案がまとめられ、条約草案に組み入れられて、これがいわば「正式提案」の地位を与えられることになり、各国が公式修正案を提出するための基礎とされたのである(16)。

このような経緯をみると、第三次海洋法会議は、この最終会期（第一一会期）において、初めて「公式化」されたことがわかる。すなわち、第一〇会期までに出された夥しい数の提案は、手続規則に基づく正式の修正案ではなく、単なる非公式の提案にすぎなかったこと、そして、第一〇会期以前のすべての会合は、非公式協議を中心とする「準備交渉」にすぎなかった、ということである(17)。コンセンサスの形成をめざして非公式協議が積み重ねられた第一〇会期までと、最終の第一一会期との間には、やはり一つの「断絶」ないし「転換」があったものと認めざるをえないように思われる。こうして、第一一会期に参加国から提出された公式修正案は、文書数にして三一、対象条文数にして五八ヵ条にのぼったが、それらの多くは、これまでコンセンサス方式の建前から沈黙を強いられて表明する機会を与えられなかった主張を、修正案提出権に基づいて正式記録にとどめようとする企てであって、九年間もの会期を重ねたにもかかわらず、多くの国が不満を残していたことを物語るものであった(18)。

こうした経緯を辿って、四月二三日、本会議は手続規則ルール三七および紳士協定に従って、「コンセンサスのためのすべての努力が尽くされた」ことをコンセンサスにより決定した。もっとも西側先進諸国はこの決定について、未だ深海底関連規定についての努力が尽くされていないとして反対していたのであるが、深海底部分についてはさらに交渉を継続するということを条件に、この決定に反対しないことを認めたものといわれる。こうして会期の最終段階においても最後までコンセンサスによる条約採択の努力が続けられたが、結局それは失敗に終わり、会期最終日の四月三〇日、本会議はルール四一・二に基づく米国の要求で記録投票(recorded voting)に付され、前記のような表決によって採択されるということになったのである(19)。

以上のような経過からみても、コンセンサス方式が原理的に貫徹されたのは第一〇会期までの「準備交渉」の段階においてであって、「正式交渉」の行われた第一一会期においては、それは「破綻」したものと考えざるをえないのである。そしてもしそうした解釈が認められるのであれば、コンセンサス方式と一体の関係にあったパッケージ・ディールの原則もすでに崩壊していたものとみなければならないであろう(20)。こうして国連海洋法条約が当初から大前提としていた「包括性」の原則は、まさにその条約が成立した瞬間に失われるという皮肉を経験しなければならなかったのである。もとより、そうした状況を招来させた米国等の道義的責任は追及されなければならないとしても、法理的にみる限り、国連海洋法条約は、その時点で、他の幾百の多数国間条約と変わらない「普通の」条約になったのである。

もっとも、そうはいっても、そのことは、パッケージ・ディールの結果が、国連条約の内容に何らの影響も及ぼさなかったという意味では毛頭ない。否むしろ、後述するように、一括取引の結果、同条約の各規定にはその形成過程で刻印された様々な連鎖や制約があるのである。しかしそれらは、各規定の内容の問題であり、条約そのものの性格に関わる問題ではもはやない、ということである。

3　慣習法規則の「自生的」性格

国連海洋法条約がパッケージ・ディールは「箍《たが》」をはずされて存在するということは、同条約と慣習法との関係如何という問題も、基本的には、通常の場合と同様に考慮されてよいということになろう。慣習法規則の形成は、自生的(spontaneous)な現象である。すなわち、慣習法は、一般的慣行と法的確信という客観・主観の二要素が認識されるならば、法としてのその成立が認められる性質のものであって、その発生基盤が条約にあるかそれ以外のところにあるかといったことも本質的な意味を持たない。もとより、その基礎が条約、とりわけ法典化条約にある場合には、規範内容の明晰性および実行の誓約的価値において一般に他の場合よりも優れていることは、別の機会に指摘したとおりである(21)。ともかく、国連海洋法条約を基礎として新たな慣習法形成が促進されうることは、慣習法の自生的性格からいって、ほとんど不可避の現象とみなければならないであろう。慣習法の自生的性格をとくに強調したのはロベルト・アゴー(Roberto Ago)教授であった。同教授は「法」(law actually in force)を「実定法」(positive law)と「自生法」(spontaneous law)とに区分し、前者を「一定の手続に従って権限のある機関によって定立される法」として観念するとともに、後者の主要な形態を「慣習法」として認識したのである(22)。こうしたアゴー教授の区分とやや特殊な「実定法」概念については、クンツ(Josef Kunz)教授の厳しい批判を受けることになったが(23)、しかしそれにもかかわらず、アゴー教授の類型化は、慣習法の自生性(spontaneity)を、彼のいわゆる「実定法」(立法機関による制定法)との対比において明確に浮かび上らせた点で極めて示唆的といえる。その「実定法」が意識的で組織化された法定立であり、体系性・包括性・一元性において特徴づけられるのに対して、「自生法」は非意識的で分権的手続による断片的・部分的かつ往々多元的に分生した法生成である。しかしアゴー教授によれば、自生法はまさに自生的であるが故に各国の自発的な遵守を換起し、制定法よりも実効的たりうるのである(24)。ともかくもこうした二類型を今日の国際法の平面で捉え返すならば、それはほぼ「国際立法」による多数国間条約と慣習国際法の関係に移しかえて考えることができよう。現代では、アゴー教授の論文が書かれた時期に比べて、立法条約と慣習国際法との相互浸透が著しく、慣習法の生成が往々そのような条約を基礎として行われることも稀ではないのであるが、条約の存在が契機となっているとしても、慣習法形成それ自体が自生的過程であることには変わりはないのである(25)。

国連海洋法条約の適用形態を内在的に制約する原理としての「包括性」の原則は、先にみたように、条約採択時におけるコンセンサス＝パッケージ方式の破綻によって、すでに崩壊したというのがわれわれの一応の結論であったが、仮にこの原則が未だ生きているとしても、この条約を基礎ないし契機とする慣習法の「自生」は、やはり不可避というほかない。これと類似の状況は、前にも触れた「総加入条項」についてもみられたのである(26)。これは周知のように、第一次大戦以前の戦争法規にほぼ共通にみられた条項で、そこでは交戦国のすべてが条約当事国である場合に限り、当事国相互の間でその条約を適用する旨が規定されていた(たとえば一九〇七年のハーグ陸戦条約二条)。つまりこの条項も、多数国間条約の適用を当事国の包括性によって制約しているという点で国連海洋法条約の場合と状況的類似性がある。しかるに、条約中に受容された戦争法規は、この総加入条項の存在とは関わりなく、自生的に「慣習法化」したものと一般に認められているのである(27)。

このように、条約を基礎とする慣習法の生成は、その条約の形成過程において、交渉当事者の間で前提的に了解されていた適用上の限定(一体不可分性・一括的適用)とは一応無関係に、したがって可分的・個別的に進行するものと捉えられるのである。

しかしもとよりこのことは条約中の規則ないし制度がその形成過程で——とくに「一括取引」の結果——刻印された様々な条件や連鎖の中で成立してきているということとは別のレヴェルの問題である。それらは条約上の規則ないし制度の内容を構成する要素として考慮されるべき問題ではあっても、慣習法化の可能性そのものに対する外在的な制約ではありえない(28)。

以上の考察により、国連海洋法条約と慣習国際法との関係を論ずる前提条件が整序されたものと考えられよう。そこで次に項を改めて、同条約の諸規定と慣習法について具体的な問題点を検討することとする。

三　国連海洋法条約の諸規定と慣習法

1　条約における慣習法の宣言

「条約規定の慣習法的効力」は、通常、大別して二つの方向から接近される。一つは条約が既存慣習法を「宣言」している場合であり、他は条約規定が基礎となって慣習法創設が推進(generate)される場合である(29)。ここでは前者の側面に関する問題点を簡単に指摘しておきたい。国連海洋法条約において、いずれが既存の慣習法を宣言した「法典化」の規定に該当するかを決定することは必ずしも容易ではない。通常は「慣習法規の再記述」という意味の狭義の「法典化」と新たな規則の定立を含む「漸進的発達」の区別をつけることが、こうした問題の主たる論点である(30)が、新海洋法条約の文脈では、それと並んで、少なくとも次の三点にわたって問題が指摘されよう。第一はこの条約の実質的な travaux préparatoires の欠如という点、第二は条約規定相互間の連鎖(linkage)の問題、そして第三は慣習法成立の時期の確定に関する問題である。

まず第一に、国連海洋法条約には通常の条約と異なり審議過程に関する travaux préparatoires が——少なくとも伝統的な意味でのそれは——圧倒的に少ないという点である。まず、原案として審議の基礎となるべき条約草案についてみると、一九五八年のジュネーヴ海洋法会議では国際法委員会（ＩＬＣ）草案が準備されていたことと対照的に、第三次海洋法会議の場合には、そもそもそうした第一次草案（the initial draft）が用意されないまま開始されたのである(31)。ようやく、一九七五年五月九日（第三会期終了後）に至って三つの委員会ごとの「非公式単一交渉草案」が配布され、これがその後、「改訂単一交渉草案」（一九七六年五月六日）、「非公式統合草案」（一九七七年七月一九日）、「海洋法条約非公式草案」（一九八〇年八月二八日）へと発展するのであるが、しかしこれらはいずれも、文字どおり「非公式」な性格の草案にすぎず、条約草案が「公式化」されるのは、一九八一年八月二八日まで待たなければならなかったのである(32)。換言すれば、一九八二年度の最終会期（第一一会期）に至るまでは、少なくとも形式上は、交渉の基礎となるべき「公式の」条約草案は存在しなかったことになる。このような条約草案の地位だけでなく、会議自体についても、前述のように、コンセンサス方式を基本としたことによって、重要な実質的交渉は概ね「非公式会合」で行われてきたのであって、公式会合は極めて少なかった。加えてこうした交渉も、第一〇会期までは「準備交渉」の段階にとどまり、これが「正式交渉」として位置づけられるのは、やはり第一一会期においてであったことは既述のとおりである。もとより第三次海洋法会議の交渉過程では厖大な量の会議文書が生み出された。しかしこれらは、伝統的意味での、すなわちウィーン条約法条約三二条にいうところの「解釈の補足的な手段」としての「準備作業」ではありえないのである。本来そのような「準備作業」とは、「交渉事実の客観的性格」ないし「最終文書が生み出されるに至った因果関係の実質的連関」を明示するような文書・資料でなければならない(33)。たとえば典型的な場合として国際法委員会（ＩＬＣ）についてみれば、特別報告者の報告→ＩＬＣでの審議→ＩＬＣ条文草案→外交会議での審議・採択といった重層的な作業過程が一連の系列の中で捉えられ、通常、ある条文規定が各段階でどういう経緯を経て起草されてきたかの明確な説明が可能であり、それ故に解釈の「客観性」を支える補足的手段として有効である(34)。これに対して第三次海洋法会議の場合には、前述のコンセンサス・パッケージ原則のため、交渉過程の重要部分はすべて非公式協議のブラック・ボックスに包み隠されており、しかも相互に論理的にも実際的にも関連を持たない規則・制度が「一括して」取り引きされた結果、草案テキストそのものは別としても、この会議で公式・非公式に出された夥しい文書・資料は、少なくとも伝統的な意味での travaux préparatoires に該当する法的価値を持つものとは認められないのである(35)。因みに本節で、少なくとも第一〇会期までの作業についてはこれを条約の「交渉過程」(ないし「形成過程」)と呼び、いわゆる「起草過程」とあえて区別しているのも、上記の理由によるが、交渉過程における「性格のはっきりしない」文書をつなぎあわせて国連条約の「解釈」を行おうとする傾向があるとすれば、それは厳に戒むべきである(36)。ともかく、travaux préparatoires の実質的欠如が、同条約の規定について、「法典化」条項か否かの判断を困難にしていることは否めない(37)。

第二に指摘すべき問題は、この条約の規定相互間にみられる無数の「連鎖」(linkage, concatenation) である。新海洋法条約は、先にも述べたように、海洋に関する包括的規律を意図して一括取引された結果、極めて複雑な構成の条約となっている。ある分析によると、本条約中には五七種類の法的人格 (legal person, 権利義務の主体) および五八の法的海域 (legal sea areas, 客体) が規定されているという。そしてさらに注目すべきことは、種々の海域・活動その他に関する当事者間の法的関係は実に五九の類型に及ぶと指摘されていることである(38)。しかも、これらの法的関係は相互に重層的に重ねあわされて規定されているところから、同一の海域ないし活動がこの多層的法関係によって規律されるということさえありうるといわれるのである(39)。この点からも、この条約において、どこまでが狭義の「法典化」の範囲であるかを確定することは容易ではない。

第三に、仮に上記の問題を克服して国連海洋法条約中の一部の規定が慣習法を法典化した条項であるという証明が可能であるとしても、それがどの時点の慣習法であるかが問題となりうる。一九五八年のジュネーヴ諸条約採択以来、海洋法の変動は極めて激しいものであっただけに、新条約の規定に「宣言」されたところの元の慣習法規がどの時点で成立していたかを確定することは、この規定が「法典化条項」であるか否かを証明するために必要な、いわば前提作業である(40)。こうした観点から、国連海洋法条約における「法典化」規定を、その基礎となった慣習法規の成立時期によって類型化すると、概ね次のように区分されよう。第一は、一九五八年当時すでに慣習法として確立していた規則であって、かつ、五八年条約にも受容されていたものが、新条約にもそのまま継承されているような規定である(41)。第二は、五八年条約の採択後、七三年の第三次海洋法会議開催までの期間に成立した慣習法規則を新条約において「法典化」したものと考えられる諸規定であり、また第三の類型は、第三次海洋法会議の過程で新たに形成された慣習法規則が新条約に挿入されるに至ったものである(42)。こうして、仮に国連海洋法条約中の規定が慣習法規則の表明として捉えることができるとしても、海洋法における著しい流動性のために、それがどの時点で成立した慣習法かを確立することは、やはり必ずしも容易ではない。

以上のように、国連海洋法条約における慣習法規則の「宣言」という文脈では、通常の場合とは異なる幾つかの問題点が指摘されるのである。したがって、たとえば、米国等の主張するような同条約の一部規定の慣習法的効力の問題――とりわけ海峡通航権および排他的経済水域――も、上記のような論点を踏まえた形で厳しく再吟味されなければならないと思われる。ここではそれらの中身について立ち入った分析をする余裕はないが、海峡通航権、とりわけ米国等が特別の関心を寄せる潜水通過（submerged passage）については、条約第三部の関連規定の交渉・起草過程および各国の解釈宣言等に照らして考えると、これを慣習法の「宣言」規定として捉えることは困難といわなければならない(43)。また、排他的経済水域については、たしかにこれが第三次海洋法会議の過程で慣習法化したとする見解は多いが、その概念自体に対する反対はほとんどないとしても、この制度の具体的内容については、各国の立法例や解釈宣言における差異を指摘するまでもなく、条約第五部の関連諸規定が慣習法規則を「宣言」したものとみることはやはり困難である。また経済水域に関する諸規定は、大陸棚、領海、海峡など国連条約中に規定される他の様々な制度との連鎖の中に置かれているため、その面からも、この制度だけを取り出して単独にその慣習法的効力を認めることは難しいように思われる(44)。

2　条約による慣習法の創設——深海底制度を中心として

条約(とりわけ多数国間条約)中の一定の規定を基礎として新たな慣習法が「創設」されうることについては、これまでも論議されてきたとおりである(45)。しかるに、条約により慣習法形成が推進(generate)されるためには、国際判例でも明示されているように、一般的に、次の二条件を充たすことが必要と考えられる。第一には、慣習法化のもととなる条約規定が「規範創設的」(norm-creating)な性質を有すること、換言すれば「一般化可能な」(generalizable)規定であること、さらに第二には、この規定の内容が慣習法規則として認められるに足る広汎な国家実行——特別利害関係国の実行を含む——によって支えられなければならない、ということである(46)。ここでは本節の冒頭でも触れた深海底制度(条約第一一部)について、慣習法創設における上記二条件を具体的に検討していきたいと思う。そこでも述べたように、条約第一一部の設定したレジームが深海底を律する唯一・排他的制度であるのか、それとも代替条約で合意された別個のレジームの並存が認められるかが問題の焦点である。その場合、判断の分かれ目は、以下に述べるように、第一に、条約第一一部の規定の基本的性格をどのように捉えるか、そして第二に、それらの規定の内容をめぐる国家実行の態様をいかに評価するか、の二点にあるのである。

まず第一に、上記第一一部の諸規定が、一般化可能な規範創設的性質を有するか否かという点を考察する必要がある。第一一部が深海底開発に関する唯一の制度であり、他の制度の並存を排除するためには、(1)第一一部を規律する基本原則――「人類の共同遺産」――が、慣習国際法としてのみならず、強行法規(*jus cogens*)として確立していること、あるいは少なくとも、(2)第二部が「客観的領域制度」(objective territorial regime)を設定したものとして、外部の第三者に対する対抗力(opposability)が認められること、さらにまた、(3)そこで定められている機構および管理運営の方式が上記原則を実現するための「唯一の」形態であること、が論証されなければならない。

まず、「人類の共同遺産」(the common heritage of mankind)の原則が、一九七〇年の第二五回国連総会第二四七九決議、いわゆる「深海底原則宣言」で採択されて以降、慣習国際法として確立したか否かが論じられてきたが、少なくとも国連海洋法条約採択以前の段階においては、総会決議の効力に関する一般的見解や即時慣習法理論の脆弱性を考慮すると、その概念の内容さえ未確定な共同遺産原則が慣習法として結晶化していたとみることは困難なように思われる(47)。問題は、この原則を宣明した国連条約一三六条以下の規定が慣習法化を推進(generate)する規定として性格づけられるかということである。その点については肯定的に判断されよう。すなわち、「人類の共同遺産」という概念が国際社会の一般利益の実現を志向し、それ故に一般化への可能性をその本質的契機としていること、またこの原則が、従前において法が欠缺していた対象に対して新たに法を定立するための規範創設的性格を付与されていることについては、基本的には誰しも異論ないはずである(48)。結局、共同遺産原則それ自体は今のところ実定的な慣習法規に至る前段階の、内容未確定な未成熟規範として存在しているものと認められよう(49)。これが成熟した、かつ内容的にも確定した慣習法として創設されるためには、後に述べるように、それが各国の具体的な国家実行に支えられなければならない、とみられる。

共同遺産概念に関するもう一つの問題点は、これが「一般国際法の強行規範」すなわち、「いかなる逸脱も許されない規範として、……国際社会全体が受け入れ、かつ、認める規範」(ウィーン条約法条約五三条)と認められるかという点である。これまでも、第三次海洋法会議の審議過程や解釈宣言等で、共同遺産原則が強行規範であるという「主張」

や「提案」は断片的に行われてきたが(50)、しかしこの立場を「論証」した文書や論文などはほとんど皆無といってよいであろう。加えて、前記のように、この原則は未だ未確定・未成熟規範の段階を脱していないとするならば、これを「いかなる逸脱も許されない」上位規範としてその強行的性質を認めることは、少なくとも現在の段階では困難なことのように思われる(51)。

次に、右のような強行規範性が認められないとしても、第一一部がいわゆる「客観的領域制度」(objective territorial regime)を設定したものとみなされる場合には、それが外部の第三者に対して「対抗力」(opposability)を持つことが認められよう。そのような客観的制度の例としては、非武装の義務を負ったオーランド島のような場合をはじめ、委任統治・信託統治地域、国際河川、国際運河、南極、国際海峡などが挙げられよう。一九七一年のナミビアに関する勧告的意見で国際司法裁判所は「委任統治の終了とナミビアにおける南アフリカの存在の違法性に関する宣言は、国際法に違反して維持されている状態の合法性を対世的に阻止するという意味ですべての国に対抗力を持つ」とした(52)。深海底制度がこのような意味での客観的制度を打ち立てたということができれば、それは対世的に排他的な効果を認められることになろう。しかしそのような制度として確立するかどうかは、条約発効後の進展如何によるとしかいえない。

さらに、仮に国連海洋法条約一三六条に規定される「人類の共同遺産」原則が慣習法規則として、かつ強行規範として成立しているものと想定した場合、あるいは第一一部が客観的領域制度を設定したとみなされる場合においても、そこで問題となるのは、この原則の下で実現さるべき機構・管理の方式である。すなわち、同条約の下では、国際海底機構が「深海底における活動を組織し及び管理する機関」(一五七条)として設立が予定され、この機構による直接的な開発権限の優越性を保障した上で、直属の下部事業体エンタープライズが直接に開発活動を行うか、機構との提携により各国の企業体が契約に基づいて行う(いわゆるパラレル・システム)ものとされる。そして、機構の構成・権限・任務や開発の条件・方式・資金等について詳細な規定が置かれているのである。ここでの問題の焦点は、このような機構・管理に関する国連条約の諸規定が、前記「人類の共同遺産」原則から論理必然的に演繹されるものか否か、そして、それらの規定が一般化可能な規範創設的性格を有するものか、という点である。

結論を先取りすれば、これらの点についてはいずれも否定的に答えざるをえない。まず前者についてみれば、共同遺産原則は深海底およびその資源に対する個別国家の主権的権利を排除し、その開発活動が人類全体の利益のために行われることを要求するが、そうした観念的抽象性のレヴェルにおいては各国ともその規範的確信を共通にしているものと認めてよいであろう。しかし、この原則からストレートに国際海底機構による一元的権限集中の承認とその下での開発活動形態の受諾という、制度的具体性のレヴェルの問題に結びつけることは、論理的にも実際的にも妥当性を欠くことになる。それはまずもって、海底平和利用委員会以来、第三次海洋法会議を経て、深海底開発に関する国際制度については多様な方式が提起され、様々な経緯を経て条約第一一部の採択に至ったという事実において、すでに明らかである。その交渉過程をみれば、共同遺産概念の理解そのものが多元的に分裂していただけでなく、その規範目的の実現方式・態様に関する各国の主張・提案には極めて大きな幅があったことは一目瞭然である(53)。さらに第一一部の規定と関連決議をみれば、共同遺産概念が具体的制度化のレヴェルで許容する方式には、かなりの「幅」のあることが認められるのである。すなわち、共同遺産原則の下においても、具体的な開発活動・収益配分等の方式については未確定の部分が多く残されているばかりでなく、とりわけ「先行投資決議」の採択によって、上記原則の下での許容範囲は一層拡張されたものとみなされているのである(54)。このようにみてくると、国連海洋法条約第一一部で具体化された機構・管理の規定が、共同遺産原則から導き出される唯一の制度的形態と結論することは不可能といわざるをえない(55)。そしてそのような機構・管理に関わる諸条項が、慣習法化を推進するような一般化可能な規範創設的性格をただちには付与されないことも、自明であろう。

国連海洋法条約に基づく慣習法の「創設」について第二に考慮すべき問題は、その規定の内容をめぐる国家実行である。冒頭でも触れたように、国連条約は世界の大多数の諸国が支持しているとされる(56)。それに反対しているのは米国を含むわずか数ヵ国の先進工業国にすぎない。しかし、まさにその数ヵ国が深海底開発に対する資本と技術を独占している状況にあり、これらの諸国の参加なくしては、少なくとも現在のところは、いかなる深海底レジームも実効的な制度としては機能しないように考えられる。その意味では、これらの国は北海大陸棚事件判決にいわゆる「特別利害関係国」(57)の地位にあり、その意思を無視しては実効的な慣習法規則の「創設」を語ることはできないとも思われるのである(58)。逆に、一方的な国内立法とミニ協定の内容が、先進諸国の企業連合等によって実際に深海底採鉱活動として、つまり具体的な内実を持った国家実行として展開されることになれば、国連条約に代わるこの代替条約の規定が、慣習国際法を generate していく可能性が無いとはいえないのである(59)。その意味では、「両条約のもとで今後集積される国家実行こそが、決定的に重要である」(60)ということになろう。

以上のように考えてくると、深海底制度をめぐる国連海洋法条約と慣習国際法との関係は極めて不確定であることがわかる。その関係は、(1)条約が全く発効しなかった場合、(2)発効が著しく遅れた場合、(3)発効しても主要先進工業国の参加が得られず第一一部については実効性を持たない場合、などに区別して、それぞれ具体的な規定に即した見通しを立てていかなければならないであろう(61)。

四　小　結

本節では、国連海洋法条約に即して、「条約と慣習法」の関係についての前提的な問題点を中心に考察してきた。ここでは結びに代えて次の二点を指摘しておきたい。第一は、この問題が、通常の慣習法形成とは違って、「国際立法」

という手続の介在した慣習法形成であるという点(62)であり、第二は、海洋法条約の文脈における慣習法概念そのものの問題性である。

まず第一に、そもそも慣習国際法との関係がこれほどまでに重大化してきているのは、国連海洋法条約の形成過程で前提とされた「国際立法」概念が破綻をきたしたからであった。本節の主題は、まさにその事実を承認するところから出発するのである。立法による制定法と慣習法とは、本来、原理的に対立する。前者が意識的・演繹的・包括的な法の定立であるのに対し、後者は自生的・帰納的・部分的な法の創造である。国連海洋法条約はそうした「立法」の所産として形成され、そして破産しようとしている。立法の破綻を慣習法が克服していくのは、けだし、必然的な過程である。

第三次海洋法会議における立法手続上の特徴は、いうまでもなくコンセンサス方式であったが、この方式の採用が今日における海洋法の規範内容を曖昧にし、規範状況そのものの混迷を招来させてきたことを、われわれは認識しておかなければならない(63)。人々は会議の規模と熱気に幻惑されてか、コンセンサス方式を過大評価し、この方式が「慣習法創設の基礎」をなすものとして評価すべきだとする見解(64)もあるが、これはあまりにナイーヴで一面的な捉え方といわなければならない。国連海洋法条約は「合意なきコンセンサス」(consensus without consent)と評されるように、その規範性に深刻な疑問が提起されている(65)ばかりでなく、そのコンセンサス自体も、本節でみたように、破綻したのである。今日、国連条約について慣習法問題が噴出してきているのは、まさにこの「コンセンサスの破綻」によるのである。その意味では、コンセンサス方式が慣習法創設を促進したのではなく、むしろその「破綻」こそが慣習法形成の motivation になっているとさえいえよう。

第三次海洋法会議の実態についてみれば、そこでの「立法」活動の主要部分は、利害を異にする国家間・ブロック間の政治的取引(いわゆるglobal negotiation)であったのであり、従来のいわゆる「法典化」作業とは非常に大きく異なるものであった。本節でも指摘したように、非公式協議の積み重ねを中心とするこの会議の「交渉過程」は、言葉の厳密な意味での「条約起草過程」に相当するものであったとは認めがたい。条約解釈の補足的手段としての travaux préparatoires の主要部分が欠如していることは、この条約の規範性確保という視点からみて深刻な問題であるが、解釈の「客観性」の担保は、結局のところ、今後の各国の法的確信と国家実行に待つしかない、といえよう。その意味では、第三次海洋法会議の交渉過程における諸々の経緯と、条約採択後における国連条約の解釈の問題とは、一応切り離して考察すべきであろう。まして、条約規定の慣習法的効力について検討する場合には、その要請が一層強くなるものといわなければならない。

第二に、上記のことと関連するが、海洋法文脈における慣習法概念の「使われ方」について最後に触れておきたい。すなわち、海峡通航権であれ排他的経済水域であれ、あるいは深海底制度にせよ、それが「慣習法化した」と主張されるとき、そこでの慣習法概念はあまりに恣意的・政策的に用いられてきたように思われるのである。慣習国際法の成立要件はいうまでもなく一般的慣行と法的確信の存在であるが、時間的要素の評価、特別利害関係国の位置づけ、一貫した反対国に対する対抗力など、本来厳格な認定を必要とする要件の判断が、新海洋法の論調においては、極めて安易に、つまり恣意的に、流れているように見受けられる(66)。海洋法文脈におけるこうした慣習法概念の濫用がかなり広汎な病理現象だとすれば、それは必然的に国際法の他の領域をも汚染していくこととなり、結局は国際法総体を脆弱化させてしまうという危険性(67)こそ、われわれは厳に認識しなければならないであろう。

ともあれ、第三次国連海洋法会議は二〇世紀における「国際立法」の壮大な実験であった。包括的な「海の憲法」としての国連海洋法条約は、しかし、今やその包括性の箍《たが》をはずされて、慣習国際法の自生的創出を許す結果となりつつある。仮にこの条約が近い将来発効することとなっても、海洋をめぐる国家間の関係は、一般的な規律については引き続きこの慣習国際法に委ねられる部分が多く残されるとともに、具体的な権利義務確定というレヴェルでは往々にして個別の関係国間協定に依存しなければならない、といった形で、いわば多元的に展開していくこととなろう。とすれば、一元的法秩序の設定を企図した「国際立法」にとって、それは、パラドックスとしかいいようがない(68)。

補記

その後も米国をはじめ先進諸国は、国連海洋法条約については、第一一部の深海底に関する規程および関連付属書の内容に不満を示し、これらが改正されない限り、この条約には参加できないとの立場を変えなかった。条約は六〇番目の批准書または加入書が寄託された日から一二ヵ月後に発効することになっていた（三〇八条一項）が、一九九三年一一月一六日にはガイアナが六〇番目の批准書を寄託したので、その一年後には条約が発効することになった。しかし、この六〇ヵ国のうち、先進国はアイスランドのみで他はすべて開発途上国であった。もしそのまま条約が発効すれば、国際海底機構、海洋法裁判所、その他条約で設置される機関は、途上国の代表だけで構成され、それらの運営経費もそれらの国々によって負担されなければならないということになる。待ち望まれた条約の発効が、条約それ自身の破綻を決定づけるという究極のパラドックスに直面することになったのである。

他方、条約採択後における深海底問題についても重要な状況の変化があった。条約交渉の時点で予測されたような海底資源開発の市場性は、開発経費の高騰、非鉄金属の大輸出国である南アフリカの国際社会復帰や冷戦終結に伴う米軍の在庫放出などによる供給過剰等のため、急速に失われていった。また、社会主義体制の崩壊により、条約第一一部が前提としたような統制経済型の国際管理方式では機能しないという点も、次第に途上国の理解するところとなって、市場経済原則に基づく効率的な運営方式への転換が強調されるようになってきた。

こうした状況を反映して、一九九〇年七月以降、国連事務総長の提唱によって深海底条項を再検討するための非公式協議が重ねられてきた。その結果、一九九四年七月二八日に再開第四八回国連総会が開催され、総会決議二六三号の付属書として「条約第一一部の実施に関する協定」（実施協定）が最終的に合意され（賛成一二一、反対なし、棄権七）、条約第一一部は実質的に「改正」されることになった。こうして先進国がこの条約に参加することを拒んできた障害が取り除かれることになり、国連海洋法条約はいわば「葬式の直前に蘇生」させられたのである(69)。

もっとも、右のように条約規定の実質的改正と考えられるような事項を、「再開第三次海洋法会議」という場ではなく、事務総長主催の非公式協議および国連総会という場で行ったことには、手続的な問題も指摘されよう。また先にも指摘したように、そもそも深海底条項は海峡通過問題とのパッケージで全体の内容が確定したものである。深海底に関する部分のみを改訂するには、条約全体のバランスを失することになるとの批判もあろう。海洋法条約と実施協定の適用関係など、残された問題も多い。もとより「改正」の内容自体は不可避かつ歓迎すべきものであったが、右のような経緯の下で、当初規定された「国際立法」の原則はほぼ全面的に後退を余儀なくされたことは否めず、したがって、同条約と慣習国際法との関係も、引き続き本節で述べたような形で継続していくものと考えられる。

注

(1)　村瀬信也「ウィーン条約法条約第三八条の意義」『国際法外交雑誌』七八巻一・二号参照(本書第二章第二節に収録)。

(2)　同「条約規定の慣習法的効力――慣習国際法の証拠としての条約規定の援用について」寺沢一・他編『国際法学の再構築・上』(高野雄一先生還暦記念、東京大学出版会、一九七七年)参照(本書第二章第一節に収録)。

(3)　本来の(狭義の)立法概念は、権限を付与された機関(立法機関、legislature)の存在を前提として、その一方的な行為によって、この機関の管轄権の及ぶすべての主体に対し拘束力を有する法定立を行うことをいう。このような意味での立法形態が、国内の場合と異なり、国際社会においてはほとんどその基盤を見出しえないことはいうまでもない。これに対して、広義の国際立法(国際法形成、international law-making)とは、必ずしも「超国家的」立法機関の存在を前提としないが、主権国家とは相対的に独立の国際的組織体が法形成のイニシアティヴ(発議・草案起草・審議・採択など)をとるものをいう。この場合の法形成は、上記組織体の一方的行為によるのではなく、主権国家の意思が様々に介在するし、形成された法が拘束的となるためには、従来の条約締結手続と同様に、その適用を受ける主権国家自身が批准・加入等の要式行為によって合意することが不可欠であることも、狭義の立法と異なる(村瀬信也「国際立法学の存在証明」浦野起央・牧田幸人編『現代国際社会の法と政治』〔深津栄一先生還暦記念、北樹出版、一九八五年）一〇六～一〇七頁参照（本章第一節一八八～一八九頁））。しかるに、第三次海洋法会議の場合には、後にみるように、その立法機能をできるだけ狭義の立法に近づけて捉えようとする姿勢が濃厚であった。同会議で採用されたコンセンサス方式、沈黙のルール、パッケージ・ディール等の手続原則をはじめとして、とくに従前に法の欠缺していた深海底については、「人類の共同遺産」概念からの演繹によって新たな制度を設定し、これを唯一、排他的・強行的な制度とみなしていることは、同会議が少なくとも従来の柔軟かつ「謙虚な」国際立法の観念には当てはまらない「野心的な」試みであったことを示している。しかし、かつてバクスター教授が別の文脈で発した警告、すなわち、「過度に野心的で誤った考えに基づく」国際立法の試みは、「ほとんど必然的に失敗に終わる」だけでなく、「慣習国際法の内容を一層不明確・不確実なものにして権威を失わせ」、かえって「法破壊的なものとさえなりうる」という指摘は、国連海洋法条約の現状に照らして示唆的である（R. B. Baxter, "The Effect of Ill-conceived Codification and Development of International Law", *Recueil d'études de droit international en hommage à Paul Guggenheim*, 1968, p. 146）。

（4） Declaration adopted by the Preparatory Commission on 30 August 1985, LOS/PCN/72. なお、この宣言の採択に当たって、準備委員会議長は、同宣言が委員会の大多数（a large majority）の意思の反映であることを確認しつつも、多くの代表（a number of delegations）が「同宣言の内容の幾つかの側面とその効果について懸念を表明」した旨を公表し妥協をはかった（LOS/PCN/L. 27）。桜井寛「国連海洋法条約準備委員会再開第三会期の概要」『海洋時報』三九号（一九八五年一一月）四四頁、高林秀雄「国連海洋法条約をめぐる最近の動き――海洋法学会オスロ大会の報告」『海洋時報』三〇号（一九八三年九月）二一～一一頁。

（5） 河西（奥脇）直也「深海底開発と先行投資決議――国連海洋法条約の深海底レジームと『ミニ協定』の協調国レジーム」『新海洋法条約の締結に伴う国内法制の研究』三号（日本海洋協会、一九八四年三月）一六五頁以下参照。

（6） Luke T. Lee, "The Law of the Sea Convention and Third States", *The American Journal of International Law (AJIL)*, vol. 77, no. 3, 1983, pp. 541-568, 高林「前掲論文」（注4）三頁。

（7） 田中則夫「条約交渉における誠実の原則――深海海底をめぐる交渉に関連しての若干の考察」『龍谷法学』一二巻四号（一九八〇年）三〇頁以下参照。

（8） 国連海洋法条約の文脈で、「条約と慣習法」の関係について、どのような論点が提出されうるかを、ここで覚え書的に整理しておくと、次のとおりである。

（i）まず、国連海洋法条約の諸規定の中で、どの部分が既存慣習法を「法典化」したものと考えられるか、またこれを確認する方法は何かが問われる。その場合、同条約には厳密な意味での準備文書（travaux préparatoires）の欠如していることが問題となろう。一九五八年条約に規定される規則が新条約にも再挿入されている場合には、既存慣習法を確認し強化することになるであろうと一応推定されよう。新条約が五八年条約の規定とは異なるが、それ以後の一五年間（第三次海洋法会議開催までの期間）に形成された比較的新しい慣習法規則の反映として挿入した規定の位置づけも必要とされよう。

(ii)次に、第三次海洋法会議が開催され交渉が展開されているという事実自体が、既存慣習法に与えた影響を考察しなければならないであろう。新条約が採択される以前に、新たな慣習法規則が形成され、そうした事実を踏まえて、同条約に挿入されるに至ったような規定があるとすれば、これをどのような方法で確認するか、とりわけ排他的経済水域制度（条約第五部）等について、そのようなことが認められるか、といったことが問われる。

(iii)国連海洋法条約中の規定の「慣習法化」の可能性については、まず先決的な問題とし同条約の交渉としてコンセンサス方式とパッケージ・ディールが採用されてきたことから、そもそも同条約の一部分について、その慣習法化を論ずる基盤が存在するか、という点が解明されなければならない。その際、「パッケージ」とは具体的に何を意味し、かつ、いかなる効力を持つものとして観念されていたのか。換言すれば、条約規定の選択的適用禁止の原則は、一部の規定がその後の国家実行に支えられて慣習法化し、その結果として、条約規定の部分的適用と同一の効果を持つに至ることまでも否認するという趣旨か。さらに、同条約の最終的採択において表決に付されたということは、コンセンサス方式の破綻、したがってパッケージ原則そのものの破綻として捉えるべきものかという点も明らかにされなければならない。

(iv)こうした手続面に限らず、国連海洋法条約の実体的諸規定についてみても、条文相互間の連結性（linkage）は極めて密接・有機的であり、同条約は全体として一体・不可分のものとして捉えない限り権利義務関係の均衡が維持できず、この理由によっても、条約規定の部分的（したがって結果的に選択的）な慣習法化は認められない、との見解もある。

(v)仮に、上記(iii)(iv)で指摘した障害を克服して同条約の一部の規定が新たな慣習法規則として形成される可能性があるとしても、それはどのような規定について認められるか。また、そうした条約規定の慣習法化はかなり早い時期に同条約が発効した場合と、それが発効しなかった場合、もしくは発効が著しく遅れた場合とでは、どのような違いがあるか。

(vi)「人類の共同遺産」の概念は、いかなる内容・性質の原則か、すなわちそれは手続法原則か実体法上の原則か、強行法規性を持った原則か、などが明確にされなければならない。それとともに、この概念がすでに慣習国際法上確立したものと認められるか、その場合には伝統的な公海使用の自由との関係はどのようなものとして捉えるかが厳しく問われることになる。

(vii)具体的に、国連海洋法条約第一一部の深海底制度は唯一・排他的な制度として、慣習法上確立しているものと認められるか。逆に、同条約の枠外で、先進国が進めている一方的行為(国内立法や企業に対する探査ライセンスの発給など)ないしは複数国による代替協定(いわゆる「協調国レジーム」)等を基礎とする別個の慣習法形成の可能性は認められるか。

(viii)慣習法の成立要件に関連して、世界の「大多数」(たとえば国連海洋法条約署名数は一五九)の国が支持していれば、少数の国家の反対は問題とならないか、それとも、少数であっても、決定的な重要性を持つ有力国を除外しては、慣習法の成立は認められないか。

(ix)以上のような慣習法論議において、果たして「慣習法」概念は一義的に用いられているか。一般的・抽象的レベルでの、いわば「シンボルとしての慣習法」概念と、具体的レベルにおける「権利義務確定のための慣習法」とが区別されなければならないのではないか。また新海洋法の文脈では、慣習法概念の政策的・恣意的な援用の傾向がみられはしないか。

(x)このほか、この条約によって規制されていない事項についての慣習法による規律(前文最終パラグラフ参照)の問題がある。

以上、思いつくままに問題点を列挙してみたが、潜在的な争点はもとよりこれに尽きるものではない。ただ、以上の整理においても、国連海洋法条約と慣習国際法との関係という問題が、同条約の全体に及ぶ極めて複雑多岐な論点を包含しているということは明らかであろう。なお、下記の座談会における中村洸教授の発言は、本節におけるライトモチーフになっている(座談会「国連海洋法条約と国内法整備」『海洋法と海洋政策』八号〔一九八五年〕七九〜八〇頁)。国連海洋法条約と慣習国際法の関係を概括的に論じたものとしては、O. Schachter, "General Course in Public International Law", *Recueil des cours*, t. 178, 1982-V, pp. 274-280; *Ditto*, "The Complex Structure of the New Law of the Sea", Jerzy Makarczyk, ed., *Essays in International Law in Honour of Judge Mandred Lachs*, 1984, pp. 575-585; Gamble & Frankowska, "The 1982 Convention and Customary Law of the Sea: Observations, a Framework, and a Warning", *San Diego Law Review*, vol. 21, 1984, pp. 491f.

(9) Philip Allott, "Power Sharing in the Law of the Sea", *AJIL*, vol. 77, no.1, 1983, pp. 4-5.

(10) R. D. Eustis, "Procedures and Techniques of Multinational Negotiation: The LOS III Model", *The Virginia Journal of International Law*, vol. 17, 1977, pp. 238f.; M. El Baradei and C. Gavin, *Crowded Agendas, Crowded Rooms: Institutional Arrangements at UNCLOS III: Some*

Lessons in Global Negotiations, UNITAR, 1981, 古賀衞「海洋法条約交渉手続の特徴とその影響」『国際法外交雑誌』八四巻三号（一九八五年）九一頁。

(11)　H. Caminos & M. R. Molitor, "Progressive Development of International Law and Package Deal", *AJIL*, vol. 79, no. 4, 1985, pp. 871-890; Buzan, "Negotiating by Consensus: Development in Technique at the United Nations Conference on the Law of the Sea", *AJIL*, vol. 75, no. 2, 1981, pp. 324-348; D. Vignes, "Will the Third Conference on the Law of the Sea Work According to Consensus Rules?", *AJIL*, vol. 69, no. 1, 1975, pp. 119-120, 栗林忠男「国連第三次海洋法会議におけるコンセンサス方式の意義」『法学研究』（慶應義塾大学）五六巻三号（一九八三年）四五五頁以下。

(12)　古賀「前掲論文」（注10）一〇三頁、Allott, *op. cit., supra* note 9, pp. 12-13.

(13)　中村洸「国連海洋法条約に対する一方的宣言——署名時の解釈宣言ないし留保に関連して」『国際法外交雑誌』八三巻六号（一九八五年）一～三三頁、同「国連海洋法条約に対する解釈宣言について」『海洋法と海洋政策』八号（一九八五年）一～二〇頁参照。

(14)　開発途上諸国（七七ヵ国グループ）を代表して、一九八二年九月二二日再開第一一会期一八三本会議でアリアス・シュライバー（Arias-Schreiber）大使（ペルー）が行った演説（*UN Doc.* A/CONF. 62/SR. 183, paras. 3-4）および第三次海洋法会議議長トミー・コー（Tommy Koh）大使（シンガポール）が、モンテゴ・ベイにおける署名会議での各国のステートメントを踏まえての、国連海洋法条約に関する総括（United Nations, *The Law of the Sea: United Nations Convention on the Law of the Sea*, pp. xxxiv-xxxvi）参照。Caminos & Molitor, *op. cit., supra* note 11, pp. 885-886.

(15)　中村道「国連海洋法条約と第三国（一）」『国際法外交雑誌』八四巻五号（一九八五年）二〇頁。

(16)　古賀「前掲論文」（注10）一一五頁。

(17)　同。

(18)　同、一一五～一一六頁。

(19)　同、一一六～一一八頁。

(20)　山本草二「深海底開発活動と国家管轄権」『新海洋法条約の締結に伴う国内法制の研究』三号（日本海洋協会、一九八四年）一九五頁。

(21)　村瀬「前掲論文」（条約規定の慣習法的効力）（注２）参照。

(22)　Roberto Ago, "Positive Law and International Law", *AJIL*, vol. 51, no. 4, 1957, pp. 691-733.

(23)　Josef Kunz, "Robert Ago's Theory of a 'Spontaneous' International Law", in *The Changing Law of Nations*, 1968, pp. 396-405.

(24) Ago, *op. cit., supra* note 22, p. 732.

(25) ダマト教授も、条約の当事国がその条約規範の適用を当事国のみに排他的に適用すべきものと意図して規定したとしても、国際社会がこれに一般的慣習規範としての効力を与えることは妨げられないと述べる(Anthony D'Amato, *The Concept of Custom in International Law*, 1971, pp. 150-160)。

(26) Oppenheim-Lauterpacht, *International Law*, vol. 2, 7th ed., 1952, pp. 234-236.

(27) たとえば、ハーグ陸戦条約につき、一九四六年のニュルンベルク国際軍事法廷は、「同条約中に表現された陸戦規則は、採択時には疑いなく既存国際法よりも進んだ内容のものであったが……一九三九年までには、同条約中に規定された規則は、すべての文明諸国により、戦争の法規慣例を宣明したものとして認められていた」と判示している。一九四八年の極東国際軍事法廷も同様に、「総加入条項の作用により」、同条約規定を拘束的条約として遵守すべき義務は消滅したかもしれないが、同条約は「国際慣習法の良い証拠として」依然、存続している旨、判示している(Quoted in *ibid.*, pp. 234-235)。

(28) 国連海洋法条約に対するパッケージ・ディール原則の妥当範囲については三つの立場がある。第一は、文字どおり同条約全体を一括して受諾しない限り、既存慣習法を「宣言」した条項も含めて、同条約が規定する権利義務の非当事国(第三国)に対する適用はありえない(すなわち慣習法をもパッケージしている)とする立場で、開発途上諸国(七七ヵ国グループ)の公式の見解はこれに当たる(中村「前掲論文」〔注15〕二～九頁に紹介されているペルー、フィジー等の発言、コー議長の総括など参照)。第二の立場は、パッケージ・ディール原則は、国連海洋法条約が採択(一九八二年)される以前に慣習法として成立していた規則については適用されないが、同条約で新たに立法された規則・制度については適用ありとする部分的妥当説である(Caminos & Molitor, *op. cit., supra* note 11, pp. 887-890)。第三は、いうまでもなく、本節で採ったように、パッケージ・ディールの破綻を認めて、通常の条約の場合と同様に解する立場である。第三次海洋法会議で米国次席代表を務めたハーロウ氏は、パッケージ・ディールの「過大評価」に反対して次のように述べる。すなわち、パッケージの下で交渉が進められるということは、ほとんどあらゆる条約交渉に共通の現象であり、第三次海洋法会議ではその"give and take"の手続がかなり組織的に行われたこと以外には、他の条約交渉との基本的な違いはないこと、また、ある条約がいかに交渉されて出来上がったかということと、それがいかに実施されていくかということは、全く別問題であること、そして実施段階で問題となるパッケージとは、たとえば群島概念と群島航路帯通航権のような、規定相互間の機能的関係性として理解されるものにとどまるという。

(29) 村瀬「前掲論文」(条約規定の慣習法的効力)(注2)参照。

(30) 「法典化」および「漸進的発達」の概念については、村瀬信也「国際法委員会における立法過程の諸問題」『国際法外交雑誌』八四巻六号（一九八六年）参照（本章第二節に収録）。

(31) 第三次海洋法会議に先立って条約草案の準備がＩＬＣに委嘱されなかった理由等については、同論文注(29)（本書二四二頁）および村瀬「前掲論文」（条約規定の慣習法的効力）（注2）参照。

(32) 小田滋『注解国連海洋法条約・上巻』（有斐閣、一九八五年）一四～七一頁。

(33) Allott, *op. cit., supra* note 9, pp. 7-8.

(34) 村瀬「前掲論文」（国際法委員会における立法過程）（注30）参照。

(35) M. Reisman, "The Regime of Straits and National Security: An Appraisal of International Lawmaking", *AJIL*, vol. 74, no. 1, 1980, p. 56, n. 20.

(36) リースマン教授は、「巧妙な解釈者は会議における演説から都合のよいところを選び取り適当に切り取って(pick and choose and cut and trim)」その解釈を正当化するであろうが、オフレコの秘密会議で取り引きされたものがコンセンサスの方向を示す文書として生み出されても、その証拠能力は疑問だと述べる(*Ibid.*)。これに対してムーア教授は、リースマンの travaux の概念は狭すぎるとして、関連する事実を含めた文脈的な側面(contextual features)を無視していると批判している(J. N. Moore, "The Regime of Straits and the Third United Nations Conference on the Law of the Sea", *AJIL*, vol. 74, no. 1, 1980, pp. 87-90)。しかし後者のように「文脈的」な関連事実も含めていこうとすれば、恣意性の混入を避けられず、解釈の「客観性」を担保するはずの travaux préparatoires 本来の意義は失われてしまうことになりかねないであろう。

(37) 中村道「前掲論文」（注15）二二一～二二五頁。このように審議記録の実質部分がほとんど欠落している結果、条約中の「いずれの国」、「すべての国」といった主語も、それがどのような意図において規定されているか、すなわち、(i)条約当事国であるか否かにかかわらず、端的に、およそすべての国を含むものとして用いられている場合、(ii)条約当事国であることを前提としている場合、(iii)慣習法の表現として用いられ、したがってすべての国家に対して拘束的であることを前提としている場合、(iv)慣習法規則形成の促進が意図されている場合、のいずれに当たるかといった基本的な類型化も、少なくとも、travaux préparatoires からは明らかにしえない(See, Lee, *op. cit., supra* note 6, pp. 549-550)。

(38) Allott, *op. cit., supra* note 9, pp. 9, 28-30.

(39) *Ibid.*, p. 10.

(40) 周知のように、一九六九年の北海大陸棚事件では、大陸棚条約六条の規定が慣習法を「宣言」したものかどうかが争われた。その場合、裁判所は（デンマーク、オランダの主張を受けて）、同規定がまず「既存の」(established)慣習法規則を宣言したものか、次に「現れつつある」(emerging)慣習法を反映したものか、という二段階の吟味を行っており、具体的判断としてはいずれもこれを否定したが、慣習法成立の時期について、柔軟に対応していこうとする姿勢が示されていることは注目されよう(*ICJ Reports 1969*, pp. 38-41, 村瀬「前掲論文」〔条約規定の慣習法的効力〕〔注2〕三〇〜三三頁〔本書九一〜九四頁〕)。

(41) たとえば、国連海洋法条約中の領海および公海等に関する規定には、五八年条約と同一内容のものが多く、それらはこの類型に属するものと考えられよう。新条約で旧条約の規定が繰り返されることにより、それらの規則の慣習法としての規範性も一層強化されることになる(Gamble & Frankowska, *op. cit., supra* note 8, pp. 497-499; Caminos & Molitor, *op. cit., supra* note 11, p. 872)。

(42) 第二と第三の類型は必ずしも截然と区別することは困難であるが、少なくとも観念的には、第三次海洋法会議が開催される前と後とを区別することは、外交会議自体の慣習法形成機能 (de Lacharrière, "La Réforme de la Conférence des Nations Unies", *Revue générale de droit international public*, t. 84, 1980, pp. 216., 村瀬「前掲論文」(国際法委員会における立法過程)〔注30〕、本書二二六〜二二七頁参照)を明らかにする上で、やはり必要と思われる。第三次海洋法会議の審議過程で新たな慣習法が形成された例として挙げられるのは、排他的経済水域(EEZ)の概念である。(チュニジア・リビア大陸棚事件判決、*ICJ Reports 1982*, p. 18 参照。なお、第二・第三期において、国際司法裁判所の裁判と海洋法会議の審議との相互作用については、関野昭一「国際司法裁判所の判決と海洋法」『紛争の平和的解決と国際法』(皆川洸先生還暦記念、北樹出版、一九八一年)二三頁以下参照。Gamble & Frankowska, *op. cit., supra* note 8, pp. 499-503; Caminos & Molitor, *op. cit., supra* note 11, pp. 887-888.

(43) Lee, *op. cit., supra* note 6, pp. 544-561; Reisman, *op. cit., supra* note 35, pp. 54-57, 河西(奥脇)直也「第三部 国際航行に使用される海峡」『新海洋法条約の締結に伴う国内法制の研究』二号(一九八三年)六八〜七三頁、水上千之「新海洋法秩序における国際海峡通航制度とわが国の関連国内法整備の場合の問題点」『同上書』一号(一九八二年)五五〜七五頁。

(44) 杉原高嶺「第五五条注釈」『同上書』三号(一九八四年)六頁。

(45) 村瀬「前掲論文」(条約規定の慣習法的効力)(注2)三四〜三七頁(本書九四〜九七頁)、D'Amato, *op. cit., supra* note 25 (*Concept of Custom*), pp. 110f.

(46) 前記注(40)北海大陸棚判決で国際司法裁判所は、規範創設的規定が慣習法化する可能性を、慎重な態度で、しかし前向きに肯定している。この場合、裁判所はその規定が、「潜在的に法の一般的規則の基礎をなすものとみなすことができるような、根本的に規範創設的性質」を持っていること、さらにその規範内容が、「特別の影響を受ける利害関係を持つ国々の実行を含むところの国家実行が、援用される規定の意味において、広汎かつ実質上統一的であったこと、さらにその実行が、法の規則または法的義務に関わっていることの一般的承認を証明するような態様で生じたこと」が不可欠の要件であると判示した(*ICJ Reports 1969*, pp. 41-44)。なお、裁判所は慣習法形成における時間的要素については柔軟な考え方を示し、かなり短期間であっても他の条件が充たされるならば慣習法成立は妨げられないとしている(*Ibid.*, pp. 43,45)。

(47) 中村道「深海海底を律する原則宣言と慣習国際法の成立――一方的国内立法問題との関連で」『日本の海洋政策』二号(一九七九年)一〇九～一一七頁、同「一方的国内立法問題再論」『同上誌』三号(一九八〇年)五七～六四頁。

(48) 米国も、国連条約第一一部に反対を表明しているが、共同遺産概念そのものを拒否してきたわけではない(J. van Dyke & C. Yuen, "'Common Heritage' v. 'Freedom of the High Seas': Which Governs the Seabed ?", *San Diego Law Review*, vol. 19, 1982, pp. 493-551)。またフランスの国内立法と共同遺産概念との整合性の主張については、Guy de Lacharrière, "La loi française sur l'exploration et l'exploitation des ressources minérales des grands fonds marins", *Annuaire français de droit international*, 1981, pp. 665-673. なお、共同遺産概念と公海自由原則との関係については、大沼保昭「深海底開発活動に対する国際法的評価――その総合的考察」『新海洋条約の締結に伴う国内法制の研究』三号(日本海洋協会、一九八四年)一二九頁以下、田中則夫「深海海底の法的地位――『人類の共同財産』概念の現代的意義」『龍谷法学』一〇巻(一九七九年)三四二頁以下、小森光夫「深海底開発レジームの一般化とその根拠――法的論証の平面から」『千葉大学法経研究』一九号(一九八六年)一～九五頁。

(49) いわゆる「ソフト・ロー」の概念とその問題点については、村瀬信也「現代国際法における法源論の動揺」『立教法学』二五号(一九八五年)九七～一一一頁(本書第一章第一節二一～三一頁)。なお、共同遺産概念をめぐる論議においては、観念的抽象性のレベルにおける「シンボルとしての慣習法」と、具体的レベルの「権利義務関係確定の手段としての慣習法」とを区別して考察する必要があろう(来栖三郎「法の解釈における慣習の意義」『裁判法の諸問題・下』〔兼子博士還暦記念、有斐閣、一九七〇年〕六一七～六三一頁参照)。

(50) チリの非公式提案、*U.N.Doc.*, A/CONF. 62/GP9, Aug. 5, 1980; See, B. H. Oxman, "The Third United Nations Conference on the Law of the Sea: The Eigth Session (1979)", *AJIL*, vol. 74, no. 1, 1980, pp. 38-40, 中村洸「前掲論文」(一方的宣言)(注13)一七頁。

(51) ユス・コーゲンスがいかなる法形式をとるかについては未だ深く掘り下げた研究はないように思われる。それが一般には慣習法の形式をとるものと予想されていることは疑いないが、多数国間条約の場合には、やや問題があるとされている(小川芳彦「国際社会とユス・コーゲンス」浦野起央・牧田幸人編『現代国際社会の法と政治』〔深津先生還暦記念、北樹出版、一九八五年〕六五～七〇頁)。まして、国連総会決議その他のいわゆる「ソフト・ロー」形成において強行規範の存在が認められるかどうかは、甚だ疑問である(Oxman, *op. cit., supra* note 50, pp. 38-41)。

(52) *ICJ Reports 1971*, p.56, para. 126.

(53) Stevenson & Oxman, "The Preparations for the Law of the Sea Conference", *AJIL*, vol. 68, no. 1, 1974, pp. 5-8; *Ditto*, "The Third United Nations Conference on the Law of the Sea: The 1974 Caracas Session", *Ibid.*, vol. 69, no. 1, 1975, pp. 7-12.

(54) 河西「前掲論文」(注5)一六八、一七六頁、山本「前掲論文」(注20)二〇二、二〇四、二〇六頁。

(55) R. Wolfrum, "The Principle of the Common Heritage of Mankind", *Zeitschrift für ausländisches öffentliches Recht und Völkerrecht*, 1983, Bd. 43, pp. 333-337; A. Ch. Kiss, "La notion de patrimoine commun de l'humanité", *Recueil des cours*, t. 175, 1982-II, pp. 240-242.

(56) 慣習法成立について、多数国による「一般的受諾」があれば「普遍的受諾」とみなしてこれを容認していこうとする傾向は従来から、意識的・無意識的にかなり根強くあった。シュトルップは、「国際人格を有する国家の半数以上にとり有効な規範については、これを一般法とみなしうる」旨述べていた(K. Strupp, "Les régles générales du droit de la paix", *Recueil des cours*, t. 471, 1934-I, pp. 304-305, 藤田久一「現代国際法の法源」長尾龍一他編『現代法哲学三・実定法の基礎理論』(有斐閣、一九八三年)二八九頁)。

(57) 前出注(46)参照。なお、H・ラウターパクトは、慣習法成立・変更の認定において国の数は必ずしもそれほど重要ではないが、「公海自由原則に関連する事項では……主要海洋国家(major maritime powers)の行動が特別の重要性を持つ」と指摘する。H. Lauterpacht, "Sovereignty over Submarine Areas", *The British Year Book of International Law*, vol. 27, 1950, p. 394.

(58) なお関連した問題として、一貫した反対国に対する慣習法規の対抗力についても検討されなければならない(江藤淳一「一貫した反対国に対する慣習国際法の効力——適用除外説と国際司法裁判所の対応」『早稲田大学大学院法研論集』三五号(一九八五年)七一～九四頁参照。

(59) A. D'Amato, "An Alterative to the Law of the Sea Convention", *AJIL*, vol. 77, 1983, pp. 281-285; E. D. Brown, "The Impact of Unilateral Legislation on the Future Legal Regime of Deep-Sea Mining", *Archiv des Völkerrechts*, Bd. 20, 1982, pp. 145-182; G. Biggs, "Deep Seabed Mining and Unilateral Legislation", *Ocean Development and International Law*, vol. 8, 1980, pp. 223f. 第三世界の諸国の立場を端的に表明した論稿として、H. Dijal, "Law of the Sea Conference: Other Alternatives for Seabed Mining?", *New York Law School Journal of International and Comprative Law*, vol. 3, 1981, pp. 30-49. なお小森光夫教授は、国連条約の深海底制度が実効的レジームとして機能するものでなければならず、それが一般国際法の制度として実効性を示しえないときは代替レジームの並存もありうるとするが、たとえばレジームが並行する場合でも、「共同遺産の原理にもとづき、……レジーム間の調整により統一的なレジームを設立しなければならないという要請には、つねに拘束されているのである」と述べる(小森「前掲

論文」〔注48〕九二～九三頁）。

(60)　山本「前掲論文」（注20）一八八頁。

(61)　J. Grolin, "The Future of the Law of the Sea: Consequences of a Non-Treaty or Non-Universal Treaty Situation", *Ocean Development and International Law*, vol. 13, 1983, pp. 1-32.

(62)　ラシャリエル判事は、現代における国際立法運動が「条約形成に名を借りた慣習法形成の場」とさえ捉えられるとしているが、国際立法が持つ慣習法形成機能に着目した点は興味深い。村瀬「前掲論文」（国際法委員会における立法過程）（注30）本書二二六～二二七頁参照。See, E. McWhinny, *United Nations Law Making*, 1984, p. 101.

(63)　コンセンサス方式の下で、政治的妥協が奨励される結果、条文の定式化においても折衷案や妥協案が中心を占め、出来上がった条文はえてして争点を予め回避した一般的・抽象的ルールの列挙になりがちで、そうした内容の草案が仮に条約化されても、それだけ規範性の稀薄なものとなることは避けられない。そうした形の法の定立が、問題をかえって紛糾させたり、その分野に関する慣習法の健全な発展を阻害する危険性こそ強調しておかなければならない。本章第二節（国際法委員会の立法過程）二一八～二一九頁。Caminos & Molitor, *op. cit., supra* note 11, p. 884.

(64)　栗林「前掲論文」（注11）四七三～四七四頁。

(65)　中村洸「前掲論文」（解釈宣言）（注13）一五～一六頁。

(66)　D.W. Arrow, "The Customary Norm Process and the Deep Seabed", *Ocean Development and International Law*, vol. 9, 1981, pp. 3-4.

(67)　See, Prosper Weil, "Towards Relative Normativity in International Law ?", *AJIL*, vol. 77, no.3, 1983, pp. 433-440. 慣習法概念の安易な捉え方が「法」と「非法」の区別を曖昧にしてしまうという危険性については、かつてクンツ教授も指摘したところである。J. Kunz, *op. cit., supra* note 23, p. 404.

(68)　これは著者のように第三次海洋法会議の「熱狂」を離れた位置から冷やかな目で眺めてきた者の、あまりにシニカルな見方と批判されるかもしれない。しかし国連海洋法条約の問題が、本節でみたような慣習国際法との絡みの中で重要な展開を示すのは、まさにこれからだということだけは確かなようである。その意味からも、この時期に、海洋法の世界と関わりを持つことができたことを感謝したい。

(69)　Bernard H. Oxman, Louis B. Sohn & Jonathan I. Charney, "Law of the Sea Forum: The 1994 Agreement on Implementation of the Seabed Provisions of the Convention on the Law of the Sea", *AJIL*, vol. 88, no. 4, 1994, pp. 687-714, 高林秀雄『国連海洋法条約の成果と課題』（第四章「深海底条項実施協定」）（東信堂、一九九六年）六四～一一八頁。

第四章　国際立法の展開

第一節　新国際経済秩序と国際立法過程

一　はじめに

国連憲章一三条一項aは、総会の任務の一つとして「国際法の漸進的発達及び法典化」――今これを便宜的に「国際立法」と呼ぶ――を挙げているが、創立以来、そうした立法作業の成果として、国連の下で（国連の機関ないし国連の招集した外交会議で）採択・締結された多数国間条約の数は数百にのぼる。それらが対象とする事項も、宇宙・海洋・人権をはじめ、社会的・経済的・政治的な分野に至るまで、極めて広汎である。こうして今日、国連における立法過程＝多数国間条約の形成過程の研究は、国際法学の立場から極めて重要な課題になってきているといえよう(1)。もとより、国際社会においては主権原則＝合意原則がその法の定立の基本であり、国内における統一的な立法とは大きな差異がある。今日の国際立法は、形式・内容において多様であるばかりでなく、手続的にみて極めて多元的である。従来も、国際法における解釈学が、条約形成過程を的確に視野に入れない限り妥当性を維持しえないことは認識されていた（ウィーン条約法条約三二条）が、本書でも述べてきたとおり、今や国際立法に関する総合的な研究は、単に「解釈の補足的な手段」としてではなく、国際法学の独立の一部門として、重要な地位を占めつつあるように思われる。

国連総会でも、すでに一九七〇年代後半から「多数国間条約形成過程の再検討」の必要性が強調され、第六（法律）委員会で審議されてきている。また、総会の要請を受けて国連事務局（法務部）でも、各国政府の意見および国連諸機関のコメントをもとに、この点に関する研究が行われてきている(2)。しかし現在は未だ国際立法過程について、これを一般論として展開しうる時期ではない。本節では、一つの具体的な問題をとおして、国際法の法典化・立法過程の現状を素描し、若干の分析を試みるにとどめたい。すなわち、ここでは次に述べるような観点から、「新国際経済秩序の法典化」という具体例に即して、国際立法の問題を考えてみる。

周知のように、一九七四年に国連の第六特別総会で採択された「新国際経済秩序の樹立に関する宣言」ならびに同「行動計画」、および同年の第二九総会で採択された「国家の経済的権利義務憲章」(以下「経済憲章」という)が、現代の国際経済関係を方向づける上で次第に重要な意味を持ってきていることは否定できない。とくに「経済憲章」は、その名の示すとおり、通常の総会決議・宣言とは異なり、それに何らかの法的性格を付与せんとした発展途上諸国の強い意思を反映していた。しかし「経済憲章」を、それ自体として法的拘束力を有する文書とみなすことは困難であり、またその内容が国家間の権利義務関係において現実に履行されているともいいがたい。そのため一部の発展途上国は、次第に、「経済憲章」等に表明された新国際経済秩序の諸原則を、法的拘束力を持つ文書に法典化し、条約化することに集中し始めたのである。その過程で、新秩序の実体的な側面もさることながら、手続的・制度的な側面で、国連における既存の法典化作業の孕む様々な問題点が露呈してきているのである。そうした意味において、新国際経済秩序の法典化問題は、曲り角に立つ国際立法を考える素材として、極めて興味深いものと思われる。

二　国際立法の現状

国連の下で国際法の法典化・立法作業が、どのような形で行われてきているかを、最初に概観しておきたい。いうまでもなく、国連自体が立法機能を有するわけではないから、国際立法は国連における多数国間条約の採択という形をとる。しかし条約起草の主体・手続などは対象となる問題の性質によって極めて多様であり、これを一般化して捉えることは困難である。

周知のとおり、これまで国際公法の分野における法典化について最も重要な役割を担ってきたのは、個人の資格で選出された三四名の委員で構成される国際法委員会（ＩＬＣ）であり、そのことは今後も基本的には変わりない(3)。しかしＩＬＣの活動が国連総会第六委員会による助言・監督機能を無視しては成り立たないことも事実である(4)。さらにＩＬＣの活動範囲が他の機関――たとえば、三六ヵ国の政府の代表で構成される国連国際取引法委員会（ＵＮＣＩＴＲＡＬ）など――と部分的に重複することも起こりえよう。従来、国際立法の考察においては、ＩＬＣの構成やその活動の内部的側面に重きが置かれがちであったが、ＩＬＣの役割を、その対外関係――各国政府および他の国連諸機関との関係――において捉え返すことが、今日の国際社会における立法過程を総合的かつ動態的に理解する上で、不可欠のことのように思われる。

さて、国連での国際法分野の立法手続において、いかなる問題を最初にどの委員会に付託ないし諮問するかは、総会の決定如何によるのであり、もとよりアプリオリな基準はない。傾向としては、国際公法の伝統的な分野の問題（国家責任、主権免除など）はＩＬＣに、高度に専門的技術的知識を必要とする新しい分野の問題（たとえば宇宙法、海洋法など）は特別委員会に、その他、政治的背景の濃い問題（武力不行使、国連憲章再検討など）も第六委員会等の下に設けられるアド・ホックの特別委員会に付されることが多い。また、通常、立法条約の多くは第六委員会の検討に付されるが、経済的分野については経済社会理事会・第二委員会の審議に委ねられ、さらに人権問題については人権委員会・第三委員会の検討に付される、といった具合に、最初の段階からその過程は錯綜している。

国連における立法過程＝多数国間条約形成過程について唯一の一般化可能な点は、それが常に幾つかの段階を経て採択に至るmultistage processだということである(5)。ＩＬＣを例にとれば、一つの問題について三段階の検討(予備的考察・第一読会・第二読会。それぞれの段階がさらに幾つかの小段階に分かれる)があり、多くの場合、総会第六委員会での条約草案審議を経て、総会の招集する全権会議がこれを採択するのである(6)。こうした全過程をある程度標準化して記述すると次のようになろう(7)。

1　条約作成の開始

(i)発議(単一加盟国による場合、複数の共同提案、事務局・国際機構による場合など)。
(ii)予備的研究(法典化の必要性・現実的可能性等につき、事務局ないし専門家グループによる検討)。
(iii)条約作成についての正式の開始決定。
(iv)いかなる形式の国際的文書にするかについての決定(拘束的な条約、モデル条項、行動基準、宣言等)。

2　条約の定式化(起草)

(i)原案起草(initial draft, 事務局による場合、特別報告者による場合、提案国その他国による場合など)。
(ii)交渉(もとより条約草案に関する交渉は全過程において行われる。時には交渉グループが形成される)。
(iii)各国政府(他の国際機構)との協議(質問表・コメントの回覧など)。
(iv)起草委員会による草案吟味。
(v)言語(各言語間の調整)。
(vi)最終条項の標準化、留保の検討。
(vii)条約起草過程の審議録、注釈等の確認。
(viii)他の条約との抵触の有無の確認。

3　条約の採択

(ⅰ)採択機関(全権会議、国連総会など)の決定。

(ⅱ)条約採択のための手続規則、表決手続の決定(8)(ウィーン条約法条約九条二項参照)。

(ⅲ)審議・交渉・協議・採択。

もとより現実の多数国間条約形成においては、右の各段階が様々に錯綜する。合意形成の方法も機関によって、コンセンサスの維持を基本とするもの(9)や、表決を積み重ねていくものなど多様である。事務局の介入・協力の仕方も、対象とする問題により、また担当する委員会により、異なってくる(10)。現在国連が直面している課題は、まさにこのような多様な、かつ多元的な国際立法過程を、その多様性と多元性のメリットを生かしつつ、いかにしてこれを標準化し、その効率化をはかることができるか、という点にあるように思われる。次に項を改めて、新国際経済秩序の法典化という具体的な問題に即して、国際立法の現実の過程を浮き彫りにしたい。

三　新国際経済秩序の立法過程

1　「経済憲章」の法的性格

先に述べたように、新国際経済秩序の法典化の問題は、経済憲章の法的性格をどのように捉えるかという点から出発している。経済憲章、正確には「諸国家の経済的権利及び義務に関する憲章」(第二九総会決議三二八一、一九七四年一二月一二日、賛成一二〇、反対六、棄権一〇)が、どのような沿革と背景の下に採択されたかについては、今ここで詳述する必要はないであろう。ここでは採択後の実行と学説から、同憲章の法的性格に触れておきたい。

まず、一九七五年三月二六日の国連工業開発機関(UNIDO)の第二総会では、有名な「リマ宣言」(11)を採択し、その七六項で、経済憲章に含まれた諸原則の完全な適用を訴えた。国連総会も、一九七五年以降毎年、経済憲章の履行を確保すべき旨、決議を繰り返してきている(12)。同趣の決議の累積が、その法的効力にいかなる意味を持つかは議論のあるところであるが、繰り返し賛成投票をした加盟国が漸次その決議内容に禁反言の原則による拘束を受けるに至るとしても、棄権ないし反対投票をしている国にまでこの法理を適用することはできない(13)。まして、経済憲章二条二項の国有化・補償条項のような鋭い対立のあった条項の法的価値およびその慣習法化については一層慎重に判断せざるをえないであろう。

このような経済憲章の法的意義に関する注目すべき仲裁判例として、一九七七年一月一九日のリビア国有化事件の裁定がある(14)。デュピュイ(R. J. Dupuy)教授を仲裁官とする本件仲裁法廷は、経済憲章の法的性質を否定し、次のように述べる。すなわち、国連決議、とりわけ経済憲章のような「宣言的決議」に一定の法的価値が認められるとしても、それは決議の形態、票決状況、決議中の諸規定によって異なる。しかるに経済憲章の場合には、幾つかの要素がその法的価値の反証となっている、という。第一に、経済憲章二条は途上国のみによって支持された、法的というよりは政治的な開発戦略の宣言であること、第二に、七七ヵ国グループが総会第二委員会に提出した草案においては、憲章が国際開発法の法典化と漸進的発達の第一段階として規定されていたが、幾つかの国家の反対のため削除されたこと、である。こうして仲裁法廷は、補償手続を国際法にではなく国内法だけに委ねようとすることは「あるべき法」の定式化にすぎず、多くの先進国にとっては「法に反する」ものとさえ映っている、と指摘している(15)。

経済憲章の法的性格については、これまで、様々な論議を呼んできた。いうまでもなく先進諸国の間では否定論が強く、その論拠は概ね右のデュピュイ裁定と同様である(16)。これに対して、少数ではあるが、同憲章に含まれる諸条項の法的拘束性を肯定しようとする見解も途上国の学者の間にみられる(17)。しかし、多くの学者は、経済憲章起草グループの議長を務めたカスタネーダ大使(当時)が述べるように、憲章の諸条項は一般原則の集大成であって、具体的な国家間の経済関係を規律するという法的効力は持たないが、将来の法典化における基本となるべき指導規範としての性格を有している、との見解に賛同するもののようである(18)。同様にブラウンリー教授によれば、同憲章を「既存の諸原則を宣言したもの」とみることはできないが、二条二項Cが多くの国によって「生起しつつある原則ないし現在適用可能な規則の表明とみなされている」(regarded as an emergent principle, a statement of presently applicable rules)ということである(19)。こうした見解が妥当なものとして広く支持されているとすれば、経済憲章に含まれる新国際経済秩序樹立のための諸原則を、拘束的な文書に法典化しようとしている途上国の努力は、それなりに正当なものと評価しえよう。

2　新国際経済秩序の立法作業

国連総会は経済憲章が採択された翌年、新国際経済秩序の諸原則の法典化問題を第六委員会に付託することを決め、数年間の棚上げの後、一九七九年の第三四総会において、事務総長に対し「新国際経済秩序の法的側面にとくに関係した国際経済法の原則と規範の法典化と漸進的発達の問題」に関して研究すること、かつ各加盟国に対し、この問題に対する見解を提出するよう要請したのである(三四総会一五〇号決議)。第三五総会では、この事務総長報告と各国政府の見解を下に、第六委員会で審議が進行している(20)。

本節執筆の段階で、この問題がどういう形で進展していくか、その的確な見通しを立てることは難しい。各国政府の対応も極めて多様であり、一九八〇年九月の経済開発に関する第二特別総会がみるべき成果なく終わったことも反映してか、この問題について近い将来に大きな展開が示されるとは考えられない。しかし問題自体の潜在的重要性からいえば、何かの契機でモメンタムを得て、第三次海洋法会議後の、大きな関心事項となる可能性なしとはいえない。極論すれば、一部を除いて陽の目を見ることのなかった国際貿易機関憲章(ハバナ憲章)が換骨奪胎されて、新国際経済秩序の「憲法」として復活する、ということさえ考えられないではない。しかしここでのわれわれの関心は、この問題の見通しを立てることではない。最初に述べたように、ここではむしろ、新国際経済秩序の問題を一つの手掛かりとして、この分野での法典化＝立法の企てが提起している問題、とりわけ、その作業をどの機関で行うかという手続的側面を中心に考察しておきたい。

まず第一の可能性としてＩＬＣが考えられよう。一九四九年のＩＬＣ第一会期で暫定的に採択された「法典化課題」の中に国際経済法の問題が含まれていなかったことは周知のとおりである(21)。しかし六〇年代後半以降の総会における強い要請を反映して、一九七〇～七一年に事務局（法務部）が行ったＩＬＣ長期計画の法典化リストには「経済開発に関する法」が含まれていたのである(22)。しかしＩＬＣは、すでに当時、最恵国条項に関する法典化作業を進めていたこともあって、経済開発後の問題をその作業リストに含めるという提案を採択するには至らなかった。

最恵国条項問題は、元来、条約法条約の草案審議の過程で別個の課題として提案されたものであり、必ずしも国際経済法を念頭に置いて作業リストに含められたテーマではない。しかし、一九七八年にＩＬＣで採択された条文草案では、幾つかの条項が新国際経済秩序と関連している。すなわち、二三条で「一般特恵システムの下における待遇」、二四条で「開発途上国相互間の特恵取極」について、それぞれ、最恵国条項による均霑はない旨、規定しているほか、三〇条では「この条文草案は、開発途上国の利益のために国際法の新しい規則が設定されることを妨げるものではない」とし一般的に留保しているのである(23)。

最恵国条項のほか、「条約以外の事項に関する国家承継」、「国家責任」、「国際法により禁止されていない行為によって生ずる損害に対する国際責任」、「国家とその財産の裁判権免除」等、近年ＩＬＣが取り組んできたテーマも、それぞれ部分的に、国際経済法に関連する問題を含んでいる。しかし、新国際経済秩序の法的側面について、これを真正面から取り上げようという提案に対しては、ＩＬＣの委員の大半は極めて消極的である。これまで国際公法の伝統的な領域の問題に専念してきたＩＬＣにとって、新国際経済秩序の法典化問題は、それが伝統的な法領域の境界線をラディカルに破るものだけに、なじみにくいテーマであることは容易に理解できよう。国際経済法が、貿易・投資・金融の三部門を含む広汎な法領域で構成され、極めて技術的な性格を持っているほか、この法が基本的に、国際社会における政策決定に依存している「形成過程の法」(law-in-the-making)であることが、ILCへの諮問を困難なものにしている。

第二の可能性として、UNCITRALを考えてみよう。UNCITRALではすでに一九七八年以降、「新国際経済秩序の法的意義」に関する作業部会を設定し、曽野和明教授(元UNCITRAL事務局長)を議長とする同部会の提案に従って、一九八〇年のUNCITRAL第一三会期では、「工業開発の分野における契約条項」の問題を優先して検討する旨決定している(24)。UNCITRALの委任(mandate)については、その主要な対象が私法的な側面にあることは周知のとおりである。その意味で同委員会が新国際経済秩序の問題に対しても、当面、契約法の分野に限定して対応していることは賢明である。しかるに、前記総会決議一五〇号で要求されている新秩序の法典化が、主に国際公法の領域に属する諸問題を念頭に置いたものであることは、その経緯、第六委員会での討議をとおして明らかである。もとより公法・私法の区別は相対的であるが、UNCITRALがその従来の活動範囲を急速に拡大することは、かえって同委員会の有効性を危険にさらすことにもなりかねず、好ましいこととはいえない(25)。

このような状況の中で、第三の可能性として、国連内に新国際経済秩序の公法的側面における法典化を扱うべき新たな委員会を設置するという提案も一部で主張されている(26)。もっともその現実性は今のところかなり稀薄である。したがって、結局は国連の既存の諸機関ですでに行われている活動を、いかにして有効に調整し、この分野における法典化＝立法の実をあげるか、という点に問題は集約されることになる。

前に掲げた新国際経済秩序の樹立に関する宣言は、国連の全機関・全組織が、その目的のために貢献すべきことを謳っている。したがって、この問題に関しては、諸機関の「調整」(co-ordination)の問題が極めて重要となる。国連もその創設以来、多数の下部機関を設け、今や主権国家に劣らぬリヴァイアサンの観を呈しており、しかもそれらの諸機関が相互にセクショナリズムを主張し独走することも稀ではない。したがって、新国際経済秩序の法典化に際しては、次の二つの面において、有効な調整をはかることが必要となる。第一には消極的な面での調整、すなわち、作業の重複と、同一問題に関して機関相互間に抵触する結果が出ることを避けるという意味での調整である。第二の側面は、いかにして各機関の貢献を全体として極大化しうるかという積極的意味での調整である。後者については、第六委員会が、専門家グループ (group of experts) 等をとおして、そのような調整機能を実現していくことが期待されよう。

四　小　結

新国際経済秩序の法典化問題は、最初にフィリピンによって提案されたのが一九七六年であったが、未だその入口で足踏みしている状態である。それは、法典化の実質的内容について各国のコンセンサスが得られないという問題もさることながら、それ以上に、法典化作業を開始するに必要な手続的・制度的問題について合意の形成がなされていないためである。本節の目的は、国際立法の問題が、単なる実体法規のレベルにおける対立に尽きるのではないこと、むしろ、国際立法を手続的・制度的諸問題を含めた一つの「過程」として把握することの重要性を示すことであった。

国際立法過程の多元性は、国際社会そのものの多元的構造の表現にほかならない。先にも指摘したように、現在国連が直面している基本的な問題は、多元的に進行している立法過程を、その多元性・多様性のメリットを生かしつつ、いかにしてその効率化をはかるかということである。

経済分野に限らず、伝統的な国際法秩序の速やかな再構築を要求する発展途上諸国は、国連の準立法機能の強化、すなわち、多数国間条約形成過程の標準化と迅速化の実現に熱意を示しており、その動機の正当性は容易に理解できる。しかし国際立法の標準化と迅速化は、条約形成において影響を与える多様な要素——条約の内容・性質、基礎となる慣習法規の成熟度、条文起草に当たる機関、参加国の数と対立の有無、問題の重要性と緊急性、一般的国際環境や雰囲気等々——を考慮するとき、必ずしも容易ではないし、また一概に望ましいともいえない。やはり今後とも試行錯誤を繰り返しながら、具体的問題に即して、最も望ましい手続を考えていくほかはないであろう。

ただ国連の法典化作業について何らかの提言がありうるとすれば、次のような点が考慮されるべきであろう。第一には、総会第六委員会の立法機能の強化である。現状では、第六委員会はほとんど下部委員会のレポートを吟味することに終始しており、自ら条文草案起草の実質に関与することは(特別使節問題など一、二の例外を除いて)なく、その意味では第二次的な機能しか果たしていない。また、新国際経済秩序のようなテーマについては、第六委員会が各機関の調整者としてリーダーシップを発揮することが強く要請されていることも、先に指摘したとおりである。

第二には、そのような第六委員会の活動を実質的に支える事務局(法務部法典化課)を一層強化する必要があろう。人員(現在ディレクター以下法務担当官一二名)の増員とともにとりわけ研究部門の強化が望まれる。

第三には、国際立法の実際に関する理解を、その技術と手続に関する知識を含めて、実務家のみならず、国際法学に携わる人々がこれを積極的に共有していく必要があるように思われる。その意味で、一九八〇年九月六日に急逝したリチャード・バクスター教授が、かつてハーバード・ロー・スクールで行っていた「条約起草法」(International Legal Drafting)のようなコースが、将来わが国の大学でも展開されることを期待したい。

注

(1)　私法統一の分野での国際的立法過程に関する先駆的な研究として、曽野和明「私法統一における国際的立法過程分析の必要性」『国際法外交雑誌』七五巻三号(一九七六年)三七頁以下参照。

（2）Reports of the Secretary-General, "Review of the Multilateral Treaty-Making Process", *UN Doc.*, A/35/312; *Ibid.*, Add. 1 & 2, 1980.

（3）ＩＬＣの活動については、United Nations, *The Work of the International Law Commission*, 3rd ed., 1980, 5th ed., 1996 が非常に便利である。なお、鶴岡千仭他、座談会「八〇年代の国際立法――曲り角に立つ国際法委員会」『ジュリスト』七一四号（一九八〇年）八二頁参照。

（4）ＩＬＣのレポートは毎年、総会第六委員会で詳しく吟味されるが、「第六委員会の役割は、ＩＬＣに対して、政治的現実と現代国際法の概念を適切に考慮しながら、指導的助言を与えることである。」Report of the International Law Commission, Topical summary of the discussion held in the Sixth Committee of the General Assembly, *UN Doc*, A/CN. 4/ L. 311, 1979, p. 9.

（5）A/35/312, p. 5.

（6）Reports of the Secretary-General, "Review of the Multilateral Treaty-Making Process: Observations of the International Law Commission", A/35/312/Add. 2, pp. 21-30.

（7）*Ibid.*, A/35/312/Add., pp. 13-28.

（8）法典化会議の表決手続については、ソーン教授による次の研究がある。Louis B. Sohn, "Voting Procedures in United Nations Conferences for the Codification of International Law", *American Journal of International Law (AJIL)*, vol. 69, no. 2, pp. 310-353, 1975.

（9）宇宙平和利用法律小委員会、ＵＮＣＩＴＲＡＬなど。

（10）ＵＮＣＩＴＲＡＬの場合は、事務局がまず条文草案を起草するなど、事務局（法務部国際取引法支部）の果たす役割は大きい。ＩＬＣの場合は、条文草案に特別報告者が提出するが、その過程で事務局（法務部法典化課ＩＬＣチーム）の果たす役割は、やはり極めて大きい。これらは、多年にわたる委員会と事務局との伝統的協力関係が円滑にいっている例であろう。これに対して、アド・ホックの特別委員会などの場合には、事務局（通常は法務部法典化課）の果たす役割は、スポンサーたる各国代表に対する側面支援にとどまることが多い。

（11）*UN Doc.*, A/10112, 13 June 1975.

（12）G. A. Res.3486 (XXX), 12 Dec.1975; 31/178, 21 Dec.1975; 33/424, Dec. 1978; 34/150, 19 Dec.1979.

（13）S. A. Bleicher, "The Legal Significance of Re-Citation of Genereal Assembly Resolutions", *AJIL* vol. 63 445, 1969, p. 445; Jorge Castañeda, *Legal Effects of United Nations Resolutions*, 1969, pp. 171, 172; E. Jiménez de Aréchaga, "International Law in the Past Third of a Century: General Course in International Law", *Recueil des cours*, t. 159, 1978-I, pp. 30-34.

（14）Texaco Overseas Petroleum Co.*et al.* v. Government of Libyan Arab Republic, *International Legal Materials (ILM)*, 1978, p. 1, 川岸繁雄「リビア国有化事件仲裁判断」『神戸学院法学』一〇巻一号（一九七九年）一七三頁参照。

(15)　*Ibid. (ILM)*, para. 87.

(16)　U. S. Council of the International Chamber of Commerce, "A New Challenge to Private Enterprise" (1975), cited in Gillian White, "A New International Economic Order?", *Virginia Journal of International Law*, vol. 16, 1975, p. 333; Seidl-Hohenveldern, "Comment on the Developed Market Economy States and a New International Economic Order", *Netherlands International Law Review*, vol. 24, 1977, p. 544; Michel Virally, "La Charte des droits et devoirs économiques des Etats", *Annuaire français de droit international*, 1974, p. 59.

(17)　S. R. Chowdhury, "Legal Status of the Charter of Economic Rights and Duties", in Kamal Hossain, ed., *Legal Aspects of the New International Economic Order*, 1980, p. 84; T. Nawaz, ed., *Legal Aspects of the New International Economic Order: An Asian Perspective*, 1980; Milan Bulaji ,"Legal Aspects of a New International Economic Order", *Legal Aspects of the New International Economic Order*, Belgrade, 1980, pp. 21-40.

(18)　Jorge Castañeda, "La Chrarte des droits et devoirs économiques des Etats: note sur son processus d'élaboration", *Annuaire français de droit international*, 1974, p. 35; Brower & Tepe, "The Charter of Economic Rights and Duties of States: A Reflection or Rejection of International Law ?", *International Lawyer*, vol. 9, 1975, p. 305.

(19)　Ian Brownlie, "Legal Status of Natural Resources in International Law (Some Aspects)", *Recueil des cours*, t. 162, 1979-I, p. 295.

(20)　Report of the Secretary General, "Consolidation and Progressive Development of the Principles and Norms of International Economic Law relating in particular to the Legal Aspects of the New International Economic Order", *UN Doc.*, A/35/466, 10 Oct.1980.

(21)　*The Work of the ILC*, A/33/10, pp. 133-176.

(22)　*Yearbook of the ILC*, 1970, vol. 2, p. 247; Working Paper of the Secretariat, A/CN. 4/2459 (1971).

(23)　*Reports of the ILC*, A/33/10, pp. 133-176.

(24)　*Reports of the UNCITRAL*, A/36/17, para. 143.

(25)　UNCITRALの委任事項を拡大して国際公法の分野の問題をも取り上げるべきだとする主張は、ソ連、東欧諸国および一部の途上国の間に根強い。しかし、このようなUNCITRALの「公法化」は、コンセンサスをよき伝統とするこの委員会に政治的対立を持ち込むことになりかねないし、各国代表や事務局の人的構成にも大きな変更をもたらすことになろうと思われる。

(26)　UNIDO Study, "Industry 2000: New Perspectives", *Report of Third General Conference of UNIDO*, Doc. ID/CONF. 4/22; International Law Association, Belgrade Conference, "Preliminary Report of the International Committee on Legal Aspects of a New International Economic Order", 1980, paras. 51-58.

第二節　ＧＡＴＴの立法過程

一　はじめに

一九八六年九月に開始されたＧＡＴＴの多角的貿易交渉（Multilateral Trade Negotiations, MTN）、いわゆる「ウルグアイ・ラウンド」は、一九九〇年末の妥結をめざして、本節執筆現在（一九八九年一二月）、最終段階を迎えようとしている。この新ラウンドは、一九四七年にＧＡＴＴが創設されて以来、無差別・最恵国原則に基づく「自由貿易」推進のために行われるＭＴＮとして、ケネディ・ラウンド（一九六四〜六七年）、東京ラウンド（一九七三〜七九年）に続き、実に八回目のものである(1)。これまでのラウンドに比較して、これはその参加国の数（一〇六）や対象分野（一五分野）において最大規模のものであり、二一世紀に向けた国際貿易のための法的枠組みの形成を目標とする極めて重要な交渉である。それは単に、各国が関税その他の貿易に関連する要求と代償提供を相互に繰り返し、その結果を全加盟国に均霑するという従来からのＧＡＴＴの交渉プロセスとしてあるだけではなく、物とサービスの貿易に関する新しい国際ルールの定立をはかるという壮大な「国際立法」の試みでもあり、それは歴史的にも、国連海洋法条約の採択（一九八二年）にも匹敵する重要な事業として位置づけられるものとなろう(2)。また、その交渉の成否は、ＧＡＴＴ自身にとっても、二一世紀における生き残りの可能性を賭けた試金石になろうといわれているのである。

周知のように、ウルグアイ・ラウンドは、一九八六年九月のプンタ・デル・エステ宣言を受け、翌年二月より実質交渉が開始された。交渉の制度的枠組みとしては、「貿易交渉委員会」(TNC)が設置されており、そこには閣僚レヴェル会合と事務レヴェル会合とが置かれている。このTNCの下に、関税・非関税措置など一四項目を扱う「物に関する交渉グループ」(GNG)と、新たな「サービスに関する交渉グループ」(GNS)が組織されて具体的な交渉が行われている。一九八八年一二月に行われたモントリオールでの閣僚会合で達成された中間レビュー、一九八九年四月のジュネーヴにおける高級事務レヴェル会合や同年一一月に東京で開かれた非公式閣僚会合を経て、ウルグアイ・ラウンドは、本節執筆現在、次のような主要分野について、精力的に交渉が展開されている。すなわち、⑴GATT自体の基礎の強化をめざしている分野(紛争処理・GATT機能強化)、⑵市場アクセスの拡大をめざしている分野(関税、非関税措置、熱帯産品、繊維、天然資源)、⑶多角的ルール・枠組みの確立(農業、東京ラウンド諸コード、補助金、セーフガード、GATT条文)、⑷新分野(サービス貿易、知的所有権、貿易関連投資)等である(3)。

このように、ウルグアイ・ラウンドは新しい国際貿易ルールの立法において、極めて重要な意味を持つが、その立法過程は、通常の国際立法に比して、様々な面で特異性を示している。そこで本節では、右の新分野やセーフガードなどを素材に取り上げつつ、GATTの立法過程における幾つかの問題点を検討し、それをとおして、GATTそのものの規範的特殊性に光を当ててみたいと思う(4)。

二　GATTにおける法の定立

GATTにおけるこれまでのラウンドは、それぞれの時代の要請を反映して、交渉の重点が徐々に移行してきていることが認められる。ケネディ・ラウンドまでは、主として、関税引下げ交渉に重きが置かれていたが、東京ラウンドではとくに非関税障壁の撤廃が大きな課題であった。もっとも東京ラウンドでは、既存のＧＡＴＴルールの補充・強化や新たな規則の設定も行われて、それが九つの協定（二つの議定書〔protocols〕と七の取極〔codes〕）として成立した。しかるに、ウルグアイ・ラウンドでは、その圧倒的重要性が、新しいルール創り、すなわち国際立法に置かれているといってよい。そしてこの新ラウンドにおいても、東京ラウンドで用いられた立法のための交渉枠組みが基本的に踏襲されているのである。ここでは、ＧＡＴＴのラウンドで行われている法の定立方式が、他の分野での国際立法と比較してどのような特徴を持っているかを、(1)作業の開始・課題の選定、(2)草案の準備と交渉、(3)最終形式、等の各段階に即して考察しておきたい(5)。

1　立法作業の開始

開始段階における最大の問題は立法課題の選定である。対象となる課題が法的定式化にふさわしいか否かは、その成熟度や必要性・緊急性がその時の国際環境に照らして総合的に判断されることになる。ウルグアイ・ラウンドのいわゆる「新分野」に属する問題が、そうした条件を充たしているか否かは、個々具体的な事項に即して検討されなければならない。同時に、この課題の選定に際しては、往々、国際立法に当たる機関の権限（mandate）の問題が提起される。新ラウンドの前半においては、この「マンデイト論争」（GATTability：）が一つの焦点であった。

新分野のうち、とくに「貿易関連の知的所有権」（trade-related intellectual property rights, TRIPs）については、その保護規範および執行に関するルール創りをＧＡＴＴの下で行うことの是非について、鋭い対立があった。すなわち、途上国の一部は、知的所有権の保護とその促進に関してはすでに世界知的所有権機関（ＷＩＰＯ）の所管するところとなっており、ＧＡＴＴが同じ事項を重複して扱うことは望ましくないと主張したのである。これに対して、先進諸国、とりわけ米国は、国連の専門機関であるＷＩＰＯにおいては、一国一票主義の下で、途上国に圧倒的に有利な形でしか決着しないことが明白であるのみならず、そこでは、履行確保に必要な紛争処理手続や執行手続が欠如しているため、知的所有権保護の実効性を担保することができないと考えたのである。先進諸国は、円滑な国際貿易の推進とその拡大のためには、知的所有権の適正な保護のための多数国間協定を作り、その内容を各国において国内法化する旨義務づけるとともに、その違反に対しては、ＧＡＴＴの紛争処理・執行手続に則って解決していくことが、先進国のみならず途上国にとっても、望ましいことを力説したのである(6)。こうしてこの問題はウルグアイ・ラウンドの交渉に委ねられることになったのであるが、知的所有権に対する過度の保護の是正と技術移転の促進の方をむしろ強く求めている途上国は依然として消極的であり、また、先進諸国の間でも、それぞれ既存の国内体制との調整問題を抱えて多くの対立点が残されているのは周知のとおりである。

知的所有権といってもその範囲は広汎であり、かつ、国によって背景にある文化的・歴史的な固有性が根強く反映している制度でもあるから、具体的にどのような権利をいかなる水準で保護していこうとするのか、また、国内における行政的・司法的手続における統一基準をどのような形で確保しようとするのか、さらに特許紛争等における各国間での司法共助の在り方など、ＧＡＴＴがその交渉の場として好ましいといえないような問題も含まれているように思われる。とくに米国の提案の主眼は、知的所有権保護の違反については、これを貿易上の制裁(cross-sector retaliation)により、迅速かつ実効的に履行の確保をはかろうとするところにあるが、知的所有権保護のための措置がかえってその濫用を招き、正当な貿易への障害となる危険性は極力回避しなければならない。このように、知的所有権問題は、既存のＧＡＴＴの枠組みの中に様々な新しい要素を持ち込んできており、それがＧＡＴＴの機能を大きく変容しつつあることは確かなようである(7)。

また、「サービス貿易」をウルグアイ・ラウンドの主要テーマに取り込んだことは、右のマンデイト論争と同様、ＧＡＴＴの基本構造に根本的な修正を迫るものとなっている。一九八二年に米国がこの問題を次期ラウンドで取り上げるよう提案した際、多くの途上国はＧＡＴＴがそのような権限を付与されていないことを理由に、強く反対したのである。しかしその後、先進国と途上国との間に一定の妥協が成立し、冒頭に述べたような形で交渉の進展をみている(8)。たしかに、現代において、物の国際的移動よりも、サービス産業の国際的展開の方が一層その重要性を増してきているにもかかわらず、これを規律する国際法ルールが欠缺していることを考えれば、その立法化の必要性は大いに認められるであろう。しかし、一口に「サービス」といっても、レストランやロンドリーから、観光、銀行金融、労働、建設、運輸、通信に至るまで、その内容は驚くほど多種多様であり、セクターによって法的規制の在り方も大きく異なる。しかもこのサービス貿易は、ＧＡＴＴがこれまで全く関与してこなかった分野の問題であるだけに、後述するように、交渉結果(final product)をどのようにまとめるかが、ウルグアイ・ラウンドの最終段階における最大の課題となろう。

ともあれ、新ラウンドにおいてＧＡＴＴが、サービス貿易や知的所有権など、極めて「野心的」ともいえる立法課題の選定を行ったことの是非は、結局のところ、その交渉の成否によって、歴史的な評価を与えられることになるであろう。

2　草案の準備と交渉

立法課題が選定された後の国際立法過程における中心的部分は、条約草案の準備・起草・定式化・審議・交渉等の作業である。一つの典型として、国連国際法委員会の場合を例にとってみると、(1)作業部会・事務局による予備的研究、(2)特別報告者による報告書・条文草案の提出、(3)国際法委員会による一般的審議、(4)起草委員会による定式化、(5)国際法委員会による暫定草案の採択(第一次読会)、(6)国連総会第六委員会審議、(7)国際法委員会第二読会審議・最終草案採択、(8)国連総会審議・草案採択、というプロセスを経て後、条約採択のための外交会議が開かれることになるのである(9)。こうした複層的でかつソフィスティケートされた国際法委員会の立法過程に比して、ＧＡＴＴのラウンドにおける法の定立は、次のような特質を持っているものといえよう。すなわち、第一に全体をとおして非公式的であり、第二には実際的考慮が優先すること、そしてその結果として、第三に定立交渉の過程における透明性が欠如している、といった点である。

ＧＡＴＴにおいては、まず、交渉の基礎となる原案を準備するための機関（専門家グループ・特別報告者など）が恒常的には存在しない。このことは、少なくとも、次の二つのことを意味する。第一には、交渉が少なくとも形式的には最初から全参加国によって行われることである（もっとも、実質的には、交渉の体制作りに積極的に参加する国の数は常に限られている）。そして第二には、その交渉が通常は公式の原案なしで開始されることとなる、ということである。各国（時にはＯＥＣＤなどの国際機構）が様々な形で提案を行い、ある段階で交渉グループの議長などが草案にまとめて提示することが多いようである。条文の定式化の過程で起草委員会が設置されて調整に当たるということも行われていない。決定は通常コンセンサス方式で行われ、表決で決めることは稀である。往々、重要事項に関する交渉は関係の二国間ないし複数国間で行われ、貿易交渉委員会をはじめ各交渉グループの審議も非公式会合が原則である。こうした非公式性はＧＡＴＴの立法過程の際立った特徴であり、この点については、第三次海洋法会議の場合との類似性が指摘されている(10)。

この非公式性は、いうまでもなく、ＧＡＴＴにおける実際的考慮の優先というプラグマティックな要請に基づくものである。ＧＡＴＴの会議は一般に手続を簡素にして実効ある討議に精力を集中し、成果をあげることを何よりも重視するという実務的で建設的な協力の精神が強く支配しているといわれる(11)。国連のように多元的な構成をとる国際組織と違って、ＧＡＴＴの場合には、国家的威信や価値観のレヴェルにおける相剋が比較的少なく、基本的に市場経済原理によって貫かれているので、その一元的体系に立って各国間の利益の調整に集中することが可能であることから、右のような方式が容易に採用されうるのであろう。しかも、とくに注目すべき点は、ＧＡＴＴ事務局の有効性である。同事務局は少数ながら極めて有能なスタッフをそろえており、ラウンド交渉においても、事前の準備・研究、非公式原案の提示、関係国間交渉の合意の調整と確定（事務局は往々「クリアリング・ハウス」の役割を果たす）など、基本的に重要な機能を果たしており、各国からも絶大な信頼をかちえているといわれる(12)。

このように実際的考慮と非公式な手続を優先させるということは、反面、法定立過程をそれだけ不透明なものにすることでもある。この点も、右に触れた第三次海洋法会議と類似した問題を惹起させる。透明性の欠如は、往々、その条約・協定に対する信頼性を損なうことになりかねない。国際法委員会のような立法過程をとる場合には、出来上がった多数国間条約について紛争が生じたとき、その形成過程が透明であるから、準備作業（travaux préparatoires）を解釈の補助手段として用いることも可能となる。ＧＡＴＴの紛争処理について、「コンセンサス・マイナス・ツー」方式や再審制度の導入、さらには常設のＧＡＴＴ裁判所構想さえ論議されている現在、そうした紛争処理手続の客観化の前提として、そこで適用されるＧＡＴＴ法の定立過程そのものをも透明なものとして客観化していく努力が求められていることを看過してはならないと思うのである。

3　最終形式

ウルグアイ・ラウンドの final product をどのような形式にするかは、交渉の最終段階で決まる問題であるが、関税や非関税障壁の軽減・撤廃といった具体的「措置」に関する約束の場合と異なり、新しいルールの定立を行う場合には極めて重要な問題である。ＧＡＴＴ（一般協定）の改正には、全締約国ないし三分の二の締約国による受諾が必要とされる（三〇条）ことから、その改正は実際のところ極めて困難である。そのため東京ラウンドでは、別個の議定書・取極を結んで、事実上、一般協定の補充ないし改訂の目的を充たすこととなったのは、周知のとおりである。

東京ラウンドで積み残した問題の一つに「セーフガード」がある。別稿(13)で論じたように一般協定一九条のセーフガード条項が、現状では十分に機能しないことは今や誰の目にも明らかである。したがってウルグアイ・ラウンドでは、一九条の規定の明確化(免責期間・条件等)のほか、選択的適用の是非(限定的選択性の容認ないし選択適用の合法化)、灰色措置問題、構造調整問題とのリンク(義務化等)などをめぐって、議長ペーパーを土台に交渉が重ねられている。しかるに、仮に合意が一応成立したとして、これをどのような最終形式に落ち着かせるか、極めて困難な問題である。右の一般協定三〇条による「改正」ができれば問題はないが、その可能性に見通しがない場合には、一般協定とは別個の「議定書」を採択するか、あるいは「解釈宣言」のような形で事実上の修正を施すしかないであろう(同種の議論は、国連海洋法条約第一一部の深海底規定についても、本節執筆現在その事実上の改訂方法として模索されており、興味深い)。一九六一年の綿製品取極に始まり一九八六年に三回目の延長を迎えた多角的繊維取極(MFA)ではすでに選択的セーフガードが規定されているが、今回のラウンドでは、MFAの「GATT帰り」が期待されているところから、それとも絡んでこのセーフガード問題の決着は、その中身がどう合意されるかという点だけでなく、最終文書の形式がどのようなものとなるかが、とりわけ注目されるのである(14)。

先にも触れたように、新ラウンドでの最終形式に関する最大の問題は、「サービス貿易」に関する合意の形式であろう。サービスという広汎な領域について、そこに共通して適用可能な原則とルールを盛り込んだ多角的な枠組協定(framework agreement ないし umbrella agreement)の作成が作業グループに課せられた任務である。途上国もサービス貿易の拡大という大義名分自体には反対しないものの、依然、それらの諸国が消極的であることには変わりない。また、先進国においても、特定セクターについて枠組協定からの適用除外を設けることを主張する向きもあり(15)、仮にそうした例外を認めることにすると、協定適用の対象範囲を狭めてその存在理由そのものを稀薄にしてしまうことになるという批判がある。

ともあれ、サービスというGATTにとっては全く新しい分野の法の定立に当たって、その最終形式の問題は極めて重大である。ＧＡＴＴは、本来、物の移動に関する規則を定めた文書であり、サービス貿易についてこれを類推適用することは困難である。サービスについては、ＧＡＴＴと対等に並存するＧＡＴＳ(General Agreement on Trade in Services. 一時はＧＡＳとも呼ばれたが、語呂が悪いので使われなくなった)の設立を提唱する国もあるほどである。こうして、最終形式の問題は、ＧＡＴＴそれ自体の基本構造に関わる「憲法的問題」につながることになるのである。

三　ＧＡＴＴにおける法の分立とその克服

右にみたように、ＧＡＴＴの周辺には、ＭＦＡなど、ＧＡＴＴの法的枠組みと両立しないような多辺的合意が形成されてきており、これが「ミニＧＡＴＴ」とか「裏ＧＡＴＴ」などと呼ばれるような状況を呈していることは、一般協定の規範的統一性という観点からみる限り、一つの「病理現象」といわざるをえないであろう。そうした状況は、とりわけ東京ラウンド以降、非常に顕著である。東京ラウンドで成立した取極(コード)の幾つかは、ＧＡＴＴとは別個の履行監視委員会や紛争処理手続を設定しており、長期的にみた場合、深刻な問題になろうと指摘されている。紛争処理手続だけをとってみても、一二の手続が併存しているという状況である。しかもこれらのコードは、法的には一般協定とは独立の国際約束であるため、コードの規定から発生する義務は、いうまでもなく、コード受諾国にのみ適用されることから、ＧＡＴＴ加盟国間の法律関係は多元的に分裂することとなるのである(16)。さらに、セーフガードについてみれば、二国間の輸出自主規制や市場秩序維持協定など、ＧＡＴＴ一九条の枠外における「灰色措置」が拡散していることは、ＧＡＴＴにおける立法過程の観点からみて、一層混乱した状況にあることがわかる(17)。こうした全般的状況の中で、一般協定の「規範的相対化傾向」(18)は極めて顕著というほかない。しかるに、ウルグアイ・ラウンドでは、東京ラウンド以上に、広汎かつ新規の分野について、多くの取極が結ばれることが予想されるのである。各協定相互間の調整も不十分なまま、しかも一般協定との整合性が欠如したまま、それらの取極が並存することは、GATT全体の規範性を脆弱なものとし、世界貿易を「法の支配」の下に置こうとするGATTそもそもの理念に逆行することになろう。

GATTにおけるこのような法の多元的分立――GATTの「バルカン化」！――という状況をいかにして克服すべきか、それは単に理論的問題にとどまらず、将来の展望に関わるすぐれて実践的な課題である。ジャクソン教授は、この点について極めて大胆な提案を行い、現在の混乱した法状況を根本的に解決するためには、陽の目を見なかった「国際貿易機関憲章」（ITO憲章）に代わる新たな「世界貿易憲章」（a Charter for World Trade）を制定することが必要だとする。この憲章には、少なくとも、(1)総会・執行理事会・事務局長・事務局などの機構的メカニズムに関する規定、(2)機構の意思決定過程（表決制度）および法定立過程に関する規定、(3)単一の紛争処理手続、(4)一般協定の暫定適用に関する議定書や祖父権条項の廃止、(5)サービス貿易や知的所有権等に関する「GATT第V部」相当の規定、(6)一般協定の下位にある諸取極との法的関係に関する規定、などを含むものとして提示されている(19)。現在の国際社会にこうした壮大な構想を受け容れる基盤が果たしてあるか否か、疑問なしとしない。しかし、早晩こうした根本的な自己変革を遂げなければ、GATTが二一世紀におけるその役割を担い切ることは、不可能のように思われるのである。ともかくも、ウルグアイ・ラウンドでは、GATTの将来に関する展望が拓かれるような形で交渉の成果が示されるよう、期待されるところである(20)。

注

（1）　村瀬信也「最恵国条項論」『国際法外交雑誌』七二巻四号・五号（一九七四年）、同「特恵制度の展開と多辺的最恵国原則」『立教法学』二五号（一九七六年）参照。

（2）同「国際立法学の存在証明」浦野起央・牧田幸人編『現代国際社会の法と政治』（深津栄一先生還暦記念、北樹出版、一九八五年）一〇五〜一二九頁（本書第三章第一節に収録）、同「国連海洋法条約と慣習国際法――『国際立法』のパラドックス」『海洋法と海洋政策』九号（一九八六年）一〜二五頁（本書第三章第三節に収録）参照。

（3）外務省『外交青書』（平成元年度版）三三号（一九八九年）七七〜八〇頁、同「ウルグアイ・ラウンド総集編」『経済と外交』七九六号（一九八八年）参照。天野俊彦「ウルグアイ・ラウンド中間レビューの概況」『貿易と関税』四三一号（一九八九年）一八〜二四頁。

（4）村瀬信也「ＧＡＴＴの規範的性格に関する一考察」『法学』（東北大学）五二巻五号（一九八八年）七三〜一〇七頁参照。D. M. McRae & J. C. Thomas, "GATT and Multilateral Treaty Making : The Tokyo Round", *American Journal of International Law* (*AJIL*), vol. 77, no. 1, 1983, pp. 51-83.

（5）国際立法過程の各段階における問題点については、第三九国連総会九〇号決議「多数国間条約形成過程の再検討」に添付された「最終文書」参照（United Nations Legislative Series, *Review of Multilateral Treaty-Making Process*, ST/LEG/SER. B/21, 1985）。なお、ＧＡＴＴにおける立法過程については、同事務局による簡単な覚書が右の資料に掲載されている（*Ibid.*, pp. 329-395）。国際法において「典型的な」立法過程の例を示すことは難しいが、ＧＡＴＴの特質を浮き彫りにする上では、国際法の比較的伝統的な分野の法典化を行っている国際法委員会の場合と対比することが、むしろ有益かと思われる。村瀬信也「現代国際法における法源論の動揺――国際立法論の前提的考察として」『立教法学』二五号（一九八五年）八一〜一一一頁（本書第一章第一節に収録）、同「国際法委員会における立法過程の諸問題」『国際法外交雑誌』八四巻六号（一九八六年）二五〜六四頁（本書第三章第二節に収録）参照。

（6）Cf. Milan Bulajić, "Protection of Intellectual Property Rights and Foregin Trade (Uruguay Round)", in Dicke & Petersmann, eds., *Foreign Trade in the Present and a New International Economic Order*, 1988, pp. 292-300.

（7）外務省「知的所有権」『前掲誌』（経済と外交）（注３）三六〜三八頁、天野「前掲論文」（注３）二三〜二四頁。

（8）G.P. Sampson, "Uruguay Round Negotiations on Services : Issues and Recent Developments", in Dicke & Petersmann, eds., *op. cit., supra* note 6, pp. 274f., 天野「前掲論文」（注３）二二〜二三頁。

（9）村瀬「前掲論文」（国際法委員会）（注５）四三〜五二頁（本書第三章第二節二二五〜二三〇頁）。

（10）McRae & Thomas, *op. cit., supra* note 4, pp. 73-75.

（11）ＧＡＴＴにおける交渉過程の実際については、これに関わった人でなければ知りえないことが多いが、高瀬保「知られざるGATT」『貿易と関税』四四一号（一九八九年一二月）一八～二三頁は興味深い。

(12) McRae & Thomas, *op. cit.*, *supra* note 4, pp. 67-76.

(13) 村瀬「前掲論文」（注４）（GATTの規範的性格）。

(14) 北村大「マルチラテラリズムの神話――セーフガード紛争処理を中心に」『貿易と関税』四三九号（一九八九年一〇月）一〇～一九頁参照。

(15) 米国はサービス貿易に関する包括的な条文形式の枠組協定案を提出した（一九八九年一〇月二六日）が、そこでは、特定セクター（米国財務省の主張する「金融セクター」）を除外し、枠組協定とは独立した別個の特別協定締結の余地を認める規定となっている。日本も、大蔵省の主張する金融セクターのほか、運輸省が海運セクターの除外を主張しており、今後の国内的調整が待たれる。いずれにせよ、セクターごとの個別的協定はウルグアイ・ラウンド終了後に持ち越される見通しである。R. J. Krommenacker, "Multilateral Services Negotiations : From Interest-Lateralism to Reasoned Multilateralism in the Context of the Servicization of the Economy", in Petersmann & Hilf, eds., *The New GATT Round of Multilateral Trade Negotiations: Legal and Economic Problems*, 1988, pp. 455f.; W. von Dewits, "Services and Uruguay Round", in *Ibid*., pp. 475f.

(16) McRae & Thomas, *op. cit.*, *supra* note 4, pp. 79-80.

(17) 村瀬「前掲論文」（GATTの規範的性格）（注４）参照。

(18) Prosper Weil, "Towards Relative Normativity in International Law ?", *AJIL*, vol. 77, no. 3, 1983, pp. 413-442.

(19) J. H. Jackson, "Strengthening the International Legal Framework of the GATT-MTN System : Reform Proposals for the New GATT Round", in Petersmann & Hilf, eds., *op. cit.*, *supra* note 15, p. 18.

(20) 本節の元となった原稿執筆後の展開について補筆しておくと、周知のとおり、ウルグアイ・ラウンドの結果、本文で述べたジャクソン構想の下に、一九九五年一月より新たに世界貿易機関（World Trade Organization, WTO）が発足することとなり、本節で指摘したGATTの問題点は概ね克服されることになった。すなわち、GATTをはじめ貿易自由化のための諸協定は、WTO協定（マラケシュ協定）の付属書として位置付けられ、法的な一元化がはかられるとともに、機構的なメカニズムも整備された。また、「紛争解決了解」の成立により、紛争処理手続も、パネルと上級委員会の二審制を採用して、一元的かつ拘束的なものとなった。

第三節　宇宙基地協定の成立と発展

一　問題の提起

1　宇宙基地計画と宇宙法

本節は、一九九〇年代半ば（実際は二一世紀初頭にずれ込んだ）にその実現が企図されている宇宙基地計画を素材として、現代における宇宙開発の国際法を概観し、この分野でのわが国の対応を法的側面から検討しようとするものである。本節執筆の時点（一九八七年）において、宇宙基地計画そのものは未だ予備的段階にあるにすぎず、その内容についても多分に未確定な要素を残している。米国の主導の下に進められてきたこの計画が実施に移されるまでには、これに参加する欧州各国、日本、カナダとの交渉において、まだ多くの曲折が予想される。また、宇宙基地それ自体が未だ机上の計画にすぎないものである以上、その「法的争点」も仮設的な問題の域を出るものでないことはいうをまたない。それにもかかわらず本節で宇宙基地問題を取り上げるのは、この計画の推進と交渉の過程で、宇宙協力におけるこれまでの諸経験が総合的に検証され、宇宙開発の在り方とその問題点が集約的に表出してきているからである。その意味では、宇宙基地問題は、これまでの宇宙法発展の一つの到達点を示しているといえる。他方で、宇宙基地は将来における宇宙法の在り方を展望する一つの出発点でもある。すなわち、この計画は、過去三〇年にわたって形成されてきた宇宙法秩序に対し、これに根底的な変革を迫る新しい問題を様々な形で提起しているのである。換言すれば、この宇宙基地に対して適用される法規則は、二一世紀における新たな「宇宙開発の国際法」の内容と性格に、重大な影響を与えずにはおかないのである。本節が宇宙基地に注目するのも、まさにこの点にある。

宇宙基地(a space station)建設の計画は、一九八四年一月、米国大統領の一般教書において発表され、米国のイニシアティヴの下に、欧州一三ヵ国、日本およびカナダが国際協力によって推進しようとしている巨大プロジェクトである(1)。後述のように、この計画の下では、米国が建造する有人の多目的・準恒久的な宇宙基地本体に、欧州宇宙機関(European Space Agency, ESA)および日本などが独自に建設する「棟」(module)を接続させ、その施設を用いて様々な科学実験や観測、先端技術・生命科学の応用による各種の物質・材料・薬品等の製造を行うこととしている(2)。今日、宇宙開発活動の重点は、静止軌道(地上三万六、〇〇〇キロ)の利用などの「位置利用」から、無重力・無菌状態といった低軌道(地上三〇〇~五〇〇キロ)における「環境利用」に移行してきているといわれるが、宇宙基地計画はまさにその先鞭をつけるものである。こうして、この宇宙基地については、従来の宇宙法秩序の下では必ずしも真正面から意識されてこなかった新たな問題――たとえば基地の構成単位に対する管轄権や管理運営の態様、平和利用原則の具体的内容、基地内での諸活動に対する監督、事故等の場合の損害賠償責任、刑事・民事管轄権の配分、国家と私人・私企業との関係や国際組織との関係、さらに基地内で製造される産品の関税や製造物責任の問題、特許その他の知的所有権の保護といった様々な法律問題が提起されるのである(3)。

宇宙基地が内包する右のように多様な問題に対して、既存の宇宙法秩序は必ずしも十分に対応しうる内容を具えていない。人類の活動が宇宙空間に及んで未だ四〇数年、実定宇宙法の形成が始まってから未だ三〇年余りにすぎない。それにもかかわらず、科学技術の飛躍的な進歩は、この分野における実定国際法の適用を、急速に時代遅れなものにしているように思われる。もとより、この短期間における宇宙法の進展は、国際法の他の分野に比してみれば実に目覚ましいものであった(4)。一九六七年の「宇宙条約」(正式名称は「月その他の天体を含む宇宙空間の探査及び利用における国家活動を律する原則に関する条約」)をはじめとして、一九六八年の「宇宙救助返還協定」(正式名称は「宇宙飛行士の救助及び送還並びに宇宙空間に打ち上げられた物体の返還に関する協定」)、一九七二年の「宇宙損害責任条約」(正式には「宇宙物体により引き起こされる損害についての国際的責任に関する条約」)、一九七六年の「宇宙物体登録条約」(正式には「宇宙空間に打ち上げられた物体の登録に関する条約」)、さらに一九八四年の「月協定」(正式には「月その他の天体における国家活動を律する協定」)など、宇宙活動を規律するための基本的な国際法体系が急速に整備されてきたことは周知のとおりである。それにもかかわらず、宇宙基地計画をめぐる諸問題に対処していく上で、現行条約秩序には幾つかの側面で「法の未発達ないし欠缺」があることは否めない。したがって、そのような法状況の下では、既存諸条約の法価値そのものは基本的に維持しながらも、その関連条項の解釈・適用については、新しい事態に即応できるような形で柔軟に対応していくことが要請されているものと考えなければならない。

2　宇宙法における日本の位置

宇宙基地問題が、前記のように、宇宙開発国際法の発展において一つの転換点に存在するとすれば、この問題に対して日本がいかに関わるかという点についても、日本の宇宙法分野における従来の経験を踏まえた上で、かつ、将来の展望の上に立って、これを考察していく必要があるだろう。

過去四〇数年間の宇宙法の発展の中で、日本の位置も大きく変化してきたが、概ねそれは次の三期に区分して捉えられよう。いうまでもなく日本は当初、宇宙衛星の打上げ経験を持たない「非打上げ国」(non-space nation)の一国にすぎなかった。しかるに、宇宙法に対する日本の対応の第一の転換点は一九七〇年前後にあった。すでにその前年、わが国における宇宙開発の中枢的実施機関として「宇宙開発事業団」が設置され(同事業団法、昭和四四年六月二三日法律第五〇号)、また「宇宙開発に関する日本国とアメリカ合衆国との間の協力に関する交換公文」(一九六九年七月三一日)が結ばれるなど、法制面においても日本は着々と開発体制を整備してきていたが、一九七〇年二月二日、わが国は初の人工衛星「おおすみ」の打上げに成功し、その後も続々と打上げを行って「打上げ国」(space nation)の地位に移行したのである(5)。

これに対して第二の画期は一九八一年頃と考えられよう。すなわち、この時期は、わが国の宇宙活動が従前の「科学調査主導型」から、次第に「実利用主導型」へと転換する時期として捉えられるのである。もとよりこの時期においても、科学観測・実験活動が引き続きその重要性を失っていないことはいうまでもないが、通信、放送、気象観測、資源探査といった実利用分野の比重が極めて大きくなってきていることは明らかである(6)。こうした状況を踏まえて、わが国は一九八三年、長年の懸案であった前記宇宙三条約(救助返還・損害賠償・登録)の批准承認を行い、本格的な実利用体制の整備を、少なくとも対外的な側面については、達成したのであった(7)。

以上のような段階を経て、さらに第三の転換をどう捉えるか、それは将来における展望に属するが、日本の宇宙利用が早晩、これまでの「公的利用」から、「商業化」(commercialization)へと重心が移行していくことは、不可避のように思われるのである(8)。この段階では、宇宙開発の主体が、政府機関とともに、これまでは単にその間接的な参加者ないしは受益者にとどまっていた私人・私企業に、徐々に拡散していくこととなろう(9)。この第三の局面で決定的に重要な契機になると思われるのが、本節で論ずる宇宙基地にほかならないのである。

二　宇宙基地の法的性格

1　宇宙基地の実態的特質

まず最初に、計画されている宇宙基地が、これまでの宇宙物体との対比において、どのような特質を持つかを、その実態に即して、かつ法的に関連性を有する限りにおいて、把握しておく必要がある。第一の特質は、何よりも、その規模の巨大さ（全長一五五メートル、幅八〇メートル、重量約千トン）と、その半恒久的性格（少なくとも一五年以上の耐久性を持つよう設計される）である。こうした大規模な物体が低高度（地上三五〇—五〇〇キロ）地球周回軌道を半永久的に回り続けるということは、もとよりこれまでの宇宙活動にはみられなかったことである。第二に、従来の宇宙物体が、通常、単体として、地上からの発射装置により打ち上げられたのに対して、宇宙基地の場合はそうした「打上げ」によるのではなく、スペース・シャトルによって十数回にわたり運搬された資材により、その組立てが宇宙空間で行われるという点に大きな特徴がある。第三に、宇宙基地にはそれが一応完成したのちも、種々の「棟」(module)を接続させていくことができるほか、設備の保守、修理等も自己充足的に行うことができ、当初の形状を徐々に変化させていくという性質を持つ。また宇宙基地は、本体とは物理的に切り離されて自由に周回飛行する宇宙物体(free-flying objects)をも、そのシステムの中に統合することも想定しており、こうした不定形性が著しい特質となっている。

第四に、従来の宇宙物体がそれぞれ特定の限られた目的（通信、気象観測、科学実験など）のために設計・運用されていたのに対して、宇宙基地の場合は、その目的・機能の多様性と不定性を基本的な性格としている。すなわち、基地内では、⑴広汎な分野の科学実験、生命科学研究、⑵高純度結晶、半導体等の新素材の製造、⑶地球および天体の長期観測等が行われるほか、⑷衛星等の保守・修理・組立てのためのサービス施設、⑸宇宙輸送の中継点、⑹宇宙空間における貯蔵基地としての役割も果たすことになる。そして注目すべき点は、これら現在の段階で想定されている機能の他にも、基地内では必要に応じて新たな目的のための活動が、適当な設備等の付加により、可能となることである。第五に特筆すべきことは、この宇宙基地計画が、前述のとおり、米国を主体としながらも、欧州、日本、カナダの参加による国際的な共同プロジェクトとして推進されていることである。これまでも宇宙物体の「共同打上げ」は多数の先例があるが、宇宙基地の場合は通例の共同打上げをはるかに超えた緊密かつ重層的な国際的連携関係として捉えなければならない。総事業費の規模、計画実施の政治的・経済的・技術的インパクト、そして事故等の場合の危険性の大きさと国際責任分担の重大性等に鑑みても、参加国間の連携関係がどのような形で確立されるかが、宇宙基地問題の要《かなめ》となっているといっても過言ではない。さらに第六として、従来の宇宙活動が概ね国家（国家機関）を主体として行われ、私企業・私人は関与することがあるとしても間接的な地位にとどまっていたのに対して、宇宙基地における活動には、私人・私企業が利用者としてより密接な関わりを持つようになることが予想される。またそれに伴って、将来においては、基地構成員に民間出身者が含まれてくる可能性も予想される。

右のような事実を列挙しただけでも、宇宙基地計画が既存の宇宙条約体系に対して、かなり根底的な問題を提起していることが理解されよう。とくに留意すべき点を抽出しておくと、まず第一に、宇宙空間利用の基本原則に関わる問題がある。すなわち、宇宙空間の探査・利用の自由が、無差別・平等の基礎に立ってすべての国に権利として保障されていることはいうまでもない。宇宙基地の建設・利用もこの宇宙活動自由の原則に従って、各国にその自主的な判断により、他国や国際機関等の許可を得る必要もなく、また他国による何らの妨害も受けずに遂行しうる。しかし他方、宇宙基地の巨大さや恒久性は、それ自体、一定の地球周回軌道について事実上の占有状態を生じさせ、将来、第三国との間に摩擦を惹起する恐れなしとしない(10)。加えて、それが損害を与えた場合の国際的責任について従来とは比較にならない深刻な問題を生起させうる(11)。第二に、基地活動の多様性は、その大前提である「平和利用原則」との間に微妙な問題を投げかけている。「平和目的」概念をめぐる周知の原理的対立は未だに止揚されていないばかりか、その具体的認定基準は一層困難になってきている(12)。第三に、宇宙基地の建設方法やその複合性・不定形性は、宇宙法がこれまで想定していた「打上げ」、「宇宙物体」等の基本概念や「登録制度」の前提を大幅に崩す要素となっていることが認識されよう。第四に、この宇宙基地計画が複数国家の協力の下に実現されるということは、これまで責任と管理の権限を原則として「打上げ国」に一元化しようとしてきた宇宙条約体制に基本的な変質を迫りかねず、基地に関して複数の管轄権が衝突する局面も予想しえよう。さらに第五に、各国出身の私人・私企業による宇宙基地活動へのより緊密な参加は、従来は概ね国際公法的処理に委ねられてきた宇宙法問題に、契約法、不法行為法、特許法、国際私法等、広汎な法分野が一挙に関わりを持ち始めることになるのである。今回の宇宙基地計画は初めてのケースであるだけに、そこにどのような法制度が設定されるかは、今後二一世紀に向けて続々と建設されるであろう宇宙基地レジームのモデル・ケースとなる可能性が強い。したがって右に述べたような個々の法律問題について現在の段階で明確な見通しをつけておくことが、非常に重要な課題として提起されているのである。この節では右に列挙したすべての論点に触れることはできないが、幾つかの問題に焦点を合わせて考察しておきたい。

2　「宇宙物体」としての宇宙基地

右に例示したような諸々の法律問題は、結局のところ、宇宙基地における管轄権の在り方如何に収斂されるのである。しかるに、宇宙法レジームにおける管轄権の構造は、登録制度を前提として、「打上げ国」をその主体とし、「宇宙物体」をその客体として、成立している。ここではまず、登録条約における「宇宙物体」概念に照らして、宇宙基地問題の客体的側面を確定しておかなければならない。

七六年登録条約の起草において前提されていた「宇宙物体」(space object)が、典型的には次のようなものとして観念されていたことは異論ないであろう。すなわち、第一にはそれが地上から「発射」(打上げ)される物体であること、第二に、単一の物体であること、そして第三には、この物体の形状および性格(目的・機能)が一定(限定的)であること、などの諸点である(13)。

これに対して「宇宙基地」は、先にも述べたとおり、こうした「宇宙物体」の典型とは、次の点で異なる。第一に、宇宙基地の建設は、スペースシャトルで地上から「運搬」された物資により、その「組立て」が宇宙空間の軌道上で行われるものであり、基地そのものが地上から打ち上げられるわけではない。このことは、地上からの発射による物体の打上げをもって「打上げ国」(launching state)を捉える登録条約一条(a)の前提を大きく変えるものである(加えて、宇宙基地自体が宇宙物体の打上げ施設として利用可能となることも登録条約の予想しなかったことである)。第二に、宇宙基地は本体である中核部分のほか、これに接続される有人・無人の幾つかの棟(module)の組合せからなる。さらに、この基地は、同一軌道を(場合によっては異なる軌道を)回る自由飛行物体(free-flying objects)も、一体不可分のシステムとして組み込んでいる。このため、これらをそれぞれ単独の「宇宙物体」として捉えることも、また逆に単なる「宇宙物体の構成部分」(登録条約一条(b))として捉えることも、いずれも無理がある。さらに第三に、宇宙基地は、将来の可能性としてはそれが一応完成した後も、基地本体に様々な棟を新たに接続させていくこともありうるものと考えられているところから、その形状および機能は漸次変容していくことも可能性としては排除されていない。その意味で宇宙基地は発展進化の様相を呈するものであり、従来の固定的な宇宙物体概念を超えた存在として既存の登録制度にも変質を迫るような要素を内包しているとも考えられる(14)。

このように登録条約で想定されていた「宇宙物体」と、計画される「宇宙基地」との間には、大きな乖離が認められているとはいえ、現行条約規定の解釈の問題として宇宙基地を捉える限りは、次の点を考慮しておかなければならない。まず第一に、宇宙基地は、その本体および本体と恒久的に接続されている部分を含めて、これを全体として単一の「宇宙物体」として登録されなければならないかどうか、という点である。この点については、宇宙基地のような巨大な構築物の場合には分割して登録することも可能ではないかと思われる。第二に、それではどのような基準で分割登録が可能かという点について考える場合、まず、この基地本体に積載される搭載物(payloads)は、単独の宇宙物体としては認めがたいであろう。この点で、たとえば、今回の計画でカナダが提供することになっている遠隔操作アーム・システム（Remote Manipulator System）を独立の宇宙物体とみるか、それとも単なるその「構成部分」にすぎないとみるかどうかについては議論の余地があろう。これに対して第三に、基地本体に接続されていても、一定程度の相対的独立性を具えた実験棟などは、単なる宇宙物体の「構成部分」（component parts）とは異なり、宇宙基地の「構成単位」（component units）として、換言すれば、独立の宇宙物体と単なる構成部分との「中間段階」に位置するものとして、捉えられなければならないとの考えもある(15)。今回の計画で、ＥＳＡや日本が提供する実験棟は相当程度の独立性を持つものとして設計されており、したがってその法的な位置づけやその帰結としての「登録」も、そうした実態に即して行わなければならない。第四に、宇宙基地本体と物理的に切り離されて独立に周回するプラットフォーム、自由飛行物体、運搬機（スペースシャトル）等は、それ自体、独立の宇宙物体として位置づけられよう。ＥＳＡによる「コロンブス計画」の最終段階では、軌道コントロール・居住・電力・酸素供給・通信設備等を具えた自立的な自由飛行物体を宇宙基地システムに組み込むことを予定しているが、そのような段階に達したものであれば、もとよりそれは単独の宇宙物体として認識さるべきものである。

いずれにせよ、少なくとも理論的なレヴェルにおいては、宇宙基地が現行宇宙法体系における「宇宙物体」概念といかなる関係に立つかという客体的側面を確定しておくことが、「登録国」概念を媒介として成立している「管轄権と管理」の主体に関する問題を解明するための、いわば先決問題と考えられるのである。

3　宇宙基地に対する「管轄権と管理」

前述のように現行宇宙法秩序の下では、一種の旗国主義により、個々の宇宙物体の「打上げ国」が、この物体に対する支配権、管轄権を持つこととしている。すなわち、六七年宇宙条約八条では、「宇宙空間に発射された物体が登録されている条約の当事国は、その物体およびその乗員に対し、……管轄権および管理(jurisdiction and control)の権限を有する」と定め、さらに七六年宇宙物体登録条約は具体的に、「打上げ国」による登録と通報の方式、手続について規定している(二条)。こうした前提の下に、宇宙法体系においては、返還救助や損害賠償の在り方も、原則として、この「打上げ国」すなわち「登録国」に一元化する体制として確立しているのである(16)。

もっとも登録条約は「共同打上げ」の場合には、管轄権の設定について特別の規則を作っている。すなわち同条約はこの場合、「登録国」については打上げ国相互の協議によりそのいずれか一国を指定することとした反面、宇宙物体とその乗員に対する管轄権・管理権については登録国と切り離して、別途、直接関係国間の取極によることを妨げない旨規定し(二条二項)、各国でこれを分担することも認めているのである(17)。これは明らかに登録と管轄を等置した前記宇宙条約八条の規定からの乖離であり、右の取極がどの程度その基本原則から逸脱しうるかについては議論の余地があるとはいえ、共同打上げの場合の管轄権の態様は登録条約採択後の発展に委ねるとした同条約の起草過程に照らして考えるとき、今回の宇宙基地についてその趣旨を生かしていくことはむしろ望ましいものといえよう。

先述のように、この宇宙基地計画は、米国を中心として欧州一三ヵ国と日本およびカナダが参加するところの共同プロジェクトとして推進されるものであり、したがって基地に対する管轄権の在り方も極めて複雑な要素を孕むことになる。論理的に想定しうる一般的な「管轄権と管理」の態様としては、次の四種の方式が挙げられている(18)。第一は、一国(たとえば米国)による単独の管轄権(single jurisdiction)、第二は、複数国家による共同管轄権(joint jurisdiction)、第三は個別的管轄権(separate jurisdiction)の並存、さらに第四は政府間国際組織による統合された管轄(integrated jurisdiction)方式、である。こうした方式のいずれが選択されるかによって、宇宙基地活動の在り方にも大きな違いが生じることとなり、その意味では、この管轄権問題こそ宇宙基地をめぐる法律問題の中核をなすといってよい。

右の第一の場合のように、宇宙基地全体を不可分の統一体として捉えるという観点から、個別の棟に対する所有権とは切り離して、その全体を一国による単独の管轄権レジームの下に置くこの方式には、少なくとも管轄権の「モザイク状態」を回避するというメリットが認められよう。他の方式の場合のように複数の管轄権が競合ないし並存することは、宇宙基地の円滑かつ安全な管理運営に不可欠とされる統一性確保の点からみるといかにも繁雑であって、一国による単独の排他的管轄権の下に置く旗国主義的方式が最も単純明快であり、加えてこの場合には宇宙基地内の諸活動に対してその国の法律が優先的に適用されることになるということも、たとえば今回の計画の主導的立場にある米国などにとってはその国益に叶う選択肢と考えられよう(19)。しかし反面、今回の宇宙基地計画がそもそも米国の「単独打上げ」ではなく当初から多数国間の共同プロジェクトとして構想されてきたことを考慮すれば、実際には、この第一の方式が採られる可能性はほとんどないといってよいであろう。

これと対照的に第二の共同管轄権方式は、今回の宇宙基地計画が複数の参加国からなる国際協力によって推進されるべきものとした点を積極的に考慮した方式として、少なくとも観念的には十分想定しうる。もっとも、現行宇宙法秩序において「共同管轄」の内容とその実定法的基礎は必ずしも明確ではない。しかも、仮にそのような共同管轄の合意が参加国間で可能としても、一元的な管轄権を共同して行うためには、その一元性と共同性を担保するメカニズムが具体的に用意されなければならないであろう。後述する第四の方式を採る場合はともかく、そうした機構的裏づけを持たない「共同管轄権」は画餅に帰する可能性が危惧される。

これに対して第三の方式、すなわち個々の棟についてそれぞれ独立の管轄権を設定していく方式では、基地全体としてみれば個別的管轄権が並存する形態となる。これは個々の棟をそれぞれ別個の「宇宙物体」として登録するとともに、その前提に立って各棟に独立の管轄権を認めていく方式である。これはある意味で今回の宇宙基地計画の実態に見合った現実的な方式とも考えられる。とくに欧州各国は、一九七三年八月一四日の米国とＥＳＡ加盟国との間の協定によって推進されたスペースラブ (spacelab) 計画が欧州の思惑どおりにいかなかったことに対して相当の不満を持っており、今回の宇宙基地計画ではその轍を踏まないようにとの配慮が強く意識されているように見受けられる。すなわち、スペースラブの際には、それが完成してESAからNASAに一旦引き渡された後は、後者がこれを完全な管理下に置き、ESAには全く何らの権限も残されなかった、という批判があったのである。そのため、ESA加盟国(とりわけスペースラブに主要技術を提供した西ドイツ)は、宇宙基地を構成する各棟のうち、ESA提供部分についてはこれを独立の「宇宙物体」として登録するとともに、個別の管轄権と管理の権限を確保したいとの意向も推察されるのである。各棟内での活動が、高度技術開発や生命科学の応用など、各国の利害に直接的な影響を持ちうるため、こうした個別的管轄権設定の要求は根強い(20)。

第四の国際組織設立方式は、右のような管轄権の並存・競合から生じる混迷を回避するものとして、すでに存在しているインテルサット(21)などに範を求める形で主張される。すなわち宇宙基地の所有、登録、運用の主体として国際組織を定立し、これによる統一的な国際的管轄権能と準立法機能に依存して基地活動を規律していこうとするものである。この構想は将来の展望としては考慮されようが、少なくとも今回の宇宙基地計画に関する限り、この方式が採用される可能性は少ないように思われる。

右の諸類型のうち、実際にどのような方式が選択されるかという点については、現在のところ推測の域を出ない。ただ一つ指摘しておくべき点があるとすれば、実際に関係国間で合意される内容は、右にみたように観念的な類型にあてはまるような形で定式化されるというよりは、具体的な事項に即してプラグマティックな観点から取り極められるであろう、ということである。管轄権問題はすぐれて法的な問題ではあるが、他面、関係国の威信と利害を反映した政治的な問題でもある。今回の宇宙基地に即してみれば、この計画が施設面・財政面等において米国の圧倒的主導の下に推進されているという側面と、しかしそこでは他の参加国の協力が不可欠の前提になっているというもう一つの側面とが、法的なレヴェルでどのように調整されるかにかかっているのである。しかし、そうしたせめぎあいのプロセスを経てどのような管轄権レジームが設定されるかは、具体的な宇宙基地活動の法規則という次項に述べる問題領域において、一定の解釈基準を提供するものであり、本節の考察においてはやはりこれが最も重要な問題である。

三　宇宙基地活動の法規制

宇宙基地活動をめぐる法的問題としては、すでに公法・私法にまたがる幾つかの重要な論点が提起されてきている。とりわけそこでは、高度技術の保護に関する特許権その他の知的所有権の問題、参加国間における技術移転の許容範囲、税法上の取扱い、事故等の場合の賠償責任その他の民事上の不法行為責任の問題、宇宙事故に関わる保険制度の運用、さらに宇宙基地活動の従事者に対する刑事管轄権配分の問題などが重要である。

一般的に考えれば、これらの法律問題に対する解明の糸口も、前項で考察した宇宙基地に対する管轄権の態様から、いわば演繹的に導き出されるという面が強いものとみられよう。もとより、個別の問題について関係国で特別の合意が行われるならば、一般的な管轄権の態様とは乖離して、その問題に即したプラグマティックな法制度が設定される可能性は十分にありうる。ここでは前項での考察における管轄権問題を一応の前提としながら、その原則に照らしてみるとき、宇宙基地活動をめぐる具体的な法律問題はどのように捉えられるかという点について、幾つかの問題を例示的に取り上げ、その論点を整理しておきたい。

1　知的所有権の保護

前述のように、宇宙基地では高度の先端技術・生命科学等の応用による開発・生産活動の遂行が企図されている。

この宇宙基地計画が国際協力によって実現されようとしていることは、反面、高度技術の保護という先進工業国の死活的利害をめぐって、参加国内に熾烈な競合をもたらす原因ともなっている。基地に対する「管轄権と管理」の問題がクローズアップされているのも、この「技術の保護」という問題に関して、具体的にはＥＳＡないし日本の棟《モジュール》における技術の開発・利用についていずれの国の特許法が適用されることになるかという点が強く意識されているからにほかならない。端的に、米国の立場からすれば宇宙基地全体を米国の一元的管轄権の下に置き、そこでの技術活動にはすべて米国の知的所有権法体系が及ぶという形態が最も好ましいことになろう[22]。これに対して欧州・日本などは、いうまでもなく、そうした米国法優位をただちには受け容れがたい立場にある。これらの諸国としては、宇宙基地に対し、米国の特許法制の「域外適用」があるとしても、それがどの範囲まで認められるかについて予め了解しておく必要がある。

周知のように、特許権の制度というものは伝統的に属地的性格を強く刻印されているが、米国の特許法典(Patent Code)もその適用範囲について、従来これを「合衆国の領域内」に限定してきている(三五款)[23]。これに対して米国下院では一九八五年、カステンマイヤー(Robert W. Kastenmeier)議員により次のような内容の法案(H.R.2725)が提出された。すなわち、「合衆国の管轄権または管理の下にある」(under the jurisdiction *or* control of the United States)(傍点・強調は著者)宇宙空間の人工衛星・基地等で行われまたは用いられた発明は、特許法等の適用上、「米国内において行われまたは用いられたものとみなす」というのがこの法案の骨子である[24]。

この法案については米国内でも意見が分かれた。とくに司法省は、米国の特許法の適用範囲を宇宙空間にも拡張することは、同時に、特許侵害に対する合衆国の責任を拡大することになるとして法案に反対の立場を表明している[25]。これに対して特許権保持者の側では、米国特許法はすでにこれまでも合衆国の管轄権と管理の下にある宇宙物体に及ぼされてきており、右法案は単にこの確立した慣行を明文上確認するものにすぎない、としている[26]。

いずれにせよ米国がその管轄権下にある宇宙物体に対して米国の特許法制を適用する意思があることは明白である。その場合、右の法案で注意すべき点は、その適用範囲が「合衆国の管轄権または(or)管理」の下にある宇宙物体として規定されていることである。いうまでもなく、宇宙条約八条および登録条約二条では「管轄権及び(and)管理の権限」という文言を用いている。この and と or の違いは微妙である。通常、この「管轄権と管理」の語は概ね単一の概念として理解されている。しかるにこれを *de jure* の「管轄権」と *de facto* の「管理」に分離し、「または」の語によって択一の余地を作ろうとしていることは、仮に法的な管轄権が米国になくても、同国による事実上の「管理」が及んでいる場合にはこれを接触点として米国法の「域外」適用が可能となるのである。通常の用語法に反しての or の語を用いたのは、まさにそのような意図によるものと思われる。仮にESAないし日本の棟に対して、交渉の結果、それぞれ米国とは独立の個別的管轄権が設定されるとしても、これらの棟が様々な面で米国の提供部分に依存しその管理システムに組み込まれたものである以上、事実上の米国による「管理」が及んでいるものとみられよう。しかるに、そのような事実を媒介にして米国の特許法の適用が及ぶことになるとする右の定式は、欧州各国および日本にとって受け容れがたいものといわなければならない。

特許に関連してさらに問題となるのは、米国の「発明秘密法」(Inventions Secrecy Act)との関係である。この法律は「合衆国内」でなされた発明については、特別の免除が認められない限り、米国特許を申請することが義務づけられ、これに違反して外国で取得された特許は米国法上無効とされる旨規定している。したがって、たとえば、日本人が宇宙基地内で行った発明は、それが米国の提供部分でなされた場合はもとより、日本の棟内であっても、この棟の法的地位如何によっては、右の米国法の適用を受け、米国特許の申請ないしは免除の申請を義務づけられるということになる(27)。しかしこれはいかも不合理であり、宇宙基地計画を国際協力として成功させるためには、こうした問題について参加各国の立場を衡平に調整していくことが何よりも不可欠な条件である(28)。

2　刑事管轄権の競合とその調整

参加国間の管轄権が交錯し、国籍を異にする乗組員で構成される宇宙基地においては、そこでの犯罪行為に対する刑事管轄権をどのように調整するかという問題も極めて複雑である。刑事管轄が各国の主権と極めて密接なつながりを持つ制度であるだけにその競合の調整には他の場合に比して一層困難が伴うが、この問題も結局は先にみた宇宙基地に対する一般的な「管轄権と管理」の問題に帰着するように思われる。具体的に、たとえば、フランス人飛行士がドイツ人飛行士に対し米国の提供部分内で暴行に及んだ場合、独・仏・米のいずれの国の刑事管轄権がこのフランス人に対して及ぼされるか、といった問題が想定されている(29)。この場合、米国は属地主義に基づき、フランスは国籍(属人)主義により、またドイツはいわゆる受動的属人主義により、それぞれその刑事管轄権を主張することが想定されうるところから、これを調整する必要が生じるのである(30)。もっとも、こうした困難を回避するためには、登録条約二条で認められているように、個別の協定によって一元的な刑事管轄を予め決めておくことが望ましいとも考えられる。その方法としては、第一に宇宙基地に滞在する宇宙飛行士には外交使節と同様の包括的特権免除を認めて他国による刑事訴追を免除するという方式、第二は右よりも制限的な免除を規定し、任務遂行中に限って機能的必要性が認められる限りにおいて免除するという方式、第三には、NATO地位協定や日米地位協定一七条に規定されるような形で、管轄権が競合する場合の優先順位と調整方式を予め規定しておく方式、などである(31)。

立法管轄権のレヴェルの問題に比して、執行管轄権の態様は比較的明確である。すなわち、地上において執行管轄権に基づく強制措置は原則としてそれぞれの自国領域内に限定され、外国の領域に立ち入って執行管轄権を行使できるのは、一般国際法上の根拠があるか、司法共助・捜査共助に関し特別の条約・合意がある場合に限られる(32)ように、宇宙基地においても、執行管轄権の行使は自国の「管轄権と管理」が及んでいる棟に限定され、特別の取極のない限り他国の管轄下にある棟においてこれを行使することはできないと考えるべきであろう(33)。

3　不法行為責任の準拠法

故意・過失その他何らかの原因により、宇宙基地活動に伴って損害が発生した場合、被害者はいずれの法によって救済を求めうるかという問題も、これまでの宇宙活動ではあまりみられなかった新しい論点であり、将来、基地内で生産される様々な物品について製造物責任が追及されるといった局面も予想されているだけに、極めて重要な問題である。もとより国際法の中に民事上の不法行為責任問題を処理するための一般的ルールが用意されていれば、その直接適用によって問題解決が可能となるが、今日までのところ、宇宙条約・宇宙損害責任条約等の規定をみても、こうした争点については欠缺部分が多い(34)。したがってその場合はいずれかの国の国内法的規律に委ねるほかない(右損害責任条約が一一条二項で「この条約のいかなる規定も、……自然人若しくは法人が、打上げ国の裁判所……において損害の賠償についての請求を行うことを妨げるものではない」と規定しているのもその趣旨に基づく)が、その前提として、民事管轄権の調整、準拠法の指定、外国判決の執行といった国際私法上の問題が解決されなければならないのである(35)。

不法行為の準拠法については、通常は不法行為地法(*lex loci delicti*)が指定される場合が多い。しかるに、宇宙空間はそもそも万民共有物(*res communis*)に擬せられる「全人類に認められる活動分野」(the province of all mankind)(宇宙条約一条)であり、「国家による取得」(national appropriation)が禁止された空間(同二条)である(36)。したがってそこには通常の意味での「不法行為地」概念が成立する基盤はなく、あえてこれを類推するとすれば、やはり先述した宇宙基地に対する「管轄権と管理」の態様に依存するほかないであろう。準拠法の指定が法定地法(*lex fori*)として行われる場合にも、同様に、「管轄権と管理」がいかに設定されるかという点に結局は帰着することになる(37)。連結点としてはむしろ具体的に発生した事案について「最も重大・密接な利害関係」に着目し、これを有する国の法を適用していくという方式が実際的見地からは一番望ましい方式といわれる(38)。しかしこの場合にも、「管轄権と管理」の態様が、右の利害関係を評価する主要な要素として重要な意味を持つことになろう。

以上概観してきたように、宇宙基地活動をめぐる具体的な法的規制の諸問題も、先に述べたような基地に対する管轄権秩序の在り方如何に依存する部分が多いということが理解されよう。もっとも、こうした把握の仕方は、現段階において問題整理を行うための一つの有力な視点を提供するにとどまり、今後の交渉の結果、個々の具体的な問題（たとえば特許や刑事管轄権など）について関係国間で特別の合意がなされるならば、一般的な管轄権レジームから乖離して、むしろ宇宙基地の存在と機能により見合った形での個別レジームが設定される可能性をもとより否定するものではない。

四　宇宙基地計画と日本の対応

1　宇宙基地計画への参加

米国航空宇宙局（ＮＡＳＡ）は一九八二年以降、具体的な宇宙基地計画の検討を行ってきたが、すでにこの段階で日本の産業界はわが国が実験棟の提供を中心とした同計画への参加を提案している(39)。ＮＡＳＡは宇宙基地計画を国際協力により進めることとし、八二年六月には欧州・カナダとともに日本に対しても調査研究段階から参加するよう呼びかけを行った。そうした準備を経た後、レーガン大統領は一九八四年一月二五日、一般教書の中で一九九〇年代半ばまでに恒久的有人宇宙基地を建設すること、また、それを「国際協力」の下に実施したい旨明らかにした。これと同時に右の各国首脳に宛て親書を送り、協力参加の呼びかけを行ったが、わが国はこの呼びかけを受けてこの計画に参加することとしたものである(40)。

NASAは同計画を進めるに当たっての「国際協力のガイドライン」を示したが、このうちわが国の参加について考える上で重要な点を列挙しておくと次のとおりである。

(1)国際協力は米国および参加国の双方にとって相互に有益なものでなければならない。
(2)国際協力に関する合意は、義務と責任が明確に定義された特定のプロジェクトまたは機能に対するものである。
(3)宇宙基地の管理・運用の主たる責任は米国にあるが、宇宙基地に相当額の投資をする参加国も投資額に応じた管理・運用上の役割を担う。
(4)参加国から提案された宇宙基地構成要素または機能の所有権および技術上・運用上の管理責任は、参加国にあるものと考えられる。
(5)本協力計画は、参加国間における不当な技術移転を避けるよう実施されるが、一方、インターフェースが有効にとれるように十分な情報交換を確保する(41)。

右のような枠組みの下に、わが国は欧州諸国およびカナダとともに宇宙基地の予備設計段階（フェーズB）に参加することになり一九八五年五月九日、NASAと日本の科学技術庁との間に「了解覚書」（Memorandum of Understanding, MOU）が結ばれた（正式には「恒久有人宇宙基地の詳細な定義及び予備的設計に関する協力プログラムのための日本科学技術庁と合衆国航空宇宙局との間の了解覚書」）(42)。そこでは、まず前文でこの宇宙基地計画が「平和目的」のために遂行さるべきことが謳われ、目的（一条）、計画の概要（二条）、予備設計の概要・段階等（三・四条）が規定される。さらに相互の責任（五条）については、技術情報の交換等に「最善の努力」（best efforts）を払うべきこと、技術データの交換および特許権の尊重ならびに宇宙技術の拡散防止義務（九条）、事故等の場合の賠償責任（一二条）、紛争処理（一四条）等に及んでいる(43)。

この了解覚書は、日米間の科学技術研究開発協力協定（正式名称は「科学技術における研究開発のための協力に関する日本国政府とアメリカ合衆国政府との間の協定」、一九八〇年五月一日署名、同日発効）三条に規定される「協力活動の細目及び手続を定める実施取極」に当たるとされる（了解覚書前文二項）。

右の日米間の了解覚書は、一九八五年六月三日に結ばれたＮＡＳＡとＥＳＡの間の了解覚書と内容的にはほぼ同様であるが、幾つかの点で若干の差異が指摘できる。とりわけ後者は個々の条項につき、より詳細な規定を置いている。たとえばそこではＥＳＡがこれまで遂行してきた開発研究に対する評価やそのコロンブス計画との関係に言及されているほか、宇宙基地システムにおいて欧州提供部分に対する欧州の責任と権限を明確にしていること、本協定までの交渉事項として、宇宙基地の構成要素に対する「登録」（管轄権）や知的所有権の保護等、欧州が関心を持っている法的争点に予め言及していることなど、かつてスペース・ラブに関する了解覚書（後述）で苦汁をなめさせられた欧州諸国の立場を考慮したと思われる細かい配慮が窺われる。

右の了解覚書の有効期間は予備設計（フェーズＢ）の終了期日（一九八七年四月）までと規定されており（一五条）、その後は宇宙基地の運用および利用（operation and utilization）に関する新たな協定が締結されることになっている。現在も関係国間でこの協定締結のための交渉が継続されている。そこで最後に、日本がこの宇宙計画に今後とも参加していくことを前提として、そのための法的枠組みに関する若干の論点を提示しておきたい。

２　参加のための法的枠組み

(1)　国際的合意の形式

右にみたように、日本や欧州、カナダによる宇宙基地の予備設計段階（フェーズＢ）への参加においては、「了解覚書」という形式の国際的合意によってなされた。先述のとおり日米間においてはこの了解覚書は科学技術研究開発協力協定三条に基づくところの「実施取極」として位置づけられている(44)。右協力協定自体が署名のみで発効するところのいわゆる行政取極であるが、了解覚書はその下位に位置する官庁間取極である。今日のように国際関係が緊密化し迅速な対応が要求される状況の中で、とくに技術的事項について、こうした簡略形式の国際約束を行うことは、実際的な「能率」の要請を充たす上で極めて有効である反面、国内法制との整合性や政策的な妥当性といった観点から、その民主的「統制」に対する要請をいかに合理的に調整していくかという問題(45)は、ここでもやはり残されることになろう。

もっとも、わが国においてこの「了解覚書」の効力が問題となる余地はほとんどないと思われるが、米国におけるその法的地位は必ずしも明確ではない。とくにESA加盟の欧州諸国はこれまでの米国との了解覚書をめぐる経験から、米国におけるこの種の国際約束の法的地位について若干の疑念を表明している(46)。

米国が結ぶ国際約束は、(1)上院の出席議員の三分の二の同意により承認される「条約」(treaties)と、(2)条約以外の国際協定(international agreements other than treaties)、すなわち行政取極(executive agreements)に区分されるが、後者はさらに、①すでに上院の同意を得て締結された条約の実施のために結ばれるもの(treaty implementing agreements)、②上下両院の多数決により承認されるもの(Congressional-executive agreements)、さらに③大統領がその外交権限に基づいて締結するもの(Presidential-executive agreements)に分けられる。NASAとの了解覚書はこの最後のカテゴリーに属するが、これは行政取極の中でも最も下位に位置づけられ、その内容が連邦法と抵触する場合には(連邦法が後法である場合はもとより前法である場合にも)、連邦法が優位することになるのである(47)。

もとよりこれは米国の国内法体系における効力の問題であって、いかに大統領権限による行政取極としての了解覚書であっても国際的平面における国際約束としての拘束性がそれによって損なわれるわけではない。とはいえ、了解覚書は次の二点でその拘束力の減殺が指摘される。第一は「最善努力」規定、第二は免責条項である。

第一に、了解覚書では「最善の努力を払う」旨の規定(best-efforts clause)が多用され、これがこの文書の拘束力を弱める結果となっている。米国法上、契約義務の、履行において最善の努力を払ったか否かについての挙証責任は、その努力を怠ったと主張する側に課せられるのである[48]。今回の宇宙基地に関する一九八五年の了解覚書についてみると、日米間のものにはこの best-efforts 条項が多い（四、五、七、九条など）のに対して、欧米間のものにはこの表現の使用が（とくに相互の責任に関する五条などの主要規定で）非常に少ないことが注目されよう。

また第二に、米国法上、行政機関は予算支出については議会による特定の承認がない限り認められない（Anti-Deficiency Act）ため、了解覚書には常に財政的裏づけに関する免責条項（availability-of-funds clause）がつけられる。これは今回の宇宙基地に関する覚書の場合も同様である（一〇条）。もっともこの点についても、欧米間の覚書には具体的に予算案の記述があるのに対して、日米間の覚書にはこれが省略されている点が指摘されよう。

このように、了解覚書という国際的合意の形式では幾つかの点で不確定要素を含むこととなり、その履行については当事者の善意に依存するところが大きく、必ずしも十分な法的安定性を確保しえない。予備設計段階においてはともかく、宇宙基地計画が今後具体的な建設に向かう段階では、厖大な予算措置を伴い、かつ関係国の国民の権利義務関係についても直接間接に影響を持つプロジェクトであるだけに、宇宙基地に関する国際約束は正式の条約としてこれを締結していかなければならないことは明らかである[49]。

その際、宇宙基地条約の形式についてはもう一つ問題がある。それは参加各国が米国との二国間条約としてこれを締結するか、それとも全参加国が加わる多数国間条約を形成するか、という問題である。米国としては従来からの二国間主義を踏襲することが、米国のリーダーシップを維持するためにも望ましいという立場に立っているものと思われる。これに対して、カナダの学者などは、宇宙基地の「国際的」性格を反映させるためには、多数国間条約の形式をとることが論理的であり、かつ政策的にも望ましいと主張している[50]。あるいは折衷的に、基本原則部分を多数国間形式でまとめあげ、具体的・詳細な規定についてはこれを二国間形式に委ねる、という方法も考慮されよう。いずれにせよ、国際的合意の「形式」は、合意の内容に劣らず重要な問題である。

(2)　国内法の整備

周知のように、宇宙開発に関するわが国の国内法制としては、(宇宙開発委員会設置法および通信・放送衛星機構法を除けば)唯一、「宇宙開発事業団法」(昭和四四年法律第五〇号)があるにすぎない。この法律の成立に際しては、その第一条に「平和目的に限る」の文言が挿入されたほか、衆議院本会議で、宇宙物体等の開発・利用は、平和目的に限り、学術の進歩、国民生活の向上、人類社会の福祉、産業技術の発展に寄与し、国際協力に資することを目的とする趣旨の決議が採択された。また参議院科学技術振興対策特別委員会では、「宇宙開発基本法」の立法化をはかり、宇宙の開発・利用は、平和目的に限り、自主・民主・公開・国際協力の原則によることとするなどの趣旨の附帯決議がなされた(51)。しかしその後一八年を経た今日まで、右の国内立法措置は執られてこなかった。これはたとえば原子力分野におけるわが国の対応に比べて、かなり対照的といえよう(52)。

一九八三年に宇宙三条約の加入承認を行った時、わが国はその実施に伴い、受け皿となる関係国内法を整備し立法措置を執るべきか否かについて検討する機会があった。しかしこの時には、わが国の宇宙活動において民間の独自の打上げを認めていない現状に照らして、当面は現行法令の枠内で対処しうるとの判断により、特別の立法措置は執られなかったのである(53)。

しかし今回の宇宙基地計画への参加に当たっては、もはやこれまでのように国際義務の履行を政府の責任で処理していくというだけでは済まされない段階を迎えることは、すでに本節の叙述からも明らかであろう。すなわち、わが国がこの宇宙基地にわが国独自の棟を組み込み、日本人飛行士をそこに送り込み、この宇宙物体と乗員に対してわが国の管轄権と管理が及ぶということになれば、そこでの様々な活動に伴って、わが国の国内法が一挙に関連を持ち始めることになるのである。技術の保護や移転に関わる特許法、著作権法、輸出入管理関係法、税法等のほか、刑事および民事管轄権が及ぶとすればこれに関連する幾多の法律が直接間接に影響を受けることになる。さらに損害賠償についても国内法による補完が不可欠なことはすでに指摘されているとおりである。加えて、将来、宇宙基地活動等に誘発されて、わが国でも民間の独自の宇宙活動参入を認めることになれば、米国の一九八四年「商業的宇宙打上げ法」(Commercial Space Launch Act of 1984)に範をとるような新規立法が必要とされ、国の打上げ規制、管轄権、安全基準の確保・審査、ライセンス交付手続、宇宙損害に関する賠償額の配分方法と求償権・宇宙保険の設定、宇宙開発行政の一元化等をめぐって、宇宙開発基本法その他の立法措置に踏み切らざるをえないのである(54)。

冒頭に述べたように、今や二一世紀に向けて宇宙法秩序は大きく転換しようとしており、今回の宇宙基地計画がその転轍手の役割を果たす可能性も十分にありうる。この計画推進のために日本が米国はじめ他の参加国との関係で自己の立場とその国民的利益を実現していくためには、何よりもまず、自国の国内法を整備することにより、外国に対する対抗力を確保していくことが必要である。この宇宙法の転換期において、わが国が国際社会に対し何らかの意義ある貢献をなそうと望むならば、まず「足元を固める」ということが、その前提条件であると考えられるのである。

補　記

その後、宇宙基地に関しては大きな進展があった。まず、一九八八年九月二九日にワシントンで「宇宙基地協定」(常時有人の民生用宇宙基地の詳細設計、開発、運用及び利用における協力に関するアメリカ合衆国政府、欧州宇宙機関〔ＥＳＡ〕の加盟国政府、日本国およびカナダ政府の間の協定〔Agreement ....on Cooperation in the Detailed Design, Development, Operation, and Utilization of the Permanently Manned Civil Space Station〕)が成立した。この協定では、各参加主体(米国、ＥＳＡ、日本、カナダ)は、それぞれ自己が提供する要素(棟など)を宇宙物体として登録し、各自、管轄権および管理の権限を保持することとした(五条)。この基本的コンセプトの下に、責任に関する相互放棄(一六条)、知的所有権(二一条)、刑事裁判権(二二条)などに関する詳細な規定が置かれた。

しかし、その後再び、大きな状況の変化が生じて、右協定の枠組みを維持することが困難となってきた。第一には、参加各国とくに米国の財政負担能力が当初の計画を充たしえなくなったこと、第二には、冷戦終結の結果、すでに宇宙基地ミールの経験を持つロシアの参加を排除する理由がなくなったこと(同国から宇宙・ミサイル技術が紛争地域へ流出・拡散することを防止する考慮も働いた)、などである。その結果、参加主体に新たにロシアを加えて、一九九四年四月以降、右協定の改正交渉が重ねられてきた。こうして、一九九八年一月二九日に「新宇宙基地協定」(民生用国際宇宙基地のための協力に関するカナダ政府、欧州宇宙機関の加盟国政府、日本国政府、ロシア連邦政府及びアメリカ合衆国政府の間の協定〔Agreement ..... concerning Cooperation on the Civil International Space Station〕)が成立した。実質的には旧協定の改正であるが、形式的には新協定の形をとっており、この新協定の発効に伴って旧協定は失効することとなる(二五条四項)。

旧協定が米国のイニシアティヴを担保する規定振りが目立ったのに比して、新協定では全般的に、米国のリーダーシップを維持しつつも多国間の協力関係を強調する形に修正されており、とくにロシアに配慮したあとが窺われる(二六条など)。責任の相互放棄については日本の関連国内法規との調整に関する特則が設けられた(一六条三項e)ほか、刑事裁判権に関する規定(二二条)がかなり大幅に改定された。

注

(1)　一般的概説書としては、中冨信夫『宇宙ステーション一九九二』(新潮文庫、一九八五年)参照。米国は宇宙基地計画を、月に人間を送ったアポロ計画(一九六二～七二年)、地上と衛星軌道との間を結ぶ宇宙輸送システムの実現をめざしたスペース・シャトル計画(一九七三年以降)に次ぐ巨大計画として位置づけている。総事業費は約一七五億ドル(約二兆六千億円)と試算されており、そのうち一二〇億ドルを米国の負担、三〇億ドルを欧州各国、二〇億ドルを日本、さらに五億ドルをカナダの負担によるとしている。

(2) 科学技術庁研究調整局監修『宇宙開発ハンドブック』(経団連、一九八五年)二〇四～二〇五頁、K. K. Reinhartz, "European Aspects of Using the Space Station", *ESA Bulletin*, 41, Feb. 1985, pp. 42-50.

(3) K. H. Böckstiegel, ed., *Space Stations: Legal Aspects of Scientific and Commercial Use in a Framework of Transatlantic Cooperation*, Köln, 1985; S. Gorove *et al.*, "Panel on Space Stations", *Proceedings of the American Society of International Law*, 1987, pp. 505-519 ; John E. O'Brien (NASA General Counsel) , "The U.S./International Space Station: Aspects of Technology and Law", *Ibid.*, pp. 507-511.

(4) 他の分野の国際立法に比べ宇宙法の形成が比較的短期間のうちにかなり効率的に進展した原因については、別の機会に国際立法論の観点から考察したいと思うが、基本的には次のような点が指摘できるであろう。すなわち、現行宇宙条約体制は、宇宙活動そのものが量的にも質的にも未発達の時期にいわば事態を先取りする形で形成されたことから、各国の利害対立が未だそれほど明確に現実的なものとしては意識されていなかったためである。しかしそうした状況は今日では一変しており、少なくとも地球周回軌道に関わる新たな宇宙法規則の形成は極めて困難なものとなってきている。See, K. H. Böckstiegel, "Prospects of Future Development in the Law of Outer Space", *Annals of Air and Space Law*, VIII, 1983, pp. 306-310.

(5) 山本草二「宇宙開発」同『未来社会と法』(現代法学全集、筑摩書房、一九七六年)六～八頁、N. M. Matte, *Space Policy and Programmes, Today And Tomorrow: The Vanishing Duopole*, Montreal, 1980, pp. 76-81.

(6) 科学技術庁『前掲書』(注2)七九、八二頁。

(7) 山本草二「宇宙三条約の締結の承認」『ジュリスト』七九五号(一九八三年)五〇～五四頁。

(8) L. J. Evans Jr. *et al.*, "The Commercialization of Space: Incentives, Impediments and Alternatives", *Proceedings of the American Society of International Law, 1984*, 1986, pp. 293-301.

(9) 一九八四年(昭和五九年)に改訂されたわが国の「宇宙開発政策大綱」でも、今後の宇宙開発基盤の整備における重点項目として、「民間の技術力の強化」や「民間企業における開発体制の強化」が強調されている。こうしてたとえば経団連では宇宙産業に関係する九一社からなる「宇宙開発推進会議」を母体として、民間における開発体制の強化をはかっていることが注目される(科学技術庁『前掲書』〔注2〕三～二〇頁、六三四頁以下)。

なお本文で素描した日本の宇宙法との関わりの変遷が、日本の宇宙技術の発展と表裏していることは改めて指摘するまでもないであろう。日本のロケット技術も、一九五五年のペンシルロケットから始まって、K(カッパ)、L(ラムダ、一九七〇年二月に日本初の人工衛星「おおすみ」を軌道に運んだ)、M(ミュー、一九八五年ハレー彗星探査機を送り出した)へと発展させ、N—I、N—IIの大型ロケットを経て、一九九一年には完全国産技術により静止軌道に二トン、低軌道には一〇トンの打上げ能力を持つN—I、N—IIロケットの完成をめざしている。すでに米国側の提案により、宇宙基地建設において、米国のスペースシャトルだけでは物資補給能力が不足するとみられることから、このロケットを使用する可能性が検討されている。また、わが国の宇宙開発委員会・長期政策懇談会報告書『宇宙開発の新時代を目指して』(一九八七年五月二六日)では、二一世紀初頭までに自主技術により宇宙往還機の実用化を達成するとともに、日本独自の宇宙基地や大規模な宇宙工場を建設することが提言されている(なお、富田倫生『宇宙回廊——日本の挑戦』〔旺文社、一九八七年〕参照)。

(10)　もっとも宇宙条約上は、恒久的な設備・施設の設置・取得などにより宇宙空間を継続的に占有し事実上独占的に使用しても、属地的な管轄権の行使を伴わない限り、国家的取得(national appropriation)禁止の原則に当然に違反したことにはならない、と解されている(山本草二『国際法』〔有斐閣、一九八五年〕四二八〜四二九頁)。これに対してマルコフ教授(スイス)は、宇宙基地活動が宇宙条約一条の「全ての国の利益」原則に基づいて行われなければならないことを強調する(M. G. Marcoff, "The International Legal Status of Large Space Structures and the 'General Interests' Principle", *Proceedings of the International Institute of Space Law*〔IISL〕, 1984, pp. 264-269)。エストラデ博士は、宇宙基地による宇宙空間ないし周回軌道の占有状態が認められるためには、国際社会全体のコンセンサスによる容認が必要であり、何らかの形の使用料の徴収が行われるべきだとさえ述べる(Estrade, "Large Space Structures in Outer Space: A Need for World Progress", *Ibid.*, pp. 240-242.)。また、すでに四千個以上といわれる使用済み衛星の浮遊残骸・漂流物(space debris)との衝突から宇宙基地の安全を確保するためには、基地周辺の一定空間を特別安全区域として排他的支配権を確立しておく必要があるとも指摘されている(A. I. Rudev〔USSR〕, "Manned Orbital Stations: Technico-Legal Aspects", *Ibid.*, 1985, pp. 281-284; E. A. Roth, "Space Debris: A Hazard for the Space Station", *ESA Bulletin*, 44, Nov. 1985, pp. 63-65, 龍澤邦彦『宇宙法システム—宇宙開発のための法制度』〔興仁舎、一九八七年〕一五六〜一六〇頁。

(11)　S. Gorove, "Space Stations: Issues of Liability, Responsibility and Damage", *Ibid.*, 1984, pp. 251-253.

(12)　周知のように、この「平和利用」をめぐる問題は、宇宙基地の在り方についても重大な課題として提起されているが、現在の段階では、関連条約の解釈という形をとりながらも、その実、極めて政治的な色彩の濃い論争となっており、そのため本節ではあえてこの問題には触れないこととした。この問題については別に論ずる機会を得たいと思うが、さし当たり、N. M. Matte, "Space Stations: A Peaceful Use for Humanity ?", *Annals of Air and Space Law*, X, 1985, pp. 417-450; H. DeSaussure, "Prospects for the Demilitarization of the Manned Space Station", *Proceeding of IISL*, 1984, pp. 234-239 など参照。

(13)　E. Galloway, "The Relevance of General Multilateral Space Conventions to Space Stations", in Böckstiegel, ed., *op. cit.*, *supra* note 3, pp. 33-57;

Wulf von Kries, "State Supervision and Registration", *Ibid*., p. 131.

(14) S. Gorove, "Legal Aspects of Stationsin Space", *Ibid*., pp. 143-152; Galloway, *op. cit*., *supra* note 13, etc. なお、マッテ教授は、宇宙条約体系における「宇宙物体」概念はあまりにも単純化されていて宇宙開発の現状に照らして不十分であるから、これを、①宇宙機器 (Space Instrumentalities)、②宇宙輸送機 (Space Vehicles)、③大気圏宇宙間輸送機 (Aerospace Vehicles)、④大規模無人宇宙構造物 (Large Unmanned Space Structures)、⑤恒久的有人宇宙基地 (Permanently Manned Space Stations) に分解して再定義すべきだと主張している (Matte, *op. cit*., *supra* note 12, p. 431)。See also, E. Fasam, "Large Space Structures and Celestial Bodies", *Proceedings of IISL*, 1984, pp. 243-246. なお、登録条約は一〇条で国連総会が「この条約の効力発生(一九七六年)の一〇年後に」条約の適用状況に照らしてその改正が必要かどうかを再検討する旨規定していたが、一九八六年の総会では同条約の内容に関する変更の必要性は認められなかった(四一総会六六号決議)。

(15) Kries, *op. cit*., *supra* note 13, p. 135.

(16) 詳しくは、山本『前掲書』(未来社会と法) (注5) 五四頁以下参照。

(17) 同、六五〜六七頁。

(18) Office of Technology Assessment (hereafter, OTA), *Space Stations and the Law: Selected Legal Issues*, U.S.Government Printing Office, August 1986, pp. 30-32.

(19) K. S. Pedersen, "American Experiences and Perspectives: International Cooperation on a Permanently Manned Space Stations", in Böckstigel, ed., *op. cit*., *supra* note 3, pp. 27-32.

(20) G. Greger, "Europäische Erfahrungen und Perspektiven", in Böckstiegel, ed., *op. cit*., *supra* note 3, pp. 17- 26; M.G. Bourély, "Agreements between States and with International Organizations", *Ibid*., pp. 71-87.

ESAによれば、スペースラブに関する米国との国際協力の反省として、(1)ハード、ソフトの双方に関して決定が米国航空宇宙局(NASA)によって一方的に行われたこと、(2)技術移転に関する米国側の規制のために、情報が往々にしてヨーロッパからの流出に片寄り、米国からはもたらされなかったこと、等が指摘されている。

先にも述べたように、ESAは独自の宇宙基地計画「コロンブス計画」の達成を最終的にシナリオとして描いている。もとよりESAにとって、NASAとの共同開発体制を前提にしなければコロンブス計画への着手は当分ありえず、仮に独自で取り組むとするならば軌道上に欧州宇宙基地が実現するのは二一世紀もかなり経ってからのことになるといわれる。他方NASAにとっても、ESAや日本の協力を前提としなければ基地の運用開始の時期は遅れ、規模もまた小さなものにならざるをえない。すでに宇宙基地ミールを軌道に送っているソ連との差を意識している米国としてはこれ以上計画を遅らせることができないということが、この「国際協力」の一側面であることは否定できない。その場合、米国としてはあくまでも米国の主導権を確保したままで「協力」を実現したいと考えているのに対し、少なくともESAは、独自のシナリオの下に、必ずしも米国のリーダーシップをそのままに受け容れられないと考えるのである。管轄権に関する論議はまさにそうした米国と他の参加国との間のせめぎあいの側面にほかならない（富田『前掲書』〔注9〕二一六〜二一七頁参照）。

(21)　山本草二『インテルサット恒久協定の研究』（国際電信電話株式会社、一九七三年）参照。

(22)　米国の宇宙基地に関する特許法上の問題としては、宇宙活動に参加する民間企業の特許権をいかに保護していくかという点が指摘されている。一九五八年の米国航空宇宙法（National Aeronautics and Space Act）三〇五節は、NASAとの契約の下でなされた発明については、NASAがその権利を放棄しない限り、もっぱら合衆国の権利に帰属する旨を明定しており、これが企業に対しては厳しすぎると批判され、この規定が後述する同法の「域外適用」によって米国以外の企業に対しても及ぼされる可能性が懸念されている。もっともこの点について米当局者は、この規定の運用に当たっては企業側の利益を考慮し、申請のあった九〇%以上について特許権の放棄を認めて宇宙活動の「商業化」を推進してきたこと、またこれまで米国の宇宙活動に参加してきた三五〇社のうち二〇%以上は米国以外の外国会社であること、等を指摘している（B. Luxemberg, "〔Exploitation of Data and Products〕, Aspects of Law and Practice in the United States", in Böckstiegel, ed., *op. cit., supra* note 3, pp. 175-185）。企業側の特許権等の保護については、NASAとの間に結ばれる個別の契約（Joint Endeavor Agreements, JEA）において具体的に規定される（H. Lingl, "Joint Endeavor Agreements with NASA in the Area of Materials Processing in Space", *Proceedings of IISL*, 1984, pp. 158-171; B. Luxemberg, "Protecting Intellectual Property in Space", *Ibid.*, pp. 172-177; OTA, *op. cit., (Space Stations and the Law), supra* note 18, pp. 33-34, 龍澤『前掲書』〔注10〕一五一〜一五六頁）。

(23)　川口博也『アメリカ特許法概説』（発明協会、一九八六年）五一、五六〜五七頁。

(24)　OTA, *op. cit., supra* note 18, pp. 35f.; Chisum, "Statement on H.R.2725", Hearing before the Subcommittee on Courts, Civil Liberties, and the Administration of Justice, House Committee on the Judiciary, June 13, 1985.

(25)　司法省のこうした意見の背景には、合衆国政府が海軍および空軍の使用している衛星に関連して現在ヒューズ航空機会社から特許侵害の訴えを受けており、その弁論として、ヒューズの所有する特許部品の「合衆国内における」使用はなかったと主張して、という事実がある。こうした司法省の懸念を払拭するため、カステンマイヤー法案はその後、その不遡及および係属中の裁判事件に対する影響の排除に関する条項を付加して修正された（OTA, *op. cit., supra* note 18, pp. 36-37)。

(26) *Ibid.*

(27) *Ibid.*, p. 39.

(28) C. C. Okolie, "Patent Law and Space Activities of States in Industrial Property Technology Cooperation", *Proceedings of the International Institute of Space Law*, 1984, pp. 178-190.

(29) OTA, *op. cit., supra* note 18, pp. 40-41. もっとも宇宙基地における刑事管轄権問題が実際にはこのような想定事例のごとき宇宙飛行士の暴行などの形で発生するものとはあまり考えがたい。基地内の秩序維持・警察権については、従来のスペース・シャトルの場合と同様に、広汎な権限を付与された司令官がその任に当たることになろうし、その構成員も高度に訓練され規律された人々であって、かなり長期にわたって厳しい環境の下での生活を余儀なくされるという点を考慮しても、通常の犯罪の起こる蓋然性はむしろ少ないように思われる。もし深刻に考慮すべき犯罪類型があるとすれば、やはりそれは先端科学技術についての情報取得に関連するようなものではないだろうか。

(30) 山本『前掲書』(国際法)(注10)一九三～一九八頁、D. W. Bowett, "Jurisdiction : Changing Patterns of Authority over Activities and Resources", *The British Year Book of International Law*, vol. 53, 1982, pp. 1-26.

(31) OTA, *op. cit., supra* note 18, pp. 40-41.

(32) 山本『前掲書』(国際法)(注10)一九九頁。

(33) OTA, *op. cit., supra* note 18, pp. 42-43.

(34) 周知のように宇宙条約は宇宙活動に関する国家の専属責任の原則(六、七条)に基づき、国家相互間の損害賠償責任をめぐる法制度を確立したが、損害責任条約はこれを受けて、国家相互間の法律関係につき、実体法上、手続法上の整備をはかった。そこでは宇宙損害に対する無過失、無限の賠償責任を国家に集中化する趣旨をめざしながら、実際には従来の国家責任の枠組みを出ておらず、現実の加害者と被害者個人の間の関係は、条約の直接の規律対象となっていない(山本『前掲書』〔国際法〕〔注10〕七九～八〇頁、山本草二『国際法における危険責任主義』〔東京大学出版会、一九八二年〕二三二～二七二頁、C. Q. Christol, *The Modern International Law of Outer Space*, 1982, pp. 104f.)そのため、実質的な被害者救済については、多くの場合、右の条約レジームに頼ることが困難で、国内法に委ねざるをえない。とくに損害責任条約七条は打上げ国の国民および宇宙物体の運行に参画している外国人に対する適用を排除しているので、実際上、宇宙基地活動に従事する人々の損害賠償は右の条約上はありえない。また同条約は宇宙物体が地表において、または飛行中の航空機に対して与えた損害については無条件、無過失の責任原則を定める(二条)が、損害が宇宙物体またはその宇宙物体内の人もしくは財産に対して引き起された場合には、過失責任のみを認めており(三条)、宇宙基地内において支配的な個人の行為に起因する損害発生形態を右条約はほとんど予想していない。加えて、そこでは個人間での紛争解決手続は用意されておらず、被害者としては結局のところほとんどの場合、国内法による救済手続に訴えるほかないのが実情である(OTA, *op. cit., supra* note 18, pp. 44-47)。

(35) Peter P. C. Haanappel, "Possible Models for Specific Space Agreements", in Böckstiegel, ed., *op. cit., supra* note.3, pp. 65-68.

(36) 山本『前掲書』(未来社会と法)(注5)三二頁以下。C. Q. Christol, *op. cit., supra* note 34, pp. 248f.

(37) OTA, *op. cit., supra* note 18, p. 47.

(38) *Ibid.*, p. 48.

(39) D. D. Smith *et al.*, "Legal Implications of a Permanent Manned Presence in Space", *West Virginia Law Review*, LXXXV, no. 5, Summer 1983, p. 863.

(40) 宇宙開発委員会・宇宙基地計画特別部会『宇宙基地計画参加に関する基本構想』(報告)(一九八五年四月)参照。この報告書では、わが国にとっての同計画の意義、計画への対応の基本的考え方、当面のわが国の参加構想・推進体制などがまとめられている。

(41) 同上報告書、四七頁。

(42) Memorandum of Understanding between the Science and Technology Agency of Japan and the United States National Aeronautics and Space Administration for the Cooperative Program concerning Detailed Definition and Preliminary Design Activities of a Permanently Manned Space Station, May 9, 1985.

(43) E. Galloway, "The Space Station: U.S. Proposal and Implementation", *Proceedings of IISL*, 1985, pp. 276-277. なお同様の了解覚書は一九八五年四月一六日カナダとの間に、また同年六月三日にはESAとの間に、署名されている。

(44) 同協定三条は次のように規定する。「この協定に基づく特定の協力活動の細目及び手続を定める実施取極は、両政府又は両政府の機関のいずれか適当なものを当事者として行うことができる。」

(45) 柳井俊二「条約締結の実際的要請と民主的統制」『国際法外交雑誌』七八巻四号(一九七九年)三七〜九七頁。

(46) ＥＳＡは米国との行政取極が履行されなかった二つの事例を経験している。一つは、ＥＳＡが一九七三年八月一四日署名の政府間協定に基づき米国空軍にスペースラブの構成部分の売却を申し入れたところ、米国はその国内法(この場合は一九七三年の防衛調達法〔Defence Appropriation Act of 1973. 米国内で調達可能な部品を米軍が外国から購入することを禁じた〕)が右協定に優越するという理由でこの申入れを拒否したというもの。もう一つの事例は、一九七九年三月二九日署名のＮＡＳＡとの了解覚書に基づき、ＥＳＡが太陽系探査のための衛星に関する開発研究を開始しようとしたところ、一九八一年になってＮＡＳＡは米国政府の予算削減により共同プロジェクトの継続が不可能になったとし、右了解覚書一三条に規定される「義務の履行は予算措置の裏づけを条件とする」旨の条項を根拠に計画の中止を通告してきた、というものである。こうした経験から、ＥＳＡ部内では、米国における了解覚書の法的地位やその免責条項の意義について疑念が表明されている。W. M. Thiebaut (ESA Legal Officer), "Legal Status of Memorandum of Understanding in the United States", *ESA*, vol. 38, 1984, pp. 99f.

(47)　*Ibid.*, p. 102.

(48)　*Ibid.*

(49)　M. G. Bourély, *op. cit., supra* note 20, p. 86.

(50)　P. P. C. Haanappel, "Comment", in Grove *et al., op. cit.* (Panel on Space Stations), *supra* note 3, p. 86. なおＥＳＡの法律顧問も、「技術移転」の問題に焦点を当てながら、米国と他の参加国の二国間主義での解決では米国以外の参加国相互の関係（たとえば欧州と日本、カナダと日本の関係など）が十分カヴァーされないとして、統一的な多辺的アプローチの必要性を強調している。また宇宙技術拡散防止に関する各国の輸出管理体制についても、ＥＳＡの下での参加国の中にはココム非加盟国も含まれており、そうした面でも多辺的な枠組みでの調整の必要性が述べられている（G. Lafferranderie, "The U.S. /International Space Station: Aspects of Technology and Law", *Ibid.*）。

(51)　山本『前掲書』（未来社会と法）（注５）七〜八頁。

(52)　下山俊次「原子力」『未来社会と法』（現代法学全集、筑摩書房、一九七六年）四九二頁以下参照。

(53)　山本「前掲論文」（宇宙三条約）（注７）五〇〜五一頁。

(54)　同、五一、五四頁、龍澤『前掲書』（注10）二一四〜二三五頁。

第五章　国際環境立法

第一節　国際環境レジームの法的側面——条約義務の履行確保

一　はじめに

1　問題の焦点

本節の課題は、地球環境保護のための法制度を中心に国際環境法の特質を明らかにし、これを一般国際法の枠組みの中で捉え返す、ということである。一般国際法からみて、国際環境法は、独特の革新的要素と、同時に、革新的なるが故の脆弱さとを併せ持つ。本節では、そうした二面性に留意しつつ、環境保護のために創設されてきた諸制度を「国際レジーム」と捉えてその構造と機能を明らかにし、とくに「条約義務の履行確保」という側面から、総論的に、若干の問題提起をしておきたい。

国際環境法が多少とも独立の学問分野として意識されるようになったのは、せいぜい、この二、三〇年のことである。一九七二年のストックホルム人間環境会議当時、国際環境条約の数は三〇前後にすぎなかったといわれる。しかるに、一九九二年のリオでの地球サミットの頃になると、条約その他の国際文書の数は九〇〇を超え、とくに一九八〇年代後半から九〇年代前半にかけては、地球環境保護のための多数国間条約が多く作られてきた。しかしその数に反比例して、各国による条約の履行状況は悪化の一途を辿っている。それは何よりも、履行確保への配慮を十分に行わずに、新しい条約が次々と「粗製濫造」されてきたためであるといえよう。「条約渋滞」とか「立法インフレ」などといわれるこうした現状は、国際法の規範性からみて、深刻な病理現象というほかない。こうして国際環境法の現時点における主要な関心は、もはや、新しい条約をいかに作るかという問題よりも、作られた条約の履行をいかに確保していくかという点にあるといってよい(1)。

本節では、国際環境条約の履行確保の問題を、とくに地球環境保護のための諸条約に焦点を合わせて検討するが、これらの条約には、従来の環境条約にはみられない際立った特徴がある。伝統的な国際環境法の下で汚染源や加害者・被害者が特定されていたのと大きく異なり、「地球環境」は、文字どおり、地球規模における環境の一体性を前提とし、かつ「人類の共通関心事項」(common concern of mankind) として位置づけられるものである。そこで想定されている環境損害は、汚染源の多様性や非特定性、科学的不確実性など、従来の損害概念から大きく乖離したもので、その対策も「予防的アプローチ」(precautionary approach) を優先した総量規制的な措置が中心となる。

このような地球環境諸条約の特殊性を踏まえてその履行確保の問題を考える場合には、少なくとも次の三つの側面に即して検討する必要があると考えられる。第一に、国際法レヴェルでの締約国による義務の履行に関する問題である。地球環境条約の場合には、一般の条約と比較して、その履行確保メカニズムにはどのような違いがあるかを検証する必要がある。第二に、条約の非締約国に対する効果の問題がある。条約の遵守義務を負わない非締約国について「履行確保」という言葉を用いることは必ずしも正確ではないが、ここでは、「条約内容の実現」という広い意味でこれを理解するとして、地球環境条約の場合には、本来すべての国の参加が不可欠なはずであるから、条約の非締約国つまり第三国に対する対抗力の問題がとくに重要な論点となる。第三に、地球環境条約については、その国内法レヴェルでの履行確保が、一層重要でかつ困難な問題として提起される。この場合、前提的に、条約が各締約国に課している義務の性質が問われなければならない。また、具体的な履行方法についても、直接的規制方式と間接的な経済的手法のいずれがより適当か、といったことが問題となる。

2　国際レジームの指標

著者は、地球環境保護条約の履行をめぐるこれら三つの論点は、一本の論理によって内面的には一貫した説明が与えられなければならないと考えている。そこで、いわば方法的仮設ないし認識論的な枠組みとして援用するのが「国際レジーム」という観念である。錯綜した地球環境保護の諸条約は、これを「国際レジーム」と把握することによって統一的に理解しうるものと考えられ、とくにこの種の条約の履行確保に関する問題を解明する上で、これは極めて有効な分析概念である(2)。

ここで「国際レジーム」とは、第一に、条約を基礎に、一定の国際公益——国家間の共通利益ないし国際社会の一般利益——の実現を目的として設立され、第二に、対内的には、各締約国の履行を確保するために、多少なりとも自己充足的・自律的・自己完結的な制度と手続が整備されているほか、第三に、外部の第三国との関係では、一定の対抗力を有するものと観念される(3)。国際法上、伝統的な意味での国際レジームは、一定の領域を基盤として設定される「客観的領域制度」(objective territorial regime)(4)で、周知のとおり、非武装・中立を定めたオーランド島をはじめ、ナミビア事件で問題となった委任統治地域や、国際運河、国際海峡、南極、さらに深海底などもこの系譜に属する(5)。

これに対して、今日の新たな国際レジームは、そうした領域的制度とは異なり、領域を基盤とせず、領域から切り離されて成立している「非領域的」(non-territorial)な、そのような意味において「機能的な」(functional)なレジームである(6)。これらは国際経済法、国際人権法、さらに原子力の平和利用(7)や軍備管理などの分野で、最近、かなり多くの例をみることができるが、とりわけ地球環境保護に関わる国際環境法の分野では、こうした機能的レジームの構築がとくに顕著である。オゾン層保護のレジームや地球温暖化防止のレジーム(8)をはじめ、生物多様性の保全、森林の持続的管理や砂漠化の防止、さらには有害廃棄物の越境移動規制(9)といった様々な事項について、国際レジームが設定されてきているのである。また、南極の環境保護については、南極という土地に付着した領域的レジームと、生態系と環境の一体性を基礎とした機能的レジームとの混合形態として捉えられるように思われる(10)。

以上の状況を踏まえて、本節では、上記の三つの論点に即して国際環境レジームの法構造を明らかにしたいと考えるが、その具体的な検討に入る前に、こうした国際レジームがどのような形で形成されてきたかを、その原初的な形態に遡って、押さえておきたいと思う。

二　国際環境レジームの原初形態

ここでは、英米間で争われた一八九三年のベーリング海オットセイ事件に関する仲裁裁判(11)を取り上げておきたい。これは今から百年以上も前の事件であるが、今日の国際環境法の主要な争点をほとんどすべて凝縮したような、非常に重要な先例である。そればかりか、この事件は、公海上での一国の国内法に基づく「一方的措置」に端を発した紛争でありながら、その解決に当たっては、今日いうところの「持続可能性」(sustainability)を前提に、オットセイ資源の配分と保存に関するレジームの設定を行っており、そうした点で、極めて先駆的な判断を示しているのである(12)。

1　領域性原理から機能性原理への転換

この仲裁判決に至る過程をみていくと、国家管轄権における領域性原理から非領域的・機能性原理への転換が、かなり明確に認識できるように思われる。米国は、当初、一八六七年の条約でロシアからアラスカを購入した際に、ベーリング海の全海域におけるオットセイの保護を含む一切の権利を引き継いだとして、公海上でのオットセイの捕獲禁止措置の根拠を、その海域における米国の広汎な領域的管轄権に置いていた。これに対して英国は、公海自由の原則の下に、米国がその国内法令を根拠に領海三カイリ外で第三国の漁船を拿捕しその乗組員を処罰することは国際法違反であるとして抗議した(13)。

しかるに、この紛争解決のために行われた交渉で、米国は途中からその主張の根拠を変えてくる。米国自身がかつてロシアの閉鎖海の主張に反対していたことなどが明らかになってきたためであるが、米国は当初の領域的管轄権(*imperium*)に基づく主張を捨てて、オットセイそれ自体に対する所有権と保護権に結びつけて、その公海上における管轄権を*dominium*として基礎づけるのである。それによると、米国はその領域内のオットセイ生息地で保全管理を行っているので、オットセイが公海を回遊しているときも、それに対して所有権を有するというものである。とくに重要な点は、米国がこの所有権を単に一国の専属的な権利としてではなく、自然法に基づく「人類の共同財産」(common property of mankind)と捉え、米国は国際社会の信託(trust)に応える形で、この権利を実現していくという趣旨を述べていることである。ここでは、オットセイが広く大洋を回遊するという性質とともに、その国際公共財としての性質に着目して、従来の領域性原則から乖離した機能性原理への転換が、萌芽的に認められるのである(14)。

周知のように、この仲裁判決では、英国による「公海自由」の主張を肯定して、オットセイが公海上に在るときに米国が一方的に管轄権を行使して外国船を拿捕することは認められないとしたが、判決は同時に、具体的な保護措置に関する詳細な「規則」(Regulations)を策定して、英米両国がそれに従うことを命じたのである。すなわち、両国は、一定海域ではオットセイの捕獲を全面的に禁止すること、その外の公海では、捕獲禁止期間を定め、使用漁具を制限するとともに、漁船はそれぞれの本国の許可を得て操業に従事すること、というものであった(15)。これを受けて両国は、それぞれの国内法令により、仲裁裁判所の命じた共同規制措置の履行を確保する義務を負うことになったのである。

2　国際レジームの対内的規律と対外的効果

ここで注目すべきは、こうしたレジーム設定後の効果である。このレジームの設定により、対内的にも対外的にも、通常の条約とはかなり異なる効果が顕れてくることが、この仲裁判決後の動きからもよくわかる。まず対内的側面についてみると、この仲裁判決の翌年に英米両国が定立した国内法では、両国官憲が、このレジームの下で課せられた規制措置を、共同して実施していくという趣旨が明確に規定されている(16)。そのため、たとえば英国の国会制定法および枢密院令では、米国の官憲に対し「英国政府のために」英国船舶を取り締まる権限を認めており、実際、この枢密院令に基づいて米国の巡視船が英国船を取り締まった例は数多くある。先の仲裁判決後も、英米間では一八九四年のワンダラー号事件など、規制方法に関する紛争が幾つか記録されているが、これらはすべて、レジームの枠内での、手続的な履行確保をめぐる紛争であり、もはや仲裁裁判以前のようなオットセイ捕獲についての実体的権利が争われたものでないことはいうまでもない(17)。そこでは、各当事国は、「レジームを担う一単位として」、その内部的規律に従い、信義誠実を尽くしてその任務を遂行することが求められていることになる。

また、レジームの対外的な効果としては、第三国に対して一定の対抗力を持つことになり、非当事国たる関係国——この場合、とくに日本とロシアであるが——も、そこで設定された共同規制措置を尊重せざるをえず、これを無視してオットセイ捕獲を行うことは困難になってくる。この経緯の詳細(18)は省略するが、そうした事情を反映して、一九一一年には日本とロシアを取り込む形で、海上捕獲の全面禁止と陸上捕獲分の配分を内容とした新たなレジームが設定され、さらに、一九五七年のオットセイ保存暫定条約として維持発展されることになったのは、周知のとおりである。

このように、一八九三年のオットセイ仲裁の意義は極めて大きいといわなければならない。とくに、有限天然資源を「国際公共財」として捉え、その利用と保存を「持続可能性原則」に基づいて確定した(19)こと、そのための制度的枠組みを国際的なレジームとして設定するとともに、各国に国内法に基づく履行確保を義務づけたこと、さらにこのレジームが第三国に対しても一定の対抗力を持っていたことなど、今日の地球環境保護のための国際レジームを考察する上で、この先例から学ぶべきことは非常に多いように思われる。

以上の検討を踏まえ、次に、現代における国際レジーム設定の背景やその具体的な構造をみることにしたいと思う。

三　国際環境レジームの現代的展開

1　地球環境保護のための国際レジーム設定の背景

上記の古典的先例は、当初の領域的なリンクを払拭して、非領域的・機能的な基盤の上に一定の国際レジームが設定された初期の例であった。これに対して、今日、地球環境保護のために創設される国際レジームは、初めから大気や海洋の地球規模における一体性を前提としてその環境保護の実現を目的するものであり、したがって、領域性の否定を媒介としないで、ストレートに機能性原理に基づく制度として成立しているところに、その特質が認められるのである。このように、最初から領域性のリンクを持たないという点が、まさに、地球環境レジームの革新的なところであるが、同時にそれは、このレジームの最も脆弱な側面でもあると考えられる。この点を、いま少し、国際法の基本に立ち戻って、考えておきたいと思う。

やや単純化していえば、国家は、国際法上、第一義的に領域国家であるが故に、領域性との関わりを持つ限りにおいて、その管轄権能と履行責任を十分に果たしうるのである。それは反対に、領域的なリンクの切断された「機能的」

平面では、国家は、国際法が求める任務の遂行を必ずしも完全には充足しえないということである。このため、国家の存立基盤そのものに変化がない限り、機能性原理に基づく国際法規則と国家の履行義務との矛盾・抵触は続くことになる。しかし、そうした国家の在り方に基本的な変化が生じることは、当分の間、否、今後もかなり長期にわたって、ないものと思われる。安全保障をはじめとして、資源確保、法秩序や経済秩序の維持、その他、国家に託された膨大な課題の大部分は、依然として領域性原理に基づく規制を要請しているからである。国家が領域国家であることをやめて、多国籍企業やＮＧＯのように、国家それ自体が「機能的な存在」に転化するなどということは、現実的な議論としては、想定しがたいところである。ほとんどの国家にとって、それが先進国であれ途上国であれ、地球環境などは、実際、マイナーな問題にすぎない、ということを、われわれは率直に認めておかなければならない。

それでは、もっぱらこのような国家を主体とする国際環境法では環境保護の目的を実現できないとして、パラダイムの転換を認め、(国家を排除するものではないとしても)国家に代わる非政府団体を主体とした transnational な、いわば「世界法」的な環境秩序を構想すべきか、ということになる。最近では、こうした「国家を超えた、ないしは国家を『素通り』した世界的市民社会」いわゆる transnational civil society の概念を背景に、国家の地位を相対化して捉え、私企業や団体、個人による直接の国際的連携関係を積極的に評価していこうとする見方が、学界の一部でも、持て囃されている(20)。もっとも、この "civil" の概念は、国家への対立概念か、それとも国家機能を補完するものか、市場(market)を含むか、それとも市場に対抗する概念として用いるかなど、論者によって異なり、様々な点で曖昧であるが、ともかくも、国際環境法の文脈では、国家の主体性を相対化し、非国家主体(non-State entities)の役割を重視する点において、共通しているように思われる。そこでの典型的な例としてよく挙げられるのが、企業間の国際的な製品規格であるＩＳＯ環境基準などである(21)。しかし、著者には、こうした transnational な取極も、ＷＴＯの「貿易の技術的障害に関する協定」(ＴＢＴ協定)など、国家間の協定で容認されているからこそ、各国における実効的な運用が保障されているのであると理解すべきように思われる。そのように捉えるならば、transnational civil society へのパラダイム転換論は、これも「当分の間」、つまり、今後も相当長期にわたって、現実性を持たないように思われ、したがって、依然として、われわれは国家を基本的な主体として維持しつつ、国際環境法の諸問題を考察していかなければならない。

以上のことから、地球環境の国際法を考察する場合、問題の核心はどこにあるか、ということになると、それは、当為としての機能性原理と、存在における国家の領域性原則との矛盾・抵触を、とくに履行確保という側面において、どのように克服しようとしてきたか、ということである。これに対しては、「国際レジームの設定」こそがこの分野における規範的脆弱性を克服する試みであったというのが、ここでの仮設的回答である。地球環境諸条約は、以下に述べるように、重層的な条約関係の中で、様々な履行確保の手段を導入し、また特殊な紛争処理手続を採用するなどして、締約国のコミットメントを引き出し、その目的を実現しようとしてきたのである。

2　地球環境保護レジームの特質——対内的側面

まず、国際レジームの対内的側面についてみると、第一に、地球環境保護の分野では、周知のとおり、枠組条約と議定書ないし付属書の二重構造をとることが多いが、枠組条約では締約国の「一般的義務」を定めるにとどめ、規制の詳細については議定書・付属書で規定し、かつ、科学的知見の増大に応じて変更できるよう、opting out 方式の採用によってその改正を容易にしていることが通例である。さらに他の条約や国際組織が直接・間接に関わりを持つほか、条約・議定書の下位規範として締約国会議の諸決定なども重要な意味を持ちうるのである。特定の問題に対して(単一の条約ではなくて)複数の条約や非拘束的文書が重層的に規律を及ぼそうとしているところに、国際レジームとしての特質が、まず、指摘される(22)。

また第二に、地球環境保護のための条約・議定書では、「予防的方策」(23)に基づく国際的な基準設定を行い、これを国内的に履行していくために各締約国に対し「立法、行政その他の措置」を執ることを求め、この履行措置に関する各国の報告を締約国会議で定期的に審査する peer review の制度を置いている。さらにこれらの条約では、各国の履行を促進するために、資金協力や技術援助といったインセンティヴ措置を設けているほか、各種の「国際協力義務」をかぶせていくという方式がとられている(24)。ここでも、複数の履行確保メカニズムが重層的に適用される形で、レジームとしての自律的・自己充足的な性格を補強し、締約国の自発的遵守を促そうという配慮が認められる。

さらに第三に、締約国間における紛争類型についてみておきたいと思う。一般に、国際紛争を当事国の請求目的から類型化すると、一つには、「合法性をめぐる紛争」、二つめには「対抗性をめぐる紛争」、そして三つめのカテゴリーとして、締約国の義務履行の態様がレジームの趣旨・目的に合致しているかどうかを争う「合目的性をめぐる紛争」が考えられる。このうち、国際レジーム内の紛争解決手続として最も重要な意味を持つのが、この第三の類型である。

一九八七年のオゾン層保護に関するモントリオール議定書の下で創られた「不遵守手続」(non-compliance procedure) はその典型である。そこでは、(不遵守国自らの申出による場合や事務局の通報による場合のほか)、レジームの趣旨・目的に照らして、一締約国の行為がそれから逸脱していると認められる場合に、その「是正」を求めて、他の締約国が、「異議申立」を行うという手続として設定されている(25)。そこでの請求目的は、損害に対する個別的救済ではなく、あくまでもレジームを維持する上での「対内的な」規律の確保である(26)。

3　国際レジームの対外関係

以上のような形で、国際レジームが締約国間に設定されると、それは従来の客観的領域制度の場合と同様、レジームの外部の第三国に対して、一定の「対抗力」を持ちうる存在となる。こうした国際レジームの「対外関係」が次の論点である。とくに地球環境保護については、問題の性質上、本来、世界のすべての国がそのレジームに参加することが求められるものであるが、実際には、必ず、締約国とならない国が出てくる。レジーム維持の観点からは、それらの非締約国が、その目的実現を阻害することを防止したり、義務を引き受けないで利益だけを享受する「ただ乗り」を阻止することも必要となる(27)。その場合、レジームが非締約国に対していかなる法的効果を持つかが、ここでの問題である。この法的効果を「対抗力」と呼ぶとすると、その構成要素は、やはり、このレジームが持つ正当性と実効性の如何による、ということになる。「正当性」の指標としては、保護措置に関わる義務の普遍的な重大性や緊急性などが考慮されなければならないし、「実効性」の要素としては、その措置の効果を外部の第三者にも及ぼしていくレジーム自身の自力執行力が必要となる(28)。

さて、とくにこの後者の側面、すなわちレジームの対抗力を実効的に確保する方策について、地球環境条約の多くは、非締約国に対するディスインセンティヴ措置を内包している。その典型的な例は、一九八七年のモントリオール議定書四条に規定される「非締約国との貿易制限」であるが、これは締約国が共同して非締約国に対し一種の貿易制裁を課そうというものである。たしかにこれは環境の保護を貿易措置によって実効的に確保しようとする制度であるが、他方、それはガット・WTOの貿易自由化原則と真向から矛盾することになる。ここに、いわゆる「貿易と環境」の問題が提起されているのであるが、周知のように一九九一年の「キハダマグロ事件」に関するガット・パネルの裁定がこの問題に火を付け、以後、WTOに移行後も引き続き検討が重ねられてきている。この問題は結局、貿易レジームと環境レジームとの、レジーム間の抵触をどのように調整するかということに尽きるのである(29)。

問題は、しかし、それを法技術的にいかに解決するかということである。WTOの「貿易と環境に関する委員会」では、この点について、様々な提案がなされてきた。提案は大きく分けて、ウェイバー条項の援用や紛争処理に委ねるといった *ex post* の「事後的調整方式」と、ガット二〇条に「環境例外」を追加するといった *ex ante* の「事前調整方式」がある。著者自身は、事前と事後の両方式を結合させた一種の「承認手続方式」を提案しているが、それは商品協定に関する現行ガット二〇条(h)の規定に倣った方式である。すなわち、WTOの閣僚会議に提出されて「否認されなかった多数国間環境協定」については、これをガットの例外とするというもので、こうした手続を経ることによって、貿易レジームの中に環境レジームを「編入」することが可能になり、環境関連の貿易措置について、ガット法上も明確に位置づけることができるものと考えている(30)。

いずれにせよ、「貿易と環境」の問題は、国際環境レジームがその法的効果を対外的に確保しようとする過程において生起する問題であり、先にみた対内的側面との特質と併せて、国際レジームの性質や機能をよく表しているように思われる。

四　国際環境レジームにおける国際法と国内法の関係

1　国際義務の国内的履行確保

さて以上は、国際法レヴェルにおける履行確保について考察してきたが、次に、国内法レヴェルにおける履行の問題を検討したいと思う。一般にも条約義務の履行が国際法レヴェルで完結するという例は未だほとんどないといってよいが、国際レジームの場合にも、義務の履行はその大部分が、各国の国内法を通じて実現されることになる。ただ、先にも述べたとおり、国際レジームの下で締約国は、レジームを共同して担う一単位としてその義務を遂行する立場に立つわけであるから、ここでは、国家の「二重機能」(dédoublement fonctionnel, role splitting) 論、すなわち、国家機関は国内法の機関であると同時に国際法の機関でもあるという理論が、かなり純化された形で実現されているとみることもできるように思われる(31)。

2　国際義務の性質分類

さて、伝統的な国際法の下では、国際義務の国内的実施について、各国の国内法に大幅な裁量が認められてきた。しかし最近は、国際法上の義務の性質によっては、その履行をより確実に確保するために、国家の裁量権の範囲に制限を設けることが多くなってきている。そうした観点からみると、伝統的な国際法上の義務は、概ね「措置の義務」として、国際法は国家に対して、特定の結果の実現を求め、あるいはせいぜい一定の事態の発生を防止するよう確保することが求められるというものであった（従来これは「結果の義務」と呼ばれてきたが、そこで要求されているのは必ずしも一定の結果を達成することではなく、概ね一定の措置を執ることが求められているにとどまるので、誤解を避けるため「措置の義務」と称することにした）。これに対して、比較的新しい類型の義務として、いわゆる「実施・方法の義務」が規定されるようになってきたが、これは、結果の実現のみならず、特定の方法で実施措置を執るよう国家に要求するものである。ここでは義務の履行方法についての国家の裁量権は、大幅に制限ないし否認されることになる(32)。

これら「措置」の義務ないし「方法」の義務に対して、さらに最近では、「維持の義務」とも呼ぶべき性質の義務が条約で規定されることが多くなってきていることに注目しなければならない。この義務の下では、国家は一定の「措置」を執るだけでは十分ではなく、常に一定の法的・事実的な「状態」を継続的に維持するという重い負担を負うことになる。締約国にはこれを国内法で実質的に確保するために厳格な「法令維持義務」が課されることも、その特徴となっている。宇宙条約六条の「継続的監督」や、核兵器不拡散条約（ＮＰＴ）三条における包括的な保障措置の規定などがこの「維持の義務」の典型例であるが、これらは宇宙活動や原子力利用の潜在的危険性に鑑みて、締約国が、そうした活動に従事する事業者に対し、継続的に注意義務を払うべく、常に一定の法的状態が維持されることを要求するものである(33)。

このような「維持の義務」が、これまでみてきた「国際レジーム」の維持と密接に関連を持つものであることはいうまでもない。とくに地球環境保護の諸条約で規定されている義務は、先にも指摘したように、従来の国家間の相互的義務とは対照的に、一般的義務としてすぐれて「対世的」な性格を有すること、また、「予防的方策」を優先させる観点から、予め設定された一定水準の目標値を総量総体規制により実現することが求められていることなど、いずれも包括的な原則に根拠づけられている。いうまでもなく、この「予防的方策」というのは、科学的な不確実性にもかかわらず一定の対応を求めるものであり、科学的根拠に基づく予見可能性を前提として執られる個別的な「防止措置」(preventive measures) とは全く異なるものである。いずれにせよ、「維持の義務」については、「措置の義務」の下におけるような個別的な「措置」が問題なのではなく、総体的に継続している「状態」こそが重要なのである。したがって、この「維持の義務」の履行のためには、国家はその立法・行政・司法の総力をあげて取り組むことが必要となるばかりでなく、その履行過程に、生産者・消費者を含めて国民全体を包摂していかなければならない。国際レジームの下での国家の対応については、そうした総合的な観点から、国際義務の履行状況がトータルに評価されることになるのである。

3　国際義務の履行方式

最後に、こうした「維持の義務」の国内的履行方式について述べておきたいと思う。「措置の義務」の下で、個々の措置が問題となる場合には、従来の行政的な「命令と統制」(command and control) による履行方式でこれを実現すればよいが、新しい「維持の義務」の下で、一定の状態を継続的に維持することが求められるということになると、そうした直接的規制方式では、行政コストがかかりすぎ、効果も薄いため、限界がある。そこで注目されてきたのが、間接的な規制方式としての経済的手段 (economic instruments) である。具体的には「炭素税・環境税」の賦課や「排出権取引」制度の創設など、市場 (market) メカニズムを利用することによって、間接的ではあるが、確実に、規制目的を実現しようとするものである(34)。

周知のように、気候変動枠組条約や京都議定書では、こうした経済的手段を積極的に活用すべきとの方向性が打ち出されて、議定書の下では、共同実施・クリーン開発メカニズム（ＣＤＭ）・排出権取引等の制度（いわゆる「京都メカニズム」）が創設された。もとより、これらは先進国の削減義務をいささかも減ずる趣旨ではなく、あくまでも補完的な手段としてのみ認められているものであるが、CO_2のように排出源が無数に存在するようなケースについては、こうした経済的手法が最も効果的な方法であることは疑いえないところである。もっともその具体的な実施方法如何によっては、先に触れたＧＡＴＴ貿易原則との抵触が生じうるので、国際的調整が必要になってくる(35)。こうした問題は現在、気候変動政府間パネル（ＩＰＣＣ）でも検討が続いているところであるが、ともかく、市場の力を基盤にしたこのような国際レジームの構築は確実に進行しており、それはレジーム論の新しい方向としても注目に値するものと考えられる。

五　小　結

１　一般国際法における国際環境法の位置

最後に、若干の総括をしておきたいと思う。本節では、地球環境条約の履行確保に関する問題を、国際法および国内法のレヴェルのそれぞれにつき、「国際レジーム」という分析枠組みをとおして、検討してきた。このレジームの対内的側面における締約国の位置と相互の関係、およびレジームの対外関係としての非締約国に対する効果、さらにレジームの下での国際義務と各国国内法との関係を、内面的には「一貫した論理」で説明することが、ここでの課題であった。国際レジームの対内的規律を特徴づける「合目的性をめぐる紛争」の概念、レジームの対外関係における「対抗力」、あるいは国内履行確保における「維持の義務」といった観念は、いずれも、そうした論理的展開の過程で「鍵」となる概念であった。しかしもとより現代は、論理的操作だけで国際法が究明できる時代ではなく、国際法の理論は、あくまでも、実証的な分析に耐えうるものでなければならないということはいうまでもない。それが成功しているかどうかは別として、本節の執筆の過程で考えさせられた幾つかの点を、以下、課題として提示することで、結びに代えたいと思う。

国際環境法は、冒頭にも述べたように、かなり短期間のうちに、国際法の一部門として独自の発展を遂げると同時に、一般国際法に対して幾つかの重要なインパクトを与えてきた。法源論、条約法、国家管轄権、国家責任、紛争処理、履行確保といった問題領域において、国際環境法は常に新たな法原則や規制方式を生み出し、それが国際法上の既存の概念に変容を迫る契機ともなっているのである。著者は、国際環境法が一般国際法に対して投げかけているそのようなチャレンジを真正面から受け止めること、そして、とくにそれを方法論的な視点から捉え返すことが、極めて重要な課題と感じている。

2　方法的課題としての国際環境法

そうした観点から、まず何よりも重要なことは、国際環境法を一般国際法の枠組みの中で位置づける視点を持ち続けるということであろうと思う。今日のように専門分化の激しい世界では、一つの分野だけに特化して、国際環境法なら国際環境法だけを、人権法なら人権法だけしか関心を持たないという研究者が多くなるのは、一面、避けがたいのは確かであるが、しかし、そうした「単一争点主義」(single issue approach)で個別分野の研究を自己完結的に進める限りは、一般国際法との関係は切断されてしまうことになりかねない。それはまた、国際法体系それ自体の分断化を進めることになりかねず、深刻な問題である。

国際環境法の研究においては、同時に、隣接法分野とのリンケージを明確にしていくことが非常に重要である。とくに、環境損害は人間の経済活動に起因するものであるから、国際環境法の主要問題は国際経済法の「裏側」で提起されているといってもよく、「貿易と環境」の問題に限らず、国際経済法との内在的リンクを見定めておくことが、不可欠のように思われる。また、国際義務の履行に関して、国内法との関係を確立することの重要性は、強調してもしすぎることはない。

最後に、最も基本的な問題であるが、国際環境法における「解釈論と立法論」について一言しておきたいと思う。人権や平和と並んで、環境もまた、立法論的主張が解釈論的に「偽装」されて「密輸入」されがちな分野である。性格のはっきりしないソフト・ローの氾濫が、そうした傾向に拍車をかけている。法解釈で許容される限界を大きく超えて、類推や一般条項の援用が行われるのも、国際環境法の分野では珍しくない。もとより、われわれ研究者の役割は、*lex lata* の解釈学に局限されるわけではなく、国際法の漸進的発達を志向し、*lex ferenda* としての国際立法のあるべき方向を見定めていかなければならないが、しかし、本来、立法論というのは、解釈論をギリギリまで詰めてその限界を明らかにした上で、そこでの桎梏を克服する方策として提起されるはずのものである。その意味でやはり、解釈論と立法論との間に健全な棲み分けができるかどうかは、国際環境法学が、法学の一部門として自立するための試金石であるように思われるのである(36)。

注

(1)　Shinya Murase, Chair, "Compliance with International Standards: Environmental Case Studies", *Proceedings of the 89th Annual Meeting of the American Society of International Law*, 1995, pp. 206-224. See in particular the remarks by Winfried Lang and Edith Brown Weiss.

(2)　Shinya Murase, "Perspectives from International Economic Law on Transnational Environmental Issues", *Recueil des cours*, t. 253, 1995, pp.

413-422.

(3)　著者の「国際レジーム」の概念については、村瀬信也「国際紛争における『信義誠実』原則の機能——国際レジームの下における締約国の異議申立手続を中心に」『上智法学論集』三八巻三号（一九九五年）一九一〜一九五頁参照（本書第六章第五節五七〇頁、五九一〜五九三頁）。

(4)　Surya P. Subedi, "The Doctorine of Objective Regimes in International Law and the Competence of the United Nations to Impose Territorial or Peace Settlements on States", *German Yearbook of International Law*, vol. 37, 1994, pp. 162-205.

(5)　Eckart Klein, "Internatonal Regimes", in Bernhardt, ed., *Encyclopaedia of Public International Law*, vol. II, 1995, pp. 1354-1359, 森川俊孝「国際制度の対世的効果」『横浜国際経済法学』二巻一号（一九九三年）一〜二六頁。

(6)　Winfried Lang, "Regimes and Organizations in the Labyrinth of International Institutions" , in Konrad Ginther *et al.*, eds., *Völkerrecht zwischen normativem Anspruch und politischer Realität* (Festschrift für Karl Zemanek) , 1994, p. 277. なお、領域性、権力性、機能性等の概念枠組みについては、村瀬信也「最恵国条項論」（一）『国際法外交雑誌』七二巻四号（一九七四年）四六〜五八頁参照。

(7)　村瀬信也「原子力平和利用国際レジームの法構造——ＩＡＥＡ保障措置の位置と機能」日本エネルギー法研究所『国際原子力利用法制の主要課題』（日本エネルギー法研究所、一九九八年）六七〜九一頁（本書第六章第六節に収録）。

(8)　Winfried Lang, "Is the Ozone Depletion Regime a Model for an Emerging Regime on Global Warming?", *UCLA Journal of Environmental Law and Policy*, 1991/2, pp. 161f.; *Ditto*, "Diplomacy and International Law-making: Some Observations", *Yearbook of International Environmental Law*, 1992, pp. 121f.

(9)　Winfried Lang, "The International Waste Regime", in W. Lang, H. Neuhold & K. Zemanek, eds., *Environmental Protection and International Law*, 1991, pp. 147f.

(10)　Bruno Simma, "The Antarctic Treaty as a Treaty Providing for an 'Objective Regime'", *Cornell International Law Journal*, vol. 19, 1986, pp. 189-202.

(11)　J. B. Moore, *History and Digest of International Arbitrations to Which the United States Has Been a Party*, vol. 1, 1898, reprinted by Williams S. Hein & Co., 1995, pp. 755-961.

(12)　小田滋「海洋漁業の国際的規制について」同『海洋の国際法構造』（有信堂高文社、一九五六年）、再録『海洋法の源流を探る』（有信堂高文社、一九八九年）二三七〜二四〇頁、山本草二「排他的漁業権概念の歴史的展開」（二・完）『国際法外交雑誌』五八巻四号（一九五九年）六七〜八一頁、同『国際漁業紛争と法』（玉川大学出版部、一九七六年）七五〜八一頁、小中さつき「公海漁業規制における一方的行為——ベーリング海オットセイ事件再考」『早稲田大学

大学院法研論集』九〇号(一九九九年)一七一~一九七頁、Matthias Höpfner, "Behring Sea Arbtration", in Bernhardt, ed., *op. cit., supra* note 5, vol. 1, 1992, pp. 366-367; Philippe Sands, *Principles of International Environmental Law*, Manchester Univ. Press, 1995, pp.415-419.

(13) Moore, *op. cit., supra* note 11, pp. 763-795, 山本「前掲論文」(注12)六九~七一頁。

(14) Moore, *op. cit., supra* note 11, p. 811, 山本「前掲論文」(注12)七三~七四頁。

(15) Moore, *op. cit., supra* note 11, pp. 935f. 本件仲裁判決は、たしかに、一国による領海外での他国船舶の一方的規制を否認した点では、領域原則に立つもののように考えられるが、ここで策定された「規則」が公海上での共同規制をオットセイ資源の利用と保護の調和をはかりつつ実現しようとしていることは、機能性原理への転換を明白に示している。そのことは、この仲裁判断に付属する裁判所の「補足的宣言」(Supplementary Declaration, *Ibid.*, p. 965)をみれば一層明確となる。この宣言では、オットセイ資源の枯渇を防止するために、両国の「領域内」においても、一定期間、捕獲を禁止すべき旨勧告しているのである。領域内の取扱いについては、本仲裁の付託事項には含まれておらず、両当事国ともこの勧告を受諾しなかったことは当然といえば当然であったが、回遊性を持つオットセイを保護するための機能的国際レジームの設定という裁判所の考え方からすれば、公海上の規制だけでは不十分で、領域内の保護措置に言及するということも理解しうるところである。

(16) U. S. Behring Sea Award Act, April 6, 1894; U. K. Act of April 23, 1894, and Order in Council, *Halsbury's Statutes of England*, 2nd ed., vol. 10, pp. 338-342.

(17) "The Owners, Officers and Men of the Wonderer, Great Britain & United States, December 9, 1921", *Reports of International Arbitral Awards*, vol. 6, pp. 68-77, 松田幹夫「ウォンダラー号事件」波多野里望・東寿太郎編『国際判例研究・国家責任』(三省堂、一九九〇年)一六九~一七五頁、同「フェイバリット号事件」『同上書』一九二~一九七頁、森脇庸太「スクーナー船船主事件」『同上書』一八七~一九二頁。

(18) 詳しくは、須山達夫「膃肭獣問題の歴史」(一)、(二)、(三完)『国際法外交雑誌』四一巻一号(一九四二年)四一~五五頁、三号、三二~四一頁、五号、六四~八五頁参照。W. Williams, "Reminiscences of the Behring Sea Arbitraton", *American Journal of International Law*, vol. 37, 1943, pp. 562-584.

(19) Sands., *op. cit., supra* note 12, pp. 89, 415-419; *Ditto*, "International Law in the Field of Sustainable Development", *The British Year Book of International Law*, 1994, pp. 303f., 306.

(20) Benedict Kingsbury, "The Tuna-Dolphin Controversy, the World Trade Organization, and the Liberal Project to Reconceptualize International

Law", *Yearbook of International Environmental Law*, vol. 5, 1994, pp. 32f. なお、小林誠「アンティリアリズムのパワー・サイト——国際政治における国家と社会」『国際法外交雑誌』九七巻六号（一九九九年）一～三三頁参照。

(21) Edith Brown Weiss, "New Directions in International Environmental Law", *Address at the United Nations Congress of Public International Law*, March 15, 1995, pp. 10-15; Naomi Roht-Arriaza, "Shifting the Point of Regulation: The International Organization for Standardization and Global Law-making on Trade and the Environment", *Ecology Law Quarterly*, vol. 22, no. 3, 1995, pp. 479-539.

(22) このように「国際レジーム」は、特定の課題について関連する「複数の」条約・協定その他の規範によって複層的に構成される点で、各国の権利義務関係を規律するにとどまる個々の条約とは区別される。また、レジームは、国際組織の設定する機構的メカニズムや手続を利用しつつ存在し機能するが、個々の国際組織の固有の活動そのものとも区別される。個別の多数国間条約や個別の国際組織を「国際レジーム」と言い換えるだけでは、レジーム概念を援用する積極的意義は認められない。

(23) 「予防的方策」（リオ宣言一五原則）の性格や規範内容については未確定な部分が多い。いわゆる「予防原則」(precautionary principle) といわれるものは、多分に、立法・行政上の指針にとどまり、これを国際裁判等で援用可能な「法原則」（裁判規範）と捉えることには慎重でなければならない。指針という意味では、これは「予防的アプローチ」(precautionary approach) と呼ぶべきものである。Murase, *op. cit., supra* note 2, pp. 297-298.

(24) 山本草二「国際環境協力の法的枠組の特質」『ジュリスト』一〇一五号（一九九二年）一四五頁。

(25) Martti Koskenniemi, "Breach of Treaty or Non-Compliance? Reflections on the Enforcement of the Montreal Protocol", *Yearbook of International Environmental Law*, vol. 3, 1992, pp. 123-162.

(26) 村瀬「前掲論文」（「信義誠実」原則）（注3）二〇五～二〇八頁（本書五七八～五八二頁）。

(27) 地球環境条約と非締約国との関係について、村瀬信也「地球環境保護に関する国際立法過程の諸問題——主権国家の位置と限界」大来佐武郎監修『地球環境と政治——地球環境保全のための新たな協調体制の確立に向けて』（中央法規出版、一九九〇年）二二四～二二七頁（本章第三節に収録）。

(28) 「対抗力」の枠組みに関しては、村瀬信也「国家管轄権の一方的行使と対抗力」村瀬信也・奥脇直也編『国家管轄権——国際法と国内法』（山本草二先生古稀記念、勁草書房、一九九八年）六一～八二頁（本書第六章第一節に収録）、同「国際組織の一方的措置と対抗力」『上智法学論集』四二巻一号（一九九八年）五～三八頁参照（本書第六章二節に収録）。

(29) 村瀬信也「ガットと環境保護」『国際経済法』三号（一九九四年）一～二四頁（本章第六節に収録）、同「国際環境法——

国際経済法からの視点」『ジュリスト』一〇〇〇号(一九九二年)三六〇～三六五頁(本章第二節に〔改題して〕収録)、Murase, *op. cit., supra* note 2, pp. 322-348. 多数国間環境協定(ＭＥＡＳ)とＷＴＯとの「抵触」は、すぐれて多元的・多層的であり、少なくとも、次の四つのレヴェルで考察されなければならない。第一にはＭＥＡとＷＴＯとの間に基本原則(構成原理・規制方法)の抵触がある場合である。ＷＴＯでは無差別・最恵国原則を根本規範としているのに対して、ＭＥＡでは「共通ではあるが差異ある責任」を指導原理とする場合が多い。規制方法も、ＭＥＡでは生産工程・生産方法規制(processes and production methods, PPMs)が要請されるのに対して、産品規制を基本とするＷＴＯ／ＧＡＴＴでは、ＰＰＭ規制の受容には問題が多い。第二は、ＭＥＡの個別の制度に基づく義務がＷＴＯ上の義務に抵触する場合、あるいは当該制度の国内的「実施方法」がＷＴＯ上の義務と抵触すると考えられる場合である。後述の京都メカニズムの問題などが、この典型である。第三は、ＭＥＡの趣旨を実現するためとして執られる国内措置がＷＴＯと抵触する場合が考えられる。日本の「改正省エネ法」など、必ずしも直接に条約に基づくものでない措置の場合は、関係国との摩擦を惹起しやすい。第四は、ＭＥＡの実効性を担保する「手段」として執られる貿易措置がＷＴＯと抵触する場合で、締約国の不遵守に対する制裁として貿易措置が執られる場合(京都議定書一八条の下でそうした制度の設置を主張する国がある)、あるいは非締約国に対する制裁措置(オゾン層・モントリオール議定書四条の下での非締約国に対する貿易制限など)が挙げられる。「貿易と環境」の問題は、こうした多元的な角度から検討されなければならない。

(30)　村瀬信也「『環境と貿易』問題の現状と課題」森島昭夫・大塚直・北村喜宣編『環境問題の行方』(有斐閣、ジュリスト増刊、一九九九年)三一四～三一八頁(本章第七節に収録)。なお、商品協定の類似の方法で環境協定との調整をはかろうとする案は、ガット時代の作業部会でニュージーランド代表が示唆したことがある。ヒューデック教授は、一九九六年の論文(Robert Hudec, "GATT Legal Restraints on the Use of Trade Measures against Foreign Environmental Practices", in Bhagwati & R. Hudec, eds., *Fair Trade and Harmonization: Prerequisites for Free Trade?*, vol. 2〔Legal Analysis〕, 1966, pp. 125f.) で同様の見解を表明しているが、拙稿(Murase, *op. cit., supra* note 2, pp. 348)は、同教授の論文よりも先んじて発表されたものであることを、付言しておきたい。

(31)　Georges Scelle, "Le phénomène juridique du dédoublement fonctionnel", in Walter Schätzel & Hans-Jürgen Schlochauer, eds., *Rechtsfragen der internationalen Organisation* (Festschrift für Hans Wehberg), 1957, pp. 324-342; Antonio Cassese, "Remarks on Scelle's Theory of 'Role Splitting' (dédoublement fonctionnel) in International Law", *European Journal of International Law*, vol. 1, 1990, pp. 210-231, 山本草二「国際行政法の存立基盤」『国際法外交雑誌』六七巻五号(一九六九年)三二一～三五五頁、森田章夫「国際コントロール理論

の歴史的展開概念と機能を中心として」『国際法外交雑誌』九五巻三号、一九九六年、九～一一頁。

(32)　山本草二『国際法』(新版、有斐閣、一九九四年)一一三～一一四頁。

(33)　村瀬「前掲論文」(「信義誠実」原則)(注3)二〇〇～二〇五頁(本書五七六～五七八頁および五九四頁注(28))。

(34)　Murase, *op. cit., supra* note 2, pp. 400-413.

(35)　村瀬信也「国際環境条約の履行確保と経済的手段──気候変動枠組条約の下における環境税および共同実施について」『国際原子力安全・環境保護規制と国内法制との接点』(日本エネルギー法研究所、比較環境法制班報告書、一九九七年)一二七～一四七頁(本書第七章第一節に収録)。

京都議定書の下で設定されたいわゆる「京都メカニズム」のうち、とくに注目されるのが「排出権取引」の制度である。その具体的内容は未確定であり、各国においてこれがどのような形で設定・運用されるか(排出権の割当先について下流規制方式・上流規制方式・混合方式が構想されており、また割当方法としても無償割当と有償割当があり、従来の企業実績〔grandfathering〕をいかに評価するかが大きな問題となる)によって、貿易原則との抵触の有無・態様も異なりうる。Zhong Xiang, "Greenhouse Gas Emissions Trading and the World Trading System", *Journal of World Trade*, vol. 32, no. 5, 1998, pp. 219-239.

(36)　村瀬信也「日本の国際法学における法源論の位相」『国際法外交雑誌』九六巻四・五合併号(一九九八年)一七五～二〇三頁(本書第一章第二節に収録)。

第二節　国際環境法への国際経済法からの視点

一　はじめに

国際環境法が独立の学問領域としてその存在を主張しうるだけの、固有の対象と方法を有するか否かについて、未だ共通の認識が成立しているわけではない。しかしこの数十年間、国際社会における環境問題の深刻化は、様々な面において環境保護に関する国際法の形成を促してきており、それが各国の国内法に与えている影響も最近では無視しえないものとなっている。本節では、この比較的新しい国際法分野につき、これを分析する場合に重要と考えられる基本的な視点ないし方法について論述しておきたい。

最近の国際環境法に対するアプローチには、大別して、二つの立場があるように思われる。一つは国際人権法の観点から、環境保護を人間存在の基礎的前提と捉え、すべての人間——現在および将来の世代における人類全体——に対する環境権の保障を、国家の義務の中核に据えて、国際環境法の内容と機能を体系化しようとする立場である(1)。こうしたいわば「自然法的」立場が果たしている一定の啓蒙的ないし運動論的役割はその限りで評価しうるが、その提案の多くが実定法的基礎を欠くものであることは否定できない。もう一つの接近方法は、国際環境法の対象を、具体的な経済活動の展開に伴って生起する問題として、いわば国際経済法の反面において捉え、後者の分析方法に学びつつ、その定式化をはかろうとするものである。国際環境法について実証的にアプローチしようとする限り、この第二の方法に多く依存せざるをえないことは、次にみるような、国際環境法の展開それ自体の中に示されているように思われる。

二　国際環境法の展開

国際環境法の主要な内容・性質は、いうまでもなく、時代とともに変遷してきている。しかしこの分野の法が、経済開発と環境保護の対立をいかに調整するかという点を機軸に発展してきたことは、明らかである。そうした観点からこれを沿革的に概観しておくと、まず、対象となる環境損害について、その汚染源が特定され、国境を接する二国間で発生していた一九五〇年代頃までの伝統的な国際環境法の下では、その紛争の多くは、越境大気汚染（一九四一年トレイル熔鉱所事件）(2)や国際河川の利用（一九五七年ラヌー湖事件）(3)などをめぐり、「被害国」対「加害国」の関係において、争われたものであった。いずれも、領域内の経済活動・資源開発の主権的権利を前提としつつ、その活動が他国の権利（領土保全）を害しないよう、「領域使用の管理責任」といった概念を駆使することにより、これに制限を加えていこうとするものであった。そこでの主要な争点は、当事国間の「相互的義務」の在り方をめぐる問題であり、それは概ね相隣関係の法理の適用(4)をとおして確定されたのである。またその際、汚染源が私人・私企業の活動による場合には、これに対し国家は相当の注意義務を払うことが、伝統的な過失責任の枠内で、求められていたのであり、国家は汚染防止のため一定の措置を執ることが、いわゆる「措置の義務」（「結果の義務」）を充足する限りで（実施措置の方法・手段は各国の裁量に委ねられる）、必要とされたのである。

しかしその後、環境汚染が大規模化・広域化し、被害が単に隣国に対してのみならず、かなり広範囲の地域に被害を与えるようになってくると、そこで適用される国際環境法の原則にも、一定の修正が加えられるようになるのである。すなわち、まず第一に、油濁や原子力・宇宙損害などいわゆる高度危険活動から生ずる被害については、従来の過失責任原則を離れて、条約上、危険責任主義が導入されるに至ったことが指摘される(5)。また、大規模な環境破壊について、これを国家の「普遍的義務」の問題として捉え、単に自国の被る損害のみならず、「他国に代わって」ないし「国際社会の利益のために」訴えを提起することの可否が問われるようになった(一九七四年核実験事件)(6)のをはじめ、酸性雨などの広域大気汚染の防止や海洋環境の保護・保全については、国家の「一般的義務」が規定されるようになった(一九七九年長距離越境大気汚染に関するＥＣＥ条約二条、一九八二年国連海洋法条約一九二条など)。こうした一般的義務の設定がただちに非被害国に対して国際裁判における民衆訴訟的な原告適格を与えるものではないとしても、大規模・広域環境汚染がもはや国家の相互的義務の範囲を超える問題であるとの認識が次第に定着してきたといってよい。こうして、国家に課せられる義務の性質も、「実施・方法の義務」ないし「特定事態発生の防止義務」、さらには「維持の義務」など、各国の裁量の範囲を著しく狭めるものとなってきているのである(7)。

さらに近時における国際環境法が、経済規模の飛躍的拡大と爆発的な人口増加を背景として、オゾン層の破壊や地球温暖化といった、全地球的な問題を対象に取り込まざるをえなくなってきていることは周知のとおりである。大気、海洋、森林、生態系といった地球環境の保護・保全が「人類の共通関心」事項として位置づけられる一方で、汚染源の多様性や非特定性、効果に関する科学的不確実性など、従来の環境問題とはその性質を大きく異にする様々な問題が提起されている。この新たな地球環境の国際法の下では、保護のために必要な措置は多分に総量規制的・間接的手段に依存することとなり、そこで求められる国家の誓約や義務の性質、また、その履行確保の態様は、従来とはかなり根底的な変容を迫られるものと思われる(8)。そうした事情は、この分野における国際立法の形式や紛争処理の方法にも大きな影響を与えることになろう。もっとも、現在のところ、この分野の実定国際法の形成は、未だ多分に将来の発展に委ねられているといわなければならない。右のような展開を踏まえて国際環境法にアプローチする場合、先にも述べたように、とりわけこれを国際経済法との交錯領域において考察する必要が自ずから認識されよう。現代における環境問題の主要な要因が、企業活動の大規模化と国際化にあるということばかりでなく、国際ルールの国内的履行という点において、国際環境法と国際経済法との間には、かなりの類似点が指摘されるのである。そうした観点から、次に、国際環境法の履行における国家の「管理」に関する問題を検討しておきたい。

三　国際環境法の履行と国家の「管理」

地球環境に対する関心の高まりの中で、最近は、この分野における国際立法の試みが盛んである。しかし、条約作りの先行に対して、その受け皿となる国内法の整備は、各国とも、極めて不十分なことが多い。その結果、採択されても批准されない条約が拡散するだけでなく、批准・加入が行われても各国で実際にその内容を履行のための国内措置が執られていないため、条約がいわば宙に浮いた状態になっている例もみられる。こうした条約の稀薄化・空洞化の傾向が、国際環境法の、ひいては国際法一般の、規範状況を脆弱なものにする危険性を孕んでいることを、まず認識しておかなければならない。

国際環境法の国内的履行に関する鍵概念の一つは、環境に対する国家の責任について言及した一九七二年のストックホルム人間環境宣言・原則二一に見出される。すなわち、その第二文では、「国家は、自国の管轄権または管理(jurisdiction or control)の下における活動が、他国または国家の管轄権を超えた区域の環境に損害を与えないよう確保する責任を負う」と規定される(9)。ここにいう「管轄権」とは、通常、領域的管轄権の及ぶ範囲を指し、「管理」とは旗国・

登録国など属人的な紐帯を示称する概念と理解されている。しかるに、最近の顕著な傾向は、この「管理」概念の拡大による国家の責任の増大である。すなわち、国家は次第に、安全基準の確保義務や輸出管理などに関し、立法管轄の存在を前提として、「事実上の実効的管理」をも含めて、その責任を問われるようになってきているのである。それはとりわけ、被害者・被害国が多国籍企業の活動による環境汚染を親会社本国の責任に帰属させて捉えようとする場合の有力な武器ともなっている。今日の環境問題が多国籍企業に対する規制を抜きにしては語れないことからも、この点は現代の国際環境法を考察する上で、極めて重要なポイントである。

多国籍企業とは、親会社の指令によって各国に配置された子会社が資本上・経営上、一体的な関係に置かれている企業形態であるが、これらの子会社は法律的には、それぞれ独立の現地法人として設置されているため、親会社との法的紐帯はヴェールに覆われている場合が多い。環境破壊の原因となった行為が直接には子会社によって行われたものであったとしても、その責任については、右の一体的関係を前提として、親会社を含めてこれが追及されるのでなければ、原状回復・損害賠償等による被害者救済は極めて不十分なものに終わる可能性が大きい。インド・ボパールのガス爆発事故に対するユニオン・カーバイド社(以下UCC、米国ニューヨーク州法人)への責任追及は、その典型的事例といえよう。

この事件は、一九八四年一二月二日、インド・ユニオン・カーバイド社(インド法人)の工場でガス爆発が発生し、周辺住民四〇万人に多大の被害をもたらしたものである。被害者の一部は、米国の裁判所にUCCを相手取って訴訟を提起したが、これらを併合して審理した米国ニューヨーク州南部連邦地裁は、一九八六年五月一二日、次の三条件の下に、本件を *forum non conveniens* の適用により、インドの裁判所で審理すべきものとしたのである。すなわち、第一にUCCはインドの裁判管轄権に服すること、第二にUCCは米国連邦民事訴訟法に基づく証拠開示手続を遵守すること、第三にUCCはインドの裁判所のいかなる判決にも服すること、というものであった。インド議会はこれに先立つ一九八五年三月二九日「ボパール災害（請求手続）法」を制定し、「国家後見」(*Parens patriae*) の法理に基づき、インド政府が被害に関わる一切の請求権を排他的に行使することとなった。こうして、一九八九年二月一四日、インド最高裁は、ＵＣＣに対し総額四億七千万ドルの損害賠償を命ずる判決を下したのである(10)。

本件では、ＵＣＣの本国である米国の責任が追及されるまでには至らなかったが、少なくとも、米国の連邦地裁が、この事件の裁判管轄権・ＵＣＣの被告適格を容認したことのみならず、本件の移送に当たり、ＵＣＣに対し右のような厳しい条件を付す判決を下したことは、大いに評価されよう。インドにおける裁判の過程で、企業体としての一体的連携を前提とした「多国籍企業の絶対賠償責任原則」(the principle of absolute multi-national enterprise liability) が主張され、危険化学物質の安全管理における親会社の監督責任が厳しく追及されたが、そのことは、親会社本国に対しても、実際上、後のバーゼル条約が規定すると同様の危険物質の越境移動・輸出管理の責任が課せられることを、不可避にするものといえよう。こうしてボパール訴訟は、ストックホルム原則二一の「管理」概念が、右のような形で多国籍企業に対しても拡張されつつあることを示唆しているのである。

海洋汚染の分野でも同様の傾向が指摘される。国連海洋法条約一九四条二項は、右のストックホルム原則を受け継いで、国家が「自国の管轄または管理のもとにおける活動」について汚染防止の責任を負う旨定めている。一九七八年三月一六日にフランス沿岸で発生した巨大タンカー、アモコ・カディス号（リベリア船籍）の座礁による油濁事故を例にとると、本件を扱った米国の連邦裁判所は、少なくとも次の二点において、国家の「管理」に注目しているものと考えられる。第一はアモコ・カディス号の建造過程における過失責任の認定に関わる問題であり、第二は同船の実質的所有者である多国籍企業スタンダード石油会社の賠償責任である。

アモコ・カディス号の座礁の原因の一つが操舵機関の故障であったため、同船を建造したアスティエロスというスペインの造船会社の責任が問われた。米国の連邦地裁は、同船の建造に関する交渉と契約の締結が「シカゴで行われた」という点をもってその管轄権認容の根拠としている。しかもその場合、実際に造船が行われたスペインにおける米国の船級関係法令の域外適用を前提として、米国船級協会の責任にも言及しているのである。本来「船舶の構造、設備および堪航性」の維持は「旗国の義務」(国連海洋法条約九四条三項a)に属する事項ではあるにせよ、汚染防止の観点からは、実質的な「管理」の責任を負う国にもこれを確保することが要求されるようになってきていることの証左であろう。また、損害賠償について裁判所は、アモコ・カディス号の名目的所有者であるリベリア法人とその親会社である米国法人スタンダード石油会社との関係を、多国籍企業としての一体的関係で捉え、前者は単に後者の「下部組織」にすぎないとした上で、スタンダード石油会社の被告適格を認定し、米国裁判所の管轄権を認容しているのである(11)。

このように、ボパールやアモコ・カディスのように、最近では環境汚染に多国籍企業が関わっている場合が珍しくないが、その直接加害者が現地の子会社であったとしても、多くの場合それは賠償責任能力を具えていないことから、親会社の責任と、ひいてはその本国の責任を追及しない限り被害者の救済は期待しえないと考えられる。このような、多国籍企業に関する「管理」概念の拡大は、従来の国際判例におけるリーディング・ケースとされてきたバルセロナ・トラクション事件判決(一九七〇年国際司法裁判所)の再検討を迫る問題でもある(12)。また、今日では日本系の多国籍企業も東南アジア各地で広く活動しており、わが国としても、環境保全の視点からそれら子会社に対する一定の管理責任が問われる可能性を自覚し、予め法制の整備を行っておく必要があろうと思われる。

四　国際環境立法

本節執筆当時は、地球環境の保護、とりわけ気候変動の問題について、一九九二年六月のブラジルにおける国連環境開発会議（ＵＮＣＥＤ）に向けて条約作りが進行中であった。当時はまだ、気候変動条約が実際にどのような形でまとまるかは明らかではなかったが、およそ地球環境全体に関わるような事項について国際立法を行う場合に、いかなる法形式をとるかという問題が様々に議論された。注目すべき点は、ここでも国際経済法の手法が有効性を発揮する場面が多いと考えられたことである。この分野における立法形式のモデルとしては、次のようなものが想定された。

まず第一は国連海洋法条約（ＵＮＣＬＯＳ）モデルである。同条約が「海の憲法」と位置づけられ、およそ海洋に関する事項はすべてカヴァーしようとしたと同様に、大気を人類の公共財と捉え、大気の保全に関連する事項を包括的に単一条約の中で規定しようとするアプローチである。気候変動についてもカナダやマルタなどは当初こうした形式を構想していた。しかし、「人類の共同遺産」を謳った国連海洋法条約が、まさにその第一一部の故に、採択後も長期にわたってその発効が妨げられたばかりか、発効以前の段階ですでに事実上の「改訂」作業が進んでいたことをみても、ＵＮＣＬＯＳモデルが現実性を持ちえなかったことは明らかであろう(13)。

第二の立法モデルは、オゾン層保護の先例に倣った「枠組条約」と「議定書」との組み合わせである。前者では国家の一般的義務や国際協力義務を定めるにとどめ、具体的な規制手段や基準数値は議定書で、その都度、科学的知見を踏まえながら、決定していくという方式である。気候変動についても、結局この方法が採用されることになったが、その根拠は必ずしも強固なものではなかった。オゾン層破壊の原因物質は、フロンなど概ね特定化が可能であり、その生産者・大量消費者も特定されているため、規制は比較的容易であった。代替物の見通しも立っていた。これに対して、地球温暖化の原因とされる二酸化炭素などのいわゆる温室効果ガスに関しては、その発生源が極めて多様であり、その効果等についても科学的不確実性が著しく高い。加えて、各国の個別事情の違いは、統一的な数値による規制になじまない側面が多い。このため、枠組条約と議定書とのリンケージも、オゾン層の場合のようには必ずしも単純にいかないのである。

そこで第三のモデルとして提唱されたのが、ＧＡＴＴモデルである。これはちょうど、国際貿易における関税の低減と同様の方法で、各国が温室効果ガスの排出基準を関係国間で交渉し、その交渉成果を全加盟国に均霑していくというものである。この方法の下では、主要排出国を中心に、各国がそれぞれの国の事情を突き合わせながら相互主義的なラウンド交渉を繰り返すことになるが、ＧＡＴＴのラウンドが貿易に関連する多様な問題を同時並行的に交渉のテーブルに載せているように、気候変動についても、原因の多様性、争点の多元性、各国の個別事情といった複雑な背景が絡んでいるところから、現実的なアプローチとして注目された。このモデルの主眼は、地球環境の保護という課題について、これを一回限りの合意によって解決できる問題と考えるのではなく、合意形成の継続的過程として捉え、各国の継続的努力を確保するための制度的枠組みを作り出そうという点にあったことを強調しておかなければならない(14)。

さらに第四のアプローチとして、いわゆる「誓約と再検討」(pledge and review)方式が挙げられる。これは、たとえばＯＥＣＤの資本自由化コードについてみると、各国がそれぞれの国内事情に応じて、一定の留保と例外を設けながら自由化の「誓約」を行い、この誓約が履行されているか否かを、権限ある機関が一定期間ごとに「再検討」するというものである。この場合、誓約の内容やレヴェルが国によりまちまちとなることはやむをえないが、各国の個別事情を十分に考慮しているため、少なくとも誓約したことは概ね遵守されるとみてよい。この誓約は、単なる道義的なコミットメントではなく、法律行為としての「一方的行為」の一類型、ないしは「禁反言」の法理の適用により一定の法的効果を伴う行為として評価されなければならない[15]。地球環境問題の緊急性とそれに関する国際合意の実効性を考慮すれば、この第四の方式が、最も現実的なアプローチかとも考えられた。

もとより右の立法モデルは、それぞれにメリット、ディメリットがあり、また必ずしも相互に排他的なものでもない。気候変動については第二のモデルが基本となったが、他のアプローチも部分的には取り込まれている。何よりも重要な点は、長期にわたって実効的な機能を維持できるような条約レジームを作ることである。（著者の危惧は端的にいって、気候変動につき、二酸化炭素の最大の排出国である米国の参加を得られないような条約を作っても、それは徒労に終わるであろうということであった。）しかるに、環境関連条約の実効性を担保する要素として無視できないのは、条約遵守の誘因となるインセンティヴ（奨励）措置ないしディス・インセンティヴ（制裁）措置、およびその双方の均衡である。

こうした措置の例として最近注目を浴びているのが、「排出権取引制度」（emissions trading system）、すなわち、経済的手段を用いて環境汚染防止のために間接的な規制をはかろうとするものである。これは、具体的に汚染権の売買市場を創出し、この市場メカニズムの働きによって、汚染物質の排出削減や汚染防止技術の開発に対するインセンティヴを継続的に与えていこうとする方法として、国内で一部導入されていると伝えられている。しかし、少なくとも国際間でこのような間接規制手段がうまく機能するとは必ずしも考えがたい。こうした制度は市場メカニズムの存在とその正常な機能が前提となって初めて構想しうるものであるが、国際社会においては、そのような前提が存在するか否かは検討を要しよう[16]。条約上何らかのインセンティヴを考慮するとすれば、やはり、環境保護に関連した資金援助・技術援助（国連海洋法条約二〇二、二〇三条）、技術センター・地域センターの設置（同二七五〜二七七条）、代替技術に関する援助（オゾン層保護に関するモントリオール議定書五条）といった措置が妥当なところかとも思われる。

最近の環境関連会議において、途上国に対し特別の例外措置を設けることがあたかもアプリオリな要請であるかのように受け止められていることは、地球環境の保護それ自体にとって悲劇となりかねない。もとより、途上国の特別の事情は正当に配慮しなければならないが、その例外措置は、時限的・漸減的なセーフガードとして位置づけることが、国際環境法の健全な発展にとって、何よりも必要であろう(17)。モントリオール議定書五条では、途上国に一〇年間の猶予を認め、とくに途上国自身の「基本的な国内的必要」のための規制物資の生産を許容しているが、これによって途上国のフロン生産が急増しているばかりでなく、先進国企業の子会社による生産の拡大や迂回貿易などが指摘されていることなど、かつての途上国のための「一般特恵」が濫用されたと同じような現象もなしとしない(18)。

また、条約への参加と遵守を確保するための制裁措置としては、モントリオール議定書四条に規定されるような非締約国との貿易規制が中心となろう。もっともこの場合、GATTの自由貿易原則と真向から抵触する可能性が生ずる。同議定書の起草過程でも、この抵触問題が議論されたが、GATT二〇条の一般的例外条項の適用によってこの貿易規制は正当化されるものと主張された。しかし二〇条が環境保全のための規制措置までも含むものとする解釈にはやや無理がある。本来それは二五条五項のウェイバーの対象事項(締約国団の三分の二の多数による賛成投票が必要)と捉えるのが自然であろう。その際の基本的論点は、地球環境保護の利益を自由貿易の利益に優越させるという国際社会の規範意識がウェイバーを認めさせる程度にまで成熟しているか、その限りで、国際環境法が国際経済法をオーバーライドしたものと認められるか、という点であろう(19)。

五　小　結

国際環境法の履行の問題は、右にみたような、国際法レヴェルの考察のみでは、もとより不十分である。本節では立ち入った検討を行うことができなかったが、むしろ、国内法レヴェルにおける具体的な履行措置こそ、最も基本的な論点でなければならない。国際環境法上の義務の性質と国内措置との関係の明確化、国内法の適用基準の確定、国内環境規制の域外適用とその調整、越境汚染訴訟における当事者適格の認定と無差別原則など、国際法と国内法との接点において解明すべき法律問題は山積している。

しかるに、現在の国際環境法研究の趨勢は、二〇年ほど前の海洋法研究にも似て、ある種の「熱狂」に踊らされているような雰囲気が問題の冷静な取組みを阻害している。履行の問題を看過しては、いかなる条文作りの試みも詮ない。故バクスター教授が指摘したように、過度に野心的で誤まった国際立法の企ては、単にそれが失敗に終わるだけでなく、既存の国際法状況をより脆弱・劣悪なものにするという逆説的結果をもたらすこととなりかねない(20)。同教授の警告の意味を、もう一度確認しておきたいと思うのである。

注

(1) Cf. E. Brown Weiss, *In Fairness to Future Generations: International Law, Common Patrimony and Intergenerational Equity*, Transnational Publishers, 1989.

(2) United Nations, *Reports of International Arbitral Awards*, vol. 3, pp. 1907-1982.

(3) A. Gervais, "L'affaire du Lac Lanoux", *Annuaire français de droit internatonal* , 1960, pp. 372f.

(4) I. Pop, *Voisinage et bon voisinage en droit international*, 1980, pp. 162-165.

(5) 山本草二『国際法における危険責任主義』(東京大学出版会、一九八二年)参照。

(6) *ICJ Reports 1974*, pp. 64-65; ICJ Pleadings, *Nuclear Tests Case*, vol. 1, p. 337; F. L. Kirgis, "Standing to Challenge Human Endeavors That Could Change the Climate", *American Journal of International Law*, vol. 84, no. 2, 1990, pp. 525-530.

(7) 山本草二『国際法』(有斐閣、一九八五年)七九～八〇頁、村瀬信也監訳「国家責任に関する条文草案注釈——国際法委員会暫定草案第一部」『立教法学』二三・二四号(一九八四・八五年)二〇、二一、二三条参照。

（8） 村瀬信也「地球環境保護に関する国際立法過程の諸問題」大来佐武郎監修・講座地球環境『地球環境と政治――地球環境保全のための新たな国際協調体制の確立に向けて』（中央法規出版、一九九〇年）二一七～二三〇頁（本章第三節に収録）。

（9） L. B. Sohn, "Stockholm Declaration on the Human Environment", *Harvard International Law Journal*, vol. 14, 1973, pp. 423f. なお、このcontrol の語を、「支配」あるいは「規制」と訳している条約集があるが、それでは国際法の他の関連分野、とくに海洋法や宇宙法における同種の問題との関連性が遮断されてしまい、不適切である。

（10） L. M. Hawkes, "Parens Patriae and the Union Carbide Case: The Disaster at Bhopal Continues", *Cornell International Law Journal*, vol. 21, 1988, pp. 181-200; "Suit Filed by the Union of India against the Union Carbide Corporation Ltd., etc.", *Indian Journal of International Law*, vol. 26, 1986, pp. 601-611; U. Baxi & A. Dhanda, *Valiant Victims and Lethal Litigation: The Bhopal Case*, 1990.

（11） 699 F. 2nd 909（1983）; *Lloyd's Law Reports*, 1984, vol. 2, pp. 336f.; A. Kiss, "L'affaire de l'Amoco Cadiz: responsabilité pour une catastrophe écologique", *Journal du droit international*, 1985, no. 3, pp. 575-589, 村瀬信也「海洋環境の保護および保全」『海洋法・海事法判例研究』三号（一九九二年）。

（12） G. Sacerdoti, "Barcelona Traction Revisited: Foreign Owned and Controlled Companies in International Law", Y. Dinstein, ed., *International Law at a Time of Perplexity*, 1988, pp. 699-716; A. V. Lowe, "International Law Issues Arising in the Pipeline Dispute: the British Position", *German Yearbook of Internationl Law*, 1984, pp. 54-71.

（13） 村瀬信也「国連海洋法条約と慣習国際法――『国際立法』のパラドックス」『海洋法と海洋政策』九号（一九八六年）一～二五頁（本書第三章第三節に収録）。

（14） D. Victor, "How to Slow Global Warming", *Nature*, no. 349, 1991, pp. 451-456, 村瀬信也「ＧＡＴＴの立法過程」『貿易と関税』四四三号（一九九〇年二月号）一二～一八頁（本書第四章第二節に収録）。

（15） 山本草二「一方的国内措置の国際法形成機能」『上智法学論集』三三巻二・三合併号（一九九一年）、東寿太郎「禁反言の原則と国際法」高野雄一編『国際関係法の課題』（横田先生鳩寿記念論文集、有斐閣、一九八八年）五九～九三頁。

（16） 大塚直「環境賦課金」（6完）『ジュリスト』九八七号（一九九一年）六三頁、村瀬信也「国際法の新たな方法論の模索――国際社会における『法と経済』の関係に関する覚書」『ジュリスト』六八一号（一九七九年）参照。

（17） 村瀬信也「ＧＡＴＴの規範的性格に関する一考察――セーフガードにおける選択性の問題を手掛かりとして」『法学』（東北大学）五二巻五号（一九八八年）七三～一〇七頁。

(18)　A. M. Capretta, "The Future's So Bright, I Gotta Wear Shades: Future Impacts of the Montreal Protocol on Substances that Deplete the Ozone Layer", *Virginia Journal of International Law*, vol. 29, 1988, pp. 211-248.

(19)　P. M. Lawrence, "International Legal Regulations for Protection of the Ozone Layer: Some Problems of Implementation", *Journal of Environmental Law*, vol. 2, 1990, pp. 17-52; S. Murase, "International Law Making on the Protection of Global Environment", *Proceedings of the American Society of International Law, 85th Annual Meeting*, 1991, pp. 409-413.

(20)　R. B. Baxter, "The Effects of Ill-Conceived Codification and Development of International Law", *Recueil d'études de droit international en hommage à Paul Guggenheim*, 1968, pp. 146f.

第三節　地球環境保護に関する国際立法過程の諸問題

一　はじめに

ここでは、国際法の観点から、地球環境をめぐる国際立法の過程(1)において、主権国家がいかなる位置づけを与えられ、またその限界がどのような形で存在するかを覚え書き的に叙述しておきたい。「主権国家」の役割を、法的な観点から地球環境保護の関連条約に即して考察する場合、特に次の三点が重要と思われる。第一には、国家(締約国)の一般的義務と国内法・国内措置との関係、第二には、国家の経済主権との関わり、そして第三には、非締約国(特に途上国)との関係である。

国際環境法と一口にいっても、今日、その対象は極めて広汎である。従来のように、国際河川や国境を接した二国間の越境汚染のように、領域国家間の相隣関係の法理の適用によって調整がはかられるものから、地球全体を包括する形でのグローバルな法規制を予定するものまで、その内容も著しく多様である。ここでは主として、最近その国際立法が構想・推進されている地球温暖化(=気候変動)防止のための条約を念頭に置きながら、「地球環境の国際法」における主権概念の発現形態を、右に挙げた各論点に即して素描しておきたい。

右に列挙した実態的な論点に入る前に、まず、この分野における国際立法の形式、すなわち「枠組条約」の意義について予備的な考察をしておこう。

二　多国間合意の形式とその機能

地球環境保護のための条約がいかなる形式で作られ、また、それにどのような機能が付与されるかが、この条約の下での主権国家の位置を確定するとともに、具体的に各国の負う義務の範囲および国内法・国内措置との関係も明らかとなる。この分野における最近の条約慣行をみると、一定の法形式が定着しつつあることが認められる。すなわち、「枠組条約」(framework conventions)と「議定書」(protocols)との組合せである。ここでは二つの例を挙げておくと、(1)「長距離越境大気汚染に関する一九七九年のＥＣＥ条約」(The ECE Convention on Long-Range Transboundary Air Pollution)(2)と、一九八五年の同ヘルシンキ議定書(3)および一九八八年の同ソフィア議定書(4)、(2)「オゾン層保護のための一九八五年ウィーン条約」(Vienna Convention for the Protection of the Ozone Layer)(5)と、一九八七年の同モントリオール議定書(6)、が典型的な組合せのモデルである。

これらの例でも明らかなように、グローバルな規制を目的とする地球環境保護の諸条約においては、まず、一般的・抽象的な規定からなる「枠組条約」が締結され、そこで確認された一般的指針の下で、その内容を具体化するために選択的な「議定書」が結ばれて、継続的履行を確保していくための詳細な保護措置ないし基準設定が行われることが多いのである。こうした二元的な法形式がとられる理由としては、次のような事情があるものと思われる。第一に、地球環境問題の重要性に対する認識の一般化と各国のそれに対する政治的コミットメントを確認するための精神的・誓約的文書と、具体的な基準設定や保護措置に関する規定とを単一条約で包含することが困難なこと、第二に、環境問題については科学的知見の程度が年月とともに変化するから、具体的な基準・措置については柔軟性を確保しておく必要性が高いこと、第三に、具体的な基準・措置の履行に関しては、国により、あるいは地域により、特殊事情の介在することが多く、そのことからも、規則の具体的適用については議定書で補完していく方が望ましいこと、等が挙げられるものと思われる。

こうした「枠組条約」方式は、今日の立法条約の中でも最も新しいタイプの法形式である。国連における国際立法の中心的機関である国際法委員会でも、「国際水路」に関して、これを最終的には枠組条約の形式で採択したが、そこでは国際河川の航行以外の利用に関する基本的な法原則——たとえば、相隣関係、資源の衡平配分、汚染防止義務、通報・交渉義務等——のみを規定し、個々の国際水路の規制や関係国間の権利義務関係については、それぞれ、この枠組条約の枠内で個別の河川協定が締結されることを期待する、というものである。国際法委員会としては、こうした枠組条約の定立によって、一方ではこの分野における国際法の漸進的発達を促進し、他方で個別の国際河川協定の締結を促進するという「二重の目的」を充足しようとしているが、従来のリジッドな伝統的条約形式と柔軟な非拘束的・非条約形式との、いわば中間を行く現実的なアプローチとして注目されているのである(7)。そこで期待されている枠組条約の機能は、地球環境保護の場合も同様である。まさにそのような形で、グローバルな規制と各国の主権との調整をはかっていくことが、この種の条約の目的といってよい。

三 一般的義務と国家の主権的裁量

地球環境保護に関する諸条約には、その中核的な規定として、締約国の「一般的義務」に関する条項が置かれる(一九七九年ＥＣＥ条約二条、一九八二年国連海洋法条約一九二条、一九八五年ウィーン条約二条など)。この一般的義務がいかに定式化されるかが、当該条約の下における主権国家の地位を端的に表現することになる。それは単に締約国が実体法上どのような義務を引き受けるかという点にとどまらず、国家に課されることになる国際責任の性質や紛争処理の方式など手続法上の問題にも密接に関連する。さらに、一般的義務の在り方は、締約国のみならず、後述のように、非締約国に対しても重要な意味を持つことになるのである。

こうして一般的義務としては、各国が、地球環境に対して障害をもたらし、あるいはもたらす恐れのある活動による悪影響から、生態系、健康、財産等を保護するための措置を講じなければならない旨規定されることになる。具体的には、(1)科学的解明のための観測・研究・情報(技術・学術データ)交換の義務、(2)自国の管轄権および(または)管理の下にある活動(私人・私企業の活動を含む)に対する規制・制限・縮小・防止の義務、(3)国内措置に関する情報交換・事前調整の義務、さらに(4)一般的協力義務(研究開発・技術移転・緊急時の協力援助等)が含まれるのである。

右のような内容の義務は、従来、国際法上、国家に課せられてきた義務と対比すると、その性質において新しい類型の義務であり、かつ、国家にとってかなり厳しい内容のものであることがわかる。これについては、次の二点を指摘しておかなければならない。第一は、地球環境保護の義務が多分に国際社会の全構成国に対して負う「普遍的義務」(obligations *erga omnes*)の性質を持つ、ということである。すなわち、国際法における国家の義務は、伝統的には、特定の他国との関係で相互に負うところの「相互的義務」が基本であったから、この義務の違反・不履行については、この相手国のみがその責任を追求する法的利益を持ち、したがって当事者適格を認められる、ということになる。国際環境法が二国間の相隣関係を基本に成り立っていた限りでは、そこで問題となる義務も、こうした相互的なものが想定されていたのである。しかるに、近時における環境問題のグローバルな展開は、そこで設定される国際義務の性質も、侵略禁止・集団殺害罪防止・人種隔離政策の禁止等と並んで、今日では多分に、いずれの国家も法的利益を持つと主張できる普遍的義務の類型において捉えられるべきものと主張されてきているのである(8)。

もう一つの側面は、各国の国内法制に与える影響を基準とした環境保護義務の分類である。すなわち従来は多数国間条約が締結されても、その義務の国内的実施については各締約国に広汎な主権的裁量権が認められ、現行国内法の改廃までも要求されることはなく、単に現行法の範囲内で可能な措置を執ることが期待されるにとどまった。これに対して今日では、様々の問題について地球的規模での対応に迫られ、各国において統一的な結果が達成されることが必要となってきたため、個々の国家における裁量の範囲も極めて限定的となっている。そうした観点から国家の義務を類型すると、(1)「措置の義務」(「結果の義務」)、すなわち国家に対して特定の事態と結果を実現し、またはその発生を防止するよう確保(ensure)する義務(ただし、実施措置の方法・手段は各国の自由な裁量に委ねられる)、(2)「実施・方法の義務」、すなわち特定の実施措置を執るよう国家に要求するもので、その義務の履行についてその実現方法を特定し、各国の主権的裁量の余地を著しく狭め、または奪うもの(したがって、現行の国内法がそのような実施・方法を充足しえないときは、その改訂が要求される)、(3)「特定事態発生の防止義務」、すなわち、本来国家が管轄も関与もしていない人為的・自然的な事由に起因する侵害について、「相当の注意」(due diligence)をもって、その防止と排除を尽くすよう国家に要求するもの、が列挙される(9)。さらに最近では、一定の法律状態・事実状態の維持が義務づけられるという意味で、(4)「維持の義務」と称すべき新たな類型も無視しえなくなってきている。地球環境問題に即してみれば、国際法が要求する国家の義務は、伝統的な(1)の類型のものから新しい(2)、(3)の種類の義務へ、さらに(4)の類型へと確実に移行していることが認められ、したがって、国家の主権的自由も明確に限定されてきているのである。

四　国家の経済主権との調整

地球環境保護のための新しい国際法の下では、右にみたように、国家に対して極めて厳しい義務が課せられることになるが、それは反面、従来から国連等で度々確認されてきている国家の経済主権と真向から衝突する契機を孕んでいる。およそ自国の経済体制の選択という問題は主権概念の本質的な内容であり、すべての人民は、その経済的、社会的および文化的発展を自由に追求する権利を有する(国連・一九七〇年友好関係原則宣言(10)Ⅰ—五、一九七四年経済的権利義務憲章(11)一条)。とりわけ、自国の天然資源をどのように使用・処分し、またその経済活動をいかに運営するかは、その国の完全な恒久的主権に属すること、とされてきたのである(一九六二年天然資源に対する恒久主権に関する決議(12)、一九七四年経済的権利義務憲章二条)。

しかしながら他方で、国家の主権がすでに無制約の権利ではなく、環境保護の義務を伴うものであることも、多くの国際判例や条約慣行の中で確認されてきたことも事実である。一九三八、四一年のトレイル熔鉱所判決(13)や一九四九年の国際司法裁判所コルフ海峡事件(14)等で、いわゆる「領域使用の管理責任」(15)原則が確認されたことは周知のとおりである。そうした国際法の発展を踏まえて、一九七二年のストックホルム人間環境宣言では、原則二一において、各国は自国の資源を開発する「主権的な権利」を有する旨謳われると同時に、「自国の管轄権または管理の範囲内における諸活動が、他国または国家の管轄権の範囲を超えた地域の環境に損害を与えないよう確保(ensure)する責任を負う」ことが宣明されたのである(16)。この原則二一は、一九七九年ECE条約(前文五項)や一九八五年ウィーン条約(前文二項)でも引用されている。国連海洋法条約一九三条は「いずれの国も、自国の環境政策に基づき、かつ、海洋環境を保護し及び保全する義務に従い、自国の天然資源を開発する主権的権利を有する」と規定して、各国の主権が環境保全義務の履行を前提としている旨を明らかにしているのである。

改めていうまでもなく、国際関係は伝統的に国家主権の概念を基本に据えて成り立ってきた。この主権概念の中身は、要するに、それを担う各国の国民が自由に選択した政策・法制の下で、経済発展の途をさぐり、それぞれ独自のライフスタイルの下で最大限の経済福祉の追求が承認されるというところにあった。しかし、今日の国際環境法の下では、各国はもはや無制限の主権的権利を主張することは容認されず、その経済政策、とりわけエネルギー政策の在り方は、地球環境保護の観点から重大な制限を課せられることになってきているのである。

五　非締約国との関係

新しい国際環境法の下での主権国家の位置を見定める上で最も重要な問題は、関連条約の非締約国に対し、いかにして条約規定の遵守を確保するか、という点である。いうまでもなく、国際法は国家間の主権的合意を基礎として成り立っており、非締約国に対してはいかなる拘束力も及ばないということは、条約法の基本原則だからである(ウィーン条約法条約三四条)。いかに厳しい内容の地球環境保護条約を作っても、幾つかの国がその条約に加わらなければ、条約自体の有効性は大幅に減殺されてしまうことになる。そうした「ただ乗り」や「食い逃げ」を防止するには、仮にこの条約に参加しなくとも、何らかの方法によって非締約国にもその条約の効果が及ぶような方策を考慮することが必要となるのである。

とくに途上国の中には、地球環境保護について、その原因を作り出したのは先進工業国にあるとの立場から、条約への参加を拒否する国もある。そうでなくとも、先にみた経済主権・恒久主権の主張に立って、途上国の場合には、環境保全のための一般的義務の猶予ないし軽減（たとえば一九八七年のオゾン層保護に関するモントリオール議定書五条一項、一九八九年五月二四日の地球気候変化に関するＵＮＥＰ決議一一項ｅの確認）を条約規定に盛り込むことを加入の条件としている国は多い。たしかにこうした開発途上国の特別な事情を条約規定に含めることは必要であろう。しかし、そうした配慮を加えてもなお条約に入らない国について、これをどう扱うかは法理的にも実際的にも極めて困難な問題を提起するのである。

まず、論理的可能性のレヴェルにおける問題として考察するとき、非締約国に対する対応方法としては、次の五つの場合が想定される。第一は、非締約国は条約に拘束されない、ということを自明の前提とした上で、すべての国の参加を「期待する」旨、前文等で宣言するとともに、加入勧誘条項（たとえば一八八八年のスエズ運河条約一六条）を置くという、最もモデレートな方法である。これは、条約に加入していない国に対し、道義に訴えつつ、その善意に頼る精神的な呼びかけにすぎない。第二は、国連憲章二条六項方式（「〔国連は〕加盟国でない国が、……これらの原則に従って行動することを確保〔ensure〕しなければならない」）で、非締約国にも、締約国会議等におけるオブザーバーの地位を認めるなどの措置が考えられる。

これらに対して、第三の方法としては、⑴締約国にのみ認められる優先的（特恵的）利益を設定すること、あるいは、⑵非締約国に対する不利益を設定することにより、非締約国に対して、条約への参加を誘導することが考えられる。前者の例としては、国連海洋法条約に規定されるような環境保護に関連した資金援助・技術援助（二〇二、二〇三条）、技術センターや地域センターの設置（二七五〜二七七条）、あるいは一九八七年モントリオール議定書五条二、三項の代替技術に関する援助規定などが挙げられる。また、後者の例としては、非締約国との貿易の規制を定めた右議定書四条などのほか、ハイジャック防止の諸条約に参加しない国を国際民間航空の協力体制から排除するという不利益を課している例なども参考となろう。

右の方法は非締約国の条約参加を促す上である程度有効と思われるが、いずれも事実上の効果にとどまる。これに対して、次の二つの方法は、何らかの形で非締約国に対しても一定の法的効果を及ぼそうとするものである。すなわち、第四の方法は、条約により何らかの上位規範ないし客観的制度(objective regime)を設定することにより、非締約国に対しても条約内容の一般的遵守義務(obligations *erga omnes*)を課そうとするものである。評価は未確定であるが、一九五九年の南極条約前文における「全人類の利益」、一九六六年の宇宙条約前文の「全人類の共同の利益」、さらに一九八二年国連海洋法条約一三六条における深海底資源に関する「人類の共同遺産」(the common heritage of mankind)などは、そのような普遍的義務を設定したものであり、したがって一定の対抗力を持つという見解が展開されているのである。そうした考え方が支持されるならば、たとえば、「大気は人類全体の国際公共財」である旨の宣言を基礎として一般的義務を規定するとともに、深海底機構などを範にとった機構的メカニズムを設立することによって、非締約国に対して対抗力を持つようなレジームが一つの可能性としては構想されよう。しかし、国連海洋法条約(本節執筆当時)が未だ発効せず、その理由が「人類の共同遺産」概念を固定的な機構に結びつけるというあまりに野心的な国際立法の企てにあった(17)ことを考えると、この構想については、ある程度、慎重にならざるをえないであろう。

さらに、一層協力な法規範の形成によって、非締約国を含めたすべての国に強制力を及ぼす方法としては、第五に、地球環境の保護とその破壊の禁止が国際法の強行規範(*jus cogens*)であることを宣明するとともに、その規範に対する違反行為が「国際犯罪」であることを規定することも考えられよう。すなわち、国家責任に関する国際法委員会暫定草案(第一部)一九条は「国際社会の基本的な利益の保護に不可欠な国際義務の違反から生じ、それ故にその義務違反が国際社会によって犯罪であると認められる国際違法行為は、国際犯罪を構成する」(二項)とし、その例示として、「なかんずく……d人間環境の保護と保全に不可欠な重要性をもつ大気または海洋の大量汚染の禁止等についての重大な違反」（三項）を挙げている[18]。もとより、こうした違反国に対する懲罰的措置を現実的なものとするためには、それを可能にするような協力な国際組織の出現を待たなければならない。すなわち、現在国連憲章第七章の下で、平和の破壊や侵略行為に対して安保理事会が執ることを認められているような強制措置のための権限を持ったような同種の機構的裏づけが不可欠となる。事実、「国際環境のための安全保障」（international ecological security）の主張も台頭してきている。とはいえ、現在の国際社会にこのような懲罰的性格の規範を設定し、それを有効に実現するために制裁機能を付与された国際組織を設立するような基盤が存在するとは、認めがたいものといわなければならない。そのような国際法規範と国際組織の登場は、主権国家の止揚を前提としない限りはやはり考えられないからである。

　こうして近い将来、地球環境に関する新しい国際法が多数国間条約の形で成立するとしても、その内容はおそらく右の第三のものを主要な要素としながら、若干、第四の段階の一般的義務、たとえば「国際公共財」観念を核とした上位規範の設定、およびそれを裏づけるための機構的メカニズムの実現という形で進展していくのではあるまいか。

六　小結

　以上みてきたように、地球環境の保護についても主権国家の担う役割は極めて大きい。国際法発展の現段階においては、この分野の法の定立、適用、執行の各側面で主権概念との調整をはかっていかなければ、その法は機能しない。環境問題については法学者の間でさえ、往々、法の現実的機能を無視した「勇ましい」議論が展開されるが、主権国家の役割に正当な位置づけを与えない主張は、結局のところ絵空事にすぎないのである。

　そうした観点から、地球環境に関する国際組織の機能について若干付言して結びに代えたい。この分野を扱う国際組織としてどのようなものがふさわしいかは、現在、様々に提案されているが、主権国家の意思を超えて協力な権限を持つ国際組織の議論は現実性を持ちえない。現在のＵＮＥＰ（国連環境計画）がそうであるように、環境に関する国際組織は、各主権国家の政策・法制を調整していくことによって、いわば側面から国際立法を促し、その有効な履行を確保する手続を用意することが主たる任務となるであろう。国際組織それ自身にとっても、主権国家と協調していくことが唯一の生き残りの道である。

そうした国際組織に期待される機能は、次のようなものである。第一には、地球環境に関する一般的な啓蒙と問題の促進・助長機能（promotional function）であり、主として、情報の交換と配付がこれに当たる。第二は、この分野の国際立法を促進するために、資料の提供、研究、立法課題の提示、条約草案の起草等に参画していくことである（law-making function）。もとより、法形成の主体は各主権国家であるから、国際組織がそのイニシアティブをとる立場にはなく、立法過程におけるその役割は二次的なものにとどまる[19]。第三は、各国の立法・行政措置に関する通報制度（reporting system）の確立である。そこでは各国に条約内容の実施状況の報告を受けて透明性を確保するという任務が担わされることになり、場合によっては加盟国に対し、注意喚起ないし是正勧告を行うことも要請されよう。

第四に、地球環境の保全については、高度の科学的知見と技術や資金、そしてノウ・ハウを持った専門家の育成が必要である。したがって、国際組織にはそうした問題に取り組む機能が確実に要請されることとなる。各国の協力の下に資金をプールしてこれを適正に配分するとともに、情報移転・技術移転を促進するための役務提供など、この面における国際組織の役割は非常に大きなものとなろう。

第五に、国際組織による履行確保の問題があるが、この面における国際組織の機能は極めて制約されたものとならざるをえないであろう。すなわち、条約義務の履行が確保されているかを証明するためには、査察の機能を国際組織に付与することが必要となる（国際原子力機関など）が、国際組織が各国の領域内に立ち入って強制力をもってこれを実施することは、その国の主権と真向から衝突することとなる。また、大規模な軍事施設や原子力施設と異なり、大気汚染の発生源はほとんど無限に存在することから、実際上の困難も極めて高い。したがって、履行確保の問題は、基本的には、私人・私企業の活動に対して「管轄権または管理」の権限を持つ各主権国家が、それぞれの国内措置によって実現すべき事柄である。

この履行確保に関連して、途上国に対する義務の免除の問題がある。途上国の特殊事情は正当に配慮されなければならないが、それは、途上国という地位からア・プリオリに導かれるものではない。地球環境保護の一般的義務それ自体は無差別適用を原則とし、特別の事情に即して、申請により時限的・漸減的に免責を認めるというセーフガードの方式[20]をとることがむしろ妥当のようにも思われる。その場合には、国際組織が第三者機関として公平な立場から審査に当たるという任務を果たすことになるであろう。

最後に、紛争処理の局面における国際組織の役割を指摘しておかなければならない。まず、各主権国家は、できるだけ紛争回避のための努力義務を尽くさなければならない。そのための個別的ないしは常設的な協議制度の確立が要請される。紛争が発生した場合には、それが公平な第三者機関によって処理されるよう、予めその処理手続が完備されていなければならないことはいうまでもない。既存の国際司法裁判所の利用のほか、地球環境問題の特殊性に見合った特別の紛争処理機関の設置も構想されよう。

注

(1)　村瀬信也「国際立法学の存在証明」浦野起央・牧田幸人編『現代国際社会の法と政治』(深津栄一先生還暦記念、北樹出版、一九八五年)一〇五〜一二九頁(本書第三章第一節に収録)、同「現代国際法における法源論の動揺――国際立法論の前提的考察として」『立教法学』二五号(一九八五年)八一〜一一一頁(本書第一章第一節に収録)。

(2) *International Legal Materials (ILM)*, vol. 18, 1979, p. 1442.

(3) *UN Doc.* ECE/EB. Air/12.

(4) *UN Doc.* ECE/EB. Air/18.

(5) *ILM*, vol.26, 1987, p. 1516.

(6) *Ibid.*, p. 1541.

(7) 村瀬信也「国際法委員会における立法過程の諸問題」『国際法外交雑誌』八四巻六号（一九八六年）五五～五六頁（本書第三章第二節二三三～二三五頁）。

(8) 山本草二『国際法』（有斐閣、一九八五年）六～七頁、同『国際法における危険責任主義』（東京大学出版会、一九八二年）二一～三六頁、三〇〇～三四五頁。

(9) 山本『前掲書』（国際法）（注8）七九～八〇頁、村瀬信也監訳「国家責任に関する条文草案注釈 ——国際法委員会暫定草案第一部」（一）（二完）『立教法学』二三・二四号（一九八四・八五年）二一、二三条参照。もっとも、国際義務の国内的履行の観点においては、「防止義務」は「措置の義務」に近接しており、地球環境保護の文脈では、「維持の義務」が極めて重要になってきている（本書三五六～三五七頁参照）。

(10) G.A. res. 2625 (XXV), 1970. 10. 24.

(11) G.A. res. 3281 (XXIX), 1974. 12. 12.

(12) G.A. res. 1803 (XVII), 1962. 12. 14.

(13) Trail Smelter Case (U.S. v. Canada, United Nations, *Reports of International Arbitral Awards*, vol. 3, pp. 1907f.).

(14) Corfu Channel Case (*ICJ Reports 1949*, pp. 4f.).

(15) 山本『前掲書』（危険責任）（注8）一〇四～一四〇頁。

(16) J. Barros & D. M. Johnston, *The International Law of Pollution*, 1974, pp. 294f., 臼杵知史「越境損害に関する国際協力義務 ——国連国際法委員会におけるQ・バクスターの構想について」『北大法学論集』四〇巻一号（一九八九年）一～七〇頁。

(17) 村瀬信也「国連海洋法条約と慣習国際法——『国際立法』のパラドックス」『海洋法と海洋政策』九号（一九八六年）一～二五頁（本書第三章第三節に収録）。

(18) 村瀬監訳「前掲注釈」（注9）一五三～一六八頁。

(19) 村瀬「前掲論文」（国際立法学の存在証明）（注1）一〇五～一二九頁。

(20) 村瀬信也「ＧＡＴＴの規範的性格に関する一考察——セーフガードにおける選択性の問題を手がかりとして」『法

学』（東北大学）五二巻五号（一九八八年）七三〜一〇七頁。

第四節　海洋環境の保全と国際法

一　はじめに

海洋環境の悪化は年々深刻なものとなってきている。しかるに、海洋環境の保護および保全に関する国際法は未だ不十分なところが多く、国連海洋法条約も第一二部で四六ヵ条にわたる詳細な規定を置いた。しかし、同条約も含めて、海洋環境に関連する他の諸条約も、現実の汚染の進行に追いつけない状態である。加えて、これらの条約の各国における国内的履行の実態は甚だ不完全な状況である。そうした事実と法の乖離をどう埋めていくかが今日の国際環境法の基本的な課題であるが、海洋環境についても例外ではない。本節では、海洋環境の保護と保全に関する国連海洋法条約第一二部の規定を念頭に置きながら、そこで各国に課せられている「一般的義務」および環境保護に関する国家の「保証責任」の問題に焦点を絞って検討しておきたい。

一口に海洋汚染といっても、その発生源は多様である。海洋法条約ではこれを、⑴陸上源からの汚染(二〇七条)のほか、⑵大気を通じての汚染(二一二条)、⑶船舶からの汚染(二一一条)、⑷海洋投棄によるもの(二一〇条)、⑸国家管轄に属する海底鉱物資源の探査開発に起因するもの(二〇八条)、⑹深海底における活動からの汚染(二〇九条)に区分し、それぞれについて、各国が、海洋環境の汚染を防止し、軽減しおよび規制するための効果的な国内法令制定の義務を課すとともに、その基準の国際標準化と政策調整をはかるよう規定している。同条約はこのように、海洋汚染防止に関する各国の立法管轄権の国際基準化をめざすと同時に、その執行管轄権についても、各汚染源ごとにその損害の規模と利害関係の程度に応じて、旗国・沿岸国・入港国・原因行為地国等の関係国間における配分を定めている(1)。海洋環境保護の問題も、国際法上、基本的には、国家管轄権の配分と調整の問題であることを、まず銘記しておかなければならない。

実態的にみると、これらの汚染源のうち、(1)の陸上起因汚染が全体の四四パーセント、(2)の大気を通じるものが三三パーセント、(3)の船舶起因が一二パーセント、(4)海洋投棄が一〇パーセント、(5)が一パーセントといわれる(2)。このうち、大気を通じて海に持ち込まれる汚染物質のほとんどが元来陸上から大気に放出されたものであるから、陸上起源の汚染が全体の八割近くとなっている。このように海洋汚染の問題も、結局は、陸上での汚染をいかに少なくするかが決定的に重要であることがわかる。もっともここでは、海洋法に関連する限りで、国際法による環境保護の問題を考察しておきたい。

二　海洋環境保護に関する「一般的義務」の意義

国連海洋法条約は第一二部冒頭の一九二条で、「いずれの国も、海洋環境を保護し及び保全する義務を有する」と一般的義務を規定する。従来の国際法の下では、国際環境紛争は、汚染の原因行為が明確に把握されていることを前提に、「被害国」対「加害国」という図式において、その解決がはかられてきた。しかるに、国家が、特定の他国に対してではなく、国際社会全体に対して一般的・対世的に義務を負うということになると、その義務の違反に対しては、直接に被害を受けた国家だけでなく、それ以外の国にも、いわゆる民衆訴訟的な原告適格（standing）を付与することになるのか否かが問題となる。この点について争われたのが、一九七四年の国際司法裁判所における「核実験事件」(Nuclear Tests Case, Australia v. France) であった。本件でオーストラリアは、南太平洋におけるフランスの大気圏内核実験が、オーストラリア領域に放射性物質を降下・堆積させ、同国民の健康に危険を生じさせたと主張したが、同時に、追加的論点として、公海の汚染に関する問題を提起している。すなわち、そこでオーストラリアは、単に自国の被害のみを問題としていたのではなく、フランスの核実験が同国の「他国に対する義務」にも違反しており、それ故に、オーストラリアが「これらの他国に代わって」判決を得るための法的利益を有するという主張を行っているのである。

「すべての国が公海において漁業する権利を有することは、何らの主張・立証の必要なく認められなければならない。他国が汚染水域でその時期に積極的に［漁業］活動を行っていることを証明できないからといって、特定の一国が公海を汚染することは自由だというのは、明らかにいかなる常識にも反する。海は静的なものではない。その生態系は複雑で相互に密接な関連を有している。したがって、誰もある水域の汚染——とくに放射能を含んだ汚染——が結果的に他の水域に影響しないといえないことは明らかである。もし裁判所がこの種の問題に関する考察を怠るのであれば、それはまさに、国際社会の利益を司法的手段によって保護するという裁判所の役割 (to protect by judicial means the interests of the international community) を投げ出すことにほかならないであろう。」(3)

このように、オーストラリアの立場は、同国がそれ自身の個別的権利の侵害を理由として訴えを提起しただけではなく、国際社会全体の利益に関するフランスの義務違反を追及するという民衆訴訟的な訴えを起こしたものであって、そのような原告適格を有するか否かが、本件における隠れた争点でもあったのである。

もっとも周知のように裁判所の多数意見では、一九七四年六月以降、フランス大統領をはじめ閣僚による一連の大気圏内核実験の終了に関する声明等により「紛争は消滅した」との立場から、原告が要請していた違法性の宣言についてもその必要性はなくなったと判断された。これに対して、オネヤマ、ディラード、アレチャガ、ウォルドックの四裁判官による共同反対意見では、宣言判決の必要性について次のように指摘された。

「原告により主張されている権利の侵害は、原告自身の領域主権とともに、万人の共有物（*res communis*）としての公海の性質から導き出される固有のものとされる。……原告が正式に裁判所に対して判決の実質的部分で求めているのは、大気圏内核実験が『国際法の適用される規則に反する』旨の宣言である。一国の行為が国際法に反するか否かを決定し宣言することは、国際裁判の本質に属し、裁判所の司法機能の中心的な事項である。」(4)

このような宣言判決をどの範囲で認めることが妥当かは国際司法裁判所の司法政策上も困難な問題であるが、これが積極的に容認されることになれば、それだけ民衆訴訟への途を開くことになろう。民衆訴訟（*actio popularis*）の法理が大きな問題となったのは一九六六年の南西アフリカ事件（第二段階）であった。その判決では、結局、国際法における民衆訴訟の概念は否定されたのであるが、最近の国際環境法のコンテクストでは、次第に、原告適格の範囲を広く捉えようとしていることが指摘されている(5)。

もとより、海洋環境を含めて環境保護の一般的義務を実体法のレヴェルで規定するのみでは不十分であり、それについて民衆訴訟が認められるか否かは、手続法上の発展如何に依存する問題である(6)。とりわけそれは、上記共同反対意見にみられるように、裁判所の機能をいかに捉えるかという問題と不可分である。いずれにせよ、一九二条がいかなる意味を付与されるかは、今後の国家実行の集積と発展に依存する部分が大きいといわなければならない。

三　海洋汚染に関する問題の推移と国際法の対応

海洋汚染の法的規制が最初に問題となったのは、船舶からの故意または過失による油の排出を原因とするもので、戦前においては概ね、各国内法の規律に委ねられ、規制の範囲もそれぞれの領海・内水に限られていた。条約による規制が必要とされた最初のものは、船舶・パイプラインからの故意による(技術的な)油の排出(とりわけタンカーの船倉からの廃油の排出)であり、一九五四年の「油濁防止条約」は、旗国が船長と船舶の所有者に対し刑事責任を追及することにより海洋汚染行為を規制しようとするもので、その後数次の改正により、規制内容を厳しくするとともに、適用範囲を拡大してきた。一九七三・一九七八年の「船舶起因の海洋汚染の防止に関する条約」(ＭＡＲＰＯＬ条約)は、これらを単一の条約に統合したほか、新たな規制対象も付加した。国連海洋法条約は、船舶からの排出に伴う汚染防止と取締りについて詳細な規定を置いている。また最近では、こうした船舶を直接の汚染源とする排出とは異なり、人為的に廃棄物を公海に投棄する行為が多発しており(とりわけ放射性物質など高度の危険性を持つ廃棄物の海洋投棄が深刻である)、これらを規制するための一般条約として、一九七二年の海洋投棄規制ロンドン条約がある(7)。

こうした意図的な排出や投棄とは別に、海洋汚染の問題を広く海洋環境の保護と保全という視点から捉える契機となったのは、一九六七年に大規模な原油流出を惹き起こしたトリー・キャニオン号事件であり、それ以降、こうした事故による油の排出に関する条約が整備されることになった。ここでは、これらの船舶事故に伴う汚染の防止と責任についてやや詳しくみておくこととしたい。

トリー・キャニオン(Torrey Canyon)号はリベリア船籍の大型タンカー(一二万トン)であったが、同船は一九六七年三月一八日、英国沖合の公海上、セヴン・ストーンズ岩礁で座礁、約六万トンが原油が流出して英仏両国の海岸を汚染し、漁場・観光地・野性動植物に多大の損害をもたらしたものである。英国政府は座礁事故の通報を受け、ただちに洗浄剤の散布・原油の汲み出し・曳航などあらゆる方策を試みたが、いずれも失敗したため、船主に通告の上、英軍隊が船体の爆破による原油の焼滅作業を行った。

トリー・キャニオン号の名目的所有者はバラキューダ・タンカー会社(リベリアで設立、本店所在地は英領バミューダ)

であったが、これは米国のユニオン・オイル社(カリフォルニア法人)の子会社であった。事故当時、同船はユニオン・オイル社との長期裸傭船契約下にあった。

事件後、英仏両国は一九六七年五月四日、バラキューダ・タンカー会社を本店所在地のバミューダで提訴、その後、米国の裁判所で親会社のユニオン・オイル社を提訴、さらに英国はシンガポールで、フランスはロッテルダムで、それぞれトリー・キャニオン号の姉妹船を差し押さえた。こうした措置を背景に、両国は船主側(バラキューダ・タンカー会社およびユニオン・オイル社)と示談交渉を進めた結果、一九六九年一一月一九日、最終的に示談が成立した。すなわち、船主側は、英仏両国に総額三〇〇万ポンドを用意すること、両国の個人からの請求に充当するため二万五千ポンドを支払うこと、などが合意されたのである(8)。

このトリー・キャニオン号事件を契機として、大型タンカーなどの船舶事故による海洋汚染に関する新たな条約の必要性が痛感され、そうした要請に応えるため、一九六九年に二つのブラッセル条約が成立した。一つは「油濁事故の場合の公海上の介入に関する国際条約」(いわゆる公法条約)であり、海洋汚染の重大かつ急迫の危険が自国海岸線に迫っている場合には、一定の条件の下に、沿岸国に汚染の防止・軽減・除去のための介入措置の権限を認めたものである。もう一つが、「油濁損害に対する民事責任に関する国際条約」(いわゆる私法条約)で、汚染損害について船舶所有者に対し賠償に関する無過失・有限の民事責任を定めた条約である。

前者のブラッセル公法条約は、従来の旗国主義に修正を加えて沿岸国管轄権を設定するものであったが、その適用範囲は極めて限定されたものであった。しかるに、便宜置籍船の存在にも明らかなように、船舶の運航管理についての統制が不十分にしか行われていない国家に海洋汚染の防止を期待できないとする沿岸国の立場からは、旗国主義による規制の限界を指摘する声が強く出されるようになってきた。このため第三次海洋法会議では、汚染防止についての沿岸国による管轄権拡大の主張をいかに取り込んでいくかが問題の焦点となり、国連海洋法条約では、旗国主義を補完すべく、一定の範囲で限定的に、汚染防止に関する沿岸国の管轄権が規定されることとなったのである(二一一、二二〇、二二一条)。

四　海洋環境保護に関する国家の「保証責任」

国連海洋法条約は一九四条二項で「いずれの国も、自国の管轄又は管理の下における活動が他の国及びその環境に対し汚染による損害を生じさせないように行われること並びに自国の管轄又は管理の下における事件又は活動から生ずる汚染がこの条約に従って自国が主権的権利を行使する区域を越えて拡大しないことを確保するためにすべての必要な措置をとる」旨定める。この条項は一九七二年のストックホルム人間環境宣言の原則二一後段の「各国は、自国の管轄又は管理の下における活動が、他国又は自国の管轄の外の区域の環境に損害を与えないよう確保する責任を負う」と規定したのと同趣旨である。国家のこのような「確保する責任」を「保証責任」と呼ぶ(9)。

この保証責任を考察する上で、「管轄(権)または管理」(jurisdiction or control)の語の意義は極めて重要である。通常「管轄権」はいわゆる領域的管轄権を指称する。これに対して「管理」は旗国の登録などを媒介とする属人的なコントロールをいうとされてきた。しかし最近では、とくに国際環境法の分野において、国家の保証責任を拡大して捉える傾向を反映して、この「管理」の概念を単に法的な紐帯に限定せず、国家の立法管轄権の存在を前提として、一定の国内措置を媒介とした事実上の管理をも含めていこうとする傾向が顕著である(10)。先にも述べたように、海洋汚染の中でもタンカー等による油濁事故は極めて深刻であるが、前記のトリー・キャニオン号の場合も、いわゆる多国籍企業の所有に関わる便宜置籍船であったことが、汚染防止とその責任に関する法律問題の処理を困難なものにしたのである。

ここで「管理」概念に着目するのも、そうした文脈においてである。ここではアモコ・カディス号事件を例にとって、この点を検討しておきたい。

アモコ・カディス（Amoco Cadiz）号はリベリア船籍のマンモス・タンカー（二三万トン）であったが、一九七八年三月一六日、ブルターニュ海岸沖二キロの水域で操舵機関の故障のため、座礁・大破したものである。その結果、三週間にわたり二三万トンの油を流出し、その油濁のため、海岸線三七五キロにわたって多大の損害をもたらすことになった。このアモコ・カディス号は、アモコ・トランスポート社というリベリア法人に所属する船舶であるが、同社は名目上の所有者にすぎず、実質上の所有者はその親会社であるスタンダード石油会社（本社イリノイ州シカゴ）であった。アモコ・カディス号の運用は、スタンダード・グループに属してその運送部門を担当するアモコ・インターナショナル石油会社（本社イリノイ州シカゴ）が行っていたのである。このように、同船がリベリアに登録された便宜置籍船であったこと、名目的所有者とその親会社との支配関係など、前記トリー・キャニオン号の場合に酷似していたといえる。また、アモコ・カディス号は一九七〇年にシカゴで結ばれた契約に基づきスタンダード石油会社がスペインのアスティエロス造船会社に設計・建造を依頼、設計から試運転までの全過程をアメリカ船級協会（American Bureau of Shipping, ABS）が監督し、その検査に合格して、一九七四年に引き渡された。アモコ・カディス号の船長はイタリア人であり、荷主はシェル石油会社であった。

本件油濁により、観光業・漁業上の損害のほか、多数の野鳥・動植物が死滅したといわれ、損害額の全体は八億ないし一三億フランにのぼったといわれる(11)。前にも触れたように、油濁に関する民事責任と損害賠償については、一九六九年のブラッセル条約がある。同条約九条によると、本件管轄裁判所は、被害地すなわちフランスの裁判所ということになる。しかるに、同五条では、その責任限度額は七、七〇〇万フラン程度にしかならず、これは原告主張による上記被害総額の一割にも充たない額である。そのためフランス側（フランス政府、県、市町村、ホテル業者、漁業関係者、自然保護団体、その他個人）は、ブラッセル条約の限度額を回避すべく、同条約を批准していない米国の裁判所でこの事件を争うこととしたものである（フランス、リベリアは批准済み）。こうして本件は被告スタンダード・グループの本拠地である米国イリノイ州の連邦裁判所に係属することとなったのである。

この事件の争点は多岐にわたるが、本節の観点からはとくに、次の二点が重要である。第一は、米国裁判所の管轄権がどのような理由によって肯定されるか、その前提問題として、多国籍企業の内部関係、すなわち、名目的所有者であるリベリア法人と実質的所有者である親会社スタンダード石油会社との関係をいかに捉えるかという点である。第二にはアモコ・カディス号の操舵機関の故障に関連して、同船の建造過程におけるアスティエロス造船会社に対する裁判管轄・被告適格がいかなる根拠によって容認されるか、という問題である。本件はフランスの領海内で起きた事故であるが、上記の争点は、いずれも、国連海洋法条約一九四条二項の「自国の管轄又は管理の下における活動」をどのように解釈するかという問題に関連しているものと考えられるのである。

まず第一の点について、一九八四年四月一八日の連邦裁判所イリノイ北部地方東部支部判決では、アモコ・インターナショナル社およびアモコ・トランスポート社の責任を明確にした後、それらの親会社スタンダード石油会社の責任について、次のように述べた。

「スタンダードは、世界中で石油製品の探査・生産・精錬・運送・販売を系統的な子会社を通じて行う統合された多国籍企業として、アモコ・インターナショナルおよびトランスポート、すなわち、その包括的所有に帰する子会社ないし下部組織（its wholly owned subsidiaries and instrumentalities）の不法行為について責任を負う。

スタンダードはその子会社であるアモコ・インターナショナルおよびトランスポートに対して、これらが単にスタンダードの下部組織にすぎないとみなされるような形でコントロールを及ぼしていた。さらに、スタンダード自身、当初は、アモコ・

カディス号の設計・建造・運用・経営管理に関わり、あたかも同船がその所有物であるかのように扱っていた。

したがってスタンダードは、アモコ・カディス号の設計・建造・運用・維持・修理・船員訓練に関する自身の過失およびアモコ・インターナショナルならびにトランスポートの過失について責任を負う。」(12)

次に第二の点、すなわち、アスティエロス造船会社の責任に関連して、一九八三年二月三日のイリノイ州連邦控訴審判決は、次のように述べた。すなわち、船舶の可動性と広い活動範囲のため、連邦裁判所は伝統的に広汎な海事管轄権を有してきたことを確認し、それ故、裁判所の管轄権は被害者の住所地や不法行為地に限定されないこと、そのことは合理的に統一された国際規則による権利義務の保全を求める海洋事業者にとっても望ましいと考えられてきたと指摘した。

「船舶の建造者はその所有者とともに遠く離れたところで大きな損害を惹き起こすことがある。この損害の被害者は、船舶の所有者を訴えると同様の寛容な法廷の選択を認められるべきであり、逆に船舶の建造者も、その法的義務について、多かれ少なかれ統一的な国際規則の体系の下に定式化されているという安全性を保証されていなければならない。加えて、船舶の運航における安全の問題とその設計・建造における問題とは重複しているから、前者の争点について経験を蓄積している連邦裁判所が、後者の紛争についても判断することが相対的に妥当といえよう。」

「アモコ・カディス号建造のための契約は、アスティエロスとアモコとの間の、シカゴにおける長期の交渉の後、一九七〇年にシカゴで署名された。……買い主の住所地で契約の交渉を行い、そして署名するということは、そこで実質的意味での取引が行われたということであり、それによって［当裁判所の管轄権の存在の］要件の一が充たされたということである。……［イリノイ州のロングアーム・スタチュートの適用に関して］アモコ側とシカゴで取引を行っている間中ずっと、アスティエロスはイリノイ州法の保護の下にあったのである。それゆえわれわれは、アスティエロスがイリノイ州において［その法の適用を

受けるに」十分な存在（presence）を持っていたと考えるものである。」(13)

こうして一九八八年一月一一日の賠償に関する判決で、裁判所はスタンダード石油会社グループに対し、総額八、五二〇万ドル（四億六、七〇〇万フラン）の賠償の支払いを命ずるとともに、スタンダードのアスティエロス造船会社に対する求償権を容認した。この地裁判決には両当事者ともこれを不服として控訴したが、一九九二年一月二四日の控訴審判決では、スタンダード・グループに対し総額二億四〇〇万ドルの賠償が命じられ、フランス側の「全面的完全勝訴」と報道された(14)。

さて、国連海洋法条約一九四条二項の「管理」概念の拡大は、アモコ・カディス号事件に即してみると、次の二つの方向で確認される。一つは、スタンダード石油会社という多国籍企業に対する米国の管理権であり、もう一つは、アスティエロス造船会社の責任追及の過程で問題となった米国裁判所の管轄権の存否およびアメリカ船級協会の関わりにみられる米国国内法の域外適用の問題である。

まず前者についてみると、判決では、アモコ・カディス号の名目的所有者であるリベリア法人アモコ・トランスポートと親会社の米国法人スタンダード石油会社との関係を、多国籍企業としての一体的関係で捉え、前者は単にスタンダードの「下部組織」でしかないとしている。判決はこれによってスタンダード石油会社の被告適格を認定し、米国連邦裁判所の管轄権を認容しているのである。環境汚染に多国籍企業が関わっている場合、直接加害者は現地の子会社であっても賠償責任能力のない場合が多く、親会社の責任を追及しない限り被害者の救済はなしえない。今日では少なくとも環境分野では、親会社とその本国の責任を認める立場も有力になってきているのである(15)。このような多国籍企業に関する「管理」概念の拡大は、従来の国際裁判におけるリーディング・ケースとされてきたバルセロナ・トラクション事件判決（一九七〇年国際司法裁判所）の再検討を迫る問題でもある(16)。

後者の点、すなわちアスティエロス造船所のいわば製造物責任の追及に関する局面でも「管理」概念の機能が窺えるのである。裁判所がその管轄権を肯定する根拠として、当該造船に関する契約の交渉と締結が「シカゴで行われた」ということに力点を置いていることは、先にみたとおりである。また、一九八四年の地裁判決の最後の部分で、裁判所がアメリカ船級協会の責任追及の可能性を示唆していることは見逃せない点である。仮に同協会の責任が容認されるとするならば、その場合には、その活動を規律している米国の船級関連国内法が、実際に造船が行われたスペインにおいて域外適用されていたことを含蓄するものと捉えられよう。「船舶の構造、設備及び堪航性」が本来は「旗国の義務」(九四条三項a)に属する事項ではあるとしても、海洋汚染防止の観点からは、「管理」の責任を負う国にも、これを確保することが要求されるようになってきていることが指摘されるのである。

注

(1) 山本草二『海洋法』(三省堂、一九九二年)二五八〜二六五頁。
(2) 林司宣「海洋汚染・環境問題の現状と対策」日本海洋協会『海洋問題講演会』(一九九二年)五〜一二頁。
(3) ICJ, *Pleadings, Nuclear Tests Case*, vol. 1, p. 337.
(4) *ICJ Reports 1974*, pp. 64-65.
(5) Frederic L. Kirgis Jr., "Standing to Challenge Human Endeavors that could Change the Climate", *American Journal of International Law*, vol. 84, no. 2, 1990, pp. 525-530.
(6) Shinya Murase, "Remarks on the International Environmental Law-Making", *Proceedings of the American Society of International Law, 85th Annual Meeting*, 1991, pp. 409-413.
(7) 詳細は、山本『前掲書』(注1)二五八〜二六五頁参照。
(8) D. P. O'Connell, *The International Law of the Sea*, vol. II, 1982, pp. 1006f.
(9) 山本草二「環境損害に関する国家の国際責任」『法学』(東北大学)四〇巻四号(一九七七年)一〜三五頁。
(10) Louis B. Sohn, "The Stockholm Declaration on the Human Environment", *Harvard International Law Journal*, vol. 14, 1973, pp. 423-515; Murase, *op. cit., supra* note 6, pp. 409-413.

(11) Alexandre Kiss, "L'affaire de l'Amoco Cadiz: responsabilité pour une catastrophe écologique", *Journal de droit international*, 1985, no. 3, pp. 575-589.

(12) "The Amoco Cadiz", U. S. District Court, Northern District of Illinois, Eastern Division, April 18, 1984, *Lloyd's Law Reports*, 1984, vol. 2, pp. 336f.

(13) 699 F. 2nd 909 (1983)

(14) 村瀬信也「海洋環境の保護および保全」『海洋法・海事法判例研究』三号（日本海洋協会、一九九二年）一三三～一四九頁参照。

(15) 村瀬信也「国際環境法——国際経済法からの視点」『ジュリスト』一〇〇〇号（一九九二年）三六〇～三六五頁（本章第二節に〔改題して〕収録）。

(16) Giorgio Sacerdoti, "Barcelona Traction Revisited: Foreign Owned and Controlled Companies in International Law", Y. Dinstein, ed., *International Law at a Time of Perplexity: essays in honour of Shabtai Rosenne*, 1989, pp. 699-716.

第五節　国際環境法における国家の管理責任
――多国籍企業の活動とその管理をめぐって

一　はじめに

国際環境法は、未だ、独立の学問領域としてその存在を主張しうるだけの、固有の対象と方法を確立しているとは認めがたいが、この新しい法領域の対象を、具体的な経済活動の展開に伴って生起する問題として、いわば国際経済法の反面において捉え、その分析方法に学びつつ定式化をはかるということに、著者は一定の意義を見出してきた(1)。本節もそうした観点から、企業の活動とそれに対する国際法上の国家の管理責任について、比較的最近の事例を素材に検討するとともに、国際環境法における新たな国家の管理責任の在り方が、伝統的な国家責任論に対してどのような転換を迫っているか、という問題を考察したいと思う。

企業活動に起因する環境損害が国境を越えて生じた場合、それがいかにして国家の責任に帰属していくかについては、すでに国際環境法の古典的先例である「トレイル熔鉱所事件」の仲裁判決で明らかにされている。すなわち、その場合には、企業の所在する領域国が、活動の規模や程度・性質に応じて、場合によってはかなり厳しい注意義務を問われるということ、そしていわゆる「領域使用の管理責任」という形で、国家責任を負うということが、その判決理由にも示されている(2)。しかしそこで、国家に対していかに厳しい注意義務が求められるとしても、その責任の根拠自体は、当該国家の属地的管轄権に基づくものであり、これが伝統的な国家責任法の限界でもあったのである。

これに対して、今日の国際的な環境問題の多くが、いわゆる多国籍企業の活動に起因するものであることは周知のとおりである。多国籍企業といっても、実際の形態は様々であるが、一応共通しているのは、各国に配置された子会社が、親会社の資本上・経営上の一体的な支配の下に置かれている企業形態という点である。これらの子会社は法律的には、それぞれ独立の現地法人として設立されているため、環境損害の原因となった行為が直接には子会社によって行われたものであっても、親会社に対してその責任を追及していくことは、多国籍企業の特異なヴェールを剥ぎ取っていかない限り困難である。しかし、今日では、徐々に、その責任について、会社間の一体的関係を前提として、親会社を含めてこれを追及しうるのでなければ、被害者救済は極めて不十分なものに終わるということが、広く認識されてきており、親会社に対する裁判管轄権を認めるとともに、「法人格否認の法理」の適用によって、その責任が容認されることも少なくないのである(3)。

最近ではしかし、そうした私法上の処理だけでは十分ではなく、親会社の企業責任を、さらに何らかの形で、その本国が、国際法上の国家の責任において保証していくのでなければ、企業責任の履行を確保することは困難だと指摘されてきている。また同様に「公害輸出」といわれるような形の海外における企業活動についても、受入国の国内法制が不十分な場合が多いということもあって、やはり親会社の本国が現地の子会社に対して何らかの規制を及ぼすよう求められており、しかも次第にそれは国家の国際法上の義務として捉えるべきものとも主張されている(4)。

そうした主張の根拠の一つとして挙げられているのが、ストックホルム人間環境宣言原則二一後段の「各国は、自国の管轄権または管理の下の活動が、他国の環境に損害を与えないように確保する責任を負う」という規定である(5)。たしかにそこでは、私人・私企業による環境損害を国家責任に帰属させていこうとする方向性が認められる。問題は、実定国際法上、これがどの程度、受容されてきているかということである。そこで、本節では、一般国際法の観点から、多国籍企業の活動が、果たして、またいかなる意味で、ここにいう「国家の管理の下における活動」として捉えられるか、そして、こうした多国籍企業による環境損害について、国家はどの程度、またいかなる形で、この「確保する責任」を負うのかという問題に焦点を合わせて考察することとしたい。

二　多国籍企業による環境損害と民事責任

以上のような問題意識の下に、まず、多国籍企業の活動に起因する国際的な環境損害事例をみておきたい。それらの事件において提起されている法律上の問題点は、必ずしも国際法プロパーの論点に限られないが、親会社本国の責任について考察する上で前提的に押さえておく必要がある。

1　裁判管轄権

まず「裁判管轄権」に関する問題について対照的なのが、アモコ・カディス号事件とボパール・ガス爆発事件である。アモコ・カディス号はいわゆる便宜置籍船で、その名目的所有者はアモコ・トランスポートというリベリアの法人であるが、その実質的所有者は親会社のスタンダード石油会社という米国イリノイ州の法人である。アモコ・カディス号がフランス領海内で座礁・大破して大規模な油濁事故を引き起こした本件について、フランス側原告――この原告には被害を受けたフランスの漁民や観光業者などのほか沿岸の市町村・県、さらにフランスの国家も含まれていた――は、親会社のスタンダード石油会社を相手取って、これを米国の裁判所で争うことにしたのである。周知のように油濁損害については、民事責任に関する一九六九年のブラッセル条約があるが、その九条によると、本件の管轄裁判所は、被害地すなわちフランスの裁判所ということになる。しかし、同条約に定める責任限度額が、被害総額に比して極めて少額であったところから、フランス側原告はこの限度額を回避するため、ブラッセル条約に参加していない米国の裁判所に、つまり被告スタンダード・グループの本拠地であるイリノイ州の連邦裁判所に訴えを提起したのである。

本件に関し連邦地裁は、米国の海事裁判管轄権（maritime jurisdiction）に基づき、可航水域（navigable waters）における不法行為として、その管轄権を容認している。また、アモコ・カディス号の建造に当たったスペインのアスティエロス造船会社に対するスタンダード側の求償権に関する訴訟についても、被告側から出された *forum non conveniens* の中立を排して、イリノイ州のロング・アーム・スタチュートの適用により、同裁判所の管轄権行使が認められている(6)。

これと対照的に、インド・ボパールでの爆発事故については、親会社であるユニオン・カーバイド社に対する訴えに対し、米国の裁判所はその管轄権の行使を容認しなかった。この事故の被害者の一部とインド中央政府は、ニューヨーク州の法人であるユニオン・カーバイド社を相手取って米国の裁判所に訴訟を提起したが、工場からの有害物質による被害について厳格責任を認める米国法の下で、資力のある親会社の賠償責任を問うことがその目的であったことはいうまでもない。本件訴訟で、インド中央政府は、インド議会で急遽制定された「ボパール災害法」により、国家後見（*Parens patriae*）の法理の適用を求めて、唯一・専属的な原告適格を主張した。原告側はとくに、一体的多国籍企業（monolithic multinational）としてのユニオン・カーバイド社は、子会社であるユニオン・カーバイド・インディアの支配を通じて、子会社の行為について責任を負うべきであり、その責任に関する証拠は企業上の決定の中心地である米国に存在するから、本件については米国の裁判権行使が認められるべきであると主張したのである。

しかし、本件を併合して審理した右連邦地裁は、*forum non conveniens* の法理の適用により、本件はインドの裁判所で審理すべきものと判断し、米国はその裁判管轄権の行使を控えるべきものとの却下の決定を行った。ただ、この地裁の決定では、三つの条件が付けられた。すなわち、第一には、ユニオン・カーバイド社が、インドの裁判管轄権に服すること、第二に、同社は米国連邦民事訴訟法に基づく証拠開示手続を遵守すること、第三に、ユニオン・カーバイドはインド裁判所の判決・決定を履行すること、というものであった。その後の連邦控訴審でも、この地裁の決定が支持され、同時に、地裁で付けられた三条件のうち、ユニオン・カーバイドがインドの裁判管轄権に服するという条件が維持され、インドで裁判が行われることになったのである(7)。

このように、企業の一体性を根拠に真正面から親会社本国での裁判管轄を認めたアモコ・カディス号事件の場合はもとより、インド・ボパールの事件の場合も、親会社本国での裁判管轄権行使は実現されなかったものの、親会社は、自国の裁判所の付した条件に基づき、インドの裁判管轄権に関する限り、法人格の独立性 (corporate veil) の主張によってこれを回避することは放棄せざるをえなくなったのである(8)。

2　法人格否認の法理

次に実体法上の責任に関し、これらの公害事件における「法人格否認の法理」(lifting the corporate veil) の適用についてみておきたい。アモコ・カディス号の名目的所有者であるトランスポートや、その運航を担当していたアモコ・インタナショナルは、いずれも、スタンダード石油会社がその株式の一〇〇パーセントを保有する子会社であるばかりでなく、日常的な業務遂行において、親会社と子会社の間の垣根は全くないという状態であった。裁判所は、「スタンダード石油会社がその子会社であるアモコ・インタナショナルおよびトランスポートに対して、これらが単にスタンダードの下部組織 (instrumentalities) にすぎないとみなされるような形でコントロールを行使していた」と認定した上で、「石油製品の生産・運送・販売を系統的に子会社を通じて行う統合された多国籍企業として……スタンダードは、その子会社の不法行為について責任を負う」と判示している。また、アモコ・カディス号についても、その設計・建造・運用・維持・修理・船員訓練などすべての側面について、スタンダードが直接関わっていたことが証明されているほか、同船の操舵機関が故障してから座礁・大破するまでの九時間あまりの間、船長は継続的にシカゴのスタンダードの事務所と無線で連絡をとって指示を受けていたことが明らかとなっている。そうした観点から、本件ではアモコ・カディス号の油濁損害に対しスタンダード石油会社が親会社として賠償責任を負うものとされたのである(9)。

これに対して、ボパールの場合は、同じ多国籍企業でも、やや事情が異なる。ユニオン・カーバイドは、子会社であるユニオン・カーバイド・インディアに対して五〇・九パーセントの株式を保有していたが、この子会社は一九三四年に設立されて以来、爆発事故を起こすまでの五〇年間、ある程度自律的に操業されていたことが認められる。たとえば、米国人従業員は操業準備が完了した一九八二年以降、ボパール工場では働いていないこと、同工場の設計についても、ユニオン・カーバイド社は基本デザインを移転したのみで、実際の工場建設はユニオン・カーバイド・インディアの管理下でなされたこと、などが指摘されている。実際にも、この事故は、当初インド側が主張していたようなプラントの設計ミスによるものではなく、従業員の安全規則に違反した操作による人為的なものであったことがその後の調査で明らかとなっている。結局、本件はインド最高裁の和解命令を受けて、ユニオン・カーバイド社が補償金を支払い、決着をみたのである(10)。

アモコ・カディスとボパールを、つまりスタンダード石油会社とユニオン・カーバイド社とを、法人格否認の法理の適用という観点から比較してみると、前者の場合は親会社と子会社とが資本上も経営上も文字どおり一体的関係にあったのであるが、後者の場合は株式については過半を親会社が保有していたものの、経営的には必ずしも日常的な支配関係はなかったものと思われ、その点が異なるといえよう。最近は子会社の地位を、substantially owned corporation として、資本の所有関係で捉えるよりも、effectively controlled corporation として、実効的な経営支配の有無を基準として重視することが多くなっているが、環境損害に関わる企業活動については、とくにこの後者の面が問題となるものと思われる(11)。

さらに、企業責任の捉え方として、これを多国籍企業における会社間の結合関係だけで捉えられるか（いわゆる状態規制説）、それとも親会社が具体的な加害行為に加担していることの証明を必要とするか（行為規制説）が問題となるが、環境被害の場合、後者の法的構成を要求することは、被害者保護の観点から困難性が指摘されよう。しかし、上記アモコ・カディス号事件判決においても、裁判所はかなり詳細に親会社の行為と具体的な損害発生との因果関係の存在を明示していることが読み取れる。立法論としては、被害者保護の観点から、少なくともこうした大規模な環境損害事件の場合には、有効な開示規制や立証責任の転換等の特別の手当てが求められることとなろう(12)。

3　民事責任の履行確保

以上みてきたように、今日、多国籍企業の関わる環境損害については、それが直接には子会社の行為に起因するものであっても、親会社がその資本所有ないし経営支配を前提として、具体的な行為や措置を執ったことが損害の発生に寄与している場合には会社法人格否認の法理を適用して、親会社の責任を追及していく方向性が認められるのである。もとより、多国籍企業に起因する環境損害の事例はまだ少なく、これを過度に一般化することは差し控えなければならないが、環境損害の被害者が、賠償資力の最も高い親会社の懐（deepest pocket）を狙うというのは、けだし当然のことである。しかし、もとよりそれは、あくまでも私法上の問題、つまり所詮は企業グループの中で民事責任をどのように配分していくかという事柄にすぎないのであって、そのこと自体は、国際法が関与する問題ではない。

また、いうまでもなく、ここで触れたセヴェソ、ボパール、アモコ・カディスといった事件において、被害者本国のイタリア、インド、フランスが、親会社本国のスイスや米国に対して、公式にその国家責任を追及し国際請求を行ったということはなかった。それにもかかわらず、ここで注目すべき点は、これらの大規模災害においては、被害者側の国家が、紛争の当事者として参加しているということである。これらの国家は、イタリアやフランスのように、被害者のために執った緊急的な救済措置の弁済を求める形で、またはインドのケースのように、国家による後見人(*Parens patriae*)の立場から、加害企業に対する請求を提起している。こうした国家による関与が、多国籍企業に起因する大規模環境損害について、これを単なる民事上の問題から、国際法が直接関わる問題に転換させてきている契機になっているものと思われるのである。

同時に、一層重要な契機は、本国政府が企業に対して行う直接・間接の規制監督の在り方である。もとより、具体的な事業活動に対する国家の関わり方は多様であり、その違いによって、責任の態様も異なってくる。活動の規模やその潜在的危険性の度合い等によって、条約に基づく民事責任の履行確保をはかる方法にも幾つかの類型がみられる。条約で国内法の定立を求め付保を義務づけるもの、国家が企業の責任の残余部分を引き受けるもの、さらに国家自身に責任を専属させる条約など、多様である(13)。こうした様々な中間・混合形態を経て、民事責任から国家責任への転換が認められるのであるが、しかしその移行の過程は決して単線的なものではない。

さらに、国際法との関わりについては、環境保護に関する多国籍企業それ自体の行動、とりわけ親会社の義務について、これを条約上規定していこうという試みもある。しかしこれについては周知のとおり、国連やOECDなどで努力がなされているものの、その成果は未だソフト・ロー的な文書に限られ、内容的にも実施可能(enforceable)な規則として詰められたものではない(14)。とはいえ、こうしたことが、次に検討するように、伝統的な国家責任法の在り方を変容させてきているモメントになっていると考えられるのである。

三　多国籍企業の活動と国家責任法の転換

先にも触れたように、多国籍企業による環境損害について、これまでは、直接のオペレーター、つまり原因行為に関わった子会社に対して、私法上の不法行為責任を追及することが救済のための基本的な方法であり、仮に資本上・経営上の支配関係をリンクに例外的に親会社の民事責任を問うことがあるとしても、問題を国際法のレヴェルに転換させて親会社本国の国家責任を追及することはなかった。民事責任に限定するというそうした体制は、公法と私法の分離を基本とする伝統的な国際法の原則に合致するばかりでなく、とりわけ資本・技術の輸出国つまり先進工業国の利益に見合うものであったことはいうまでもない。また途上国でも、外国資本の導入とその規制は受入国の国内管轄事項と捉えてきたため、親会社の本国に問題を投げ返すという発想は存在しなかったのである。しかし、今日、こうした体制は徐々に修正を余儀なくされつつある。それに伴って、国家責任法の伝統的な在り方も、変容を迫られてきていると考えられるのである。

1　伝統的国家責任法と領域原則

総じて、伝統的な国家責任法は、領域主権の概念との両立性の上に、それに見合った形で構築されてきていた。換言すれば、伝統的国際法は、次のような意味での極めて厳格な対称性(symmetry)の上に成り立っていたということができる。すなわち、私人の行為については、周知のように、その私人が所在する領域国に注意義務が課されている。この責任帰属(attribution)の文脈では、領域原則(属地主義)が完全に優位しており、私人の国籍を媒介とする属人的リンクは切断されている。この領域国は、私人が別の国に移った場合には、当該私人に対するコントロールを喪失するため、注意義務からも解放され、責任は新たな領域国にシフトされることになる。つまり、伝統的国際法の下で、私人の行為の帰責については、このような territorial な基準により管理と責任とが対置され、その symmetry の下に、国家間での責任の配分を行ってきたのである(15)。

こうした伝統国際法の図式には、幾つかの前提があった。まず、そこで想定されている「私人」は主として自然人であり、法人もそのアナロジーで捉えられたため、法人に固有の資本や経営を媒介とした機能的な linkage は、法的基準としては、もとより浮かび上がってきていなかったのである。その結果法人も、territorial な原則に従い、その所在地国の領域的管理に服するものとされていたのであるが、法人が外国で企業活動を行う場合には、通常、まず法人の「認許」が必要とされるように、領域国の管理権能は自然人の場合よりも一層厳格に行使されたとさえいえよう。

国際環境法の古典的な先例とされるトレイル熔鉱所事件仲裁判決は、まさにこのような伝統的枠組みの中で、領域国の「管理」に対置される「責任」につき、これを定式化しているのである。同判決は「事態が重大な結果を伴い、かつ、煤煙による侵害が明白で確信的証拠(clear and convincing evidence)により確定される場合には、いかなる国も、他国の領域またはそこに在る人命と財産に対してこの種の侵害を与えるような方法で、自国の領域を使用しまたはその使用を許す権利を持たない」とした(16)。これは、領域内の私企業による重大な煤煙排出を黙認している国は、国際法上の義務の履行につき、「相当の注意」の欠如により、国際責任を負わなければならない、と認めたものである。そこで必要とされる「注意義務」の程度は、結果の重大性・侵害の明白性・確信的証拠といった要素に基づき、科学的根拠と経験的な「善良な企業慣行」に照らして、判断されることになるのである。国際法上、「領域使用の管理責任」といわれるのは、このような意味での、客観化された注意義務にほかならない。

しかるにこうした領域原則に基づく管理と責任の symmetry は、今日の多国籍企業には通用しなくなってきていることに注目しなければならない。多国籍企業は、冒頭にも述べたように、親会社の統一的な経営支配が、各国に配置された子会社をとおして実効的に貫徹されていながら、法律的にはそれらの子会社は受入国の現地法人となっているため、経営支配の中枢たる親会社の方は、領域原則に基づく管理と責任の国際法規則の適用を免れることができるのである。

2　国家の実効的管理と非領域的・機能的連関

しかし、いうまでもなく、こうした多国籍企業の問題性はすでに広く認識されており、これまでも様々な側面において、国家つまり親会社の本国は、属地的管轄権はもとより、本来の意味での属人的管轄権が存在しないにもかかわらず、在外子会社に対して、非領域的な(non-territorial)機能的なリンクを設定して、域外管轄権を及ぼしてきたのである。多国籍企業による租税回避、移転価格、輸出管理や為替管理の逸脱といった行動を規制するため、本国が独禁法・輸出管理法その他関係国内法の域外適用を行ってきたことは周知のとおりである。一九八二年のシベリア・パイプライン事件の際、米国は、米国系の在外企業を自国親会社の「受動的下部組織」(passive instrumentalities)と性格規定して、その輸出管理法の域外適用を正当化していたことが想起される(17)。

もとより、こうした米国等による一方的措置が国際法上許容されるか否か、それが対抗力を持つための条件は何か、といった事柄については、具体的な文脈に即して議論されなければならない。ただここで注目すべき点は、国家は、どうしてもそれが必要だと考える場合には、立法管轄権の存在を前提として、在外企業に対し、そうした域外適用をあえて実効的に遂行していく「手段」を持ち「能力」を有しているということである。シベリア・パイプライン事件において、ヨーロッパ諸国にある米国系子会社が米国の規制に敏感に対応したのも、米国内にあるそれらの親会社が、輸出許可や政府契約等の場面で、政府が裁量により権利の剥奪や不利益処分を行うなど、直接・間接の圧力が加えられるのを回避する実際的必要があったからだといわれているが、こうした例にみられるように、国家と在外子会社との関係は、もはや伝統的な属地主義や属人的基準に基づくリンクではなく、企業間の経営支配という「非領域的・機能的なリンク」であり、国家はこれを前提として、子会社に対する「実効的な管理」(effective control)を及ぼすようになってきているのである(18)。

従来、国際法では一九七〇年のバルセロナ・トラクション事件判決が、多国籍企業に関するリーディング・ケースとなってきたが、そこでは法人の国籍決定について、実効性原則に基づく真正結合理論を排除して、形式的な設立準拠法主義を採用した。しかしそれはあくまでも株主のために外交的保護を行使する前提としての法人の国籍の問題に極限した判断であった。裁判所もこの事件における「法人格否認の法理」の適用可能性について、この法理は会社内部の株主保護のためには特別の例外的事情がない限り援用すべきではないとしつつ、他方、これを外部の第三者を保護する目的で援用することについてはむしろ積極的に判断しうるとの趣旨を判決の中で述べている(19)。こうした立場に立てば、企業の対外的責任については、国家による実効的管理を判断基準とすることも可能となる。

こうした国家の「管理」を媒介とする国家責任への帰属については、一九七一年の国際司法裁判所のナミビアに関する勧告的意見が、最近とくに再評価されている。この事件で裁判所は、南アフリカがナミビアにおける違法な状態を継続することは、国際責任を負うことになる、として、次のように述べている。

「南アフリカがもはやこの地域の施政を行う権原(title)を有していないという事実は、この地域に関する権能の行使につき、国際法上、他の国々に対して有する義務および責任を解除するものではない。主権または権原の正当性ではなく、この地域に対する事実上の管理(physical control)こそが、これらの行為に関する国家責任の基礎なのである。」(20)

この勧告的意見の論拠が容認されるならば、これを多国籍企業における親会社の本国の国家責任に類推していくことも可能となるはずである。すなわち、この本国は在外子会社に対して、事実上、これを実効的に「管理」していく能力・手段を有しているのであり、このeffective controlの存在こそ、国家責任の基礎となりうるのである。本節で、多国籍企業の活動に関連して、「国家責任法の転換」という形で提起したいと考えるのはまさにこの点である。従来のterritorialな原則から乖離し、管理の実効性を基礎としてnon-territorialな機能的リンクを媒介とする責任レジームへの転換、という意味である(21)。

こうした転換の背景には、対象となる「環境損害」(environmental harm)の内容に、新たな要素が加わってきたことが指摘される。すなわち、伝統的な国際環境法の下で典型的に想定されていた環境汚染の形態は、トレイル溶鉱所事件にみられるような、隣接国間における越境損害で、水や空気や土地といった「物理的・自然的な媒体」によるものであった(22)。最近の「地球環境損害」も、地球的な広がりを別にすれば、それが物理的な媒体を前提としていること自体は変わりない。これに対して、今日の多国籍企業による「環境汚染」は、その媒体が、親会社から子会社への経営支配や危険物質の輸出・有害技術の移転など、「人為的・経営的媒体」、そうした無体のintangibleな連関によるものである(23)。

もとより、環境損害の概念に従来からの物理的損害のみならず一定の機能的な損害をも含めることができるとしても、これを無限定に拡大して捉えること(たとえば物価の変動といった一般的な経済現象や労働条件などの一般的な経営状況)は容認されない。そこでは物資の輸出・技術の移転・生産方法や生産工程といった経営上の様々な人為的媒体が、環境上の被害として直接問題となる物理的・自然的損害との間に、明白かつ密接な関係が存在していなければならない。たとえば、多国籍企業の子会社による環境汚染(物理的損害)が、親会社による危険物質の輸出ないし危険技術の移転(機能的媒体)を直接の原因として惹き起こされたような場合が、ここで想定されている損害の形態である。こうした環境損害の変容という観点からみても、それに対する責任レジームが、領域的なものから機能的なものに転換を迫られている状況が、認められるのである。

3　国際責任に関する国際法委員会の作業

もっとも、ここで述べたことは、一つの論理的可能性として提起したにとどまるものであり、こうした国家責任法の転換が、実定国際法の中に受容されていると認められるか否かは、慎重に見極めなければならない。そうした観点から、国際法委員会における「国際法で禁止されていない行為に起因する侵害的結果に対する国際責任」(International liability for injurious consequences arising out of acts not prohibited by international law) に関する作業を検討しておく必要があろう。周知のように、このトピックに関する委員会の審議は、そこで設定されようとしている責任が何を対象としているか、それはいかなる性質の責任か、そしてこの条文草案はいかなる適用範囲を想定しているか、といった基本的な前提問題について明確な了解のないまま進められてきたため、当初から混迷を極めている。むしろ過去二十数年間の混乱した審議経過自体が、現在の転換期における国家責任法の規範状況を映し出しているとさえみえる。ここでは、本節の問題関心に引き寄せて、関連する限りで委員会の作業に触れておくこととする。

まず、適用範囲の問題について、初代の特別報告者 (Quentin-Baxter) の条文草案では「国家の領域または管理の下における」(within the territory or control) 活動とされ (一条)、その例として、資本輸出国が受入国と共同で、公害防止の観点から、高度技術の利用に関する基準設定・監視等の権限と責任を分担しあうことなども「管理」(control) 概念に含まれうることが示唆されていた(24)が、この概念の中身は詰められてはいなかった。第二代報告者 (Barboza) の草案でも当初は (第一次草案)、同一の条文が提案されていた。一九八七年の会期では、「管理」概念をめぐって、多国籍企業の問題が注目を集めた。Razafindralambo 委員は、私人・私企業の活動に関連して「管理」概念をより精確に定義すべきであると主張し、「とくに多国籍企業の場合には、ボパールにおけるユニオン・カーバイド工場の災害事件のように、実際に管理の権限がどこに在るかが往々にして不明なことが多い」という点を指摘した(25)。同様に Rao 委員も、ボパールの事故を引きつつ、多国籍企業が科学技術の発展のほぼ全側面を支配している反面、それらは往々、国家の管理を逃れて活動しており、とくに途上国は規制の手段・能力を持たないため不利な立場に立っているとして、本トピックの主題の下で、多国籍企業の親会社やその本国の責任について考察するよう求めた(26)。なお報告者 Barboza は、その後、適用範囲に関する一条を「国家の領域内またはその管轄権の下にある場所で行われた活動、また、そのような管轄権のない場合には当該国家の実効的管理 (in the absense of such jurisdiction, under the effective control of the State) の下における活動」と修正したが、そこでの「管理」概念は、単に準領域的な信託統治地域ないし事実上の統治地域等が想定されているにすぎず、この概念が担うべき重要な機能は必ずしも真正面から捉えられていない(27)。

報告者 Barboza によって新たに提案されたものに「責任」(liability) に関する条文(一九八七年、四条)がある。そこでは、国家の責任が発生するための二要件を規定しているが、それは第一に、問題の活動が自国の領域内または自国の管理の下にある区域で行われ、または行われようとしていること、第二に、当該活動が越境損害の相当な危険性を作り出すことを、原因発生国が知っていたか、または知りうる手段を有していたこと、である(28)。その後、この条項には、加害国が反証しない限り、当該加害国は越境損害をもたらす行為について知っていたか、または知りうる手段を有していたとみなされる旨の規定が付け加えられた(一九八九年、三条)(29)。この規定は、たしかに、多国籍企業の活動を規制するために、その責任を親会社本国に帰属させようとする環境主義の観点からは望ましいであろうが、このような条文草案が、資本・技術の輸出国に受け容れられるのは明らかに困難である(30)。

本条文草案で対象とすべき「損害」の範囲についても、提案される規定は転々と変わっており、報告者自身の考え方は捉えどころがなく、したがって委員会の合意も不明確である。趨勢としては、一般的な経済的性質の原因は排除されるとしても、厳格に「物理的結果」(physical consequence) のみに極限するとの態度で一貫しているわけでもない。たとえば、一九八九年の草案一条では、「越境損害を惹き起こす相当な危険」(an appreciable risk of causing transboundary harm) が、問題の活動の「全過程を通じて」(throughout the process)「物理的結果を生ずる場合に適用される」旨を明記している(31)。もし、この「過程」に注目するとなると、一定のプロセス規制を通じて、先に述べたような多国籍企業による、人為的・経営的媒体も考慮の対象となりうるが、この点も報告者の考慮には入っていない。以上のように、国際責任に関する国際法委員会の作業では、幾つかの興味深い論点が断片的に示されていることを除けば、そこから本節が検討しようとしている問題についての指針を求めることは不可能である。やはりここでは、実定国際法の中で、国家責任に関する法が、いま、どのような状況にあるかを実証的に考察することが、何よりも重要である。そこで次に、一九七二年のストックホルム人間環境宣言・原則二一等の規定に即して、国家の管理責任の具体的内容を検討したいと思う。

四 現代の国際環境法における国家の管理責任の具体的内容

1 「管轄権または管理」の意義

冒頭にも触れたように、原則二一はその後段で「各国は、自国の管轄権または管理の下の活動が、他国の環境に損害を与えないよう確保する責任を負う」と定めている。この規定は、一九九二年に採択された「環境と開発に関するリオ宣言」(第二原則)でも再確認されたほか、国連海洋法条約(一九四条二項)をはじめ、最近の地球環境保護約でも、随所に同種の原則が規定されている(一九八五年オゾン層保護条約二条二項、一九九二年気候変動枠組条約前文八項、同年生物多様性条約三条など)。このような「確保する責任」(responsibility to ensure)は、国家の「保証責任」とも呼ばれている(32)。

ここでの問題の焦点は、この「管轄権または管理」(jurisdiction or control)という文言である。本来、この規定における「管轄権」とは、領域的管轄権を指し、「管理」というのは、船舶の旗国・航空機の登録国などの場合の属人的管轄権を指すものと考えられてきた(33)。いずれにせよ、この両者は、一体的な概念として、かつ法律的な意味での紐帯を示す言葉として、捉えられていた。ところが最近の注目すべき傾向は、この両者が分離し、「管理」の概念が、「事実上の実効的管理」をも含む形で、拡張されてきていることである。そうした傾向は、単に国際環境法の文脈においてのみならず、他の分野でもみられる現象で、とくにストックホルム原則二一の起草過程に一定の影響を与えたといわれる宇宙条約との関連でも、それが指摘されている。

宇宙条約の場合には、八条で宇宙物体の登録国は、「その物体及びその乗員に対し……管轄権及び管理の権限を保持する」と規定し、それが六条における国家責任の前提とされている。この条約の場合には、「管轄権及び管理」(jurisdiction *and* control)という規定の仕方で、単一の概念と考えられていたが、一九八八年の宇宙基地協定を国内法化する過程で、米国は「管轄権または管理」(jurisdiction *or* control)という概念を用いて、欧州および日本の提供する研究棟に対しても米国の特許法その他の適用を確保しようとしたのであるが、そこでは、「管轄権」は法的概念、「管理」は事実上の概念をも含むという仕分けが明確に出ていたのである(34)。

こうした"or"の独り歩きが、ストックホルム原則二一の下でも顕著になってきており、今日では、「管轄権」とともに、「管理」も、国家の保証責任の「独立かつ充足的な基礎」(separate and sufficient basis)として捉えられるようになってきている。そうしたことから、多国籍企業の親会社本国が、子会社に対する「管理」の実効性を根拠に、保証責任を負うという、少なくともその方向性が認められるのである(35)。

ストックホルム原則採択の当初は、国際的な環境保護のために、民事責任や混合責任といった形ではなく、国家の保証責任を全面に押し出して行こうとする姿勢が、明確に出ていたが、その後に結ばれた関連条約の内容をみると、そうした観点が後退していることは否めない。とはいえ、今日に至る国際法の流れにおいて、ストックホルムの国家責任原則は、次にみるように、ややトーンダウンした形ながらも、維持されてきているのである。

2 「国家の保証責任」の態様

まず、この国家の保証責任が明確に規定されている例は、先にも触れた宇宙条約六条であるが、そこでは、当事国はその宇宙活動が政府機関によって行われるか、私企業によって行われるかを問わず、国際的責任を有し、自国の活動がこの条約の規定に従って行われることを確保する責任を有するとし、その前提条件として、条約の関係当事国の「許可および継続的監督」を必要としている。これを受けて、たとえば、一九八四年の米国の国内法「商業的宇宙打上げ法」では、多国籍企業で米国の法人が経営支配上の利害(controlling interest)を有する外国企業の場合にも、宇宙物体の打上げについて米国政府の許可・監督を受けなければならないことになっている(36)。

また、国連海洋法条約では、一九四条二項でストックホルム原則の内容を、「責任」というよりは「義務」として、確認するとともに、海洋環境の汚染の防止に関する詳細な規定を置き、各国に国内立法その他の措置を求めている。さらに深海底に関する一三九条一項では、締約国は深海底における活動が第一一部の規定に適合して行われることを確保する義務を負う、としているが、その活動には「［締約国の］国民によって、実効的に支配されている……法人」をも含むと定めている。もっとも、そこでの国家と事業者との間のいわゆる「保証」(sponsorship)の関係は、海洋法条約の起草過程においてストックホルム原則を挿入しようとした当初の原案からかなり後退し、保証国に要求される注意義務の程度は、適当な立法・行政措置を執るという事前規制に限定されることになり、事業者の行った侵害行為については民事賠償責任を前提として、保証国が国家責任を負うものとはなっていない(同条二項および付属書Ⅲ四条四項)(37)。

このほか、一九八八年の南極鉱物資源条約では八条で、南極の環境汚染に関する事業者(Operator)の民事責任について規定するとともに、もしその「保証国」(Sponsoring State)が、この条約上の義務を遂行していたならば起きなかったような損害であった場合には、この保証国が責任を負う旨、定めている。しかるにこの「保証国」とは、一条の定義条項によれば、Operator との間に「実質的・真正の結合」を有している当事国とされ、とくに法人については、その法人に対して実効的な管理（effective control）を及ぼしている当事国であると規定されている。そしてさらに、この「実効的な管理」についても定義されており、それは、「保証国が Operator に対し、本条約の履行を確保するための実質的な手段を有していること」とされているのである。この規定によれば、保証国は、自国が実効的管理を及ぼしうる在外子会社に対して、条約上の義務の履行として必要な措置を執ったということを証明しない限り、現状回復・賠償その他の責任を負うことになり、その意味では実質的に挙証責任が転換されているのである(38)。

このようにみてくると、宇宙条約の場合は別として、親会社本国など保証国の国家責任が妥当する範囲はかなり限定的なものとなっている。加えて国連海洋法条約は、新たに採択された「第一一部の実施に関する協定」によって、実質的に「改訂」されることとなった。また南極鉱物資源条約の実施は、その後、一九九一年の「環境保護に関する南極条約議定書」により、棚上げとなっている。しかし、環境破壊の規模と性質によっては、民事責任に委ねることが適当ではないものもあり、こうした国家の保証責任に関する規定が、環境関連条約に挿入されていく可能性自体は、今後も大いにありうると考えられる。

3　国家法の域外適用と「無差別原則」

ストックホルム原則二一の規範内容は、トレイル・スメルターの場合のような、一国の領域内における私人の活動が他国に対して損害を与えないように確保しなければならないという、消極的な適用関係においては、その前提となる注意義務の内容もかなり客観化されてきており、今日、少なくとも国際法上の「義務」として確立しているとみてよいものと思われる。しかるに、より積極的な形で、管理を基礎とする親会社本国の保証責任を含む規定として捉えられるか否かについて、ここで検討した条約例からは明確な判断は困難である。しかし、今日すでに多くの宣言・決議あるいは学説をとおして、少なくとも「法的確信」が形成されてきており、これを「国家実行」がやや躊躇しながらも後追いしつつある状態とみることはできよう。先にも述べたように、この本国は、親会社から子会社への投資・経営・技術移転・輸出入・資金の移転・社員の移動といった様々な側面において、輸出管理法・外為法・独禁法・貿易保険法・出入国管理法その他の法令の適用をとおして、場合によっては域外適用の方法を用いても、国際環境保護の諸規則の履行を確保するための実質的な手段・能力を有しているのであり、したがって本国がそうした管理を十分に行っていない場合、少なくともそれを適切に遂行していれば起きなかったであろう損害について、当該国家に責任が帰属していく可能性は、今後、次第に強まってくるものとさえ思われるのである。

国家法の域外適用については、これまで独禁法や輸出管理法の関連で、国際法上も問題となってきた。これらの措置の多くは、一国の経済的あるいは外交的な個別利益を擁護することを目的としたものであったために、域外適用の対象となった国々は、これを主権の侵害と非難することも多かったのである。しかし、環境保護という国際公益性の高い、より legitimate な目的における立法管轄権の域外適用については、自ずから事情は異なるものと考えられる(39)。

とくに今日、多国籍企業の中には、途上国における環境立法の欠缺を狙って、tax haven ならぬ environmental haven を求める形で進出しているものも見受けられ、それが途上国における環境問題の原因ともなっている。セヴェソやボパールなどの事件には、多少とも、そうした要素が認められる。しかし今日、多国籍企業が援用するそうした二重基準は、国際法の観点からも次第に維持しがたいものとなってきつつある。この点に関連して、最後に、国際環境法にいう「無差別原則」に触れておきたいと思う。

ここで「無差別原則」というのは、国家は、単にその領域内で他国の環境に有害となる活動を抑止するという消極的な義務を負うだけではなく、この活動の結果として他国に生ずる恐れのある環境上の危険と侵害について、これを内国で生ずるものと同等に扱う積極的な義務を負う、という趣旨である。とくに、その具体的内容として、他国において不法妨害（nuisance）を生じさせるような活動に対しては、各国の管轄機関の「許可」を要することとし、国内において適用されるのと同一の基準で行政的に規制することが挙げられる。そのような形で、各国内法が定める環境保護基準の同一化とその適用の均等化をはかるとともに、域外の外国人被害者に対して、行政手続上の当事者適格や出訴資格を平等に認めようとするものである。こうした無差別原則は、一九七四年の北欧環境保護条約に規定されたほか、OECDの越境汚染に関する勧告にも表現されている。また米国とカナダの間でもこの原則の導入が検討されているといわれる(40)。

もしこのような無差別原則が一般国際法上の原則として確立していくのであれば、これを基礎に、国内環境法の域外適用が正当化されるばかりか、むしろそれが国家の義務として観念されることになろうかと思われる。そして少なくとも、多国籍企業による環境破壊について、自国が実効的管理を及ぼしうるにもかかわらず適切な措置を執らず、そのために大災害を引き起こしたといったような場合には、国家はその不作為について、責任を負うことになりうるのである。

もし、こうした国家の域外的な管理責任が承認されるとするならば、国家（とくに資本輸出国）としては、具体的に、立法・執行・司法のそれぞれのレヴェルで、域外適用を考えておく必要がある。第一に国家は自国に本拠を置く多国籍企業に対し、環境基準の遵守について、在外子会社を含め、立法管轄権が及ぶことを明示しておくことが求められよう。第二に執行については、基本的に自国領域内の措置に限定されるが、子会社の環境汚染行為に関し、親会社をとおして行政指導を行う、というマイルドな方法から、強制力を伴った処分や措置の方法が検討されなければならないであろう。さらに第三に、司法管轄権については、子会社所在地国の被害者からの親会社に対する訴えの受理を可能とするために、親会社本国における当事者適格・出訴資格を容認することが必要である。もとより、これらの制度・措置は、潜在的に相手国主権との衝突を意味するから、双方の国家間の合意の形成が何よりも望ましい。しかし、そのような合意がないまま、多国籍企業の展開とそれに伴う汚染事故の多発という事実が先行している現在の状況の下では、親会社本国としては、右のような法律制度ないし行政的体制を整備しておかないと、保証責任の観点における国家責任を充足しえない、ということにもなりうる。

もっとも、ストックホルム原則二三、リオ宣言一一原則などに言及されているように、「ある環境基準が先進国にとっては妥当であっても途上国にとっては不適切であり、不当な経済的・社会的負担をもたらすものとなりうる」ため、右の無差別原則を一般化していくことには、大きな障害があることも認識しておかなければならない。他方でしかし、多国籍企業の子会社を受け入れた以上は、その途上国としても、資本所有ないし経営管理という機能的結合関係を黙示的に承認しているものとみなされるとするならば、そうした機能的リンクを基礎として無差別原則の適用を主張することは、それなりに説得力を持つ議論ではないかとも考えられる。とくに最近は、途上国の企業も、その生産工程および生産方法（Processes and production methods, PPMs）において一定の環境基準を遵守しないと、産品を輸出できなくなる可能性が次第に強くなってきていることにも留意しなければならないが、そうした国際的な生産工程規制（プロセス規制）によって、基準の均等化、すなわち無差別原則の基盤が徐々に整備されてきているのである(41)。もとより、立法論としては、たとえば二国間投資保証協定など親会社本国と子会社受入国との間の条約で、多国籍企業の活動に関し環境基準の統一と責任の分担について合意することができれば、最も望ましい形で国家の保証責任が位置づけられることになろう。

五　小結

以上述べてきたように、ストックホルム人間環境宣言の原則二一は、国際環境法の分野における国家の管理責任について、一定の規範内容を定着させてきたように思われる。とくに、トレイル熔鉱所的状況では、すなわち、企業活動そのものは一国の領域内で完結している場合（単に侵害だけが越境的に及んでいる場合）には、同原則にいう「確保する責任」は、国際慣習法上も確立していると認められよう。この場合には、伝統的な国際法の枠組みの中で、国家の企業に対する注意義務を中心に、領域性を基礎とした国家責任の原則が成り立つ。

これに対して、本節で考察してきた多国籍企業の活動に起因する環境汚染の場合には、親会社と子会社の間の経営支配といった非領域的・機能的連結を法的な評価として導入しない限り、国家責任のレジームとは結びつかない。ストックホルム原則二一の「責任」を、そうしたレヴェルにまで拡大して適用できるとするまでには、未だ克服すべき問題点が多く残されており、個別の条約を離れた現在の一般国際法の発展レヴェルでは、この保証責任の性格や内容が未だ不明確な部分を多く残していることは確かである。こうして、今日、右の原則の下で国家が実効的管理をとおして確保すべき環境保全の内容は、単なる国際法上の「義務」にとどまるものではなく、それ以上のものであるとしても、他方、これを厳格に「責任」という言葉で表現するためには、先に述べた「国家責任法の転換」をもたらすだけの条件が、未だ必ずしも十分に具わっていない、といわなければならない。その意味では、「義務以上・責任未満」(42)というあたりが、この原則をめぐる現在の規範状況かと思われる。

注

（1）村瀬信也「国際環境法――国際経済法からの視点」『ジュリスト』一〇〇〇号（一九九二年）三六〇～三六五頁参照（本章第二節に〔改題して〕収録）。

（2）The Trail Smelter Arbitration, *Reports of International Arbitral Awards (RIAA)*, vol. 3, pp. 1907-1982, 山本草二『国際法における危険責任主義』（東京大学出版会、一九八二年）一一五～一二四頁。

（3）Tullio Scovazzi, "Industrial Accidents and the Veil of Transnational Corporations", in Francioni & Scovazzi, eds., *International Responsibility for Environmental Harm*, 1991, pp. 395-427, 落合誠一「多国籍企業における子会社の債権者保護」総合研究開発機構編『多国籍企業と国際取引』（三省堂、一九八七年）三八三～四二三頁。

（4）Francesco Francioni, "Exporting Environmental Hazard through Multinational Enterprises: Can the State of Origin be Held Responsible?", in Francioni & Scovazzi, *op. cit., supra* note 3, pp. 275-298.

（5）L. B. Sohn, "Stockholm Declaration on the Human Environment", *Harvard International Law Journal*, vol. 14, 1973, pp. 423-515.

（6）"The Amoco Cadiz", U.S. District Court, Northern District of Illinois, Eastern Division, April 18, 1984, *Lloyd's Law Reports*, 1984, vol. 2, pp. 336f.; 699 F. 2nd 909（1983）; Alexandre Kiss, "L'affaire de l'Amoco Cadiz: responsabilité pour une catastrophe écologique", *Journal de droit international*, 1985, no. 3, pp. 575-589; Scovazzi, *op. cit., supra* note 3, pp. 413-418, 村瀬信也「海洋環境の保護および保全」日本海洋協会編『海洋法・海事法判例研究』三号（一九九二年）一三三～一四九頁、同「海洋環境の保全と国際法」『国際問題』三九八号（一九九三年）四四～五三頁（本章第四節に収録）。

（7）L. M. Hawkes, "*Parens Patriae* and the Union Carbide Case: The Disaster at Bhopal Continues", *Cornell International Law Journal*, vol. 21, 1988, pp. 181-200; *Ditto*, "Suit Filed by the Union of India against the Union Carbide Corporation Ltd., etc.", *Indian Journal of International law*, vol. 26, 1986, pp. 601-611; U. Baxi & A. Dhanda, *Valiant Victims and Lethal Litigation: The Bhopal Case*, 1990; Michael R. Anderson, "State Obligations in a Transnational Dispute: The Bhopal Case", in W. E. Butler, ed., *Control over Compliance with International Law*, 1991, pp. 83-95; C. M. Abraham & Sushila Abraham, "The Bhopal Case and the Development of Environmental Law in India", *International and Comparative Law Quarterly*, vol. 40, 1991, pp. 334-365, 新美育文「インド・ボパールのガス漏出事故と被害者救済」『ジュリスト』九三六号（一九八九年）八四～八七頁。

（8）本節では詳述する余裕はないが、一九七六年に起きたイタリア・セヴェソにおけるガス爆発事故も、検討に価する先例である。爆発を起こしたイタリアの会社(ICMESA)は、スイス法人(Hoffmann La Roche 他)が実質的に所有していた会社であったが、結局この事件は和解による解決がはかられた。それは原告らが、被害者の早期救済の観点から、長期化しがちな裁判、とくに被告住所地スイスでの裁判は避けたいと考えたためのようである(セヴェソの自治体だけはスイス・ジュネーヴで提訴したが、その後、和解に応じた)。イタリアで裁判を行うことについても障害が予想された。とくにイタリア・スイス間の民事・商事判決の承認執行に関する条約(一九三三年)の規定により、仮にイタリアの裁判所でスイスの親会社に対する判決が出ても、会社所在地以外の裁判所が、判決承認の要件として同条約が定める「管轄裁判所」として認められるか否かが問題となりうるため、スイスでの承認執行の手続段階で異議の提起されることが予想されたからだといわれている(Scovazzi, *op. cit., supra* note 3, pp. 397-403)。

(9)　Judgment of April 18, 1984, *op. cit. (Lloyd's Law Reports), supra* note 6, pp. 337-338.

(10)　Scovazzi, *op. cit., supra* note 3, pp. 411-413.

(11)　先にも注(8)で触れたように、セヴェソの事件では、法人格否認の法理により親会社の責任を追及していくためには、原告らは、裁判外での解決を選ばざるをえなかったものと思われる。結局この事件については、まず、事故を起こしたイタリアの子会社と、これを資本上・経営上、実質的に支配しているスイスの親会社の間で、補償に関しては親会社が全責任を負うという内容の合意を行い、これにイタリアの国家と州が同意を表明する、という形がとられた。こうして、イタリアの国家と州を一方当事者とし、親会社および子会社を他方当事者とする和解協定が結ばれ、国家と州に補償金が支払われて紛争の主要な部分は解決されたのである。最近、わが国でも問題となったマレーシアにおける日本企業の子会社(Asian Rare Earth, ARE社)の事件も、親会社の支配関係の評価について示唆するところが多い。この子会社は三菱化成が三五%出資して設立された現地法人であったが、出資率が五〇%に充たない場合でも、人事や経営上のノウハウ等を通じて、あるいは工場の設計や運用・技術・原材料の調達や製品の販売といった種々の面で、親会社による経営上の実効的な支配関係が仮に認められ、かつ、その支配関係に基づいて一定の指示が行われていた結果として、主張されたような住民の被害が立証されたならば、この親会社に対する法的責任追及の可能性も考えられないわけではない。もっとも本件については、マレーシア最高裁がARE社による不法行為の存在自体を容認しなかったので、親会社の責任問題まで進展することはなかったが、将来とくに東南アジア諸国において、この種の訴訟が日本系多国籍企業に対して提起される可能性は必ずしも少なくないように思われる。(Shinya Murase, "Country Report: Japan", *Yearbook of International Environmental Law*, vol. 3, 1992, pp. 458-459; *Ibid.*, vol. 4, 1993, p. 435).

(12)　落合「前掲論文」(注3)四一七〜四一九頁参照。

(13)　山本『前掲書』(注2)第三章。

(14)　G. Sacerdoti, "Les Codes de conduite sur les enterprises multinationales entre droit international et droit interne: mise en œuvre et effets juridiques", *Le droit intrenatonal à l'heure de sa codification: Etudes en l'honneur de Roberto Ago*, IV, 1987, pp. 263f.

(15)　Francioni, *op. cit*., *supra* note 4, p. 283.

(16)　The Trail Smelter Arbitration (U.S. v. U.K.= Canada), March 11, 1941, *RIAA*, vol. 3, paras. 1965-1966,　山本『前掲書』(注2)一一五〜一二四頁。

(17)　A.V. Lowe,"International Law Issues Arising in the 'Pipeline' Dispute: the British Position", *The German Yearbook of International Law*, vol. 27, 1984, pp. 54-71.

(18)　Francioni, *op. cit*., *supra* note 4, p. 284.

(19)　バルセロナ・トラクション事件判決(一九七〇年二月五日)では、法人格否認の法理の適用について、次のように述べられている。「……法は会社法人格の独立の存在を絶対的なものとはみなしえないということを認めてきている。法人格否認(lifting the corporate veil)の手続が正当化され衡平なものと考えられたのは、このような文脈においてである。先例の多くが示すところによれば、会社の法人格が否認されるのは、法人の特権が濫用された場合……や、第三者を保護する場合、……あるいは法的義務の不履行を防止する場合……などである。すなわち、法人格の否認は、当該会社と関係を持つ人々［外部の第三者］の利益を保護するために、より頻繁には、対外的に援用されるのである。もっとも、この法理は、とりわけ株主の利益を保護するために、対内的にも運用されてはきたが、それは例外的な状況においてのみである。以上明らかにされてきた原則に従って、法人格否認の手続は、国際法においても同様の役割を果たすべきものとして容認されるのである。」(*ICJ Reports 1970*, paras. 56-58.)

(20)　*ICJ Reports 1971*, para. 118.

(21)　Francioni, *op. cit*., *supra* note 4, p. 285; G. Handl, "State Liability for Accidental Transnational Environmental Damage by Private Persons", *American Journal of International Law*, 1980, pp. 525-535.

(22)　環境損害概念の定義について、Oscar Schachter, *International Law in Theory and Practice*, 1991, pp. 365-367.

(23)　Francioni, *op. cit*., *supra* note 4, p. 282.

(24)　*Third Report, The Yearbook of the International Law Commission*, 1982, vol. II, part 1, pp. 60-61.

(25)　*Summary Records, Ibid*., 1987, vol. I, p. 162.

(26)　*Ibid*., pp. 181, 187; *Report of the Commission, Ibid*., 1987, vol. II, part 2, p. 44.

(27)　*Fourth Report, Ibid.*, 1988, vol. II, part 1, p. 255. なお、その後、特別報告者自身による修正で、「管理」の語の前の「実効的」effective の語は、「実効的でない管理は『管理』ではない」!-との理由で削除された(*Fifth Report, Ibid.*, 1989, vol. II, part 1, p. 136)。

(28)　*Third Report, Ibid.*, 1987, vol. II, part 2, p. 49.

(29)　*Fifth Report, Ibid.*, 1989, vol. II, part 2, p. 135.

(30)　Stephen McCaffrey, "The Work of the International Law Commission relating to Transfrontier Environmental Harm", *The New York University Journal of International Law and Politics*, vol. 20, no. 3, 1988, pp. 715-731.

(31)　*Fifth Report, op. cit., supra* note 29, 1989, vol. II, part 2, pp. 134, 136.

(32)　山本草二「環境損害に関する国家の国際責任」『法学』(東北大学)四〇巻四号(一九七七年)参照。

(33)　Sohn, *op. cit., supra* note 5, p. 493.

(34)　村瀬信也「宇宙開発の国際法と日本の対応――宇宙基地計画をめぐって」大沼保昭編『国際法、国際連合と日本』(高野雄一先生古稀記念論文集、弘文堂、一九八七年)三三七～三五九頁(本書第四章第三節に収録)。

(35)　Francioni, *op. cit., supra* note 4, p. 289.

(36)　村瀬信也・奥脇直也「宇宙関係諸条約の履行と国内法整備――民間宇宙活動をめぐる米国の法制」『立教法学』三六号(一九九一年)七一～一一五頁(本書第七章第三節に収録)。

(37)　山本草二『海洋法』(三省堂、一九九二年)二一九頁。

(38)　F. O. Vicuña, *Antarctic Mineral Exploitation: the emerging legal framework*, 1988, pp. 219-248.

(39)　もとより、環境目的の一方的国内措置が無限定に容認されるとの趣旨ではない。国内環境法の域外適用に関する問題は、「キハダマグロ」輸入制限に関するガット・パネル裁定(一九九一年八月)以来、「環境と貿易」の文脈で議論の焦点となってきている。村瀬信也「ガットと環境保護」日本国際経済法学会編『国際経済法』三号(一九九四年)一～二四頁(本章第六節に収録)参照。

(40)　山本『前掲書』(危険責任)(注2)三四〇頁、畠山武道「国内法の適用による越境汚染の規制」広部和也・田中忠編『国際法と国内法』(山本草二先生還暦記念、勁草書房、一九九一年)四七一～五〇二頁。

(41)　村瀬信也「生産規制の法的問題」産業研究所編『貿易と環境に関する調査研究』(一九九四年)一～二二頁。

(42)　ストックホルム人間環境宣言原則二一の「確保する責任」は、仏語テキストでは、(responsabilité でもobligation でもなく)devoir を用いているが、これは、英語では duty に相当するところの広義の「責務」と訳すべきようなニュアンスを持つ。

第六節　ＧＡＴＴと環境保護

一　はじめに

国際環境法に対する接近方法の一つとして、国際経済法の諸概念や分析手法は多くの貢献を行うことができる。それは何よりも、国際環境法上の問題の多くが、諸国民の経済活動に伴って生起しているからである。とりわけ「環境と貿易」という本節の論題は、ＧＡＴＴ法に対する重要な論点を提起しているが、これは文字どおり、国際環境法と国際経済法との交錯領域に属する問題として考察されなければならない(1)。

一九九二年六月に採択された環境と開発に関するリオ宣言の第一二原則は「環境目的のための貿易政策上の措置が、恣意的ないし正当化しえない差別となったり、偽装された国際貿易の制限を構成してはならない。輸入国の管轄権外における環境問題に対処するための一方的措置は、避けなければならない。国境を越えた、あるいは地球的な環境問題に対する環境措置は、可能な限り、国際的なコンセンサスに基づかなければならない」と謳っているが、ここには「環境と貿易」に関する基本的な論点が凝縮されているといってよい。すなわち、第一には、環境保護のための貿易上の措置が、いかなる範囲において許容されるのか、それが「偽装された貿易制限」とならないための条件や基準は何か、といった問題である。また第二には、環境保護のための一方的国内措置を自国の管轄権の外に及ぼすこと、つまり域外管轄権の対抗力に関する問題が提起されているのである。

本節もこの二点に焦点を合わせて検討するが、ＧＡＴＴにおいては、一九八〇年代から九〇年代前半の期間に、こうした争点につき、幾つかのパネルの裁定が出て注目を集めた。「環境と貿易」の問題はＷＴＯに移行した今日においても一層重要な問題として論議を呼んでいるが、ここではＷＴＯ移行以前の時期においてＧＡＴＴ法と国際環境法がいかなる形で提示されていたかを探っておきたいと思う。

二　ＧＡＴＴの一般的例外条項と環境保護

周知のように、一般協定一条では無差別・最恵国待遇が規定され、これがいわばＧＡＴＴの根本規範となっている。これに符合して一一条では、数量制限の一般的禁止が謳われているほか、さらに三条では、外国産品の課税や規則の適用に関して、内国民待遇を保障することとしている。しかるに、ここでの問題の焦点は、環境保護の目的のために、輸入国が輸入制限や関税等の引き上げを行うことが認められるか、という点である。しかるに、それについては、第二〇条の一般例外条項が最も関連の深い規定である(2)。これまで各国が、環境保護の措置として貿易制限を正当化するために援用したのが、主にこの(b)項および(g)項である。そこで、これまでＧＡＴＴのパネルで取り上げられてきた具体的な紛争(3)に即して、これらの規定の解釈適用の基準を明らかにしておきたい。これらのＧＡＴＴ先例は、いわゆるスーパー・ファンドに関するケースが若干性質を異にするものの、その他はすべて二〇条の関連事例であり、とくに最近のキハダマグロに関する事件は、ＧＡＴＴにおける環境保護の在り方について、激しい議論を惹起した事件である。

1　二〇条の適用範囲――衛生規制と環境保護

まず前提的に、二〇条がそもそも環境保護目的の輸入規制に適用可能な条項か否かという問題がある。本来、この条項の下で規制の対象となっている事項は、(a)項の「公徳の保護」のために執られる猥褻物等の規制や、(c)項の「金銀の輸出入」、(d)項の税関行政上必要とされる措置やニセ・ブランド商品などを対象としたもの、さらに(f)項の考古学的価値のある国宝の保護など、いずれも「通関手続上の規制」を想定した措置である。そうした税関行政の枠を超えて、広く「環境保護」という法益をこの条項の下で設定できるかどうかについては、これまでも議論があった。少なくとも二〇条の場合は、たとえば二一条の下での「安全保障のための措置」のような実質的に他国の異議を認めない「適用除外」ではなく、他国による異議の提出が許容される文字どおりの「例外」である。したがって、二〇条については狭い限定的な解釈を行うべきこと、そしてもとよりその主張・立証の責任はこの条項を援用する側にあるということが、すでに確立した慣行になっているとみられる(4)。

さらに、環境との関連で最も頻繁に援用される二〇条(b)項の「人や動物又は植物の生命又は健康の保護のために必要な措置」というのは、主として衛生・検疫の面から必要とされる措置を想定した規定であるといわれてきており、伝染病の予防や有害食品の搬入を阻止するために執られる措置などを超えて、この条項が、環境一般の保護について拡張して適用することが可能か否かが、まず問題となってきたのである(5)。

もっとも、一般協定のような文書の場合には、条文の文理解釈に拘泥してもあまり意味がなく、むしろ、条約法条約(三一条三項b)にいう「後に生じた実行」(subsequent practice)を積極的に評価することが重要(6)であり、そうした観点からみれば、この二〇条の規定を環境保護の目的のために援用することは――もとよりその要件を充たしている限りで――後述のように、最近のGATTの実行の中でほぼ定着してきたといってよいと思われる。GATTのパネルでも、そうした援用自体を否認する裁定はなく、また環境と貿易に関する作業部会等での議論も、肯定的な見解が支配的である。

この適用範囲については、後で詳しくみることとして、具体的な紛争における本条項の適用事例を検討しておきたい(7)。

2　措置の「必要性」(b項)

さて二〇条では、その措置が「差別待遇の手段となるような方法で」適用しないこと、さらに「国際貿易の偽装された制限となるような方法で」行われないこと、を定めている。このうち無差別性の要件はともかくとして、「非偽装性」の要件を、それ自体として問題とすることは必ずしも容易ではない。むしろ他の要件——とりわけ(b)項では「必要性」テスト——が充たされなかった結果として、この要件も充足されなかったものと推論されることが多い(8)。

この(b)項にいう「生命又は健康の保護のために必要(necessary)な措置」という要件については、「タイによるタバコの輸入規制および内国課税に関する事件」で争点となった。この事件でタイは、タバコの健康に対する有害性について、輸入制限によるほか政府の実効的なコントロールが及ぼしえないこと、とくに米国産のタバコに使用される添加物はタイのタバコよりも有害性の高い可能性があると指摘した。これに対し米国は、タイはその健康に関する政策目的を、ＧＡＴＴに違反しない他の方法で実現することができるはずであり、そうした代替手段がある限り、本件輸入制限を「必要な措置」と認めることはできない、と主張した。

本件においてＧＡＴＴのパネルは、まずＷＨＯの専門家による鑑定等を参考としつつ、一般的にタバコによる人体への被害を確認した上で、二〇条(b)項が「貿易自由化よりも健康の保護を優先させていることは明白である」旨宣明した。しかし、実際のタイによる輸入制限については、次のような理由によって、これを「必要な」措置とは認定しなかったのである。すなわちパネルによれば、この「必要性」の概念は、二〇条(d)項の「この協定の規定に反しない(特許権などに関する)法令の遵守を確保するために必要な措置」にいう「必要性」と同様の意味であるとしたのであるが、それはこの前年にECと米国との間で争われた米国関税法三三七条に関してGATTパネルが示した判断基準(9)を採用するためであった。すなわち、「GATT違反とならない他の代替措置が可能である場合」には、この必要性の条件を充たしていないものと認定され、仮にGATT違反とならない代替措置が見出せない場合でも「合理的に可能な幾つかの措置の中で、GATT規定と最も抵触が少ない措置」(least restrictive alternative)――いわゆる「LRA基準」――を執るべきものと判示した。こうしてパネルは、輸入制限の違法性阻却事由をかなり厳しく捉える立場から、国内産のタバコの販売を野放しにしておいて外国タバコの輸入を禁止するというタイ政府の措置は、二〇条(b)項にいう「必要な」措置とは認めがたい、と結論しているのである(10)。

「メキシコからのキハダマグロの輸入制限に関する事件」でも、「必要性」テストに関連して、このleast restrictive alternativeが問題となっている。この事件は、メキシコの漁民が赤道近くの東太平洋で行っている巻き上げ網漁法によるキハダマグロ漁業がイルカの混獲を招いているとの理由で、米国が輸入禁止の措置を執ったものである。この措置の適法性に関する問題については後に詳述するが、「必要性」の点のみに絞っていえば、GATTのパネルは、イルカの回遊性という観点からみても、米国はこの問題を関係国との国際協力の枠組みの中で解決を模索すべきであったのであり、交渉・協議といったGATT規定に抵触しない他の援用可能な代替措置を考慮することなく、一方的に禁止措置に訴えたことは、(b)項の要件を充たすものとは認められない、としているのである(11)。

このような「必要性」に関する議論が示しているように、GATTにおいては、人の生命・健康さらに環境の保護という考慮は、GATTの大原則である貿易自由化の枠内でのみ認められる相対的なものにとどまるのである。

なお、GATTの先例ではないが、EC共同体裁判所の「デンマーク空瓶回収制度に関する事件」(Danish Bottles Case)(12)

は、この「必要性」論議に一石を投ずるものとして、高く評価されている。この事件は、デンマークが一九八四年の政令で定めた空瓶の回収義務について、ＥＥＣ条約三〇条の禁止する数量制限に当たるとして、ＥＣ委員会が原告となって争われた。裁判所は同条約三六条――概ねＧＡＴＴ二〇条と同様の規定――の適用の要件として、環境保護目的の真正性、第三国の生産者に対する無差別性とともに、「具体的措置による貿易上の効果が、環境保護の目的に照らして、相当なものであるか否か」という点を指摘しているのである。この相当性に照らしてみたとき、ＥＣ構成国は資源の再利用という目的を実現するために可能な種々の方法の中で、自由貿易の制限を最小限にとどめるような方法を選択しなければならない、と判示している。ここでも least restrictive alternative の原則が採用されているわけであるが、結局、裁判所は、デンマークの政令は、認可されていない容器による輸入は、空瓶の返還システムが確立されている限り――とはいえ、小売業者への返還が求められるにすぎないが――一製造者当たり年間三、〇〇〇ヘクトリットルまで容認しており、この措置は資源の再利用という環境保護目的にそぐわず、むしろ環境に名を借りた事実上の貿易制限であると判断したのである(13)。

3　措置の関連性・実効性（ｇ項）

一般協定二〇条(b)項の必要性と同様の趣旨は、(g)項の国内的関連性についても指摘することができる。すなわち、この(g)項では、有限天然資源の保存に関する措置を例外としているが、ここでは先の(b)項と異なり、「必要性」の要件はない。しかし代わりに、そうした保存措置が認められるのは、それが「国内の」生産または消費に「関連して」実施される場合に限る、としていることである。

この点についてはＧＡＴＴパネルでも、「米国によるカナダからのマグロの輸入制限」事件や、「カナダによる米国からのニシン・サケの輸入制限」のケース等で取り上げられているが、いずれもパネルは、それらの措置が一般的には有限天然資源の保存のための措置であることは認められるとしながらも、それらが実施国の国内の生産または消費に関連して執られた措置とは認められない、との理由で(g)項の適用を否認している。つまり、この条項が適用されるのは、国内の生産者に対しても、保存のための実効的措置が執られていることが前提となっているが、そのような前提を欠く場合には、資源保護と輸出禁止との関連性が認められず、かえって「偽装された貿易制限」との推定が働くことになるのである(14)。

「キハダマグロ事件」において、米国は(g)項の要件について、米国の漁民にも「海洋哺乳動物保護法」(Marine Mammal Protection Act, MMPA)の下でイルカ保護のための措置を執っていることから充足されていると主張した。しかし、そこで具体的に実施されている措置は、同時期における米国の漁民による混獲率を基礎として外国漁民に許容されるイルカの混獲率を事後的に決定するというもので、メキシコは事前に規制の基準を知ることができないものとなっているのである。したがってGATTのパネルとしては、そのような予測可能性のない(unpredictable)方法で輸入を規制することは、二〇条(g)項で要求されている「実効的な保存措置」とは認められないと判断しているのである(15)。

やはりこの場合も、先の環境保護についてと同様、天然資源の保存ということは、GATTの少なくともプライマリーな目的ではなく、各国の国内的な生産・消費に関連する限りで、しかもそれが実効的な措置として認められるということを条件としてのみ、限定的にかかる例外を容認するとのGATTの基本的な姿勢が確認されているといってよいであろう。

三　国内的措置とＧＡＴＴとの整合性

次に、二〇条を離れて、それ以外の条文に関連して、ＧＡＴＴで環境保護が問題となった事例を検討しておきたい。

1　内国課税

「石油および石油製品に対する国内課税」に関する事件で問題となった米国の「スーパーファンド法」とは、同国が一九八〇年に制定した包括的な環境対策に関する法律で、一九八六年に改正・強化されたが、その内容は要するに、石油化学企業に特別税を課してファンドを作り、その資金を米国内の有害廃棄物埋立て跡地のクリーンアップに充てる、というものである。これに対してカナダ、メキシコおよびＥＣは、輸入される石油および石油製品に課される税率が、国内の同種の産品に対する課税よりも一バレル当たり三・五セント高率であることをもって、一般協定三条二項の第一文に違反すると申し立てたのであるが、ＧＡＴＴのパネルもこの主張を認めている。

もっとも、一定の石油製品に関連して、米国は、その税率がＧＡＴＴでも認めている「国境税調整」(border tax adjustment)として容認さるべき性質のものとの立場をとっていた。これに対してＥＣは、そもそもこの課税は、米国内で行われた汚染活動に対して課されるものであり、この資金によって執られる環境対策のための措置も結局は米国の生産者に利益を与えるものであって、国境税調整にはなじまないだけでなく、「汚染者負担原則」からいっても、米国は国内産品にのみ課税すべきであったと反論した。

この点についてパネルは、むしろ米国の主張を認めて、本件で問題となった一定の石油産品に関する課税は、国境税調整として許容されると判断した。その際パネルは、GATTの調整原則は、課税の上限を定めているだけで、問題の課税が環境保護のために行われたのか、あるいは一般的な歳入目的で行われたのかといった「政策目的」には関知しないのであり、したがって、汚染者負担原則の問題も本件の審理においては関連性を持たない、と述べている。すなわち、この原則の適用の是非については、「環境と貿易」に関する作業部会などGATTの他のフォーラムで審議さるべき問題との認識を示しているが、パネルとしては、紛争の解決を現行GATT法の規定に従って審理することがその任務であり、そのこと自体はけだし当然のことと思われる(16)。ただ、汚染者負担原則については、OECD勧告や、リオ宣言第一六原則での言及(17)もあるので、次に触れておきたい。

2 汚染者負担原則と補助金・相殺措置

汚染防止のための費用は汚染者が負担すべきとする国内法上の polluter pays principle は、国際的平面ではやや特別の意味を持つ。すなわち、国家は、補助金や税制上の優遇措置などによって、汚染管理費用の負担に助成を行わないこと、少なくともそうした形で、国際貿易を歪曲することがないように配慮しなければならないという意味である。したがって一般協定上は、一六条の補助金の規定や六条の相殺措置の規定が関連してくることになる。

一六条で相殺措置の対象とされる補助金は、主として輸出補助金であり、東京ラウンドで作成された「補助金・相殺措置に関する協定」でも、環境問題に対処するために「産業の再配置」を行うための補助金は許容される旨明記されている(一一条一項f)。ただ、それ以外の環境補助金のうち、どのようなものが許容されて相殺措置の対象とならない(non-actionableな)補助金と認められるかは不明であった。ウルグアイ・ラウンドで作成された新しい「補助金・相殺措置に関する協定」では、企業が法令に基づき新たな環境規制に対応するために必要な設備等を購入する場合、政府の給付した補助金については費用の二〇%を上限として non-actionable とされることとなった(八条二項c)。さらに「農業に関する合意」では、国内補助金としての「環境プログラムに基づく支払い」は non-actionable とされている(七条二項、付属書二・一〇項)。

また、見方によっては、国家間で環境基準の相違が甚だしい場合、緩やかな基準しか課していない国の産業はそれだけ国際競争力の面で有利な立場に立つこととなり、これもある種の補助ないし奨励策と捉えて、相殺措置が認められるかといった議論が——たとえばＮＡＦＴＡをめぐって——行われてきた。たしかにカナダや米国と比べてメキシコの環境基準は甘く、その分だけメキシコの産業の競争力にとっては有利な条件となっているともいえなくはない。ちょうど、ダンピングに対して反ダンピング税をかけるように、一定水準に充たない環境基準を ecological dumping として相殺措置の対象とするという趣旨である。しかし、環境基準の相違には国によって色々な条件が介在しているので、一概に、それが貿易上の効果としてそのまま顕れるとは限らない。actionable な補助金の範囲をそのように拡張して捉えようとするそうした主張を認めれば、かえって、相殺措置の濫用と、それに伴う貿易秩序の混乱は避けられないことになろう(18)。

ここで検討した幾つかのＧＡＴＴパネルの裁定をみても、環境問題に関する一定の方向性は示されているように思われる。すなわち、ＧＡＴＴでは、少なくともこれまでのところは、環境配慮に基づく措置は、貿易自由化という基本的な枠組みの中で、極めて限定的に捉えられてきたということである。ただ、そうした中で、次第に、ＧＡＴＴとしても、環境保護という今日的な課題を、真正面から位置づけていかなければならないという認識が醸成されてきているいることも確かである。とくに先にも触れたキハダマグロの事件は、ＧＡＴＴにおける「貿易と環境」の問題に大きなイムパクトを与えることになった。そこで再度この事件に立ち戻って、米国の措置に対して提起された二つの論点——一つは生産規制の問題、他の一つは一方的な域外措置の問題——について、検討することにしたい。

四　生産規制とＧＡＴＴとの整合性

1　産品規制と生産工程（ＰＰＭｓ）の規制

先にも触れたように、東太平洋水域でマグロ漁業を行っているメキシコの漁民は、巻き上げ網を用いて漁を行うが、この水域のキハダマグロはイルカと常に一緒に回遊しているので、漁民は水面近くを泳いでいるイルカを狙って網を打っているといわれ、したがって、こうしたマグロ漁法ではイルカの混獲率がかなり高くなるといわれる。もとよりマグロ自身にはそれが有害物質を含んでいるとか衛生基準を充たしていないといった事情は何もなく、あくまでもイルカと混獲されたマグロだからという理由で、米国は輸入禁止としているのである。つまりここでは産品（product）としてのマグロが問題なのではなく、その生産工程ないし生産方法（processes and production methods, PPMs）が問題とされているのである。

そこでまず、ＧＡＴＴ三条および二〇条はこうしたプロセス規制を認めているか否か、という点を検討しておく必要がある。「キハダマグロ事件」の裁定でパネルは三条の規制が産品に対する措置に限定されるという狭い解釈を採用している。一般協定一条（最恵国待遇）および三条（内国民待遇）は、これらの待遇を「同種の産品」（like products）に対して供与する義務を定めているのであり、仮に産品の物理的特性（physical characteristics）が異なるならば、産品間の合理的差別が許容されると解されてきた。しかるに「米国のアルコール・ビール・麦芽飲料に関する措置」をめぐる事件で、ＧＡＴＴパネルは、低アルコールのビールと高アルコール・ビールとの区別を設けることは、消費者の健康保護に関する政策目的に照らして許容される旨の裁定を下している。こうした判断は、産品の物理的特性基準を環境目的による区別に援用しうるものとして注目されており、さらには、環境保全のためのプロセス規制にも途を開くものとなりうる(19)。

沿革的にみると、国際社会はかなり以前から、プロセス規制に取り組んできたことがわかる。先駆的には一九〇六年の白燐を使用して生産されたマッチの製造および輸入の禁止に関する多数国間条約がある。これはマッチそのものは無害であるが、その製造工程で白燐を使用すると工場労働者に健康上の被害を与えるためにかかる規制が導入されたものである。一九一一年にはオットセイの洋上捕獲が残虐との理由で禁止され（陸上捕獲は許容）、洋上で捕獲されたオットセイの輸入禁止が英米日露の四ヵ国条約で定められた。その他、違法な方法で採取された魚や鳥の国際取引の禁止に関する二国間条約などが散見される。そうした流れを受けて、一九二七年に連盟の下で、輸出入の禁止制限の撤廃に関する国際条約が作成され、その例外として許容される制限措置の条項が現在のGATT二〇条の規定に引き継がれたといわれている。こうした前史に照らしてみると、二〇条の適用範囲がプロダクト規制だけに限定されると捉えることは、必ずしも妥当ではないように思われる(20)。

もっとも、仮にプロセス規制が容認されるとしても、その範囲をどこまで認めるかが最も重要な問題である。ある産品が、たとえば、国際基準以下の劣悪な労働条件や環境・衛生基準の下で生産されていた場合はどうか、あるいは、輸入国では宗教的ないし道徳的な理由から禁止されている日曜日の労働によって生産されたものはどうか、といった問題があろう。したがってプロセス規制の濫用を防止するためには、単なる道義的・心情的な立場からの生産方法に対する批判ではなく、この規制によって保護されるべき法益に照らして、それが許容されるための要件が具体的に明示されなければならない。次にこの点について検討しておきたい。

2　生産工程に関する条約規定と産品の特性

現行GATT法上、一定の範囲でプロセス規制が容認されるとしても、その場合まず、特定の生産工程ないし生産方法に関して条約上の禁止規定が存在するか否かが、決定的に重要な意味を持つと考えられる。この生産工程に関する問題は、一九八七年のオゾン層保護のためのモントリオール議定書の起草過程で議論になったが、この会議に参加していたＧＡＴＴ関係者は、そうした規制も一般協定上許容されるとの意見を表明していた(21)。その結果、議定書４条の「非締約国との貿易の規制」に関する条項では、フロンや特定ハロンなどの規制物質の輸出入が禁止されるのはもとより、それらの物質を含む製品、つまりエアコンや冷蔵庫などの製品の輸入と並んで、さらにフロンやハロンを用いて生産された製品で規制物質を含まないものも、実行可能であれば、その輸入を禁止ないし制限することとしている。こうして、たとえば、半導体など、その生産工程で洗浄のためフロンを使用したものは、その製品がフロンを含まないものであっても、一定の期間後、規制の対象となりうることになっている。

この関連の中で、前記のキハダマグロ事件を考えてみると、イルカの混獲を不可避とするような漁法で獲ったマグロの輸入規制措置も、一種のプロセス規制として、その限りでは、容認されるとの見方もありえよう。また、米国がマグロの国内販売において、イルカ保護消費者情報法（DPCIA）に基づき、巻き上げ網を使用して獲られたマグロに"Dolphin Safe"のラベルの張り付けを禁止している措置も、同様に許容されることになる。このラベルについては、他国から輸入されたマグロにも無差別に適用されているので、一般協定九条一項の他国産品に関する表示要件を充たしており、パネルも違反には当たらないとしている(22)。

しかし、この事件に対する米国の措置を吟味する上で、考慮すべき幾つかの前提問題がある。一つには、そもそもイルカの保護が、米国のいうように、輸入禁止を正当化するほどに国際的な legitimacy を主張できるような目的と認められるかという疑念がまず提起されよう。国連海洋法条約の六五条でも、クジラについてはやや特別の配慮があるものの、他の海産哺乳動物の保存に関しては、国際協力義務を一般的に規定するのみで、現在のところそれ以上の措置を求めるという国際社会のコンセンサスはないように思われる。また第二に「巻き上げ網」の使用についても、これはかつて国連で問題になった「流し網」のように、国際的に違法な漁法とされているわけではない(23)。巻き上げ網については米国自身さえその使用を禁止していない。したがって「キハダマグロ事件」をプロセス規制の問題として捉えること自体に、難点がないわけではないのである。

それでは、特定のプロセス規制について国際法上の明示的な合意が欠缺している場合、仮にこれが容認されるとしても、その合理的な範囲はどのようなものかが問われよう。この場合には、当該プロセス規制と産品の特性（characteristics of the product）との間に明白かつ直接の、あるいは少なくとも密接な連関が示されなければならない、と考えるべきであろう。すなわち、GATT法の下で許容されうるPPMとは、第一次的には消費における外部不経済（consumption externality）の観点から正当化されるものであり、したがって、産品の特性に直接影響を持つものでなければならないのである。換言すれば、このプロセス規制の名の下に、競争力の観点（先に触れたecological dumpingのような、いわゆるcompetitiveness issue）や、倫理的・文化的な観点（いわゆるmoral values issue）が導入されることは、厳しく排除されなければならない。このような考え方は、ウルグアイ・ラウンド諸協定にも反映されているように思われる。

すでに東京ラウンドで作成された「貿易の技術的障害」に関する、いわゆるスタンダード協定では、可能な限り国際規格に従うよう求められているが、例外として「環境の保全」を理由とする国際規格からの逸脱を容認し（二条二項）、さらに一四条で「締約国は、産品の特性よりも生産工程及び生産方法に着目して要件を定めることによりこの協定の義務が回避されていると認める場合には、同条に定める紛争解決手続を援用することができる」と規定していた。ウルグアイ・ラウンドで作成された新しいスタンダード協定では、この点を一層明確にしており、「技術的規則が、正当な（legitimate）目的の遂行のために必要以上に貿易制限的（more trade-restrictive than necessary）であってはならない」とし、そのlegitimateな目的の中には、人間の生命・健康等のほか「環境の保護」が明示されている（二条二項）ことも注目される。さらに同付属書では、「技術的規則」の定義として、産品の特性だけでなく、生産工程・生産方法、さらに、それらに関連するパッケジングやラベリング等も含むこととしている(24)。

またウルグアイ・ラウンドで合意された「衛生・検疫措置の適用に関する協定」では、一般協定二〇条（b）項を受けて、各加盟国が適切な衛生・検疫措置を執ることが認められるが、その場合、その措置が貿易制限とならないよう科学的証拠に基づいて危険性の評価（risk assessment）を行うこと、そしてその際、「関連する生産工程および生産方法」についても考慮に入れることが例示されている（一七項）。ここではいうまでもなく、輸入される産品の特性に対する検査がＰＰＭテストの前提となっているのである。

以上のように、国際条約で一定のプロセス規制が合意されている場合は――本節の最後で触れるように――ＧＡＴＴ法との形式的整合性の問題は残るとしても、それほどの問題は現実には生じないが、条約がない場合には、ＰＰＭと産品の特性との直接的関連性が厳しく追及されることになろう。こうして「キハダマグロ事件」における米国の措置には種々の困難が指摘されるが、以上の点を差し置いても、それにはより根本的に重要な問題がある。それが「一方的国内措置」の法的評価に関わる最後の論点である。

五　一方的国内措置とその対抗力

「キハダマグロ事件」における最大の問題点は、米国がその国内法である「海洋哺乳動物保護法」（ＭＭＰＡ）を、自国領域を超えて、一方的に域外適用していることである。メキシコの主張によれば、二〇条（b）項は輸入国の「国内での」動物の保護を目的とした規定であるとして、域外適用に反対しているのに対し、米国は、メキシコが絶滅の恐れのある動植物に関するワシントン条約の当事国として、その領域外の動植物の保護のために輸入制限を行うことは条約上の義務であることを指摘し、二〇条(b)項の適用が国内に限定されないことを論証しようとした。しかし、先にも触れたように、輸入制限を行う前提として、その特定の動物の保護に関する条約が存在している場合とそうでない場合とでは、状況は全く異なる。条約が存在する場合は、その条約義務の国内的履行としてしかるべき措置が執られるにすぎないのであり、域外適用の問題はすでに解消しているからである。もちろんこの場合、その条約とＧＡＴＴとの整合性の問題が生ずるが、それはすでに二〇条の枠を超えた問題である。いずれにせよ、ＧＡＴＴパネルは、二〇条の起草過程等からみても、この条項の適用は国内に限られる("within the jurisdiction of the importing country")ということが明らかであると判断したのである(25)。

なお、日本、ＥＣなど多くの国はメキシコ産マグロを加工して米国に輸出している中継貿易国(intermediary nations)の立場に立つが、ＭＭＰＡではこれらの国々に対しても輸入禁止措置を執っている。パネルに提出された日本の意見書でも、米国がその国内法で一方的に決定した基準でもって日本とメキシコとの間の貿易関係を規律しようとするのは筋違いであり、ＧＡＴＴの信頼性を損なう措置だと批判している(26)。

こうして本件パネルの報告書では「米国の主張を認めるとすると、各締約国は生命・健康の保護に関する基準を一方的(unilateral)に決定しうることになってしまい、それはＧＡＴＴの他の締約国の権利を害さずにはおかないであろう。その時、ＧＡＴＴはもはや多数国間の枠組みを維持することは不可能となり、同一の国内基準を持つ国の間だけに通用する極めて少数の国の集まりになってしまうであろう」と述べている(27)。

著者もパネルのこの結論に異論があるわけではないが、一方的国内措置の評価については、なお詰めるべき問題があるように思われる。それは一面で、通商法・独禁法・輸出管理法などの分野における域外適用と同種の問題として考慮すべき事柄であるが、他面で、環境法固有の問題があることも否めない。争点となっている事案について、適用すべき国際法が欠缺しているか未成熟である場合、ある国が国内法に基づいて執る一方的措置に対し、場合によっては一定の「対抗力」が認められること、そしてそれが新たな国際法規則の形成を促すことがあるということは、これまで国際司法裁判所の判例等でも確認されているところである(28)。とりわけ、環境法など国際公益性の強い問題については、そうした傾向が一層積極的に認められるようにも考えられる。

そこで、仮に、一定の限度で、国家法に基づく一方的な域外措置の許容される場合があるとして、先のプロダクト・プロセス規制を再度考察すると、仮設的に、次のように説明できるのではないかと考えられる。すなわち域外適用に援用される「客観的属地主義」の法理に倣っていえば、プロセスは原因行為であり、プロダクトはその結果ということになる。つまり、プロセスとプロダクトの間に直接の因果関係が示されるならば、立法管轄権の域外適用は、その限りで認められることになるのではないかと考えるのである。もっともこの説明によっても、米国が主張したような形で外国のイルカを守るために自国へのマグロの輸入を禁止するということは困難であろう(29)。

ともかくも、一方主義(unilateralism)と多数国間主義(multilateralism)の、どちらが望ましいかと問われれば、誰しも後者と答えるであろうが、それは多数国間における法の定立と紛争の解決のためのメカニズムが、「実効的な制度」として機能しているということが前提条件となるはずである。しかし、そのような前提条件が必ずしも十分には存在せず、あるいは機能していないとするならば、一概に、一方的措置を非難することはできないようにも思われるのである(30)。

このキハダマグロ事件に関するパネルも、報告書の最後のところで、その点に関する弁明をしているように思われる。すなわち報告書は「締約国団が各国の環境政策の相違から生ずる問題に対応するために、濫用防止のための一定の基準の下に、貿易制限を許容する場合には、それを二〇条の解釈によって行うのではなく、一般協定の改正、補完ないしは義務の免除(waiver)によって行うことが望ましいであろう」と述べ、「締約国団が国際環境問題について共同で行動することが、現行一般協定の規定と必要とされる措置との矛盾を解消することになるであろう」としている(31)。これはパネルのマンデートを超える指摘ではあるが、まさに、GATTの枠内の中で新たな国際立法が急務であるとの訴えにほかならない。

六　小結

ＧＡＴＴの「貿易と環境」に関する作業部会は、「キハダマグロ事件」裁定の二ヵ月後、設置以来二〇年ぶりに初めて開始されて、積極的に活動を始めた。そこでは環境関連条約と一般協定の規則との整合性など三つの議題に即して、かなり実質的な審議が展開されている。最近では多くの環境関連の国際条約が作られ、中には貿易規制条項を持つものも少なくない。現行一般協定がこうした動きに対応し切れていないことは明らかである。ここでは結びに代えて、ＷＴＯ・ＧＡＴＴと環境保護条約との整合性をいかに確保するかという問題を立法論的な観点から整理しておきたい。

この調整の方式としては、(1)一般協定二五条五項の義務免除（waiver）による、(2)二〇条（ｂ）項に「環境（の保護）」の語を挿入する、(3)新たに二〇条（ｋ）項として、（ｈ）項に規定される「商品協定」の場合と同様の例外規定を挿入する、などの方式が論じられてきた(32)。このうち、ウェイバー方式は本来個別的かつ過渡的な措置について免除を認める制度であり、決定までに時間がかかることと併せて、必ずしも適当ではないという見解が多い。また二〇条（ｂ）項に「環境」の語を挿入する方式も、曖昧に流れてかえって混乱を招くことが危惧される。したがって(3)の方式が最も適当と思われるが、この点で、北米自由貿易協定（ＮＡＦＴＡ）の一〇四条の規定が参考となろう(33)。もっとも、ＧＡＴＴ規則と多数国間環境条約との調整といっても、すべての関係国が両方の条約の当事国である場合はともかく、問題となる環境条約の非当事国に対して、ＧＡＴＴ規則と矛盾なく貿易制裁を執ることが容認されるかどうかは極めて困難な問題であり、この点については今後の課題としたい。

ただ、ここで最も基本的な問題は、自由貿易と環境保護という二つの目的の関係を、どのように捉えるかということである。いわゆる environmentalist の観点では、往々にして貿易と環境を対立的な図式の下に捉えがちである。しかし過度に一般化されたその前提は無条件の自由貿易礼賛と同様、論証に耐えうるものではない。貿易と環境はもとより原理的に対立するものではない。新たな世界貿易機関(WTO)設立協定では、前文で環境保全への配慮が明記されたが、WTO・GATTとしては、節度ある自由貿易の一層の進展こそが、究極的には、国際環境問題の解決への最も近い道筋であるというその原点を踏まえて、均衡のとれた国際立法(34)の姿が示されることを期待したい。

注

(1) 村瀬信也「国際環境法——国際経済法からの視点」『ジュリスト』一〇〇〇号(一九九二年)三六〇～三六五頁参照(本章第二節に(改題して)収録)。

(2) 一般協定二〇条(一般的例外)は次のように規定する。「この協定の規定は、締約国が次のいずれかの措置を採用すること又は実施することを妨げるものと解してはならない。ただし、それらの措置を、同様の条件の下にある諸国の間において任意の若しくは正当と認められない差別待遇の手段となるような方法で、又は国際貿易の偽装された制限となるような方法で、適用しないことを条件とする。

(b)人、動物又は植物の生命又は健康の保護のために必要な措置

(g)有限天然資源の保存に関する措置。ただし、この措置が国内の生産又は消費に対する制限と関連して実施される場合に限る。」

(3) 環境措置に関するGATT紛争処理の先例としては、以下の五件がある。すなわち、①米国のマグロおよびマグロ加工品の輸入禁止措置をめぐるカナダ対米国の事件(一九八二年二月二二日裁定。U.S. Prohibition of Imports of Tuna and Tuna Products from Canada, *BISD* 29 S/91ff.)、②米国の石油および石油産品に対する課税をめぐるカナダ対米国の事件[スーパーファンド事件](一九八七年六月一七日。U.S. Taxes on Petroleum and Certain Imported Substances, *BISD* 34 S/136f.;

International Legal Materials (ILM), vol. 27, 1988, p. 1601)、③カナダの非加工ニシンおよびサケの輸出規制措置に関する米国対カナダの事件（一九八八年三月二二日。Canada's Restrictions on Exports of Unprocessed Herring and Salmon, *BISD* 35 S/98f.)、④タイのタバコ輸入規制および国内課税に関する米国対タイの事件（一九九〇年一一月七日。Thailand's Restrictions on Importation and Internal Taxes on Cigarettes, *BISD* 37 S/200; *ILM*, vol. 30, 1991, p. 1122)、⑤米国のイルカに有害な方法で漁獲されたキハダマグロ輸入規制に関するメキシコ対米国の事件（一九九一年八月一六日、未採択。U.S.Restrictions on Imports of Tuna, *ILM*, vol. 30, 1991, p. 1594.)

（4）　John H. Jackson, *World Trade and the Law of GATT*, 1969, pp. 741-752. 挙証責任に関するメキシコの主張につき、Report of the Panel, United States - Restrictionon Imports of Tuna, para.3.28, *ILM*, vol. 30, 1991, p. 1605.

（5）　Steve Charnovitz, "Exploring the Environmental Exceptions in GATT Article XX", *Journal of World Trade*, vol. 25, no. 5, 1991, pp. 37-55.

（6）　村瀬信也「ＧＡＴＴの規範的性格に関する一考察」『法学』（東北大学）五二巻五号（一九八八年）七三～一〇七頁。

（7）　この問題を扱った文献は夥しいが、代表的なものとして、Ernst-Ulrich Petersmann,"International Trade Law and International Environmental Law: Prevention and Settlement of International Environmental Disputes in GATT", *Journal of World Trade*, vol. 27, no. 1, 1993, pp. 43f. なお、佐分晴夫「ガットと環境保護」『法政論集』（名古屋大学）一四九号〔一九九三年〕三七九～三九五頁、平覚「メキシコ・米国間のイルカ・マグロ紛争に関する一九九一年ＧＡＴＴパネル報告」『商大論集』（神戸商科大学）四五巻三号（一九九三年）三六五～三九五頁参照。

（8）　John H. Jackson, "World Trade Rules and Environmental Policies: Congruence or Conflict ?", *Washington and Lee Law Review*, vol. 49, no. 4, 1992, pp. 1227f., at 1240.

（9）　Panel Report on Section 337 of the U.S. Tariff Act of 1930, *BISD* 36 S/345, para. 5.26.

（10）　*BISD* 37 S/203, para.75.　なお、直接ＧＡＴＴとは関係ないが、国内法におけるLRA基準適用上の興味深い論点について、右崎正博「『より制限的でない他の選びうる手段』の基準」芦部信喜編『講座・憲法訴訟』二巻（有斐閣、一九八七年）一九七頁以下参照。

（11）　Panel Report, *op. cit., supra* note 9, para. 5.28.

（12）　EC Commission v. Denmark, Case 302/86, [1989] 1 *CMLR* 619.

（13）　Philippe Sands, "Danish Bottles and Mexican Tuna", *Review of European Community & International Environmental Law*, vol. 1, no. 1, 1992, pp. 28-34.

（14）　Petersmann, *op. cit., supra* note 7, pp. 55-62.

(15)　Joel P. Trachtman, "GATT Dispute Settlement Panel on U.S. Restrictions on Imports of Tuna", *American Journal of International Law (AJIL)*, vol. 86, 1992, pp. 142-151.

(16)　Thomas Schoenbaum, "Agora: Trade and Environment: Free International Trade and Protection of the Environment: Irreconcilable Conflict ?", *AJIL*, vol. 86, 1992, pp. 700-727; Frederic Kirgis, Jr., "Environment and Trade Measures after the Tuna/Dolphin Decision", *Washington and Lee Law Review*, vol. 49, no. 4, 1992, pp. 1221-1226.

(17)　一九七四年一一月一四日のＯＥＣＤによる「汚染者負担原則実施勧告」は次のように規定する。「Ⅲ．①加盟国は、汚染者負担の原則を統一的に遵守するように努力するために、協力しかつ相互に緊密に作業を行うことを継続する。一般に、加盟国は、補助金、税制優遇措置またはその他の措置によるかどうかにかかわらず、汚染者の汚染管理に要する費用の負担に助成を行うべきではない。②汚染管理のためのこのような助成の供与は、厳格に制限され、かつ、とくに次の条件のいずれにも合致するものとする。（ｃ）助成は、国際貿易および国際投資に著しい歪みを生じさせるべきでない。」

一九八九年ＯＥＣＤ「事故による汚染に対する汚染者負担原則の適用勧告」一四項も同趣旨。

一九九二年六月一四日採択の「環境と開発に関するリオ宣言」一六原則は「国の機関は汚染者負担原則を考慮しつつ、公益に対し適切な配慮を払い、かつ、国際貿易および国際投資を歪曲することなく、環境費用の内部化と経済的手段の利用を促進するように努めるべきである」と規定している。

(18)　Jackson, *op. cit., supra* note 8, pp. 1245-1248.

(19)　*Panel Report on U.S. Measures Affecting Alcoholic and Malt Beverages*, June 19, 1992, DS 23/ R, at p. 95; Petersmann, *op. cit., supra* note 7, pp. 63-64; Amelia Porges, "International Trade and Environmental Policy", *Proceedings of the American Society of International Law*, 86th Session, 1992, p. 231.

(20)　Charnovitz, *op. cit., supra* note 5, pp. 38-43.

(21)　David A. Wirth, "The International Trade Regime and the Municipal Law of Federal States: How Close a Fit?", *Washington and Lee Law Review*, vol. 49, no.4, 1992, pp. 1389f., at 1396; Shinya Murase, "International Environmental Law Making on the Protection of Global Environment", *Proceedings of the American Society of International Law, 85th Annual Meeting*, 1991, pp. 409-413; P. M. Lawrence, "International Legal Regulations for Protection of the Ozone Layer: Some Problems of Implementation", *Journal of Environmental Law*, vol. 2, 1990, pp. 17-52.

(22)　Panel Report, *op. cit., supra* note 9, paras. 5. 41-44.

(23)　Satya Nandan *et al.*, eds., *United Nations Convention on the Law of the Sea 1982: A Commentary*, vol. II, Article 65, pp. 659-664. 流し網禁

止に関する国際文書としては、「大規模遠洋流し網漁業」に関する国連総会決議 46/215 (1991) や一九八九年「南太平洋において長距離流し網を用いる漁業を禁止する条約」(同条約三条二項では「締約国当事国は、国際法に従って、次の措置をとることができる。(c) 加工されているか否かにかかわらず、流し網を使用して捕獲された魚又は魚製品の輸入を禁止すること」と規定する) など。

(24) Petersmann, *op. cit., supra* note 7, pp. 68-73. もっとも、同協定の定義に関する付属書Ⅰによると、強制規格の場合には、産品の特性とＰＰＭ規制との間に直接的関連が必要とされるが (product characteristics or *their* related processes and production methods) (一項、強調著者)、任意規格については their の語がなく、直接性の要件はないと解釈されているという。

(25) Panel Report, *op. cit., supra* note 9, para.5.26.

(26) *Ibid.*, paras. 4.16-19.

(27) *Ibid.*, para. 5.27.

(28) 山本草二「一方的国内措置の国際法形成機能」『上智法学論集』三三巻二・三号 (一九九一年) 参照。

(29) 領土外でのイルカ保護のための措置と領域内でのマグロ輸入禁止措置とを同一の違法行為の構成要件の中で捉えることは困難である。たとえば国際法協会の一九七二年ニューヨーク大会における「独禁法の域外適用に関する決議」三条 (客観的属地主義) 一項は次のように定める。「国家は以下の要件が充足される場合には、その領土外において行われる外国人の行為を規制する法規範を制定する管轄権を有する。(a) 違反行為の構成要件である行為の一部がその領土内において行われること、および (b) その領土外において生起する作為または不作為が同一違反行為の構成要件であること。」

これに対して、最近ＥＣが実施を決めた規制で、野性動物を捕獲するために残忍な足枷のワナ (leg-trap) を用いる方法で捕らえ動物の毛皮を輸入禁止にするということは、たとえそれが外国におけるプロセスの規制であっても、自国に輸入されようとしているプロダクト (毛皮) はその結果であることからこの場合は、その限りで域外適用が容認されることにもなりうる。もっとも、イルカの場合にせよ、この毛皮のケースにせよ、いずれも、プロセスが産品の特性に直接関係を持っているとは捉えられず、単に特定の moral value に基づく措置であると思われるので、本文四―２で述べたように、許容されるプロセス規制とは認められないであろう。Trachtman, *op. cit., supra* note 15, pp. 150-151; David Palmeter, "Environment and Trade: Much Ado about Little?", *Journal of World Trade*, vol. 27, no. 3, 1993, pp. 55-70.

(30) 周知のように、ＧＡＴＴの紛争処理はＷＴＯの下で手続が一元化され、様々な強化策が実現されるとともに、「貿易と環境」に関する紛争のように科学的・技術的知見を要する紛争については、新たにパネルが専門家グループからのアドヴァイスを受けることができる旨明記されたが、米国などは依然としてその紛争処理機能の実効性に疑念を抱いているように思われる。ゲッパート米下院議員による環境上の「不公正貿易」に対する "Green § 301" 提案などは、その端的な顕れといえよう。Richard A. Johnson, "Developments in Trade and Environment Policy: A U.S. Perspective" (Fair Trade Center Briefing), March 1, 1994.

(31) Panel Report, *op. cit., supra* note 9, para. 6.3.

(32) Robert Hage, "International Trade and Environmental Policy", *Proceedings of the American Society of International Law, 86th Session*, 1992, pp. 224-229.

(33) 北米自由貿易協定（NAFTA）一〇四条（環境・保存に関する諸協定との関係）は次のように規定する。「本協定と次に掲げる諸協定に基づく貿易上の義務が抵触する場合は、その抵触の限りにおいて後者の義務が優先する。ただし、本協定の当事国は、これらの義務を遵守するために等しく実効的で合理的に利用しうる手段を選択する余地がある場合には、当該当事国はこの協定の他の規定との抵触が最も少ない代替手段（the alternative that is the least inconsistent）を選択するものとする。

（a）一九七三年三月三日にワシントンで作成され、一九七九年六月二二日に改正された『絶滅のおそれのある野性動植物の種の国際取引に関する条約』、

（b）一九八七年九月一六日にモントリオールで作成され、一九九〇年六月二九日に改正された『オゾン層を破壊する物質に関するモントリオール議定書』、

（c）一九八九年三月二三日にバーゼルで作成された『有害廃棄物の国境を越える移動及びその処分の規制に関するバーゼル条約』がカナダ、メキシコおよび合衆国について発効した場合、または、

（d）付属書 104.1 に掲げる諸協定。」（なお、付属書 104.1 には、米加・米墨間の国境環境保護条約などが列挙されている。）

(34) 村瀬信也「GATTの立法過程」『貿易と関税』四四三号（一九九〇年）一二～一八頁参照（本書第四章第二節に収録）。

第七節　「環境と貿易」問題の現状と課題

一　はじめに

一九九一年の「キハダマグロ・イルカ事件」に関するガットパネルの裁定を契機として「貿易と環境」をめぐる問題が注目を集めてきた(1)。GATTが世界貿易機関(WTO)に移行した後も「ガソリン事件」(2)など、この問題をめぐる幾つかの事件が紛争処理手続に係属してきた。最近もキハダマグロ事件と類似の「エビ・海亀事件」に関し、WTO紛争処理パネルおよび上級委員会の裁定が下されている(3)。これらのいずれの事件でも、「環境保護のための貿易措置」についてはGATTと両立しないとの判断が示されてきたが、そこで浮き彫りにされたことは、既存のGATT・WTO法における適用法規の欠缺という問題である。この点を克服しない限り、今後も同種の事件が山積することになり、結局は一国の国内法に基づく「一方的措置」に途を開くことにもなりかねない。その紛争処理手続を「自己完結的制度」(self-contained regime)として設定し、一方的措置を封じ込める(contain)ことをめざしたWTOとしては、貿易と環境に関する実体法規則を整備することが、何よりの急務なのである(4)。

WTOを設立した一九九四年のマラケシュ協定は、その前文で、「環境を保護し及び保全し並びにそのための手段を拡充することに努めつつ、持続可能な開発の目的に従って世界の資源を最も適当な形で利用すること」を強調した。すでにガットの時代に「貿易と環境に関する作業部会」で環境関連貿易措置に関するルール作りが開始されていたが、

ＷＴＯの下では「貿易と環境に関する委員会」（ＣＴＥ）が、貿易レジームと環境レジームの調整について検討を重ねてきたのであった。一九九六年一二月のシンガポールにおける第一回ＷＴＯ閣僚会議で、この問題に関する合意の成立が期待されたものの、実際には何らの成果なく終わり(5)、その後もとくに進展はない。本節では、こうした状況を踏まえて、貿易と環境に関するこれまでの議論を整理するとともに、ＧＡＴＴ改正の可能性を含めた立法論的な検討を行うことにしたい。

二　環境関連貿易措置とＧＡＴＴとの関係

1　キハダマグロ事件が提起した問題

環境保護のために執られる貿易制限措置をめぐって、どのような法的問題が提起されてきたかを、キハダマグロ事件を素材として、簡単に振り返っておきたい。この事件は、米国がメキシコからのキハダマグロに対して輸入制限の措置を執ったことに端を発している。すなわち米国の主張によれば、メキシコ漁民の東太平洋でのマグロ漁法は、巻き上げ網の使用により、イルカの混獲率が高いことから、米国の一九七二年海洋哺乳動物保護法（Marine Mammal Protection Act, MMPA）に基づき右の措置を執ったものである。これは、本来は旗国のみが管轄権を持つ公海上のメキシコ船舶に対して、米国がその国内法を適用（立法管轄権の域外適用）し、それを前提に、輸入制限という形で国内における執行管轄権の行使をはかったもので、一般国際法上も幾つかの重要な問題を提起したのであるが、ここではＧＡＴＴ法上の問題に限定して検討しておきたい。

米国は右の国内措置をＧＡＴＴの紛争処理手続にかけることなく、一方的に行ったが、これに対してメキシコは、米国の措置がＧＡＴＴ（一般協定）一条・二条の無差別最恵国待遇および三条の内国民待遇の規定、一一条の数量制限の禁止規定等に違反するとしてＧＡＴＴ紛争処理小委員会（パネル）の設置を求めた。米国は、その措置を、ＧＡＴＴ二〇条の一般的例外条項（ｂ項および g項）で正当化されるものと主張したのである。

二〇条はまず柱書きで、そこでの例外措置が「任意の（恣意的な）若しくは正当と認められない（ような）差別待遇」または「国際貿易の偽装された制限」となるような方法で適用されないことを条件としている。（b）項では人や動植物の「生命又は健康の保護」のために「必要な」措置を、さらに（g）項では「有限天然資源の保存に関する措置」につき、一定の制限の下に、認めているのである。

この条項の援用については、幾つかの問題が指摘される。第一に、そもそも二〇条が環境保護目的の輸入規制に適用可能か否かという前提的な問題がある。元来、二〇条は通関手続上の規制を想定した措置であり、環境保護の法益をこの条項の下で設定できるかどうかについては、疑義があった。第二に、（b）項は主として衛生・検疫に関する規定であり、伝染病予防や有害食品の搬入阻止といった目的を超えて、あるいは「国内における」人や動植物の生命・健康の保護を超えて、広く環境一般、とくに他国ないし国家の管轄権を超える区域（公海など）の環境の保護にまで拡張できるかどうかは未確定である。他方でキハダマグロ事件裁定では、同項の適用における「必要性」の要件について、「より制限的でない他の代替手段がない」ことの証明を要する、とされたことがあまりに厳しすぎるとの批判もあった。第三に、（g）項について、その適用は「国内の」生産または消費に「関連して」実施される場合に限られることから、右裁定でも、米国の措置は同項で要求される実効的保存措置とは認められないとされたのである。

さらに第四に、このキハダマグロ事件では、いわゆる生産規制が問題となった。本件で米国の輸入制限措置の理由となったのは、産品（Products）としてのマグロ自体ではなく、その漁獲の方法（工程・生産方法〔Processes and Production Methods, PPMs〕）であった。一般協定はこのようなプロセス規制を想定してはこなかったので、その適法性が争われることになったのである。また第五には、右のプロセス規制と関連して、ラベリングの問題も提起された。マグロの国内販売において、イルカの安全を確保して獲られた旨のラベルを貼ることのGATT法上の両立性が問われたのである。GATTのパネルは、前者のPPMについてはとくにこれを真正面から取り上げることはせず、また後のラベリングに関しては、すべての輸入品に対して無差別に適用される限り許容されるとの判断を下したが、いずれも今後の問題として残されたことは確かである(6)。

2 具体的課題と検討項目

冒頭にも述べたとおり、WTOは創設以来「貿易と環境」に関する検討を精力的に進めてきた。一九九六年一〇月にCTEの報告書が公表され、同年一二月にシンガポールで開かれた第一回WTO閣僚会議に提出された。しかし、閣僚会議はこの問題を棚上げにして「審議の継続」を決定したにとどまったのである(7)。その原因は、加盟各国の間にこの問題の立法的解決を促進しようという強い政治的意思が十分に働かなかったことにあるが、右のCTEレポートに示されているように、貿易と環境の問題自体が極めて複雑かつ困難な要素を含んでいる点も無視しえない。

このレポートでは、①GATTと多数国間環境条約(Multilateral Environmental Agreements, MEAs)との関係、②WTO紛争処理手続とMEA紛争処理手続との関係のほか、③貿易関連の環境政策、④環境税・課徴金、⑤環境関連の技術的基準・規則、包装・ラベル・リサイクル規則、⑥貿易措置の透明性、⑦環境措置と市場アクセスとの関係、⑧有害物質の対途上国輸出、⑨貿易関連知的所有権協定との関連、⑬サービス貿易との関連、⑪NGOとの関係、等の項目について検討されている(8)。それぞれの項目は、相互に密接な関連を持つとともに、法的な問題と政策的な課題が錯綜した形で議論されており、未整理なまま問題の所在を指摘するにとどまるものも多い。しかもこれらの点についても、同レポートでは、複数の提案・意見が併記されるにとどまり、加盟国間の根強い対立が、南北間のみならず先進諸国内部でも、未だ止揚されていなかったことを窺わせる。

本節の観点からは、右の①の問題が最も重要である。しかるに、GATTとMEAとの関係は、基本的には、貿易レジームと環境レジームとの衝突をいかに調整するかというレジーム間の調整の問題である。この調整をWTOの枠組みの中で行うことについては、貿易優先の調整を免れないとする批判もあるが、WTOに対応する実効的な環境のための国際組織は見当たらず、まして両者を綜合する役割を担いうる組織も存在しないから、やはりGATT・WTOの枠内で環境保護措置の「受容」を考えざるをえないのである。次にそうした観点から、GATT法の「改正」問題とその諸提案を検討しておきたい。

三　貿易と環境に関する国際立法

冒頭のキハダマグロ事件でも示されたように、GATT二〇条の規定が環境保護のための措置を貿易自由化原則の例外として位置づけるためには不十分であることは、当初から明らかであった。GATTの枠内における環境保護措置の受容ないし調整の方法としては、CTEでも、事後的調整方式（*ex post* approach）と、事前調整方式（*ex ante* approach）が対立してきた。

1　事後的調整方式

この方式は、既存GATT法の枠内での運用面での是正をはかるにとどめるとするものである。これには、現状維持を前提に、貿易と環境の問題は、具体的な紛争処理をとおして判例法を積み重ねていくべきだという立場がある。

あるいはより一歩進んで、紛争処理手続において、環境考慮を優先させるために挙証責任を緩和ないし転換する旨の解釈原則に合意するという意見などもある。しかし、現行法に適用可能な法規がほとんど見当たらない以上、紛争処理手続を待つというのは、問題を棚上げするに等しい。

事後的方式としては、環境関連貿易措置の問題が生じた場合に、その都度個別的に、個々の事案に即してガット法上の調整をはかればよいとして、具体的には、二五条五項の「義務の免除」(ウェイバー)条項を利用する方法が指摘される。この方式は、現行法の枠内で可能な措置で、かつ実際的な方法で問題の処理を行うことができるものと評価されている。しかし、ウェイバーという制度は本来、例外的な状況で個別的・時限的に、かつ一定の条件を付して、自由化義務の免除を認める制度であり、環境保護のための措置を原則的に位置づける方式ではありえない。また、現実的にも、ウェイバーの承認には閣僚会議における四分の三の多数が必要(マラケシュ協定九条三項)であり、これをクリアーするにはかなりの時間を要し、実際には極めて困難である。

2　事前調整方式

貿易と環境の問題について、WTOのシステムが自己完結的制度であるためには、その調整の基準が、予め明確な規則によって確立され、それによって予測可能性と法的安定性が確保されていなければならない。その意味ではやはり既存WTO・GATT法の修正という形で、少なくとも部分的に *ex ante* 方式を採用することは不可欠であろうと思われる(9)。

さて、WTO・GATT法における環境保護措置の受容について検討する際、この措置が多数国間環境協定(MEA)に基づく場合と、そのような条約に基づかない場合とを区別する必要がある。前者についても、紛争当事国がすべてGATTとMEAの双方の締約当事国である場合と、いずれか一方の紛争当事国がMEAの締約国ではない場合との違いも、考慮されなければならない。この点で、CTEにおけるニュージーランドの「了解」案はかなりよく考え抜かれたものであった。すなわち、両紛争当事国がともにMEAの締約国であり、かつ、問題となっている貿易措置がMEAによる権限に基づいて執られたものである場合には、この措置は合意を基礎としている(consensual measures)のであるから、MEAの措置を優先させることとする(NAFTA一〇四条はその例)が、締約国間であってもMEAによる権限に基づかない措置や、権限に基づく措置であっても非締約国に対するものなど合意基盤を欠く措置(いわゆるnon-consensual measures)の場合には、その適否をWTOの紛争処理手続に委ねる、とするものである(10)。

もっとも、MEAにおける貿易制限条項も一様ではなく、その目的・内容の違いによって、WTOにおける受け止め方も異なりうる。現在、MEAでこのような条項を持つものは二〇ほどの例があるといわれるが、大別して、(1)貿易制限そのものが当該MEAの目的であるもの(絶滅の危険に瀕した野性動植物種の国際取引を規制するワシントン条約、有害廃棄物の国際的移動等の規制に関するバーゼル条約など)と、(2)MEAの目的を実効的に実現するための手段として貿易制限を用いているもの(オゾン層破壊物質の規制に関するモントリオール議定書など)、の二種類がある。前者については、各国がそうした国際取引の制限に合意した以上、それほど問題にはならない。しかし後者のような場合には、条約の実効性を確保する手段は、貿易制限に限定されないから、GATT上も複雑な問題を提起しがちである。以上を踏まえて、GATT改正案としては、次のような諸方式が考慮されよう。

3　GATT改正の諸方法

第一に、最も野心的な提案としては、GATTに「貿易及び開発」に関する第四部に倣って、新たに「貿易と環境」に関する「第五部」を設けることが考えられる。周知のように第四部は、途上国の要求によって、その優先権を保障するため、一九六五年に挿入された規定である(11)。「貿易と環境」についても、同様の措置を執ることが、本来ならば最も明確で適切な方法と考えられよう。しかしこれはＧＡＴＴの組織原理それ自体の大幅な修正を意味する改正となり、現実には受け入れられないであろう。

第二に、改正についての最もポピュラーな（そしてやや安易な）提案は、現行ＧＡＴＴ二〇条（ｂ）項に「環境」の語を挿入するというものである。しかし同項は、先にも述べたとおり、そもそも衛生・検疫条項であったことから、決して座り心地が良いとはいえない。他方、無限定に「環境」関連の措置を例外とすることには、反対が強い。第三に、例外を認められるのは、やはり多数国間の（ＷＴＯと同じ位の数の国が当事国となっているような）環境協定で規定される貿易措置に限定することが望ましいという考え方を前提とすると、その場合、ＭＥＡ上の措置をガットで受け止めるためには、一定の「編入手続」が必要である。そうした観点から政府間商品協定に関する二〇条（ｈ）項の規定に倣って、「閣僚会議に提出して否認されなかった多数国間環境協定に基づく措置」を一般的例外の一つとして規定する方法が考えられる。この承認方式は、先に触れた事前調整方式と事後的調整を結合させ、一定の予測可能性を確保すると同時に、個別事案に即した柔軟な判断の幅を許容する方式であり、最も妥当な改正案と思われる(12)。

四　小　結

「貿易と環境」に関連する最大の課題は、これをＷＴＯ協定における実体法上の規則として明確に定式化することである。上記キハダマグロ事件パネルが述べたように、この問題は何よりも、「ＧＡＴＴ二〇条の解釈によって答えられるものではなく、一般協定の修正ないし補完によって解決さるべき問題」(13)である。環境関連の分野について、ＷＴＯの紛争解決制度が「多角的貿易体制に安定性及び予見可能性を与える中心的な要素」（紛争解決了解三条二項）となりうるか、つまり自己完結的制度として機能しうるか否かは、この立法作業の成否にかかっているといっても過言ではない。ＣＴＥの審議ができるだけ早い機会に、そうした形で実を結ぶことを期待したい。

注

（1）U.S. Restriction on Imports of Tuna, Mexico v. U. S., Aug. 16, 1991, *International Legal Materials (ILM)*, vol. 30, 1991, p. 1594. なお U. S. Restriction on Imports of Tuna, Netherlands & EC v. U. S., *ILM*, vol. 33, 1994, p. 869. 村瀬信也「ガットと環境保護」日本国際経済法学会編『国際経済法』三号（一九九四年）一～二四頁（本章第六節に収録）参照。Shinya Murase, "Perspectives from International Economic Law on Transnational Environmental Issuess", *Recueil des cours*, t. 253, 1995, pp. 283-431.

（2）U. S. Standards for Reformulated and Conventional Gasoline, Venezuela & Brazil v. U.S., Report of the Panel, Jan. 29, 1996, *ILM*, vol. 35, 1996, p. 274; Report of the Appelate Body, 29 April 1996, *ILM*, vol. 35, 1996, p. 603. 本件はＷＴＯ紛争処理手続に係属した最初の貿易と環境に関する事件で、米国による輸入ガソリンの大気浄化法に基づく規制に関する事例であったが、紛争解決了解に忠実に準拠してパネルおよび上級委員会の審理が迅速に進められ、敗訴した米国は裁定の履行を確約して、ＷＴＯの新たな紛争処理手続を「絵に描いたような」事件処理であった。とくに上級委員会の報告で注目されたのが、一般国際法の規則に関する広範な言及で、ＷＴＯの紛争処理手続が従前のガットにおける閉塞的なそれとは異なり、一般国際法上の制度として確立されたことの何よりの証とも評されている。

（3）U. S. Import Prohibition of Certain Shrimps and Shrimp Products, India *et al.* v. U. S., Report of the Panel, May 15, 1998, *ILM*, vol. 37, 1998, p. 832; Report of the Appelate Body, October 12, 1998.

（4）Shinya Murase, "Unilateral Measures and the WTO Dispute Settlement", in Simon S. C. Tay & Daniel C. Esty, eds., *Asian Dragons and Green Trade: Environment, Economics and International Law*, Times Academic Press, 1996, pp. 137-144; P. J. Kuyper, "The Law of GATT as a Special Field of International Law: Ignorance, Further Refinement or Self-Contained System of International Law", in Barnhoon *et al.*, eds., *Diversity in Secondary Rules and the Unity of International Law*, 1995, pp. 252, 257, 村瀬信也「『貿易と環境』に関するＷＴＯ紛争処理の諸問題」『貿易と関税』五三五号（一九九七年）七八～八六頁（本書第六章第四節に収録）、同「国家管轄権の一方的行使と対抗力」村瀬信也・奥脇直也編『国家管轄権――国際法と国内法』（山本草二先生古稀記念論集、勁草書房、一九九八年）六一～八二頁（本書第六章第一節に収録）。

（5）早川修「WTO貿易と環境委員会（CTE）の作業過程とシンガポール後の展望」『貿易と関税』一九九七年一〇月号、八七〜一〇九頁。
（6）キハダマグロ事件裁定の分析については、前掲注（1）の拙稿参照。
（7）WTO, Singapore Ministerial Declaration, para.16, *ILM*, vol. 36, 1997, p. 220.
（8）WTO, *Reports of Committee on Trade and Environment*, Press/TE014, November 14, 1996.
（9）この事前調整方式をとるとしても、その形式には、幾つかの考え方がある。WTO協定・ガットの「改正」を行おうとするもの、拘束力を持つ加盟国間の「了解」(Understanding)という形で独立の合意を形成する方式、さらには拘束力のない「指針」(Guidelines)により、紛争解決に役立たせようというものなどである(Proposal by Japan, WT/CTE/W/20, May 30, 1996)。ガイドラインであれば、合意形成は比較的容易であろうが、拘束力を持たないことが前提とされる以上、その意義は限定されたものにとどまり、場合によってはむしろ紛糾の原因ともなりかねない。
（10）Submission by New Zealand, WT/CTE/W/20, February 15, 1996.
（11）村瀬信也「特恵制度の展開と多辺的最恵国原則」『立教法学』一五号（一九七六年）一〜七四頁参照。
（12）Murase, *op. cit.* (Perspectives, 1995), *supra* note 1, p. 348; Robert Hudec, "GATT Legal Restrains on the Use of Trade Measures Against Foreign Environmental Practices", in J. Bhagwati & R. Hudec, *Fair Trade and Harmonization: Prerequisites for Free Trade?*, vol. 2〔Legal Analysis〕, 1996, pp. 125f.
（13）GATT, Tuna-I Panel Decision, *op. cit., supra* note 1, para.6.3.

第六章　国際立法と紛争処理

第一節　国家管轄権の一方的行使と対抗力

一　はじめに

1　本節の目的

国際法上、国家管轄権は領域性（属地性、territoriality）原則の優位の下に成立してきた。国家はその領域内では、国際法上特別の制限のない限り、その管轄権が排他的かつ包括的に適用される。他方、公海その他の国際公域では、特定国の領域的管轄権の設定が禁止され、国家は国籍・登録などに基づく属人的な（旗国）管轄権を並行的に行使するにとどまる。こうして、国家による域外管轄権の行使は、国際法の規則がこれを許容しない限り、原則として認められない。とくに領域外での強制管轄権の行使については、条約ないし慣習国際法に基づく別段の合意ないし許容法規のない限りすべて禁止される(1)。

もっとも立法管轄権については、一九二七年の常設国際司法裁判所ローチュス号事件判決で判示されたように、それが国家の裁量事項と認められる範囲では、国際法上、明確な許容法規がなくとも、特段の禁止法規がない限り、領域外への適用（域外適用）も許容されるものと一応推定されてきた(2)。今日では、この「ローチュス原則」が無限定に認められるわけではなく、域外適用が許容されるためには、国際法上の根拠の明確性や原因行為と結果との密接な関連性などが要件となってきているが、そうした要件の厳格性が維持される限り、国家による管轄権行使の法的効果はほぼ確実に認められるといってよい。そのような管轄権の行使は、一方的行使ではあっても、原則として国際法上適法な権利行為として容認されるのである。

こうした適用法規の明確性が前提とされる場合に対比して、適用法規たる関連の国際法規則が必ずしも明確に成立していなかったり、未だ形成過程にあるような場合に、なおこれを根拠として行使される域外管轄権の法的効果は、いかなるものとして捉えられるであろうか。最近の国際紛争の多くが実はこうした問題をめぐって争われており、そうした傾向はとくに、海洋法などの流動的な分野や国際経済法・国際環境法などの新分野に顕著である。関連の国際法規則が未確定な状況で、国家がその国内法に基づき域外的効果を伴う形で一方的に管轄権を行使する場合、そのような「一方的国内措置」(3)の法的性質を解明しておくことは、今日の国際法学における重要課題の一つである。

他方、最近の一方的措置には、国際違法行為ないし非友好的行為に対する対抗措置として、かつ、関連の紛争処理手続における実効性の欠如を理由とするものも多い。国際法の各分野で様々な紛争処理手続が整備されてきている反面、それらが必ずしも実効的な救済機関として機能しえていないという理由から、自力救済としての一方的措置の余地を認めるべきだとする立場も少なくないのである。

本節の目的は、これら一方的措置の法的効果を「対抗力」(opposability)の問題(4)として捉え、その意義を明らかにすることである。近年、国際判例においても対抗力の概念がしばしば援用されてきており、学界においても重要な論点の一つとなっている。そうした状況を踏まえて、ここでは、国際法上「対抗力」と呼ばれる法的効果はいかなる要素によって構成され、またそうした効果が認容されるための条件・基準等はどのように客観化されてきているかを考察しておきたいと考えるのである。

2　概念枠組みと考察の対象

本論に入る前に、基本的な概念を整理し、とくに次の二点について本節における考察の対象を画定しておく必要がある。一つは国際紛争の類型について、他の一つは管轄権行使の類型に関してである。

(1)　国際紛争の類型

法的にみると、およそ国際紛争の実質的原因は、国家管轄権相互の衝突であるといってよい(5)。したがって紛争処理の過程では、相互の管轄権の主張をどのような基準によって調整するかが中心的な問題となる。この基準がいかに立てられるかという観点から類型化すると、国際紛争には概ね、(1)合法性をめぐる紛争、(2)対抗性をめぐる紛争、さらに(3)合目的性をめぐる紛争、という三つのタイポロジーが認められる。「合法性をめぐる紛争」とは、当事国がそれぞれ管轄権行使を実定国際法に根拠づけて争う紛争であって、国際裁判所もこれを違法・合法の判断および国家責任の有無の認定を中心として解決に当たるという通例の典型的な国際紛争である。これに対して「対抗性をめぐる紛争」とは、一国の管轄権行使の対外的な有効性の確認(ないし否認)が裁判の中心的な争点であり、必ずしも一般的な違法性・有責性の認定が求められていない紛争である。ここで重要なのはいうまでもなくこの種の対抗性をめぐる紛争であり、その性質・特徴を、通常の紛争形態である合法性をめぐる紛争との対比において捉えることこそ本節の目的である。なお、第三の類型については本章第五節に譲る(6)として、ここでは考察の対象としない。

(2)　国家管轄権の一方的行使とその諸類型

一方的行使の形態には、(1)一方的行為、(2)一方的宣言、(3)一方的措置、さらに(4)対抗措置、がある。まず「一方的行為」とは、国家が国際法の関連規則に依拠して、一方的に行う意思表示であり、一般国際法上の法律行為として、当該規則の定める法的効果が付与される。国家承認・無主地先占・宣戦布告・多数国間条約への加入や留保などの一方的行為は、管轄権の一方的行使でありながら、それは基盤となる国際法規則の適用にすぎないから、予めこの規則に定める要件・効果の範囲内で認められ、かつ当該国家が以後その行為によって法的に拘束されることになることも自明である。「一方的宣言」も本来は一方的行為に属する(7)。これに対して「一方的措置」とは、基盤となる国際法の規則が未成熟ないし変革過程にある状況で、個別国家がその国内法に基づいて執るところの域外的効果を伴う措置である。本節の主題がこの一方的措置にあることは先に述べたとおりである。なお「対抗措置」(広義)には、相手国の違法行為に対して執られる措置(復仇)と非友好的行為に対する措置(報復)が含まれるが、後者はとくに一方的措置と重なる部分が多く、検討を要する。

二　国際法における対抗力の概念

「対抗力」という法概念は、元来、大陸法系の諸国、とくにフランスで盛んに用いられた概念(8)で、英米法系の法律家にはなじみの薄い用語であった。しかし国際司法裁判所では一九五〇年代以降、その幾つかの判決・意見において対抗力概念が援用されるようになった。そうした傾向にいち早く注目した英語圏の学者はスターク(9)であったが、わが国では山本草二教授が、一般国際法の体系の中でこの概念の意義と機能を位置づけ、これを精緻に理論化された(10)。ここでは国家管轄権の一方的行使、とりわけ一方的措置の問題を中心に、その対抗力の意義を明らかにしておきたい。対抗力概念は「対抗性をめぐる紛争」の特質を、通常の「合法性をめぐる紛争」と対比させるとき、とりわけ顕著となる。以下では、請求目的、適用法規および法的効果のそれぞれの観点から検討しておこう。

1　請求目的

まず、対抗力をめぐる紛争では、その請求目的において、合法性をめぐる紛争との違いがある。後者では、通常、原告(被害)国は、被告(加害)国の原因行為につき、国際法違法性と国家責任の認定を求めて争う。原告の究極的目的は、この違法性と有責性を前提として損害の救済を獲得することである。これに対して、対抗力をめぐる紛争では、その主たる争点は、国家が執った一定の措置に対する対外的有効性の確認ないし否認にあり、責任追及や損害賠償等の救済は、その請求目的において必ずしも第一次的に重要性を持つとはいえないのである。

この点について最も典型的な事例は、アイスランドの一方的漁業水域拡張に対して英国および西独(当時)が国際司法裁判所に訴えた「漁業管轄権事件」である。一九七二年の提訴の当初、英国が裁判所に提出した申立(submission)には、(a)アイスランドの一方的漁業管轄権の拡張は「国際法に基礎を持たず、無効」(is without foundation in international law and is invalid)である、(b)アイスランドは「英国に対して」(as against the United Kingdom)、一九六一年の交換公文で合意された限界を超えて排他的漁業管轄権を一方的に主張する権利はない、(c)アイスランドは一九六一年の交換公文で合意された限界を超えた区域の公海上で英国漁船を一方的に排除したりその活動に制限を加える権利はない、(d)アイスランド政府が英国漁船に対して武力の使用・威嚇を行ったことは違法であり、英国に対して賠償義務を負う、という内容のものであった(11)。しかるに英国は、一九七四年三月二五日の口頭弁論において右(d)項の事実上の撤回を表明した(12)。この結果裁判所は、右(a)項についての判断は必要なしとして回避し、(b)(c)項についてのみ、すなわち、アイスランドの措置の「英国に対する」かつ「一九六一年交換公文で合意された限界を超えた」部分の効果についてのみ判断するとの立場に大きく傾くことになったのである。(a)項はいうまでもなく、法律的(*ipso jure*)かつ対世的(*erga omnes*)な効力の認定を求めたものであったのに対して、(b)(c)各項は、特定国に対しての対抗力の認定を求めるにすぎないのである(13)。因みに、西独の中立には最初から英国中立書の(a)に相当する項目はなく、単に「アイスランドの措置は西独およびその漁船に対抗しえない」(can...not be opposed ...)としていた(14)。こうして一九七四年七月二五日の判決で裁判所は、アイスランドの措置を国際法上、法律的・対世的に「違法ないし無効」としたのではなく、単に英国および西独に対して「対抗しえない」(not opposable)との判断を示した(15)にとどまり、したがってアイスランドの国家責任の問題に及ぶこともなかったのである。

このように対抗力が争点となる場合には、国家の行為の違法性・有責性の認定よりも、その行為の特定国家に対する対外的有効性が問われるのである。同様の判断は、国際司法裁判所における一九六二年のプレアビヘア寺院事件や一九八〇年のイラン人質事件の判決でも示されている。前者の事件で裁判所は、タイ国の領土主権の主張がカンボジアに対して対抗力を持たないと認定したが、同寺院の財宝については、係争地域の領土主権がカンボジアに認められたことの結果として同国に帰属するとし、これを持ち去ったタイ国の国家責任の問題は提起されていないとして、その原状回復に関する問題は両国の交渉によって解決されるべきこととしたのである(16)。また後者の事件において裁判所は、米国が一九八〇年四月に企てた人質救出作戦について、国際司法手続を妨げる措置であるとして批判しつつも、当該措置の違法性や国家責任の問題は提起されていないと指摘している(17)。

2　適用法規

次に、合法性をめぐる紛争との対比において対抗力をめぐる紛争の最も顕著な特徴は、適用法規の規範的状態である。すなわち合法・違法の判断基準としての適用法規は、それが明確に確立しているということが前提となっているのに対して、一方的措置の対抗力が問題となるのは、関連の適用法規が必ずしも十分に確立しておらず、厳密な意味での「法の欠缺」は認められないにせよ、法がいわば「灰色地帯」にあって不明確ないし形成・変革の過程にある場合できた。

ある[18]。対抗力の法理は、第二次大戦後の海洋法の大変容を反映して、この海洋法の分野で最も頻繁に援用されて

国際司法裁判所が最初に対抗力の概念を用いたのは、一九五一年の漁業事件判決においてである。本件で裁判所はまず英国の主張する湾口一〇カイリ規則について、これは「国際法の一般規則としての権威を獲得しておらず」、「ノルウェーが一〇カイリ規則を同国の海岸に適用させようとする企図に常に反対してきたことから、同規則はノルウェーに対しては対抗しえない（仏文inopposable、英文inapplicable）」と述べた[19]。また反面、ノルウェーの直線基線方式に関しては、「事実の公知性、国際社会の一般的容認、北海における英国の地位、この問題についての英国自身の利害関係、その長期にわたる意思表示の回避によって、いずれにしても、ノルウェーはその方式の強制を連合王国に対抗させることができる」と判示した[20]。裁判所のこうした判断は、国内法上の一方的措置が既存の国際海洋法規との整合性（合法性）の範囲を逸脱していても、関係国の同意や黙認に関わりなく、その周知性の故に一般的な対抗力を持ち、新しい国際立法として他国にその履行を強制できることを容認したものと評されている[21]。

本件で争点となった直線基線方式や湾口規則に限らず、海洋法分野における戦後の動向をみると、既存の法規から逸脱するような形で各国が沿岸国管轄権の拡大を行い、関係国の同意・黙認の存否にかかわらず、多くの場合その内容が新たな国際法規則として実定化していったのは周知のとおりである。それは何よりも海洋法秩序そのものが大きな変容を遂げつつあったからであり、対抗力の概念はまさにそうした法状況に即応する枠組みを提供していたといえよう。そのことを一層明確に浮き彫りにしたのが、前述の一九七四年漁業管轄権事件判決であった。

先にも触れたように、この事件においては、アイスランドが英国との間で一九六一年に一二カイリ漁業水域に合意していたことから、裁判所は「排他的漁業管轄権の区域を五〇カイリに拡大する一九七二年七月一四日のアイスランドの規則が、……連合王国に対して対抗力を持たないと結論せざるをえない」と判示し、アイスランドの措置を「違法」

とせず「対抗不能」とするにとどめたのである(22)。本件が裁判所に係属していた当時すでに多数の国が二〇〇カイリ経済水域の主張を始めていた。裁判所としてはそうした動きを十分承知しながらも、第三次海洋法会議に提出されている沿岸国管轄権拡大の提案や準備文書が「現行法の諸原則の表現」とは認められず、未だ個別国家の意見・主張にとどまるとし、裁判所は、法の適用機関として、立法的観点から判決を下すことはできないと述べている(23)。とはいえ、アイスランドの措置について、裁判所が合法性の観点ではなく対抗性の観点に局限した判断を余儀なくされているのは、適用法規としての海洋法規則が文字どおり流動化している状況を反映したものにほかならない。

カナダとスペインの間で争われたニューファウンドランド沖のストラデリング性魚種をめぐる紛争も、多くの点で右の漁業管轄権事件と酷似している。これは一九九五年春にカナダが二〇〇カイリを越える公海水域においてスペイン漁船を強力を用いて拿捕した事件であるが、スペインは国際司法裁判所への提訴において「カナダの排他的経済水域の外の公海上での外国船舶に対する管轄権の行使は、スペイン王国に対抗しえない」(24)としている。この事件も、ストラデリング性魚種等をめぐる新たな国際法の形成途上で起こった紛争であり、仮に本案審理となれば、対抗力の法理が重要な意味を持つことになるものと思われたが、裁判所は一九九八年一二月四日の判決で、本件の管轄権を否認した(25)。

3　法的効果

第三に、対抗力に関する判断は、その法的効果において、合法・違法の判断と異なる。国際司法裁判所が合法・違法の基準で判決を下す場合、その効力は実質的に対世的な効力を持つ。もとより規程五九条は、判決が「当事者間において且つその特定の事件に関してのみ拘束力を有する」として先例拘束性の排除を定めているが、他方、規程三八条一項dは、この「第五十九条の規定に従うことを条件」に、「法則決定の補助手段としての裁判上の判決」を適用すべきものとしている。後者の規定の意味は必ずしも明瞭ではないが、その解釈としては一般に、以前の判決で示された原則や見解で後の事件に適用可能と判断されるものは、それに準拠することができるという権能を与えたものと考えられている[26]。そうした意味で、通常の合法・違法の認定に関わる判決は実質的に対世的な効力を持つものと捉えられるのである。

これに対して、対抗力に関わる判決の効力は、特定の関係国間に限定された相対的なものである。先にみた漁業事件や漁業管轄権事件の判決でも、裁判所はノルウェーと英国あるいはアイスランドと英国の関係に限定して、それぞれの国内措置の効力に言及しているのであり、その対世的ないし一般的な効力を問題としているわけではない。スタータ教授も「対抗力概念を用いることによって、問題は当事国間の紛争分野に限定することができる」[27]と述べているように、対抗力は裁判所に紛争が持ち込まれた二国間の特定された関係についてのみ判断されるのである。そのため対抗力の判断においては、後述のように、紛争の付託に至るまでの経緯、とくに、それぞれの当事国がどの程度信義を尽くして問題の解決に努力したかなど、それぞれの当事国の対応が、詳細に検討され法的な評価を受けることになるのである。

4 対抗力の構成要素

以上のように、対抗力をめぐる判断においては、請求目的、適用法規および法的効果につき、通常の合法性をめぐる紛争の場合とは大きな相違がある。それでは、ある一方的措置が対抗力を有するか否かは、どのような基準に従って判断されるかが問題となる。まず前提的に確認しておかなければならないことは、対抗力が問題となるのは、一方的措置の対象としている事項についての国際法規が未確定ないし不明確な場合であるから、適用法規が明確に確立しているのであれば、その措置は合法か違法かいずれかの評価を受けるほかないということである。一方的措置が対抗力を持ちうるのは、その措置の公知性が確保されていることのほか、それが「一般国際法の枠内で」執られているという形でその主張を構成しうるものでなければならない。

そうした前提の上に、対抗力の構成要素を考えるとすれば、それは措置の「実効性」(effectiveness) とその主張の「正当性」(legitimacy) との双方を契機としているものといえる。まず、一方的措置は実効的なものでなければ対抗力を持ちえない。措置の実効性は何らかの形の力の行使を背景としている。漁業管轄権事件の発端となった「鱈戦争」でも、最近のカナダ沖の「カレイ紛争」でも、力の行使や示威が含まれている。もとより軍事力への依存は望ましいものではなく、一般的には回避すべき手段であろう。しかし一方的措置の効果を域外に及ぼそうとする場合、その行使に法的な保護を期待しえない以上、自力救済のために、経済的あるいは外交的な手段によるものなど、何らかの「力」の要素は否定できないのである。そうした実効性を伴わない措置は対抗不能とならざるをえない。後にも触れるように「貿易と環境」の分野では一方的措置に関わる問題が頻発しているが、対抗力を構成する「力」の要素を考慮する上で、米国のキハダマグロ輸入制限に関する事件（マグロ・イルカ事件）とオーストリアの熱帯木材輸入制限事件とは対照的である(28)。

とはいえ、対抗力の法理は国際関係における権力政治の要素を無限定に許容するものでないのはいうまでもない。対抗力にはもう一つ、正当性の契機が必要となる。正当性の根拠を欠く一方的措置は対抗しえない。一方的措置が、一面で、当該国家の価値・利益の実現をめざしたものであることは否定できないが、他面において、国際公益の実現という個別国家の利害を超えた国際社会全体の立場からその措置の普遍的な意味づけを行うこと、そうした形で正当化をはかることができるかどうかが、対抗力の証明には不可欠である。しかるにこの正当化・普遍化の過程で、「衡平」(equity) 原則の果たす役割は極めて重要である(29)。

さて、右のように実効性と正当性が対抗力の判断における客観的要素であるとしても、それらは未だ必要条件にすぎない。一方的措置が対抗力を持つための十分条件としては、関係国がその措置の発動に至る過程で「信義誠実」(30)を尽くしたかどうかという一定の主観的基準が充たされなければならない。先にも述べたように、対抗力は係争中の二国間の特定された関係に即してその効果が捉えられる概念であるから、一方的措置に訴えた国は、あらゆる手段を尽くしてもはや選択の余地がなかったことを証明しなければならないし、他方の国についても問題解決に信義を尽くして努力したか否かが慎重に審査・評価されることとなるのである(31)。

三　紛争処理手続の実効性と対抗措置

1　自己完結的制度

一方的措置には、適用法規が不明確・未確定の場合に国内法に基づき執られるものとともに、相手国の国際違法行為ないし非友好的行為に対する一方的な対抗措置として執られるものがある。伝統的に対抗措置は「復仇」(reprisal)と「報復」(retorsion)に区別されるが、前者は国際違法行為に対する対抗措置、後者は違法行為には至らない非友好的行為に対する対抗措置とされる(32)。本節では主として法と非法との中間領域(灰色地帯)で執られる措置を考察しているので後者の報復がより密接な関連を持つが、ここでは両者を含めて検討することとする。

ところで一方的な対抗措置が許容されるか否かの問題は、関連する紛争処理手続が「自己完結的制度」(self-contained regime)として実効的に機能しているかどうかについての法的評価と密接に関わっている。この自己完結的制度について国際司法裁判所は一九八〇年のイラン人質事件判決で「外交法の諸規則は、それだけで自己完結的制度を構成する」と述べ、仮に外交特権免除についてその濫用があったとしても、それに対する被害国の対抗措置は *persona non grata* など外交法それ自体に規定される措置に限定される、という趣旨の判断を下した(33)。その後、国連国際法委員会では国家責任条文草案第二部の起草過程でこの対抗措置の許容性について審議された。元特別報告者のリップハーゲン教授は関連のレジームに規定される所定の紛争処理手続を尽くしても救済が得られなかった場合、被害国は一定の条件と制約の下で、一方的な対抗措置を執る権限を留保しているとの許容的な見解をとっていたように思われる(34)。これに対して前特別報告者のアランジオ・ルイス教授は、より厳格な立場に立ち、利用可能なすべての紛争解決手段を尽くさない限り対抗措置に訴えることは許容されないとし、仮にそれが認められるとしても、きわめて例外的な状況に限られるとしている(35)。

国際法委員会では一九九六年に国家責任条文草案の第一読会が終了し暫定草案が一応完成したが、その四八条の対抗措置に関する条件を定めた条文では所定の紛争処理手続を尽くすことが厳格に要求されている(二項)が、他方、当事国がその判断で「仮保全措置」を執ることもできるとされるなど、基本的な対立は未だ止揚されていない(36)。問題の焦点は、一方で被害国が受けた実体的権利の侵害に対して実効的な救済を確保しなければならないという要請と、他方で対抗措置の濫用防止と国際法秩序の統一性の確保を手続的に実現していくための保障との、均衡点をいかにして見出すかにかかっている。換言すれば、実体的正義と手続的正義との比較衡量の問題である。

2　紛争処理手続の多様化とその問題点

ある紛争処理手続が一方的対抗措置の封じ込め(containment)を実現しうるか否かは、その手続が自己完結的制度としての要素を具えているかによるが、その条件の一つとして、一定の範囲・類型の紛争については常に当該手続によって一元的・実効的に処理されるという保障があり、それによって紛争当事国にある程度の予測可能性とひいては信頼性が与えられているものでなければならない。近時における紛争処理手続の多様化の傾向は、国際法の各分野の実情に応じた処理を容易にし、紛争の平和的解決の可能性がそれだけ増大するという意味において基本的に歓迎すべき現象である(37)が、他方、そうした多様化は、とくに各個別分野にまたがる隣接領域型の紛争処理に関しては、問題がないわけではない。

たとえば「貿易と環境」の問題について、最近では、先にも触れたイルカ・マグロ（キハダマグロ）事件(38)やウミガメ・エビ事件(39)など、公海漁業規制の手段としての一方的な貿易制限措置の是非を争点とする紛争が頻発している。従来こうした紛争は貿易制限を主題としてＷＴＯ・ＧＡＴＴの紛争処理に委ねられてきたが、それが最も適切なフォーラムかどうかは必ずしも明らかとはいえない。この種の紛争は合意管轄の存在を前提として考えるならば、「国際法に従って裁判することを任務とする」（規程三八条）ところの国際司法裁判所に付託されてもよい（同裁判所は一九九三年に環境紛争を扱う特別裁判部を創設）し、国連海洋法条約の解釈適用に関する紛争として一九九六年に発足した国際海洋法裁判所への付託も考慮されよう。また争点の構成の仕方如何によっては、生物多様性条約（二七条・付属書Ⅱ）の下で予定されている仲裁裁判なども可能性がないわけではない。さらに当事国の範囲が限定されるとはいえ、ＮＡＦＴＡなどの地域的な紛争処理手続への付託も考えられよう。

こうした紛争処理手続の拡散は国際法規則の解釈の多元化を許して規範の統一性が確保できなくなるとか、不健全な「法廷漁り」（forum shopping）を招来しかねない、といった危惧も表明されている(40)。それはともかく、ＷＴＯの紛争処理手続が必ずしも唯一のフォーラムとはいえないばかりか、貿易自由化原則を優先するＷＴＯは環境紛争の審理には適さないとする見解も根強い。もとより、利用可能な紛争処理手続が複数並存することが一方的措置を正当化することにはならないが、ここで例に挙げたような隣接的紛争に関して、いずれか一つの処理手続が専属的に利用されなければならないということはなく、したがってそれを自己完結的制度と認めることも困難である(41)。

3　被害国の救済と実体法規の不完全性

仮に紛争処理手続の多様化それ自体は深刻な問題ではなく、一定類型の紛争は所定の処理手続に付託されることが確立しているとしても、そこで適用される実体法規の不完全性の故に被害国が救済されないような場合には、自救的な一方的対抗措置の許容される余地が生じうる。再びWTO・GATTの例で示すならば、「不公正貿易慣行」(unfair trade practices)(42)や「環境関連貿易措置」(trade-related environmental measures, TREMs)(43)などについては未だ実体法規が整備されておらず、一方的措置を執った国の立場からみると、WTOの紛争処理手続に委ねても、その処理機関の任務が現行法に照らして措置の適法性を判断することにある以上、勝訴の見通しはないことになろう。そのため、たとえば一九七四年通商法三〇一条や一九七二年海洋哺乳動物保護法などのもとで米国が執る一方的措置について、仮に一定の対抗力が認められる(44)とするならば、その理由は何よりも関連する実体的な国際法規則の不完全性に求められるであろう。

このように、ある紛争処理手続が自己完結的制度であるか否かの判断は、そこで適用される実体法規則との関連を抜きにはなしえないものと考えられる。もとより「完全な」法規などというものは存在しえないが、一定の紛争類型について最小限度の予測可能性を保障するような適用法規の整備――新たな法の定立――が不可欠であることには異論ないであろう。そうした観点から、最後に、国際法の形成における対抗力の機能について考察しておきたい。

四　対抗力と国際法の形成

国際司法裁判所が国家の一方的措置について、合法・違法の観点からではなく対抗力の有無の観点から判断を下すとき、多くの場合、紛争を当事国間の交渉・協議によって最終的に解決するよう命ずる。先に触れた漁業管轄権事件判決で、裁判所は次のように述べている。

「裁判所の判断が、アイスランドの漁業制限区域の拡大が原告［英国］に対して対抗しえないというものであっても、それは原告が一二〜五〇カイリ間の係争水域における漁業に関し、アイスランドに対していかなる義務も負わないという意味ではない。むしろ逆に、両国は双方の権利と当該水域に必要と認められるあらゆる漁業保存措置を十分に考慮する義務を負う。……この紛争の解決に最も適当な方法は交渉である。」(45)

このように一方的措置に関する対抗力の判断は、多くの場合、誠実交渉義務とリンクされている。すなわち紛争当事国は、裁判所が提示したガイドラインに従い交渉ないし協議により紛争の衡平な解決をはかることが求められるのである。裁判所は法の適用機関として新たな法の定立を行うこと(司法立法)はもとより排除されるが、こうした対抗力の判断によって、実際には、当該の紛争の解決を促すとともに、新たな法の定立を促進するという機能を果たしていることは否定できないのである。

大陸棚や排他的経済水域の制度の形成過程をみると、いずれも最初は一国の一方的国内措置から出発している。当初、多くの国はそうした措置を公海自由の原則など国際法に違反する「違法」な行為と非難したが、やがて一定範囲の国家間でその「対抗力」が認められるようになり、さらにはそれが国際慣習法化の進展や二国間・多数国間の条約化の実現によって「合法的」な制度として定着するに至ったのである。第二次大戦後の国際関係の急激な変化と進展に対応して、こうした一方的国内措置は、国際法の不完全性を補完・克服するという「急迫性」の要請に応えるための「新たな国際立法方式」(46)とさえ、特徴づけられる。

もとより、こうした国際法定立の形が望ましい方式であるとはいいがたい。しかし、国内社会と異なり統一的な立法機関を欠く国際社会においては、長期を要する条約の締結や慣習法の形成による通常の法定立方式では十分な対応が不可能な場合も多い。そうした状況において、対抗力を持つ一方的措置とそれをとおしての国内法の拡散(spill-over)という現実は、一つの国際法形成の在り方として、認識しておかなければならないであろう。

注

（1）山本草二『国際法』新版（有斐閣、一九九四年）二三二頁以下。

（2）一九二七年常設国際司法裁判所ローチュス号事件判決、*PCIJ, Series A*, No.10, 1927, p. 19; F. A. Mann, "The Doctrine of Jurisdiction in International Law", *Studies in International Law*, Oxford, 1973, pp. 39-41.

（3）山本草二「一方的国内措置の国際法形成機能」『上智法学論集』三三巻二・三合併号（一九九一年）四七～八六頁。

（4）山本草二「国際紛争要因としての対抗力とその変質」『国際研究論集』（八千代国際大学紀要）六巻一号（一九九三年）六三～八八頁。

（5）山本『前掲書』（注1）二三二頁。

（6）村瀬信也「国際紛争における『信義誠実』原則の機能——国際レジームの下における締約国の異議申立手続を中心に」『上智法学論集』三八巻三号（一九九五年）一八九～二二一頁（本章第五節に収録）。

（7）戦後における一方的宣言の変質が一方的措置への転化を促した点について、山本「前掲論文」（一方的国内措置）（注3）六三頁以下参照。

（8）江藤淳一「国際法における対抗性の概念」『東洋法学』三六巻一号（一九九二年）八七～一五一頁、Paul Reuter, *Introduction au droit des traités*, 2e éd., 1985, pp. 140f.; Jean Combacau et Serge Sur, *Droit international public*, 1993, pp. 84-85, 87, 135, 276-278.

（9）J. G. Starke, "The Concept of Opposability in International Law", *Australian Yearbook of International Law*, vol. 5, 1968-1969, pp. 1f.

（10）上掲注（1）、（3）、（4）の文献のほか、山本草二「国際紛争の現代的要因と通信法制」*RITE Letter*, 二九号（一九八九年）一～一一頁。

（11）*ICJ Reports 1974*, para. 11, p. 7.

（12）*Ibid.*, para. 12, p. 7. この撤回の理由は、一九七三年一一月一三日に英国とアイスランドの間の交換公文で紛争解決に至るまでの期間の漁業に関する暫定合意ができたためと説明された。

（13）ウォルドック裁判官の分離意見、*Ibid.*, p. 118. 参照。

（14）*ICJ Reports 1974*, para. 12, p. 179. もっとも、西独の申立には、英国申立書の（d）項に相当する賠償請求の項目が維持されていた。

なお、対抗力の主張と原告適格の関係に触れておきたい。国際司法裁判所に対し紛争当事国が特別の付託合意

(compromis) により付託する場合には、新たに生起しつつある国際法規(たとえばリビア・チュニジア大陸棚境界画定事件の付託合意における「第三次海洋法会議で受け容れられた新たな傾向」"the new accepted trends in the Third Conference on the Law of the Sea", *ICJ Reports 1982*, p. 23 など) に基づき対抗力に関する判断を求めたとしても、問題はない。しかし裁判所規程三六条二項の選択条項に基づき原告国が紛争を裁判所に一方的に付託し、これに対して被告国が管轄権を争う場合には、原告適格が問題となりうる。原告国は提訴に際し「紛争の主題」を明示するとともに、「管轄権の根拠となる法的理由をできる限り明確に記載しなければならない、とされる(規程四〇条一項、規則三八条一・二項)。後でも述べるように対抗力の主張は適用法規の不確定性を理由の一つとするものであるから、原告国が対抗力を根拠に提訴することは、最初からその立場を危うくすることとなりかねない。一般論としては、対抗力の主張は、適用法規が流動的な事案に関する場合、被告国に有利に作用することが多いと思われる。

(15) *ICJ Reports 1974*, para. 67, p. 29; para. 59, p. 198.

(16) *ICJ Reports 1962*, pp. 10-11, 36; Ian Brownlie, *System of the Law of Nations, Part I: State Responsibility*, 1983, pp. 62-63, 山本『前掲書』(注1)四一頁。

(17) *ICJ Reports 1980*, p. 43.

(18) 杉原高嶺『国際裁判の研究』(有斐閣、一九八五年)、第三章「法の変化と裁判」一三五頁以下、参照。

(19) *ICJ Reports 1951*, p. 131.

(20) *Ibid.*, p. 139.

(21) 山本「前掲論文」(一方的国内措置)(注3)六七頁。

(22) *ICJ Reports 1974*, p. 29.

(23) *Ibid.*, p. 23.

(24) Request by Spain, paragraph (a), *Report of the International Court of Justice* (A/50/4), 1995, p. 30.

(25) ストラデリング・ストックや高度回遊性魚種については一九九五年八月四日になってようやく国連海洋法条約の実施協定として採択された(Agreement for the Implementation of the Provisions of the United Nations Convention on the Law of the Sea of 10 April 1982 Relating to the Conservation and Management of Straddling Fish Stocks and Highly Migratory Fish Stocks, *International Legal Materials*〔*ILM*〕, vol. 34, 1995, p. 1542)。

(26) 杉原高嶺『国際司法裁判制度』(有斐閣、一九九六年)三四〇〜三四二頁。

(27) Starke, *op. cit., supra*. note 9, p. 3.

(28)　キハダマグロ事件（メキシコ対米国）はＧＡＴＴの紛争処理小委員会（パネル）で争われた事件であるが、一九九一年八月一六日のパネルの報告書は米国の反対で採択されなかった（報告書の公表には反対しなかった）。メキシコも採択を強く求めず（当時両国間ではＮＡＦＴＡの締結交渉が最終段階であったため、米国が圧力をかけたといわれる）、米国の措置はその後も存続し、紛争は結局ＧＡＴＴの外で解決されている。これと対照的に、一九九二年六月に発生したオーストリアの熱帯木材輸入制限措置（熱帯雨林保護のため持続可能な森林管理を行っていない国からの木材輸入を制限するもの）の場合は、マレーシアはじめアセアン諸国の対抗措置の脅しの前に早々と撤回されている。詳しくは、Shinya Murase, "Perspectives from International Economic Law on Transnational Environmental Issues", *Recueil des cours*, t. 253, 1995, pp. 322-348.

(29)　山本「前掲論文」（一方的国内措置）（注3）七四頁。一九八六年の国境紛争事件で国際司法裁判所は「衡平」概念を、①法規内在的衡平（equity *infra legem*）、②法規に反する衡平（equity *contra legem*）および③法規外在的衡平（equity *praeter legem*）の三つに区別し、その意義と機能に言及している（*ICJ Reports 1986*, pp. 567-568）が、一方的措置の対抗力については、この「実定法規の外にある衡平」が極めて重要である。なお、国際司法裁判所における衡平概念の援用について、Prosper Weil, "L'équité dans la jurisprudence de la Cour Internationale de Justice", in V. Lowe & M. Fitzmaurice, eds., *Fifty Years of the International Court of Justice: Essays in Honour of Sir Robert Jennings*, Cambridge Univ. Press, 1996, pp. 121-143.

(30)　村瀬「前掲論文」（注6）参照。国際法において信義誠実の原則は永く道義的な原則にすぎないと考えられてきたが、最近では国際司法裁判所の判例の蓄積の上に実質的に法的な内実を持つ原則として位置づけられてきている。信義則は、国際法の定立・解釈・履行のそれぞれの段階で重要な役割を果たすが、対抗力の観点ではとくに誠実交渉義務など国際義務の履行の側面における法的評価において重要な意味を持つ。Hugh Thirlway, "The Law and Procedure of the International Court of Justice 1960-1989", part one, chap. 1, *The British Year Book of International Law*, 1989, pp. 7-29.

(31)　対抗力の認定において当事国が信義誠実を尽くしたかどうかは、国際的なレヴェルと国内的なレヴェルの双方で評価されることになろう。スペイン・カナダ漁業紛争に関していえば、カナダはニュー・ファウンドランド沖の漁業資源について国内的にどのような保存措置を執ってきたか、ストラデリング魚種・高度回遊性魚種等に関する国連会議や北西大西洋漁業管理機関等の国際フォーラムでこの問題についていかなる貢献をしてきたか、が問われる。スペインについても同様に、係争水域における漁業資源保存に関する協力の実績が評価されることとなる。キハダマグロ事件においては、米国・メキシコ双方における問題解決の努力と、米州熱帯鮪機関（Inter-American Tropical Tuna Commission, IATTC）でのメキシコの対応などが問題となった（なお注〔28〕、〔38〕参照）。

(32) Elizabeth Zoller, *Peacetime Unilateral Remedies: An Analysis of Countermeasures*, 1984, pp. 3-44; American Law Institute, *Restatement of the Law, Third, The Foreign Relations Law of the United States*, 1987, vol. 2, sec. 905, pp. 380f.

(33) *ICJ Reports 1980*, p. 40; Bruno Simma, "Self-contained Regimes", *Netherlands Yearbook of International Law*, 1985, pp. 111-136, 山本良「国際法上の自己完結的制度に関する一考察」『国際法外交雑誌』九三巻三号（一九九四年）三一～六七頁。

(34) W. Riphagen, "Reports on the Content, Forms and Degrees of International Responsibility", *Yearbook of the International Law Commission, Preliminary Report*, vol. 2, part 1, 1980, p. 111; *Third Repoort*, 1982, vol. 2, part 1, pp. 25, 30, 47; *Fourth Report*, vol. 2, part 1, 1983, pp. 18-33; *Fifth Report*, vol. 2, part 1, 1984, p. 4.

(35) G. Arangio-Ruiz, "Fourth Report on State Responsibility", A/CN.4/444, pp. 20-33; A/CN.4/444, Add.2, p. 13; Oscar Schachter, "Dispute Settlement and Countermeasures in the International Law Commission", *American Journal of International Law (AJIL)*, vol. 88, no. 3, 1994, pp. 471-477; Yoshiro Matsui, "Counter-measures in the International Legal Order", *The Japanese Annual of International Law*, no. 37, 1994, pp. 1-37.

(36) *Report of the International Law Commission on the Work of its 48th Session* (A/51/10), 1996, pp. 159-164.

(37) Jonathan I. Charney, "The Implications of Expanding International Dispute Settlement Systems: The 1982 Convention on the Law of the Sea", *AJIL*, vol. 90, 1996, pp. 69-75.

(38) U. S. Restrictions on Imports of Tuna, Mexico v. United States, August 16, 1991; U. S. Restrictions on Imports of Tuna, EEC & the Netherlands v. United States, June 1994; *ILM*, vol. 33, 1994, p. 869. この事件は米国がその国内法である一九七二年海洋哺乳動物保護法（八八年修正）に基づき、メキシコからのキハダマグロおよびマグロ製品の輸入制限を課したことを発端としている。メキシコ漁民の東太平洋の公海上におけるマグロ漁は、巻き上げ網を用い、かつイルカの混獲率が高いことから、米国の環境団体が米国政府に対し、右法律の適用を求めて裁判を起こし勝訴したため、政府は消極的ながらも輸入制限措置を執らざるをえなかったものである。メキシコはこの措置がＧＡＴＴ一一条の数量制限に当たり、したがって同一・二条の最恵国待遇、三条の内国民待遇に違反するとした。米国はＧＡＴＴ二〇条b項、g項の例外規定により当該制限措置は正当化されると主張したが、ＧＡＴＴのパネルはその主張を認めなかった。詳しくは Murase, *op. cit., supra* note 28 参照。

(39) 本件はキハダマグロ事件と同様、米国はエビ漁における海亀の混獲を問題とし、自国の国内法である絶滅危険種保護法海亀修正（一九八九年）に基づいてエビの輸入制限を行うというものであった。マレーシアなどのアジア諸国が反発してＷＴＯに提訴したが、ＷＴＯ上級委員会は、一九九八年一〇月一二日、米国による海亀除去装置（turtle

excluder devices, TED) の設置強制は、GATT二〇条g項に必ずしも違反するものとはいえないが、二〇条の柱書きと両立しない、として米国の主張を退けた。詳しくは、Thomas J. Schoenbaum *et al.*, "Symposium: The United States-Import Prohibition of Certain Shrimp and Shrimp Products Case", *Yearbook of International Environmental Law*, vol. 9, 1998, pp. 3-47 参照。

(40) Shigeru Oda, "Dispute Settlement Prospects in the Law of the Sea", *International and Comparative Law Quarterly*, vol. 44, 1995, pp. 863f.
もっともWTOの「紛争解決に関する了解」では、WTO諸協定の対象事項についてはWTOの紛争処理手続に付託することが合意されている（三条、二三条）から、WTO加盟国が他の紛争処理手続に付託しうるのは、その対象事項以外についてのみである。

(41) Shinya Murase, "Unilateral Measures and the WTO Dispute Settlement", in Simon S. C. Tay & Daniel C. Esty, eds., *Asian Dragons and Green Trade: Environment Economics and International Law*, Times Academic Press, 1996, pp. 137-144.

(42) GATTの規定には、補助金やアンチ・ダンピングに関する若干の規定やウルグアイ・ラウンドで一定産品の市場アクセスについて加盟国の義務の受諾があったことを例外とすれば、「不公正慣行」(unfair practices) に関する一般的な規定はない。しかるに、米国一九七四年通商法三〇一条では、この不公正貿易を理由として一方的な「制裁」措置を課すものとしている。すなわち同条は、米国が結んだ貿易協定の違反ないし「正当化しえない」(unjustifiable) この語を「不当」と訳してはならない) 慣行があった場合には強制的な措置を、また「不合理な」(unreasonable) な不公正慣行があった場合には裁量的な措置を、それぞれ執ることとなっている (John H. Jackson *et al.*, *Legal Problems of International Economic Relations*, 3rd ed., West, 1995, pp. 815-840)。前者に対して、後者は違法性を要件としない措置であり、伝統的な類型では「報復」ということになろう。GATTの紛争処理手続に付することなく執られるこうした措置は、GATT一条・三条等に違反するものとして、各国は米国に対する非難を続けてきた (Fusae Nara, "A Shift toward Protectionism under Section 301 of the 1974 Trade Act: The Problem of Unilateral Trade Retaliation under International Law", *Hofstra Law Review*, vol. 19, 1990, pp. 229f.)。しかし米国としては、「不公正貿易」に関する実体法規が欠如した分野について、これをGATTの紛争処理に委ねても、救済が得られないことはほぼ明らかであろう。ヒューデック教授は、三〇一条の措置は端的に国際法の不遵守 (disobedience) であることを認めつつ、その違法性は一定の要件の下に正当化 (justified) ないし阻却 (precluded) されるとしている (Robert E. Hudec, "Self-Help in International Trade Dispute", *Proceedings of the 84th Annual Meeting of the American Society of International Law*, 1990, pp. 33-38) が、この「正当化される不遵守」(justified disobedience) の理論は、合法・違法の基準で判断している点だけでなく、違法性阻却についても明らかに無理がある。「不公正貿易」の概念が未だ法的には灰色状態であることを考えれば、やはり対抗力の有無の観点から捉え返すことが適当と思われる。これに近い形で三〇一条の問題を論じたものに、Thomas Schoenbaum, "The Theory of Contestable Markets in International Trade: A Rationale for 'Justifiable' Unilateralism to Combat Restrictive Business Practices?", *Journal of World Trade*, vol. 30, 1996, pp. 161f.

(43) 環境保護のために執られる貿易制限措置、とくに多数国間環境条約に規定される貿易措置をGATT上いかに位置づけるかという点については、従来、二〇条の一般的例外条項（b項、g項）の適用が考えられてきたが、同条は元来、通関手続における取扱を定めた規定であることや、自国領域における健康・生命ないし有限天然資源の保護が目的であるので、どうしても解釈論上無理があり、立法論の観点からこれまで様々に議論されてきた。①義務免除（ウェイバー）を承認する、②二〇条b項に「環境」の語を挿入する、③二〇条に関するWTOとしての解釈原則を採択する、④NAFTA一〇四条に倣い一定の環境条約の優越条項（trumping treaty clause）を挿入する、⑤二〇条h項の一般商品協定の例に倣いk項を新設して環境条約の承認手続を定める、などの方法である。しかるに、①の義務免除は、本来、暫定的・時限的制度であるだけでなく承認に必要な四分の三の多数を得ることは実際上困難が予想される、②の形で「環境の窓」を設けても、それは「自国の」環境保護という限定がかかる、③は法的安定性が確保されない、④は逆にリジッドすぎる、などの問題が指摘されるので、筆者は⑤の方法が柔軟な対応と予測可能性・法的安定性を充足する上で最も適当な方法ではないかと考えている。WTOの「貿易と環境」委員会ではこうした問題について審議が続けられてきたが、早期の進展は必ずしも期待できないようである。Murase, *op. cit., supra* note 41.

(44) 周知のように、WTOの紛争解決了解二三条では加盟国が是正を求める場合には「この了解に定める規則および手続によるものとし、かつこれらを遵守する」と規定し、一方的な対抗措置を禁止しているが、それはあくまでも「対象協定に基づく義務について」であって、WTO諸協定が必ずしも明確に規定していない事項については、未だ自己完結的制度を確立しているとはいえない。P. J. Kuyper, "The Law of GATT as a Special Field of International Law: Ignorance, Further Refinement or Self-Contained System of International Law?", Barnhoorn *et al.*, eds., *Diversity in Secondary Rules and the Unity of International Law*, Martinus Nijhoff, 1995, pp. 252-257.

(45) *ICJ Reports 1974*, pp. 30-31.

(46) 山本「前掲論文」（一方的国内措置）（注3）七八頁。

第二節　国際組織の一方的措置と対抗力
――国連憲章第七章の下における軍事的措置の容認をめぐって

一　はじめに

冷戦終結後、国連安保理事会は、平和に対する脅威や破壊に対処するため、一九九〇年の湾岸紛争の場合をはじめ、幾たびか「憲章第七章の下に行動して」("Acting under Chapter VII of the Charter") の文言を用いて、――しかし具体的な根拠条文を示さないまま――、国連加盟国に対する軍事的措置を「容認」(authorize) し、この容認された加盟国の軍隊（多国籍軍）が平和に対する脅威やその破壊を除去するために活動してきた。これらの措置は、一方で、憲章第七章の明文規定に基づくものではなく、また解釈上、類推が許容される範囲のものとも考えられない。しかし他方、憲章で安保理に認められている広汎な権限を前提とすれば、これらがただちに憲章違反の権限踰越 (*ultra vires*) に当たり、憲章上の根拠を欠く「違法かつ無効」な措置であるとすることもできないであろう。こうして学説上も、適用法規の欠缺という国連法の現状に照らして、これらの措置の法的性質やその効果に関しては、未だ一致した見解はない。このような状況を踏まえて、本節ではこれを、国際組織による「一方的措置」と捉え、その「対抗力」の問題として考察したいと思うのである(1)。

山本草二教授は、一九八九年から九四年の一連の論文・著書(2)において、主として国内法に基づく国家の一方的措置につき、極めて斬新かつ重要な問題提起を行い、それによって同教授は、国際法学に新たな地平を切り拓いたのである。その論点は多岐に及んでいるが、とくに注目すべき点は、「一方的行為」(unilateral acts)との対比における「一方的措置」(unilateral measures)の特質、一方的措置の根拠としての「実定法規の外にある衡平」(equity *praeter legem*)の意義、およびこれらの措置の「対抗力」(opposability)と国際法形成機能の解明である。山本教授のこうした問題提起を受け止めながら、本節では、右の「容認された軍事的措置」の法的な位置づけについて検討したいと考える。

周知のように、国連では従来から積極的に「平和維持活動」(peace-keeping operations, PKO)を展開してきたが、これは基本的に憲章第六章の紛争の平和的解決を補完するための活動として広く受け容れられてきたものである。憲章上この平和維持活動を根拠づける明文規定はないが、解釈上、国連にはその任務遂行の必要性に基づき憲章規定から推論される固有の権能として、こうした活動が認められるものと考えられてきた。しかるに、わが国では一般に、冷戦後の「容認された軍事的措置」ないし「平和執行活動」(peace enforcement actions)についても、——これを端的に憲章違反とする立場を別とすれば——平和維持活動の延長線上で、その修正、拡大ないし変容として捉えようとする傾向が強いように思われる。しかし、憲章第七章が平和執行のための具体的な方法・手続を明示的に特定している点を考慮すると、最近の実践過程における平和執行活動に関して、前者の平和維持活動と同様に、憲章規定の類推で捉えることが可能であるかは疑問であり、そのように推論の幅を拡張することが、実定国際法の解釈論として維持しうるものであるか否かは慎重に検討されなければならない。こうして、国連平和執行活動の位置づけは、国際法解釈論における欠缺補充の範囲を考える上でも、重要な問題を提起しているように思われるのである。

二　概念の整理

本論に入る前に、基本的な概念を整理し、とくに次の三点について確認しておく必要がある。第一は一方的行為と一方的措置との区別、第二は対抗力の概念、そして第三には法の欠缺に関する問題である。

1　一方的行為と一方的措置

「一方的行為」とは、国家または国際組織が、国際法の関連規則に依拠して一方的に行う意思表示であり、一般国際法上ないし条約上の法律行為として、当該規則の定める法的効果が付与される。国家による一方的行為の例としては、国家承認、無主地先占、宣戦布告、多数国間条約への加入や留保、国際司法裁判所の強制管轄受諾宣言などが挙げられる。これらは、管轄権の一方的行使でありながら、基盤となる国際法規則（それ自体は国家間の合意に基づく）の「適用」にすぎないから、予めこの規則に定める要件・効果の範囲内で認められるものであり、かつ当該国家が以後その行為によって法的に拘束されることになることも自明である。

国際組織の一方的行為についても同様である。国連についてみれば、憲章上明文の規定がある場合、すなわち加盟国の権利特権の停止（五条）や除名（六条）・分担金の割当て（一七条）などは、通常、加盟国に対する国連の一方的行為として捉えられる。さらに、国連をはじめとする国際組織は、機構の任務遂行の必要性を充足しその活動の動態性を確保するために、基本条約に明示的に定められている範囲を超えて、推論により一定の権限が付与されているものと考えられる。そのような権限に基づいて決議が採択された場合、これも一方的行為としての性質と効力を持つことになる(3)。

これに対して「一方的措置」とは、基盤となる国際法の規則が欠缺ないし未成熟・変革過程にある状況で、急迫性と衡平性を根拠として、個別国家ないし国際組織によって執られる域外的ないし対外的効果を伴う措置である。国家がその国内法に基づいて執る一方的措置が、一定の条件の下に「対抗力」を持ちうることについては、すでに本章第一節(4)で検討したが、国際組織の場合も同様に、基本条約で認められた裁量の範囲内で、急迫性・衡平性を根拠とする一方的措置が許容されるものと考えられるのである。そこで次に、そのような一方的措置に認められる「対抗力」とは何かを検討しておきたい。

2　対抗力の概念

対抗力概念は、通常の合法性・違法性を争う紛争との対比において「対抗性をめぐる紛争」の特質を捉えるとき、その内容・性質が明らかとなる。それは次の三点に要約される。まず第一に「請求目的」についてみると、通常、合法性をめぐる紛争においては、原告は被告の行った原因行為について、国際違法性と国際責任の認定を求めて争う。原告の究極的目的は、この違法性と有責性を前提として損害の救済を獲得することである。これに対して、対抗性をめぐる紛争では、その主たる争点は、国家ないし国際組織が執った一定の措置に対する対外的有効性の確認ないし否認にあり、責任追及や損害賠償などの救済は、その請求目的において必ずしも第一次的な重要性を持つとはいえないのである。とりわけ国際組織の措置に対する司法判断は、拘束力のない諮問(勧告的意見)手続(5)によるか、あるいは国家間の訴訟手続の中で間接的に触れられるにすぎないことから(6)、裁判所の認定により直接に国際責任の追及や損害賠償の請求が行われることは現実的には想定しがたく、国際組織の行為についての裁判所の判断は、むしろその対外的有効性にとどまることになるのである。

第二に、合法性をめぐる紛争との対比において対抗力をめぐる紛争の最も顕著な特徴は「適用法規」の規範的状態である。すなわち合法・違法の判断基準としての適用法規は、それが明確に確立しているということが前提になっているのに対して、一方的措置の対抗力が問題となるのは、関連の適用法規が必ずしも十分に確立しておらず、法が欠缺ないし灰色状態にあって不明確ないし形成・変革の過程にある場合である。国際組織法、とくに国連法の場合には、実践過程における変容が著しく、対抗力の法理はこの分野の分析において、極めて有効である。

第三に、対抗力に関する判断は、その「法的効果」において、合法・違法の判断と異なる。通常の合法・違法の認定が概ね一般的・対世的効力を持つのに対して、対抗力の判断は、特定の国家間ないし特定の国際組織と国家の間の関係に限定された相対的なものである。そこでは、それぞれの当事者がどの程度信義を尽くして問題の解決に努力したかなど、当該紛争過程における国家ないし国際組織の対応が、詳細に検討され法的な評価を受けることになるのである。

このように、対抗力概念は、請求目的、適用法規および法的効果のそれぞれにおいて、通常の合法・違法の判断とは異なる内容・性質を持つものと捉えられる。しかるに、ある一方的措置が対抗力を有するか否かは、どのような基準に従って判断されるかが問題となる。対抗力の構成要素の問題である。この点については、まず、客観的基準として、措置の「実効性」（何らかの形の力の要素）と、その主張の「正当性」（個別利害を超えた国際公益の実現）という双方の契機の存在が必要である。このいずれの要素が欠けても、その措置は「対抗不能」とならざるをえない。もっともこのような実効性と正当性が対抗力の判断における客観的要素であるとしても、それらは未だ必要条件でしかない。一方的措置が対抗力を持つための十分条件としては、関係の国際組織ないし国家が、その措置の発動に至る過程で信義誠実を尽くしたこと、可能なあらゆる手段を尽くした後もはや選択の余地がなかったことを証明するなど、一定の主観的基準が充たされなければならないのである(7)。

3　法の欠缺とその補充

右に触れたように、対抗力の概念は必然的に、「法の欠缺」をどのように捉え、これをいかに克服するかという問題に連結している。ここでいう欠缺の克服とは、法解釈の枠内における「欠缺の補充」か、それで不可能な場合には、立法による新たな法定立への要請を意味するが、この両者を峻別することこそ、国際法の研究において、最も重要な点である(8)。それはまた、国際裁判所の「司法機能」をいかに捉えるかという点においても、決定的な意味を持つ(9)。一般に、国際裁判など法的な処理に委ねられる国際紛争の大半は、法の欠缺をめぐる紛争であるといってもよいであろう。事実的な「抗争」(conflict)と区別されるところの法的な意味での「紛争」(dispute)の概念は、それ自体、関連の適用法規の存否・態様を函数とする概念である。適用法規が明確に確立しているような紛争は、勝訴敗訴が予め明白であるから、そもそも国際裁判に付託されるようなことはなく、外交交渉その他の裁判外手続で解決されることになるからである(10)。国際裁判に付されるような場合は、紛争の一方当事国(原告国)が一定の適用法規に基づいてその主張を構成するのに対して、被告国の側は、往々、当該法規の欠缺ないし適用不能を主張することになる。とくに、国家ないし国際組織による一方的措置の対抗力をめぐる紛争においては、「法の欠缺」が必ずといってよいほど中心的争点となるのである。

法欠缺の概念は多義的であるが(11)、その多義性は、法学方法論そのものの多様性を反映している。自然法主義の下では「法は発見すべきもの」として法の欠缺は論理的にありえなかったが、実証主義においても初期の概念法学的な立場からは、法体系の自己完結性が、したがって法の無欠缺性が、前提とされていた(12)。しかしその後、そうした機械的法学観が克服されるに従って、法の欠缺は原理的に承認されるに至り、問題はむしろ欠缺補充の意味や方法に移行するのである(13)。純粋法学の立場では、認識と実践の峻別を前提として、法の欠缺とは「在る法」と「在るべき法」

との差異のことであり、欠缺補充とはその差を実質的価値判断を持ち込むことによって埋めるという実践的活動に属し、それは裁判官などに課せられた任務ではあっても、客観的認識を旨とする法学の任務ではないとされる(14)。他方、法社会学ないし法政策学の観点からは、欠缺補充は、法の具体的な形成・実現過程における立法府と裁判所との役割分担の問題に還元されるのである(15)。

本節では、むしろオーソドックスな法実証主義の方法に従い、判例法を基礎とした体系的な国際法解釈をめざす観点から、法の欠缺の問題を国際法および国際組織法の実態に即して位置づけたいと考える。「法の欠缺」に関することでの一応の理解を示しておくと、次のとおりである。すなわち、法の欠缺には、第一に適用可能な実定法規の不存在の場合がある。この場合の不存在については、(1)法がその事柄の処置を各国の自由裁量に委ねている場合と、(2)本来は法の介入を必要とする性質の事柄であるにかかわらず国際法上の合意が不成立の場合とがある。もっともこの区別は、問題の立て方によっていずれの類型に該当するかの判断が分かれうる。法の欠缺の第二の場合は、既存法規の適用によっては現実に適合した合理的解決が得られない場合である。第一の場合の適用可能性も決して明確ではないが、この第二の場合の合理性の判断は、一層論争的である。いずれも相対的な基準であり、結局は、紛争当事国の「問題の立て方」と裁判所の判断に委ねられることとなる。それにもかかわらず、否むしろそれ故にこそ、法の欠缺は国際法の解釈適用において決定的に重要な問題となる。当事者の問題の立て方、争い方が、欠缺の存在や態様についての裁判所の認定を左右する重要な要素となる。

一たび法の欠缺が認定された場合、次に問題となるのは、欠缺補充の方法およびその許容される程度である。およそ法解釈の技法として、論理解釈(16)、歴史的解釈(17)、目的論的解釈(18)など、文理解釈以外の方法は、いずれも多かれ少なかれ補充的要素を持つ。とくに目的論的解釈では、目的合理性や制度の実効性確保、あるいは利益考量などの基準が援用される結果、文理解釈とは大きく乖離することとなる。

欠缺補充の技法としては、通常、類推と一般条項の援用が挙げられる。類推とは法規の間接推論による適用である(反対解釈、勿論解釈を含む)。一般条項とは、国際法の場合、法の一般原則、国際法の一般原則、衡平原則、信義則、条理などである。完備した制定法を持たない国際法では、一般には、欠缺補充は、類推よりも一般条項によることが多い。もっとも、国際組織法の文脈では、基本条約その他において組織法・作用法の整備が進んでいることもあって、類推による補充の場合が多く、そこでは、目的論的解釈と類推が実際上はかなり近似し、かつ重複して用いられることが多い。類推が解釈論の枠内でどこまで許容されるかは、これも結局のところは、裁判所の判断に委ねられることになるのである。われわれとしては、具体的事案に即して、従来の判例の蓄積から、一定の基準を見出すことが課題となる。

本節では、以上述べたような概念枠組みに照らして、最近の国連憲章第七章に基づく軍事的措置の法的性格を明らかにしたいと考える。そのためにまず、国連憲章上、いわゆる国連平和維持活動 (peace-keeping operations) がどのように位置づけられるかを考察し、それとの対比において、新たな平和執行型軍事活動 (peace enforcement actions) の性格を捉えることにしたい。結論を先取りすれば、前者が概ね国連憲章の解釈適用の枠内で捉えられるのに対して、後者は国連の加盟国に対する一方的措置として性格づけられることになるのである。

三　国連平和維持活動の法的性格

1　「必要的推論」の法理

周知のように、国連憲章では、第六章で紛争の平和的解決について規定し、第七章で軍事的措置を含む強制措置について規定しているが、その混在ないし中間形態ともいうべき兵力の使用を伴う平和維持活動については、憲章上に明示的規定はない。しかし、一九五六年のスエズ動乱時における「国連緊急軍」(United Nations Emergency Forces, UNEF)や一九六〇年の「コンゴ国連軍」(Opération des Nations Unies au Congo, ONUC)以来、この種の平和維持国連軍が世界の多くの紛争地域に派遣されて、紛争の拡大防止、停戦監視、兵力の引き離し、武装解除など、地域の平和回復に重要な役割を果たしてきたことは疑いえない(19)。国連の実践過程におけるこのような展開を、国連憲章との関係においていかに捉えるかは、国連憲章の解釈問題として、従来から最も重要な争点となってきたのである。その憲章上の根拠の一つとして挙げられるのが、「推論による権能」(黙示的権能〔implied power〕)の法理である。

この法理によれば、国際組織は、その設立・基本条約で明示的に定められていなくとも、その目的達成のために必要不可欠と考えられる権利能力を付与されているものと捉えられ、平和維持活動もそうした「固有の権能」の一部として容認されることになるのである。国連憲章の下におけるこの推論による権能について、国際司法裁判所が最初に言及したのは、一九四九年の「国連の役務中に被った損害に対する賠償」事件に関する勧告的意見であった。この事件は、もとより平和維持活動とは直接の関連はないが、平和維持国連軍の法的性格を確定する前提として重要な判例である。

本件では、パレスチナ地域で国連事務総長の代表として任務を遂行中に殺害されたベルナドッテ伯爵その他の国連職員が被った被害について、国際組織としての国連が、当該事件に責任を持つイスラエル(当時、国連非加盟国)およびヨルダン(加盟国)に対して、国際的請求を行う権能を有するか否かが問われた。裁判所はまず、国連という国際組織が、そのような賠償請求を行う権能を持つか否かにつき、次のように述べた。

「国際法上、機構は、憲章上に明示的に規定されていないとしても、必要的推論(by necessary implication)により、その任務遂行に不可欠なものとして機構に付与されている権能を有しているものとみなされなければならない。……機構に付託された機能の性格とその構成員の使命の性質を検討すると、この機構が職員に対する機能的保護のために措置を執る能力が、憲章からの必要的な意思解釈により生起(arises by necessary intendment out of the Charter)していることは明白である。」[20]

また、そのような請求を非加盟国に対して提起することについて、裁判所の意見は、次のようなものであった。

「……五〇ヵ国という国際社会の大多数を代表している国々は、国際法に従って、単にそれらの国々によって認められている人格のみならず、国際的請求を提起する権能を含めて、客観的国際人格(objective international personality)を有する組織を設立する権限を持つ。」[21]

こうして、右の勧告的意見に示されたような必要的推論に基づく黙示的権限の法理は、客観的法人格説と結びついて、その後の国連の権限に関する裁判所の判断の基礎として維持されることになった。もっとも、この損害賠償事件に関する裁判所の多数意見に対しては、裁判官の中にも根強い反論[22]があり、学説上も批判があった[23]。しかしそれにもかかわらず、その後の国連の実践において、この法理は、平和維持国連軍に法的根拠を与えるものとして、広汎な支持を享受してきたのである。

一九六二年の「ある種の国連の経費に関する事件」は、一九五六年のUNEFおよび一九六〇年のONUCの二つの国連の平和維持活動について、それらの活動の憲章上の根拠と活動経費の分担義務が争われた諮問事件である。裁判所はまず前者について、総会によるこの緊急軍の設置は、その軍隊が強制行動のために用いられるものでない限り、憲章一一条および一四条の総会の一般的権限によって認められるとした[24]。また、安保理の授権によって事務総長が実施した後者のONUCについても、同様に、憲章二九条の下での安保理の補助機関設置に関する権限および九八条に基づく事務総長の権限の範囲内であり、それが憲章第七章の下の強制行動に該当しない限り、容認されると判断している[25]。もっとも、裁判所はこの判断において、平和維持活動が憲章第七章の強制行動に該当しないという消極面のみを強調し、各機関の一般的権限と目的達成の必要性を指摘する以上に、憲章上、平和維持活動を根拠づける積極的な論証を行うには至っていない。ただ、「……機構が国際連合の［憲章］に掲げられた諸目的の一つを遂行するために相当であると思料される行動を執るとき、かかる行動は機構の権限内のものと推定される」[26]と述べた点に、かなり一般的・抽象的な形ではあるが、必要的推論の援用が認められる。

こうして、一応、国際組織の「推論による権能」の理論は、国連の平和維持活動を根拠づける法理として、国際判例においても認知を得たものとされてきた。そのようなものとして、平和維持国連軍は、国連憲章の明示的規定がなくとも、憲章の「解釈適用」の枠内における存在としての位置づけを得ることができたのである。また、平和維持活動が「関係国（受入国）の同意」を前提として実行される限り、国連と受入国との関係は対内的な関係にとどまり、後にみる平和執行型国連軍のように対外的関係で捉えられるものとは異なるのである。

2　「後に生じた慣行」の解釈原則

国連の平和維持活動は、その後も世界の多くの紛争地域に展開されて、経費事件で問題となったような憲章上の疑義が提起されることもなくなり、広く国際社会に受け容れられることになった。こうして、憲章上の明示的規定のない平和維持活動の根拠づけとして、右の必要的推論とは別に、「後に生じた慣行」(subsequent practice)を基準とした解釈原則が援用される場合もある。すなわち、ウィーン条約法条約では、条約解釈に関する一般的な規則の一つとして、条約は、文脈により解釈するもの(三一条一項)とされるが、文脈とともに、「条約の適用につき後に生じた慣行であって、条約の解釈についての当事国の合意を確立するもの」(三一条三項b)を考慮することが認められる[27]。この解釈原則に従えば、平和維持活動も、後から生じた慣行として、憲章解釈についての新たな合意を形成するものと捉えられることになるのである。

一九七一年のナミビア事件における国際司法裁判所の勧告的意見は、国連憲章の解釈にこの「後に生じた慣行」の概念を援用した例として有名である。南アフリカ政府が、本件諮問を決めた安保理決議について二常任理事国が棄権したことは、国連憲章二七条三項に定める「常任理事国の同意投票を含む九理事国の賛成投票」の要件を充たしておらず無効であると主張したのに対し、裁判所は次のように述べてこれを斥けたのである。

「………長期間にわたる安全保障理事会の議事録は、議長の裁定および理事国、とくに常任理事国のとった立場に示されるように、常任理事国による自発的棄権の慣行が決議採択の障害を構成しないと、一貫してかつ一様に (consistently and uniformly) 解釈してきたことにつき、豊富な証拠を提供している。……安全保障理事会が従ってきた、一九六五年の憲章二七条の改正の後も依然として変わっていないこの手続は、国連加盟国に一般的に容認されており (generally accepted)、この機構の一般慣行 (a general practice) の証拠である。」(28)

この判示に従えば、国連平和維持活動も、「後に生じた慣行」により、国連憲章に整合的なものとして「一般的に容認」され、「一貫してかつ一様に」解釈されてきたものと認められよう。そうであるとするならば、国連平和維持活動は、国連憲章成立後に生じた慣行により憲章の解釈適用の枠内で捉えられることになる。

香西茂教授は、「黙示的権能」(推論された権能) と「後に生じた慣行」について、一般的容認の要件は前者でも必要とされており、「二つの理論は根底において共通の要素をもつ」と指摘し、「両理論はいずれも国連憲章の解釈理論にほかならず、そのかぎりにおいて、『一般的容認』の要件に服するのである。そしてこの共通の要件を満たしている限り、国連の機能が憲章上、[推論により] 本来的に与えられていたとみるか、あるいは、国連機関が『後に生じた慣行』を通じてこの機能を獲得するにいたったとみるか、そのいずれをとっても、実質的な差はないといわねばならない」(29)と述べる。こうして、国連平和維持活動の法的基礎は、憲章上の明示的規定を欠くにもかかわらず、推論による欠缺補充の解釈技法によって確定するか、または、後に生じた慣行を解釈基準として根拠づけるかは別として、いずれも憲章の解釈論の枠内で捉えられることになるのである。

これに対して、近年の平和執行型国連軍は、右の解釈論の枠を大きく逸脱した存在である。そこで次にこの種の軍事的措置の法的性格を国連憲章との関連でいかに把握すべきかを考察することにしたい。

四　国連憲章第七章の下における軍事的措置

1　安保理事会により「容認された」軍事的措置

冷戦後における新しい型の軍事的措置としては、湾岸紛争における多国籍軍が最初の例である。一九九〇年八月二日に始まったイラクのクウェイト侵攻に直面して、安保理事会は、六六〇号決議を採択し、「国際の平和と安全の破壊が存在するとの決定を行い」、「憲章第三九条および第四〇条に基づいて行動し」、イラクの侵攻を非難するとともに、イラク部隊の「即時かつ無条件の撤退」を要求した。この決議が履行されていないとして、四日後の八月六日に理事会は、六六一号決議において、「憲章第七章に基づいて行動して」、イラクに対する包括的な経済制裁措置(同決議では具体的規定の引用はないが、これが第四一条に基づく措置であることは明らかである)を決定した。さらに八月二五日の六六五号決議では、右経済制裁の「厳格な履行を確保する」目的のために、「安保理事会の権威に基づき、具体的な状況に即した必要な措置を執る」とする決定が行われた。

経済制裁を定めた右の六六一号決議では、前文で「イラクによるクウェイトへの武力攻撃に対する憲章第五一条の下での個別的または集団的自衛の固有の権利」が確認されていたが、当時すでにクウェイトの要請を受けて、米国、英国、サウディ・アラビア等が、支援のために軍隊を集結させていた。これらのいわゆる多国籍軍が、当初は、集団的自衛権を根拠とするものであったことは、明らかである。しかるに、イラクが右諸決議を履行せず、経済制裁も十分な効果をあげていない状況に鑑み、安保理事会は一九九〇年一一月二九日、左のような決議六七八を採択した(賛成一二、反対二、棄権一＝中国)。

「国際連合憲章第七章に基づいて行動して(Acting under Chapter VII)、……イラクが、一九九一年一月一五日以前に、……前述の決議を完全に履行しない限り、クウェイト政府に協力している加盟国に対し、安全保障理事会決議六六〇(一九九〇)およびそれに引き続くすべての関連決議を堅持かつ履行し、その地域における国際の平和と安全を回復するために、すべての必要な手段を執ることを容認する(authorizes Member States cooperating with Government of Kuwait...to use all necessary means to uphold and implement Resolution 660 (1990) and all subsequent resolutions and to restore international peace and security in the area)。」(S/RES/678 (1990))

本決議における「すべての必要な手段」が、武力行使を意味することは、明白であった。安保理事会は、ここで、「クウェイト政府に協力している加盟国」の軍隊、すなわち多国籍軍(公式には「連立軍」[Allied Troops, Coalition Forces])に対して、そのような武力行使を「容認」(authorizeの語の日本語訳としては他に「許可」「授権」「権限付与」などが考えられるが、根拠規定の不明確性、国連による統制の欠如と参加国の広汎な裁量権限等を考慮すると、やはり「容認」の語が適当であろう)したのである。しかるにそこでは、その容認が「第七章に基づく」としても、具体的に同章のいずれの規定に基づいて付与されたものかは特定されていない。そのため、これらの軍隊の性格と権限をめぐって、後述するような論争を招くことになったのである。

しかし、そうした曖昧さを残しながらも、湾岸紛争以降、同種の決議は幾つかの地域紛争に関して採択されてきた。すなわち、旧ユーゴスラヴィア紛争については、一九九二年二月二一日に「国連保護軍」(United Nations Protection Forces, UNPROFOR)が設置された(決議七四三号)が、翌九三年二月一九日には、この国連保護軍が第七章の下で行動する旨宣言した(決議八〇七号。全会一致により採択)。同年三月三一日にはボスニア上空飛行禁止措置の実施のために第七章に基づき北大西洋条約機構(ＮＡＴＯ)等の地域的機関をとおして加盟国が武力を行使することを容認した(決議八一六号。

賛成一四、棄権一で採択）ほか、六月四日には、ボスニア安全地域での国連保護軍の武力行使と支援爆撃を容認（決議八三六号。賛成一三、棄権一で採択）、さらに一九九四年三月三一日および一一月一九日にはクロアチアにおける国連保護軍支援のため空軍力行使を容認している（決議九〇八号および九五八号。全会一致で採択）[30]。またソマリアの事態については、とくに一九九三年三月二六日の安保理決議八一四号（全会一致で採択）で設置された「第二次ソマリア国連活動」（United Nations Operation in Somalia, UNOSOM-II）が憲章第七章に基づき武力行使権限を持った国連指揮下の軍隊として活動したが、任務遂行は失敗に終わった[31]。その他、一九九四年六月二二日には「ルワンダ多国籍人道救援軍」が設置され（九二九号決議。賛成一〇、棄権五で採択）[32]、同年七月三一日には「ハイチにおける違法な軍事政権排除のための多国籍軍」が設置され（九四〇号決議。賛成一二、棄権二で採択）、ともに第七章に基づく必要な手段を執ることが容認されている。

周知のように、憲章第七章の起草者が意図したところは、三九条の平和の破壊・侵略行為等の認定があり、四一条の非軍事的措置で不十分であることが判明した場合には、四二条に基づく軍事的措置が執られることになるが、この四二条に基づく措置の具体的方法は四三条以下の規定に従う、というものであった。すなわち、そこでの軍事的措置を行うための軍隊は、四三条に定められる特別協定に従って提供される加盟国の兵力で構成され、その実施は、四七条で規定されているように、安保理事会の常任理事国の代表からなる軍事参謀委員会が実質的に責任を負うものとされていたのである。しかし、特別協定は締結されないまま四三条は死文化し、また、軍事参謀委員会も冷戦下で形骸化したまま、憲章が予定した軍事的措置のメカニズムは最初から機能麻痺の状態であった。

そうした状況の下で、右の「憲章第七章の下で容認された」連立軍等の法的地位は、いかに捉えられるかが、ここでの問題である。すなわち、これも先にみた平和維持活動と同じように憲章の解釈論の枠内で捉えられる *infra legem* の措置として評価しうるか、それとも、憲章に反する *contra legem* の措置として権限を逸脱した違法なものか、あるいは、そのいずれでもない第三の法的性格が認められるか、という問題である。そこで次にまず、右のような平和執行型連立軍への権限付与が憲章上、解釈論として正当化されるか否かを検討しておきたい。

2 「容認された」軍隊の法的基礎

右の連立軍を国連憲章の枠内で捉えようとする立場として、幾つかの見解が示されてきた。すなわち、憲章三九条の勧告ないし四〇条の暫定措置によるとするもの、推論による権能と後で生じた慣行により正当化を試みる説、四二条の下の行動とみる見解、さらに、五一条の集団的自衛権の範疇で捉えようとする立場などである。これらの見解については、すでに Oscar Schachter(33)、Burns Weston(34)、Michael Glennon(35)、Giorgio Gaja(36)、Alain Pellet(37)、松井芳郎教授(38)などの詳細な検討があるが、本節の観点から簡単に整理しておきたい。

(1) 三九条の下の勧告または四〇条の暫定措置

一つの見解は、安保理事会の広汎な一般的権限に照らして、多国籍軍に対し「第七章に基づいて容認する」という文言で十分であるとし、強いて適用条文を特定するとするならば、安保理が三九条の下で有する一般的勧告権限にその根拠を求めることが適当とする考え方である。これはたしかに政治的便宜の観点からは実際的な見解とされるかもしれないが、法的な分析としては支持しがたい。なぜなら、三九条の下における勧告は、四一条・四二条の強制措置以外の、拘束力を持たない措置が対象となっているからである。平和執行型国連軍に兵力提供などの形で参加するか否かは、個々の加盟国の自主的判断に委ねられ拘束的な義務ではないが、この国連軍によって執られる措置自体が拘束的な性質を有することはいうまでもない(39)。

また、この種の軍事的措置を、憲章四〇条の「暫定措置」として(平和維持活動と軍事的強制措置との中間段階として)位置づける見解も、とくに国連事務局を中心に、表明されたことがある。しかし、本来四〇条の下で想定されている暫定措置は、安保理が紛争の「関係当事者に要請する」措置であり、その内容も、軍事的な措置までも含むものとは考えられず、この解釈は国連加盟国の間でも支持されてはいない(40)。

(2)　推論による権能および後に生じた慣行

これは、先に述べた平和維持活動の場合と同様に、安保理の「推論された権能」に根拠づけて、平和執行型連立軍を憲章の枠内で捉えようとする立場である(41)。前者が「六章半」として位置づけられるならば、後者は「四二条半」ということもできよう。しかし、平和維持軍の場合には、憲章上にこれと抵触するような規定が存在せず、安保理、総会および事務総長の憲章上の任務遂行に関連する規定からの類推が可能な範囲で、かつ関係国の同意の存在を前提として、憲章解釈の枠内でこれを位置づけることが可能であったものである。これに対して、平和執行型の軍事的措置については、類似の規定が存在しないならばいざ知らず、すでに四三条、四八条等において別途、具体的な方法が明示的に特定されているのであるから、いかにそれらの規定が機能麻痺に陥っているとはいえ、それを乗り越える(override)ような形での推論は不可能といわざるをえない。また「後に生じた慣行」の解釈基準を援用することについても、安保理事会での審議・表決において右の諸決議に反対や棄権した理事国もあったこと、学説上もこの種の軍事的措置については深刻な疑義が提起されてきたこと等を考えると、湾岸型の連立軍については、国際社会の一般的容認や統一的慣行が認識されるとはいいがたく、慣行を基準とした解釈は、少なくとも現段階では、採用できない。

なお、右のような国際の平和と安全の維持に関する安保理の主要な責任と一般的権限を前提として、「容認された国連軍」を憲章二九条に定める安保理の「任務遂行に必要な補助機関」として位置づけようとする見解がありうる。従来も、平和維持国連軍や旧ユーゴおよびルワンダの国際刑事裁判所など、安保理が創設した機関で憲章上の根拠づけが難しい場合には、往々、この二九条が援用されてきた。しかし、いうまでもなく本条は手続的規定であって、今問題としている安保理活動の実体法的基礎について根拠を与えるものではない。また、ユーゴの国連保護軍の場合を別として、容認決議の下における各国軍隊は、安保理事会に定期的な報告義務があるのみで、安保理事会および軍事参謀委員会の指揮下に入るわけではないから、安保理の補助機関としての位置づけはそもそも不可能である。

(3) 四二条の下の行動

第三の立場として、新しい型の軍事的措置を、四二条の下の行動として捉えるものがある。この見解の骨子は、四二条を四三条以下の諸規定から切り離し、独立の条項として解釈するという点にある(42)。先にも述べたように、従来は、四二条から四八条までの諸規定が一体として運用されることが、第七章の軍事的措置の形態と考えられてきた。しかし、前記のとおり、四三条以下の諸規定が死文化に等しいという状況の中で、四二条を単独に軍事的措置の基礎とする「実効的解釈」には、学説においても一定の支持が与えられている。とはいえ、四二条の規定は、(その発動要件については、四一条の下における非軍事的措置の不十分性として規定しているが)、軍事的措置の具体的内容については、「国際の平和と安全の維持又は回復に必要な空軍、海軍又は陸軍の行動をとることができる」と述べるのみである。軍事的措置が、文字どおり、兵力を用いた強制行動であることを考えれば、その実施の方法、兵力の分担・使用計画、戦略的指導・指揮命令系統、履行権限・責任体系等について、ミニマムの法的・手続的保証がない限り、実効的な制度として定着しえないであろう。湾岸型連立軍の法的基礎を四二条のみに置く見解は、法的な観点からは、やはり不安定感を拭えないのである。

(4) 集団的自衛権

さらに、有力な見解として、安保理決議六七八号等による軍事的措置を、憲章五一条の集団的自衛権の行使とみなすものがある(43)。この見解によると、同決議の下で安保理は、クウェイトに協力している加盟国の軍隊(連立軍)が集団的自衛のために必要な措置を執ることをオーソライズしたにすぎず、この場合の安保理の「容認」は単なる政治的な意味を持つにとどまるということになる。たしかに安保理は、右の諸決議において、連立軍が安保理の利用のために供されるものとは位置づけていないし、安保理の指揮下に入るともしていない。湾岸紛争の場合は、憲章先例性に疑念が提起されている一九五〇年の「朝鮮国連軍」と比べてもかなりの違いがあり、そもそも「国連軍」と称されることもなければ、統一司令部も設置されず、国連旗の使用についてさえ言及されなかった。そうしたことから、決議六七八号において安保理は、軍事的措置の具体的方法や、時期、指揮系統などについて、参加国の判断に委ねたものとも解されている。とはいえ、連立軍の活動を、国連の行動ではなく、集団的自衛行為として捉えることは、やはり誤りである。自衛権は国家に属する権利であるのに対して、憲章第七章に基づく措置は、あくまでも国連の行動だからである。六七八号決議の採択以前の多国籍軍の行為が集団的自衛で捉えられることについては異論ないとしても、同決議が採択された以上は、自衛権は国連の行動に「吸収」されたものと考えるのが自然であろう。

3　一方的措置としての性質と効果

以上のように、国連憲章七章の下で「容認された」連立軍の法的地位を、個々の憲章規定に即して捉えることは不可能ないし極めて困難であり、推論された権限や後からの慣行によってもこれを正当化することはできない。こうした困難を、国連憲章の「動態的、実効的、創造的、柔軟な」「解釈」で克服しようとする試み(44)もあるが、実定法の解釈論としては、未だ十分な基礎を獲得しているとは思われない。他方でしかし、安保理によるこれらの措置が、「憲章上の根拠を欠き、したがって、違法かつ無効である」(45)と短絡しうるものでもない。安保理に付与されている国際の平和と安全の維持に関する一般的な権限（二四条）を前提とすれば、安保理の「容認」(authorization)をただちに憲章に違反する「権限踰越」(*ultra vires*)の行為と判断することはできない。適法でもなく違法でもないとすれば、この法的な曖昧さと不確実性を、どのように説明しうるであろうか。ここでは、右のような安保理の行為を、国際組織の「一方的措置」として捉え、その法的効果を合法・違法の基準ではなく「対抗力」(opposability)の基準において評価することで、この問題に応えようとするものである。

ここで指摘しておかなければならないことは、右の容認された軍隊の活動を国際組織の一方的措置として捉えるとしても、それが国家による一方的措置と一定のリンクを持ち、かつ、そうした国家の一方的措置から派生しているという面を持っているということである。山本草二教授は、湾岸紛争直後に書かれた論文において、多国籍軍の行動につき「それは、国連安全保障理事会の『授権』を得たとはいえ、もともとは米国の一方的国内措置に由来し、これに多数の諸国が同調したという側面をもつことは、否定できない」[46]と述べて、この点に関する注意を喚起した。武力行使の問題に即してみれば、国家は、国連憲章二条四項の下で、「武力による威嚇又は武力の行使を……慎まなければならない」が、それは、「その国際関係において」、「いかなる国の領土保全又は政治的独立に対するものも」、および「国際連合の目的と両立しない他のいかなる方法によるものも」という一定の留保の下での禁止規定と解することもできる。憲章五一条の自衛権行使としての武力行使がその要件を充たす限りにおいて許容されることはいうまでもないが、それ以外にも、人道的介入・緊急救出作戦、低水準敵対行為（low intensity hostilities）に対する対抗措置、国内法執行措置（law enforcement actions）としての武器の使用など、いわば「自衛行為に至らない武力行使」（use of force short of self-defense）が、国家の一方的措置として対抗力を持つことは十分に考えられる[47]。そのような場合に、国連安保理が、国家の一方的措置としての武力行使を「束ねる」形で容認し、それによって国連自身の一方的措置に転化させたと捉えることは、必ずしも不当ではないであろう。

いずれにせよ、湾岸紛争以降における安保理での武力行使の容認とそれに基づく強制措置メカニズムの設定が、憲章規定の解釈の枠から逸脱した新たな立法的要素を含むものであることは否定しがたい。国連加盟諸国は、従来から、安保理事会に対して一定の「準立法的機能」（quasi-legislative function）を認めてきた[48]が、とくに右の容認メカニズムについては、事態の緊急性の故に、かつ、他に選択の余地がないために、執られた新たな「立法」的措置としてのみ理解し

う る性質のものである。こうしてこれを、国際の平和と安全の維持に関する安保理事会の一般的権限を前提として、国連法の規範的「灰色状態」の中で執られた国際組織の一方的措置として性格規定することには、国家がその国内法に基づいて執る一方的措置の場合と同様、十分な理由があるものと思われる。

平和維持活動が関係国の同意を基礎とし、国連と受入国の関係が「対内的」(internal) なものにとどまるのに対して、「容認」決議の下における国連と対象国との関係は counterpart として、この対象国が国連加盟国であっても、非加盟国との関係と同様に、「対外的」(external)(49) なものとして捉えられる。つまり、第七章の下における武力行使の容認は、国連安保理が、特定の加盟国に対して、対外的な効果を伴う措置として一方的に行った行為である。武力行使の容認とは異なる文脈ではあるが、安保理のそのような行為の法的評価について、国際司法裁判所は一九七一年のナミビア事件に関する勧告的意見において、安保理決議二七六号(一九七〇年)で宣言されたように南アフリカがナミビアに居座ることは違法であるとした上で、次のように述べている。

「この［安保理の］決定は、法的帰結を招来せしめる。すなわち、当該国家は、その違法性が宣言された状態を創設し維持してきたことに責任があり、これを終了させる義務がある、ということである。……この違法性の宣言は、国際法に違反して維持されている事態の適法性を対世的に阻止するという意味で、すべての国家に対して対抗しうる(opposable) のである。」(50)

武力行使容認決議の下での安保理の一方的措置の場合、それがいかなる形で対抗力を有するかは、個々のケースに即して評価しなければならない。これまでのイラク、ソマリア、ユーゴ、ルワンダ、ハイチ等の例の中でも、比較的成功した場合と失敗に終わった場合とが、経験的にもかなり明らかになってきているように思われる。対抗力の観点からは、それらの措置が、正当性と実効性の要素を具えていたか、換言すれば、国際社会の共通利益を体現し、かつ、共通の危険に対処するに十分な強力に支えられたものであったか否かが、個々的に評価されることになろう。ある措置が特定国家集団の偽装された個別利害の実現をめざしたようなものであったり、正当性があっても十分な軍事力の備えがないような場合には、それは対抗不能な措置ということにならざるをえない。逆に、対抗力を具えた事例の累積は、国際組織における新たな法制度化への基礎となるであろう。

五　小　結

それぞれの時代の国際法の性格を規定する基本的要因は、国際社会における実効性と正当性との関係にある。この関係は時代とともに変化し、国際法の性格もそれによって変化する。トムシャット教授はそうした観点から国際法の歴史を概観して、次のように述べる。

「伝統国際法は本質的に技術的な性格の法であった。実効性の原則を通して、それは力によって創り出された事実に名誉ある地位を認めた。［しかし、一九四五年に国連憲章が採択され］、そこで国際法を決定的に倫理化するための合意がなされた。以来、国際法は力、とりわけ軍事力によって形作られた事実上の形態だけに依存する法ではなく、正当性に基礎づけられた法として確立された。」(51)

たしかに、一九四五年当時において、国際法の再構成が不可避であり、実効性から正当性への基本原則の転換が不可欠であると考えられたであろう。しかし、それから半世紀が過ぎた今日、われわれはこの転換が未だ「道半ば」であることを認めざるをえない。未だわれわれの世界は、実効性と正当性との微妙できわどい均衡の上に、その存続を確保している状態である。一方的措置の対抗力をめぐる問題は、まさにそうした国際法および国連法の規範状況を映し出しているものといえよう。

そのことはまた、国際の平和と安全に一層の貢献を果たす上で、わが国として、そうした法状況をいかに受け止め、かつ、いかに関わっていくべきかという問題を突きつけていることは間違いない。湾岸紛争時も含めて、これまで、日本国民の国際の平和と安全の維持に対する態度は、概して、国連システムの利益を享受する側にとどまり、いわば安全地帯からの傍観者的な論評に終始していたように思われる。国際法の専門家の多くも、硬直した法解釈の下に安保理の「一方的権限拡大」を非難するか、逆に、法の支配に対する政治の優位を前面に押し出して安保理の「無制約な裁量権」を認めてしまうか、のいずれかに堕してしまう傾向が強かった。しかし、すでに日本は、国際社会において、そうした受動的な対応では済まされない地位と役割を現実に余儀なくされているということを、率直に認識しなければならない。われわれは、国際の平和と安全の維持について責任の一端を負う国民として、個々の事案に即して国際法上の適法性や対抗性を判断するとともに、より積極的・能動的に安保理事会の活動にもコミットし、国際的行動の実施を確保するよう努めなければならないであろう。そのためには何よりもまず、国際義務を履行するための国内法の効果的調整を実現しなければならない(52)。対抗力の法理は、そうした責任ある対応を迫る指針でもあるということを付言しておきたい。

注

(1)　本節は一九九七年九月にテサロニケ国際公法・国際関係研究所で行った講演の一部を基礎とし、これに加筆したものである。Shinya Murase, "Unilateral Measures and the Concept of Opposability in International Law" (Chapter 4 on the "Law Relating to the Use of Force"), Institute of International Public Law and International Relations of Thessaloniki, *Thesaurus Acroasium*, vol. XXVIII, 1999, pp. 442-453.

(2)　山本草二「国際紛争の現代的要因と通信法制」*RITE Letter*, 二九号(一九八九年)一〜一一頁、同「一方的国内措置の国際法形成機能」『上智法学論集』三三巻二・三合併号(一九九一年)四七〜八六頁、同『海洋法』(三省堂、一九九二年)一一〜一三頁他。同「国際紛争要因としての対抗力とその変質」『国際研究論集』(八千代国際大学)六巻一号(一九九三年)六三〜八八頁、同『国際法』(新版、有斐閣、一九九四年)六四〜六五頁、三五一〜三五二頁他。

(3) 山本草二『前掲書』(国際法)(注2)六五頁。

(4) 村瀬信也「国家管轄権の一方的行使と対抗力」村瀬信也・奥脇直也編『国家管轄権――国際法と国内法』(山本草二先生古稀記念、勁草書房、一九九八年)六一～八二頁(本章第一節に収録)。本節は、右論文の枠組みを用いて、これを国際組織による一方的措置の場合について考察したものである。

(5) 古河照美「国際組織に対する国際司法裁判所のコントロール――その審査手続について」『法政研究』(法政大学)四五巻三・四合併号(一九七九年)一二一～一六四頁、同「国際組織に対する国際司法裁判所のコントロール――国際組織の権限踰越(*ultra vires*)」『国際法外交雑誌』七八巻三号(一九七九年)七二～一一九頁参照。

(6) 一九六三年の「北カメルーンに関する事件」(*ICJ Reports 1963*, pp. 15-40)、一九七二年の「国際民間航空機関理事会の管轄権に関する事件」(*ICJ Reports 1972*, pp. 46-70)などのほか、現在係属中の「ロッカビー航空機爆破事件」がこれに当たる。

(7) 村瀬「前掲論文」(注4)六四～七一頁(本書四七二～四七九頁)。

(8) 村瀬信也「日本の国際法学における法源論の位相」『国際法外交雑誌』九六巻四・五合併号(一九九七年)一九六～一九八頁(本書第一章第二節五八～六〇頁)。

(9) この点で、国際司法裁判所の南西アフリカ事件・第二段階判決における次の指摘は極めて示唆的である。「裁判所は欠缺を補充する(filling in the gaps)権限を有し、文書の底流にある目的の達成を確保するために、その文書に最大の効果をもたらすような目的論的解釈原則を適用すべきだと主張されるかもしれない。しかし裁判所はここでその高度に論争的な同原則の適用範囲の問題に立ち入る必要を認めない。なぜなら、裁判所が合理的に解釈のプロセスとみなされる範囲を超えて［法の］修正ないし改定のプロセスに関わるような形で同原則を適用するということは明らかにありえないからである。権利の存在は、単にそうあることが望ましいと思われるだけでは想定されない。……換言すれば、裁判所は正常な司法行為の限界(the bounds of normal judicial action)を超えて、欠陥を是正することはできないのである。」

(10) D. W. Bowett, "Contemporary Developments in Legal Techniques in the Settlement of Disputes", *Recueil des cours*, t. 180, 1983-II, pp. 177f.

(11) Ulrich Fastenrath, *Lücken im Völkerrecht: Zu Rechtscharakter, Quellen, Systemzusammenhang, Methodenlehre und Funktionen des Völkerrechts*, Berlin: Duncker und Humblot, 1991.

(12) 国際法学において、法の完全性・無欠缺性を強調したのは、ラウターパクトであった。Hersch Lauterpacht, *The Function of Law in the International Community*, Oxford, 1933; *Ditto*, "Some Observations on the Prohibition of 'Non Liquet' and the Completeness of the Law", *Symbolae Verzijl*, The Hague, 1958, pp. 196-221.

(13) 田中成明『法理学講義』（有斐閣、一九九四年）三〇〇～三〇五頁。

(14) Hans Kelsen, *Reine Rechtslehre, Einleitung in die rechtswissenschaftliche Problematik*, 1934, S. 90-106; *Ditto*, *Principles of International Law*, 2nd ed., Holt, Rinehart & Winston, 1966, pp. 438-440, 横田喜三郎「法律の解釈」『純粋法学論集Ⅱ』（有斐閣、一九七七年）一～八七頁。

(15) Julius Stone, "Non Liquet and the Function of Law in the International Community," *The British Year Book of International Law*, vol. 35, 1959, pp. 124-161.

(16) 「論理解釈」としては、いわゆる「体系的解釈」や「文脈による解釈」、さらに拡張解釈、厳格解釈などがある。国際司法裁判所は、一九六〇年の「政府間海事協議機関の海上安全委員会の構成に関する事件」勧告的意見において、右機関設立条約二八条a項の「選挙」の語の解釈に関連し、「条約規定の文言は、それが用いられる文脈(context)から、その意味を獲得する。もしその文脈が、広い選択を残すような意味づけを要求しているならば、そのように解釈されなければならない。文脈が制限的な意味を要求しているなら、そのように解釈されなければならないのと同様である」とした(*ICJ Reports 1960*, p. 158)。同趣旨の言及につき、エーゲ海大陸棚事件(*ICJ Reports 1978*, p. 22)、航空機事件・先決的抗弁(*ICJ Reports 1959*, p. 142)など。

(17) 「歴史的解釈」とは「沿革解釈」「準備作業(travaux préparatoires)による解釈」「後発的合意・後発的慣行」、「漸進的解釈」、「同時代性の考慮」などである。国際司法裁判所は、一九五二年の「モロッコにおける米国民の権利に関する事件」判決で、米仏間の一八三六年条約二〇条の「紛争」の意味につき、「一八三六年条約は一七八七年の両国間の条約に代わるものとして締結されたが、両条約は実質的に同一である。したがって、同条の解釈に当たっては、両条約が結ばれた時代の「紛争」の語の意味を考慮する必要がある。[モロッコ＝フランスが一六三一年から一八〇一年の期間に結んだ諸条約を検討した後]、これらの諸例において『紛争』の語が、民事のみならず刑事の紛争をも含むものとして用いられていたことは明白である」と述べ、歴史的文脈による解釈を示した(*ICJ Reports 1952*, p. 189)。また、一九七八年のエーゲ海大陸棚事件判決で、「言葉の意味は時代とともに変化するかもしれない。[しかし] いかなる文章の解釈も、その実際の意味を確認するためには、われわれは何よりもまず、それが書かれた時に持っていた意味に集中しなければならない」としている(*ICJ Reports 1978*, pp. 29, 31-34)。なお同趣旨の指摘として、「インド通行権事件」判決(*ICJ Reports 1960*, p. 38)、「西サハラ事件」勧告的意見(*ICJ Reports 1975*, p. 50)など参照。なお「後からの慣行」については後述。

(18) 国際司法裁判所は一九五二年の「モロッコにおける米国民の権利に関する事件」判決で、条約当事国の意思は、その条約で用いられている文言（その自然な通常の意味）のほか「同条約の検討の結果としての目的の範囲および一般的趣旨から推論される」として、目的論的解釈を援用した (*ICJ Reports 1952*, pp. 191-192)。また一九七一年の「ナミビア事件」勧告的意見では、連盟規約二二条の採択に至る交渉で確認された原則は「併合の拒否」ということであったのであり、「そうした原則の明確な規定をその趣旨・目的と一致しないような解釈によって置き換え、委任統治制度の明らかな意味を損なうような議論は支持されない」(*ICJ Reports 1971*, p. 30) とした。なお、「実効的解釈」についての裁判所の対応は否定的なものが多い (平和条約解釈事件、*ICJ Reports 1950*, p. 229, 南西アフリカ事件・第二段階、*ICJ Reports 1966*, p. 48, コルフ海峡事件、*ICJ Reports 1949*, p. 24, アングロ・イラニアン石油会社事件、*ICJ Reports 1952*, p. 105, アンバティエロス事件、*ICJ Reports 1952*, p. 45)。

(19)　香西茂『国連の平和維持活動』(有斐閣、一九九一年)、同「国連と世界平和の維持」『国際問題』四二八号 (一九九五年) 一五～三〇頁、藤田久一『国連法』(有斐閣、一九九八年) 三五七～三八二頁、酒井啓亘「国連平和維持活動の今日的展開と原則の動揺」『国際法外交雑誌』九四巻五・六合併号 (一九九六年) 九三～一一六頁。

(20)　*ICJ Reports 1949*, pp. 182-183.

(21)　*Ibid.*, p. 185.

(22)　ハックワース裁判官は「推論された権能」(implied powers) も「明示的権能」(expressed powers) から派生したものでなければならず、「明示的に付与された権限」(powers expressly granted) の行使に必要な範囲に限られるとしている (*Ibid.*, p. 198)。またクルイロフ裁判官は、裁判所の職務は現行国際法の解釈適用であり、いわゆる機能的保護という規則は現行国際法に抵触する新たな立法である、と多数意見を批判した (*Ibid.*, p. 219)。

(23)　山本『前掲書』(国際法) (注2) 一五一～一五二頁参照。

(24)　「総会は、第一一条または第一四条のいずれかの下であれ、その勧告を履行するために委員会その他の機関を設置することは、国際の平和と安全の維持に関連する組織的行動を意味する。そのような履行措置を執ることは国連の機能の通常の形態である。そうした委員会その他の機関、個人は、場合によっては、憲章二二条で認められた補助機関をなす。総会がその機能を遂行するために設置するそのような補助機関は、調査・監視・監督等の役割を担うが、これらの補助機関が利用される場合は、関係国の同意が前提となる。(その限りで、一一条二項但し書の規定に触れるものではない。)」(*ICJ Reports 1962*, p. 165)

(25)　「裁判所は安保理決議の基礎がいかなる条項にあるかについて意見を表明することは必要ないものと考えるが、ONUC の活動が、憲章三九条の下で、侵略行為ないし平和の破壊を行った国に対する武力行使を含むものでないことは明言できる。コンゴで用いられた軍隊はいかなる国家に対しても軍事行動を執ることを認められたものではなかった。その活動は第七章の下での『防止的ないし強制的措置』に該当せず、したがって第一一条で用いられている意味での『行動』を構成するものではなかったのである。」(*Ibid*., p. 177)

(26) *Ibid*., p. 168. 換言すれば、「機構が国際連合の目的の一つと明示されたものを達成するために適切であったという主張を正当化する行動を執るときは、そのような行動は、機構の権限外のものではないという推定される」(*Ibid*.)という。この「有効性推定」(presumption of validity)の法理については、森川幸一「国際連合の強制措置と法の支配――安全保障理事会の裁量権の限界をめぐって(二・完)」『国際法外交雑誌』九四巻四号(一九九五年)六七～七四頁参照。

(27) Ian Sinclair, *The Vienna Convention on the Law of Treaties*, 2nd ed., Manchester Univ. Press, 1984, pp. 135-138.

(28) *ICJ Reports 1971*, p. 22.

(29) 香西『前掲書』(注19)四一八頁。もっとも、両者における「一般的容認」の位置づけは異なるものと思われる。「推論による権能」の場合には、一般的容認の存否はそうした解釈が成り立つか否かという解釈それ自体の要件であるのに対して、「後に生じた慣行」の場合には、一般的容認の存在が国際社会の持続的支持を得られるか否かという「解釈」後の問題だからである。

(30) 国連保護軍については、酒井啓亘「国連平和維持活動における自衛原則の再検討――国連保護軍(UNPROFOR)への武力行使容認決議を手がかりとして」『国際協力論集』(神戸大学)三巻二号(一九九五年)六一～八五頁参照。

(31) 松田竹男「ソマリア武力行使決議の検討」『法政論集』(名古屋大学)一四九号(一九九三年)三五一～三七八頁。

(32) 松田竹男「正統政府回復のための強制措置の発動――ハイチの場合」『法経研究』(静岡大学)四四巻三号(一九九五年)一～四五頁参照。

(33) Oscar Schachter, "United Nations in the Gulf Conflict", *American Journal of International Law (AJIL)*, vol. 85, no. 3, 1991, pp. 452-473.

(34) Burns H. Weston, "Security Council Resolution 678 and Persian Gulf Decision Making", *Ibid*., pp. 516-535.

(35) Michael J. Glennon, "The Constitution and Chapter VII of The United Nations Charter", *Ibid*., pp. 74-88.

(36) Giorgio Gaja, "Use of Force Made or Authorized by the United Nations", in Tomuschat, ed., *The United Nations at Age Fifty: A Legal Perspective*, Kluwer Law International, 1995, pp. 39-58.

(37) Alain Pellet, "The Road to Hell is Paved with Good Intentions: The United Nations as Guarantor of International Peace and Security: A French Perspective", in *Ibid*., pp. 113-133.

(38) 松井芳郎『湾岸戦争と国際連合』(日本評論社、一九九三年)六九～九三頁。

(39) Weston, *op. cit., supra* note 34, pp. 521-522.

(40) Gaja, *op. cit., supra* note 36, pp. 52-53.

(41) Carl-August Fleischauer,"Inducing Compliance", in Oscar Schachter & Christopher C. Joyner, eds., *United Nations Legal Order*, vol. 1, 1995, p. 233; John Murphy,"Force and Arms", in *Ibid*., pp. 286-287.

(42) Pellet, *op. cit., supra* note 37, p. 125.

(43) Schachter, *op. cit., supra* note 33, pp. 457-461.

(44) 佐藤哲夫「冷戦後の国際連合憲章第七章に基づく安全保障理事会の活動」『法学研究』(一橋大学研究年報)二六号(一九九四年)五三～一六七頁。

(45) 松井『前掲書』(注38)八九頁。

(46) 山本「前掲論文」(一方的国内措置)(注2)四七～四八頁。

(47) 人道的な考慮に基づく緊急救出活動等で、目的を達成した後ただちに撤退する時限的・限定的な活動(いわゆる in-and-out operation)が二条四項にいう「領土保全又は政治的独立」を害することになるか否かは、これまでも度々議論されてきた。国際司法裁判所は、一九八〇年の「テヘラン人質事件」判決の中で、失敗に終わった同年四月二四日の米国による人質救出作戦につき、それが裁判係属中に断行されたという点で「いかなる動機によるものにせよ、国際関係における司法手続の尊重を妨げるものと考えざるをえない」と批判したが、同時に「当該作戦の国連憲章上および一般国際法上の適法性の問題ならびにそれに基づく責任の問題は裁判所に提起されていない」としている(*ICJ Reports 1980*, p. 43)。

また、たとえば、国内法に基づく執行措置としての公海上での外国人・外国船舶に対する武器の使用が二条四項で禁止される「武力」(force)に当たるかといった問題もかつて国際司法裁判所で争われたことがある(Fisheries Jurisdiction Case or The Estai Case, Spain v. Canada, see Peter G. G. Davies, "The EC/Canadian Fisheries Dispute in the Northwest Atlantic ", *International and Comparative Law Quarterly*, vol. 44, 1995, pp. 927-939)。さらに、「低水準戦闘状能」(low intensity hostilities)すなわち、武力攻撃には至らない小規模のテロ行為であっても、それが継続的・組織的に繰り返される場合、これに対して武力による対抗措置が許容されるかという問題も、一九八六年の米国によるリビアの首都トリポリ爆撃に関連して議論されたところである。これらはいずれも憲章二条四項の解釈および国連の紛争処理機能の評価において規範的「灰色状態」の問題領域であり、国家の一方的措置に対抗力が認められうる事例といえよう。なお二条四項の解釈については、Bruno Simma, ed., *The Charter of the United Nations : A Commentary*, Oxford, 1994, pp. 106-128; D. J. Harris, *Cases and Materials on International Law*, 5th ed., 1998, pp. 859-940 参照。

(48) Frederic L. Kirgis Jr., "The Council's First Fifty Years", *AJIL*, vol. 89, no. 3, 1995, pp. 506f., 520-527.

(49) 国際組織の「対外関係」の概念については、Jochen Abr. Frowein, "The Internal and External Effects of Resolutions by International Organizations", *Zeitschrift für ausländishes öffentliches Recht und Völkerrecht*, B. 49/4, 1989, S. 778-790, 酒井啓亘「国際連合を当事者とする紛争の法的構造――国連本部協定をめぐる国連と合衆国の対立」『法学論叢』（京都大学）一三一巻（一九九二年）三一～三八頁参照。

(50) *ICJ Reports 1971*, pp. 52-56.

(51) Christian Tomuschat, "International Law", in Tomuschat, ed., *op. cit., supra* note 36, pp. 281-282.

(52) 田中忠「国連の平和維持活動と日本の参加・協力」『法学セミナー』一九九一年一一月号、三六～四一頁、山本条太「国際の平和及び安全の維持と国家管轄権」村瀬信也・奥脇直也編『前掲書』（注4）六五五～六八二頁参照。

第三節　武力不行使に関する国連憲章と一般国際法との適用関係
――NATOのユーゴ空爆をめぐる議論を手掛かりとして

一　はじめに

1　問題の提起

一九九九年三月から六月にかけて、北大西洋条約機構(NATO)軍が、コソヴォ紛争に関して行ったユーゴスラヴィア連邦共和国に対する大規模な空爆の展開は、それが安保理事会の授権・容認を受けないで行われたため、国連憲章違反として重大な問題となった。周知のように国連憲章は、二条四項で武力不行使に関する加盟国の義務を定める。憲章の下で許容される武力行使は、五一条の自衛権行使の場合か、第七章(または第八章)に基づく強制措置の場合に限られる。しかるに、今回のNATO空爆がそのいずれにも該当しないことは明らかで、憲章の基本原則である武力不行使義務に違反するというのが多数の見方である。

しかし他方、コソヴォでのユーゴ・ミロシェヴィッチ政権による「民族浄化」などの大規模人権侵害に対して、安保理事会は幾たびかこれを憲章第七章の事態と宣言し、ユーゴ政府による敵対行為の停止を要求したにもかかわらず、理事会における五大国一致が得られないまま、何ら実効的措置を執ることができなかったことも事実である。このような安保理の機能麻痺という状態においても、依然として、憲章二条四項の禁止規定はそのままの形で維持されるべきものであろうか。そもそもこうした状況においても、果たして国連憲章は、排他的な適用法規として、維持されるべきものであろうか。むしろ、このような場合には、一般国際法の適用を考慮すべきではないだろうか。

このような問題意識の下で、本節は、武力不行使原則に関し、国連憲章の妥当な適用範囲の検証を目的としている。従来から、国連憲章――とくに国際の平和と安全に関する諸規定――については、これが、国際法において特別の地位を与えられて、国際社会の上位法、国際憲法ないし、少なくとも特殊な（*sui generis*）性質の条約であることが強調されてきた。他方で、しかし、憲章の武力不行使原則ほど軽視され踏みにじられてきた例もないといわれるように、その現実的な機能に対しては、深刻な懐疑が投げかけられてきたことも事実である。こうした状況において重要なことは、国連憲章を一般国際法の枠組みの中で適切に位置づけ直すこと、すなわち、国際法における特別法と一般法との関係に照らして、国連憲章の位置と機能を適正に捉え返すことではないかと思われるのである。

本節における考察の中心は、右のように、法源論的な観点からの、国際法における適用法規の問題であり、とくに国連憲章の適用範囲についてその限界を明らかにすることである。ここでは、武力不行使原則それ自体の内容を吟味することが主要な関心事ではなく、まして、ＮＡＴＯ空爆の是非それ自体を論じることが直接的目的でもない。むしろ、その前提として、こうした問題を国際法の観点から議論するために必要な筋道をつけておくこと、少なくともそれを仮設的に提示しておくことこそが、本節の課題である。

2　憲章体制の変遷

右のような課題を検討するためには、まずもって、国連憲章の現実的な機能を、やや巨視的な観点から、捉えておく必要がある。国連憲章の性格や機能は、いうまでもなく、それぞれの時期における国際社会の構造的変化を反映して、変遷がみられる。憲章が起草された当時の国連の安全保障に対する基本的体制は、きわめて概括的な表現を用いれば、安保理における五常任理事国（P-5）を中心とし、かつ、「正義の価値に対する平和の価値の優先」(peace over justice)

を基本とするものであった。これは極論すれば、国内にいかなる不正義が存在しようと、あくまで平和と安全の維持に対する考慮を優先することを意味した。憲章一条一項は、基本的にそのことを宣明しているものと解される(1)。こうして、平和の破壊等の第七章に基づく強制措置が執られる場合を除き、国連も国家と同様、国内問題に対して不干渉義務を負うのである(二条七項)。

国連が創設されて間もなく始まった冷戦下において、たしかに安保理事会は常任理事国の拒否権行使により活動停止となることが多かったが、しかし、当時は五大国(少なくとも米ソの二超大国)が力を持ち、安保理の基礎をなす「五大国一致の原則」が現実的な意義を持っていたのである。その意味では、逆説的ながら、国連憲章は実効的に「機能」していたといってもよい。冷戦期の約四〇年間、良くも悪くも、国連の安全保障は「P–5による peace over justice」の体制として存続したのである。

これに対して、今日の国連安保理をめぐる問題状況は、五大国の相対的弱体化に伴って、五大国一致原則の前提が空洞化してきたことに特徴づけられる。こうした傾向はすでに一九七〇年代から認識されてきていたが、国連はこれを是正・克服するための自己改革(端的にいえば、日独両国の常任理事国参加による安保理改組)にも成功せず、いたずらに問題を先送りしてきたのである。このため、国連は、G–8主要先進国首脳会議をはじめ、OSCE(全欧安全保障協力機構)やNATOなどの別の機構による「補完」に依存せざるをえなくなってきている。加えて、国連が実現をめざす法価値も多元化してきており、人権・人道など「正義」の要求が「平和」の要請を超える場合も生起してきている。そのため、甚だしい不正義に対しては「平和」を犠牲にしてもこれへの対応を余儀なくされるといった場面に、国連は一再ならず立たされることになる(2)。こうして現時点における国連の安全保障をあえて特徴づければ、「G–8等に補強されたP–5による peace on balance with justice の確保」、とでも表現するしかないような不安定な形のものとなってきているのである。後述の、NATO空爆終結を受けて国際軍派遣を決めた安保理決議一二四四号(一九九九・六・一

○)は、こうした国連の現状を象徴している。

このような状況において、国連憲章の規範性が深刻なチャレンジを受けていることはいうまでもない。憲章規定を実態に適合させるために、武力行使の許容範囲や強制行動の発動要件等に関して、関連規定を拡大解釈ないし縮小解釈し、あるいは、その適用の条件を大幅に緩和するといったことが行われてきた。しかし、そうした解釈適用上の操作では、もはや、憲章を取り巻く状況に対応しえなくなってきているのである。そこで本節では、武力不行使原則に関する国連憲章の解釈基準および憲章の適用範囲について検討するとともに、一般国際法への適用上の「切り替え」といった問題を考察したいと考える。こうした問題の検討においては、前提的に、憲章解釈の方法について確認しておく必要があると思われるので、本論に入る前に、この点に触れておきたい。

3　憲章解釈の方法

国連憲章の解釈に当たっては、まず、これを「普通の」多数国間条約の場合と同様の方法によるべきものと考えるか、それとも憲章には国際法の「憲法」(constitutional law)ともいうべき「特別の性質」が付与されていると捉えるべきかという、基本的な対立がある。これは本節のテーマの底流にある問題といってよい。ただ、少なくとも、従来の国際司法裁判所による判断を前提に考える限りは、時として傍論的に「特別の性質」に言及されることはあっても、概ね、憲章も通常の条約と同様の解釈規則に準拠して行われていると捉えて差し支えないであろう(3)。

もっとも、一般に国際組織法の場合、基本文書の解釈方法として、条文の文理解釈を基本とした上で、目的論的解釈(teleological interpretation)がとられる傾向が強い(4)ということは指摘されよう。「推論による(黙示的)権限(implied power)の法理」(5)などは、その典型である。しかも、解釈における組織化の原理が働いて、各条文を有機的に統合された一体的なものとして捉えようとする傾向は、通常の条約における「文脈による解釈」と比べて、一層顕著である。国際組織が一定の機能目的を実現するために設立されたものである以上、機能性原理を優位させる形で、そのような解釈方法が積極的に採用されることには十分な理由がある(6)。こうした解釈方法が、条文は「有意味に」解釈されなければならないという観点から「有効性の原則」(principle of effectiveness)と称されることもある(7)。国際組織法の解釈におけるこの有効性原則(これは本節で強調する「実効性」重視の解釈態度とは全く異なる)には、組織の目的や黙示的権限を強調する積極的要素と、起草者ないし締約国の意思を否定的に評価する(代わりに組織の実行[practice]を重視する)消極的要素があるといわれる(8)。いずれにせよ、こうした解釈原則の下で、国際組織法においては、目的論的考慮が優先しがちとなることは否定できない。

しかるに、こうした組織化され強化された目的論的解釈が、国際組織の「現実の」機能との間に乖離した状況を創り出しかねないことは容易に想像されよう。そこで、こうした傾向に対する対抗的な解釈方法として、法の現実的機能に着目し、経験的分析(empirical analysis)を重視する「実効性」を基準とした解釈方法(いうまでもなくこれは上記の有効性原則とは対極的に異なる)が注目されなければならない(9)。もとより法の機能といっても多義的であるが、ここでは、重層的な構造を持つ法の中で、とくに(抽象性の高い「法原理」ないし「シンボルとしての法」(10)と区別される意味での)具体的な国家間ないし国家と国際組織との関係を直接的に規律する「実施規則」(operational codes)としての法が、現実にいかなる規制力を及ぼしているかが重要なのである。

ラウターパクト裁判官が一九五五年の南西アフリカに関する表決事件の勧告的意見に付した個別意見の中で、「(国際組織の)基本文書を適切に解釈するためには、その原文書の形式的な文言だけでなく、その実際の実行における実施の態様(its operation in actual practice)を……考慮しながら検討しなければならない」(11)と述べているように、実施態様を重視する方法は、国際組織法の性質そのものから要請される。すなわち、国際組織は、国際会議などと異なり、具体的な任務を遂行する目的で創設される実施主体(operational entity)である。したがって、国際組織法の解釈においては、問題となっている規則が、実際上どのように実施(operate)されているかについての考慮が、極めて重要である。逆に、それが実施不能(inoperative)となっている場合には、そのことの意味を「適切に」評価しなければならないのである。

さて、以上概観した問題の所在を一層明確にするために、まずは、NATO空爆に関する諸見解を再検討しておこう。

二　NATO空爆の法的評価に関する諸見解

1　憲章違反説

NATO空爆に関する国際法上の論評は未だあまり多くないが、今後出されるものも含めて、おそらくその圧倒的多数は「憲章違反説」と思われる。冒頭にも述べたとおり、この見解は極めて単純・明快である。ここでは主にシンマ教授の論稿(12)に即して紹介しておこう。その根拠はまず第一に、今回のNATOによる武力行使については、憲章第七章の規定に基づく安保理の「勧告」や「決定」はもとより、湾岸戦争等において行われたような多国籍軍に対する「容認」(authorization)(13)さえなかったことである。仮にNATOを憲章第八章に基づく「地域的取極又は地域的機関」として位置づけるとしても(NATO自身は地域的取極・機関としての自己規定を拒否している)、問題は同じである。五三条の下で安保理が強制行動のためにこれらの取極や機関を利用する場合には、やはり安保理の「許可」が必要だからである。

第二に、憲章五一条に定められる集団的自衛権の行使として、NATOの軍事行動が正当化できるか否かという点についても、否定的に考えざるをえない。五一条における自衛権発動の要件は「武力攻撃」の存在であるが、いうまでもなく、ユーゴがNATO諸国に対して、あるいは他の第三国に対して、武力攻撃を行ったということはないのである。ユーゴ当局による実力の行使は、あくまでもコソヴォの自国民に向けられたものであった。コソヴォ自治州は、単にユーゴ連邦共和国の一州にすぎず、集団的自衛権に基づく軍事援助を外国に対して要請しうる主権国家ではない。国連はもとより、OSCE、NATOその他いかなる国際組織や国際会議もコソヴォ自治州の連邦離脱ないし独立を認めてはおらず、したがって民族自決権の主体としての国家形成の前段階にある団体ではないのである。

こうして第三に、問題は二条四項の解釈に帰着する。同項は「武力による威嚇又は武力の行使」を禁止している。もっとも同項の禁止規定には幾つかの留保が付加されているように解しえないわけではない。従来も「その国際関係において」との文言を制限的に解して、たとえば内戦には適用されないといった見解があったほか、「国の領土保全又は政治的独立」を害するものでない限り、あるいは「国際連合の目的と両立」する限り、場合によっては武力の行使が許容されうる、といった意見も表明されてきた。たしかに、人道的考慮から行われる（主として自国民保護のための）緊急救出作戦（emergency rescue operations, いわゆる in-and-out operations）、低水準敵対行為（low intensity hostilities）に対する対抗措置、国内法執行措置（law enforcement actions）などが、二条四項による禁止の枠外ないし例外であるとする見解は有力である(14)。しかし、今回のNATO空爆のような大規模かつ長期にわたる軍事行動を、こうした例外として位置づけることは、明らかに困難といわなければならない。

以上が憲章違反説の骨子であるが、第四に、付言しておかなければならないことは、多くの論者が、この二条四項の規定を憲章一〇三条に基づいて上位法（higher law）的性格を有するものと捉え、かつ、その武力不行使義務が国際法の「強行規範」（*ius cogens*）であることを強調している点である(15)。したがってこうした見解によれば、その違反に対しては、国際法上一層重大な責任が追及されなければならない、ということになるのである。

2　非違反説

右のような憲章違反説に対して、今回のＮＡＴＯ空爆は、必ずしも憲章に違反するものではないという見解もある。少なくとも当のＮＡＴＯ諸国は（ニュアンスの差こそあれ）そのような立場であると思われるが、現在までのところ、これらの諸国もＮＡＴＯ自身も、武力行使の正当化に関する法的な議論は意識的に避けているようにもみられる。いずれ国際司法裁判所の「武力行使の合法性に関する事件」が本案審理に移るとすれば、そこで全面的に展開されることとなろう。ここで検討する非違反説は、したがって、推測的なものにとどまる。

(1)　黙示的容認の法理

非違反説の根拠の一つは、いわゆる「黙示的容認」(implied authorization) の法理である。安保理事会は明示的には武力行使の容認を行っていないが、それが黙示的に推定されるというものである。この黙示的容認説は、すでに、幾つかの「先例」があるといわれる。たとえば、一九九〇年八月に西アフリカ諸国経済共同体 (Economic Community of West African States, ECOWAS) を構成する五ヵ国の連合軍（ナイジェリア軍が主力）がリベリアの内戦に介入した事例である。この場合は、安保理は事後に黙示的な承認を与え、他国からの反対はとくに表明されなかった(16)。一九九一年には、米・英・仏の三国が、クルド人難民保護のため、イラク空域に飛行禁止区域を設定し軍事力によりこれを強制したが、安保理の明示的な容認はなく、ロシア、中国をはじめ国連事務総長もこれを批判している(17)。さらに、一九九八年一二月一六日に米英両国が、イラクの兵器査察義務違反を理由として同国を空爆した際にも、同様の理屈が用いられている。すなわち、一九九八年三月二日の安保理決議一一五四号で、イラクが国連事務総長との間で交わした約束に違反した場合には、同国に対する軍事的措置が「黙示的に」容認されていたとの解釈である(18)。もっとも両国は、右の決議と並んで、湾岸戦争時に多国籍軍に対する武力行使を容認した安保理決議六七八号（一九九〇）を援用し、その継続ないしその復活をも根拠としていた(19)。

さて、コソヴォ紛争について安保理事会は、一九九八年三月三一日の一一六〇号決議で、ユーゴ・セルビア警察による過剰な実力行使とコソヴォ解放軍（ＫＬＡ）のテロ活動を非難したが、「第七章の下に行動して」（Acting under Chapter VII）、とくにユーゴ政府に対し、ただちに同紛争を平和的に解決することを要求する（一項）とともに、ユーゴに対する武器・軍需物資等の禁輸を決定し（八項）、コソヴォにおける状況に改善がみられない場合には「追加的措置を考慮する」（一九項）ことが強調された。同年九月二三日の決議一一九九号では「コソヴォにおける状況の悪化はその地域における平和と安全の脅威を構成し、……第七章の下に行動して」、「コソヴォのすべての当事者が敵対行為をただちに停止し、停戦を維持することを要求する」一方、「本決議と一一六〇号決議で求められた具体的措置が執られないときは、地域の平和と安定を維持回復するためのさらなる行動および追加的措置（further action and additional measures）を考慮する」（一六項）ことを決定した。さらに、同年一〇月二四日の一二〇三号決議で安保理は、やはり「第七章の下に行動して」、ＮＡＴＯに対し、コソヴォ空域における査察の任務を認めている（一、二項）。こうして、安保理決議は、徐々にその内容を強化してきていることが認められる(20)。

しかし、ＮＡＴＯによる武力行使については、ロシア・中国の拒否権発動が予想されたため、安保理での提案も行われず、容認決議を得ないままに、一九九九年三月二四日、空爆は開始された。その三日後（三月二六日）、ロシアは安保理に決議案を上程して空爆停止を求めたが、これは圧倒的多数で否決（三対一二、賛成はロシア・中国・ナミビアのみ）された(21)。また、ここでは扱わないが、ユーゴが提出した空爆停止の仮保全措置の請求は、一九九九年六月二日、国際司法裁判所により斥けられている。

以上のような経緯をみると、安保理は、(1)コソヴォの事態を「第七章の下で」、「平和に対する脅威」と認定し、(2)ユーゴ政府に対し敵対行為の停止と紛争の平和的解決を求め、(3)ユーゴ政府がこれらの履行を怠った場合には「追加的措置」に踏み切る、との姿勢を明確に示してきた。しかし、こうした事実が、安保理による武力行使の「容認」を間接的に推認させるに足るかというと、それはやはり無理であろう。安保理の容認（authorization）は、あくまでも「明示的に」与えられなければならない。そうでなければ、安保理の表決に関する憲章二七条の規定——憲章規定の中でも本質的に重要な規定の一つである——は、全く意味をなさないことになり、濫用の危険があまりにも明白だからである(22)。また、空爆停止決議案の否決や、仮保全措置の棄却が、それ自体、積極的に空爆容認を意味するものでないことはいうまでもない。

(2)　人道的介入

先にも触れたように、憲章二条四項は、極めて例外的・緊急的な場合における「人道的介入」（humanitarian intervention）の余地を残したものとも考えられる。もっとも、学説は、違法説に傾くものと合法説に傾くものに分かれつつも、未確定な部分が多い(23)。ただ、人道的介入と一口にいっても、具体的なケースによって、その目的や態様にはかなり大きな差があることは注意しておく必要がある。たとえば、目的についても、(1)自国民救出、(2)人道救援団体構成員等の保護、(3)人道救援活動のための安全な環境の確保、(4)国外への難民流出や国内避難民等の保護、(5)被介入国政府に対し人道問題に関する政策変更の強制、など多様である。こうした目的に応じて、投入される軍隊の規模・性格・装備・期間なども異なってくる。

極めて大雑把な基準を立てるとすれば、(1)や(2)のケースは、それが小規模・時限的に、かつ、侵害行為に対する比例性を限度として行われる限り、被介入国の「領土保全・政治的独立」を害しないものと観念することも、場合によっては、正当化されようかと考えられる。(3)や(4)になると、被介入国の国家管轄権と真向から衝突する場面も出てこよう。さらに(5)の場合には、その目的が明確に被介入国政府の意思を強制的手段によって変更させることであるから、そのための措置は、憲章第七章に基づく許可・容認を必要とするものといわざるをえない。今回のNATO空爆が、

(3)から(5)を含む広範な目的を実現するための措置であったことは明らかであり、いかに二条四項の下での許容範囲を広げても、憲章上これを正当化することは困難といわなければならない。また五一条の自衛権概念をいかに拡張しても、ＮＡＴＯ諸国ないし第三国に対する武力攻撃の不存在、コソヴォ自治州の非主権的性格などに照らして、空爆を正当化することができない(24)ことは冒頭に述べたとおりである。

以上みてきたように、今回のＮＡＴＯ空爆は、国連憲章に照らして判断する限り、その適法性を論証することはほとんど不可能といってよい。しかし問題は、これらの諸見解が前提としているように、本件事案を国連憲章の適用問題として考えることがそもそも妥当か、という点である。コソヴォ紛争の場合のように、その解決について国連安保理がその機能を果たしえなかった状況の下では、その法的評価を、実効性を喪失した国連憲章に基づいて行うということに、どれほどの意味があるだろうか。こうした場合には、むしろ、適用法規を切り替えて、一般国際法の適用が考慮されるべきではないか、というのが本節のライトモチーフである。そうした観点から、次に、憲章違反論が前提としている論拠を批判的に検討しておきたい。

三　憲章違反論の前提に対する批判

1　憲章の「優位性」

先にも触れたように、国連憲章については、これを「普通の」多数国間条約と捉え、それ以上でもそれ以下でもないとして「特別の性質」を否認する立場と、国際法上これに特別の地位を認めるべきだとする見解が対立してきたが、後者の見解は、今日なお一部で強く主張されている。憲章規定の中でも、とりわけ二条四項の武力不行使原則は、これを国際法の「強行規範」(*ius cogens*)と捉える論者は多い。もとより、強行規範というためには、それを「国際社会全体が受け入れ、かつ認め」(条約法条約五三条)ていることを証明しなければならない。しかし、それ以前に、そもそも強行規範の観念は、「いかなる逸脱も許されない規範」として、定義上、法の階層性を前提にしないと成り立たないから、この場合には憲章規定を「上位法」(higher law)として想定することになる。その際に主要な根拠の一つとして援用されるのが、周知のように、「憲章義務の優先」を定めた一〇三条の規定である。この規定は、いうまでもなく、憲章上の「義務」が他の国際協定上の「義務」と抵触する場合に、前者が優先(prevail)することを定めるのみで、国連憲章が他の国際協定を破棄する(abrogate)ことを意味するものではない。まして、国連憲章が一般国際法に優位することを意味するような規定でないことは、明らかである(25)。それにもかかわらず、先のシンマ教授の説にみられるように、一〇三条は、往々、国連憲章の優位性ないし上位性を想定した条項として過大評価されてきたのである。この点をまず、正しく理解しておかなければならない。

憲章一〇三条の意義を適正に把握するためには、まず、この規定が置かれている位置を考えなければならない。一〇三条は憲章中の最後の方に「雑則」(Miscellaneous Provisions)の一つとして置かれているにすぎない。そのことは、少なくとも起草者の意思としては、この規定の意義を限定的に捉えていたことを意味しよう。憲章の優位性を積極的に承認させようという趣旨であるならば、本規定は「雑則」ではなく「原則」規定に置かれるべきではなかったか。とくに二条二項の憲章遵守義務に付加されてこの規定が置かれたならば、あるいはその意義も積極的に評価さるべきものとなったかとも思われるが、そうならなかったことは、やはり、同条に関しては限定的解釈が求められることを示唆していると考えられる。

次に、より重要な点であるが、一〇三条の規定内容について、そこでの「義務の抵触」の意味が問題である。これは、単に、義務の積極的抵触があれば同条の適用があるということを意味するものではない。積極的抵触は必要条件にすぎない。一〇三条適用の十分条件としては、「能動的抵触」の存在が認められなければならないというのが、本節の立場である。すなわち、本条は、連盟規約二〇条のような静態的・抽象的抵触を前提とした規定ではなく、あくまで、「具体的な国連機関の行為の結果として」、その意味で能動的な、義務の抵触が生じる場合を想定した規定である(26)、と解すべきものと考える。

したがって、安全保障の分野について一〇三条の適用が認められるためには、安保理の「決定」に基づく拘束的義務が必要であり、安保理が拘束力のない「勧告」として決議を採択したような場合には、もとより、一〇三条の適用はないのである(27)。安保理の実行や国際司法裁判所の判断も、そうした解釈を示唆しているように思われる。一九九二年四月一四日のロッカビー事件仮保全命令でも、裁判所は、安保理決議七四八号(一九九二)が、憲章二五条により加盟国に対して拘束的な義務を課していることを前提的に確認した上で、一〇三条の適用を認めているのである(28)。

このように、自明のことながら、一〇三条が具体的な意味を持つためには、安保理(またはその他の国連機関)によって加盟国に義務を課すべき拘束的な決定が介在していなければならない。そのことは、そうした決定を行う安保理が、具体的事案をめぐる国際の平和と安全の維持について「実効的に機能している」ことが、前提となる。そうした前提を欠いて、一般的・抽象的に、憲章義務の優位を唱えても、それは空語でしかない。こうして、二条四項の武力不行使原則に対し、一〇三条を媒介として、国際憲法的ないし上位法的な位置を与えようという見解には、留保を付さざるをえないのである。

2　憲章規定の一体性

二条四項をめぐるもう一つの問題は、この規定を他の関連規定と切り離して解釈できるか、という点である。結論を先取りすれば、二条四項の武力不行使と五一条の自衛権、そして第七章の強制措置は、個々別々の制度としてあるのではなく、それぞれが密接に関連しあって一体的な関係にある、ということである。とくに二条四項と第七章とはトレード・オフの関係にあるといってもよく、武力不行使原則の規範性は、第七章における集団安全保障の機能に依存しているものと捉えられるのである。したがって、これらの条項は、ワンセット（単一・一体のパッケージ〔a single, integral package〕）として理解されなければならず、それぞれを分離・切断し、とくに二条四項だけを個別に取り上げてその適用を論じることは妥当ではないといわなければならない。

二条四項の適用範囲については、先にも触れたように、伝統的な国家間の武力紛争に限定されるのか、それとも今回のコソヴォ紛争のような、一国内の大規模人権侵害への他国による武力介入をも含むものかは議論のあるところではあるが、同項に関するこれまでの国連での実行（少なくとも、加盟国の対応）に照らして、後者のケースも含むものであることは、大多数の論者の支持するところとみられる[29]。また、こうした国内管轄権内にある事項に対して、国連がその集団安全保障の一環として強制的に介入する権限を与えられているか否かという点も必ずしも明瞭ではないが、二条七項但し書の前提には、一国内の大規模人権侵害のようなケースについて、安保理がこれを「平和に対する脅威」等に該当する旨認定した場合には、その限りで（すなわち、平和の回復の実現という目的に関する限りで）、強制措置の対象となりうる、との想定があったものと解されよう。したがって、本節で、二条四項と第七章がワンセットという場合も、以上のことを前提として、考察していくこととする。

さて、この二条四項が憲章に挿入されることになった歴史的文脈については、周知のとおりである。二〇世紀前半期におけるいわゆる「戦争違法化」の過程を経て、各国は徐々に、武力行使が許容される範囲を制限することに合意してきた。国家が、主権の最終的な担保である武力行使の権利について、制限を受け入れるためには、従来の安全確保の手段としての自力救済に代わる他の保障がなければならないということは自明の理である。ウォルドックは「適切な救済手段を得ないままに自力救済の権利を放棄することは、無法者の横暴を許すことになるのみ」[31]とこれを表現している。連盟規約においては、「国交断絶ニ至ル虞ノアル紛争」はこれを裁判または連盟理事会の審査に付すべきこと、かつ、裁判の判決後または連盟理事会報告後の三ヵ月間は戦争に訴えないことを規定した（一二条一項）が、本節の観点からとくに注目しておかなければならないのは、連盟理事会の紛争解決機能に限界があることを見越して、規約一五条七項では、「連盟国ハ、正義公道ヲ維持スル為必要ト認ムル処置ヲ執ルノ権利ヲ留保ス」との条項が置かれ、従前の一般国際法の下における武力行使の権利が留保されていたことである。

こうした経緯を踏まえて、国連憲章は一条一項で国連の目的を「国際の平和及び安全を維持すること。そのために、……有効な（effective）集団的措置をとること」と規定したのである[32]。国連憲章で各国が武力行使の禁止を受け入れた背景には、国連の集団安全保障体制が実効的に機能し、各国はこの体制に自国の安全を委ねうることが前提となっていたのである。そうした観点で、「二条四項は、孤立した条項ではなく、複雑な集団安全保障体制の一部分である」（"Rather than standing by itself, Article 2 (4) was part and parcel of a complex collective security system"）とのリースマン教授の指摘[33]は正しい。

仮に、このように、二条四項の規範性を第七章の機能に依存したものとして捉えることとすると、第七章が機能麻痺に陥った場合、その法的帰結はどのようなものとして理解すべきか、ということが次の問題である。

3　憲章の機能麻痺とその法的帰結

右のように二条四項と第七章との一体性を前提とするとして、第七章の機能麻痺の帰結をいかに捉えるかについては、二つの方向があろう。一つは、国連憲章を適用法規として維持したまま、二条四項の禁止の範囲が緩和され、自衛権行使や人道的介入の許容範囲が、いわば第七章の機能麻痺の度合に比例して拡大する、といった「解釈」をとるものである。この場合、第七章の機能が回復しない限り二条四項は死文化[34]することとなるが、それにもかかわらず、そうした状態を同項の「解釈」によって正当化することになろう。しかし、こうした把握の結果は、二条四項の前記「有効性原則」に基づく「有意味な」解釈を排除するだけならともかく、「無意味な」解釈を強要することになり、許容される解釈適用の性質・範囲を大きく逸脱したものとならざるをえず、これを採用することは躊躇される。これに対して、もう一つの考え方は、こうした状況の下では、国連憲章の適用それ自体が停止され、代わって一般国際法の適用が復活するものと解する本節のような立場である。国連憲章にも、前記の連盟規約一五条七項の留保（一般国際法に基づく武力の行使）が、いわば、内在的に前提されており、それが第七章の機能麻痺によって「顕在化」する場合がありうるという考え方である。

仮設的な事例であるが、武力紛争の両当事者が国連非加盟国、ないし一方の当事者が非加盟国である場合、そこでの適用法規が、国連憲章ではなく一般国際法であることについては異論なく認められるであろう(35)。また、同じような事案について、国連加盟国である当事国も第三国も、また国連自身も、最初からこれを憲章上の問題として提起したり、取り上げたりしていないような場合はどうであろうか。この場合には、国連憲章と一般国際法が、いわば「重複」した形にはなっているが、憲章は当初から inoperative であることから、この紛争の適用法規が第一次的には一般国際法となることも、是認されるであろう(36)。

しかるに、本節が問題としているのは、国連加盟国間の武力紛争で、当初は国連安保理が第七章の事態として対応したにもかかわらず、その後の機能麻痺によって安保理による何らの実効的措置も執られず、憲章が inoperative になったような場合である。このような場合には、適用法規の転換が生じ「特別法の終焉と一般法への回帰」という形で、国連憲章から一般国際法への「切り替え」が行われる、というのがここでの仮説である。後述のように、国連における実行も、これを支持しているように思われる。

こうした考え方の参考事例としては、一九八六年のニカラグア事件に関する国際司法裁判所の本案判決がある。これは必ずしも右のような国連憲章が機能麻痺に陥った場合の事案ではないが、適用法規の転換という面では類推可能な事例と思われる。この事件は、米国による軍事・準軍事活動が違法な武力行使に当たるとして、ニカラグアが米国を訴えたものである。しかるに、米国の裁判管轄権受諾宣言には、いわゆる「多数国間条約留保」の条項が含まれており、国連憲章や米州機構憲章などの多数国間条約の下に生ずる紛争は、裁判所の管轄権から除外されることになっていた。この点について、裁判所の多数意見は、米国の留保の有効性を認める代わりに、国連憲章等の適用を排除し、武力行使に関連する国際慣習法の規則を適用したものである(37)。もとより、この判決（多数意見）には批判も多く、とくに管轄権と適用法規の問題を同一次元で捉えている点は司法裁判の在り方として疑問なしとしない。しかし、条約当事国間においても、特別法たる条約の適用を排除して、一般法である国際慣習法の適用が決定的な重要性を持ちうる(38)ことを示した点は、本節の問題意識に連なるものがある(39)。

4　国連の実行

(1)　朝鮮動乱

国連の実行において、憲章の実効性喪失が一般国際法への回帰を示した典型的な事例としては、朝鮮動乱のケースが挙げられよう。北朝鮮（朝鮮民主主義人民共和国）の武力南侵直後の一九五〇年六月二五日、安保理事会は南北両朝鮮当事者に対して「敵対行動の停止を要請」するとともに、とくに北朝鮮に対し「その軍隊を三八度線まで撤退させることを要請」する決議を採択、次いで六月二七日の決議では国連加盟国に対して「武力攻撃を撃退し、かつ、朝鮮における平和と安全を回復するために必要な援助を韓国に与えることを勧告」する旨を定めた（これは国連憲章第七章の三九条に基づく「勧告」であるという見解が多い）。さらに安保理は七月七日、加盟国が提供する軍隊・援助（実際には一六の国連加盟国が軍隊を提供したが、朝鮮国連軍の大半は米国の軍隊で占められた）を米国政府の下にある統一指揮権に委ねること、米国はこの軍隊の指揮官を指名すること、統一指揮権に国連旗の使用を許可すること、等を決議した。これらの決議が採択されたのは、周知のように、ソ連が当時、安保理に欠席していたからであるが、ともかくも、朝鮮動乱の際には、やや変則的な形ではあったにせよ、国連の強制行動として、つまり国連憲章の適用という形で、開始されたのである(40)。

しかるに、その後、ソ連の復帰により、安保理は機能麻痺に陥り、朝鮮問題は一九五一年一月以降、安保理の議題からも削除されたのである。中国義勇軍の参戦を経て、戦局は一進一退を繰り返して膠着状態となり、一九五三年七月二三日の休戦協定で終結することになった。この休戦協定は、北朝鮮と国連軍司令部(事実上、米国)との間で交渉・締結されたものであり、それを国連総会が承認するという形をとったのである(一九五三年総会決議七一一号)(41)。同決議は、国連自身ではなく、「国連軍に参加している各国が」、朝鮮問題に関して予定されている政治会議で解決するよう勧告しているが、このことは、明らかに、国連としては朝鮮問題から「手を引く」という意思表示以外の何ものでもなかった(42)。国連憲章の適用で始まった朝鮮動乱は、こうして、一般国際法の制度に則って終結したのである。故・田中忠教授は、この点に関し、大学院在学中の一九六八年に執筆した朝鮮戦争に関する小論の中で、次のように総括している。

「朝鮮戦争は北朝鮮の行為に対する国連の強制措置として行われたが、その終了は、休戦という一般国際法上の戦闘行為終了の方式でなされた。仮に、強制措置が国連憲章上予定されている通りに実施されたとすれば、五大国を中心とする圧倒的軍事力によって、平和の破壊者を鎮圧、打倒し、屈服させれば足る筈であり、何ら後者との間の合意は必要ではなく、強制措置を定めた決議もその目的を達して効力を終了させるであろう。それが休戦協定によって戦闘が終り、現在もその状態が継続し、決議も消滅していないということは、先に述べた如く、国連の集団安全保障の基盤が変化し、本来の効果をもちえず、国連の力に限界が生じたことを示している。従って、この終了の仕方も、事後の処理も、国連憲章の枠組みからはみ出した形で、一

般国際法ないし政治過程のなかに埋没したことを意味するといえよう。」(43)

(2) 憲章の「実施不能」とその認定

国連憲章が機能を喪失して実施不能(inoperative)になった場合に、適用法規が一般国際法に転換するとして、いかなる条件が具わったときに、憲章は「実施不能」になったと認められるのか。右にみた朝鮮戦争休戦時のように、国連機関が自らそれを実質的に認めたような場合は問題ないとしても、その条件が客観化されない限り、濫用の危険を免れえない。

この点に関する参考事例として、一九八〇年四月の米国によるテヘラン人質救出作戦を取り上げておきたい。前年一一月四日以来のテヘランにおける米国大使館員等の人質行為に対して、国連安保理は一一月二五日、全会一致で採択された決議四五七号(一九七九年)において、イランに対し人質を即時に解放するよう命じたが、イランはこれを拒否した。米国は、国際司法裁判所にイランに対する提訴の手続を執り、一九七九年一二月一五日に裁判所はイランに対し、人質を解放するよう仮保全措置の命令を発した(44)が、イランはその履行を拒否した。一二月三一日に安保理は再び決議四六一号で人質の即時解放を求め、それが遵守されない場合には、翌年一月七日に安保理を開催し、「憲章三九条および四一条に基づく実効的措置を執る」とされた。しかし、米国が提出したイランに対する経済制裁決議案はソ連の拒否権により採択されなかった(他に反対したのは、東ドイツのみ)。三月には国連の仲介も失敗に終わった。米国はその後もイランに対する経済制裁や同国を孤立化させるための外交的努力を重ねたが、いずれも人質解放には至らなかった。こうして万策尽きた形で、米国は一九八〇年四月二四日、人質救出のため、イラン領域内に武装したヘリコプター部隊を派遣したのである。もっともこの作戦は装備の故障のため途中で中止され、失敗に終わった。

国際司法裁判所は、テヘラン人質事件の本案判決でこの米国による武力行使に触れ、「動機がいかなるものであったにせよ、こうした状況の下で執られた作戦行動は、国際関係における司法的手続の尊重を毀損するものといわざるをえない」としつつも、「国連憲章または一般国際法の下における一九八〇年四月二四日の作戦行動の適法性やそれから生じる責任に関する問題は、裁判所には提起されていない」[45]と述べるにとどまった。この作戦行動を「違法」とする反対意見を表明したのは、モロゾフ裁判官[46]のみであり、多数意見はこれを、「合法・違法」の問題としてではなく、「対抗力」の問題として判断しているものといえよう。この救出作戦に関する論評の中でダンジェロは、国連憲章の適用範囲の限界を指摘しつつ、憲章二条四項の解釈は、国連安保理の機能に依存しており、国連が必要な救済行動を起こさないときには、国際慣習法上の権利が「復活」(revive)する[47]として、次のように述べる。

「大多数の国が強制措置を執ることに同意しているにもかかわらず、拒否権の行使によりそれが阻まれているということは、国連の強制メカニズムの失敗をはっきりと示している。したがって現実主義的な再解釈の下では、国連による救済の期待可能性がない場合には、二条四項の『武力の脅威または行使』の禁止は停止(suspend)されるものとなる。」[48]

もう一つの参考事例として、フォークランド(マルビナス)紛争について触れておこう。この紛争は一九八二年四月二日にアルゼンチン軍が同島に武力侵攻したことに端を発する。翌四月三日、安保理事会は決議五〇二号を採択して、これを「平和の破壊」と認定し(ただし、第七章への明示的な言及はない)、かつ、アルゼンチン軍の即時撤退を要請した。五月二六日に決議五〇五号が採択されて、上記決議の内容を確認している。しかし、国連事務総長をはじめ、米国・ペルーなどによる仲介は失敗した。おそらく、この時点で、フォークランド紛争に対する適用法規としての国連憲章は背後に後退したものといえよう。その後は、一般国際法上の武力衝突として戦闘が展開され、六月に至って、英国が同島を奪回し、終結をみたのである[49]。

憲章から一般国際法への転換の条件を、こうした先例から抽出してみると、(1)安保理が特定の事態について、これを「第七章の事態」(平和の破壊など)として認定し、(2)加害国に対して具体的行動(たとえば軍隊の撤退など)を要求しているにもかかわらず、(3)安保理は自ら要求している状態を確保できないでいるような場合、被害国ないし関係国が

になろうか。

status quo ante の確保のために執る行動は、憲章ではなく一般国際法によって、その法的評価がなされる、ということになろうか。

今回のコソヴォ紛争に対する対応も、当初は、決議一一六〇号（一九九八年三月三一日）、一一九九号（同九月二三日）で、安保理事会により、「第七章の下に」かつ「平和に対する脅威」の認定の下に開始されたが、その後における機能麻痺の中で安保理は自ら要求した状態を確保しえず、その結果、憲章は実施不能（inoperative）——少なくとも、一時的に「適用停止」——となって、改めて、一般国際法上の問題として提起されることになったものと考えられる。

四　一般国際法におけるＮＡＴＯ空爆の評価

１　一般国際法における武力不行使原則

今回のＮＡＴＯ空爆を一般国際法に照らして評価する場合、前提として、一般国際法における武力不行使原則の位置が確定されなければならない。しかるに、戦後、この分野については、ほとんどの論者が国連憲章二条四項の研究に集中し、一般国際法の下でこれをいかに把握すべきかについても、それは概ね「二条四項の慣習法化」という文脈での考察が中心であったといってよいであろう。そうした観点から、前記ニカラグア判決が、多数国間条約留保の容認というやや特異な状況の下ででではあったが、武力行使に関する国際慣習法規則に光を当てたことは特筆されよう(50)。もっとも、同判決でも、その論証は中途半端なものにとどまった(51)ように、一般国際法上、武力行使が、どのような場合に、どの程度「禁止」されているか——逆言すれば、どの程度「許容」されているか——という問題を、一般的・抽象的に提示することは難しい。この問題を考察する場合、二つの点に留意しておく必要がある。一つは、「一般国際法」という場合、国連憲章が成立する一九四五年当時の一般国際法ではなく、それ以降も独自の発展を遂げてきた、ということである。そして、この発展過程において、国連における武力行使規制の動きも、一定の影響を与えてきたことは無視できない。したがって、憲章二条四項に関わる国連の実行も、一般国際法の形成・発展に寄与する要素としては考慮しうるし、しなければならない、ということである。

もう一つは、禁止規範と許容規範のいずれを前提とするかによって、解釈と立証の方法が異なりうるという点である(52)。憲章二条四項の解釈においては、同条が武力行使を一般的に禁止していることを前提に、その例外として許容される場合を論証することが中心となる。推定は禁止の方向に働くから、その例外を主張する側により重い主張・立証の責任が課せられる。これに対して一般国際法のレヴェルではどうか。そこでも武力行使は一般的に禁止されているという前提に立つならば、立証方法は基本的に二条四項の場合と同様である。しかし、一般国際法では、武力行使が必ずしも「一般的には」禁止されていないという前提に立つとすれば、特定の事案における武力行使の法的評価については、それが国際法上禁止されていると主張する側が積極的に証明しなければならないことになる。しかるに、一般国際法発展の現段階においても、実効的救済メカニズムの欠如に関する前記ウォルドックのテーゼ(53)は依然として維持されていると考えざるをえず、われわれは、未だ、後者の前提に立って論を進めなければならないであろう。

先にも述べたように、国連憲章では、加害国に対する制裁と被害国に対する救済のメカニズムを整備することによって、武力行使を原則的に禁止する規定を置いたのであったが、一般国際法ではそのような体制にはなっておらず、したがって各国の武力行使の権原が、憲章二条四項と比べて、より広く許容されることになっているものと考えざるをえない。たとえば、憲章上の自衛権は、「武力攻撃」に反撃する権利としてのみ、かつ、安保理のコントロールの下に置かれ（安保理への報告義務、安保理が措置を執るまでの暫定的な権利）、第七章の例外として、いわば「手続法上の権利」としての性格を付与されたものと考えられる。これに対して、一般国際法の下の自衛権は、必ずしも厳格な「武力攻撃」の存在を要件とせず、かつ、未だ「留保された自力救済」としての性格を色濃く残し、その意味では、主権の属性たる「実体法上の権利」である[54]。そのように考えるならば、自衛以外の武力行使の権原（title）についても、国際法上の正当化原因との比較考量において、場合によっては、極めて制限的ながらも、一般国際法上、武力行使が許容されうるものといえよう。もとよりそれは、具体的な事案に即して、考察されなければならない。ここでは、コソヴォ紛争という具体的事例に照らして、この問題を検討しておこう。

2　第三者による対抗措置

ＮＡＴＯ空爆の正当化事由を、一般国際法の中に見出そうとすると、まず、重大な国際法違反の行為に対する「対抗措置」が考えられよう。そうした観点からカッセーゼは、空爆が安保理の許可・容認なしで断行されたことは、明らかに、憲章違反と認めざるをえないとしながらも、「ＮＡＴＯの行動は、安保理が危機に対して適切に対応しえないでいるような状況において、ある国家がその自国領域内で展開している大規模な残虐行為を阻止するため、［第三国が］対抗措置としての武力の使用（the use of forcible countermeasures）を許容する国際法の法理が生起しつつあることを示す証拠とも考えられる」[55]と述べる。彼の主張は、もとより、こうした措置を無制約に認める趣旨ではなく、対抗措置としての武力行使は、侵略や残虐行為等の阻止という目的のために、他に選択すべき手段のない極限的な例外状況においてのみ認められるものであり、侵害行為との厳格な比例性の範囲内で、かつ、できるだけ早期に国連の強制措置に移行することを条件に、許容さるべきものであるとしている[56]。

この見解は、武力行使の許容性に関する判断基準を、国連憲章から一般国際法に切り替えていると思われる（ただし、カッセーゼは、そのことを必ずしも十分に説明しえていない）点で、本節の立場とも共通している。ただし、空爆を「対抗措置」として正当化できるか否かについては、問題がないとはいえない。第一に、大規模人権侵害や残虐行為などがいかに重大な国際違法行為であったとしても、現行国際法上、これについては「重大な」国家責任および個人の刑事責任が追及しうるのみであって、この違法行為に対抗するための武力行使とのリンケージはついていないのである。そればかりか、国際法委員会による国家責任暫定草案では、武力の威嚇・行使を伴う対抗措置は、むしろ禁止されているのである(五〇条)(57)。

第二に、対抗措置は、通常、被害国が加害国に対して執る措置である。コソヴォ紛争におけるNATO諸国の立場は、被害国以外の第三国でしかない。こうした第三国による対抗措置(third-party countermeasures)を正当化する国際法規則が確立しているか否かについては、いうまでもなく、未確定である。前記国家責任暫定草案では、国際犯罪が行われた場合に、すべての国家は、当該犯罪により創られた状態の不承認や犯罪国への不援助という消極的義務のほか、当該犯罪の結果を排除するための措置を適用する他の諸国との協力義務を負うことが定められており(五三条)、これが第三者対抗措置の一類型ではあるが、協力義務以上の積極的義務は規定されてはいない(58)。また、国家の国際犯罪の概念それ自体(草案一九条)が、第二読会では削除されて(59)、いわゆる「対世的義務」は残るとしても、その違反の結果に対する第三国の対抗措置の態様は、一層不明確となっていることは否めない。

3　地域的組織による一方的措置とその対抗力

以上の論述を踏まえて、NATO空爆に関する本節の暫定的な結論は、これをNATOという国家集団ないし地域的組織(もとより国連憲章八章にいう地域的取極・機関という意味ではない)による「一方的措置」(unilateral measures)として捉える、ということになる。一方的措置の法的性質については、本章第一節で論じたように、個別国家による場合と同様に(60)、国家集団としての地域的組織についても、一定の要件の下に「対抗力」(opposability)を持ちうる(もとより、要件を充たさなければ「対抗不能」(inopposable)ということになる)。NATOの行動は、一般国際法上、一方的措置として、ユーゴに対する対抗力が認められるものと考えられるのである。

「一方的措置」とは、基盤となる国際法の規則が欠缺ないし未成熟・変革過程にある状況で、急迫性と衡平性を根拠として、個別国家ないし国家集団あるいは国際組織によって執られる域外的ないし対外的効果を伴う措置、として定義される。一方的措置が問題となるのは、とくに適用法規の内容・性質が未確定な場合である(61)。本件事案の場合、国内での大規模人権侵害への対応については、まさにそのような未確定な法状況が存在している。

「対抗力」がいかなる要素によって構成されるかについては、まず、客観的基準として、措置の「実効性」(実現を担保するための力の要素)と主張の「正当性」(個別利害を超えた国際公益の実現)という双方の契機の存在が必要である(62)。これらはもとより一般国際法に準拠した判断であるが、その評価においては、国連の行為やそこで認定された事実を援用しうることはいうまでもない。NATO側の正当性については、一一六〇号以降の安保理決議を援用しうるであろうし、実効性についてはNATO軍の圧倒的軍事力が端的に証明したところである。また、対抗力の主観的要素としては、急迫した状況の下で、他に選択可能な手段がなかったこと、事態の解決のために信義誠実を尽くしたこと、などが求められる(63)が、この点についてもNATO諸国の側の努力は一応積極的に評価されるであろう。

そうであるとするならば、NATOの空爆は、大規模人権侵害・残虐行為・民族浄化などが進行する急迫した状況の下で、かつ、それに対して国連安保理が何らの実効的措置を執ることができないという状況において、この地域的な組織により、事態の悪化を阻止するためやむをえない措置として執られた武力行使であったと考えられる。人権侵害が国際違法行為であるという国際法の一次的な実体規則はかなり整備されてきているとはいえ、その重大な違反に対応すべき手続やメカニズムに関する二次的な国際法規則は未だ成熟していない。そのような曖昧な法的状態において、一方的措置としての「人道的措置」(先に触れた「人道的介入」とは区別される)には、それが国際秩序の維持と国際公益の保護という正当性の根拠に基づくものである限り、また、違法行為を排除するために強力な軍事力により十分な実効性を具えて行われる場合には、それは少なくともユーゴに対して、対抗力を発揮できるものと考えられるのである。

対抗力に基づく措置は、暫定的・過渡的な性質のものであり、その法的効果も限定的である。それが極限的な急迫した状況の中で、極めて例外的な場合にのみ認められるものであることは、繰り返し強調しておかなければならない。したがってこの措置に対しては、早期に、権限ある機関によって、明確な法的評価が与えられなければならない。NATOの空爆についていえば、その対抗性は、一九九九年六月一〇日の安保理決議一二四四号で追認を受けて、事後的に合法化された、といってよいであろう。同決議は、ユーゴがNATOに対し軍事的敗北を認めて休戦が確保された後に採択されたが、内容は次のとおりである。

すなわち、

「安保理事会は、……第七章の下に行動して、

1．コソヴォ危機の政治的解決は、付属書一の一般原則ならびに付属書二で詳述されている原則およびその他の必要な要素に基づくべきことを決定し、……

7．加盟国および関連の国際機関に対し、付属書二第四項に従い、……コソヴォにおける国際安全部隊（international security presence）の設置を容認する。」

しかるに、付属書一とは、一九九九年五月六日のG-8外相会議の議長声明である。このことは、G-8に補強された安保理の位置を何よりよく示すものである。また、付属書二の四項は、「北大西洋条約機構（NATO）の実質的参加による国際安全部隊が、統一的な指揮管理権の下に展開されなければならない」と定めており、安保理は、NATOを主軸とした国際部隊の派遣をここに容認（authorize）することとなった。こうして、安保理は、NATO空爆によって創り上げられた状態を、追認したのである。

五　小結

本節は、コソヴォ危機におけるNATO空爆を素材として、国連憲章適用の限界を検証しようとするものであった。それは、もとより、国連ないし国連憲章の価値を毀損(undermine)しようという趣旨ではなく、憲章の役割を一般国際法の文脈の中で適切に位置づけようというものであった。それが結局は、長期的視点において、国連憲章の持続的発展につながる途にほかならないとも考えるからである。

NATOの空爆は憲章違反である。現行の憲章を前提とする限り、そのことは明確である。これを「違反ではあるが、その違法性は紙一重(thin red line)」としたり、「推認された容認」(implied authorization)により違法性が克服されたとみたりするのは、法律家の議論として許しがたいというカッセーゼの「憤怒」[64]はよく理解できる。他方で、しかし、憲章自体が実効性を喪失し制度の「破綻」が露呈してしまっているとするならば、憲章違反を叫び続けることに、どれだけの意味があろうか。否、それは意味がないだけでなく、逆説的にいえば、むしろ、憲章を含む国際法秩序全体の空洞化と脆弱化を招く危険性こそ認識しなければならないのである。国連憲章を不当に持ち上げ、不相応の期待と幻想を振り撒いてきた「ツケ」が、ここにきて、廻ってきたといってもよい。憲章を、その現実の姿において(つまりは、実効性を基準として)、一般国際法の枠組みの中で適正に位置づけることが、今こそ強く求められる時はないと思われるのである。

コソヴォの危機は、何よりも、国連の危機であり、同時に、国際社会全体の危機をも孕むものであった。しかし、それ以上に、この事件は、現実への直視と関与を回避してきた国際法学それ自体の危機を露呈したように思われる。

われわれの時代の国際法学は、壮大な体系と緻密な論理を構築して、前時代と比べればたしかに大きな発展を獲ちえたが、同時にそこに、国連法という「聖域」を設けてこれを安全地帯とし、その安全を確保するために一層その神聖化に腐心するといった「物神崇拝」[65]が蔓延《はびこ》ったことも否めない。今日の「危機」の意味を、いかに受け止め、それをいかに克服していくかが、世紀の転換点を迎えた国際法学にとって、最大の課題である。

注

(1) Hans Kelsen, *The Law of the United Nations: A Critical Analysis of Its Fundamental Problems*, Stevens & Sons, 1950, p. 16. なお、一条一項後段の「正義及び国際法の原則に従って」の文言の解釈につき、森川幸一「国際連合の強制措置と法の支配」(一)『国際法外交雑誌』九三巻二号(一九九四年)一七～二四頁参照。

(2) Kofi A. Anan, "Two Concepts of Sovereignty", *The Economist*, Sept.18, 1999.

(3) 国連憲章を「国際社会の憲法」と捉えるものとして、たとえば、Christian Tomuschat, "Foreword", in Tomuschat, ed., *The United Nations at Age Fifty: A Legal Perspective*, Kluwer Law International, 1995, p. ix. これに対し、「憲法的」性質の意味を厳格に吟味し、慎重な捉え方を示唆する批判的論稿として、Pierre-Marie Dupuy, "The Constitutional Dimension of the Charter of the United Nations Revisited", *Max Planck Yearbook of United Nations Law*, vol. 1, 1997, pp. 1-33 参照。

国際司法裁判所は「ある種の経費事件」に関する勧告的意見の中で、国連憲章の解釈も一般に適用されている条約解釈の原則と規則に準拠すべきものとして、「憲章も、ある種の特別な性質を持った条約であるとはいえ、裁判所はこれを一つの多数国間条約として認めてきたから」と述べている (*ICJ Reports 1962*, p. 157)。もっとも、初期の裁判官の中にも、憲章を「普通の多数国間条約」として捉えるスペンダー裁判官のような立場 (たとえば、Judge Spender, Separate Opinion, *Ibid.*, p. 195) と、「憲法的」(constitutional) 条約としての「特別な性質」を強調するアルバレス (Alvarez) 裁判官のごとき見解 (国家の加入に関する総会の権限事件における同裁判官の反対意見、*ICJ Reports 1950*, pp. 17,18 など) との対立がみられた。Edward Gordon, "The World Court and the Interpretation of Constitutive Treaties: Some Observation on the Development of an International Constitutional Law", *American Journal of International Law (AJIL)*, vol. 59, no. 4, 1965, pp. 794-833.

アルバレス裁判官は、憲章の解釈方法に関連して、「加入条件」事件の際、個別意見を付して次のように述べた。

すなわち「組織は、一旦設立されれば、それを誕生させた要素とは独立に、自らの生命を獲得する。それは、創設者たちの見解ではなく、国際生活の要請に従って、発展していかなければならない」、と（*ICJ Reports 1947/48*, p. 68）。また、別の機会に同裁判官は国連を船になぞらえ、「一旦造船所のドックを出た船は、もはやドックヤードに結びつけられることなく、独立に航海する」とも述べている（留保事件、反対意見、*ICJ Reports 1951*, p. 53）。これらは、憲章解釈においては、起草者の意思や後からの実行に影響されるのでなく、国連に何が要請されているかを「前向きに」(look ahead) 判断して創造的に解釈すべきとの主張の一環であるが、そこには、半世紀前の、国連が誕生して間もない時代の精神が映し出されているようにも思われる。船が座礁したり難破するなどということは予想されておらず、まして、命あるものに病や死がありうることは考慮の外である。

しかし、比喩が許されるならば、遭難船は乗客積荷を別の船に委ねて自らはドックに戻り、修復・再生を期せねばならない。憲章が「普通の」多数国間条約であるとの位置づけであれば、ドック（一般国際法）に戻ることは比較的容易であろう。しかし、憲章を国際憲法として不当に特別の位置を与えるとき、かえってそれは、沈没の悲劇を早めることになりかねない。この逆説（"the Titanic paradox"!）こそ、本節のメイン・テーマである。

（4）　C. F. Amerasinghe, *Principles of the Institutional Law of International Organizations*, Cambridge U.P., 1996, pp. 32-61.

（5）　損害賠償事件、*ICJ Reports 1949*, p. 182、ある種の経費事件、*ICJ Reports 1962*, p. 159 など。G. Ress, "The Interpretation of the Charter", in Bruno Simma, ed., *The Charter of the United Nations: A Commentary*, Oxford U. P. 1994, pp. 42-43.

（6）　Henry G. Schermers & Niels M. Blokker, *International Institutional Law: Unity within Diversity*, 3rd rev. ed., Martinus Nijhoff, 1995, p. 833.

（7）　この「有効性原則」(principle of effectiveness) は、正確には二種あり、一つは、effet utile のルールとして、条約は当事者の意思を有効ならしむるように解釈すべし、という意味の場合と、もう一つは、efficacité のルールとして、*Ut res magis valeat quam pereat*（およそ事物は、これを無効ならしむるより有効ならしむるをもって可とす）の法格言に従い、条約に不合理な結果を生ずるような解釈は斥けられなければならず、条約の用語は、条約全体に有効性を与えるような意味で解釈されなければならない、という場合である。Hugh Thirlway, "The Law and Procedure of the International Court of Justice: 1960-89" (part three), *The British Year Book of International Law*, vol. 62, 1991, pp. 44-48. 平和条約解釈事件に関する勧告的意見で裁判所は、この規則の適用を否認している（*ICJ Reports 1950*, p. 229）。

（8）　Elihu Lauterpacht, "The Development of the Law of International Organization by the Decisions of International Tribunals", *Recueil des cours*, t. 152, 1976-IV, pp. 420-465.

（9）　換言すれば、この方法は、現実の国際社会の観察・分析に基づいて、その具体的事実関係に適合した解釈を行うべしと主張する、広義の「社会学的方法」につながるといってもよい。いわゆる現実主義法学 (legal realist's theory) や、政策志向法学 (policy-oriented jurisprudence) に近似した面があることは否定しないが、本節の方法的立場が、基本的に、オーソドックスな法実証主義を基盤とするものであることは変わりない。

(10) 来栖三郎「法の解釈における慣習の意義」小山昇他編『裁判法の諸問題』〔下〕(兼子博士還暦記念、有斐閣、一九七〇年)六一七〜六三一頁。

(11) *ICJ Report 1955*, pp. 90-123, 106. なお、内田久司「南西アフリカ領域に関する報告と請願についての表決手続」高野雄一編『判例研究・国際司法裁判所』(東京大学出版会、一九六五年)三四〇頁参照。

(12) Bruno Simma, "NATO, the UN and the Use of Force: Legal Aspects", *European Journal of International Law*, vol. 10, no. 1, 1999, pp. 1-22 (Simma のカナ表記は、ジンマではなくシンマが正しいという本人の意向による)。なお、木戸蓊・松井芳郎・植田隆子「座談会・ユーゴ空爆は正しかったのか、ＮＡＴＯの『人道的介入』を考える」『世界』一九九九年六月号、一八五〜一九八頁参照。

(13) 村瀬信也「国際組織の一方的措置と対抗力――国連憲章第七章の下における軍事的措置の容認をめぐって」『上智法学論集』四二巻一号(一九九八年)五〜三八頁参照(本章第二節に収録)。

(14) 同、三七〜三八頁注(47)(本書五一七頁注〔47〕)参照。

(15) Simma, *op. cit., supra* note 12, pp. 3-5.

(16) David Wippman, "Enforcing the Peace: ECOWAS and the Liberian Civil War", in Lori F. Damrosch, ed., *Enforcing Restraint: Collective Intervention in Internal Conflicts*, Council of Foreign Relations 1993, pp. 157-203. この場合、ＥＣＯＷＡＳは、ＮＡＴＯとは異なり、憲章五三条の「地域的機関」として行動したとの立場をとっているようである。

(17) Jane E. Stromseth, "Iraq's Repression of Its Civilian Population: Collective Responses and Continuing Challenges", in *Ibid.*, pp. 77-118.

(18) Jules Lobel & Michael Ratner, "Bypassing the Security Council: Ambiguous Authorizations to Use Force, Cease-fires and the Iraqi Inspection Regime", *AJIL*, vol. 93, no. 1, 1999, pp. 124-154.

(19) *Ibid.*, pp. 124-125, 140.

(20) なお、ユーゴスラヴィア連邦共和国が国連加盟国の地位を保持しているか否かについては、不明確な点が多い。ユーゴは自国が加盟国であると主張し、ＮＡＴＯ諸国は非加盟国と主張している。一九九二年九月一八日の安保理決議七七七号は、ユーゴ連邦共和国が旧ユーゴ(ユーゴスラヴィア社会主義連邦共和国)のメンバーシップを自動的に承継することはできないとし、新ユーゴが加盟国の地位を得るためには改めて加盟申請をしなければならないこと、したがって、この申請が承認されるまでは、国連総会の活動に参加してはならない旨規定し、同年九月二二日の第四七総会決議一号もこれを確認している。他方、国連事務局は、この総会決議が「ユーゴスラヴィア」の国連におけるメンバーシップまでも「終了ないし停止」したわけではないとして、総会議場には引き続き「ユーゴスラヴィア」のプレートを置き、ユーゴ国連代表部は存続し、国連文書の受領・配布は従来どおりとし、国連本部には旧ユーゴの国旗を掲揚している（一九九二年九月二九日付国連法律顧問書簡）。ユーゴは引き続き国連分担金を支払っており、これについて他の加盟国から反対が表明されたこともない。さらに、国連発行の諸文書は、国際司法裁判所年報も含めて、ユーゴを国連加盟国として扱ってきている。新ユーゴの国連加盟国の地位については、国際司法裁判所における仮保全申請に関する審理の過程で問題となったが、裁判所は一九九九年六月二日の命令の中では、とくにこの点についての判断は示さなかった。本節の主題は、ユーゴ側の問題よりも、NATO諸国の憲章義務を問題としており、ユーゴの国連メンバーシップに関する争点はさし当たり直接的な関連を持たないので、この点に関する判断は、留保した。その後、二〇〇〇年九月にミロシェヴィッチ政権が崩壊し、新たにコシュトゥニッツア政権が成立した後、ユーゴスラヴィア連邦共和国は、二〇〇〇年一一月一日、国連への新規加盟を認められた（A/RES/55/12）。

(21) Draft resolution S/1999/328. See, Press Release, SC/6659.
(22) Lobel & Ratner, *op. cit., supra* note 18, pp. 128, 130f.
(23) Ulrich Beyerlin, "Humanitarian Intervention", in R. Bernhardt, ed., *Encyclopedia of Public International Law*, vol. II, 1995, pp. 926-933.
(24) Frederic L. Kirgis, "The Kosovo Situation and NATO Military Action", *ASIL Insight*, March 1999, para. 8.
(25) Rudolf Bernhardt, "Article 103", in Simma, ed., *op. cit., supra* note 5, p. 1119.
(26) 一〇三条起草の過程でも、この条項が適用されうるのは、二つの義務の間に本質的な矛盾があるか、国連による経済制裁がある国に課されたとき、その国が以前の協定に基づき権益を主張するようなケースなど、「具体的状況における憲章規定の適用の結果」、抵触が起きる場合などが想定されていたようである。*Documents of the United Nations Conference on International Organization*, vol. XIII, UN Information Organization, 1945, p. 707.
(27) Bernhardt, *op. cit., supra* note 25, p. 1121.
(28) *ICJ Reports 1992*, p. 16, para.39; p. 126, para. 42.
(29) A. Randelzhofer, "Article 2 (4)", in Simma, ed., *op. cit. supra* note 5, pp. 116-117, 123-124.
(30) 森川「前掲論文」（注1）二二五〜二二八頁参照。

(31) H. M. Waldock, "The Regulation of the Use of Force by Individual States in International Law", *Recueil des cours*, t. 81, 1952-II, pp. 455, 468.

(32) Leland M. Goodrich, Edvard Hambro & Anne Patricia Simons, *Charter of the United Nations: Commentary and Documents*, 3rd & rev. ed., Columbia U. P., 1969, p. 28.

(33) W. Michael Reisman, "Coercion and Self-Determination: Construing Charter Article 2 (4)", *AJIL*, vol. 78, no. 3, 1984, p. 642.

(34) Thomas M. Franck, "Who Killed Article 2 (4) or: Changing Norms Governing the Use of Force by States", *AJIL*, vol. 64, no. 4, 1970, pp. 809-837.

(35) 周知のようにケルゼンは、憲章が二条六項を通じて非加盟国にも直接的な拘束力を及ぼし、国連だけでなく国際社会全体の法になったという意味で「革命的な」規定だとした（Kelsen, *op. cit., supra* note 1, pp. 106-110）が、こうした立場を支持する学説はほとんどない。憲章規定が国際慣習法化したと認められる場合は別（条約法条約三八条）として、憲章規定がそのまま第三国たる非加盟国に適用されることはないというのが、一般の理解である。二条六項はその意味で加盟国の努力規定にとどまる（W. G. Vizthum, "Article 2 (6)", in Simma, ed., *op. cit., supra* note 5, pp. 131-139）。

(36) この典型的な事例はベトナム戦争であった。様々な努力はなされたが、国連は結局これに何らの関係を設定することもできなかった。Oscar Schachter, "Intervention and the United Nations", in Richard A. Falk, ed., *The Vietnam War and International Law*, vol. 2, Princeton U.P., 1969, pp. 273-280; Lincoln P. Bloomfield, "The U.N. and Vietnam", in *Ibid.*, pp. 281-320; Max Gordon, "Vietnam, the United States, and the United Nations", in *Ibid.*, pp. 321-357.

(37) *ICJ Reports 1986*, p. 92, para.172; p. 96, para. 179.

(38) 森田桂子「国際司法裁判所における多数国間条約と国際慣習法の関係——条約当事国間における慣習法の適用をめぐって」(二・完)『上智法学論集』四三巻一号（一九九八年）一一六～一一八頁参照。

(39) 問題の位相はやや異なり、国連憲章に関する問題でもないが、本節の問題意識と重なる論点を扱ったものとして、村瀬信也「国連海洋法条約と慣習国際法——『国際立法』のパラドックス」『海洋法と海洋政策』九号（一九八六年）一～二五頁参照（本書第三章第三節に収録）。国連海洋法条約は、一元的・包括的な「国際立法」をめざして、「つまみ食い」(pick and choose) を許さないために、コンセンサス・ルールとパッケージ・ディールを基礎に採択されるはずであった。しかし、条約採択の最終段階で「表決」となったため、立法的一元性の原則は「破綻」し、海洋法条約は、いわば「普通の」条約となって、樽の箍が外れるがごとくに、その規定内容の慣習法化が進展することになったのである。これは、憲章と国際慣習法との関係を考察する上でも、示唆的な類推可能事例と考えられる。

なお、蛇足ながら、上記論文および本節で頻繁に用いた「普通の」条約という表現は、一九八五年一〇月一三日の国際法学会総会における石本泰雄理事長の退任挨拶（「都はるみの顰《ひそみ》に倣って、明日からは『普通の』会員に戻るが、本学会では『普通の』会員であることが最も難しい……」）に影響されたものである。

(40)　尾上正男「朝鮮戦争」田岡良一先生還暦記念論文集編集委員会編『国際連合の研究』第三巻（田岡良一先生還暦記念、有斐閣、一九六六年）二二一〜二三八頁。

(41)　G.A. Res. 711, 7 U.N. GAOR Supp. (No.20B), *U.N. Doc.* A/2361, Ad.2 (1953).

(42)　Oscar Schachter, "Authorized Uses of Force by the United Nations and Regional Organizations", in Lori F. Damrosch & David J. Scheffer, eds., *Law and Force in the New International Order*, Westview Press, 1991, p. 73.

(43)　田中忠「朝鮮戦争」寺沢一編『国連の紛争解決方式――その法理と実際』（大学院ゼミ論文集、非売本、一九六八年）二〇一頁。

(44)　*ICJ Reports 1979*, p. 7.

(45)　*ICJ Reports 1980*, p. 43.

(46)　*Ibid.*, pp. 54, 57, Judge Morozov, dissenting opinion.

(47)　John R. D'Angelo, "Resort to Force by States to Protect Nationals: The U.S. Rescue Mission to Iran and its Legality under International Law", *Virginia Journal of International Law*, vol. 21, no. 3, 1981, p. 493.

(48)　*Ibid.*, pp. 510-511.

(49)　A. Parsons, "The Falklands Crisis in the United Nations, 31 March-14 June 1982", *International Affairs*, vol. 59, 1983, pp. 169-178; W. Michael Reisman, "The Struggle for the Falklands", *Yale Law Journal*, vol. 93, 1983, pp. 287-317.

(50)　*ICJ Reports 1986*, pp. 98-101, paras. 187-190; pp. 146-147, para.292 (4), (6).

(51)　国際慣習法規則形成の二要件である、一般慣行と法的確信について、裁判所の認定は、極めて概括的なものにとどまっている。裁判所はまず、「法的確信」については、主として、国連第二五総会決議二六二五号、いわゆる「友好関係原則宣言」に依拠し、とくに同宣言の起草・採択において示された本件紛争当事国を含む各国の投票行動から、これを引き出している（*Ibid.*, p. 100, para. 188）。しかし、国連総会における各国代表の賛成投票がその国の法的確信の表明としての国家意思に等置できるか否かは問題である（村瀬信也「現代国際法における法源論の動揺」『立教法学』二五号〔一九八五年〕一〇七〜一〇八頁注〔61〕参照〔本書第一章第一節四〇〜四一頁注〔84〕〕）。また、本件で裁判所は「一般慣行」の証明については、具体的な国家実行の検証を行うことなく、単に、各国の慣行は「一般的は」(in general) 武力不行使に関する慣習規則に従っていると認められるとして、明らかにトートロジーに陥っているのである (*ICJ Reports 1986.*, p. 98, para. 186)。裁判所によるこうした慣習規則の証明方法については、ダマト教授が痛烈に批判している (Anthony D'Amato, "Trashing Customary International Law", *AJIL*, vol. 81, 1987, pp. 101-105)。

(52) この点はいうまでもなく、一九二七年ローチュス号事件判決の評価に関わる問題である。高島忠義「ローチュス号事件判決の再検討」(一)『法学研究』(慶應義塾大学) 七一巻四号 (一九九八年) 二五～八二頁参照。

(53) 本章三項2、前掲注(31)参照。

(54) 村瀬信也「集団保障の例外——自衛権行使の合法性と正当性」寺沢編『前掲書』(注43) 二五三～二七〇頁。

(55) Antonio Cassese, "Ex injuria ius oritur: Are We Moving towards International Legitimation of Forcible Humanitarian Countermeasures in the World Community?", *European Journal of International Law*, vol. 10, no. 1, 1999, pp. 23f.

(56) *Ibid.*, p. 27.

(57) *Report of the International Law Commission on the Work of Its Forty-Seventh Session* (A/50/10), 1995, pp. 149-173 (Commentary of Article 50, former Article 14).

(58) 森川幸一「国家の『国際犯罪』の法的帰結に関する一考察——国家責任に関する Riphagen 草案第二部第一四条にいう『他のすべての国の義務』の検討を中心に」『専修法学論集』五五・五六合併号 (一九九二年) 四六五～五〇〇頁参照。

(59) *Report of the International Law Commission on the Work of Its Fiftieth Session* (A/53/10), 1998, p. 147.

(60) 村瀬信也「国家管轄権の一方的行使と対抗力」村瀬信也・奥脇直也編『国家管轄権—国際法と国内法』(山本草二先生古稀記念、勁草書房、一九九八年) 六一～八二頁 (本章第一節に収録)。

(61) 同、六二頁 (本書四七〇頁)。

(62) 同、六九～七〇頁 (本書四七七～四七八頁)。

(63) 同、七一頁 (本書四七八～四七九頁)。

(64) Cassese, *op. cit.*, *supra* note 55, p. 24.

(65) この語は、石本泰雄「国際法——その『物神崇拝』」『思想』四九六号 (一九六五年) (『国際法の構造転換』(有信堂高文社、一九九八年) 三三頁以下に再録) からの借用である。石本教授は、この語を、実質的「正当性」を隠蔽する形式的「合法性」への批判として用いている。本節では、これを、現実的「実効性」を捨象した形式的「合法性」への批判として用いている、といってもよいが、方向性はかなり異なる。用語の濫用については、同教授にご寛恕をお願いしなければならない。

第四節　「貿易と環境」に関するＷＴＯ紛争処理の諸問題

一　はじめに

一九九一年の「キハダマグロ事件」に関するＧＡＴＴパネルの裁定を契機として、「貿易と環境」をめぐる問題が注目を集めてきた。ＧＡＴＴの紛争処理手続については様々な問題点が指摘されてきたが、ウルグアイ・ラウンドの結果、ＷＴＯの下で、その紛争処理制度について大幅な改善が加えられたことは、周知のとおりである。しかし、貿易プロパーの分野の紛争についてはともかく、貿易と他の隣接領域との関連が問われるような紛争（貿易と競争、貿易と労働、貿易と環境、貿易と人権、貿易と文化、貿易と安全保障など）において、ＷＴＯ紛争処理の機能はどのように捉えられるであろうか。本節ではこれらのうち「貿易と環境」に関する問題に焦点を合わせて、ＷＴＯ紛争処理手続の性格と機能を明らかにするとともに、とくに、この手続の下で、国家による一方的措置がいかなる法的評価を受けるかについて検討したいと思う。

まず問題の所在を明らかにするために、キハダマグロ事件(1)を簡単に総括しておこう。この事件は、米国がメキシコからのキハダマグロに対して輸入制限の措置を執ったことに端を発している。すなわち、米国の主張によれば、メキシコ漁民の東太平洋でのマグロ漁法は、巻き上げ網の使用により、イルカの混獲率が高いことから、米国の一九七二年海洋哺乳動物保護法（Marine Mammal Protection Act, MMPA）に基づき、右の措置を執ったものである。これは、本来は旗国のみが管轄権を持つ公海上のメキシコ船舶に対して、米国がその国内法を適用(立法管轄権の域外適用)し、それを前提に、輸入制限という形で国内における執行管轄権の行使をはかったものである。

米国は右の国内措置をＧＡＴＴの紛争処理手続にかけることなく、一方的に行ったが、これに対してメキシコは、米国の措置がＧＡＴＴ(一般協定)一条・一一条の無差別最恵国待遇および三条の内国民待遇の規定、一一条の数量制限の禁止規定等に違反するとして、ＧＡＴＴ紛争処理小委員会(パネル)の設置を求めたのである。米国は、その措置を、ＧＡＴＴ二〇条の一般的例外条項(ｂ項およびｇ項)で正当化されるものと主張した。パネルは米国の主張を斥け、「もし米国の主張するような管轄権を逸脱した解釈(extra-jurisdictional interpretation)が受け入れられるならば、個々の締約国が一方的に保存政策を決定することができることとなり、それによって他の締約国は一般協定の下における自己の権利を害されずには済まされなくなる」と述べるとともに、そうした措置はＧＡＴＴの多辺的枠組みを阻害することになると指摘した(2)。

本件で提起された問題の本質は、ＧＡＴＴの紛争処理手続の下で、環境保護のために国内法に基づく国家の一方的措置が全く許容されないものかという点であった。周知のようにＧＡＴＴの紛争処理手続には様々な欠陥が指摘されていた。また、一般協定には、生命・健康の保護のための措置や有限資源保存のための措置については例外規定が置かれているものの、「環境保護」プロパーに関する規定は存在しない。とりわけ本件では、米国による輸入制限措置の対象となったのが、産品(Products)としてのマグロ自体に問題があったわけではなく、その漁獲の方法(工程・生産方法〔Processes and Production Methods, PPMs〕)で規制することの適法性が問われたのであるが、一般協定はこのようなプロセス規制を予想してはこなかったのである。このように、手続法的にも実体法上も、ＧＡＴＴには多くの不完全性や欠缺が認められる以上、一方的措置に訴えることは必ずしも全面的には否定されないという主張が出されることに理由がないわけではない。

たしかに、先にも述べたように、ＷＴＯの下で、紛争処理手続には大幅な改善が実現した。しかし、貿易と環境の問題に関する実体法上の補充は全く進展していない。一九九六年一二月に行われたＷＴＯ第一回閣僚会議（シンガポール）でも、この問題は棚上げになったままである。そのような状況において、ＷＴＯ紛争処理手続は、いわゆる「自己完結的制度」（self-contained regime）として、一方的措置を封じ込める（contain）機能を付与されているものと捉えられるであろうか。本節では、こうした問題関心の下に、貿易と環境に関するＷＴＯ紛争処理手続の性質と機能を、主として一般国際法の観点から、考察しておきたいと思う(3)。

二　ＷＴＯ紛争処理

1　GATTの欠陥とその克服

ＷＴＯが成立する一九九四年以前のＧＡＴＴについて、それが他の国際法規範と比較して極めて特殊な性格を持っていたことは、かつても指摘した(4)が、機構的メカニズムの欠如や規範枠組みの柔緩性、法の多元的分立などとともに、とりわけその紛争処理手続の非公式性・非法性と多元性が旧ＧＡＴＴの「欠陥」として認識されていたのである。紛争処理手続だけをみても、東京ラウンド以降、実に一二の手続が並存しているという状態であった。たしかにＧＡＴＴの実践過程の中で、二三条の紛争処理制度も紛争処理小委員会（パネル）の活用が定着し、判例法の蓄積がはかられてきたが、反面、パネルの設置やパネル裁定の採択が当事国の一方の反対で不可能となることや、パネル手続の遅延などの問題も指摘されてきた。そうした紛争処理手続の不備が、米国などにより、ＧＡＴＴの枠外での一方的措置に訴える理由ともなってきたのである(5)。

ウルグアイ・ラウンドにおける各国の目標の一つは、そうした一方的措置を封じ込めるために、紛争処理手続を整備することにあった。その結果ＷＴＯでは、まず、紛争処理機関（Dispute Settlement Body, DSB）により一元化された統制の下に置かれるとともに、その手続は「紛争解決了解」（Dispute Settlement Understanding, DSU）に従って進められることになったのである。とくに、パネルの設置やパネル・上級委員会の報告（裁定）については、ネガティヴ・コンセンサス方式の採用で実質的に自動化され、また紛争処理手続（審理・採択・履行）の各段階について明確な期限を設定して迅速な紛争解決がはかられることになったのである。一言でいえば、ＷＴＯの下では、従来のＧＡＴＴにおける調停的・和解指向型の紛争処理方式に対して、裁判指向型の方式に転換したといえよう(6)。こうした紛争処理手続の改善と強化――一元化、拘束化、司法化――を前提として、「紛争解決了解」二三条は、加盟国が他の加盟国によるＷＴＯ諸協定の違反等について是正を求める場合には、この了解の規則および手続に従わずに一方的な措置を執ってはならない旨を規定している(7)。こうしてたしかに起草者の意図としては、ＷＴＯの紛争処理手続を自己完結的制度として確立させるという方向性が、明確に認められよう(8)。

しかしこれは、あくまでもＷＴＯの「対象協定」の規律の範囲内での問題である。ＧＡＴＴの対象としている狭義の「貿易」事項については、ＷＴＯの紛争処理手続が自己完結的に履行さるべきことを義務づけていると考えられ、その枠外での一方的措置はほぼ完全に封じ込まれているものと思われる。これに対して、「貿易と環境」の問題のように、ある紛争が、ＷＴＯ諸協定の規律対象を超えて、貿易事項と他の隣接領域との関連が問われるような場合にも、ＷＴＯ紛争処理手続が自己完結的制度として捉えられるか否かは、疑問である。「貿易と環境」という文脈で、ＷＴＯの紛争処理手続がどのように評価されるかについては、次の二側面からの検討が必要であろうと思われる。第一には、一般国際法上の紛争処理法におけるＷＴＯ法の位置、第二には、ＷＴＯ法の下における環境保護に関する実体法規の欠缺という問題である。

2　紛争処理手続の多様化とＷＴＯ

ある紛争処理手続が自己完結的制度として認められるための条件の一つは、一定の範囲・類型の紛争については常に当該手続によって一元的・実効的に処理されるという保障があり、それによって紛争当事国に、ある程度の予測可能性と、ひいては信頼性が与えられているものでなければならない。近時における紛争処理制度の多様化傾向は、国際法の各分野の実情に応じた処理を容易にし、紛争の平和的解決の可能性がそれだけ増大するという意味において基本的に歓迎すべき現象である[(9)]が、他方、そうした多様化は、とくに各個別分野にまたがる隣接領域型の紛争処理に関しては、問題がないわけではない。

たとえば、冒頭に触れたキハダマグロ事件のほか、一九九八年に上級委員会の裁定が下されたエビ・ウミガメ事件[(10)]など、最近は公海漁業規制の手段としての一方的な貿易制限措置の是非を争点とする紛争が頻発している。従来こうした紛争は貿易制限を主題としてＷＴＯ・ＧＡＴＴの紛争処理に委ねられてきたが、それが最も適切なフォーラムかどうかは必ずしも明らかとはいえない。この種の紛争は、合意管轄の存在を前提として考えるならば、「国際法に従って裁判することを任務とする」（規程三八条）ところの国際司法裁判所に付託されてもよい（同裁判所は一九九三年に環境紛争を扱う特別裁判部を創設した）し、国連海洋法条約の解釈適用に関する紛争として、一九九六年に発足した国際海洋法裁判所への付託も考慮されよう。また、争点の構成の仕方如何によっては、生物多様性条約の下で予定されている仲裁裁判（二七条・附属書Ⅱ）なども可能性がないわけではない。さらに当事国の範囲が限定されているとはいえ、ＮＡＦＴＡなどの地域的な紛争処理手続への付託も考えられよう。

こうした紛争処理手続の拡散は、国際法規則の解釈の多元化を許して規範の統一性が確保できなくなるとか、不健全な「法廷漁り」（forum shopping）を招来しかねない、といった危惧も表明されている[(11)]。それはともかく、ＷＴＯの紛争処理手続が必ずしも唯一のフォーラムとはいえないばかりか、貿易自由化原則を優先するＷＴＯは、環境紛争の審理には適さないとする見解も根強い。もとより、利用可能な紛争処理手続が複数並存することが一方的措置を正当化することにはならないが、ここで問題としている隣接的紛争に関して、いずれか一つの処理手続が専属的に利用されなければならないということはなく、したがってそれを自己完結的制度と認めることも困難である。

三　「貿易と環境」に関する国際立法

仮に、右に述べたような紛争処理手続の多様化それ自体は深刻な問題ではなく、一定類型の紛争はＷＴＯの処理手続に付託されるということが確立しているとしても、そこで適用さるべき実体法規の欠缺の故に被害国が救済されないような場合には、自救的な一方的措置の許容される余地が生じうる。ＷＴＯ法の中に「環境関連貿易措置」(trade-related environmental measures, TREMs) の規定が欠如している以上、一方的措置を執った国の立場からみると、ＷＴＯの紛争処理手続に委ねても、その処理機関の任務が現行法に照らして措置の適法性を判断することにある以上、勝訴の見通しは立たないことになる。まさに実体法規の欠缺こそが、一方的措置の正当化根拠だったのである。そうしたことからＷＴＯは創設以来、「貿易と環境」に関する立法作業に力を入れてきた。しかし、冒頭にも述べたように、今のところ、その作業は成功していない。ここでは、その国際立法過程で提起されている具体的問題点を明らかにしておきたい。

ＧＡＴＴでは、一九九二年に「環境措置と国際貿易に関する作業部会」を設けて検討を行い、一九九四年、報告書を提出した[(12)]。これを継続してＷＴＯ発足後は「貿易と環境に関する委員会」(Committee on Trade and Environment, CTE) の下で議論が重ねられてきたが、一九九六年一〇月にその報告書が公表され[(13)]、同年一二月にシンガポールで開かれた第一回ＷＴＯ閣僚会議に提出された。しかし、閣僚会議はこの問題を棚上げにして「審議の継続」を決定したにとどまったのである(14)。その原因は、加盟各国の間にこの問題の立法的解決を促進しようという強い政治的意思が十分に働かなかったことにあるが、ＣＴＥレポートに示されているように、貿易と環境の問題自体が極めて複雑かつ困難な要素を含んでいる点も無視しえない。

そこではＧＡＴＴと多数国間環境条約(Multilateral Environmental Agreements, MEAs)との関係や、ＷＴＯ紛争処理手続とＭＥＡ紛争処理手続との関係などについて様々に議論されているが、複数の提案・意見が併記されるにとどまり、加盟国間の根強い対立が、南北間のみならず先進諸国内部でも、未だ止揚されていないことを窺わせる。ＣＴＥの会合では、環境保護目的を理由として一方的措置に訴えることを強く非難する声が高かったが、貿易ルールと環境レジームとの調整が実体法上の規則として確保されない限り、一方的措置の可能性を完全に封じることはできないであろう。そうした観点から、ＷＴＯ・ＧＡＴＴ法における環境保護措置の「受容」に関する諸提案を検討しておきたい。

冒頭のキハダマグロ事件でも示されたように、ＧＡＴＴ二〇条の規定が環境保護のための措置を貿易自由化原則の例外として位置づけるためには不十分であることは、当初から明らかであった。第一に、そもそも二〇条は国境における通関手続を念頭に置いて規定されており「環境」という広い利益の保護を対象としたものではないこと、第二に、同条の(b)項や(g)項は、措置を執る国の「国内における」人・動植物の生命・健康の保護ないし「国内の生産又は消費に対する制限と関連してとられる」有限天然資源の保存を目的とした規定であり、これを他国ないし国家の管轄権を超える区域(公海など)の環境保護や資源保存のためにその適用を拡大することは認められないからである。このため、何らかの形で調整を行うことが必要と考えられてきた。

この調整の方法としては、ＣＴＥでも、事後的調整方式(*ex post* approach)と、事前調整方式(*ex ante* approach)が対立している。前者は、既存ＧＡＴＴ法の枠内での運用面での是正をはかるにとどめるとするものである。第一に、現状維持を前提に、貿易と環境の問題は、具体的な紛争処理をとおして判例法を積み重ねていくべきだという立場がある。あるいは、より一歩進んで、紛争処理手続において、環境考慮を優先させるために挙証責任を緩和ないし転換する旨の解釈原則に合意するという意見などもある。しかし、現行法に適用可能な法規がほとんど見当たらない以上、紛争処理手続を待つというのは、問題を棚上げするに等しい。

事後的方式としては、環境関連貿易措置の問題が生じた場合に、その都度個別的に、個々の事案に即してＧＡＴＴ法上の調整をはかればよいとして、具体的には、二五条五項の「義務の免除」（ウェイバー）条項を利用する方法が指摘される。この方式は、現行法の枠内で可能な措置で、かつ実際的な方法で問題の処理を行うことができるものと評価されている。しかし、ウェイバーという制度は本来、例外的な状況で個別的・時限的に、かつ一定の条件を付して、自由化義務の免除を認める制度であり、環境保護のための措置を原則的に位置づける方式ではありえない。また、現実的にも、ウェイバーの承認には閣僚会議における四分の三の多数が必要（マラケシュ協定九条三項）であり、これをクリアーするにはかなりの時間を要し、実際には極めて困難である。

貿易と環境の問題について、ＷＴＯのシステムが自己完結的制度であるためには、その調整の基準が、予め明確な規則によって確立され、それによって予測可能性と法的安定性が確保されていなければならない。その意味ではやはり既存ＷＴＯ・ＧＡＴＴ法の修正という形で、少なくとも部分的に *ex ante* 方式を採用することは不可欠であろうと思われる。そうした方向をとるとしても、その形式には、幾つかの考え方がある。ＷＴＯ協定・ＧＡＴＴの「改正」を行おうとするもの、拘束力を持つ加盟国間の「了解」（Understanding）という形で独立の合意を形成する方式、さらには拘束力のない「指針」（Guidelines）により、紛争解決に役立たせようというもの(15)などである。ガイドラインであれば、合意形成は容易であろうが、拘束力を持たないことが前提とされる以上、その意義は限定されたものにとどまり、場合によってはむしろ紛料の原因ともなりかねないとも危惧される。

さて、WTO・GATT法における環境保護措置の受容について検討する際、この措置が多数国間環境条約(multilateral environmental agreements, MEAs)に基づく場合と、そのような条約に基づかない場合とを区別する必要がある。前者についても、紛争当事国がすべてGATTとMEAの双方の締約当事国である場合と、いずれか一方の紛争当事国がMEAの締約国ではない場合との違いも、考慮されなければならない。この点で、CTEにおけるニュージーランドの「了解」案は、かなりよく考え抜かれたものであった。すなわち、両紛争当事国がともにMEAの締約国であり、かつ、問題となっている貿易措置がMEAによる権限に基づいて執られたものである場合には、この措置は合意を基礎としている(consensual measures)のであるから、MEAの措置を優先させることとする(NAFTA一〇四条はその例)が、締約国間であってもMEAによる権限に基づかない措置や、権限に基づく措置であっても非締約国に対するものなど合意基盤を欠く措置(いわゆるnon-consensual measures)の場合には、その適否をWTOの紛争処理手続に委ねる、とするものである(16)。

もっとも、MEAにおける貿易制限条項も一様ではなく、その目的・内容の違いによって、WTOにおける受け止め方も異なりうる。現在、MEAでこのような条項を持つものは二〇ほどの例があるといわれるが、大別して、(1)貿易制限そのものが当該MEAの目的であるもの(絶滅の危険に瀕した野性動植物種の国際取引を規制するワシントン条約、有害廃棄物の国際的移動等の規制に関するバーゼル条約など)と、(2)MEAの目的を実効的に実現するための手段として貿易制限を用いているもの(オゾン層破壊物質の規制に関するモントリオール議定書など)、の二種類がある。前者については、各国がそうした国際取引の制限に合意した以上、それほど問題にはならない。しかし後者のような場合には、条約の実効性を確保する手段は、貿易制限に限定されないから、GATT上も複雑な問題を提起しがちである。

WTO・GATT法の改正について最もポピュラーな提案は、現行GATT二〇条(b)項に「環境」の語を挿入するというものである。しかし同項は、先にも述べたとおり、そもそも衛生・検疫条項であったことから、決して座り心地が良いとはいえない。とくに、ＭＥＡ上の措置をＧＡＴＴで受け止めるためには、一定の編入手続が必要と思われる。そうした観点から参考とすべきは、政府間商品協定に関する二〇条（ｈ）項の規定であり、この例に倣って、「閣僚会議に提出して否認されなかった多数国間環境協定に基づく措置」を一般的例外の一として規定する方法が最も適当と考えられる(17)。この承認方式は、先に触れた事前調整方式と事後的調整を結合させ、一定の予測可能性を確保すると同時に、個別事案に即した柔軟な判断の幅を許容する方式として、もっと評価されてよいのではないかと思われる。

環境規制に特有の問題として、生産工程（ＰＰＭ）規制をＷＴＯ・ＧＡＴＴ法上、いかに受け止めるかという点が、極めて重要な問題となってきている。この問題は、一九八七年のオゾン層に関するモントリオール議定書の作成過程で初めて議論された。同議定書四条では非締約国との貿易規制について、規制物質および規制物質を含む製品とともに、規制物質を生産工程で使用した製品で規制物質を含まないものをも（将来の実現可能性を前提としてではあるが）その対象としている(18)。このように、条約の規定を前提にした規制であればまだＧＡＴＴにおける受容が可能であろうが、生産工程規制が単に一国の国内法にのみ依拠するものである場合（前記キハダマグロ事件）には、通常の産品規制の場合に比して一層困難な問題を提起するであろう。ＷＴＯ法上、生産規制が全く許容されないとはいえないが、その場合には少なくとも、産品の物理的特質との直接的ないし密接な関係の存在が証明されなければならないと考えられる(19)。

いずれにせよ、貿易と環境をめぐる国際立法の作業は、多くの複雑な問題を抱えて、未だ道半ばである。実体法上の調整基準が確立しない限り、ＷＴＯはこの分野の紛争に対して自己完結的に対応していくための十分な条件を具えているとはいえない。こうした規範状況の下で、仮に一方的措置が執られた場合、その法的効果はいかに評価されるかという問題を最後に考察しておきたい。

四　一方的措置の対抗力

以上みてきたように、ＷＴＯ紛争処理手続は大幅に改善されたとはいえ、少なくとも「貿易と環境」の問題に関する限り、実体法上の整備が行われておらず、これを自己完結的制度とみなすことは、現状では困難である。したがって、場合によっては、国家の一方的措置が、必ずしも違法とはいえないということもありうる。それでは、このような一方的措置の法的効果は、どのようなものとして捉えられるか。

国際司法裁判所はこれまで一九五一年の漁業事件(20)や一九七四年の漁業管轄権事件(21)など幾つかの事件において、一方的措置の対抗力に関する判断を示している。それらから抽出される対抗力の概念は次のようなものであろうと思われる。第一に、通常の合法・違法を争う紛争に比して、対抗力をめぐる紛争では、その請求目的が、国家の措置に対する対外的な有効性の確認ないし否認にあり、必ずしも国家責任の追及や損害賠償等の獲得にあるわけではない。第二に、合法・違法の判断基準としての適用法規は、それが明確に確立しているということが前提となっているのに対して、一方的措置の対抗力が問題となるのは、関連の適用法規が必ずしも十分に確立しておらず、法がいわば「灰色地帯」にあって不明確ないし形成・変革の過程にある場合である。第三に、通常の合法・違法の判断が実質的に対世的効力を有するのに対して、対抗力に関する判断の法的効果は、特定の関係国間に限定された相対的なものである。

一方的措置が対抗力を持つためには、その措置が実効的であること、およびその主張に正当性が認められることが必要である。まず、実効性を伴わない措置は対抗不能とならざるをえない。対抗力を構成する「力」の要素を考慮する上で、前記キハダマグロ事件における米国の輸入制限措置と、一九九二年のオーストリアの熱帯木材輸入制限措置（ア定に許容するものではない。正当性の根拠――個別国家の利害を超えた国際公益の実現という普遍的な意味づけ――を欠く一方的措置は対抗しえない。この正当化・普遍化の過程で「衡平」原則の果たす役割は極めて重要である。

右のように実効性と正当性が対抗力の判断における客観的要素であるとしても、それらは未だ必要条件でしかない。一方的措置が対抗力を持つための十分条件としては、関係国がその措置の発動に至る過程で「信義誠実」を尽くしたかどうかという一定の主観的基準が充たされなければならない。先にも述べたように、対抗力は係争中の二国間に特定された関係に即してその効果が捉えられる概念であるから、一方的措置に訴えた国は、あらゆる手段を尽くしてもはや選択の余地がなかったことを証明しなければならないし、他方の国についても、問題解決に信義を尽くして努力したか否かが慎重に審査・評価されることになるのである。

国際司法裁判所が国家の一方的措置について、合法・違法の観点からではなく対抗力の有無の観点から判断を下すとき、多くの場合、紛争を当事国間の交渉・協議によって最終的に解決するよう命ずる。このように誠実交渉義務とリンクされることにより、紛争当事国は、裁判所が示したガイドラインに従い、紛争の衡平な解決をはかることが求められるのである。裁判所は法の適用機関として新たな法の定立を行うこと(司法立法)はもとより排除されるが、こうした対抗力の判断によって、実際には、当該の紛争の解決を促すとともに、新たな法の定立を促進するという機能を果たしていることは否定できないのである(22)。

ひるがえって、ＷＴＯの紛争処理が「貿易と環境」の問題につき、未だ自己完結的制度として十分には機能していないとしても、したがって一方的措置が完全には封じ込められていないとしても、ＷＴＯとしては、そのポジティヴな面を受け止めて、国際司法裁判所の例に倣い、対抗力の観点からその法的評価を行うということも考慮してよいのではないかと考えるのである。環境関連の貿易措置に関する国際立法があまり進展していない現在の状況では、一方的措置を媒介とした国内法の拡散(spill-over)による国際法の形成は、それが望ましい定立の形態とはいえないにせよ、これを無視できないのも事実である(23)。

五　小　結

ＷＴＯ紛争処理手続に最初に係属したのが、米国による輸入ガソリンの大気浄化法に基づく規制に関する事件(24)で、まさしく「環境と貿易」の事例であったが、本件は紛争解決了解に忠実に準拠して、パネルおよび上級委員会の審理が迅速に進められ、敗訴した米国は裁定の履行を確約し、ＷＴＯの新たな紛争処理手続を「絵に描いたような」事件処理であったが、とくに上級委員会の報告で注目されたのが、一般国際法の規則に関する広範な言及であった。これは、「解釈に関する国際法上の慣習的規則に従って対象協定の現行の規定の解釈を明らかにする」という紛争解決了解三条二項の定めに従ったものであったが、ＷＴＯの紛争処理手続が従前のＧＡＴＴにおける閉塞的なそれとは異なり、一般国際法上の制度として確立されたことの何よりの証であった(25)。

「貿易と環境」に関するＷＴＯ紛争処理手続の今後の課題としては、とくに、審理の過程における科学的専門家の役割を、どの程度のものにするかという点がある。環境主義の立場からは、環境問題の専門家の意見をパネルおよび上級委員会の裁定にできるだけ反映されるように制度化すべきだとする意見が根強い。しかし、ここで重要な点は、事実に関する調査・鑑定の問題と関連する法規の解釈・適用の問題との区別である。科学的専門家の役割は前者の側面に限定して捉えるべきであり、法の解釈・適用はあくまでもパネリストないし上級委員会メンバーの専属的な権能であることを厳守すべきである。

ともあれ、「貿易と環境」に関連する最大の問題は、本節で述べたとおり、これを実体法上の規則として明確に定式化することである。一九九一年のキハダマグロ事件パネルが述べたように、この問題は何よりも、「ＧＡＴＴ二〇条の解釈によって答えられるものではなく、一般協定の修正ないし補完によって解決さるべき問題」(26)である。パネルおよび上級委員会としては、現行法の解釈・適用の枠を超えて新たな立法を行う権限を持たない以上、適用法規の欠缺を前にして、判断回避（*non liquet*）を宣言するか、せいぜい対抗力の判断を行うにとどまらざるをえないのである。環境関連の分野について、ＷＴＯの紛争解決制度が「多角的貿易体制に安定性及び予見可能性を与える中心的な要素」（紛争解決了解三条二項）となりうるか、つまり自己完結的制度として機能しうるか否かは、この立法作業の成否にかかっているといっても過言ではない。ＣＴＥの審議ができるだけ早い機会に、そうした形で実を結ぶことを期待したい。

注

(1) U.S. Restriction on Imports of Tuna, Mexico v. U.S., Aug.16, 1991, *International Legal Materials (ILM)*, vol. 30, 1991, p. 1594.

(2) *Ibid.*, para. 5.32. もっとも、この裁定は米国の反対で採択されず、メキシコも採択を強く求めなかったため、法的には効力を持つに至らなかった。欧州諸国はメキシコ産マグロの加工品を対米輸出していた中間貿易国としての立場から米国を訴え、ＧＡＴＴパネルはほぼ同様の裁定を下した（理由づけはやや異なる）が、これも採択には至らなかった（U.S. Restriction on Imports of Tuna, Netherlands & EC v. U.S., *ILM*, vol. 33, 1994, p. 869）。しかしこの事件には「貿易と環境」の法的側面に関する基本的論点がほとんどすべて含まれており、一般協定の解釈基準を提供する典型的先例として重視されているのである。村瀬信也「ＧＡＴＴと環境保護」日本国際経済法学会編『国際経済法』三号（一九九四年）一～二四頁参照（本書第五章第六節に収録）。

(3) 本節は著者による次の論稿を基礎にしている。Shinya Murase, "Perspectives from International Economic Law on Transnational Environmental Issues", *Recueil des cours*, t. 253, 1995, pp. 283-431; *Ditto*, "Unilateral Measures and the WTO Dispute Settlement", in Simon S.

C. Tay & Daniel C. Esty, eds., *Asian Dragons and Green Trade: Environment, Economics and International Law*, Times Academic Press, 1996, pp. 137-144; *Ditto*, "The WTO Dispute Settlement in the Context of Trade and Environment" (Paper Presented to the Third Workshop on Environmental Economics and Policy, Keio University, March 18, 1997), 村瀬信也「国家管轄権の一方的行使と対抗力」村瀬信也・奥脇直也編『国家管轄権――国際法と国内法』（山本草二先生古稀記念論集、勁草書房、一九九八年）六一～八二頁（本章第一節に収録）。

（4）村瀬信也「ＧＡＴＴの規範的性格に関する一考察――セーフガードにおける選択性の問題を手掛かりとして」『法学』（東北大学）五二巻五号（一九八八年）七九～八六頁、同「ＧＡＴＴの立法過程」『貿易と関税』四四三号（一九九〇年）一二～一八頁（本書第四章第二節に収録）。

（5）小松一郎「ＧＡＴＴの紛争処理手続と『一方的措置』」『国際法外交雑誌』八九巻三・四号（一九九〇年）三七～八三頁。

（6）岩沢雄司『ＷＴＯの紛争処理』（三省堂、一九九五年）二〇三～二一五頁参照。

（7）外務省経済局国際機関第一課編『解説・ＷＴＯ協定』（日本国際問題研究所、一九九六年）五六三～六〇一頁。

（8）P. J. Kuyper, "The Law of GATT As a Special Field of International Law: Ignorance, Further Refinement or Self-Contained System of International Law", in Barnhoorn *et al.*, eds., *Diversity in Secondary Rules and the Unity of International Law*, 1995, pp. 252, 257.

（9）Jonathan I. Charney, "Implications of Expanding International Dispute Settlement Systems: The 1982 Convention on the Law of the Sea", *American Journal of International Law*, vol. 90, no. 1, 1996, pp. 69-75.

（10）本件はキハダマグロ事件と同様、米国がエビ漁における海亀の混穫を問題とし、自国の国内法である絶滅危険種保護法海亀修正（一九八九年）に基づいてエビの輸入制限を行ったというものである。カリブ海諸国およびアジア諸国が反発し、ＤＳＢで協議が続けられたが、結局紛争処理手続に付されることになった。インド、マレーシア、タイ、パキスタンによる訴えに対し、ＷＴＯ上級委員会は、一九九八年一〇月一二日、米国の措置はＧＡＴＴの規定に両立しないと判断した。*ILM*, vol. 38, 1999, p. 118. 本件における米国の立場は、海亀がワシントン条約（絶滅の危険に瀕した野性動植物の国際取引の制限に関する条約）の対象であることから、キハダマグロ事件の場合よりも有利であるともいわれた。しかし、ワシントン条約は「国際取引」の制限を定めているにすぎず、当該動植物の「保護」を規定したものではないため、結論的には、キハダマグロ事件と同じような判断となった。もっとも、上級委員会は本件において、二〇条(g)項の下で米国が主張するような「海亀除去装置」に関わるＰＰＭ規制は許容されうる（しかし具体的な規制の方法は二〇条柱書きに反する）と判断したことには「司法立法」との批判も加えられよう。

（11） Shigeru Oda, "Dispute Settlement Prospects in the Law of the Sea", *International and Comparative Law Quarterly*, vol. 44, 1995, pp. 863f. もとより、ＷＴＯの紛争解決了解三条七項は、加盟国に対し、問題を提起する前にＷＴＯ紛争処理手続に付託することが有益か否かについて、慎重に判断すること、すなわち、紛争の回避に努力することが求められているが、それはＷＴＯに限ったことではない。

（12） *Report of the Group on Environmental Measures and International Trade*, L/7402, February 2, 1994.

（13） WTO, *Report of the Committee on Trade and Environment*, Press/TE 014, November 14, 1996.

（14） WTO, Singapore Ministerial Declaration, para. 16, *ILM*, vol. 36, 1997, p. 220.

（15） Proposal by Japan, WT/CTE/W/20, May 30, 1996.

（16） Submission by New Zealand, WT/CTE/W/20, February 15, 1996.

（17） Murase, *op. cit.* (*Perspective*), *supra* note 3, p. 348; Robert Hudec, "GATT Legal Restraints on the Use of Trade Measures against Foreign Environmental Practice", in J. Bhagwati & R. Hudec, *Fair Trade and Harmonization: Prerequisites for Free Trade?*, vol. 2 (Legal Analysis), 1996, pp. 125f.

（18） Duncan Brack, *International Trade and the Montreal Protocol*, Royal Institute of International Affairs, 1996.

（19） Murase, *op. cit.* (*Perspective*), *supra* note 3, pp. 336-344.

（20） *ICJ Reports 1951*, pp. 131, 139.

（21） *ICJ Reports 1974*, pp. 7, 23, 29.

（22） 前掲注（3）の文献参照。

（23） 山本草二「一方的国内措置の国際法形成機能」『上智法学論集』三三巻二・三合併号（一九九一年）四七〜八六頁。

（24） U. S. Standards for Reformulated and Conventional Gasoline, Brazil & Venezuela v. United States, *ILM*, vol. 35, 1996, pp. 274, 605.

（25） Murase, *op. cit.* (*Unilateral Measures*), *supra* note 3, pp. 138-140.

（26） *ILM*, vol. 30, 1991, para. 6.3.

第五節　国際紛争における「信義誠実」原則の機能
――国際レジームの下における締約国の異議申立手続を中心に

一　はじめに

本節は石本泰雄教授に献呈された論文集への寄稿であるが、同教授の学問的関心は、一貫して、国際法の「構造転換」の解明にあった(1)。もとよりその作業は、単に国際法の歴史を表層の変遷として叙述することではなく、その根底には常に、国際法の「法的性質」をいかに論証するかという、ほとんど「脅迫観念」といってよいほどの、強烈な意識によって貫かれてきたのである(2)。同教授が、現代における国際法の「このような壮大な転換期にさいしては、あらためて国際法の法源が問題にされ、国際法の拘束力の根源が問いなおされること」(3)を力説するのは、何よりもその証左である。

国際法の法源論は、それぞれの時代における国際社会の構造を反映して、弁証法的な進展を示してきた。相対的安定期には静態的・形式的な意味での法源（法の存在形式）の分類に関心が集まったのに対して、変動期には能動的・実質的意味の法源（法の定立・立法）が考察の対象となる。流動する現在の国際関係において、国際法の形成過程に関心が集まり、多数国間条約を基礎とする「国際立法」に関心が集中しているのは、もとより偶然ではない(4)。実際、第二次大戦後の世界において国連を中心とした国際立法活動の進展には目覚しいものがある(5)。

今日の国際立法においては、さらに、単なる「多数国間条約形成」(multilateral treaty-making)にとどまらず、いわゆる「国際的な制度構築」(international régime-building)(6)が極めて顕著な傾向として指摘されている。従来も、一定の領域を基盤として国際的なレジームが設定され、「客観的制度」(objective régime)としての第三国に対する対抗力が問題となったことはある(7)。しかし今日の国際的なレジーム・ビルディングは、そうした「領域的制度」(territorial régime)とは異なり、領域を基盤としない非領域的・機能的なレジーム(non-territorial, functional régime)として、国際経済法や国際環境法をはじめ、国際人権法、軍備管理法などの分野でかなり多くの例をみることができるのである。

ここで想定している「国際レジーム」とは、概ね次のような内容において理解される。すなわち、第一にそれは国家間ないし国家と国際組織との間の条約を基礎として設立される。第二にそれは国際法に実定化されている国際公益、つまり国家間の共通利益ないし国際社会の一般利益の実現を目的とし、それに基づく義務を当事国に課している。第三にこの目的を実現するための組織的および作用上のメカニズムを具えて、当事国の行動を基準化しその統一的な管理によって履行を確保するとともに、レジーム自身の力によって目的の達成をはかるために最小限度の自己実現性と自力執行力が認められる。第四に、レジーム内で発生する国家間の紛争や異議申立については、レジーム自身が、一応、自律的な紛争処理手続を用意している、等の要素が指摘されよう(8)。もとより現実の条約体制にそのような要素を完備に具えている例は未だ必ずしも見出しがたいとしても、ここで列挙した理念型にそって、多少なりとも自己充足的・自律的・自己完結的な制度と手続が整備されている場合には、これは国際レジームと観念され、各国にはそれが目的としている国際公益の実現のために「誠実な義務の履行」が求められるとともに、共同してこのレジームを維持していくことが要請されるのである。

今日では、国際法上の実体的権利義務(第一次規則)をめぐる紛争と並んで、その履行確保(第二次規則)をめぐる紛争が漸増しているが、そうした新たな進展の中で、従来の国際法学の枠組みや概念が、いかなる形で修正を余儀なくされてきているかを明らかにすることが必要となってきているように思われる。個々のレジームの下で、国家の義務はどのような性格のものとして捉えられるか、また、そのような国際義務の履行にはいかなる特徴が認められるか、さらにこのレジームの下で争われる国家間の紛争は従来の国際紛争に比してどのように把握さるべきかといった問題である。

そこで本節では、上記のような状況を踏まえつつ、とくに近時、多数国間条約に多くみられる異議申立制度を素材として、国際義務の履行における「信義誠実」原則の機能を明らかにするとともに、国際紛争の類型化と国際法上の国家の義務の性質分類について再検討を試みたいと思う。そうした作業をとおして、われわれは、石本教授の示唆する「現代国際法の構造転換」の一端を明らかにすることができるかもしれないと考えるものである。

二　概念枠組みの再検討

まず、「国際紛争の類型」「信義誠実原則」および「国際法上の国家の義務の性質分類」について、それぞれ既存の枠組みを整理するとともに、必要な場合には最小限度においてその修正を加えておかなければならない。もとよりここで、国際法の「総論」を書き改めることを意図しているわけではない。本節における問題意識を展開するために必要な限りで、基本的な概念を定義し、その上で、それぞれの連関を仮設的に提示することが、この作業の目的である。

1　国際紛争の類型

国際紛争（法律的紛争）を当事国の請求目的から類型化すると、⑴合法性をめぐる紛争、⑵対抗性をめぐる紛争、と並んで、さらに⑶合目的性をめぐる紛争、という区別ができるものと考えられる。国際レジームの下での紛争としては、とくに(3)の類型が重要となる。

まず「合法性（legality）をめぐる紛争」とは、被害国（請求国）の請求目的が、相手国（加害国）の行為について、その国際法上の違法性（wrongfulness, breach, violation）と有責性の認定にあり、損害賠償や原状回復などの方法によって、事後的な救済を求める紛争である。法律的紛争処理の伝統的な考え方からすれば、従来は、当事国も、したがって国際裁判所も、国際紛争を合法・違法をめぐる紛争と捉えるのが通例であった。それは現在でも基本的に変わらない。その前提には、適用法規たる国際法の規則そのものが比較的明確に確立されているということが共通の認識としてある。裁判所の役割は、その法規を発見し適用することによって、国家責任の有無とその解除の方法に関する白黒をはっきりさせることにある(9)。

これに対して「対抗性（opposability）をめぐる紛争」は、その請求目的が、国家の権利・権原の《対外的な》有効性の確認（ないしは相手国の行為の有効性の否認）を求めるもので、相手国に対する国家責任の追及を直接の目的としない場合である。このように最近は、一国による措置が、一般的・対世的に合法か違法かはあえて問わず、むしろ特定化された「相手国との関係において」それが対抗しうるか否かを争う紛争が漸増しているのである。その背景には、請求原因の根拠となる国際法そのものの規範状況が密接に関連している。つまり、適用法規たる国際法の規則が変容しつつあったり、新たな規則が形成過程にあるような場合には、対抗力の法理は、分析的にも実践的にも、極めて有力な道具となるのである(10)。

これに対して第三の紛争類型は「合目的性をめぐる紛争」である。これは国際的レジームの枠組み・趣旨・目的に照らして、一加盟国ないし締約国の行為がそれから逸脱していると認められる場合に、その「是正」を求めて他の締約国が「異議申立」を行うという形の紛争である。そこでの請求目的は損害に対する個別的救済ではなく、あくまでもレジームを維持する上での《対内的な》規律の確保である。請求国はレジームを担うワン・メンバーとして問題を提起する立場に立つので、自国に対する具体的な損害の発生はそもそも原告適格の要件とはならない。また相手国についても、必ずしも国際法違反(violation, breach)の存在が必要ではなく、仮に相手国の行為が適法であったとしても、レジームの趣旨・目的からの逸脱が主張しうるのであれば、異議の申立が行われる(non-violation complaints)のである。本節で考察するのが、まさにこの種類の紛争であることはいうまでもない。

2　国際義務の履行における「信義誠実」原則の機能

国際関係における「信義誠実」(*bona fide*, good faith)の原則は、伝統的な国際法では単に抽象的・精神的・道義的な原則にとどまるものと考えられ、せいぜい「合意拘束」命題(*Pacta sunt servanda*)を裏側から確認する以上の意味はなかったといえよう。しかし最近は、国際裁判等を通じてその内容がかなり特定されてきており、この原則の果たす機能は極めて重要なものとなってきているのである(11)。

国際法上、信義則は次の三つのレヴェルで問題となる。第一は、国際法上の合意ないし国家の権利・義務の創設(creation of a '*servandum*')における信義誠実である。この最も典型的な例は、一九七四年の核実験事件であるが、その判決で国際司法裁判所は、フランス政府の一方的宣言が法的義務を創設すると判断し、その根拠を信義誠実の原則に置いたのである(12)。第二は、国際法の「解釈」における信義誠実であり、周知のようにウィーン条約法条約三一条一項はこれを規定する。WHO協定の解釈に関する一九八〇年の国際司法裁判所の勧告的意見はこの意味での信義誠実に言及する(13)。第三には、権利の行使ないし義務の履行における信義誠実(国連海洋法条約三〇〇条など)が問題となる(14)。本節の考察の対象は、こうした国際法の履行のレヴェルにおける信義則の機能とその変化である。

この履行における「信義誠実」原則の機能には、(1)誠実な交渉の実施、(2)権利濫用の排除、そして(3)レジームの誠実な維持、等が挙げられる。まず第一に「誠実交渉義務」について国際司法裁判所は、一九六九年の北海大陸棚事件判決において、当事国は単に形式的に交渉手続に入るというだけではなく……自己の立場の変更をも考慮することによって「その交渉が意味あるものとなるよう行動すること」が信義誠実の原則から求められているとした(15)。同裁判所は一九七四年の漁業管轄権事件（英国対アイスランド）でも、当事国が判決を基礎とした交渉による紛争解決をめざすこと、そしてこの交渉においては双方が信義誠実に従って他の当事国の法的権利に合理的な配慮を払うこと、さらに交渉終結までは実質的にそれぞれが主張する権利の行使を暫定的に停止することを求めている(16)。誠実交渉の義務が単なる形式的手続の問題にとどまらないことは、一九八四年のメイン湾事件判決でも言及されており、「信義誠実に行われ、かつ積極的な結果に到達するための真正の意思に基づく交渉」を意味するとされている(17)。このように、今日、誠実交渉義務における「交渉」は、従来の私的な紛争解決手段ではなく、制度化された公的な手段として位置づけられるものとなってきているのである(18)。

第二に、従来から信義誠実は権利濫用禁止原則の主観的要素として位置づけられており(19)、国家や国際組織による権利ないし裁量権の行使の態様について、この原則の適用が問題となってきた。一九六〇年の海上安全委員会構成に関する諮問事件では、ＩＭＣＯ総会が委員国選出に関し自由裁量権を有するか否かが争われた。裁判所の多数意見は、設立条約二八条a項の「委員国一四のうち八国以上は最大船腹保有国たるべし」との規定に照らして、登録総トン数の三位および八位の国家が選出されなかったことは、裁量権を逸脱しているとの判断であった(20)。もっともこれに対しては、裁量権が認められている限り、その濫用があっても、それは容認されなければならないとするクレスタッド（Klaestad）裁判長の反対意見がある(21)。一九七一年のナミビア事件で、グロ（Gros）裁判官はその反対意見で、南アフリカが信託統治協定を締結する義務はなかったとしても、委任統治協定の変更について国連との間に誠実交渉義務を履行しなかったことは権利の濫用であるとした(22)。さらに、一九八五年のチュニジアの申立による一九八二年大陸棚境界画定判決の履行に関する事件で、リビアはチュニジアが一九八二年判決を誠実に履行する努力を払わなかったと主張し、この点についてはルーダ(Ruda)裁判官の支持を得たが、裁判所の多数意見はこの点について判断していない(23)。一九八六年のニカラグアに対する軍事・準軍事活動に関する事件で、ニカラグア側は米国の軍事行動は主張されるような集団的自衛権の行使ではなく、ニカラグアに対する政治的圧力を加えることであったことは明らかだとしたが、裁判所は、米国の行動の「追加的動機」(additional motive)がそのようなものであったとしても、自衛権行使の権利が仮に容認されるならば、そうした動機の存在自体は権利濫用には当たらないとした(24)。このようにみてくると、権利濫用の法理については個々の裁判官が傍論的に言及しているほかは必ずしも定着した内容を確立しているとはいえないが、国家・国際組織の権利ないし裁量権の行使の仕方について、場合によっては一定の効果を持ちうるものと認められよう。

第三に、信義誠実の原則は、「国際レジームの誠実な維持」という形でその新たな機能を担うようになってきている。国際司法裁判所は一九八〇年のWHOとエジプトとの間の一九五一年協定の解釈に関する事件で、両当事者がWHOの地域事務所の移転について誠実に協議する義務があることを認定した(25)上で、さらに次のように述べている。すなわち「機構と受入国双方にとってすべての場合に払うべき最も重大な考慮は、基本協定に表明された目標と目的を促進するよう誠実に協力する明確な義務である。」(the paramount consideration both for the Organization and the host State in every case must be their clear obligation to co-operate in good faith to promote the objectives and purposes of the Organization as expressed in its Constitution.)(26) ここにいう信義誠実は、上記のような誠実交渉・協議の義務とは区別さるべき、それ以上の義務である。本節が考察の焦点に置いているのは、制度的(institutional)な枠組みの中で求められるところの、まさにこのような意味での国際義務の履行における包括的な協力義務である(27)。

3　国際法上の義務の性質分類

国際法の履行については、国際法のレヴェルでも、履行状況に関する通報、審査・審議・是正勧告や国際機関の直接介入による履行確保の措置など、種々の制度が採用されてきている。しかし国際法の履行が国際法のレヴェルで完結することは未だほとんどなく、その大部分は、通常、各国の国内法をとおして実現される。国際的な管理（control）の諸形態も、各締約国が適切な国内法上の立法・行政その他の措置により国際義務を実現していく上で、これを確保し標準化していくための間接的な手段にとどまる場合が多い。こうして国際法の履行確保は、主として、国内法レヴェルの問題として考察しなければならない。

伝統的な国際法の下では、国際法の国内的実施について、各国の国内法に大幅な裁量が認められてきた。しかし最近では国家に課せられる国際法上の義務の性質によっては、国内的履行をより確実に確保するために、国家の裁量権の範囲に制限が設けられることが多くなってきている。そうした観点から、国際法上の国家の義務については、次のような分類が可能と考えられる(28)。

第一に、「措置の義務」（obligation of measures）（「結果の義務」〔obligation of result〕とも呼ぶ）、すなわち、国家に対して特定の事態と結果を実現するための「措置」を執り、またはその発生を防止するよう確保（ensure）する義務である。ただしこの場合、そのための実施措置は特定されず、その方法・手段は各国の自由な裁量に委ねられる。したがって、国家は既存の国内法の枠内で可能な措置を執ればよい、ということになる。ＧＡＴＴ三条四項の内国民待遇の供与の規定（「いずれかの締約国の領域の産品で他の締約国の領域に輸入されるものは、その国内における販売……に関するすべての法令及び要件に関し、国内原産の同種の産品に許与される待遇より不利でない待遇を許与される」）はこの類である。

第二に、「方法の義務」（obligation of conduct）、すなわち、その義務の履行について実現方法を特定し、各国の裁量権の余地を著しく狭め、または奪うものである。したがって、現行の国内法がそのような措置の実施方法を充足しえないときは、国内法の改訂が要求されることになる。たとえば、国連海洋法条約が二〇七条以下で国家管轄権の行使に関する国際的な基準・条件の大枠を定めて実施・方法の定型化をはかり、各国がこれを関係国内法令で受容するよう義務づけているのは、この例である。

これに対して第三の類型は、「維持の義務」(obligation to maintain) とも呼ぶべき性質の義務である。この義務の下では、国家は一定の「措置」を執るだけでは十分ではなく、常に一定の法的・事実的な「状態」を継続的に維持するという重い負担を負うことになり、国内法にもこれを実質的に確保する内容が求められるのである。たとえば宇宙条約の六条では、宇宙活動が「政府機関によって行われるか非政府団体によって行われるかを問わず、国際的責任を有し、自国の活動がこの条約の規定に従って行われることを確保する国際的責任を有する」と定め、さらに「宇宙空間における非政府団体の活動は、条約の関係当事国の許可及び継続的監督を必要とする」と規定している。ここにいう「許可及び継続的監督」は、国家が、宇宙活動の潜在的危険性に鑑みて、宇宙活動を行う私企業等に対し継続的に注意義務を払うべく、一定の法的状態の維持を要求する趣旨である。

こうした「維持の義務」が、上述した「国際レジーム」の維持と密接に関連を持つものであることはいうまでもない。そこで設定される義務が、多くの場合、いわゆる「国家の一般的義務」として対世的 (*erga omnes*) 性格を有すること (国家間の相互的義務と対照的である)、総量総体規制に基づく同一水準の規制を内容とすること (措置の義務における規制水準は各国の国内法の違いによってバラツキが出るのと対照的)、そして一定の「状態」の維持が求められるためには、いわゆる予防原則 (precautionary principle) などの包括的原則の存在が根拠とされること (措置の義務の下で防止措置 (preventive measures) が執られる場合には予見可能性が根拠となる) などが指摘されよう。こうして「維持の義務」という重い義務の履行については、国家はその行政・立法・司法の総体をかけて取り組むことが必要となり、そうした総合的な観点において、国際義務の履行が法的に評価されることになるのである。

以上述べてきたように、本節の分析における基本的な座標は、次の三点に集約される。すなわち、第一に紛争類型としての「合目的性を争う紛争」、第二に信義則のうち「国際レジームの誠実な維持」、さらに第三に国家の義務の性質分類における「維持の義務」である。これら三点の組み合わせにおいて、現代国際法は新たな地平を整備しつつあるように思われるのである。次に項を改めて、そうした展開を実証的に検討することとしたい。

三　異議申立手続の態様

これまで述べてきた分析枠組みに照らし、本節の問題意識を最もよく映し出す素材としては、最近様々な分野で多く採用されてきている異議申立制度に焦点を当てることが適当と思われる。ここで取り扱う異議申立は、多数国間条約の枠内に設定され、締約国の対立関与を基本とした手続である。本項では、各分野において特徴のある制度を取り上げ、これらを例示的に紹介することにしたい。こうした異議申立制度は比較的新しく、その運用の実態に迫ることは、必ずしも十分にできなかった。具体的な運用については後日改めて調査検討することとし、とりあえずは、関係条約の規定を概観しておくにとどめる。

1　国際経済紛争処理手続

(1)　GATT

GATT（関税と貿易に関する一般協定）二三条一項は次のように規定する。

「締約国は、(a)他の締約国がこの協定に基く義務の履行を怠った結果として、(b)他の締約国が、この協定の規定に抵触するかどうかを問わず、なんらかの措置を適用した結果として、又は(c)その他のなんらかの状態が存在する結果として、この協定に基き直接若しくは間接に自国に与えられた利益が無効にされ、若しくは侵害され、又はこの協定の目的の達成が妨げられていると認めるときは、その問題について満足しうる調整を行うため、関係があると認める他の締約国に対して書面により申立又は提案をすることができる。この申立又は提案を受けた締約国は、その申立又は提案に対して好意的な考慮を払わなければならない。」〔強調著者〕

このGATTの紛争処理に関する規定で注目すべき点は三つある。第一に締約国は他の締約国が、(a)義務違反を行った場合(violation complaints)だけでなく、(b)他の締約国の行為がGATTに抵触しない場合でも(non-violation complaints)申立を行うことができる旨定めていることである。この後者の場合には、申立の請求原因に違法性の要件が存在しなくてもよいことになる。第二は、締約国が申立を行うのは、自国の利益が無効化または侵害された場合のみならず、「この協定の目的の達成が妨げられていると認める」場合にも認められるのである。つまり、申立の根拠として通常要求されるような自己に対する損害の存在は必ずしも必要とはされていない。第三に、申立を受けた締約国は「好意的な考慮」を払うよう求められるという点も特徴的である(29)。

ノン・バイオレーションの申立に関するGATTパネルの先例をみておこう。最初のパネル裁定は一九五〇年四月三日の化学肥料に関するチリ・オーストラリア間の紛争に関するものであった。両国は一九四七年に関税交渉を行い合意に達していたが、その後、オーストラリアは他の化学肥料に対する従前からの補助金を廃止したものの、硫酸アンモニウムに対する国内補助金についてはこれを継続していた。一九四九年のチリの申立に対し、パネルは、オーストラリアによる補助金の継続自体はGATT規定に違反する措置ではないと認めつつ、しかしそうした事態は右の関税交渉時にチリが抱いていた「合理的期待」(reasonable expectation)に反するとして、オーストラリアに対し、産品間の競争的不平等（competitive inequality）を排除する方法を検討するよう勧告した(30)。缶詰果物等に関する米国とＥＥＣ間の紛争（一九八五年二月二〇日）で米国は、一九八二年、缶詰果物および干葡萄に対するＥＥＣの国内補助金は、一九六二年から七九年にわたり数次の関税交渉で合意された関税譲許における既存の競争的関係（competitive relationship）を変更するものであるとの申立を行った。パネルは、ＥＥＣのかかる国内生産補助は、関税交渉当時、米国が予見しえなかったものであり、米国産品のＥＣ市場における競争的地位を混乱させるものと認められるとし、ＥＥＣに対し、競争的不平等を是正するための方法を検討するよう勧告した(31)。

日米半導体協定に関するＥＥＣと日本との間の紛争で、ＥＥＣは同協定がＧＡＴＴ規定に違反するとの訴えを提起したが、同時に、日本政府の措置がＥＥＣのＧＡＴＴ上の利益を無効化・侵害しているのみならず、「ＧＡＴＴの目的の達成を妨げている」（impede the attainment of the objectives of the General Agreement）として付加的にノン・バイオレーションの申立を行った。これに対してパネルは、ノン・バイオレーションの申立の場合には、詳細な理由（detailed justification）が要求されているが、その点についてＥＥＣは十分な証拠を提出していないとして、申立を認めなかった(32)。

ＥＥＣによる油糧種子補助金に関し米国が提起した問題についての一九九〇年一月二五日のパネル報告書では、ＥＣが一九六六年以降実施してきた油糧種子等に対する補助金はＧＡＴＴ規定に反するものではないが、交渉によって保護された譲許のバランスの範囲を逸脱するものであり、輸入油糧種子と国内産品との競争的関係に影響を与えるものと認定している(33)。

以上のようにノン・バイオレーションの中立制度の趣旨は、貿易自由化を定めたＧＡＴＴのレジームを各国が共同して維持するところにある。すなわち、第一に、各国はＧＡＴＴの下で行った自由化交渉の前提を、できるだけ崩さないように努めることがまず求められる。換言すれば、各締約国は関係国間の競争条件等に関する「合理的期待」や「予見可能性」から乖離しないことが要請される。第二に、ノン・バイオレーションの対象となる締約国の行為は、ＧＡ

TTの諸規定に違反するものではないが、GATTの趣旨・目的の達成を妨げていると考えられる措置である。ノン・バイオレーションの申立に補助金をめぐる紛争が多いのは、GATTにおける補助金制度が輸出補助金を除いて、これを許容しつつも、相殺措置を認める(actionable)ものと認めないもの(non-actionable)との間に広く灰色地帯を残しているからである。こうして、違法性ではなく、「趣旨・目的」に照らした不当性を基準とするノン・バイオレーションの場合には、具体的な争点に関わる両国間の競争的地位が総合的に評価されることになる。第三に、認定された競争的不平等については、問題となった措置を撤回しなければならない義務はないが、そのような状態を「是正」するために、友好的な調整、すなわち、相互に満足しうる調整(mutually satisfactory adjustment)をはかることが「勧告」される。ウルグアイ・ラウンドで合意された「紛争処理に関する了解」では、これまでのパネルの経験を踏まえ、ノン・バイオレーションの申立に関わる手続および勧告の内容・性質等を一層明確化している(34)。

(2)　OECD資本自由化規約

上記GATTのようなバイオレーションに関する申立とノン・バイオレーションの申立の区別をしている条約は他にあまり例をみないが、OECD資本自由化規約は、加盟国が他の加盟国に対して自由化に対する制限について、GATTと類似した手続を規定している。すなわち、一七条が規約の規定に反して資本移動または非居住者の資金の使用に関わる制限の維持・導入・再導入があり、かつ、その制限によって損害を受けた場合の申立(violation complaints)について定めるのに対して、一六条は規約上適法な措置に関しての申立(non-violation complaints)について、以下のように規定する。

一六条(機構に対する申立——国内的措置)

「a．加盟国は、他の加盟国が第二条aの規定に従って執り又は維持している自由化措置が取引又は送金の実施を制限するような国内的措置によって無効にされていると認め、かつ、自国がその国内的措置（たとえば差別的効果）によって損害を受けていると認める場合には、機構に対して申立を行うことができる。〔強調著者〕

b．機構は、aの規定に基づいて申立が行われた問題を検討した後、当該加盟国が執り又は維持している国内的措置がその自由化措置を無効にするものであると認める場合には、当該措置の撤回又は変更について適当な指示を行うことができる。」

このように、OECDでは資本自由化のレジームを維持するために、規約違反の場合はもとより、違反に至らない措置であっても、他の加盟国が当該国内措置によって損害を受けたと認める場合には、機構に対して申立を行うことができ、機構はこれについて適当な指示を与えるものとされる。この制度の趣旨は前述のGATTの場合と同様なものと推測される。

2　人権諸条約における通報・申立制度

(1)　ILO憲章

二六条（条約違反に対する苦情）

「1　いずれの加盟国も、他の加盟国が前記の諸条に従ってともに批准した条約の実効的な遵守を他の加盟国が確保していないと認めた場合には、国際労働事務局に苦情を申し立てる権利をもつ。」

ILO憲章で特徴的な点は、いうまでもなく、各国政府とともに使用者および労働者の団体に主体的地位を認めていることである。二四条ではこれを前提に、これらの団体が条約不遵守の申立（Statement）を行うことができる旨定める。これに対して、ここに掲げた二六条の規定は、加盟国間の苦情申立（Complaint）手続である。本規定の下では、一加盟国の条約履行状況につき申立の権利を持つのは、当該条約の当事国であればよく、必ずしも当該不遵守により損害を被った国（自国に直接間接に関係ある使用者または労働者の労働条件が害されたとする加盟国）である必要はない。この苦情の提起は「ＩＬＯの秩序と機構に共に加盟する一員として、労働条件の国際的確保という共通の公の目的の下で」[35]認められているのである。この苦情は「理事会がその発意によって」、または「総会における代表」からも申し立てることができる（同条四項）。ＩＬＯ理事会はこの苦情申立について、適当と認める場合には「審査委員会」を設けることができる。審査委員会は適当と認める勧告を行うが、加盟国が審査委員会の勧告を指定期間内に履行しなかったときは、ＩＬＯ理事会は、「勧告の履行を確保するために適宜と認める措置」をＩＬＯ総会に勧告することができること（三三条）などを定めている[36]。

(2)　人権諸条約

第二次大戦後の世界における国際的な人権条約の展開には目覚しいものがあり、それらの条約を中核として、人権保護に関する国際的なレジームが個別の問題ごとに作られてきている。個々のレジームにおいては、一定レヴェルの「人権状況」の維持が各締約国の共同の義務となっており、これらの義務の実施に関して、締約国からの報告義務と委員会による検討制度（たとえば国際人権〔自由権〕規約四〇条）や個人による申立手続（同規約の選択議定書）などの履行確保制度が採用されている[37]。

これらと並んで、締約国間の異議申立手続も極めて重要な役割を果たす。自由権規約四一条は、締約国が「この規約の規定を実施していない」と考えるときは、他の締約国が問題を人権委員会に付託し、その審議に付する権利を認められる旨定める。その手続は概略次のとおりである。まず一締約国に義務の不履行があると認める場合には、まず当該締約国に対し注意を喚起することができる旨定める（一項ａ）。両締約国間で六ヵ月以内に双方の満足のいくような調整ができなかった場合には、問題を委員会に付託することができる（ｂ）。委員会は事案を友好的に解決するため、関係締約国に対して斡旋を行う（ｅ）。委員会は一二ヵ月以内に報告を提出する（ｈ）。これらの手続によって問題が満足に解決されない場合には、委員会は特別調停委員会を設置することができる（四二条）などである。もっとも、この場合、申立を提起する国もこれを受ける国も、ともに、右のような委員会の権限を承認していることが前提である。この承認を宣言した当事国が一〇国に達したときに本規定は効力を生ずることになっており、これは一九七九年三月に発効した。二〇〇〇年現在、四一条宣言国数は四七である。

この制度に関する高野雄一教授の論評は示唆的である。「規約当事国は、それぞれの管轄下のすべての個人に対してこれらの人権を確保することを約した。それに関して、いずれかの当事国に約束違反の疑いのある行為がある場合、他の当事国として問題を取り上げるのは、自国人が被害者であって自国固有の法益が侵害された場合に限るのではない。規約に客観化された人権確保の国際体制が侵犯されること自体に対して問題を取り上げるのである。つまり、ILOや西欧人権秩序の場合にみられるように、この場合のB［自由権］規約の各当事国は、国際人権秩序の公益的立場に立って、訴えの提起を認められているのである。」(38)

こうした制度はすでに一九五〇年の欧州人権保護条約二四条（この場合は承認の宣言なしで無条件にいかなる締約国に対しても条約規定の違反の申立を委員会に付託することができる）で実現されていたほか、一九六九年の米州人権条約四五条、一九八四年の拷問等禁止条約二一条、一九八九年の死刑廃止議定書四条等にも自由権規約四一条と類似ないし同一の異議申立手続が規定されている。

3　国際環境諸条約における申立制度

(1)　環境諸条約

環境保全ないし資源保存に関連する条約には、異議申立手続が多くみられる。まず一九五七年の北太平洋オットセイ保存暫定条約一二条では、「いずれかの当事国が、この条約の当事国が負うべき……義務が履行されていないと認め、かつ、その旨を他の当事国に通告したときは、すべての当事国は、その通告を受領したときから三箇月の期間内に、是正措置の必要及び性格について協議するため会合するものとする。その協議により是正措置の必要及び性格について合意が得られなかった場合には、いずれの当事国も、他の当事国に対しこの条約を終了させる意思を通告することができ」ると規定している。また、一九八三年の国際熱帯木材協定二九条（苦情及び紛争）では、「いずれかの加盟国が、この協定に基づく義務を履行しなかった旨の苦情……は、理事会に対し決定のために付託される」と定める。一九八九年の有害廃棄物の越境移動に関するバーゼル条約一九条（検証）は、「いずれの締約国も、他の締約国がこの条約に基づく義務に違反して行動し又は行動したと信ずるに足りる理由がある場合には、その旨を事務局に通報することができるものとし、その通報を行うときは、同時かつ速やかに、直接又は事務局を通じ、中立ての対象となった当該他の締約国にその旨を通報する。すべての関連情報は、事務局が締約国に送付するものとする」と定めている。同様の規定は、一九九一年の有害廃棄物のアフリカへの移動に関するバマコ条約にも挿入されている（一九条）。

南極に関してはすでにかなり高度の査察ないし監視制度が確立しているため、対審的な異議申立制度はとられていないが、補完的な形で通告制度が置かれている。すなわち、一九八〇年の南極海洋生物資源保存条約二二条二項では「各締約国は、自国の知ったこの条約の目的に反するいかなる活動についても、委員会に通告する」と定める。同様に、一九九一年の環境保護に関する南極条約議定書一三条四項は「各締約国は、この議定書の目的及び原則の実施に影響を及ぼすと認めるすべての活動につき他のすべての締約国の注意を喚起する」と規定する。

これらの条約では、通告や中立・苦情を行う国は、自国ないし自国民が直接間接に損害を被っているというわけではなく、もっぱら条約を基礎にした環境レジームを維持し、条約目的の実現を確保するために、レジームを支える一単位としてそうした行動を起こすよう求められているのである。中立の目的も、損害に対する補填を要求することではなく、義務を履行していない国が条約レジームの趣旨に合致しその枠内で行動するよう是正を勧告することである。

(2)　オゾン層保護議定書

最近の環境条約における異議申立手続について最も注目すべき例は、一九八七年のオゾン層保護モントリオール議定書八条に従って設けられた「不遵守手続」(non-compliance procedure)（一九九二年第四回締約国会議採択）であろう。その内容は次のとおりである。

まず、いかなる締約国も他の締約国の議定書上の義務の履行について懸念(reservation)を持つ場合には、事務局に関連する情報を付して中立(submission)を提出することができる（一項）。事務局はこれを被申立国に送付するとともに、履行委員会(Implementation Committee, 一〇ヵ国で構成)に送付する。申立を受けた締約国は、信義誠実(*bona fide*)を尽くして履行のための努力を行ったにもかかわらず、何らかの理由により議定書の完全な履行ができないときは、その事情を、事務局を通じて履行委員会に説明し、同委員会はこれを審査する（四項）。履行委員会は、申立や関連情報を検討し、議定書の規定の尊重を基礎として、問題の友好的解決(amicable solution)をはかる（八項）。履行委員会は締約国会議に対して、適当な勧告を含めて報告する。報告を受けた締約国会議は、議定書の完全な履行を導くための措置(steps)を決定し要請する。ここで締約国会議が執るべき措置の例示としては、「適当な支援、警告、議定書上の権利の停止等」が挙げられている(39)。

オゾン層の保護といったいわゆる地球環境の保護について、具体的な被害者を特定することがほとんど困難なことはいうまでもないが、この不遵守手続の下でも、議定書の義務の不履行に関して問題を提起する国は、「いかなる締約国」でもよい。この手続の目的は、あくまでも、議定書の完全な履行を確保することであり、締約国会議はそのために議定書の枠組みから乖離した締約国に対して是正勧告を行い、オゾン層保護の国際的レジームを維持するために「適当な支援」を含む措置を執るのである(40)。

4　軍備管理諸条約における苦情申立手続

軍備管理の面でも独特の国際的レジームが形成されてきており、その中で、異議申立制度はこれを支える手続として重要な位置を占めている。一九六七年のトラテロルコ条約(ラテン・アメリカ核兵器禁止条約)は、締約国が他の締約国の領域またはその締約国のために他の場所において行われまたは行われようとしているとの「疑惑」を持った場合には、理由を付して特別査察を理事会に要請しうるとし、その場合、理事会はただちにこの査察のための措置を執る旨定める(一六条)。また、一九八五年のラロトンガ条約(南太平洋非核地帯条約)は附属書Ⅳで、苦情申立手続を定め、締約国が他の締約国に対し「この条約上の義務に違反している」と考える旨、根拠を示して申し立てた場合には、協議委員会の下で特別査察が行われること等を規定している。一九七一年の海底核兵器禁止条約でも、三条で、「この条約に基づく義務の履行について妥当な疑惑が残る場合には、疑惑をもった締約国と疑惑をひき起こした活動について責任を有する締約国とは、疑惑を除くために協議する。疑惑がなお残る場合には、疑惑をもった締約国は、その旨を他のすべての締約国に通告するものとし、関係締約国は、合意すべきその後の検証手続について相互に協力する」と規定する。

義務の不履行について国連安全保障理事会に苦情申立を提起しうるとしている条約として、一九七二年の生物毒素兵器廃棄条約(六条)や、一九七七年の環境改変禁止条約(五条)がある。後者はたとえば「締約国は、他の締約国がこの条約に基づく義務に違反していると信ずるに足りる理由があるときは、国際連合安全保障理事会に苦情を申し立てることができる。苦情の申立てには、すべての関連情報及びその申立ての妥当性を裏付けるすべての証拠を含めるものとする」と規定している。

このように、軍備管理条約の場合にも、苦情申立制度を活用することによって、当該レジームの維持をはかることが制度化されているのである。締約国は、個別利益を擁護するためというよりは、レジーム全体の立場から、問題を提起するのであり、関係国にはそうした観点から、信義誠実を尽くした疑惑の払拭と検証手続への協力が求められるのである(41)。

四　異議申立の意義と性質

前項でみたような異議申立制度の意義と性質はいかなるものとして捉えられるか。もとより、申立手続の形態や内容は多様であるが、そこに共通した要素を抽出することによって、この制度が持つ性質を明らかにし、その意義を評価しておきたい。

本節で検討した異議申立制度は、一定の国際的レジームを設立する多数国間条約の枠組みの中に設けられている手続であり、したがって、この申立を受ける第三者機関が審査に当たるものである。しかしこれは、この機関が独自に強力な権限を背景に調整を勧告・命令する制度ではなく、あくまでも、申立国と被申立国との争訟的・対審的関係を軸にした準司法的な手続である。こうした異議申立制度の特質は、(1)人的管轄権(当事者適格)、(2)物的管轄権(申立の要件)、および(3)解決(解除)方法、の三点に集約されよう。

第一に、これらの異議申立手続において特徴的な点は、申立国が具体的な法益侵害を受けたことを必ずしも要件とせず、条約レジームで設定されている共通利益の回復をめざすことを第一次的な目的として、当事者適格の範囲を拡大していることである。ＧＡＴＴやＯＥＣＤのように、具体的な損害(無効化・侵害)を要件としている場合もあるが、そうした例においてさえ、実際には、一応の(*prima facie*)損害の主張が認められればよいとされる。軍備管理条約の場合のように「妥当な疑惑」があればよいとするものも、そうした類である（もっとも「濫訴」防止のため、ＧＡＴＴのノン・バイオレーション手続などでは「詳細な証拠の提出」を要求するが、この条件は中立権とは別問題である）。先にみた事例から明らかなように、とりわけ人権・環境関係の条約では「いずれかの締約国」に申立権を認めるものが圧倒的に多い(42)。

第二に、これらの申立手続においては、条約規定の「違反」(breach, violation)や義務の不履行を必ずしも要件としないものが多い。ＧＡＴＴやＯＥＣＤののノン・バイオレーションはその典型であるが、表見的に違法性を要件としている場合でも、実際にはかなり緩和され曖昧なものになっているものとみられる。オゾン層保護議定書の下における不遵守手続を審議する過程で、締約国会議が「不遵守のありうる場合」のリストを最終的には削除したことに象徴的である(43)が、この種の申立の目的は、違法性・有責性の追及と損害賠償などの事後的救済を求めることや違反国に対して制裁を加えることにあるのではなく、第一次的には、当該条約の「趣旨・目的」に適合しない行為・措置・状態の「是正」を求める点にあるからである。

こうしたことから、第三に、付託された問題の解決方法も、基本的には「是正勧告」を軸とした「友好的解決」「友誼的調整」「支援」などであり、通常の紛争解決方法である制裁的措置(当該条約の終了や運用停止など)が例示される場合もあるが、むしろ稀である。異議申立手続の目的は、あくまでも、条約レジームの枠組みから乖離した締約国を、枠組みの内部に引き戻し、対内的規律の原則に従って、条約目的の完全な達成を確保することにあるからである。

それでは、以上のような性質において捉えられる異議申立手続は、どのように評価されるであろうか。一言でいえば、これは「紛争解決手続」と「履行確保手続」との中間ないし混合形態として捉えられるものと考えられる。すなわち、ここにいう「紛争解決」とは当事国間の権利義務の確定、違法性・有責性の認定、被害国の救済が第一次的目的とする過程であり、これに対して「履行確保」は条約レジームの維持を第一次的目的とする過程であるとするならば、異議申立手続はその両面を併せ持った制度として把握されるのである。異議申立は一面、自国の被った損害の救済を獲得するという目的意識によって支えられているが、他面それは、一定の条約の下に設定された国際的レジームを共同で維持するという、より高次の動機に動かされているのである。仮にその対象を「紛争」と捉えるならば、それはまさに、当該国際レジームの枠組み・目的に関連して争われるところの「合目的性をめぐる紛争」にほかならないのである。

国際レジームの下で、各締約国には「維持の義務」が課せられるが、異議申立手続における準司法的な審査の過程で最も関心が持たれるのは、その国がどの程度の信義誠実を尽くし国家の総力をあげて義務の履行を果たそうとしたかという点であろう。オゾン層保護議定書の下での不遵守手続において、「締約国が信義誠実（*bona fide*）を尽くして履行のための努力を行ったにもかかわらず、何らかの理由により議定書上の義務の完全な履行ができないときは、その事情を、事務局を通じて履行委員会に説明し、同委員会はこれを審査する」（四項）と定めていることは、極めて示唆的である。信義誠実原則は、今日、そのような国際義務の履行という文脈において、国際法の規範性を支える重要な機能を果たしているように思われる。

注

（1）石本泰雄「国際法の構造転換」高野雄一編『国際関係法の課題』（横田先生鳩寿祝賀論文集、有斐閣、一九八八年）一〜三六頁（同『国際法の構造転換』（有信堂高文社、一九九八年）一〜三二頁に収録）。

（2）石本泰雄「いわゆる『事実上の戦争』について」高野雄一他編『現代国際法の課題』（横田先生還暦祝賀記念論文集、有斐閣、一九五八年）二七七〜三二五頁。石本教授は、この論文の中で、ケルゼンの法的性質論に関する文章を引きつつ、「彼は、国際法における暴力（戦争）の位置づけの問題を回避しながら、法的性質を結論する多くの学者の欠陥を鋭く指摘する。一般に、国際『法』で飯を喰うわれわれ国際法専門家にとって、この殺し文句は衝撃的である」（同書三〇三頁（注16））と率直な告白を行い、それが国際法学を志す若い研究者の奮起を促したのである。志し半ばで夭折した畏友・田中忠教授などはその一人であった。この文章が書かれて後三〇有余年を経た今日、国際法の法的性質の問題は論理的レヴェルでは「法」をいかに定義するかに依存するという形でほぼ結着しているだけでなく、実際にも国際法は国内実定法の法源としての確固たる地位を確立するに至り（たとえば、成田頼明「国際化と行政法の課題」成田頼明他編『行政法の諸問題』〔雄川先生献呈論集、有斐閣、一九九〇年〕七七〜一〇六頁）、もはや表立って国際法の法的性質に疑念が表明されることもなくなった。それにもかかわらずケルゼンが指摘し石本教授が格闘した「法的性質」の亡霊が、時としてわれわれに脅迫観念となって襲いかかってくることを、未だ払拭し切れないのも事実である。

（3）　石本「前掲論文」（国際法の構造転換）（注1）三五頁。

（4）　村瀬信也「現代国際法における法源論の動揺——国際立法論の前提的考察として」『立教法学』二五号（一九八五年）八一〜一一一頁（本書第一章第一節に収録）。なお、この一〇年ほどの間の法源論の争点の一つに、ソフト・ロー（国連総会決議などの非拘束的規範）の法的効果をめぐる問題があるが、この点については、一九八七年九月五〜七日に名古屋大学で行われた国際法研究会での「石本・村瀬論争」がある。著者はソフト・ローの規範性に関しその内容がハード・ローとして形成された後に retrospective な観点から国際法の形成過程における指標としてその意義を評価すべきものと考える（同、一〇八頁注〔64〕、本書四一頁注〔87〕、これを俗に「振り向けば愛」の法理という）のに対して、石本教授はNIEOに関する同教授の一連の研究等を土台として、ソフト・ローに一定の法的効果を prospective に肯定する立場（「幼くても恋」の法理！）を展開された。学界を二分するこの論争は未だ決着をみていない。

（5）　村瀬信也「国際立法学の存在証明」浦野起央・牧田幸人編『現代国際社会の法と政治』（深津栄一先生還暦記念、北樹出版、一九八五年）一〇五〜一二九頁（本書第三章第一節に収録）、同「国際法委員会における立法過程の諸問題」『国際法外交雑誌』八四巻六号（一九八六年）二五〜六四頁（本書第三章第二節に収録）、同「国連海洋法条約と慣習国際法——『国際立法』のパラドックス」『海洋法と海洋政策』九号（一九八六年）一〜二五頁（本書第三章第三節に収録）。

（6）　Winfried Lang, "Diplomacy and International Environmental Law-Making: Some Observations", *Yearbook of International Environmental Law*, vol. 3, 1992, pp. 108-122; *Ditto*, "The International Waste Regime", in Lang, Neuhold & Zemanek, eds., *Environmental Protection and International Law*, 1991, pp. 147-166.

（7）　一九五〇年の南西アフリカの国際的地位に関する国際司法裁判所の勧告的意見に関連して、フィッツモーリスは、ある種の国際的レジームないしシステム（certain types of international régimes or systems）は、それが契約的文書により創設され、その契約自体は後に「失効」したとしても、本質的に客観的・自律的な性格（essentially objective, self-contained character）を獲得して独立の地位を得る、と述べた（Gerald Fitzmaurice, "The Law and Procedure of the International Court of Justice",

The British Year Book of International Law〔*BYBIL*〕, 1950)。一九七一年のナミビアに関する勧告的意見で裁判所は「委任統治の終了とナミビアにおける南アの存在の違法性に関する宣言は、国際法に違反して維持されている状態の合法性を対世的に阻止するという意味においてすべての国に対抗力を持つ」とした (*ICJ Reports 1971*, p. 56, para. 126)。なお、Hugh Thirlway, "The Law and Procedure of the International Court of Justice: 1960-1989", (part two), *BYBIL*, 1990, pp. 27-31.

伝統的な意味での国際レジームは、「条約に基づき、ある区域の地位を明定することにより、国際的秩序の一部を形成する制度」(treaty-based settlements which are intended, by defining the status of a certain area, to form part of the international order) と定義され、その指標としては、①一定区域の地位を規律する国家間ないしは国家と国際組織との間の条約の存在、②この規律の基礎をなす一般利益の存在、③この制度の設立によって一般利益の実現をめざすという当事国の意思の存在、とされる。こうして国際レジームは単なる国際組織とは異なり、また国家の個別利益のために設定される地役とも異なる。具体的な先例としては、一定区域の中立・非軍事化を定めたオーランド島のような場合をはじめとして、南極、国際河川、国際運河、ダンツィッヒ、トリエステ、ナミビアなどの国際化された領域、国際海峡、さらに深海底などもこの系譜に属する。Eckart Klein, "International Régimes", Rudolf Bernhardt, ed., *Encyclopaedia of Public International Law*, vol. 9, 1981, pp. 202-207; Bruno Simma, "The Antarctic Treaty as a Treaty Providing For an 'Objective Régime'", *Cornell International Law Journal*, vol. 19, 1986, pp. 189-209, 森川俊孝「国際制度の対世的効果」『横浜国際経済法学』二巻一号（一九九三年）一〜二六頁。

（8）　前述の領域的レジームを除いて、機能的国際レジームに関する論稿の大半は国際関係論の観点に基づくものである（たとえば S. Krasner, "International Regimes", *International Organization*, vol. 36, 1982, pp. 185f.; R. Keohane & J. Nye, *Power and Interdependence*, 2nd ed., 1989, pp. 19f.; Nadelman, "Global Prohibition Regimes: The Evolution of Norms in International Society", *International Organization*, vol. 44, 1990, pp. 484f. など）。これらの理論における国際レジームの概念は、一般にその内包が不定型で外延もあまりに広く、少なくとも国際法学における分析にはほとんど耐ええない。

国際環境論の文脈におけるレジーム理論の援用については、Andrew Hurrell & Benedict Kingsbury, eds., *The International Politics of the Environment*, 1992, pp. 1-47; Martin List & Volker Rittberger, "Regime Theory and International Environmental Management", *Ibid.*, pp. 85-109 参照。前者は国際法の基本概念との架橋を志向しているが、問題提起にとどまっている。後者はレジーム形成 (régime formation) に焦点を置き、本節の主たる関心であるレジームの維持 (régime maintenance) についての分析はほとんどない。

本文に述べたとおり、本節でのレジーム概念は、条約でその枠組みが設定されていることが、基本的に重要な点である。もとより、「レジーム」は特定の課題について関連する複数の条約によって複層的に構成される点で、各国の権利義務関係を規律するにとどまる個々の条約とは区別される。またレジームは、国際組織の設定する機構的メカニズムや手続に依存して存在し機能するが、個々の国際組織の固有の活動そのものとも区別される。

(9) 村瀬信也・他『現代国際法の指標』(有斐閣、一九九四年)四三～四七頁。

(10) 山本草二「国際紛争要因としての対抗力とその変質」『国際研究論集』(八千代国際大学紀要)六巻一号(一九九三年)六三～八八頁。

(11) Hugh Thirlway, "The Law and Procedure of the International Court of Justice: 1960-1989", (part one), Chapter 1, *BYBIL*, 1989, pp. 7-29; J. F.O'Conner, *Good Faith in International Law*, 1991, pp. 81-106; Gillian White, "The Principle of Good Faith", in Lowe & Warbrick, eds., *The United Nations and the Principles of International Law*, 1994, pp. 230-255.

(12) *ICJ Reports 1974*, p. 268, para. 46.

(13) *ICJ Reports 1980*, p. 95, para. 47.

(14) Fitzmaurice, *op. cit., supra* note 7, pp. 12-13.

(15) *ICJ Reports 1969*, p. 46-47, para. 85.

(16) *ICJ Reports 1974*, p. 33, para. 78; p. 202, para. 70.

(17) *ICJ Reports 1984*, p. 299, para. 112.

(18) こうした交渉義務が実質的には協議義務と同等の内容を持つに至っていることについて、山本草二「国際紛争における協議制度の変質」森川俊孝・他編『紛争の平和的解決と国際法』(皆川洸先生還暦記念論集、北樹出版、一九八一年)二二六～二二八頁。

(19) 名島芳『国際法における権利濫用』(酒井書店、一九六六年)九六～九七頁。

(20) *ICJ Reports 1960*, p. 10.

(21) *Ibid*., p. 175.

(22) *ICJ Reports 1971*, pp. 344-345, paras. 43-45.

(23) *ICJ Reports 1985*, pp. 214-215, paras. 41-42; *Ibid*., p. 235.

(24) *ICJ Reports 1986*, pp. 70-71, para. 127.

(25) *ICJ Reports 1980*, p. 95, para. 49; p. 97, para.51 (2) (a).

(26) *Ibid*., p. 96, para. 49.

(27) サールウェイは裁判所の意見におけるこの文章について懐疑的であるが、著者は本文に述べたような理由から、これを積極的に評価するものである。Thirlway, *op. cit., supra* note 11, p. 25.

(28) 国家の義務の性質分類については、通常、国際法委員会の国家責任条文草案に倣って、①結果の義務、②実施・方法の義務とともに、③特定事態発生の防止義務（本来国家が管轄も関与もしていない人為的・自然的な事由に起因する侵害について「相当の注意」をもってその防止と排除を尽くすよう国家に要求するもの）が列挙される（山本草二『国際法』〔新版、有斐閣、一九九四年〕一一三～一一四頁、村瀬信也監訳「国家責任に関する条文草案注釈――国際法委員会暫定草案第一部」（一）（二完）『立教法学』二三号・二四号〔一九八四・八五年〕二〇・二一・二三条参照）が、この類型化（とくに③の義務）は国家責任の文脈で重要な意味を持つ。しかし、本節の関心は国際義務の国内的履行と国内法の改廃にあり、必ずしも国家責任問題に直結してはいない。本節の視点からみれば「防止の義務」は①または②に含まれて、独立のカテゴリーを立てるほどのものとはならず、それに代えてここでは「維持の義務」が提示されるのである。なお、「結果の義務」は、通常必ずしも結果達成を義務づけられているわけではないので、誤解を避けるため、本書では「措置の義務」と呼ぶことにしている。

(29) GATT, *Guide to GATT Law and Practice, Analytical Index*, 6th ed., 1994, pp. 610-621; E. U. Petersmann, "Violation and Non-Violation Complaints in Public International Trade Law", *The German Yearbook of International Law*, vol. 34, 1991, pp. 175-229. ＧＡＴＴ成立後、一九九四年三月までの期間に一九五件の事件が二三条の下で付託されてきたが、（b）項のノン・バイオレーションの申立が行われたのはそのうち一五件ほどである。もとより、ノン・バイオレーションの申立が行われるときは、同時にバイオレーションの申立も行われていることが多い。

　なお、同条（c）項はいわゆる situation complaints について定めるが、これもノン・バイオレーションの申立の一種である。もっともここで想定されている「状態」とは恐慌状態のような大規模な経済的変化を伴う場合であるとされ、ある種の事情変更の原則を導入したものと考えられる。この条項の下に申立が行われた例には幾つかのケースがある（たとえば一九八三年にＥＣは日本に対して、他の先進工業国に比し、その特異な経済体制の故に、日本が製品の輸入比率を低水準に押さえている状態を（c）項に該当すると主張したことなど）が、ＧＡＴＴパネルの裁定で同項が援用されたことはなく、ここではこれ以上触れない。GATT, *op. cit., supra* note 29, pp. 621-614.

(30) *Ibid.*, pp. 610-611.

(31) *Ibid.*, p. 612.

(32) Petersmann, *op. cit., supra* note 29, p. 217.

(33) GATT, *op. cit., supra* note 29, pp. 612-613. なお、同事件の再検討パネル報告書（一九九二年）も同様の趣旨を確認している。

(34) 二六条一項「ノン・バイオレーションに関するGATT二三条一項(b)の規定に基づく中立」参照。

(35) 高野雄一『国際社会における人権』（岩波書店、一九七七年）一七七頁。

(36) 横田喜三郎『組合の自由』（有斐閣、一九七九年）一五三〜一五七頁。なお、ILO理事会は、問題が結社の自由に関するときは、審査委員会の代わりに結社の自由に関する委員会ないし実情調査委員会を用いることもできる。

(37) 高野『前掲書』（注35）一五八〜一六一頁、田畑茂二郎『国際化時代の人権問題』（岩波書店、一九八八年）二一七頁以下。

(38) 高野『前掲書』（注35）三四六頁。

(39) UNEP/Ozl.Pro.4/15, pp. 46-48.

(40) Martti Koskenniemi, "Breach of Treaty or Non-Compliance? Reflections on the Enforcement of the Montreal Protocol", *Yearbook of International Environmental Law*, vol. 3, 1992, pp. 123-162, 兼原敦子「地球環境保護における損害予防の法理」『国際法外交雑誌』九三巻三・四号（一九九四年）一六〇〜二〇三頁参照。

(41) 軍縮・軍備管理条約における信義誠実原則の意義については、White, *op. cit., supra* note 11, pp. 248-250 参照。

(42) 仮にこの異議中立手続を国内の行政訴訟に類推して捉えるならば、行政事件訴訟法における「当事者訴訟」（当事者間の法律関係を確認し又は形成する処分又は裁決に関する訴訟……四条）と「民衆訴訟」（法規に適合しない行為の是正を求める訴訟で……自己の法律上の利益にかかわらない資格で提起するもの、五条）との中間形態として理解されようか。中立手続では当事者適格が拡大されているとはいえ、条約のアンブレラの下で中立権者の範囲を締約国に限定している点で民衆訴訟とはいえない。もとよりこれまでのところ、国際法では民衆訴訟 (*actio popularis*) の法理は認められていない（国際司法裁判所一九六六年南西アフリカ事件（第二段階）判決、*ICJ Reports 1966*, p. 47, 一九七四年核実験事件判決、*ICJ Reports 1974*, pp. 262f., 275f., 369f. 参照）。

(43) Koskenniemi, *op. cit., supra* note 40, p. 133.

第六節　原子力平和利用国際レジームの法構造
――ＩＡＥＡ保障措置の位置と機能

一　はじめに

冷戦の終結とともに、原子力平和利用に対する国際管理の方式も大きな変容を迫られてきている。一九九〇年代に入って、湾岸戦争を契機としてイラクによる秘密裏の核兵器開発がクローズアップされてきたほか、朝鮮民主主義人民共和国による核兵器開発疑惑に対して同国が国際原子力機関（ＩＡＥＡ）の査察を拒否したことなども、核管理の在り方に重要な問題を提起してきた。一九九八年に相次いで行われたインド、パキスタン両国による地下核実験は、核兵器不拡散条約（ＮＰＴ）体制とこれを支えるＩＡＥＡの保障措置制度への一層根底的な挑戦として、象徴的な事件であった。他方でしかし、保障措置の下に置かれている原子力施設に対する武力攻撃について、ＩＡＥＡや国連が有効な対応をとりえないでいることは、この制度に対する信頼を著しく損なうものとなっていることにも留意しておかなければならない。本節は、こうした状況を念頭に、国際法の観点から、原子力平和利用の国際レジームにおけるＩＡＥＡ保障措置の位置と機能に光を当て、幾つかの問題点を指摘しておきたい。

原子力の平和利用とその法的規律の問題を考える際に最も重要な点は、その対象たる核物質ないし核エネルギーの特性から、一定の「国際レジーム」の設定が不可避となっているということである。すなわち、単一の多数国間条約や単一の国際組織の活動によっては十分にその目的を達成しえないとき、複数の条約や組織が重層的にこの特定の機能目的を充足するために協働する関係が認識されるが、これを統一的に把握する法的な枠組みとして、最近「国際レジーム」という概念が用いられるのである(1)。こうした国際レジームは、対内的に、各当事国に対してレジームの維持のための義務を課すほか、対外的には、外部の第三者に対する対抗力を有するものと考えられる。原子力平和利用に関する法的関係は、こうした国際レジームの典型といってもよい。そこで、まず最初に、「国際レジーム」とはいかなるものか、とくに「原子力平和利用国際レジーム」の構造はどのようなものかを、明らかにしておこう。

二　原子力平和利用国際レジームの構造

1　国際レジームの法的性質

第二次大戦後の世界における国際立法の進展には目覚しいものがあるが、今日ではその基本的性格が、国家間の相互的権利義務の調整を目的とした従来の単なる「多数国間条約形成」(multilateral treaty-making) から、諸国間の共通利益の実現を目的とした「国際レジームの構築」(international regime building) に変化してきたと指摘されている(2)。実際、国際経済法、国際環境法、国際人権法、海洋法、宇宙法、軍備管理法など幾つかの分野では、確実に実効的なレジームの形成が進んでいる。こうしたレジーム・ビルディングは、特化された機能分野における国家間の共通利益の実現を目標として、高度に専門的な知見を集約して行われる立法的営為であり、伝統的な多数国間条約の形成とは、かなり性質を異にするのである。国際原子力法の分野におけるレジーム構築は、他の分野に比しても、極めて進んだ内容を持つに至っている。もっとも、そうした先進性とは裏腹に、後述するようなレジームとしての脆弱性についても留意しておかなければならない。

従来、国際法で「国際レジーム」として認識されていたものは、いわゆる「客観的領域制度」(objective territorial regime) である。これは、一定の領域を基盤として条約に基づき設定された制度で、条約の非当事国たる第三国に対して一定の対抗力を持つとされてきた。この伝統的な意味での国際レジームは「条約に基づき、ある区域の地位を明定することにより、国際的秩序の一部を形成する制度」と定義され、その指標としては、(1)一定区域の地位を規律する国家間ないし国家と国際組織との間の条約の存在、(2)この規律の基礎をなす一般利益の存在、(3)この制度の設立によって一般利益の実現をめざすという当事国の意思の存在、とされる。こうして国際レジームは、単なる国際組織とは異なり、また国家の個別利益のために設定される地役とも異なる。具体的先例としては、一定区域の中立・非軍事化を定めたオーランド島のような場合をはじめとして、南極、国際河川、国際運河、ダンツィッヒ、トリエステ、ナミビアなどの国際化された領域、国際海峡、さらに深海底などもこの系譜に属する(3)。

このような領域を基盤とした伝統的形態のレジームに比して、今日の新たな国際レジームは、領域性を前提としない非領域的・機能的 (non-territorial, functional) なレジームである。それは次のような内容において理解される。第一にそれは国家間ないし国家と国際組織との間の条約を基礎として設立される。第二にそれは国際法に実定法化されている国際公益、つまり国家間の共通利益ないし国際社会の一般利益の実現を目的とし、それに基づく義務を当事国に課している。第三にこの目的を実現するための組織的および作用上のメカニズムを具えて、当事国の行動を基準化しその統一的な管理によって履行を確保するとともに、レジーム自身の力によって目的の達成をはかるために最小限度の自己実現性と自力執行力が認められる。第四に、レジーム内で発生する国家間の紛争や異議申立については、レジーム自身が、一応、自己完結的な紛争処理手続を用意している、等の要素が指摘される。もとより現実の条約体制にそのような要素を完備している例は未だ必ずしも見出しがたいとしても、ここで列挙した理念型にそって、多少なりとも自己充足的・自律的・自己完結的な制度と手続が整備されている場合には、これを「国際レジーム」と類型化して観念しうるのである(4)。しかるに本節で考察する原子力平和利用の法的枠組みは、こうした諸要素を内包する国際レジームとして認識されるのである。

2　原子力平和利用と国際レジーム

さて、原子力の平和利用問題については、前提的に、次の二点を踏まえておかなければならない。第一には、原子力分野においては一般に、平和利用と軍事利用が密接に裏腹の関係にあり、したがって、原子力の利用については、常にその「軍事転用可能性」を念頭に置いておかなければならないという点である。第二は、核分裂性物質の特性として、一度使用した後もその使用済燃料を再処理、濃縮、加工することによって再び核分裂性物質の製造が可能であるという「核燃料サイクル性」であり、とくにその過程で生み出されるプルトニウムや濃縮ウランは核兵器製造に直結しうる点が決定的に重要である(5)。

原子力平和利用に関する国際レジームの構築は、こうした軍事転用可能性、核燃料サイクル性という核物質の特性によるところが大きい。すなわち、核物質の軍事転用防止を実効的に確保するためには、燃料資源の搬入から精製、原子力施設における使用、使用済み燃料の再処理ないし廃棄の全過程を逐一詳細に検認していかなければならない。これを実現するためには、少なくとも次の二条件が充足される必要がある。第一にはこの制度に参加する各国に対して、単に一定の立法的・行政的措置を執ること(免許、許可、承認など)を求めるだけでは不十分であり、一定の法的・事実的状態の継続的な維持(法令維持義務)、およびそのための継続的監視システムの保持を求めていくことが必要となる。そのことは、国際義務の伝統的な形態である「措置の義務」(obligation of measures)や「方法の義務」(obligation of method)に代わって、各国に対して、一定の状態を維持するという極めて重い「維持の義務」(obligation of maintenance)が課せられることを意味する。さらに第二に、この制度の下では、各国の義務の履行を確保するために、権限を付与された国際機関によるところの、査察を含む強制的かつ包括的な検証システムが確立されなければならない。原子力平和利用を担保するためのＩＡＥＡの保障措置はまさにそのためのシステムであるが、その実効性は単にＩＡＥＡ憲章および下位の規範群のみならず、関連の二国間条約、多数国間条約（ＮＰＴ、国連憲章、地域的不拡散条約等）との緊密なリンケージにおいて重層的に確保されるものと位置づけられている。原子力平和利用の法的枠組みは、まさにこのような二要素を中核とした国際レジームとして捉えられるのである。

もっとも、現実の法制度がそのような国際レジームとして完成され機能しているということではない。むしろ国際レジームとしては未だ形成途上であり、かつ、幾つかの欠陥を内包していることも事実である。そこで次に、この未成熟な国際レジームにおけるＩＡＥＡ保障措置の位置と機能を具体的にみておきたい。

三　ＩＡＥＡ保障措置の位置と機能

1　IAEA保障措置の変遷

ＩＡＥＡ保障措置の典型的な形態を歴史的に概観すると、次の四期に区分される（この区分はあくまでも各時期における「典型的」ないし「重点的」な形態を指摘したもので、実際には各時期において重複的に展開していることはいうまでもない）。

第一期はＩＡＥＡの発足当初、ＩＡＥＡ自身の供給核物質に対する保障措置が実施された時期である。これはＩＡＥＡ憲章三条Ａ五項前段に規定される「機関がみずから提供」した核物質等（いわゆるAgency's Projects）に対して、それが「軍事的目的を助長するような方法で利用されないことを確保するための保障措置」である。当初、ＩＡＥＡでは、機関自らのイニシアティヴで各加盟国に平和利用のための核燃料物質を提供し、同時にこれに対して機関による強制的な保障措置をかぶせていくという「機関完結型」の保障措置をＩＡＥＡの任務の基本と考えていたようである(6)。この場合、機関と受領する加盟国との間に協定（project agreement）が締結され、軍事目的に転用されないこと、および一二条に定める保障措置に従うことが義務づけられる（一一条Ｆ四項）。違反の場合には、当該加盟国に提供を受けた核物質・施設等を返還させるなどの制裁を課すものとなっている（一二条Ａ七項）。これは極めて野心的なＩＡＥＡの主導による原子力平和利用の推進計画に基づくものであったが、実際には極めて小規模で実施されたにとどまった。現実には、核燃料資源や技術を持たない国々は、大半、米国等との二国間協定の下で核物質・施設器材等の提供を受け、提供国による査察検証（二国間保障措置）を受け入れるという方式をとっていたのである。

第二期は、この二国間協定における保障措置の多くが、ＩＡＥＡに「移管」された時期である。二国間における検認実施の煩瑣と無用の摩擦を回避するため、各国は協定を改定して、これをＩＡＥＡの保障措置に委ね、いわば手続の「客観化」をはかることとしたのである。ＩＡＥＡ憲章もそうした事態を予想して、「いずれかの二国間若しくは多数国間の取極の当事国の要請を受けたときは、その取極に対し、……保障措置を適用すること」をその任務の一として規定している（三条Ａ五項後段）。こうした取極には、一方的受諾協定（unilateral submission agreements）と呼ばれる供給国と受領国との間の協定による場合もあれば、ＩＡＥＡと供給国、受領国の三者間での三者間保障措置協定（trilateral safeguards agreements）の場合もあるが、いずれにせよこのような形でＩＡＥＡ憲章と二国間・多数国間協定とのリンケージが確立・拡大してきたことの意義は大きい。もっともこれらの協定による移管の場合は、前記のＩＡＥＡ自らが提供した核物質等に対する拘束的な保障措置でも、後述のＮＰＴの下における包括的・強制的な保障措置でもなく、あくまで関係当事国の要請に関わる「任意的」なものであり、その対象も、ＩＡＥＡの保障措置を受諾した「特定の」核物質・施設等に限定されるのである(7)。

第三期は、一九六八年の核兵器不拡散条約（ＮＰＴ）の下で、非核兵器国に対して包括的・強制的な保障措置の受諾義務が課せられるようになった時期である(8)。そこでは、同条約三条一項後段で「……この条の規定によって必要とされる保障措置は、当該非核兵器国の領域内若しくはその管轄下で又は場所のいかんを問わずその管理の下で行われるすべての平和的な原子力活動に係るすべての原料物質及び特殊核分裂性物質につき、適用される」〔強調著者〕と規定されているように、その対象は、締約国内のすべての核物質に及び、かつ前記の「核燃料サイクル」の特性に対応(fuel-cycle oriented)して、核物質の流れをトータルに追跡する保障措置が実施されるようになったのである。また締約国である非核兵器国は、同条の要件を充たすため、IAEAとの間に協定を締結するものとされている(三条四項)(9)。わが国は、一九七六年にNPTを批准、翌七七年にIAEAとの間に新たな保障措置協定を締結した。一九九一年末段階で、一〇五ヵ国との間に一八〇の保障措置協定が結ばれており、この保障措置の対象は九一二施設に及んで、非核兵器国の九五%以上のすべての原子力施設をカヴァーしているといわれる(10)。

第四期は一九九三年以降の時期で、現在は上記の保障措置について一層の強化・拡大がはかられている過程にある。これは、後述のイラク、朝鮮民主主義人民共和国(北朝鮮)等における核兵器開発疑惑を契機に、いわゆる「九三十二計画」の下での検討の結果、進められている方策である。この計画は二つの部分に分かれているが、第一部では、「申告済み施設における未申告原子力活動」の検知について、従来の保障措置制度の範囲内で実施可能な措置の強化と合理化がはかられている。これに対して、第二部では従来の保障措置の範囲を超える「未申告施設における未申告原子力活動」について、IAEAに査察時のアクセス箇所の拡大など追加的権限を与えることが一九九七年の「追加議定書」(11)の採択によって決まった。今後、各国との新たな取極の下で、漸次実施に移されていくことが期待される。

2　IAEA保障措置の内容と性格

上記の保障措置の形態の中でも、第一期の「機関の計画」に関わる保障措置は、極めて進んだ形態ではあるが実際上はほとんど行われておらず、また第四期は概ね今後の展開に依存する部分であるから、現実に重要な形態は、主として第二期と第三期の二つのタイプの保障措置である。前者は、一九六五年の INFCIRC/66（一九六八年一部改正、66/Rev.2）に基づく個別的保障措置(12)、後者は核不拡散条約（ＮＰＴ）の発効（一九七〇年）を受けて作成された一九七一年の INFCIRC/153 に基づく包括的な（フルスコープの）保障措置である(13)。前者を六六タイプの保障措置、後者を一五三タイプの保障措置と呼ぶこともある。両者は幾つかの側面で大きな違いがある。

INFCIRC/66 と INFCIRC/153 とでは、まず第一に、その法的効果において違いがある。前者が拘束力のない「ガイドライン」で、その内容や具体的条件などはＩＡＥＡとの協定締結交渉で変更可能であるのに対して、後者は、モデル条項としての形式は前者と変わらないが、具体的な協定締結においてそれからの逸脱は認められず、そのため実質的な効果としては、各国に対して拘束的なものとなっている。第二に、最大の違いは、前述したとおり、その保障措置の適用対象にある。六六タイプでは基本的に当事国が保障措置に同意した範囲の核物質および関連施設に限定されるのに対して、一五三タイプは「すべての」核燃料サイクル中の核物質・関連施設等が対象となるフルスコープの保障措置である。さらに第三に、保障措置の実施方法も大きく異なる。六六タイプでは、実施の方法・手続等についての具体的規定はなかったが、一五三タイプでは、計量管理（material accountancy）、封印監視（containment）および査察（surveillance）について明確・詳細な規定を置いている（二九項）。とくに査察実施の細目については、補助取極（subsidiary arrangement）の作成が義務づけられ（三九項）、原子力施設内の査察箇所等も施設付属書（facility attachment）において明定されている(14)。

この保障措置の履行について、ＩＡＥＡの「自己完結的性格」を示す一つが、協定の解釈適用に関する紛争処理手続である。六六タイプも一五三タイプも、その履行に関して機関（ＩＡＥＡ）と当事国との間に意見の相違が生じた場合には、当事国は理事会に問題を付託し、協議によってこれを解決する手続が用意されている。さらに、これで解決されなかった場合のために、仲裁手続が定められており、仲裁裁定は機関と当事国双方を拘束することとなっている(15)。

本節の文脈でとくに重要な点は、上記の保障措置の国内的な実施方法に関連する。NPTを受けた一五三タイプの下では、核燃料サイクルの全過程におけるすべての核物質・関連施設等を対象にしているところから、その履行を確保するため、極めて厳格な計量管理制度を設定し、かつこれを維持していくことを各締約国に要求している。IAEAが常に定量的な査察を実施することが可能となるように、各国には、核物質の在庫の変動等に関する「記録」(record)の保持を前提として、その「報告」(report)の提出義務が課せられ、IAEAによる通常査察(routine inspection)では、この「報告」が「記録」に合致しているか否かを検認するほか、核物質の所在、同一性、量および組成を確認し、一定区域・期間の「在庫差」(material unaccounted for)およびその量の許容誤差を検認することとなっている。したがって各国には、まずもって、そのような報告および査察受入れを可能とするために、関連の国内法体系を整備し、かつこれを維持することが義務づけられるのである(法令維持義務)(16)。

IAEAは二〇〇人余の査察官(視察員)を擁しており、これらの査察官には、一定範囲の特権免除が認められる(17)ほか、INFCIRC/153は各国が査察官が有効に任務を果たせるよう確保する義務を負う旨定める(18)。査察の実効性は、これらの査察官が核施設へのアクセスを保証されるか否かにかかるが、受入国は個別の査察官について、理由を示さずに拒否することができる。もとより繰り返し多数の査察官の受入れを拒否する場合には、IAEAの注意を喚起し、理事会の対抗措置を招くことになるが、施設立入りについての「健康、安全上の必要」(19)などをもって、実質的な査察妨害を行う事例は多いといわれる(20)。

わが国もNPTの批准(一九七六年)に際して、原子炉等規制法を改正し(六八条五～八項)、IAEAの指定する査察官が国内の工場、事業所等の立入り検査を行うことを認めた。なお、これはあくまでも行政調査の権限に基づくもので、「犯罪捜査のために認められたものと解してはならない。」(五項)

一九八一年の原子力委員会「国内保障措置体制整備計画」によれば、「国は、核燃料サイクル全般にわたる核物質の施設間移動を有効に把握することによって、核燃料サイクル全体としての必要な保障措置の有効性を確保しつつ、原子力施設における保障措置の実施の効率化を図る」としている。さらに一九八八年には、原子炉等規制法に基づく国際規制物資の使用に関する規則を改正し、従来よりも一層厳格かつ詳細な核物質等の計量管理を行ってきている(21)。いずれにせよ、一五三タイプの下で各国に課せられる義務の性質は、前述したように、単なる「措置の義務」や「方法の義務」にとどまらず、すぐれて「維持の義務」として、国際レジームの維持そのものが各国の義務として捉えられ、その国内的な履行が求められていることを認識しておかなければならない。

3　不遵守と国連安保理の対応

これまでの叙述で明らかなように、今日のＩＡＥＡの保障措置は、ＮＰＴ体制の下で、核燃料サイクル性に即した包括的な査察制度を実現している。しかるに、在庫差の異常など、通常査察から得られた情報がＩＡＥＡの責務を遂行するために十分でないとＩＡＥＡが認めた場合には、「特別査察」を行うことができる。しかしそれによってもＩＡＥＡ理事会が核物質の軍事転用がないことを「確認できない場合」(つまり、軍事転用の疑いがある場合)には、ＩＡＥＡ憲章一二条Ｃ項の下に、国連安保理および国連総会への報告、ならびに、ＩＡＥＡ加盟国としての特権および権利の停止などの措置を執ることができる(憲章一九条Ｂ)とされている(なお、一般的に、ＩＡＥＡの事業に関して安保理の権限内の問題が生じたときの通告については、三条Ｂ項４参照)。

このように、ＩＡＥＡ憲章およびその下位規範に対する違反について、国連安保理への報告が規定されていることは、国際レジームの規範的重層性を示すものとして特筆されよう。もっとも、安保理への報告は、安保理の注意喚起とそこでの審議をとおして、政治的に当該違反国に対する国際的圧力をかけるということ以上の措置に、たとえば国連憲章第七章の非軍事的ないし軍事的強制措置(制裁)に当然に結びつくわけではない。これまでＩＡＥＡ憲章一二条

C項が適用された事例は、イラクに関する一九九一年七月のIAEA理事会決議(22)および同年六月から一〇月にかけての安保理六九九、七〇七、七一五号決議(23)、および朝鮮民主主義人民共和国(北朝鮮)に関する一九九三年四月のIAEA理事会決議(24)である。イラクも北朝鮮もNPTの当事国である。後者についても安保理で討議はされたが具体的措置は執られず、現在進行中の朝鮮半島エネルギー開発機構(KEDO)の四ヵ国の枠組みに継承されていったことは周知のとおりである。また、イラクの場合も、IAEA憲章の違反というよりは、湾岸戦争を終結させた一九九一年四月三日の安保理決議六八七号(いわゆる停戦決議)でイラクが受諾した核兵器開発回避義務および国連の特別委員会による査察の実施(同決議一二項および一三項)の違反に関わるものである。とはいえ、国連の査察活動も、IAEAの保障措置が基礎となっていることは一三項の文言からも明白である。

このように、IAEAの保障措置が、間接的とはいえ、国連安保理の活動とリンクされていることは、原子力平和利用の国際レジームを考察する上で、極めて重要である。他方でしかし、この保障措置は、各国にとって、とくに核兵器非保有国にとっては、大きな負担を強いる制度である。したがって、その遵守を促すインセンティヴが十分に保障されない限り、それは実効的な国際レジームとして定着しえない。そうした観点から、次に項を改めて、レジームの脆弱性を反映している問題の一つの側面として、保障措置の対象となっている原子力施設に対する武力攻撃の問題を検討しておくことにしたい。

四　国際レジームの実効性と脆弱性

1　保障措置対象施設に対する武力攻撃

国際レジームは、各国にレジームを支える構成員として、レジームの目的を維持することを義務づける。原子力平和利用国際レジームの「要《かなめ》」は、NPT・IAEAの保障措置である。前項までに述べてきたところからも明らかなように、従来、この保障措置の実効性強化という「対内的」側面にのみ、関心が集中しがちであった。強化されればされるほど、締約国の負担と受忍は重くなるが、果たして保障措置はそれに見合う利益を保証しているであろうか。この制度の受容における「受忍」と「保証」の間に、つまりメリットとディメリットとの間に、大きな不均等があれば、それは実効的制度として機能するための信頼性を得ることは困難であろう(25)。そうした観点から、ここでは、平和目的の核施設に対する武力攻撃の問題を素材として、IAEA保障措置のいわば「対外的」効果に光を当ててみたい。

もとより、核施設に武力攻撃が加えられるというのは例外中の例外であって、こうした極端な事例を引き合いに出して保障措置の性質を一般的に論じようという趣旨ではない。ただ、この問題は、国際レジームとしてのIAEA体制の実効性を、いわば「裏側から」検証する上で格好の素材と考えられるので、俎上に載せるにすぎない。

さて、これまで平和目的の核施設に対して武力攻撃が加えられた例としては、イラン・イラク戦争の過程で、双方が核施設を攻撃したことが報道された(一九八〇年九月三〇日のイランによるイラクのTuwaitha核施設攻撃、一九八四〜八八年のイラクによる数次のイラン核施設攻撃など)が、詳細は不明で、国際的な関心を呼ぶこともなかった。これに対して、一九八一年六月七日のイスラエルによるイラクTuwaitha核施設爆撃事件および湾岸戦争中の一九九一年一月二〇日の多国籍軍(米軍)によるイラクTuwaitha核施設爆撃事件は、国際社会の重大な関心事項となった。ここでは、これら後の二つの事件を中心に検討する。

まず、一九八一年のイスラエルによる爆撃事件であるが、イラクがNPTの当事国であるのに対して、イスラエルは非当事国である。問題の原子炉は一九七五年のフランスとの原子力協力協定に基づき設置された研究用原子炉で、完成寸前であった。この施設に対してはＩＡＥＡが一九八一年一月に保障措置に基づく査察を行っており、攻撃直後の同年六月一八日にも査察が行われたが、核物質の取扱いに関する異常はなかったことが報告されている。イスラエルは、イラクが核兵器開発を行っているとの疑惑を強め、原子炉が完成間近でプルトニウム抽出は時間の問題となったと判断し、原子炉完成後の攻撃が周辺住民に対する放射能被害をもたらす危険に鑑み、完成前の段階での先制的な自衛行為として、この攻撃を正当化したのであった。これに対して、イラクはもとより、原子炉を提供したフランスなど各国はこぞってイスラエルを非難した。とくにＩＡＥＡの代表は、「今回の攻撃は、ＩＡＥＡ保障措置そのものへの攻撃である」と激しく非難した(26)。

こうして一九八一年六月一九日の安保理四八七号決議は、イスラエルの軍事攻撃が「国連憲章および国際法の明白な違反」であるとして強く非難し(一項)、その攻撃が「不拡散条約の基礎であるＩＡＥＡの保障措置制度全体に対する深刻な脅威を構成する」(三項)と宣言している。

これに対して、一九九一年一月の湾岸戦争中の多国籍軍によるイラク原子炉爆撃は、対象となった原子炉等が一〇年前にイスラエルにより爆撃されたものと同一の研究用施設に所在し、ＩＡＥＡの保障措置の下にあったことも同様であるが、その法的評価はかなり複雑である(27)。多国籍軍による攻撃については、*jus ad bellum*(戦争に対する法)と*jus in bello*(戦争における法、交戦法規)とに分けて考察しなければならない。まず前者の観点からは、多国籍軍の行動は、一連の安保理決議に照らして、イラク原子力施設への攻撃の是非が検討されることになる。周知のように、一九九〇年一一月二九日の安保理六七八号決議は、多国籍軍にイラクに対する武力行使を「容認」(authorize)(28)したのであるが、それはしかし無制約な容認ではない。同決議二項によれば、その目的は「安保理決議六六〇号(イラクのクウェートからの即時・無条件撤退)およびそれに引き続くすべての関連決議を堅持しかつ履行」〔括弧内著者〕すること、および「その地域における国際の平和と安全を回復するために」とされている。したがって、原子炉爆撃がそうした目的の下に正当化されるかが問われるが、この点に関する米軍当局の弁明は十分に説得的とはいえない。先にも触れたように、核開発の禁止や査察については、いわゆる停戦決議（一九九一年四月三日安保理決議六八七号）で初めて規定されたのであり、それ以前の段階で、原子炉への攻撃が（仮に核開発疑惑があったにせよ）許容されるとは考えにくい。しかもＩＡＥＡの査察によれば、攻撃された研究用原子炉で兵器用核物質が抽出されたとは認められていなかったのである[29]。

次に交戦法規（*jus in bello*）に照らして本件攻撃を検討する。伝統的に交戦法規は、国家間の武力紛争に適用さるべき規則と捉えられてきたが、今日では、国連安保理の行動においても、遵守されなければならないものと考えられている[30]。湾岸紛争において、イラクはもとより（安保理決議六六六号）、多国籍軍にも、*jus in bello* の遵守が義務づけられたことは、いうまでもない[31]。

さて、第一追加議定書五二条は民用物の一般的保護を定める（general immunity）。同条二項では「攻撃は、厳格に軍事目標に限定する」が、ただし、「軍事活動に効果的に貢献する物」については、明確な軍事的利益がある限り、許容される[32]。この貢献度の評価について、どの程度、間接的なもの、予見的なもの、戦況の全体的なものまでも含めて考慮することが認められるかが問題となるが、定説はない。次に五六条では、危険な威力を放出させ、住民に重大な損失をもたらすような原子力発電所に対する攻撃の禁止（nuclear immunity）が規定される。ただしこの場合も、その原子力発電所が「軍事行動に対し恒常的、重要かつ直接の支援を行うために電力を供給しており、それに対する攻撃が支援を終了させるための唯一の可能な方法である場合」には許容される、としている。この条項についても、軍事的支援の程度に関する評価は分かれるところである。なお、住民に放射能被害をもたらすような戦闘方法・手段については、五五条および五六条三項で一般的な禁止規定が置かれている。さらにハーグ陸戦規則二七条、戦時海軍砲撃条約五条、空戦規則二五条等では、研究施設等に対する攻撃が禁止されている（scientific or academic immunity）ことから、核研究施設にも適用があると考えられる。しかしこの場合も、研究の軍事活動に対する効果的貢献の存否と程度が問題となる。

これらの規則に照らして多国籍軍によるイラク原子力施設への攻撃をみると、少なくとも対象となった Tuwaitha の原子炉に関する限り、ＩＡＥＡの保障措置の下に置かれた平和目的の核施設であったことは明らかであり、一応は、交戦法規上、攻撃から保護さるべき「民用物」であり「研究施設」であると認められよう。その禁止を解除するような軍事的貢献や軍事的支援の存在は証明されておらず、攻撃の違法性についての推定が働くものといわなければならない(33)。（イラクが核兵器開発を行っていたという証拠は、停戦後に行われた査察等によって得られたものである。）もっとも、上記のとおり、第一追加議定書の関連規定の解釈は未だ確定的なものとはいえないので、問題は今後に残されたのである。

こうして、湾岸戦争時における多国籍軍の行動は、原子炉爆撃に関する限り、*jus ad bellum* および *jus in bello* の双方において、イスラエルによる爆撃の場合とほぼ同様の問題性を孕んでいたことになる。しかし、湾岸戦争の場合は、イラクによるクウェイト侵攻という重大な *jus ad bellum* 違反から出発しているため、違反国に対する *jus in bello* の保護は否認された形となったといえよう。

2　保障措置対象施設に対する武力行使の禁止とその確保

ＩＡＥＡの保障措置の下にある原子炉は、受忍の見返りとして、一定の保護を与えられてしかるべきものであるはずであるが、上記の例からもわかるように、保障措置を受けていたために、むしろその所在が明らかとなって攻撃の対象にさらされたという面がなきにしもあらずである。そのことは、保障措置に対する信頼性を著しく減少させるものである。こうしたことから、現行制度の問題点を明らかにし、これを克服する方法について、ここでは主として立法論的な観点から、*jus ad bellum* と *jus in bello* の双方のレヴェルの問題について、考察しておきたい。

まず、*jus ad bellum* のレヴェルの対応については、とくに、イスラエルによるイラク原子炉爆撃事件から数年後に行われた一九八五年のＮＰＴ再検討会議最終宣言が注目される。そこでは「保障措置の対象となっている核施設に対する武力攻撃は、……安保理が国連憲章の規定に従ってただちに行動すべき状況を創設する」(an armed attack on a safeguarded nuclear facility ... would create a situation in which the Security Council would have to act immediately in accordance with the provisions of the United Nations Charter) と宣言された[34]。この宣言の趣旨は、保障措置の下にある核施設に対する武力攻撃に対しては、これを単に違法とするだけではなく、安保理の制裁行動を直接にリンクさせようとする意図が読み取れるのである。

これに対して、湾岸戦争後の一九九五年ＮＰＴ再検討会議では、同趣の決議がなされた (Decision 2, para.20) ものの、かなりトーン・ダウンした内容となっている。すなわち、「平和目的のための核施設に対する攻撃または攻撃の脅威は、核の安全を危険にさらし、そのような場合には、武力行使に関する国際法の適用について重大な懸念を生じさせ、国連憲章の規定に基づく適当な行動を必要とすることもありうる。」(Attacks or threats of attack on nuclear facilities devoted to peaceful purposes jeopardize nuclear safety and raise serious concerns regarding the application of international law on the use of force in such cases, which could warrant appropriate action in accordance with the provisions of the Charter of the United Nations.)[35] 先の宣言と比べると、ここでは、核施設に対する攻撃が「安全保障」(security) ではなく「安全」(safety) の問題に置き換えられ、それも「重大な懸念」(serious concern) にとどまっており、かつ、安保理の役割にも言及はない。

ＩＡＥＡによる保障措置の下にある限り、平和目的の核施設に対する武力攻撃は、自衛権であれ他のいかなる事由によるものであれ、国際法上禁止されなければならない。この禁止に違反して武力行使が行われた場合には、ＩＡＥＡのレジームそれ自体に対する攻撃として、上記一九八五年の宣言にそった形で、国連安保理による憲章第七章に基づく制裁措置発動の可能性が担保される必要があろう。

次に、*jus in bello* のレヴェルでは、先にみたとおり、第一追加議定書では、危険な威力を内蔵する施設等の例示として原子力発電所に対する攻撃を禁止ないし制限する規定がある (五六条) が、「ＩＡＥＡの保障措置の下にある」施設については、特別の保護を与えるよう、軍事目標主義の趣旨を保障措置とリンクさせる形で一層徹底する必要があるものと思われる。原子力発電所についてはすでに一応の規定があるが、研究用・実験用の核施設についても、それが軍事支援に用いられていないことの保証を確保する方法をも含めて、特別の規定の挿入が求められる。また、国連（ないし国連に容認された軍隊）が武力制裁を行う場合について、交戦法規の遵守、とくに核施設の攻撃禁止を確保するよう、ガイドラインの定立が望まれる。

一層野心的な提案としては、上記関連交戦法規の遵守を確保する目的で、ＩＡＥＡの「特別の役割」(right of initiative)を明確化することが考慮されうる(36)。これは第一追加議定書八一条で赤十字国際委員会に認められているものと類似の役割をＩＡＥＡにも果たさせようという提案である。周知のように赤十字その他の団体は、捕虜や文民の保護のために、一定の人道的活動を行う権能が認められているが、これと同様にＩＡＥＡに対しても、平和目的の核施設の保護につき、保障措置の下にあることを条件として、各交戦当事者に攻撃を回避するよう注意を喚起し確約を得るなどの役割を果たさせるというものである。さらに、そうした提案も含めた一般条約として「核施設保護国際条約」の締結を促す見解(37)なども表明されているが、今のところ実現可能性は少ない。とはいえ、何らかの方法で、保障措置を受けていることのメリットを確保するような体制を整えていかない限り、平和目的国際レジームの実効的・安定的な維持は期待しえないであろう。

五　小　結

本節では、保障措置制度を中心として、原子力の平和利用に関する国際レジームの構造を、法的な観点から明らかにしたいと考えた。様々な多数国間・二国間条約、非拘束的文書および各国内法の複層的な構造の中で、原子力の平和利用という国際社会の機能的目的を果たすための国際レジームは徐々に形成され維持されてきたのである。このレジームの中で、各国は、その目的を実現するために、レジームを支える一単位として、重い負担を担うことが求められる(38)。そこで課せられる「維持の義務」は、国家機関のみならず、原子力産業に関わるすべての私人・私企業に対して、核燃料サイクルの全過程における一定の事実的・法的状態の維持を義務づけるのである。

このような機能的レジームは、領域を基盤としたレジームの場合と同様に、その対外的な関係において、一定の「対抗力」を有する(39)。それによって、このレジームへの参加を拒否している第三国に対しても、一定の効果（たとえば原子力の軍事転用を阻止する効果）を持つものと考えられる。もっとも、その外部効果は、レジーム内部の規律がどの程度強く収斂しているかに依存する。原子力平和利用の国際レジームの場合も、各国が、それに参加することによって、どのような利益を受けることができるかが、より明確に示されなければならないであろう。こうしたことを考えると、国際レジーム論においても、従来は、レジームの「形成」に関する研究が関心を呼んできたが、今日では、レジームの「維持」に関する問題が、一層重視されなければならない状況にあるように思われる。

注

（1）　村瀬信也「国際紛争における『信義誠実』原則の機能――国際レジームの下における締約国の異議申立手続を中心に」『上智法学論集』三八巻三号（一九九五年）一八九〜二二一頁（本章第五節に収録）。

（2）　シャクターは「特定活動分野を規律する協力のためのメカニズム」と「その制度的および継続的な規制的機能」に着目して「国際レジーム」に言及している。Oscar Schachter, *International Law in Theory and Practice*, 1991, pp. 74-76. 国際環境法分野におけるレジーム構築について、Winfried Lang, "Diplomacy and International Environmental Law-Making: Some Observations", *Yearbook of International Environmental Law*, vol. 3, 1992, pp. 108-122; *Ditto*, "International Waste Regime", in Lang, Neuhold & Zemanek, eds., *Environmental Protection and International Law*, 1991, pp. 147-166. 国際政治学の観点からのレジーム論については、山本吉宣「国際レジーム論——政府なき統治を求めて」『国際法外交雑誌』九五巻一号（一九九六年）一〜五三頁参照。

（3）　Eckart Klein, "International Regimes", in Bernhardt, ed., *Encyclopaedia of Public International Law*, vol. II, pp. 1354-1359, 森川俊孝「国際制度の対世的効果」『横浜国際経済法学』二巻一号（一九九三年）一〜二六頁。

（4）　村瀬「前掲論文」（注1）一九一頁（本書五七〇頁）。

（5）　H. K. Ress, "Nuclear Energy, Peaceful Uses", in Bernhardt, ed., *op. cit., supra* note 3, vol. III, pp. 700-705; Paul C. Szasz, "International Atomic Energy Agency", in *Ibid.*, vol. II, pp. 1051-1057, 杉山晋輔「日中原子力協定締結の意義と問題点」『ジュリスト』八六七号（一九八六年）一一六〜一二二頁。

（6）　D. M. Edwards, "International Legal Aspects of Safeguards and the Non-Proliferation of Nuclear Weapons", *International and Comparative Law Quarterly (ICLQ)*, vol. 33, 1984, pp. 1f., pp. 3-4; Hans Blix, "Aspects juridiques des garanties de l'Agence Internationale de l'Energie Atomique", *Annuaire français de droit international*, XXIX, 1983, pp. 37f., p. 40.

（7）　Edwards, *op. cit., supra* note 6, pp. 4-5.

（8）　ＮＰＴの下で保障措置の負担を負うのは原則として非核兵器国であるが、日中原子力協定（一九八六年）では、わが国は核兵器国である中国に対しても保障措置の受入れを協定締結の条件として交渉に臨んだ。当初中国側はこれを「主権の問題」として拒否したが、日本は核物質等の提供を行う以上、平和利用に関わるわが国の政策的要請に基づき、かつ、ＮＰＴの下での核兵器国の特権的地位を認めないとするわが国の外交上の立場からも、ＩＡＥＡの保障措置受入れは必須の条件であった。結局、中国もこれに同意し、協定中に平和利用と保障措置の適用を明記することになったのである（四条三項、および同項に関する合意議事録、杉山「前掲論文」〔注5〕参照）。中国とＩＡＥＡとの保障措置協定は一九八八年に締結された。こうして中国も原子力平和利用国際レジームの一翼を担うことになったのである。

（9）　もっとも、ＮＰＴはＩＡＥＡの保障措置を前提にしているが、ＩＡＥＡは、ＮＰＴの条約当事者でもなければ、その起草過程で相談されたこともなく、ＩＡＥＡ憲章でＮＰＴを受容する措置も執られていないので、厳密にいうと、ＩＡＥＡとしては、ＮＰＴのための保障措置を行う法的な義務はない、とも指摘されている。Lyn Parker, "International Safeguards against the Diversion of Nuclear Materials to Non-Peaceful Uses", *ICLQ*, vol. 27, 1978, pp. 711f., p. 718.

（10）　Blix, *op. cit., supra* note 6, pp. 46-47; Edwards, *op. cit., supra* note 6, pp. 8-13; Hans Blix, "The Role of the IAEA in the Development of International Law", *Nordic Journal of International Law*, vol. 58, 1989, pp. 231f., pp. 235-236.

（11）　IAEA, Draft Model Protocol to Strengthen and Improve the Effectiveness and Efficiency of the IAEA Safeguards System, Approved on May 15, 1997, *International Legal Materials*, vol. 36, no. 5, 1997, pp. 1232-1262, 木下範彰「保障措置制度の概観」『日本エネルギー法研究所月報』一三三号（一九九八年八月）六〜七頁。

（12）　El Baradei *et al.*, eds., *The International Law of Nuclear Energy: Basic Documents*, Kluwer Academic Publishers, 1993, pp. 1678-1694.

（13）　*Ibid.*, pp. 1695-1723.

（14）　Edwards, *op. cit., supra* note 6, pp. 10-13 外務省原子力課監修・日本原子力産業会議編『原子力国際条約集』（一九九三年）三二〜四〇頁。

（15）　"Interpretation and Application of the Agreement and Settlement of Disputes", INFCIRC/153, paras.20-22; El Baradei *et al., op. cit., supra* note 12, p. 1701. 仲裁法廷は各当事者が指名する二名の仲裁官、その仲裁官が指名する二名および、後者の二名が選んだ裁判長の五名からなる。指名ができない場合は国際司法裁判所長に指名させることとし、多数意見が裁定となる。Edwards, *op. cit., supra* note 6, p. 13.

（16）　保障措置の履行が各当事国における national system を基礎としている点について、Parker, *op. cit., supra* note 9, p. 719.

（17）　国際原子力機関の特権及び免除に関する協定（一九五九年）七条（機関のための任務を行う専門家）。

（18）　INFCIRC/153, "Agency Inspectors", para. 9.

（19）　*Ibid.*, para. 44.

（20）　Parker, *op. cit., supra* note 9, p. 721.

（21）　科学技術庁原子力局監修・日本原子力産業会議編『原子力ポケットブック』（一九九五年版）三五〜三七頁。

（22）　IAEA Board of Governors' Resolution on Iraq's Non-Compliance with Its Safeguards Obligations, 18 July 1991, in El Baradei *et al.*, eds., *op. cit., supra* note 12, pp. 1987-1988.

（23）　*Ibid.*, pp. 2057-2064.

（24）　IAEA Board of Governors' Resolution on the Democratic People's Republic of Korea's Non-Compliance with Its Safeguards Obligations, 1 April 1993, *Ibid.*, pp. 1989-1990.

（25）　ＮＰＴ・ＩＡＥＡ体制に対しては幾つかのレヴェルで批判がある。第一には、いうまでもなく、ＮＰＴの下で、そもそも核兵器保有国と非保有国との区別を設けていること自体の是非が問われる。第二に、この区別を前提として受け入れた上で、両者の権利義務の不均衡が問題となる。とくに、保有国の拡散防止義務（一条）・核軍縮義務（ＮＰＴ六条）と非保有国の核拡散避止義務（二条）・原子力平和利用義務（三条）との負担の不均衡が批判される。第三に、非保有国における条約当事国（一五九ヵ国）と非当事国（キューバ、ブラジル、アルゼンチン、インド、パキスタン、アルジェリア、イスラエルなど二七ヵ国）との不均衡の問題がある。ＮＰＴのようにすべての国の参加が条約目的の達成に不可欠な場合には、当事国に対するインセンティヴ（資金・技術の供与など）、非当事国に対するディス・インセンティヴ（非当事国との貿易制限など）を設定してすべての国が当事国となるよう促す手段が考えられる（オゾン層保護に関する一九八七年モントリオール議定書など）が、ＮＰＴではそのような措置は講じられていない。第四にＮＰＴ・ＩＡＥＡ保障措置の受容における受忍と保障（メリット・ディメリット）の不均衡の問題が挙げられよう。ＮＰＴに即していえば、非核兵器国の原子力平和利用の義務（三条）と平和利用の権利（四条）との釣合いの問題である。保障措置を受け入れるということは、当該国家に対して重い受忍を強いることであるが、それに見合う対価ないし保障を得られるのでなければ、この制度の実効性と信頼性は揺らぐことになる。その意味からも、とくに、保障措置の下にある原子力施設に対しては手厚い保護が与えられなければならない。武力攻撃からの保護という問題は、この第四のレヴェルの問題として提起されている。

(26) W. T. Mallison & S. V. Mallison, "The Israeli Aerial Attack of June 7, 1981, upon the Iraqi Nuclear Reactor: Aggression or Self-Defense?", *Vanderbilt Journal of Transnational Law*, vol. 15, 1982, pp. 417-448.

(27) B. M. Carnahan, "Protecting Nuclear Facilities from Military Attack: Prospects after the Gulf War", *American Journal of International Law*, vol. 86, 1992, pp. 524-541.

(28) 村瀬信也「国際組織の一方的措置と対抗力——国連憲章第七章の下における軍事的措置の容認をめぐって」『上智法学論集』四二巻一号（一九九八年）二〇〜二一頁（本章第二節五〇二〜五〇三頁）参照。

(29) Carnahan, *op. cit., supra* note 27, pp. 526-528.

(30) D. Schindler & J. Toman, eds., *The Laws of Armed Conflicts*, 1988, p. 907.

(31) 藤田久一『国際人道法』（新版、有信堂高文社、一九九三年）二七〇頁、阿部恵「武力紛争法規における比例性(proportionality)とその変質」『上智法学論集』四二巻一号（一九九八年）二二九〜二三四頁。

(32) Schindler & Toman, eds., *op. cit., supra* note 30, p. 717; L. C. Green, *The Contemporary Law of Armed Conflict*, Manchester Univ. Press, 1993, pp.149-151.

(33) Carnahan, *op. cit., supra* note 27, pp. 528-532.

(34) Final Declaration, The Third Review Conference of the Parties to the Treaty on the Non-Proliferation of Nuclear Weapons, NPT/CONF.III/64/I(1985). この最終宣言の基礎となったエジプト提案では、不拡散条約四条の非核兵器国の権利を保障措置の下にあ

る原子力施設の保護に直結し、それへの攻撃に対してはただちに安保理の行動を要請するということが明確に表明されていた。Carnahan, *op. cit., supra* note 27, p. 536.

(35) Final Declaration, 1995 Review and Extension Conference of the Parties to the Treaty on the Non-Proliferation of Nuclear Weapons, Decision 2, para. 20.

(36) Carnahan, *op. cit., supra* note 27, pp. 539-540.

(37) *Ibid.*, pp. 540-541.

(38) この点で、国際レジームの誠実な維持の重要性を指摘した一九八〇年のＷＨＯに関する事件についての国際司法裁判所の意見に注目したい。裁判所はＷＨＯとエジプトが一九五一年の協定の解釈について誠実に協議する義務があることを認定した上で、さらに「機構と受入国双方にとってすべての場合に払うべき最も重大な考慮は、基本協定に表明された目標と目的を促進するよう誠実に協力する明確な義務である」と述べている。*ICJ Reports 1980*, p. 96, para.49.

(39) たとえば一九七一年のナミビアに関する勧告的意見で、国際司法裁判所は「委任統治の終了とナミビアにおける南アの存在の違法性に関する宣言は、国際法に違反して維持されている状態の合法性を対世的に阻止するという意味においてすべての国に対抗力を持つ」としている。*ICJ Reports 1971*, p. 56, para. 126.

第七章　国際立法と国内法

第一節　国連気候変動枠組条約の履行をめぐる問題

一　はじめに

一九九二年の国連環境開発会議（ＵＮＣＥＤ）を頂点として、種々の国際環境条約が雨後の竹の子のごとく作成されてきた。国際立法は、諸国の政府や関連の国際組織にとって、目に見える形の成果を提示することができる点で政治的な効果が大きく、またそれに携わる個々の専門家にとっても、新たな秩序の形成に貢献するという意味で充足感の大きい極めて魅力ある作業である。これに対して、条約義務の維持・履行は、往々、関係部局にとって日常的な行政事務に並行して遂行さるべき付加的な負担となるにすぎない。とくに国際環境法の分野では、短期間にあまりに多くの条約が作られたため、現在はまさに条約渋滞（treaty congestion）といわれるような状況を呈しており、完備した官僚制度と高度の統計資料が具わった先進国の政府においても、たとえば各条約の下で毎年のように求められる報告義務を果たすことさえ、困難となっている。そうした条件を持たない途上国の場合は、もとより推して知るべしである。鳴り物入りで作られた多くの多数国間環境条約が画餅に帰しかねないこうした状況の中で、現在の一般的関心は、条約の形成から条約の履行確保という側面に移行してきているのである(1)。

国際環境条約の履行を確保するための行政手法には、大別して、(1)直接的な命令・規制的方法（command and control）と、(2)間接的な経済的手段（economic instruments）とがある。前者の直接的方法は伝統的に執られてきた規制手段で、環境保護のために行われる漁船の操業制限、廃棄物投棄の禁止、交通運輸手段の遮断、輸出入の制限などの措置であるが、この方法はそれに要する行政コストが大きい割には期待されたほどの実際的効果が得られないだけでなく、関係国との間に軋轢を生む場合も少なくない。これに対して後者の経済的手段は市場メカニズムの利用によって目的を達成する方法として実効性が高く、費用対効果に優れているとされる。もっとも国際社会では、国内の場合のように一元的な「市場」を想定することは未だほとんど不可能であり、一九七〇年代にＯＥＣＤが強調した「汚染者負担原則」(A polluter pays principle, PPP) などを除けば、実際に経済的手法を国際レヴェルで採用した例は見受けられない(2)。

しかし多くの国は、環境保護の目的での経済的手法の利用を、国際レヴェルでも、規制的方法の補完として促進することに、少なくとも原則論としては、これを支持するという態度をとっている。これを反映して一九九一年の「環境政策における経済的手段の利用」に関するＯＥＣＤ理事会勧告では、天然環境資源の効率的配分と適正利用を促進するために、租税、課徴金、排出権売買、融資などの経済的手法を、将来の国際条約に導入する必要性が指摘されている(3)。そこで本節では、環境税、共同実施、排出権取引などの制度を取り上げて検討することとする。これらはいずれも、現在、気候変動枠組条約の下で、各国の誓約の履行のための有力な手段と考えられており、ここではそれらの実施に伴う幾つかの重要な国際法上の問題点を整理しておきたいと思う。

二　環境税とその国際的調整

1　課税政策とＧＡＴＴ規定との整合性

課徴金 (charge) も租税 (tax) も、潜在的汚染者が環境に有害な汚染物質の排出や天然資源の過剰な使用を抑制するために、市場メカニズムの下でインセンティヴを創出する手段として、極めて有効な方法と考えられている。環境税の課税方式は、通常、間接税であるが、直接税制も考えられないわけではない。しかし直接税の場合、各種の優遇措置の導入によって税制が複雑になることから一般に望ましくないとされる。租税のみによって排出削減の明確な効果を得るには高率で課す必要があるが、それは燃料が必需品である貧困層に大きな負担をもたらすという逆進性の問題を生ずる。そこで通常の租税方式ではなく課徴金による環境対策が有効とされる。課徴金と税の区別は、その歳入の配分方法に違いがある。租税収入が国家の一般会計に組み込まれるのに対して、課徴金は特定の環境対策のための費用として用いられる。したがって後者の方がインセンティヴとしての効果ははるかに大きい。

たとえば、日本の場合、ある試算によると、気候変動枠組条約の下で二〇〇〇年以降の二酸化炭素排出量を一九九〇年レヴェルに安定化するためには、炭素換算一トン当たり二〜三万円（ガソリン一リットル当たり八円から一二円、税収見込み六兆〜九兆円）の課税が必要である。そうした課税はGNPの成長率を〇・一〜〇・五％程度抑制する。これに対して、炭素税収を一般会計に組み入れるのではなく、エネルギー環境特別会計を設け、税収の使途を新エネルギー利用技術や省エネルギー技術、環境保全技術の開発と普及のための補助金に充てれば、価格効果と投資促進効果の相乗効果が期待される結果、一トン当たり三千円の課徴金で三万円の課税と同じ効果が期待されるという(4)。

しかるにこれらの環境税等も、それが外国産品に課される場合には国際貿易の阻害要因となりうることから、従来からも、一般協定（GATT）――とくに内国税・内国課徴金について定めた三条――との整合性が問題となってきた。もとよりGATTが関与するのは、その国内措置が貿易に与える効果（保護主義の防止）という側面だけであり、GATTにはそれぞれの締約国が国内政策として執る環境保護措置について干渉する権限はなく、各締約国には環境税等の設定についても、大幅な裁量が認められる。一九八七年の「スーパーファンド」事件でGATTパネル（紛争処理委員会）は、後述の国境税調整に関連して、「一般協定における税調整規則は……その政策目的によって税の種類を区別していない。したがってある売上税が、一般歳入目的のために課されるものか、環境資源の合理的利用を促進するために課されるものかということは……無関係である」(5)と述べている。

一九九四年の「米国自動車税」に関する事件で、ＧＡＴＴパネルはこの点を一層明確に判示している。本件において欧州連合（ＥＵ）は、米国の三種類の自動車課税等についてＧＡＴＴ違反を申し立てた。第一は小売価格三万ドル以上の乗用車に課せられている高級車税（luxury tax）、第二に一マイル当たり二二・五ガロン以下の非効率車に課せられる燃料浪費税（gas guzzler tax）、第三に企業平均燃料節約（Corporate Average Fuel Economy, CAFE）規則で、米国で販売されている車の単一製造企業における平均効率が一マイル当たり二七・五ガロン以下の場合には民事罰（罰金）が課されるというものである。ＥＵは、これらをいずれも欧州高級車（とくにベンツ、ＢＭＷなど）を狙い撃ちにした差別的課税であると主張した。事実、米国製高級車は三万ドルをやや下回るものがほとんどであったし、ＣＡＦＥ規則の下で支払われた罰金の九九％以上は外国の自動車会社であったといわれる(6)。

この事件についてＧＡＴＴパネルは、高級車につき小売価格三万ドルという基準で線引きをして「同種の産品」（like products）の区分をすることは、それ自体ＧＡＴＴ規定に違反するものではないとし、燃料浪費税についてもほぼ同様の判断をした。ここでのパネル判断におけるキーポイントは、その実際上の影響が輸入車に対して最も大きかったとしても、これらの税制が米国車の保護を目的としたり意図したものではなかったと認め、むしろ、一定の基準の下にこうした税制を設けることは今後一層重要な政策手段となるとして積極的に是認するとともに、ＧＡＴＴ規定と両立しうると判断した点である。たしかにパネルは、たとえばガソリンに対する直接課税の方が燃料浪費税よりもより効果的であろうと述べているが、いずれの制度を選択するかは米国の裁量に属する事項であるとした。同様に、ＣＡＦＥ規則についても、ＧＡＴＴ三条違反ではある（二〇条の一般的例外条項で正当化されない）が、若干の差別的な側面（米国通商代表はこれは単に技術的な問題にすぎないとコメントしている）を払拭すれば問題はない、とした。こうして環境目的の課税政策が、自国産業の保護・外国産品への差別を目的としたものでない限り、ＧＡＴＴ規定との両立性は確保されるとの判断が示されたのである(7)。

２　国境税調整のメカニズム

環境税について最も困難な問題は、それが産業の国際競争力に与える効果である。すべての国――少なくとも主要先進国――の間で、同種の課税が同一の税率で適用されるならば、国際競争力の問題は生じないが、現実にはそのような体制は想定しえない。したがって実際には、個別の国家ごとに設定される課税基準を前提にして、これを国際的にいかに調整するかを考慮することとなる。この調整のための枠組みが整備されない限り、課税が環境保護にいかに有効な手段であるといっても、実現の見通しは得られないことになる。事実、一九九二年にＥＵ委員会は包括的な炭素・エネルギー税制度を公表したが、その実施は、他のＯＥＣＤ諸国が一致して同種の課税を実施することを条件とする旨明確にしている(8)。米国クリントン政権もまた一九九三年にエネルギー税構想 BtU Tax Proposal を発表したが、その実施は他の先進工業国の対応如何によるものとしている(9)。こうした税制の実施には、少なくとも主要国において、実施の時期、対象、負担の大きさ等について、一定の合意・協調が必要となる。

ＷＴＯ法上、そうした環境税の国際的調整を行う仕組みとして設定されているのが、国境税調整 (border tax adjustment) の制度である。そこでまず、国境税調整がどのような仕組みなのかをまずみておこう。甲国ではＡという産品に五％の環境税が課せられているとする。乙国では、環境税の制度はない、とする。仮にＡの価格が一〇〇円として、両国における生産・販売に関する他の条件は同一であるとすると、いうまでもなく甲国の市場において、甲国の産品価格は一〇五円となるのに対して、調整が行われない限り、乙国の産品は、一〇〇円のまま課税されていない分だけ低価格となる。また乙国の市場においても甲国の産品は、自国で支払った環境税の分だけ価格が高くなり不利となる。そ

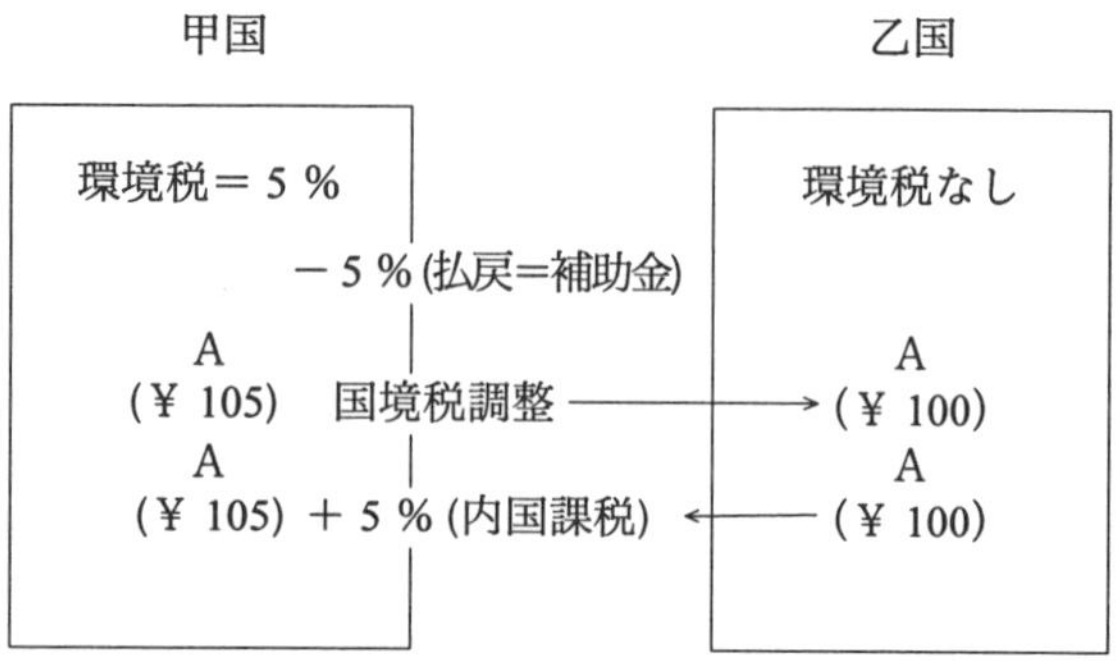

こで甲国としては、上の図のように、Ａが輸出される場合には課税分を払い戻す（免税）か相当分の補助金を与えるといった措置を執る。また乙国からの輸入品については、環境税相当分を内国課税として課すことになる。国境（波打ち際）におけるこうした調整によって、それぞれの市場において、それぞれの産品が対等の競争条件の下に置かれることになるのである。

　このように国境税調整とは、輸出産品に対して、輸出国において課される税の全部または一部を、その国内市場で消費者に販売される類似の国内産品に関して、輸出国が免除する（払戻、補助金支給）措置、ならびに、輸入産品に対して、輸入国において類似の国内産品に課される税の全部または一部を、消費者に販売される輸入産品に対して、輸入国が課す（内国課税）措置をいう[10]。国境税調整に関連するＧＡＴＴ条文としては、輸出面では一六条の補助金規定が、また輸入面では三条の内国課税・内国課徴金規定が挙げられる。これまでのＧＡＴＴおよびＯＥＣＤにおける検討では、直接税（法人税・所得税など生産者〔producers〕に課せられる）は国境税調整の制度になじまないが、間接税（物品税・消費税など産品〔products〕に課せられる）の場合には、調整の対象になりうるとされる[11]。

　先にも触れた「スーパーファンド事件」ではこの国境税調整の問題が争われた。このスーパーファンドは、化学物質で汚染された土地の浄化費用を捻出するために設けられた石油および石油製品に対する物品税であるが、ＥＣ等は、この汚染は米国内で米国の生産者によって引き起こされた損害であるから、汚染者負担原則（ＰＰＰ）により、米国産品のみに課せられるべき税であって、これを外国の産品に対しても課するのは、ＧＡＴＴ三条二項第一文に違反する措置であると主張した。しかしＧＡＴＴパネルは本件について、ＧＡＴＴ法は、課税の政策目的には関知しないこと、したがって、その判断において汚染者負担原則は無関係であるとして米国の課税措置を適法としたのである(12)。

こうして現在のところ、国境税調整は競争上の中立性が維持される限りにおいて、課税の政策目的とは無関係に認められることとなっている。しかし、従来の調整、とくに輸出面における課税免除の措置が、環境税の本来の意味を払拭してしまうことになる点が、今後は大いに問題とされよう。ＷＴＯでは「貿易と環境に関する委員会」で国境税調整についても審議を積み重ねてきた。一九九六年一二月のシンガポールにおける閣僚会議で、この問題は持ち越しとなって継続中であるが、今後そこで新たに策定されるガイドラインでは、単に従来の産品（products）に対する課税・課徴金だけでなく、産品と直接関連のない生産工程・生産方法（non-product related processes and production methods, PPMs）に対する課税等を国境税調整の対象に含めうるかといった点についても、国際的な環境法制との擦り合わせが必要になってくるであろう(13)。

三　共同実施の国際的展開

1　共同実施制度の沿革と背景

共同実施（joint implementation）――正確には「共同で実施される活動ないし計画」（activities or projects implemented jointly）――とは、国際環境条約の下で、一国がその誓約ないし義務を他の締約国と共同して履行する制度である。この共同実施の基本的な考え方は、いわゆる排出権取引（tradable permits）の制度に由来しており、その意味では、これも経済的手段の一つである(14)。

共同実施制度の原型は、米国の大気浄化法（Clean Air Act）の一九九〇年修正などにみられる排出権売買の制度であるといわれている(15)。これは、一定の地域（region）ないし企業（utilities）に対し、一定割合の汚染権（pollution rights）を配分し、その地域ないし企業が、自己の削減努力によって実際の排出量を配分された汚染量よりも少なく押さえることができた場合には、その余剰排出分を債権（credits）として、他の地域ないし企業に売買することができる、というものである。そのような形で汚染権売買の「市場」を創出するとともに、この市場の力によって排出削減努力を奨励するための経済的インセンティヴを与えようとするものである。

もっとも一国内における一定の区画された地域でならともかく、国際関係においてこのような排出権「市場」を想定することは、明らかに不可能である。それが可能となるためには、許容排出総量が明確な目標値と実施時期とともに国際的に明定され、各国に対する排出量の配分が明確に合意されることが、前提的に必要となる。その上で、債権の評価や取引方法についての国際レジームが予め機能していなければならない。ここで想定されている共同実施も、経済効率を基準としたcreditsの考え方に立っているとはいえ、排出権売買制度そのものにはほど遠く、現実にはせいぜいその出発点に位置するものでしかない。しかしそれにもかかわらず、この制度は、今後の国際環境法上の義務の履行という問題を考察する上で重要な示唆を与えるものであり、その意味で、検討に値する制度と考えられるのである。

共同実施については、すでに一九八七年のオゾン層保護に関するモントリオール議定書二条八項(a)の「地域的な経済統合のための機関の構成国である締約国は、……［オゾン層破壊物質の］消費量に関する義務を共同して履行することを合意することができる」との規定に先例をみることができる。この場合には、地域的経済統合機関――具体的にはEC――の構成国の間で、かつ消費量の合計が所定の限度内であることを条件として、共同実施が認められるものであった。これに対して気候変動枠組条約の場合には、次にみるように、これを地域的機関に限定せず、先進国が他の締約国――とくに途上国――との間で行うものとして、その適用範囲を拡大している点で大きな意味がある(16)。

2　気候変動枠組条約における共同実施

同条約四条二項(a)では「附属書Iの締約国［先進国および東欧諸国］が、これらの政策及び措置［温室効果ガスの排出抑制等］を他の締約国と共同して実施すること」を認めるとともに、(d)では締約国会議の「第一回会合において、(a)に規定する共同による実施のための基準に関する決定を行う」とした。

条約上の規定としてはこれにとどまるが、条文作成ないし成立後の審議過程で一応了解されている内容を基礎にここでの「共同実施」の概念を確定しておけば、次のように定義されるであろう。すなわち、「共同実施」とは「一国の政府または企業が、温室効果ガスの排出削減ないしその吸収源増大を支援するために、他国におけるプロジェクト・計画に対し、資金・技術協力や投資を行い、その貢献に対して、二国間取極ないし多国間機関によって、排出削減ないし吸収増大の一部が、供与国・投資国ないし投資企業所在国の政府の債権(credits)として承認され、当該政府が気候変動枠組条約で負っている排出削減債務に充当できる仕組み」をいう。

気候変動枠組条約の起草過程で、この共同実施に関する提案は、一九九一年九月にまずノルウェーから出された。ノルウェーは国内の油田・ガス田からメタンガスなど多量の温室効果ガスが排出し、自国のみでは排出の安定化達成が困難であるため、途上国との共同実施を主張したものである。これと前後して、ECも同種の提案を行った。ECの場合、当初は前記モントリオール議定書と同様の共同体域内の共同実施を想定し、EC全体としての安定化を確保することを目的としていたが、後には域外諸国——とくに東欧諸国等——との共同実施を主要な眼目とする提案に変質していったように見受けられる(17)。

こうした先進諸国の提案に対して、途上国は当初強く反発した。途上国からみると、共同実施案は、先進国が条約の下で負う国別の削減・安定化約束を回避する口実でしかないものと受け止められ、自国での削減努力を懈怠してその分を他国での計画に協力するというのは「金で責任を帳消しにする」ことを目論む非倫理的な考え方だという批判も加えられた。しかしその後、枠組条約の基本原則である費用対効果の効率性（cost-effectiveness）に照らして、共同実施が極めて効果の大きいものになりうること、また、先進国の共同実施への参加が条約上の義務からの回避を容認するためではなく、新たな付加的貢献として行われるものであること、などの点が徐々に理解されるようになって、その具体化に向けた基準作成が進められてきたのである(18)。

共同実施に関する一応の了解点としては、第一に、実施国の資格要件に関する点であるが、共同実施は各国が条約上すでに負っているコミットメントに修正を加えるものではないということは明らかである。こうしたことから、自国のコミットメントを完遂している国のみが実施国となりうるとする主張や、アジェンダ21の勧告に従ってGNPの〇・七％以上のODAを充たしている国に限定すべきだとする主張もある。第二に、共同実施は他国に対する既存（既計画）の援助とは区別され、追加的（additional）なものでなければならないという点は、とくに強調しておく必要がある。第三に、この共同実施は、政府間の協定に基づき、かつ締約国会議に通報されなければならない。そのような形で透明性を確保しなければならないのである。締約国会議は、共同実施プロジェクトについて削減量・吸収量の算定、当事者間の配分を決定するための客観的基準を策定し、それに基づいて審査し承認する手続を定める必要がある、ということとなる。

こうして一九九五年三月〜四月にベルリンで開かれた第一回締約国会議で、共同実施は「実験的な段階」（pilot phase）として、かつ参加国の任意のプロジェクト（voluntary projects）として、実施されることが認められたのである。またこの実験段階での共同実施からは、いかなる債権（credits）も生まれないことが確認されており、いわば条約の枠の外で自主的に行われる措置にすぎない。わが国もすでに実験段階における共同実施に着手しているが、本格化するとしても、それは西暦二〇〇〇年以降である。気候変動枠組条約は二〇〇〇年までの時期に各国が執るべき措置として、従前の

(一九九〇年の)レヴェルに排出を安定化させるよう規定しているが、西暦二〇〇〇年以降のことについては具体的規定を欠き、それは今後作成される議定書その他の法的文書に委ねらることとなった(19)。その後、周知のように一九九七年一二月に京都議定書が採択され、後述のような展開をみせているが、ここでは、京都議定書以前の段階で指摘されていた共同実施をめぐる法的問題を検討してみたい。

3　共同実施の意義と法的問題

先にも述べたように、共同実施の基本的な目的は、効率的な費用対効果の達成である。先進諸国の中には、日本のように、すでに省エネルギー・排出抑制技術を相当程度に導入済みで、それ以上の排出削減が膨大な費用を要するのに対して、他の諸国(とりわけ途上国)には、必要な技術を移転すれば大幅に少ない費用で排出削減もしくは吸収源増大が達成できる機会が存在している。国際分業の利益と同様に、費用節約の利益を当事国間で分配すれば、双方の当事者が利益を得るとともに、かつ全体としての排出量を効率的に削減しうることになるのである。すでに幾つかの注目すべき共同実施の仮設的事例が示されているが、たとえば化石燃料の大量使用を伴う鉄鋼生産や火力発電などの分野では、日本は高度の省エネ・排出抑制対策をすでに達成しており、可能な施策は尽くされているといってもよい。こうして国内では微量のエネルギー効率向上のためにも、膨大な投資が必要となる。これに対して、その投資を途上国における排出削減・エネルギー効率の向上に振り向けることができれば、それによって達成される削減量が極めて大きなものとなることは明らかである(20)。

しかるに共同実施を推進していくためには、国際的にも国内的にも、ミニマムの法的整備が不可欠である。まず国際レヴェルでは、共同実施によってどれだけの削減が実現したかを評価するシステムの構築が必要となる。そのためには何よりもまず第一に、参加国それぞれについて、基礎的排出基準(base-line)を確定し、これを国際的に認定しなければならない。このベースラインが定まらないと、債権の算定も不可能となる。第二に共同実施の開始から終了までの各段階で、当事国からの報告を審査し、必要な場合には、その実施過程を監視・検証するための機関が設置され、かつその手続が整備されなければならない。共同実施を条約の枠内で認知し、かつその成果を債権(credits)として公認するためには、こうした客観化による透明性確保のための手続が不可欠である。さらに第三に共同実施を将来、国際的な排出権取引制度に近づけていくためには、二国間の取極による方式に代わって、多数国間でその枠組みを作り、指定された国際機関がマーケット・メーカーとなって一定の交換市場を設定し、登録簿の作成・管理、評価、検証を一元的に行う必要がある。またこの目的のための国際投資銀行を設置し、実施国は資金を供託するなどの方法によって資金メカニズムを構築するとともに、排出削減の credits を売買するシステムが定立されなければならない(21)。もとよりこれは構想にとどまり、その実現可能性は少ないものと考えられた。

最後に、共同実施に伴う投資国・受入国双方において、いかなる法的・政策的問題が予想されたかを指摘しておきたい。まず投資国における政府と私企業との関係を共同実施の観点でどのように整理しておくかが最も重要な課題である。政府の公的資金と民間資金の役割分担や私企業参入の法的根拠およびその法形態も明確化されなければならない。また大型プラント輸出の場合と同様に、国内法(輸出管理法制、環境法、労働法その他)の域外適用の問題も生じえよう。他方、受入国の側でも、共同実施計画と国内政策における優先順位との関係をいかに調整するかが重要な問題となろう。また、共同実施プロジェクトの維持・管理責任は、(投資国が分担する部分があるとしても)通常、第一次的には受入国に課せられることになろうから、そのための法整備・予算措置が不可欠となる。その他、プロジェクトの実施に伴って事故が発生した場合などについて、損害賠償責任の配分や投資国への求償権の問題なども予め検討しておく必要があるものと考えられた。

以上のように共同実施の本格的展開までには未だ詰めなければならない問題が山積していた。しかし、先にも述べたように、共同実施は国際環境条約の履行確保のための経済的手段の一つとして極めて有効であると考えられるだけでなく、私企業の活動を環境保護という視点からポジティヴに評価していこうという態度についても、今後の指針を与えるものであった。わが国も主要各国と並んで実験段階における共同実施について積極的に取り組む姿勢を打ち出して(22)、その成果が大いに期待されたのである。

さて、一九九七年一二月に京都議定書が採択されたが、そこでは先進工業国に対して温暖化ガスの厳しい排出削減・制限が課せられることになり、一九九〇年の排出実績を基準として、日本六％、EU八％、米国七％など、数値を明示した削減義務が規定されたのである。先進諸国がこうした数値目標を受け入れた理由は、「京都メカニズム」といわれる経済方法——具体的には、共同実施、クリーン開発メカニズム（CDM）排出権取引——の採用が、それとのパッケージとして承認されたからだといわれる。しかるに、これらの制度の実施をめぐっては、まずもって、この京都議定書とWTO諸規則との整合性が問題となる。次にこの点を検討しておきたい。

四　京都議定書とWTO諸規則との整合性に関する問題点

1　抵触の態様

国連気候変動枠組条約および同京都議定書（以下、議定書）の下では未だ具体的な貿易措置が規定されているわけではなく、したがって、WTO・GATTとの抵触という問題も、現在のところは仮設的問題にとどまる。しかしこれは、気候変動政府間パネル（IPCC）で検討が進められてきたことにもみられるように、早晩、現実の問題となることが予想される(23)。

気候変動問題と貿易原則の調整に関する一般原則規定としては、枠組条約三条三項第三文(費用対効果)、同五項後段(GATT二〇条柱書と同旨)が重要であり、また、議定書二条一項(v)(市場の不完全性、財政的措置、課税免除、補助金の漸進的削減・撤廃)および同三項(国際貿易に対する悪影響)、等が想起される。これらの規定に照らして、WTO・GATT規則との抵触をいかに調整していくかが、われわれの課題である。

しかるに、多数国間環境協定(MEA、ここでは枠組条約・議定書)とWTOの「抵触」といっても、その態様はすぐれて多元的・多層的である。その「抵触」は、少なくとも、次の四つのレヴェルで考察されなければならない。

(a)　MEAとWTOの間に基本原則(構成原理・規制方法)の抵触がある場合

(b)　MEAの個別の制度に基づく義務がWTO上の義務に抵触する場合、あるいは当該制度の国内的「実施方法」がWTO上の義務と抵触すると考えられる場合

(c)　MEAの趣旨を実現するためとして執られる国内措置がWTOと抵触する場合

(d)　MEAの実効性を担保する「手段」として執られる貿易措置がWTOと抵触する場合

本項では、これらの個々具体的な抵触の態様に即して、考察することとする。

2　基本原則の抵触

まず、枠組条約・議定書とWTO・GATTとの基本的な対立として、その組織原理の違いが指摘されなければならない。すなわち、WTO・GATTでは無差別・最恵国原則をその根本規範とし、例外措置に対しては厳格な条件を付して時限的に認めることとしている。これに対して、枠組条約・議定書では「共通ではあるが差異ある責任」を指導原理として、温室効果ガス排出の削減・制限義務は基本的に先進工業国にのみ課されるものであり、途上国はそうした義務を負わないこととされる。そのため、WTO法の立場からは、削減義務を負わない途上国の産品に対する相

殺措置が許容されるか、という問題が随所で提起されうることになる。

次に、最も重要な問題は、規制方法の相違である。枠組条約・議定書をはじめ、多数国間環境協定（ＭＥＡ）の場合には、いわゆる生産工程・生産方法規制（processes and production methods, PPMs）が不可欠である。温暖化防止という観点からは、たとえば、劣悪な燃費効率の石炭を使用して生産された鉄鋼製品、メタン発生率の高い肥料を用いて生産された農産品、持続可能な管理の行われていない熱帯雨林からの材木、等の輸入禁止等が可能かという形で規制を行うことが必要とされる。これに対して、ＷＴＯ・ＧＡＴＴでは産品（products）規制を原則としており、ＷＴＯ法上、そもそもＰＰＭ規制は可能か、可能としても、それはどのような条件の下で可能か、という問題がある。

著者としては、ＷＴＯ法上、ＰＰＭ規制が許容されるのは、当該ＰＰＭと産品の物理的特性（physical characteristics of the products）との「直接又は密接な関係」が必要であると考えている。たとえば、「貿易の技術的障害に関する協定」、いわゆるＴＢＴ協定の二条二項では「技術的規則が正当な目的の遂行のために必要以上に貿易制限的であってはならない（technical regulations shall not be more trade restrictive than nesessary to fulfil a legitimate objective,...）」とし、その正当な目的の中には「環境の保護」が明示されている。さらに同協定の定義に関する付属書では、強制規格（technical regulation）の場合には、産品の特性とＰＰＭ規制との間に直接的関連が必要とされる（product characteristics or *their* related processes and production methods）のに対して、任意規格（standard）については their の語がなく、直接性の要件が緩和されていることも注目される。また「衛生植物検疫措置の適用に関する協定」、いわゆるＳＰＳ協定では各国の衛生検疫措置が貿易制限とならないよう科学的証拠に基づいて危険性の評価（risk assessment）を行うことになっているが、その際、「関連する生産工程および生産方法」についても考慮に入れることが例示されている（五条二項）。

ここではいうまでもなく、輸入される産品の特性に対する検査がＰＰＭテストの前提となっているのである。ＧＡＴＴ・ＷＴＯの紛争処理の過程で、このＰＰＭ規制はどのように判断されてきたであろうか。周知のように、一九九一年のキハダマグロ事件においてパネルは管轄権の範囲を超える(extra-jurisdictional)適用の排除を強調した。一九九四年の第二次キハダマグロ事件においても(パネルは保護・保存の目的のためには域外適用を認めるニュアンスを残したもの の)ほぼ同様の判断であった。これに対して、一九九八年のエビ・ウミガメ事件におけるWTO上級委員会報告では、「海亀除去装置(turtle excluder devices, TED)の装着」というPPM規制について、GATT二〇条(g)項の下で許容されると判断した(もっとも、これは二〇条柱書と両立せずと認定されて米国の主張は容認されなかった)。本件はあくまでも二〇条g項の解釈に局限した判断として捉えるべきであり、必ずしも直截に温暖化問題に援用可能とは思われない。本件における上級委員会の判断はWTO規則の「解釈適用」というよりは「司法立法」に近い。

3　枠組条約・京都議定書の個別制度とWTO諸規則との整合性

先にも述べたように、温暖化問題への対応については、直接的な行政規制方式よりも市場メカニズムを利用した間接的な経済的手法の方が効果的であるとする考え方に基づき、京都議定書では、共同実施(先進国相互間での共同達成、四条)、CDM(先進国と途上国の間、一二条)、排出権取引(一七条)などの制度を導入している。これらの制度が具体的にどのような形で実施されることになるのかその詳細は将来の合意に委ねられており、現段階では未確定な部分が多く残されているが、制度設計の如何によっては、WTO・GATT諸規則との抵触が起こりうるものと考えられる。

(1)　共同実施・CDM

たとえば、極めて単純な想定ながら、ある産品がCDMプロジェクトの下に、先進国Aから途上国Bに輸入された場合、B国はこれに対して通常の貿易取引とは異なるとの理由で、最恵国税率の適用を免除することが考えられる。この場合、WTO規則の下では、B国は他の国からの同種の産品にも零関税を均霑することが求められることになるか、ということが問題になろう。

また、共同実施やＣＤＭは、貿易関連投資措置協定（ＴＲＩＭ）の下で、「貿易に阻害的効果を伴う投資措置」として、とくに、二次的に影響を受ける第三国の利益の保護という観点から、問題が指摘される可能性がある。同協定二条は、ＧＡＴＴ三条・一一条等に反する措置（local contents 要求など）について、また三条では、ＧＡＴＴ二〇条の定める例外措置について、それぞれ規定しており、プロジェクトの中身によっては、第三国からの問題提起がありうる。

(2)　排出権取引

排出権取引（排出「枠」取引ないし排出「量」取引の語も用いられるが、ここでは最も一般的な「排出権取引」の語を用いる）についても、その具体的内容は未確定である。各国において、この排出権取引制度がどのような形で作られるかによって、それが惹起する貿易上の問題も異なりうる。この制度で最も重要な点は、排出権の割当先とその方法である(24)。

まず、排出権の割当先については、下流規制方式、上流規制方式、混合方式がある。まず、下流（downstream）方式とは、二酸化炭素の排出源レヴェル、すなわち、化石燃料を燃焼させて生産活動を行う事業所等のレヴェルでの排出枠の割当てを行い、その取引を行わせるものである。この方式は排出権取引の理念に即したものではあるが、大小無数の取引当事者を対象とすることになり、排出量の測定や遵守の確認が、実際上は極めて困難である。これに対して、上流（upstream）規制とは、化石燃料の供給者（採掘・輸入・販売業者等）のレヴェルでの割当て・取引を行う方式で、この方式の下では、化石燃料の生産量・輸入量・販売量等から排出量が把握可能であるとともに、割当て先も少なく、遵守の確認が容易である。上流企業における排出権の負担は価格に転嫁されることになるから、下流企業からみた場合のこの制度の機能は、後述の「炭素税」とほぼ同一とみなされる。混合（hybrid）規制方式は上記の各方式を混合したものので、その内容も様々である。

次に、排出権の割当方法についてみると、無償割当と有償割当の方式がある。無償割当とは、従来の実績基準（grandfathering）に従って、排出枠を割り当てるもので、実施は容易であるが、既得権が保護されるのに対して、排出権を新たに購入しなければならない新規参入者には不利となる。これに対して、有償割当方式は、政府による競売(auction)によって排出権を割り当てるもので、この場合は、機会の平等が保障されるが、すべての企業による政府への支払いが求められるところから、「究極の炭素税」と呼ばれる所以でもある。

このように、未だこの制度は構想段階であり、先進国の中にも、排出権取引そのものに消極的な国も多い。そのため、排出権取引制度を持つ国と持たない国との間、あるいは排出権取引制度を持つ国の問でも制度の違いによって、後述の炭素税の場合と同様、自由貿易原則(ＧＡＴＴ三条一項)との抵触が生じうる。いずれにせよ、排出権の割当・取引における運用面での輸入業者に対する無差別原則の確保はＷＴＯ法上の要請として求められることになろう。また、排出権制度の枠外(途上国)産品に対する相殺措置の要求について、どのように対応するかも考慮されなければならないであろう。

4　枠組条約・議定書の趣旨目的の実現としての国内措置

右の共同実施、ＣＤＭ、排出権取引のように、条約で規定されている制度の場合には、その国内実施方法に関して幾らかの差異があったとしても、問題は少ないが、各国が条約の「趣旨目的」を実現するために、条約上とくに規定されていない制度を独自に採用し実施していく場合には、国家間に困難な摩擦を生じかねず、貿易原則との抵触も深刻なものとなりうる。ここでは、そのような例として、炭素税と省エネ法の問題に触れておきたい。

(1)　炭素税・環境税と国境税調整

温室効果ガスの排出を抑制するために、市場メカニズムの下でインセンティヴを創出する手段として、租税(tax)ないし課徴金(charge)は、極めて有効な手段とされている。もっとも、こうした炭素税(エネルギー税、環境税等)が外国産品に課される場合には、国際貿易の阻害要因となりうることから、従来も、とくにＧＡＴＴ三条の内国課税条項との整合性が問題となってきた(The Superfund, the U.S. Auto & the U.S. Gasoline cases)。しかし、環境目的の課税政策が、自国産業の保護・外国産品への差別を目的としたものでない限り、WTO諸規則との両立性は一応確保されるといってよい。

先にも触れたように、炭素税について最も困難な問題は、それが産業の国際競争力に与える効果である。すべての国(少なくとも主要先進国)の間で、同種の課税が同一の税率で適用されるならば問題ないが、現実にはそのような体制は想定しえない。したがって、実際には、個別の国家ごとに設定される課税基準を前提にして、これを国際的にいかに調整するかを考慮することになる。この調整のための枠組みが整備されない限り、課税が環境保護にいかに有効な手段であるといっても、実現の見通しは得られないことになる。

WTO法上、そうした環境税の国際的調整を行う仕組みとして設定されているのが、国境税調整(border tax adjustment)の制度である。これは環境税制度を持つ国と持たない国、あるいは持つ国の間でもその制度・税率等の差異を調整してそれぞれの市場で競争条件を対等なものとするために執られる措置である。すなわち、国境税調整とは、輸出産品に対して、輸出国の国内市場で消費者に販売される類似の国内産品に課される税の全部または一部を、輸出国が免除する(払戻、補助金支給)措置、ならびに、輸入産品に対して、輸入国において類似の国内産品に課される税の全部または一部を、消費者に販売される輸入産品に対して、輸入国が課す(内国課税)をいう。こうして、WTO法上、国境税調整は、輸出面では補助金協定が、輸入面では内国課税・課徴金規定が関連することとなる。

現在のところ、直接税(法人税・所得税など生産者〔producers〕に課せられる)は国境税調整になじまないが、間接税(物品税・消費税など産品〔products〕に課せられる)の場合には、調整の対象となりうること、また、競争上の中立性が維持される限りにおいて、課税の政策目的とは無関係に認められるものと考えられる。しかし、とくに輸出面における課税免除(補助金支給)の措置が、環境税の本来の意味を払拭してしまうことになる点、および、補助金規則との整合性(周知のように、新たな補助金協定の下では、禁止される補助金〔prohibited, red light subsidies〕、相殺措置の対象となる補助金〔actionable, yellow light〕、相殺の対象とならないもの〔non-actionable, green light〕の三種類に区別される）をいかに確保していくかといった点が、今後は大いに問題とされよう。また、課税位置（排出権取引と同様に、上流規制か下流規制か）の問題や、生産工程課税（non-product related PPMs）の許容限度など、国境税調整の前提として、解決しておくべき論点は多い。

(2)　省エネ措置の貿易制限効果

枠組条約・議定書はともに、各締約国がエネルギー、運輸、工業等の関連部門における温室効果ガスの排出抑制（条約四条一項c）ならびに、国家経済の関連部門におけるエネルギー効率の向上（議定書二条一項a(i)）を規定しているが、この規定の下で具体的にいかなる措置を執るかは各国の裁量に委ねられている。たとえばわが国では、一九九八年に「省エネ法」（エネルギーの使用の合理化に関する法律）を改正し（一九九九年四月一日より施行）、工場、建築物、自動車、電気製品等に関する省エネ措置を定めた。こうした規制は、輸入品に対しても適用されるから、場合によってはTBT協定の定める貿易の技術的障害と受け取られることにもなりうる。実際、改正省エネ法の下では、自動車の燃費規制について重量別カテゴリー化を行い、基準値設定についてトップランナー方式を採用しているが、EUはこれに対して、外国車を悪意的に差別する恐れがあるとの意見書を提出したと伝えられる。

なお、必ずしも温暖化問題に直結する措置ではないが、一九九八年に制定された「家電リサイクル法」（特定家庭用機器再商品化法、同年一二月一日より施行）も、廃棄物管理の視点とともに、資源の再利用による排出抑制の観点からも評価される措置であろう。これはOECDの勧告による「拡大された生産者責任」（extended producer responsibility, EPR）原則を実現しようとしたものである。この法律の対象となる家電製品の生産者・輸入業者は、リサイクルのためのシステムを設定する必要があるのみならず、設計段階からリサイクルについての考慮を払っておかなければならず、その意味では最も厳しいPPM規制が課せられるということになろう。こうした措置の貿易制限効果については、未だ、ほとんど検討されていないように思われる。

5　枠組条約・議定書の実効性を担保する「手段」としての経済措置とＷＴＯ諸規則との整合性

さて最後に問題となるのは、枠組条約・議定書の下で、締約国に対し、その履行を確保するための手段として、ディス・インセンティヴ措置、すなわち一種の「制裁」として、経済的措置が導入される場合である。地球環境条約の履行確保としては、一般には、制裁という方法よりも、むしろモントリオール議定書の不遵守手続にみられるような遵守支援などの方法の方が望ましいと考えられるが、京都議定書の場合、一八条の下で、締約国の不遵守に対して経済制裁措置が提案される可能性がないとはいえない（一八条の遵守規則問題については現在枠組条約締約国会議で審議中であるが、一部の途上国（ブラジルなど）は、先進国の議定書不遵守について「罰金」を課し、これを「基金化」して途上国の支援に充てるという提案を行ったというが、この罰金がたとえば関税引上げという形をとるような場合には、貿易原則との抵触を生ずる）。

さらに、枠組条約・議定書の当事国にならない国、すなわち非締約国に対して、貿易制限などの経済制裁措置を課すという考え方もありえよう。事実、モントリオール議定書の四条では、そうした条項が置かれている。条約義務を引き受けないで利益だけを享受する「ただ乗り」を防止し、あるいは条約目的を阻害するような非締約国に対し、これを何らかの方法で条約レジームの中に誘導するためには、貿易制裁条項が実効性確保のための手段として一定の意味を持ちうるとも考えられよう。この場合もＷＴＯ・ＧＡＴＴとの抵触は避けられないことになろう。

6　小　結――ＧＡＴＴ二〇条「改正」私論

ここでは、枠組条約・議定書とＷＴＯ・ＧＡＴＴとの間に想定しうる多層的な「抵触」とその調整の在り方を概観してきた。そこで、以上の検討を踏まえながら、ＷＴＯ・ＧＡＴＴにおける多数国間環境協定（ＭＥＡ）の編入の問題に触れて、結びに代えたい(25)。この問題については、ＷＴＯ・ＣＴＥで議論が重ねられてきたが、各国の提案は大きく分けて「事後的調整方式」(*ex post* approach)、すなわちウェイバーの利用や紛争処理に委ねるといった方法と、「事前調整方式」(*ex ante* approach)、すなわち、二〇条(b)項に「環境」の語を挿入するといった方式に分かれた。これに対して、第三の方式は「承認手続」(approval procedure)であるが、二〇条(h)項の政府間商品協定のモデルに倣って「閣僚会議に提出されて否認されなかった」MEAはこれをGATTの例外とするという方式である。これは、*ex post* と *ex ante* の双方の要素を結び合わせた方式で、法的安定性と柔軟性を同時に充足するとともに、問題の多層性・多元性に対応しうるものと考えられる。この方式は何よりも、MEAとの交渉を促す効果が創出され、承認の際のガイドラインを策定することによって、運用における客観性も担保されるものと思われる。多数国間環境協定(MEA)とWTO・GATTとの整合性の確保は、結局のところ、こうした立法的手当てを確実に実現することが不可欠である。早期の決着が望まれるところである。

注

(1) Shinya Murase, "Perspectives from International Economic Law on Transnational Environmental Issues", *Recueil des cours*, t. 253, 1995, pp. 400f.

(2) Philippe Sands, *Principles of International Environmental Law*, vol. 1, 1995, p. 130. なおKirgis教授は早くも一九七二年の論文で、先進工業国における環境対策としては命令管理型の手法よりも経済的手法がより適合しており、GATTとの整合性も高いとする見解を提示している。Frederic L. Kirgis Jr., "Effective Pollution Control in Industrialized Countries: International Economic Disincentives, Policy Responses, and the GATT", *Michigan Law Review*, vol. 70, 1972, p. 860; See also, *Ditto*, "Environment and Trade Measures after the Tuna/Dolphin Decision", *Washington and Lee Law Review*, vol. 49, 1992, p. 1221.

(3) OECD Council Recommendation C (90) 177 (1991), P. Sands *et al.*, eds., *Documents in International Environmental Law*, 1995, vol. II B, pp. 1185f. なお、一九九二年リオ宣言原則一六は経済的手段の活用を強調している。同年の気候変動枠組条約四条二項(e)および生物多様性条約一一条も同種の規定を置く。

（4）　環境庁「地球温暖化経済システム検討会報告書」（座長・佐和隆光京都大学教授）（一九九六年七月一日）。なお、一般的に、環境税に関する問題については、OECD, *Taxation and Environment: Final Report*, COM/ENV/EPOC/DAFFE/CFE (92) /Rev 4, 石弘光監訳『環境と税制――相互補完的な政策を目指して』（有斐閣、一九九四年）参照。OECD, *Implementation Strategies for Environmental Taxes*, 1996, 環境税の国際的影響について Chap. 3 "International Implications of Environmental Taxes" 参照。

環境税等をめぐる各国の実施状況は次のとおりである。①米国＝オゾン層破壊物質税（すべてのオゾン層破壊物質が対象、CFC-11 の場合 $3.02-3.68/kg, 一般財源）、スーパーファンド課徴金、燃費課税（一定基準以下の燃費の自動車に課税）、SO_2排出権売買、自動車タイヤ課徴金（二七州で実施）、潤滑油課徴金（三州）など。輸送燃料税（引上げ）。②カナダ＝有鉛ガソリン税、大気汚染許可税（一州で実施）、自動車タイヤ課徴金（数州）、使捨て飲料容器課徴金（数地域）など。③ドイツ＝排水課徴金、有鉛ガソリン税、航空機騒音課徴金、有害廃棄物課徴金、廃棄物処理税（数州）。④フランス＝大気汚染物質排出課徴金、排水課徴金、廃棄物処理税、潤滑油課徴金、有鉛ガソリン税。⑤英国＝有鉛ガソリン税、家庭用燃料等に対する付加価値税・自動車燃料税（引上げ）。⑥イタリア＝廃棄物収集税、ポリエチレン消費税、潤滑油課徴金。⑦ベルギー＝排水課徴金、廃棄物処理税、有害廃棄物課徴金、余剰畜産肥料分課徴金、有鉛ガソリン税、航空機騒音課徴金、（乾電池・使捨てカメラ等に対する使捨て製品課税案）。⑦オランダ＝炭素税、排水課徴金、余剰畜産肥料分課徴金、有鉛ガソリン税、航空機騒音課徴金、地下水利用税、廃棄物処理税。⑧デンマーク＝炭素税、廃棄物処理税、特定フロン課徴金、飲料容器課徴金、ニッカド電池課徴金、電球課徴金、天然原料課徴金、少量化学品容器課徴金、有鉛ガソリン税、地下水・表層水使用税。⑨スウェーデン＝炭素税、廃棄物処理税、窒素酸化物排出課徴金、飲料容器課徴金、有害電池課徴金、肥料課徴金、殺虫剤課徴金、有鉛ガソリン税。⑩ノルウェー＝炭素税、硫黄含有燃料課徴金、使捨て飲料容器課徴金、肥料課徴金、潤滑油課徴金、有鉛ガソリン税、航空機騒音課徴金。⑪フィンランド＝炭素税、有害廃棄物課徴金、使捨て飲料容器課徴金、肥料課徴金、潤滑油課徴金、油濁対策原油課徴金。⑫スイス＝有鉛ガソリン税、航空機騒音課徴金、硫黄含有燃料課徴金、肥料課徴金、農薬課徴金、電池等に対する課徴金、（炭素税案）。

（5）　U.S. Taxes on Petroleum and Certain Imported Substances, *International Legal Materials (ILM)*, vol. 27, 1988, p. 1601, para. 5.2.4; Ernst-Ulrich Petersmann, "International Trade Law and International Environmental Law: Prevention and Settlement of International Disputes in GATT", *Journal of World Trade*, vol. 27, no. 1, 1993, pp. 56-57.

（6）　U.S.Auto Taxes (CAFE), *ILM*, vol. 33, 1994, p. 1397.

（7）　Benedict Kingsbury, "The Tuna-Dolphin Controversy, The World Trade Organization, and the Liberal Project to Reconceptualize International

Law", *The Yearbook of International Environmental Law*, vol. 5, 1995, pp. 32f.

（8）　EC O.J., 1992, C 196/1. EC 委員会の炭素税構想（Carbon Tax Proposal）によれば、まず一般的にエネルギー産品に対し課税することを定め（三条）、共同体域内でのエネルギー産品の生産および域外からの輸入に対する課税を規定（四条）する（もっとも輸出エネルギー産品に対する払戻しについての規定はない）。その生産にエネルギーの大量使用を要する最終製品については、企業が重大な競争力の問題に直面した場合には、税の減免措置を執るとしている（一〇条）。

このEC委員会提案に対してEU各国の態度は必ずしも一致していないが、オランダ、フィンランドはすでに一九九〇年に、スウェーデン、ノルウェーは一九九一年に、またデンマークは一九九二年に、それぞれ先取り的に実施しているほか、ドイツ、イタリア、ベルギー等は賛成ないし賛成の方向であり、フランス、英国等は「検討中」といわれる。

（9）　U.S. House Committee on the Budget, Omnibus Budget Conciliation Act of 1993, H.R. 103-111, 3rd Cong. 1st Session 746（1993）. 米国のエネルギー税案（BtU Tax Proposal）では、エネルギー産品に対する課税、輸出の場合には課税免除、輸入エネルギー産品には内国課税、輸入最終製品に対する調整課税（二％以上、ただし源泉地国で支払った税についての控除）、大規模のエネルギー消費を必要とする産業に対しては減免措置を執る旨、定めている。

（10）　Report of the GATT Working Party on Border Tax Adjustment, December 2, 1970, BISD 18S/97. こうした産品の消費国において課税する原則を「仕向地原則」（destination principle）という（生産国において課税する源泉地原則〔origin principle〕と対比して）。GATT法上、この仕向地原則の実現として行われる国境税調整は、国内産品と輸入産品との間で競争上の利益・不利益が生ぜず、競争上中立な課税方法として許容されると考えられている。小寺彰「環境税の国境税調整」貿易と環境研究会編『貿易と環境に関する調査研究』（産業研究所、一九九四年）三八頁以下参照。

（11）　Paul Demaret & Raoul Stewardson, "Border Tax Adjustment under GATT and EC Law and General Implications for Environmental Taxes", *Journal of World Trade*, vol. 28, no. 4, 1994, pp. 8f.

（12）　U.S. Taxes on Petroleum and Certain Imported Substances, *op. cit.*（*ILM*）*supra* note 5, paras.5.2.4 - 5.2.5.

（13）　WTO, Report of the WTO Committee on Trade and Environment, Nov.14, 1996,（Press/TE 014）, pp. 15-16.

（14）　P. Sands *et al.*, eds. *op. cit.*, *supra* note 3, p. 132.

（15）　USC § 7401-7471（1988）& amendments in Supp. III to USC（1991）.

（16）　Onno Kuik, Paul Peters & Nico Schrijver, *Joint Implementation to Curb Climate Change: Legal and Economic Aspects*, Kluwer, 1994, pp. 9-10.

（17）　赤尾信敏『地球は訴える——体験的環境外交論』（世界の動き社、一九九三年）一一三〜一一四頁。

(18)　Daniel Bodansky, "The United Nations Framework Convention on Climate Change: A Commentary", *The Yale Journal of International Law*, vol. 18, 1993, pp. 520-523; Decisions Adopted by the Conference of the Parties: Activities Implemented Jointly under the Pilot Phase, Decision 5/CP, UN doc. FCCC/CP/1995/Add.1, *ILM*, vol. 36, 1995, pp. 1671, 1685; IISD, *Earth Negotiations Bulletin*, vol. 12, no. 21, pp. 5-6, 10.

(20)　共同実施の想定事例としては、以下のようなケースが考えられる。

①中国における石炭火力発電所の新規取り替え（replacement）

中国における火力発電所の平均エネルギー効率は約二八％であり、日本の三八％（世界のトップレヴェル）に比べると一〇％近く効率が悪い。たとえば六〇〇万Wの日本型発電所を二ユニット共同実施として建設（現存の発電所をリプレースする）する場合を想定してみると、CO_2削減効果は年間約三七万トンと計算される。それに要する建設費用は約三、五〇〇億円と見込まれる。

②中国における鉄鋼生産・省エネルギー対策

中国における粗鉱生産は旧ソ連・日本・米国に次いで世界第四位である。鉄鋼業におけるエネルギー消費は日本（省エネ率世界一）を一〇〇とした場合、英国一一六、米国一三〇、中国は一七〇～二〇〇といわれる。日本における省エネルギー低減率は七三～七五年三・六％、七五～八〇年一三・二％、八〇～八五年一七・九％、八五～九〇年一八・三％であった。ある工場における省エネ率一％当たりの投資額は、七五～八〇年（省エネ率一四・六％）一五億円、八〇～八六年（省エネ率六・八％）三二一億円、八六～九〇年は、同じ投資額で、省エネ率はマイナス〇・五％に落ち込んだ。これは生産される鉄鋼製品が上質のもの（＝多量の燃料を必要とする）に移行したことにもよるが、日本の鉄鋼業における省エネ対策がほぼ極限まで達していることを示している。中国の粗鉱生産全体を日本のレヴェルに改善した場合、年間約五、〇〇〇万トンのCO_2削減効果があるといわれている。

③豪州におけるメタンガスの回収・メタノール製造

メタンの温室効果はCO_2の四〇倍であるから、これを回収することの意義は大きい。メタンは石炭の採掘に伴い湧出するが、とくに深度三〇〇～一、〇〇〇メートルで増加する。たとえば炭鉱四ヵ所でメタンガス抜き設備を設置したとすると、年間六五〇万トンの（CO_2換算）排出削減に貢献したこととなる。また単に回収するだけではなく、それを原料に豪州および中国でメタノールの製造を行ったとすると、年間約二、三〇〇万トンの削減効果があると見積もられる。

④途上国における植林事業

米国やオランダの電力会社ではすでに、途上国における植林事業に貢献することによって、火力発電の際に排出されるCO$_2$の吸収源増大をはかるというプロジェクトが展開されている。米国AES Corp. のUtility Offset Programでは、グァテマラで一〇年間に、五、二〇〇万本の植林により、一八三MWの石炭火力のオフセットをはかるという計画を一九八八年以降実施に移している。オランダの電力会社SEPのFACE Programでは、二五年間に世界中で一五万haの植林を行うこととしており、そのため年間三億ドルの予算を組んでいるという。もっとも、グリーンピースなどは、吸収源増大をはかるという、いわゆるabsorption approachは認めないと宣言している。

以上、地球産業文化研究所編『温室効果ガス排出削減共同実施委員会報告書』（一九九四年）参照。

(21) *Kuik et al., op. cit., supra* note 16, pp. 15-27.

(22) わが国は一九九五年一一月に「共同実施活動ジャパン・プログラム」を発足させ、そのための関係省庁連絡会議が設置された。公表された「基本的枠組み」の概要によると、ジャパン・プログラムの目的は、①共同実施の国際的な枠組みの形成に関わる検討作業への貢献、②それによる温室効果ガス削減・吸収量の判断手法の確立、③共同実施への民間部門からの参加促進方策の検討、等のためとされる。参加資格は、国内については、国民、企業、政府、地方公共団体等、また国外の参加者については、すべての締約国および政府機関、国民、企業等である。共同実施を行う場合は相手国政府の同意が条件とされる。プロジェクトに対する評価の基準としては、温室効果ガスの削減（吸収）効果・資金の追加性（既存の援助等に含まれない追加的なものであること）など七項目が挙げられる。（共同実施活動関係省庁連絡会議「共同実施活動ジャパン・プログラム関係基礎資料」平成八年五月一六日、参照）

こうして、一九九六年四月一日から各企業に対し公募を開始した。同年六月に公募が締め切られたが、候補プロジェクトとしては、①中国におけるクリーンコール・テクノロジー、メタンガス回収利用、農村電化発電所の効率向上、植林など九件、②インドネシアにおける森林再生、セメント製造プラントの効率向上など六件、③タイでは石炭利用発電所の効率向上など三件、マレーシアにおける都市ガス利用効率向上など三件、④インドにおける製鉄所の効率向上など二件となっている。

なお、主要各国における取組みの例としては、①米国が、地域熱供給システムの燃料転換（チェコ）、風力発電所建設計画（コスタリカ）、地熱利用計画（ニカラグア）メタンガス回収事業（ロシア）など一五件、②オランダが植林・森林保全事業（チェコ）省エネシミュレーション（ハンガリー）など三件、③ノルウェーによる白熱灯の蛍光灯への置換（メキシコ）、ボイラーの石炭からガス発電への燃料転換（ポーランド）などが報告されている。

(23) IPCC, Third Assessment Report, Chapter 6.4.2, "Conflicts with international regulation and trade Law", *Climate Change 2001: Mitigation*, Camblidge Univ. Press, 2001.

(24)　Zhong Xiang Zhang, "Greenhouse Gas Emissions Trading and the World Trading System", *Journal of World Trade*, vol. 32, no. 5, 1998, pp. 219-239, 大塚直「排出枠取引と共同実施」『ジュリスト』一一三〇号(一九九八年)五一～五八頁、岩橋健定「地球温暖化ガス排出権取引に関する国内制度の基本構造設計」『阪大法学』四八巻三号(一九九八年)八五七～八九〇頁。

(25)　村瀬信也「『環境と貿易』問題の現状と課題」森島昭夫・大塚直・北村喜宣編『環境問題の行方』(ジュリスト増刊、有斐閣、一九九九年)三一四～三一八頁(本書第五章第七節に収録)。なお、環境庁地球環境部委託調査『環境と貿易に関わる調査報告書』(富士総合研究所、一九九九年)参照。

第二節　海洋構築物に関する国連海洋法条約規定と国内法

一　はじめに

海洋構築物について一九五八年のジュネーヴ海洋法四条約採択当時は、未だ大陸棚上での油井などが現実の問題として想定されたにすぎず、大陸棚条約でやや詳細な規定が置かれた（五条）ものの、それも大陸棚の探査およびその天然資源の開発のために建設される構築物に限って規定されるにとどまった。また領海条約では、低潮高地上の灯台等、港湾工作物、領海外に設置される停泊地など、主に船舶の航行援助のための施設等について規定された（四条三項、八条、九条）が、これらは、伝統的な国際航行に関する秩序を前提として、その枠内で運送および航行に関する沿岸国の法令制定権限を根拠づけることが主たる目的であった。

しかるに近年は海洋技術の発達により各種の海洋構築物が建設されるようになり、その規模も大きくなってきており、それに伴って、これら構築物に対する独自の国際法規制が必要とされるようになってきた。こうして国連海洋法条約の五六条では、排他的経済水域（EEZ）における「人工島、施設及び構築物の設置及び利用」について沿岸国管轄権を確認するとともに、六〇条では次のような内容について詳細な規定を置いている。すなわち、沿岸国が「それらの建設、運用及び利用を許可し及び規制する排他的権利」（一項）、ならびに、これらに対して「通関上、財政上、保健上、安全上及び出入国管理上の法令に関する管轄権を含む排他的管轄権」（二項）を有すること、他方、沿岸国には海洋構築物の建設についての通報義務や、使用されなくなった構築物の除去義務（三項）のあることが規定されている。さらに安全区域の設定、範囲、規制権限（四〜七項）などについても定められる。なお、八〇条では、大陸棚における人工島、設備および構築物についても、この六〇条の規定を準用する旨規定しているほか、八七条では、公海使用の自由の一つに、第六部（大陸棚）の規定に従うことを条件として「人工島その他の施設を建設する自由」を挙げている(1)。

そこで本節では、これらの国連海洋法条約の規定が各国でいかに受容されているか、とくに、海洋構築物の定義、沿岸国の権利および責任の性質、関係国内法令の適用基準、安全区域および除去義務等について、各国の関係法令ではどのように規定されているかを明らかにし、わが国において国内法整備を考慮する際の参考に供したいと思う。

二　海洋構築物の法的地位

国連海洋法条約には、海洋構築物についての定義はなく、人工島と施設その他の海洋構築物との区別も明確ではない。しかも条約全体を通じて一貫した用語法が用いられているわけではない。したがって、用語に厳密に拘泥して解釈することはかえって不合理な結果となりかねず、むしろそれぞれの規定の目的に従って柔軟な解釈を下すべきものと考えられる(2)。一般的には、「人工島」(artificial islands)とは、島と同じく、水に囲まれ高潮時にも水面上にあるものをいうが、一時的または恒久的に固定された人工の表面をいう。また「施設」(installations)とは、海床に杭や管を打ち込むことにより、または自らの重量で、海床上に固定した構造物をいうが、人工島と異なるのは、水没する場合があっても差し支えない点である。これに対して「装置」(devices)は、可動式の採掘リグなどをいい、固定性の要件は除かれている(3)。しかるに六〇条では、人工島に関してはその使途目的が特定されていないのに対して、施設および構築物については、天然資源の探査、開発、保存および管理、ならびに経済的な探査および開発（海水、海流および風からのエネルギーの生産等を含む）あるいはその他の経済的目的のものに限定されているかのように規定されている。しかし実際上は「経済的目的」の範囲はかなり広く解しうるものと考えられる。

さて、海洋構築物の定義を行っている国内法の例は極めて少なく、わずかに米国、フランス、フィジーの関係法令に断片的に見出されるにすぎない。まず米国の法制をみると、領海外の米国沿岸海域における海底開発のための海洋構築物については、一九五三年の「外部大陸棚法」（Outer Continental Shelf Lands Act of 1953）が規律することになっているが、この法は一九七八年に改訂（Outer Continental Shelf Lands Act Amendments of 1978）されている。そこではいずれも海洋構築物に関する定義は行われていないが、この改訂に際して、旧法で「資源の探査、開発、移動および輸送のための人工島および固定構築物」としていたものを、新法では「資源の生産のために恒久的にまたは暫定的に海床に固定されている人工島およびすべての施設およびその他の装置、またはこの資源の輸送のための施設またはその他の装置（船舶を除く）」に表現を改めていることが注目される。また米国では、領海外の非開発目的の構築物については、「一九七四年沖合港法」（Deepwater Port Act of 1974）がカヴァーすることになっている。そこでは「沖合港」の定義として、「船舶以外のすべての固定された、あるいは浮遊する人工構築物またはそれらの集合であって、合衆国領海外の沿岸に位置し、いずれかの州への輸送のために石油を積み込み、積卸し、ないし処理するために利用され、または利用が意図されているもの」とされ、これには、「パイプライン、ポンプ基地、作業プラットフォームおよび係留ブイなどの一切の付属施設・構成物体が含まれる」とされる（Sec.3 (10)）。

フランスの一九六八年「大陸棚の探査および天然資源の開発に関する法」（法六八―一一八一）では「施設および装置」（installations and devices）の定義として、「⑴付属船舶を含む探査開発のためのプラットフォームおよびその他の構築物、⑵探査および開発作業に参加している船舶」を列挙している。船舶を含ませている点が、同国法の特徴である。また、フィジーの一九七〇年「大陸棚法」(Continental Shelf Act No.9)では「施設および装置」の定義として、「海底または海床の探査もしくは天然資源の開発のために、［大陸棚の上部水域に］構築、建設または設置された施設、装置またはその他の所有物」を意味するものとしている。

以上のように、海洋構築物の定義に関する各国法制の規定は少なく、米国法が開発目的の構築物(外部大陸棚法)と非開発目的のそれ(沖合港法)とを区別していることが注目されるものの、後者の構築物も国連海洋法条約六〇条で想定している広義の「経済目的」に含まれることには異論ないであろう。また、前述のとおり、人工島については目的が特定されていないから、たとえば、軍用目的のものであっても建設が容認される可能性があるから、場合によっては、この区別は重要であるが、人工島と他の構築物とをとくに区別している国内法は見当たらない。さらに、固定の構築物と浮遊のものとを区別して法制上の取扱いを定めている例もない。他方、フランスのように、船舶をも海洋構築物の地位に同化して捉えるとなると、問題が生じる場合も予想されよう。

三　海洋構築物の建設とその許可権限

国連海洋法条約は排他的経済水域における海洋構築物の建設については、沿岸国が「排他的権利」を有する旨規定している(六〇条一項)が、各国の法制上も、それを前提として構築物建設の許可条件等を定めている。同条約は、その建設については、「適当な通報を行わなければならず、また、その存在について注意を喚起するための恒常的な措置を維持しなければならない」旨規定している(三項)。また、これらの構築物や周囲の安全区域は、「国際航行に不可欠な認められた航路帯の使用の妨げとなるような場所に設けてはならない」とされる(七項)。さらに、人工島その他の海洋構築物が島の地位を有しないこと、また、それ自体の領海その他の海域を有しないことが確認されている(六〇条八項)。

米国の外部大陸棚法では、沿岸の大陸棚の海底および海床が米国の排他的管轄権・管理および権限に属することが宣明(Sec. 3)されており、公有地(public domain)に対する貸借(lease)と同種の手続で、内務長官(および関連する限りで、エネルギー長官が関わる)がその探査・開発を行う私人・私企業に対し特許を与えることとなっている(Sec.5)。大陸棚における構築物の建設も、このリースの内容に関わる問題として、外部大陸棚法には、構築物建設の許可に開する特別の条項は見出されない。ただ、安全確保の観点から、沿岸警備隊を所轄する官庁および陸軍長官の権限がこれら海洋構築物にも及ぶと定められているのみである(Sec. 4)。いずれにせよ、大陸棚に設置される構築物については、大陸棚制度(とくに大陸棚の海底・海床部分)の属地的管轄権に同化してその地位を捉えるという原則が徹底しているといってよい。

これに対して、沖合港法の場合には、海洋構築物自体の地位とそれが設置される公海ないし排他的経済水域の地位とが明確に区別される。すなわち、この場合の海洋構築物の建設は、もとより島としての法的地位を持つものではないこと、そしてそれが周辺海域を取り込むものでないことを明確にしており(Sec. 19)、この構築物については属地主義を排除して、もっぱら米国の属人的管轄権が設定されるのである。構築物の建設について、大陸棚の場合のような貸借(lease)ではなく、これを免許(license)に関わらしめている点にもそのことが示されている(Sec. 4)(4)。この免許人(licensee)は、同法の下では、合衆国国民に限定されている。沖合港の建設免許を与える場合、運輸長官は、申請人の法令遵守の能力と意思および財政能力、国家の安全保障、国際航行の安全確保、環境保全等について確認することが要求される。なお環境保護局長官および沿岸州知事に免許発給の拒否権限が認められている(5)。

米国以外の諸国の法制では、海洋構築物の建設に関する詳細な規定を置いている例はほとんど見当たらず、いずれもこれについて沿岸国としての管轄権を確認し、その許可なく建設することは認められない旨規定しているにすぎない(ソ連〔当時〕一九八四年「経済水域に関するソ連邦最高会議幹部会令」二、七条、インド一九七六年「領海、大陸棚、排他的経済水域その他の海上区域に関する法」六、七条、マレーシア一九八四年「排他的経済水域法」二一条(一)、インドネシア一九八三年「排他的経済水域法」四、六条、メキシコ一九七六年「排他的経済水域法」四条(二)、一九八六年「海洋関係連邦法」六条、タンザニア一九八九年「領海・排他的経済水域法」九条、ニュージーランド一九七七年・一九八五年修正「領海および排他的経済水域法」八条g、フランス一九七六年「経済水域法」四条など)。

四　海洋構築物の利用とその規制権限

国連海洋法条約は海洋構築物の建設の場合と同様、「運用及び利用」についても沿岸国がこれを「許可し及び規制する排他的権利を有する」旨規定している(六〇条一項)が、各国の法制においても、それを前提とする規定が置かれており、具体的に、外国人ないし外国船舶による構築物の利用について制限を設けている例も多い。

米国の「沖合港法」は、前述のように、免許の交付により合衆国国民に対して沖合港の利用を認めるという方法で属人的管轄権を設定しているが、外国人に対してはその利用を制限している。すなわち、外国船舶がこれを利用するためには、特別の協定により、船舶の旗国ないし船会社の国籍国等が、当該船舶が安全水域内にある間における船舶またはその人員に対し、合衆国の管轄権を承認していること、ならびに、その船舶またはその人員の行動から生じる請求権もしくは法的手続に関して、令状送達を受理するために合衆国内における代理人を指名していることが条件とされるのである。なお、一九八三年にこの沖合港法は改正され、上記協定を締結していない国の船舶に対しても、合衆国の管轄権に対して異議を申し立てない限り、沖合港への入港およびその利用を認めることとした。なお、米国の「外部大陸棚法」では、海洋構築物における安全確保義務の履行と内務長官および沿岸警備隊の監督権限を定めている（旧法四条c、修正法二一条）。

フランスの一九六八年大陸棚法七条では、「権限ある大臣の特別許可がない限り、フランス領土と隣接大陸棚上の設備および装置との間のすべての海上・航空輸送は、フランスの船舶および航空機に留保される」と規定する。このほか、ロシア、インド、メキシコ、タンザニア、インドネシアの関係国内法が、自国沿岸所在の海洋構築物の利用について（建設の場合と同様に）その管轄権・規制権限を一般的に規定しているが、いずれも国連海洋法条約の規定に倣ったものといえる。

五　国内法の適用基準

上記のような規制権限を前提として、沿岸国は海洋構築物における活動について法令の適用と執行をはかる。国連海洋法条約は六〇条二項で、「沿岸国は、……人工島、施設及び構築物に対して、通関上、財政上、保健上、安全上及び出入国管理上の法令に関する管轄権を含む排他的管轄権を有する」と規定する。ここに列挙されている法令が例示的なものであることはいうまでもない。こうして具体的にたとえば、構築物における犯罪に関連する警察権、捜査権の行使あるいは訴追、処罰のための刑事裁判管轄権がまず問題になろう。またこれら海洋構築物に出入りする外国船舶について、構築物を保護するための措置や航行の安全を確保する措置を執るために関係法令の適用が必要となる。このほか、出入国管理法令、外国人登録法、租税法、輸出管理法令、衛生規則、さらに構築物上での労働条件についての関係法令、汚染防止法等、様々な沿岸国法令の適用が考慮されなければならない。

米国の場合、基本的に、外部大陸棚法の下における開発目的の海洋構築物については、それへの関係国内法令の適用基準は、属地的原則の延長によると考えてよいであろう。これに対して、沖合港法の下における非開発目的の構築物に対する法令適用の基準は、属人的なものとみられる。まず前者についてみると、大陸棚およびその地下が米国に属することを前提として、そこに設置される海洋構築物については、連邦憲法その他の連邦法令および行政上の連邦の管轄が及ぶものとされる。さらにこの構築物には、沿岸州の民事および刑事法令が連邦法令として適用される。後者の沖合港法の場合も、連邦憲法その他の連邦法令が構築物におけるすべての活動に適用され、同時に、沿岸州の法令が連邦法に反しない限りで適用されるのであるが、その基準は属地的なものではなく、むしろ、米国がその国民に対して免許を交付するというつながりを通じて、その管轄権をいわば属人的に拡張するものと捉えられているのである(6)。

フランスの大陸棚法は安全確保のために、施設および装置が海上安全法令の規制に服することを定め、構築物が浮遊状態にあるときは、船舶の登録および航行免許および衝突防止に関する規制に服すること、またそれらの規定の適用において、構築物上の探査・開発作業の責任者は「船長」と同等のものとみなす、とされる(一〇条)。また、固定構築物の所有者、操作者または責任者は、その施設ないし装置を常に正常な状態に維持する義務を有し、もし安全維持について権限ある当局の指示に従わない場合は、当局は法的手続の如何にかかわらず、職権で必要な措置を、その所有者または管理者の経費の負担により、執ることができる。さらに当局は、必要に応じて、構築物への立入り検査をすることができる(一一条)。構築物に対する関税吏の検査権についても規定されている(一七条)。なお、構築物上の労働者には労災などについて海上労働法典の適用がある(九条)。

一九八四年二月二八日「経済水域に関するソ連邦最高会議幹部会令」では、国連海洋法条約六〇条二項の文言に倣って、経済水域内の人工島、施設および構築物に対して、通関上、財政上、保健上、安全上および出入国管理上の法令に関する管轄権を含む排他的管轄権を有すると定める（七項）。また一九八四年のマレーシア「排他的経済水域法」も、二一条二項で「政府は、経済水域および大陸棚上の人工島、設備および構築物に対して」同様の文言による規定を置いている。その他、英国の「大陸棚法」三条は構築物上（安全水域を含む）での犯罪について英国の刑事管轄権を定め（一項a）、また、民事管轄権の範囲については、後に制定される法令によるとした（二項）。インドネシアの「排他的経済水域法」は構築物上の犯罪について、刑事訴訟法に基づく法の執行を規定している（一三条）。フィジー「大陸棚法」は同国のすべての法令が、大陸棚の探査・開発に関わる設備または装置に対し、および、それらの構築物上ないし周辺にいる人に対して、適用されること（四条）、さらに、それらのすべての構築物およびその建設のための素材・部品には関税法の適用があること（五条）を規定している。フィジー法はまた、安全区域に合理的理由なく停泊する船舶の所有者ないし船長は、一〇、〇〇〇ドル以下の罰金または六ヵ月以下の禁固に処する旨規定している（六条二項）。

六　安全区域の設定に関する問題

国連海洋法条約は沿岸国が海洋構築物の周辺に安全区域を設定する権限を認める（六〇条四項）とともに、その幅は「適用のある国際的基準を考慮して」決定するが、構築物の外縁から「五百メートルを超えるものであってはならない」と定められている（同五項）。

米国の「沖合港法」では、安全区域の設定について「承認された国際法原則に基づき、内務長官は［関係省庁と協議の上］航行の安全をはかる目的で、沖合港の周辺に適当な規模の区域を指定することができる」と規定する（一〇条d）。

この規定に基づき、米国は安全水域内で、沖合港を利用する船舶の航行管制、環境保全措置および沖合港の安全と機能を確保するための措置を執ることとなる。さらに国務長官は、国連等権限ある国際機関において、沖合港の保護と周辺海域の航行の安全をはかるための実効的な国際措置の実現に向けて努力すべきことが謳われる(一一条)。

マレーシアの「排他的経済水域法」も、安全区域の設定について、「その幅は適用ある国際基準に従って政府により決定される」としている(二一条)。安全区域の幅について明確な数値を示していないのは、米国とマレーシアくらいである。

フランスの「大陸棚法」は、五〇〇メートルの範囲で安全区域の設定を行いうること、探査・開発活動に関係のない場合に許可なく安全区域へ接近・侵入すること、およびその上空を飛行することは禁止される(四条)。このほか、ソ連邦「排他的経済水域令」七条三項、フィジー法六条二項、英国法三条一項a、エジプト一九五八年「大陸棚に関する大統領決定」四項など、国連海洋法条約の規定と同じ内容の条項を置いている。

七　海洋構築物の除去に関する問題

放棄されまたは使用されなくなった海洋構築物の除去について、一九五八年の大陸棚条約では、全面かつ無条件の除去義務を定めていた。これに対して国連海洋法条約では、航行の安全に対する危険の有無など国際社会全体の利益を勘案して、従来の全面除去義務を緩和した。すなわち、新条約の下では国際機関が除去に関して定める国際基準を考慮して、航行の安全を確保する必要を限度として除去すればよく、そこでの除去義務は、海洋の他の利用との比較衡量に基づいて、その成否、程度または態様が定まるのであって、その意味で部分的、条件つきまたは相対的な義務内容となっているのである(7)。それに伴って、完全に除去されなかった海洋構築物については、その水深、位置および規模を公表すればよいこととなった。これは一九五〇年代に比べて海洋構築物の規模が相当大きくなったことから、完全除去義務を課すことが実際的でなくなったことが考慮された結果である。こうした条約規定の変遷を反映して、国連海洋法条約の採択前後では、各国の法制も変容を示している。

オランダの一九六七年「大陸棚鉱業規則」では、大陸棚上またはその上部に設置された探査・採掘設備ですでに使用されなくなったものは、所管省が定める期間内に全面的に除去すべきものとした(六八条)。フランスの一九六八年「大陸棚法」でも、使用されなくなった施設または装置につき、その所有者または管理者はこれを全面的に除去することが義務づけられており、必要な場合には、撤去作業の開始と終了の時期を明示した公式の命令書が交付される。拒否ないし怠慢の場合は、所有者・管理者の費用と危険負担において強制的に除去されるものと規定された(一四条)。しかし、その後フランスでは、免許ないし特許の終了に際しては、「航行の安全、環境その他の特定の利益を保護するために、管轄政府機関が指示する方法に従って適当な措置を執る」旨定めている(一九八〇年「鉱業法」二九、八三、八四条)。ドイツ連邦共和国でも、海底地下に至るまでの操業設備の完全除去が確保されることを条件として事業閉鎖の計画が承認されることとなっているが、操業を恒久的に停止するのでない場合には、その再開を排除しない限度内で除去に条件を付している(一九八〇年「連邦鉱業法」五五条二項)。

一九八四年のソ連邦「排他的経済水域令」では「放棄されまたは使用されなくなった施設、構築物または器具は、航行または漁業に障害を与えない程度に、また海洋環境損害の危険がない範囲で、可及的速やかに、除去されなければならない」と規定している(七条四項)。

他方、施設の除去義務それ自体については定めずに、放棄の際の条件を政府機関が定め、その遵守を事業者に命ずる国も多い。たとえば英国では、掘削用設備の放棄に際しては、所管省庁が認める仕様に従ってその埋め込みを行い、航行の安全の確保と汚染その他の有害な結果の回避のため、必要な措置を執る旨の証明を提出しなければならないとしている（一九六四年「大陸棚法」、一九七九年「大陸棚操業告示」一号）。ノルウェーの一九七二年勅令もほぼ同様の趣旨を定めている。また米国の「外部大陸棚令」三号では、貸借人はその貸借権終了に際して、他の施設の改善に必要なものを除き、その後一年以内に、一切の構築物、機械、器具、資材等を除去することとし、免許を交付する際にこれらの除去の条件を明示する旨規定されている。さらに、アイルランドの一九七五年「排他的沖合ライセンス付与条項」では、沖合の固定設備は放棄されれば無補償で国有に帰するとしながら、航行上の安全または環境上の理由により、披免許人の経費貫担により除去するよう命ずることがあると定める（三七、五五条）。

以上のように各国の法制上も、国連海洋法条約の規定に倣って、除去については条件的・相対的な義務を定める例が圧倒的に多いが、沿岸国としては、こうした除去義務の履行を確保するため、その管轄権または管理の下にある構築物の建設者ないし所有者に対して国内法上の措置（国の代執行、税の控除、国費による助成・補填など）を執る必要が、場合によっては、生じうるものと思われる(8)。

注

(1) 奥脇直也「海洋構築物に対する沿岸国法令の適用」日本海洋協会編『新海洋法制と国内法の対応』四号（一九八九年）一〇一、一三三頁。
(2) 同上、一二五頁注(3)参照。
(3) 山本草二「海洋構築物の除去と海洋法上の規制」海上保安協会編『新海洋秩序と海上保安法制』一号（一九九一年）六〇、六一頁
(4) R. B. Krueger *et al.*, "New Technology and International Law: The Case of Deepwater Ports", *Virginia Journal of International Law*, vol. 17, no. 4, 1977, pp. 597-642, esp. p. 635.
(5) 奥脇「前掲論文」（注1）一一七頁。

(6) 同、一一六頁。
(7) 山本「前掲論文」(注3) 七二、七三頁、ILA Netherlands Branch, "Removal of Installations in the Exclusive Economic Zone", *Reports of the 61st Conference of ILA*, 1984, pp. 214-219.
(8) 山本「前掲論文」(注3) 七四頁。なお、わが国では「海洋汚染及び海上災害の防止に関する法律」(昭和四五年、法律一三六号)で、港湾・内水以外の水域に関し、航行障害の原因となる「海洋施設」の除去につき、命令を発することができるとしている(四三条一項)。

第三節　宇宙関係諸条約の履行と国内法

一　民間宇宙活動をめぐる米国の法制

1　はじめに

周知のように、宇宙法体制は、一九六七年の「宇宙条約」をはじめ、関連の諸条約・協定によって枠組み・原則が設定されているが、その具体的実施は、各国の国内法に委ねられている。もっとも一九七〇年代後半までは、宇宙活動の直接的な担い手は概ね国家機関ないしそれに準ずる機関に限られていたので、各国とも、国内法の整備は最小限度にとどまっていた。しかし、一九八〇年代に入ると、「宇宙の商業化」(commercialization of space)が急速に進展し、民間主導の宇宙活動が積極的に展開されるようになってきたが、この過程で、上記条約上の諸原則と現実の宇宙活動との間に、様々な形で乖離が生ずるようになってきているのである。

このギャップを埋めるためには、国内法を整備して、宇宙活動に参加する私人・私企業の権利義務を明確に規定するとともに、適切な管理・監督・責任の体制を確立することが必要である。このことは、今や、民間宇宙活動を推進しようとする国の急務であるといっても過言ではない。事実、こうした状況に対応するため、主要国(米・英・独・仏・スウェーデンなど)では、それぞれの国内事情に応じた法制整備を行ってきている。これに対してわが国では、これまでのところ、既存国内法令の「読み替え」や「準用」、さらには行政措置によって対処するにとどまってきた。しかし、こうした対応ではもはや処理し切れない問題が様々に現出してきているのである。

すなわち、わが国の民間企業が、国際契約ベースで行う衛星の利用・打上げについて国の監督と責任を定めた現行法令はほとんど皆無といってもよく、今後この問題を法律的にいかに解決していくかは、広くわが国の宇宙活動の在り方に、実質的な影響を与えるものとして極めて重大である。したがって、今日、新たな状況の中で宇宙法研究に要請されていることは、宇宙活動における国際協力と国内法制の関係を明確にして関連諸条約の枠組みと国内法令の適用基準を確定するとともに、政府による規制・監督の態様と責任法制の在り方について各国の国内法を比較検討することである。さらに、通信法制、知的所有権、損害賠償責任、保険、求償権等の具体的法律問題についても、わが国における法制整備の上で不可欠な問題点を解明しておく必要がある。このように本研究は、直接的には、以上のような問題意識に基づくものであるが、それは広く「国際法と国内法の関係」をいかに把握するかという、より基本的な理論上の問題について考察する上で極めて重要な素材を提供している。本節の検討課題は、一方で国際法の内容を国内的にどのように履行していくかという問題であるが、他方でそれは、一国の国内立法や国内措置が新たな国際法形成にいかなる影響を与えるかという観点でも考察を迫るのである。宇宙法は未だ多分に星雲状態にあり、この分野の研究においては、国際法と国内法の相互浸透と相互連関をいかに正確に捉えるかが、決定的な重要性を持つのである(1)。

さて右の主要国の中でも、宇宙関係の国内法制整備に最も積極的に取り組んできたのは、米国である。そこで本節ではとりあえず、米国における宇宙法制の検討をとおして、右の諸問題を明らかにしたいと考える。米国においては当初から、一般に、宇宙活動における私人・私企業の役割が積極的に位置づけられてきていたが、少なくとも一九七〇年代後半までは、宇宙活動の直接的な担い手は概ね国家機関ないしそれに準ずる機関に限られていた。しかし一九八〇年代に入ると、民間主導の宇宙活動が積極的に奨励されるようになり、宇宙の商業化が急速に進展してきたのである(2)。こうした事情を反映して、一九八四年には「遠隔探査商業化法」(Land Remote-sensing Commercialization Act) および「商業的宇宙打上げ法」(Commercial Space Launch Act) が制定された。米国にはこの他にも民間宇宙活動に関連する多くの国内法令が存在し、具体的な法律問題につき、きめ細かな規律が行われているのである。

なお、米国が締約当事国となっている多数国間条約で宇宙活動一般に関連するものは、⑴一九六七年の「宇宙条約」(正式名称は「月その他の天体を含む宇宙空間の探査および利用における国家活動を規律する原則に関する条約」)、⑵一九六八年の「宇宙救助返還協定」(「宇宙飛行士の救助および返還並びに宇宙空間に打上げられた物体の返還に関する協定」)、⑶一九七三年の「宇宙損害責任条約」(「宇宙物体により惹き起こされる損害についての国際的責任に関する条約」)、⑷一九七六年の「宇宙物体登録条約」(「宇宙空間に打上げられた物体の登録に関する条約」)である。このほか、⑸一九八二年の「国際電気通信条約」、⑹一九七三年のインテルサット(国際電気通信衛星機構)協定や一九七六年のインマルサット(国際海事衛星機構)協定などのほか、⑺一九八八年の宇宙基地協定などについても、米国は当事国となっている。

2　宇宙活動の許認可権限および管轄権

民間宇宙活動に関する右の諸条約・協定と米国の国内法との関係を確定する上で、両者を媒介する基本的な接点ないし鍵概念は、宇宙条約それ自体の規定の中に見出される。すなわち、それはまず第一に、「……宇宙空間における非政府団体の活動は、条約の関係当事国の許可及び継続的監督を必要とする」(宇宙条約六条)との文言にある。各国はこの規定を受けて、「許可と継続的監督」についての義務の履行を確保するために、国内法により、民間宇宙活動に対する監督官庁を定め、かつその権限を明確にすることが必要となるのである。第二に、国内法との関係で一層重要な連結点は、「(宇宙物体の登録国は)その物体及びその乗員に対し、……管轄権及び管理の権限を保持する」(宇宙条約八条)という規定にある。すなわちこの「管轄権及び管理の権限」の如何が、国内法令の適用規準として決定的に重要な意味を持つことになるのである。もとより、一口に宇宙活動といっても、「打上げ」プロパーに関する問題と、打上げ後の「利用」関係をめぐる側面とはその法律関係も異なる。この点を念頭に置きながら、本節では、上記の二点に即して、米国の国内法制を考察しておきたい。

(1)　民間宇宙活動に対する監督官庁とその許認可権限

米国における非軍事面での宇宙開発は、一九五八年に創設された国家航空宇宙局（ＮＡＳＡ）を中心に進められてきた。少なくとも一九七〇年代末までは、民生用の宇宙活動も、このＮＡＳＡ自身の直接的関与によって推進されることを基本とし、したがって、この時期における民間企業の宇宙開発に対する関係は未だ間接的なものであった。しかし、一九八〇年代に入ると、急速に宇宙活動の商業化が進展し、私企業が宇宙活動の様々な局面において、その直接的な担い手として登場してくる。こうして現在では、同国の非政府団体による商業的宇宙活動に対する「許可及び継続的監督」の方式は、分野別に別個の省庁が分担することとなっており、たとえば、通信・放送衛星等は連邦通信委員会が、遠隔探査は商務省が、また、商業的打上げ等は運輸省が、それぞれライセンス交付等の方式によって担うこととされているのである。

i　宇宙活動に対する一般的規制と監督

周知のように、国家航空宇宙局（National Aeronautics and Space Administration, NASA）は米国における科学・実用両面での宇宙活動の中心組織である[(3)]。ＮＡＳＡの任務と権限に関する根拠法規は、一九五八年の「国家航空宇宙法」（National Aeronautics and Space Act of 1958, as amended [42 USCA Sec.2451]）である。ＮＡＳＡは本来、研究開発のための機関として設置されたのであるが、その後の宇宙行政の展開の中で、宇宙条約六条、七条で要請されるところの宇宙活動に対する監督・規制を行う国家機関として位置づけられるようになったものである[(4)]。この「国家航空宇宙法」（NAS Act）はＮＡＳＡが「米国の一般的福祉のために、宇宙の全面的な商業利用（the fullest commercial use of space）を可能な限り最大限に追求し奨励すること」を求めている（(c)項）。後述のように、一九八四年以降、商業的宇宙打上げは運輸省（DOT）の管轄となり、

ＮＡＳＡによる民間宇宙活動の関わりはその限りで縮小されたものの、ＮＡＳＡがこの分野で果たす役割は依然として大きい。とくに現在ＮＡＳＡが中心になって推進している国際宇宙基地計画では、民間による宇宙活動が重要な位置を占めているため、多くの法律問題が提起されているのである[5]。

ＮＡＳＡの宇宙開発計画には、ＮＡＳＡ自身の研究開発計画および国防省のための計画のほか、民間活動のための計画が重要な位置を占めており[6]、一九八五年には、「商業宇宙計画局」(Office of Commercial Space Programs, OCSP)を新設して、その具体的な実施と監督に当たらせている。ＮＡＳＡが民間企業との契約の締結・履行に関し様々な法制度・法技術を発展させてきていることは、宇宙開発が巨額の投資を要する事業であるだけに、とくに注目される。契約上の請求に関する行政審査機関(Board of Contract Appeals)、契約の変更について検討するContract Adjustment Board，ＮＡＳＡとの契約の履行の過程での発明・発見について特許権等の問題を処理するInventions and Contributions Boardなどのほか、中小企業による宇宙技術の広範な利用と参加を促進するための措置など、きめ細かな配慮が施されている[7]。

民間企業との協力を推進するための法的枠組みとしては、企業からの科学者の招聘を定めるIndustrial Guest Investigation Agreementsや、技術情報の交換に関するTechnical Exchange Agreementsのほか、最も注目すべき類型として、「共同業務協定」(Joint Endeavor Agreements, JEA)がある。ＮＡＳＡは一九七九年に、「産業目的のための宇宙の早期利用に関するガイドライン」(Guidelines regarding Early Usage of Space for Industrial Purposes)および「宇宙における素材加工のための米国国内企業体との共同業務に関するガイドライン」(Guidelines regarding Joint Endeavors with U.S. Domestic Concerns in Materials Processing in Space〔MPS〕)を設定したが、企業とのＪＥＡ協定はこれらのガイドラインに従って結ばれる。通常、企業側が地上における施設と製造についての費用を負担し、ＮＡＳＡはこの生産施設の宇宙空間における運用に当たるものとされるのである[8]。

このように、ＮＡＳＡと民間企業との関係が、単に物資調達のための購入契約や一定の業務遂行を目的とした請負契約の関係ではなく、個別の宇宙開発計画の立案から完了までの全期間をとおして、対等なパートナーシップの下での継続的関係を構成するものとなると、そこには従来にはみられなかった複雑な法律問題が提起されることになる。とりわけ、租税法の適用関係、特許権その他の知的所有権の保護、さらに欠陥製品などの製造物責任の処理等について問題が指摘されているが、いずれも将来における調整に委ねられている。

ii　通信衛星・放送衛星関係

通信関係については、国内の通信と国際通信が一応区別されるが、まず前者についてみると、一九三四年通信法 (Communications Act of 1934, as amended [47 U.S.C.151 (1982)]) により創設された連邦通信委員会 (Federal Communications Commission, FCC) が、国内における通信事業の規制とライセンス交付を「公共の利益のために」行うこととされている。FCCはこの権限に基づき、通信衛星について、周波数および軌道位置等の割当てを行う。FCCによるライセンス交付の要件は、対象となる事業内容によって若干異なるが、一般に、⑴申請事業に「公共の便宜・利益・必要性」が認められること、⑵申請者が米国市民であること(法人の場合、その役員は外国人であってはならず、外国人による株式資本の所有が五分の一以上であってはならない)、⑶申請者の善良性・誠実性、⑷財政的堅実性、⑸十分な技術的水準、⑹少数者の雇用の配慮、等が要求される。FCCは一九七二年に「オープン・スカイ」政策を公表し、これに基づいて非政府団体による国内衛星通信システムの建設と利用が認められることとなり、Western Union 社、RCA 社、AT&T 社など六、七社がこれに参入している⑼。また、FCC は国内における直接放送衛星(DBS)の認可についても、基本的に重要な役割を果たしている。FCCは一九八一年以降、DBSの申請を受理しており、上記の一九三四年通信法の要件を適用して、公共性・善良性・財政的裏づけ等を審査し、それらの要件を充たすものについては、積極的にライセンス交付を行ってきている⑽。

FCCは、本来、上記のように主として国内通信を対象とする機関として設置されたものであったが、国際商業通信の発展はこのＦＣＣを、否応なく国際的場面に引き出してきた。国際通信については、米国は一九六二年通信衛星法（Communications Satellite Act of 1962 [47 U.S.C.701 (1982)]）の下に特殊法人ＣＯＭＳＡＴを創設し、これによって同国のインテルサットへの参加方式が確保されていたのである。しかし、米国法上のコムサットの位置づけについては、その解釈に深刻な対立があったといわれ、コムサットに排他的な権限が認められるのは、通信衛星系（通信衛星とその管制等のための設備）に限られるのであって、地球局（衛星端末局）の建設・運用については、ＦＣＣの許認可権限に属するという解釈が有力であった(11)。

国際商業通信について米国は、もともと、インテルサットを「単一の」通信衛星組織とすることを主張していたが、インテルサット恒久協定起草の過程でこの立場は崩れ、地域的衛星その他の別個の通信衛星打上げ権が確認されて、一定の調整措置を条件に通信衛星組織の多元化・拡散化が容認されていた(12)。一九六二年通信衛星法においても、「米国の国益に合致する場合」には、インテルサット以外の通信組織の設置を許容していたが、ＦＣＣはこれに基づき、国際商業通信市場の自由化促進に関するレーガン大統領の勧告を考慮して、一九八五年、Orion 社、ISI 社などに米欧間衛星通信組織の設置を条件付きで認可している(13)。

以上概観したように、米国における宇宙通信を規律するための基本法は一九三四年通信法であり、この分野において「許可と継続的監督」の任に当たる機関はＦＣＣである。しかるに、近年における宇宙通信技術の向上とそれに伴う宇宙通信市場の拡大は、ＦＣＣの立場を様々な局面において困難なものにしているといわれる。静止軌道上の衛星間の位置間隔の問題（四度から二度に変更することの適否）や、光ファイバー通信の認可問題などに象徴的であるが、こうした一九八〇～九〇年代の現実と、一九三〇年代に構想されたＦＣＣの役割・権限との間のギャップは、あまりにも大きいといわざるをえないのである(14)。このため、米国議会でも一九八〇～八三年にかけて、一九三四年通信法の抜本的改正のための努力が重ねられた(15)が、AT&T 社分割問題等のあおりを受けて成就しなかった。しかし早晩、米国においても、新たな現実に対応した法律改正を余儀なくされるのではないかと思われる。

iii　遠隔探査活動

米国は一九八四年に「遠隔探査商業化法」(Land Remote-sensing Commercialization Act of 1984 [15 U.S.C. 4201 (1982 & Supp.III 1985)])を制定したが、この法律の基本的目的は、文字どおり遠隔探査活動の段階的商業化(phazed commercialization)をはかることにあるが、その狙いは、米国の安全保障および国際義務の履行をはかりつつ、商業化をとおして米国の当該分野における世界的リーダーシップを維持すること(二〇二条)にあったのである。こうして具体的に同法では、まず第一にそれまで米国政府所有の下にあったランドサット衛星システムの段階的な「民有化」(privatization)の達成と、第二に、遠隔探査事業に参入を希望する私企業に対するライセンス交付手続が規定されたのであった(16)。この民間による遠隔探査活動に対し、「許可および継続的監督」を行う立場から許認可・規制の権限を持つのは商務省(Department of Commerce, DOC)である。

まず、段階的商業化について、第一段階では、ランドサット衛星システムにより収集された第一次データ(unenhanced data)の市場開拓・販売等に関し、民間企業との間で契約を結ぶことを定める(二〇二条)。この契約の相手方となる企業の選定は、米国の負う国際義務・国家安全保障上の考慮・国内法上の制約・その他の基準ないし条件を充たしうる者の中から、競争原理に基づいて行われることとされる(二〇三条)。

商業化の第二段階は、ランドサット・システムが政府から民間の経営に移行される段階(a transition from government operation to private, commercial operation of civil land remote-sensing system)について規定されるが、とりわけ、ランドサット・システム終了後六年間の過渡期間における第一次データの継続的供給を確保するために、政府と民間企業の間で結ばれる契約についてその条件が設定されている(三〇一条)。なお気象衛星については、その商業化が絶対的に禁止されている(七〇一条)。

この「遠隔探査商業化法」に基づき、一九八七年、商務長官は規則制定の権限を下部機関である国家海洋大気庁(National Oceanic and Atmospheric Administration, NOAA)に委譲したが、同庁が制定した「民間遠隔探査認可規則」(Civilian Remote Sensing Licensing Regulations [15 C.F.R.9609 (1988)])は、次のように定める。すなわち、ライセンス交付の条件として申請者は、(1)米国の国家安全保障および米国の負う国際義務に一致するようそのシステムを運用すること、(2)収集した第一次データをすべての潜在的利用者に対して非差別的原則に従って提供すること、という基準を充たすことが必要とされる(960.11)(17)。またライセンスを受けた者が、許可条件に違反した場合には、ライセンス取消等の制裁のほか、民事罰、押収等が執行されることとなる(960.13-16)。

上記商業化法に基づき、一九八四年末にＥＯＳＡＴ(Earth Observation Satellite Corp.)社(Hughes社とRCA社との資本参加による)が他の六社との競争に打ち勝ってランドサットの運用に関する契約をＮＯＡＡとの間で結ぶこととなった。こうしてＥＯＳＡＴは、ランドサットの第一次データ(unenhanced or minimally processed data)について、探査の時点から一〇年間の期間における排他的な販売権を取得したのである。しかし、米国では安全保障上の理由から民間の遠隔探査における解像度を制限しており、そのことが、ＥＯＳＡＴの国際競争力を著しく低下させているといわれ、フランスのスポット・イマージュ社(解像度一〇メートル)、ロシアのソユーズカルタ(五メートル)などに遠隔探査市場を食われ始めており、さらに日本の海洋観測衛星ＭＯＳ-1などにも脅かされていると伝えられるなど、米国の遠隔探査政策は安全保障と商業化とのジレンマに立たされているようである(18)。

iv　商業的宇宙打上げ

従来、科学観測・実用目的の宇宙物体の打上げは、政府機関である航空宇宙局(ＮＡＳＡ)を中心として、行われてきた。政府はそれまで衛星打上げ用として、スカウト、デルタ、アトラス・セントール、タイタン等、および有人飛行用としてサターン等のいわゆる「使い捨てロケット」(Expendable Launch Vehicles, ELVs)を開発し、運用してきた。しかるに、スペースシャトルが実用段階に達したと判断されたのに伴い、一九八三年五月レーガン大統領は「ＥＬＶ民営化措置」[19]を発表し、これにより、民間企業がロケットの製造から衛星の打上げサービス提供まで引き受けることができるようになったのである。これにより、デルタロケットはマグダネル・ダグラス社が、アトラスセントールロケットはゼネラル・ダイナミックス社が、またタイタンロケットはマーチン・マリエッタ社が、それぞれ政府から引き継いで商業打上げを行うこととなった。一九八六年一月のスペースシャトル・チャレンジャー号爆発事故を契機に、ＮＡＳＡは同年八月スペースシャトルによる商業打上げから撤退する旨を公表した[20]ため、民間企業による打上げサービスが、ビジネスとして一躍注目されることとなったのである。

しかしこのように民間企業が衛星の直接的な打上げ活動に従事することになると、従来のような国家自身の活動の場合とは異なり、政府による「許可と継続的監督」の責任が極めて大きなものになることはいうまでもない。一九八四年の「商業的宇宙打上げ法」(Commercial Space Launch Act of 1984, as amended in 1988 [49 U.S.C.2601])は、運輸省(Department of Transportation, DOT)に対し、民間企業による宇宙物体の打上げおよび打上げ場の経営等に関するライセンス交付の権限を与えて、その任務の遂行に当たらせるものである。

この「商業的宇宙打上げ法」によると、まず、同法が規律の対象とする打上げ行為は次のいずれかである。すなわち、(1)いずれの人によるものであれ、米国内で(within the United States)行われる打上げないし打上げ場の運用、(2)米国市民ないし米国法人等[21]による米国外での(outside the United States)打上げないし打上げ場の運用、さらに、(3)米国市民ないし米国法人等が経営管理上の利害(controling interest――その内容は運輸長官が定める)を有する外国企業が、米国外・当該外国領域外で行う打上げないし打上げ場の運用(ただし、当該外国と米国との間に、協定で別途、規定がある場合を除く)、である。以上のいずれの場合にも、運輸長官のライセンス交付を受けなければ、宇宙物体の打上げないし打上げ場の運用は認められないのである(六条ａ)。こうして、この法律の下では、米国籍の個人や企業はもとより、米系多国籍企業なども含めて、米国政府の許可・監督を受けることなしにこれを「素通り」(22)して外国での宇宙物体の打上げに関与することはありえないよう規定されていることが注目される。

このほか同法では、ライセンス交付の要件として、「公衆の健康と安全、財産の安全、米国の国家安全保障上および外交政策上の利益の保護」を考慮すべきこと等を規定している(八条)。さらに、ライセンスの申請および承認の手続(九条)、違反の場合のライセンスの停止・取消・変更(一〇条)、緊急命令(一一条)、行政・司法審査(一二条)、規制制定(一三条)、履行監視(一四条)、損害保険(一六条)、執行権限(一七条)、禁止行為(一八条)、民事罰(一九条)、国防長官との法定協議(二〇条)等について詳細な規定が続く。また国際義務との関係について、この法律は、米国と外国との間で効力を有する条約・協定に合致するよう実施されなければならないこと、かつ外国の法律ないし制約に配慮すべきことが定められている(二一条d)。なお、商業宇宙運輸室(OCST)は、一九八六年にライセンス交付に関する詳細な規則を制定している(23)。

この法律で重要な点は、民間企業による政府財産の使用について規定した一五条である。ここでは、政府所有の有休打上げ施設等を、積極的に民間企業に売却・貸与その他の方法で取得させるよう必要な措置を執ること、その場合の政府財産の価値は「公正な市場価格」(fair market value)によること、さらに民間打上げの期日設定等における便宜供与、協議等について詳細に規定されている。これは、行政命令であった前述のELV民営化措置を法律上認知する意味をもつ規定でもある。

この条項は一九八八年の改正の際大幅に拡充されたが、その背景には、次のような事情があった。すなわち、先にも述べたようにチャレンジャー事故以来ELVロケットの需要が急速に高まったが、この商業打上げ市場に、フランスのアリアン・スペース社のみならず、中国の「長征」ロケット、ソ連のプロトンなどが急速に進出してきたのである。H-IIロケットの完成後の日本が早晩この市場に参入してくることも予想されている。しかもこれら諸外国の場合には、商業目的のロケット製造や打上げに対し特恵的税制、二重価格、低利融資などの措置によって様々な政府の支援が行われているため、米国の民間打上げ企業の競争力を脆弱化させているという認識が強まったことによる(24)。

いずれにせよこの「商業的宇宙打上げ法」では、民間企業の宇宙ビジネスを強力に支援する一方で、私企業に対する「許可と継続的監督」の義務を全うするための法制度が極めて詳細に規定されていることが注目されなければならない。同時に、国の責任で研究開発した宇宙技術の成果を民間に移転して商業目的に利用させる場合、その利益を最終的には納税者に利益を還元していくため、一個の私企業にその利益が独占されないよう、その点についても極めて詳細な規定を設けて規制していることが、重要なポイントであろう(25)。

以上の検討は、宇宙条約六条の「非政府団体によって行われる……自国の活動がこの条約の規定に従って行われることを確保する国際的責任」が、米国の国内法において具体的にどのように受容されているかを明らかにするものであった。ここでの叙述からもわかるように、宇宙の商業化に際して、少なくとも「打上げ」プロパーの問題に関しては、特別立法を行って、ライセンス交付を中心とする許認可権限とその手続を詳細に規定する必要があるといえよう。これに対して、打上げ後の「利用」関係については、通信をはじめ、ある程度、現行法規の修正ないし適用範囲の拡大によって対処することも可能である。しかし、後者の側面についても、商業的利用が増大するに従って、特別の法制を用意することがやはり望まれることとなろう。

ここまでの検討は一応、宇宙活動が米国内で完結していることを前提とするものであった。しかし今日では、多くの宇宙活動が、国際協力の形で行われるか、そうでなくとも、何らかの外国性を包含することが少なくない。そのため、国内法の適用関係――どのような場合に国内法の域外適用が認められるか――が、必ずしも明確ではない。次に項を改めて、この点について考察することとしたい。

(2)「管轄権及び管理の権限」と国内法令の適用基準

冒頭にも述べたように、宇宙条約八条では「宇宙空間に発射された物体が登録されている条約の当事国は、その物体及びその乗員に対し、管轄権及び管理（jurisdiction and control）の権限を有する」と定めているが、宇宙法関係における国内法の域外的な適用基準は、この文言の解釈如何に関わる。本来、この「管轄権」とは、国家の「領域的」管轄権を意味し、「管理権」は自国に登録された船舶・航空機などを念頭に捉えられてきた概念である。しかし今日では、とくにこの「管理権」については、国際環境法などの分野では、国家の負う責任範囲を広げていこうとする趣旨から、概念の拡大傾向が顕著であるが、同様の傾向が宇宙法にもみられるのである。

通常、国家の法律、とくに公法の適用範囲は、領域主権の及ぶ限りとされており、そのため、司法管轄権・執行管轄権についてはもとより、立法管轄権についても、その域外適用は原則として認められない。立法管轄権の域外適用が例外的に容認されるための条件については、たとえば独占禁止法については、周知のとおりある程度、条約や国際慣習法が形成されてきているが、その他の法分野については、未だ不明確な点が多い。その場合に判断の決定的な鍵となるのが、「管轄権及び管理」の概念をいかに捉えるかという問題である。宇宙法に関連した国家管轄権の競合とその調整については、一九八八年の国際宇宙基地協定の交渉過程で大きな問題となった(26)が、そこでの議論を想起しつつ、米国の立場を検討しておこう。

i　知的所有権の保護

今日の宇宙活動は、単なる観測・実験の段階を経て、具体的な実用化を射程に入れた形での、高度の先端技術・生命科学等の応用による開発・生産活動の遂行が意図されている。米国では、NAS Act において、NASAとの契約の下でなされた発明については、NASAがその権利を放棄しない限り、もっぱら米国の権利に帰属する旨を明定している（Sec. 305）(27)。このように各国とも、宇宙開発に伴う「技術の保護」については最も神経を用いることになるが、場合によっては、特許法制の適用を領域内で行うだけではその目的を果たせず、これを域外の行為ないし事実に対しても適用するのでなければ、その保護を十分にはかることができないということも多い。

周知のごとく、特許権の制度というものは伝統的に属地的性格を強く刻印されているが、米国の特許法典(U.S. Patent Code, Title 35 [35 U.S.C.101 (c)])もその適用範囲について、従来これを「合衆国の領域内」に限定してきた(28)。これまでは実験用衛星(Spacelab)等での発明についても、これを合衆国に登録された船舶・航空機と同視し、米国の管理権を前提に特許法典の適用を行ってきた(29)。衛星が登録国である米国の単一の管轄権の下に服し、宇宙滞在期間も比較的短く、かつその打上げも帰還も米国の領域的管轄権内で行われることが通例であったことから、「米国領域内」という擬制も深刻な問題を惹起するには至らなかったのである。しかし宇宙基地のように、各国の「管轄権と管理権」が複雑に交錯し、複数の国籍を持つ乗組員によりかなり長期にわたって継続的な実験・生産活動が行われるような場合、もはやこうした擬制を維持することは難しく、宇宙活動に伴う米国特許法の適用基準を明確にすることが要請されてくるのである(30)。

このようなことから、一九八五年、一九八六年の両年にわたって、米国下院ではカステンマイヤー(Robert W. Kastenmeier)議員により、次のような内容の法案(H.R. 2725, H.R.4316)が提出された。すなわち、「合衆国の管轄権または管理の下にある」(under the jurisdiction or control of the United States, 強調は著者)宇宙空間の人工衛星・宇宙基地等で行われまたは用いられた発明は、特許法および NAS Act の適用上「米国内において行われまたは用いられたものとみなす」というものである(31)。この法案については米国内でも意見が分かれた。とくに司法省は、米国の特許法の適用範囲を宇宙空間にも拡張することは、同時に、特許侵害に対する合衆国の責任を拡大することになるとして法案に反対の立場を表明していた(32)。これに対して、特許権保持者の側では、米国特許法はすでにこれまでも合衆国の管轄権と管理の下にある宇宙物体に及ぼされてきており、この法案は単にこの確立した慣行を明文上確認するものにすぎない、としている。本節執筆現在では、この法案の骨子は早晩、法律として成立するであろうとの見方が有力である(33)。

その場合、この法案で注目すべき点は、その適用範囲が、「合衆国の管轄権または(or)管理」の下にある宇宙物体として規定されていることである。周知のように、宇宙条約八条および宇宙物体登録条約二条では「管轄権及び(and)管理の権限」という文言を用いている。このandとorとの違いは微妙である。すなわち、管轄権と管理の語は、いずれも上述のごとく属地的ないし属人的な国家との法的紐帯を指称し、そのようなものとして、両者はandで結ばれるところの概ね一体の概念として用いられてきたのであった。しかるにこの法案では、これを*de jure*の「管轄権」と*de facto*の「管理」に分離し、orの語によって択一の余地を作ろうとしている。このことは、仮に法的な紐帯が米国になくとも、同国による事実上の「管理」が及んでいる場合には、これを連結点として米国法の域外適用を可能ならしめる意図が込められているとも考えられるのである(34)。このように米国において、その特許法制の適用範囲を、事実上の管理を媒介として拡大していこうとする傾向がみられることには、今後とも注意しておく必要があろう。宇宙基地協定二一条の知的所有権条項の解釈においても、この問題は提起されることとなろう。

ii　輸出管理法制

上記のような意味での「管理」を法的に擬制する典型的な一つの態様として、輸出管理が挙げられる。米国の輸出管理法制(Export Administration Act of 1979, as amended in 1985)は極めて複雑であるが、特徴的な点として、次のような諸点が指摘されよう。第一に、貨物(goods)のみならず、技術・技術情報(technology and technical data)も規制の対象に含まれること、第二に、これらの「輸出」のみならず、これら米国原産の貨物・技術を、輸入国から第三国への「再輸出」(re-export)することについても規制対象とされること、第三に、「輸出」は一応、「合衆国領域外への貨物・技術の移送」(shipment of goods and technology beyond U.S. borders)とされる(したがって通常、宇宙空間への宇宙物体の打上げは、合衆国領域外への「輸出」とみなされる)が、輸出管理規則にも「輸出」の一般的定義はなく、この概念は結局のところ規制の目的によって多義的に用いられていること、第四に、一九八〇年代以降米国は高度技術保護の観点から、とくに「米国の対外政策」および「国家安全保障」を目的とする輸出規制やココム規制を強化してきていること、等である(35)。

商業的宇宙活動に関連する製品・役務・技術の輸出については、「武器の国際取引に関する規則」(International Traffic in Arms Regulations, ITAR, 22CFR pts.120-130 (1988))が、「国防上保護を必要とし……軍事的性質を有する貨物および役務」の輸出および再輸出については、国務省にライセンス交付を申請しなければならないものと規定している。宇宙関連の機器のすべてがこの規則による規制を受けるわけではないが、その規制を受けないものでも、一定の宇宙機器ないし宇宙技術は、商務省による通常の輸出管理規則(Export Administration Regulations, EAR, 15 CFRpts. 370-399, as amended in 1988)に服する(36)。

もっとも、一九八四年の「商業的宇宙打上げ法」は、第二一項(b)で「単なる打上げ機ないしペイロードの打上げは、打上げそれ自体のみによっては(solely by reasons of the launch)、いかなる輸出管理法の下でも輸出とはみなされない」と規定し、打上げ自体は上記のいずれの規則にも服さないこととされた。この法律ができる以前には、先にも触れたように、打上げ自体も「輸出」と考えられていたのである。しかし同法の下においても、打上げ以外の宇宙活動、とりわけ宇宙空間における実験・生産活動のための機器・技術の移送については、この免除規定の適用はないであろう。したがって、そうした側面においては、米国は自国が「管轄権または管理」の権限を持つ限り、その輸出管理法制の適用を主張していくことになる。今後の宇宙利用が宇宙基地等を利用した素材加工などの生産活動に重点を置くことが予想されるだけに、こうした米国輸出管理法の域外適用には十分注目していく必要があろう(37)。

iii　刑事管轄権

宇宙空間における米国刑法の適用については、一九七〇年代までと、一九八〇年代以降とでは、大きく異なる。前期においては、宇宙滞在期間も短く、かつＮＡＳＡ飛行士のほとんどが高度に訓練された乗員であったこともあり、ＮＡＳＡ規則(NASA Regulations)の運用で十分と考えられていたのである。一九五八年 NAS Act ではＮＡＳＡ局長に規則制定権が付与されており（Sec.203（c））、これに基づいて一九七二年には、スペースシャトル飛行中のシャトル内の秩序維持についてシャトル司令官に絶対的な権限（the absolute authority to take whatever action is in his/her discretion necessary to ....enforce order and discipline...）が認められている（14 C.F.R.1214.702（1972））。一九七六年には、これらＮＡＳＡ規則の違反について刑事的制裁（五、〇〇〇ドル以下の罰金または一年以下の禁固もしくはその双方）を科する旨、定められた（18 U.S.C.799）。

これに対し、一九八〇年代以降は、民間宇宙活動の進展を反映して、特別の訓練を受けない乗員が多数、長期にわたって宇宙基地等に滞在することが予想されることから、米国は一九八一年、刑法の適用範囲を改定し、「特別海上・領域管轄権」（special maritime and territorial jurisdiction）の中に、米国に登録された宇宙船等（Any vehicle used or designed for flight or navigation in space and on the registry of the United States pursuant to the［1967 Outer Space Treaty］and the［Registration Convention］.....while that vehicle is in flight）も含めることとした。この改定の結果、宇宙空間において行われる犯罪について連邦刑法典が適用されることとなったのである(38)。

さて、こうした米国の刑事管轄権が他国のそれと競合する場合にこれをいかに調整するかという問題は、周知のように、一九二七年の常設国際司法裁判所によるローチュス号事件判決以来論議されてきた争点である。しかし、この問題も結局は先にみた「管轄権及び管理」の解釈に帰着するものと考えられる。国際宇宙基地のように予め競合が想定される場合には、協定で事前に管轄権の配分を行うことが必要となることはいうまでもない（宇宙基地協定二二条参照）。もっとも、米国の連邦裁判所は刑事管轄権の適用には伝統的に厳格な制限的解釈をとってきているといわれ(39)、こうした協定が存在する場合であっても、たとえば「宇宙基地」が上記刑法典規定の space vehicle に含まれるかなど、問題は残されている(40)。

iv　民事管轄権

宇宙条約・宇宙損害責任条約では、宇宙損害に対する無過失・無限の賠償責任を国家に集中する趣旨をめざしながら、実際には従来の国家責任の枠組みを出てはおらず、現実の加害者と被害者個人の間の関係は、条約の直接の規律対象にはなっていない。このように、民事上の不法行為責任問題を処理するための一般的ルールが用意されていないため、実質的な被害者救済については、ほとんどの場合、これらの条約レジームに頼ることは困難で、結局のところは、国内法の救済手続に訴えるほかないのが実情である(41)。今後、宇宙活動の商業化が進む中で宇宙事故や製造物責任等に関する訴訟も頻発するものと予想されているが、米国では現に、連邦不法行為責任請求法(Federal Torts Claim Act)に基づく訴訟が被害者から提起されている(中でも注目されているのが、チャレンジャー事故の被害者家族がＮＡＳＡとロケット製造会社Morton Thiokol社に対して行っている損害賠償請求訴訟である)(42)。

しかるに、こうした宇宙損害に外国性が存在する場合には、国内法適用の前提として、民事管轄権の調整、準拠法の指定、外国判決の執行といった国際私法上の問題がまず解決されなければならないこととなる(43)。不法行為の準拠法については、通常は不法行為地法(*lex loci delicti*)が指定されることが多い。しかるに、宇宙空間はそもそも「全人類に認められる活動分野」(宇宙条約一条一項)であり、「国家による取得」が禁止された空間」(同二条)であるから、通常の意味での「不法行為地」概念が成立する基盤はなく、あえてこれを類推するとすれば、先に述べた「管轄権及び管理」の態様に従ってこれを捉えるほかない。準拠法の指定が「法廷地法」(*lex fori*)として行われる場合も、あるいは「最も重大・密接な利害関係を有する国の法」(the law of the State having the greatest interest)とする場合も、結局は「管轄権及び管理」の所在を基準として類推することとなろう(44)。したがって、いずれにしても、米国が「管轄権及び(または)管理」の権限を持つことが明らかな場合には、米国法に基づいて審理されることになるのである。

なお、米国が推進している宇宙協力計画においては、それに参加する国家のみならず、「関係者」(契約者、下請契約者、利用者、顧客など)についても、損害賠償責任に関する請求の相互放棄を要求することが通例となっている(45)が、この国家間の協定上の合意がただちにこれら関係者を拘束することにはならないので、こうした協定が存在する場合でも、上記のような民事請求が行われる余地は十分に存在しうるのである(46)。

以上概観してきたように、米国法の適用関係を決定する基本的な要素は、上記のような「管轄権及び(または)管理」の権限をどのように確定するかという点に依存しているといってよいであろう。なお、ここでは、宇宙法に関連する包括通商法、証券取引法、税法などの域外適用の問題には触れる余裕がなかったが、これらも宇宙の商業化の観点からは極めて重要であり、他日、検討の機会を得たいと考える。

二 わが国における「宇宙平和利用」概念の受容とその問題点

1 問題の所在

宇宙条約一条に規定される共通利益原則から導き出される宇宙通信法制の「公共性」については、すでに広く認識されているが、宇宙通信事業の担い手が負っている公共的な役割の中でも国家の安全の確保は、極めて重要な要素である。たとえばNTTおよびKDDの外資規制の在り方に関する平成三年九月一九日の電気通信審議会答申は、次のように述べる。

「NTT及びKDDが基幹的電気通信事業者として担う役割の重要性は、電気通信制度改革によって多数の新規事業者が参入した現在においても依然その重さを減じてはいない。例えば、日本全国、全世界二一五対地に向けて電話サービスを供給している両社の事業は我が国の中核的な電気通信手段を提供するものであり、我が国の安全の確保の面においても特に重要な役割を果たすことは論をまたないであろう。

このことは、……湾岸戦争で明らかになったとおり地域紛争等の非常時にいかなる場所といえども現地との通信の確保を図るＫＤＤの国際通信網が現地に居住する日本国民の安否の確認や善後策の検討に当たって不可欠なものであったことからもうかがい知ることができるし、逆に電気通信網が混乱すると社会秩序の維持に支障を来しうることについては、世田谷電話局の火災事故の例が想起されるところである。また、現に警察や防衛用の通信網の一部はＮＴＴのサービスに依存し、自衛隊法一〇一条は、ＮＴＴが自衛隊と密接な連絡をとり協力することについて規定しているところである。

さらに電気通信分野は、技術革新により高度化の道を歩み続けているが、ＮＴＴ及びＫＤＤは技術開発面で先導的役割を担っており、我が国の神経系統として機能する電気通信網の高度化に当たって大きな役割を果たすことにも留意する必要がある。」[47]

わが国では従来から、国家の安全（national security）の確保について、これを主体的に真正面から取り上げるという発想が稀薄であった。そのため、国家の安全の問題は、「国際の平和と安全」（international peace and security，たとえば外為法二五条、四八条など）といった抽象的表現に置き換えられるか、あるいは社会における市民生活の安全（safety）の問題にすり替えられることが多かったように思われる。そうした傾向は、宇宙通信における平和利用原則の論議にも、極めて強く反映されてきたのである。しかし今日においては、もはやそのような捉え方は、国際的にはもとより、国内的にも通用しなくなってきているといわなければならない。わが国としては、どのような形で自国の国家的安全を確保していこうとするのかをまず明確にし、その見通しに立って宇宙条約体制における「平和利用」概念の主体的な解釈・適用を確立するとともに、これに見合った国内法制の整備を実現することが急務である。

以上のような問題意識に立って、本項では、宇宙条約体制における平和利用・平和目的概念について、これをめぐる論争を概観した後、わが国の国会で、とくに宇宙通信に関連してどのような議論が行われてきたかを検討して、この問題を考える素材としたい。

2　宇宙条約における平和利用・平和目的概念

周知のように宇宙条約では、天体の場合と宇宙空間の場合とでは、その軍事的効果の相違から、平和利用の原則についてもこれを区別して規定している。すなわち、月その他の天体については、南極の場合（南極条約一条）と同様、包括的な軍事利用禁止が規定されている（四条二項）のに対し、宇宙空間については、一定の軍事利用が禁止されているにすぎない。宇宙空間では、地球を周回する軌道に核兵器その他の大量破壊兵器を運ぶ宇宙物体を乗せたり、他のいかなる方法によってもこれらの兵器を宇宙空間に配置することを禁止するにとどまるのである（四条一項）。したがって通常兵器の配置・使用・実験、軍事演習その他の軍事目的の利用は、同条約上は禁止の対象とはならない（同二項）。当初は、平和利用の内容をめぐって、非侵略的（non-aggressive）な利用であれば、国連憲章二条四項に触れない限り、軍事利用も認められるとする立場と、これに対し、非軍事（non-military）の利用のみを認め一切の軍事目的のための使用を禁止されるとの主張が対立していたが、その後は軍事衛星打上げの既成事実の中でこのような原則論は棚上げとなり、一般的には、少なくとも宇宙空間に関する限り、限定された平和利用の確保が主張されるにとどまったのである(48)。

宇宙活動の平和利用との関係では、上記のほか九条の規定にも注目する必要がある。同条は当事国が「条約の他のすべての当事国の対応する利益に妥当な考慮を払って」宇宙活動を行うこと、自国または自国民によって計画される宇宙活動が「宇宙空間の平和的な探査及び利用における他の当事国の活動に潜在的に有害な影響を及ぼすおそれがあると信ずる理由があるとき」は、事前に協議を行い、または潜在的被害国による協議の要請に従わなければならない、とする。

以上のような宇宙条約の規定の下で、これまでも各種の軍事衛星――写真偵察衛星、電子偵察衛星、早期警戒衛星、原子力探知衛星、海洋監視・航行衛星等——が許容されるか否かが議論されてきたが、少なくとも偵察衛星については、一九七二年の米国・旧ソ連間のＡＢＭ条約（一二条）、ＳＡＬＴ-１暫定協定（五条）で「自国の技術的な検証手段」（national technical means of verification）としてそれぞれの国の偵察衛星の使用が許容されるようになったこともあり、これが宇宙条約上禁止されているとはいいがたい。これに対して衛星攻撃兵器（ＡＳＡＴ）やＳＤＩ、Ｇ-ＰＡＬＳのような迎撃ミサイル防衛システムについては、賛否両論である(49)。

３　宇宙通信法における平和利用概念

以上のように宇宙条約の下における平和利用原則の内容は必ずしも明確ではないが、宇宙通信も宇宙活動の一形態として、この原則に規律されることはいうまでもない。しかるに、冒頭に掲げた電気通信審議会答申にも触れられている湾岸紛争の際には、米国の軍用通信衛星の活動が決定的に重要であったといわれる。すなわち、合衆国のＤＳＰ（Defence Support Program）が感知したスカッド・ミサイル情報は静止軌道上のＤＳＣＳ（Defence Satellite Communication System）およびＴＤＲＳＳ（Tracking and Data Relay Satellite System）および楕円軌道上のＳＤＳ（Satellite Data System）等の軍事通信衛星により、合衆国空軍宇宙司令部に伝えられ、スカッド迎撃指令も上記の軍事通信衛星を経て実施されていたのである。多国籍軍による「砂漠の嵐」作戦開始直後に、まず最初に米軍が行ったのはイラクの通信施設の徹底的破壊であったことを含めて、こうした事実は現代の武力紛争において宇宙通信がいかに重要な要素であるかを物語るものである。もとよりこれは極限的な使用の形態であるが、宇宙通信における「平和利用」原則と軍事利用の在り方は、未確定な部分が多い。

一九七六年のインマルサット（国際海事衛星機構）条約では、三条三項で「この機構は、専ら平和的目的のために（exclusively for peaceful purposes）活動する」と規定した。起草過程で、この「平和的目的」の文言に関連して若干の国から、その解釈次第では、軍用の船舶がインマルサット・システムの利用を排除される恐れがあり適当でないとして、本項全文の削除が提案された。しかし軍用艦船といえども一般の商船と同様の態様において海事衛星サービス（公衆通信、遭難・安全通信等）を利用する限りにおいて問題はないとの解釈が大勢であったという(50)。その後、一九九〇〜九一年の湾岸戦争時に米国軍隊がインマルサットの衛星通信システムを使用したことから、武力紛争時における軍事利用とこの平和目的条項との両立性が問題となった。この条項の解釈については、「使用の態様」が平和的（つまり非軍事的）でなければならないとする説（使用態様限定説）と、「使用の目的」によって限定されるという立場（使用目的限定説）があったが、インマルサットでは湾岸戦争以降、徐々に後者の観点から、使用目的如何によって軍隊が利用することの是非を判断し、それによって平和目的条項の解釈の幅を広げてきているといわれる(51)。

また、一九八五年のＩＴＵ「静止衛星軌道の利用及び宇宙業務の計画に関する世界無線通信主管庁会議」（World Administrative Radio Conference on the Use of the Geostationary-Satellite Orbit and the Planning of Space Services Utilizing It）の第一回会合では計画原則の策定において、静止軌道は「専ら平和的目的のために」（exclusively for peaceful purposes）利用されなければならないとの文言を挿入すべきであるとする提案がコロンビア政府から提出されたが、ＩＴＵが微妙な国際政治問題に巻き込まれることを恐れた各国は、結局この提案を棚上げにしたまま、最終的には何らの決定も行わない形で解決したといわれる(52)。

このように、宇宙通信の局面では「平和利用」概念についてあまり激しい議論が行われてこなかったこともあって、その内容は具体的には未だほとんど明確になっていない。むしろ今日では多くの国が宇宙通信を軍事的にも使用しており、それ自体は既成事実化しているといってよいであろう。問題が提起されるとすれば、それは宇宙通信が具体的な兵器システムと結合して用いられる場合であり、かつそれがいかなる軍事活動に対して用いられるかということであろう。こうして問題は再び宇宙条約の解釈問題へと回帰するのである。その問題には最後に触れることにして、ここでは宇宙通信の「平和利用」をめぐるわが国の国会審議を検討し、わが国がとってきた解釈基準とその変遷をみておきたい。

4　国会審議における「宇宙通信と平和利用」

ここでは、昭和四二年から六一年の間の国会議事録から、「宇宙通信と平和利用」に関する部分を抜き出して、政府答弁を中心にわが国がこの問題をどのように捉えてきたかを辿っておきたい。この期間における政府見解の推移をあえて三期に分けて要約すると、以下のようにまとめられよう。

第一期（昭和四四年六月までの期間）――「平和利用＝非軍事利用」の固定的把握
第二期（昭和五八年五月までの期間）――自衛隊による衛星回線利用の限定的利用
第三期（昭和六〇年二月以降の時期）――「汎用性理論」に基づく自衛隊の利用の承認

まず第一期は、宇宙条約の平和利用原則を極めて固定的に捉えていた時期として特筆される。すなわち、宇宙条約の解釈としては宇宙空間における軍事衛星について明示的禁止規定はなく、とくに通信衛星については軍事利用・平和利用の区別は不可能としながらも、日本の場合は憲法の建前から、明確に非軍事の解釈をとるとし、自衛隊・防衛庁による衛星利用は考えていないとしている。この時期、昭和四四年五月八日には、宇宙開発事業団法案第一条に「平和の目的に限り」の修正が挿入され、同年六月一三日には、参院科学技術特別委員会で、事業団法案に対する附帯決議が採択されている(53)。

第二期は政府がやや軌道修正を行い、災害時における自衛隊の宇宙通信回線の利用、硫黄島駐屯地との間の通信回線を自衛隊が保持することなどにつき、ただちにそれが平和利用原則に抵触することにはならないとの見解を表明した時期である。しかし、これは主として自衛隊の隊員が家族等との連絡に用いるといった純粋に私的な利用か、災害救助のような民生上の目的のためのものであった。自衛隊が偵察衛星を保持することについては、答弁は必ずしも明確ではないが、全体的には否定的なトーンが依然として強い(54)。

これに対して第三期においては、海上自衛隊が米軍フリーサット衛星を利用することについて、これを平和利用原則に抵触しないとするなど、「破壊力、殺傷力のあるものを自衛隊が使うことは許されないが、一般的な汎用技術となっているものは自衛隊が使うことも許される」といういわゆる「汎用性」の理論が示された時期である。こうしてたとえば、通信衛星CS－2bのG2－トランスポンダーを自衛隊専用とすることについても、電電公社としては「通信サービスは一般の人たちと公平でなければならない」との理由でこれを容認したとしている(55)。

こうした変遷を顧みて考えることは、わが国の防衛論議において、「宇宙平和利用」の概念がいかに国際社会一般の趨勢とかけ離れたものであるかということである。また同時に、自衛隊の宇宙通信の利用について、わが国の安全保障の観点は完全に抜け落ちているということである。最も進んだ汎用性の理論でさえ、宇宙通信がすでに一般社会で日常的に用いられている（汎用化されている）ことに鑑み、電気通信事業者はあまねく無差別に利用者へのサービス提供の義務を負う（利用者による差別の禁止）というだけにすぎないのである。しかし、わが国の防衛上の固有の必要性に基づく宇宙通信の利用とその開発はこうした汎用性の理論では到底対応できないであろう。とくに自衛隊が自前の宇宙通信システムを打ち上げることが必要になったとき、この不十分性は明白となろう。したがってわが国としても、宇宙条約体制における「平和利用」原則の内容を、非軍事的・非侵略的といった二元的な発想を超えて、真正面から主体的に確定していくことを回避できないはずである。

5　自衛隊による宇宙通信衛星の利用形態とその許容範囲

そこで、自衛隊による宇宙通信衛星の利用がどのような形でありうるか、その考えられうる形態を予め整理しておこう。

まず「目的」による類型化としての宇宙通信は次のようなものが想定される。①自衛隊構成員の私的利用、②自衛隊の非防衛的・日常業務遂行のための通信、③災害派遣等の場合の緊急専用通信、④探査・偵察衛星による防衛的監視活動のための通信システム（これにも日本領域・公海の監視と他国領域の監視の場合とでは意味が異なる）、⑤軍縮上の国際協力（verificationのための監視活動）、⑥国連平和維持活動の参加部隊による通信衛星の利用、⑦わが国に対する武力攻撃の危険に対応するための衛星利用防衛システム、⑧国連平和執行部隊の参加部隊による通信衛星利用などが挙げられよう。しかるに、⑦、⑧などの場合には、憲法・自衛隊法の解釈適用に絡んで、論議を呼ぶことになろう。

また「回線利用の形態」による分類としては、①一般の公衆通信システムの利用、②民間衛星のトランスポンダー専用回線利用、③米軍衛星の利用、④独自衛星の打上げと利用、が考えられるが、③、④については、これも国会審議で明らかなように、場合によっては困難が予想される。自衛隊が衛星の独自打上げを行うとしても、これまでの経緯から、宇宙開発事業団による打上げは困難であろう。その場合、NASA、アリアンといった外国の打上げ機関に委託することの是非も議論となろう。

自衛隊による宇宙通信の在り方については、結局のところ、一方で、国際法上、宇宙の平和利用はどのような形で認められているかという問題と、他方、日本国憲法・自衛隊法その他の関連国内法において自衛隊に委任されている「任務」は何か、その任務に基づく具体的な「業務」との関連でこれに必要な「装備」は何かという問題とを、すり合わせて確定すべきである。少なくとも、これまでのように非軍事か非侵略かといった対立の図式では生産的な議論とはならない。

そうした観点から、まず国際的平面では、平和利用原則の下で許容される軍事利用の形態にいかなるものが考えられるかをみると、①査察衛星（reconnaissance and surveillance satellites = electronic intelligence, early warning & ocean surveillance）、②軍事支援的衛星（military supportive satellites）、③軍事防衛的衛星（military defensive satellites）、④受動的攻撃的衛星（passive military offensive satellites）が挙げられる(56)。基本的には、受動的（passive）な軍事活動は許容しうる（permissive）であるのに対して、能動的（active）な軍事活動は宇宙条約九条の事前協議の対象となるものと考えられる。もとよりこれも、一九八六年国際司法裁判所「対ニカラグア軍事・準軍事活動」事件判決などに依りつつ、具体的な軍事活動の態様に従って、細かい類型化をしていく必要がある(57)。

他方、わが国国内法上の問題として、自衛隊にいかなる任務を課し、そのためにどの程度の宇宙活動を認めるかは、上記の国際法の枠内で、国民的合意に基づき国内法整備の課題として検討すべき事柄である。その場合、まず(1)自衛隊法上も、専守防衛目的の衛星打上げは早晩認めていくことになるであろう。また(2)条約義務の履行（安保条約、国連憲章、軍縮諸条約）の履行確保の面における自衛隊の衛星利用・打上げについても、前向きに受け止めるべきであろう。さらに(3)その他の「国際の平和と安全の維持」のための自衛隊の衛星利用・打上げがどの範囲で許容されるかということも、場合によっては検討の対象とされるであろう。いずれにせよ、従来の汎用性理論をいかに克服していくかが、問われているのである。

この問題が最も衝撃的な形で問われたのが、一九九八年八月三一日の朝鮮民主主義人民共和国（北朝鮮）のいわゆるテポドン・ミサイル発射事件（北朝鮮側は人工衛星打上げ実験と主張）であった。日本の上空を飛行しその領空をかすめる形で発射されたこのミサイルについて、安全保障の観点から最も深刻な問題と考えられたのは、日本が独自で情報収集を行うための体制を保持していないという点であった。従来、自衛隊による情報収集・監視活動は、主として、米国のランドサットやフランスのスポットなど外国の衛星画像に依存して行われてきたといわれるが、そうした外国頼みの状況は、日本の安全保障と主体的な対外政策の推進にとって、重大な障害となりうると懸念されたのである。

先にも述べたとおり、宇宙条約が宇宙空間で禁止しているのは、核兵器および大量破壊兵器の配備のみであり、それ以外の軍事利用は禁止の対象になっていない。しかるに、国際法上、許容された範囲で、どのような軍事利用を行うかは、各国の国内法ないし国内政策上の問題である。「宇宙利用は平和の目的に限る」とした前記の国会決議は、国会が立法作業を行う際の指針として今後も重要であるが、この条項には二とおりの解釈がある。一つは、宇宙を平和的「使用」、つまり、非軍事使用に限るとする「使用態様限定説」である。もう一つは、平和的「目的」に限るとする「使用目的限定説」である。後者では、目的によっては軍事的使用も許容されることになり、前記インマルサットの例にみられる国際的な基準に照らしても、より妥当な解釈方法と考えられるのである。

日本政府としては、その後、情報衛星の打上げを決めたが、それは近隣アジア諸国にも配慮して、軍事的な偵察に特化した衛星ではなく、災害管理や資源管理なども含めた「多目的情報衛星」として、かつ自衛隊とは切り離した形で、計画されることになったのである。こうして、自衛隊による衛星利用の在り方については、今回もまた「平和目的」に関するわが国の基準を主体的に設定することなく、未解決のまま曖昧な形で一つの決着をみることとなったのである。国際法と国内法の関係を自覚的に捉える視点を抜きにして、日本の安全保障を主体的に確立していくことはできない、というのが著者の率直な印象である(58)。

注

(1)　広部和也・田中忠編『国際法と国内法』(山本草二先生還暦記念論文集、勁草書房、一九九一年)所載の諸論文参照。山本草二「一方的国内措置の国際法形成機能」『上智法学論集』三三巻二、三合併号(一九九一年)四七頁以下。

(2)　L. J. Evans Jr. *et al.*, "The Commercialization of Space: Incentives, Impediments and Alternatives", *Proceedings of the American Society of International Law*, 1984 (1986), pp. 293-301; J. M. Logsdon, "Status of Space Commercialization in the USA", *Space Policy*, vol. 2, no. 1, 1986, pp. 9-15. なお、後述のように一九八四年一〇月には「使い捨てロケット(ＥＬＶ)民営化措置」の行政命令を受けて、民間企業によるロケットの製造から衛星打上げサービスの提供まで行うことができるようになり、これらの企業によ

る商業打上げ市場への参入が促進された。

(3) 科学技術庁研究開発局『宇宙開発ハンドブック』(一九八七年版)一九一～二三五頁。

(4) NAS Act は、(b)項で、NASA を"....a civilian agency exercising control over aeronautical and space activities sponsored by the United States" と定義している。See, S. N. Hoseball, "NASA and the Practice of Space Law", *Journal of Space Law*, vol. 13, 1985, pp. 1f.

(5) 村瀬信也「宇宙開発の国際法と日本の対応——宇宙基地計画をめぐって」大沼保昭編『国際法、国際連合と日本』(高野雄一先生古稀記念論文集、弘文堂、一九八七年)三二七～三五九頁(本書第四章第三節に収録)、Andrew J. Young, *Law and Policy in the Space Stations' Era*, 1989.

(6) 科学技術庁『前掲書』(注3)二〇二～二〇三頁。

(7) Nathan C. Goldman, *American Space Law*, 1988, pp. 133-135.

(8) *Ibid.*, pp. 139-142; H. Lingl, "Joint Endeavor Agreements with NASA in theArea of Material Processing in Space", *Proceedings of the International Institute of Space Law*, 1984, pp. 158-171.

(9) Goldman, *op. cit., supra* note 7, pp. 151-152.

(10) *Ibid.*, pp. 157-158, 山本草二編『放送衛星——その法制度的研究』(日本放送出版協会、一九八一年)参照。

(11) 山本草二『インテルサット(国際電気通信衛星機構)恒久協定の研究』(国際電信電話株式会社、一九七三年)二三頁。

(12) 同、一九九頁以下。

(13) Goldman, *op. cit., supra* note 7, pp. 159-160; G. H. Reynolds & R. P. Merges, *Outer Space: Problems of Law and Policy*, 1989, pp. 204-225.

(14) Goldman, *op. cit., supra* note 7, p. 154.

(15) 96th Cong. 2nd sess., S. 898, "The Telecommunication and Deregulation Act of 1981"; 97th Cong. 1st sess., H. R. 5182, "Communications Act of 1982" など。

(16) Joyner & Miller, "Selling Satellites: The Commercialization of LANDSAT", *Harvard International Law Journal*, vol. 26, 1985, pp. 63f.

(17) この「民間遠隔探査認可規則」における認可条件の「国家安全保障条項」は、米国憲法修正一条との観点から、濫用の危険性を指摘する論者も多く、これが報道の自由を脅かすことのないよう、限定的に解すべきだとされる(Merges & Reynolds, "News Media Satellites and the First Amendment", *Boalt High Technology Law Journal*, vol. 3, pp.1f., quoted in Reynolds & Merges, *op. cit., supra* note 13, pp. 303-304)。

(18) P. M. Adrien, "A US Dilemma: Satellite Remote Sensing Privatization", *Space Policy*, vol. 2, no. 2, 1986, pp. 93-94; C. Voute, "Some

"Consequences of the Commercialization of Satellite Remote Sensing", *Ibid.*, vol. 3, no. 4, 1987, pp. 307-312; Goldman, *op. cit., supra* note 7, pp. 175-176.

(19) National Security Decision Directive 94, "Commercialization of Expendable Launch Vehicles", May 16, 1983. このＥＬＶの民間化を促進・監督するため、運輸省の中に「商業宇宙運輸室」(Office of Commercial Space Transportation, OCST) が一九八四年二月に設置されている。Goldman, *op. cit., supra* note 7, pp. 124, 142-143, 170.

(20) National Security Decision Directive 254. 科学技術庁『前掲書』(注3)二一六〜二一七頁。

(21) 法人のみならず、米国法の下で組織されまたは存在するパートナーシップ、合弁、組合その他の団体がすべて含まれる(四条一一項B)。

(22) 山本草二「宇宙開発をめぐる国際法と国内法」『大東法学』(大東文化大学)一五号(一九八八年)二〇六頁。

(23) Licensing Regulations, OCST, 6870 Federal Register, vol. 51, no. 38.

(24) 100th Cong., 2d sess., "Commercial Space Launch Act Amendments of 1988", Report of the Senate Committee on Commerce, Science and Transportation on H.R.4399, Oct.7, 1988, pp. 2-3; R. A. Williamson, "The USA and International Competition in Space Transportation", *Space Policy*, vol. 3, no. 2, 1987, pp. 115-121.

(25) 山本「前掲論文」(宇宙開発をめぐる国際法と国内法)(注22)二〇四〜二〇五頁参照。

(26) 村瀬「前掲論文」(注5)三四四〜三五一頁参照。

(27) この規定は企業に対して厳しすぎるとの批判も強いが、とくにこの規定が同法の「域外適用」によって米国以外の企業に対しても及ぼされる可能性が懸念されている。もっとも、この点について米当局者は、当該規定の運用に当たっては企業側の利益を考慮し、申請のあった九〇%以上について特許権の放棄を認めて宇宙活動の「商業化」を推進してきたこと、またこれまで米国の宇宙活動に参加してきた三五〇社のうち二〇%以上は米国以外の外国会社であること、等を指摘している。B. Luxemberg, "Exploitation of Data and Products, Aspects of Law and Practice in the United States", in K. H. Böckstiegel, ed., *Space Stations: Legal Aspects of Scientific and Commercial Use in a Framework of Transatlantic Cooperation*, 1985, pp. 175-185.

(28) 川口博也『アメリカ特許法概説』(発明協会、一九八七年)五一、五六〜五七頁。

(29) もっとも、米国司法省は、ヒューズ航空機会社から米国政府が海軍および空軍の使用している人工衛星に関して特許侵害の訴えを受けており、その抗弁の一つとして、ヒューズの所有する特許部品の宇宙空間における使用は「合衆国内における」使用とはみなしえないと主張している旨伝えられるが、この弁明はやや無理がある。

(30) U.S. Office of Technology Assessment （OTA）, *Space Stations and the Law: Selected Legal Issues*, 1986, pp. 35f.; Young, *op. cit., supra* note 5, pp. 171-174.

(31) *Ibid.*; Prof. D. S. Chisum, "Statement on H.R.2725", Hearing before theSubcommittee on Courts, Civil Liberties and the Administration of Justice, House Committee on the Judiciary, 99th Cong., 1st Sess., June 13, 1985, p. 18.

(32) この司法省の見解は前掲注(28)で述べたヒューズとの訴訟が関係している。このためカステンマイヤー法案はその後、その不遡及および係属中の裁判事件に対しては影響しない旨の条項を付加して修正された(OTA, *op. cit., supra* note 30, pp. 36-37)。

(33) Goldman, *op. cit., supra* note 7, p. 117; Reynolds & Merges, *op. cit., supra* note 13, pp. 283f.

(34) OTA, *op. cit., supra* note 30, p. 68. なお、カステンマイヤー法案のその後の修正等については G. Lafferranderie, "The U.S. Proposed Patent in Space Legislation: An International Perspective", *Journal of Space Law*, No. 18, 1990, pp. 1-9.

(35) 村瀬信也「ココム規制に関する国際・比較法的検討」『ジュリスト』八九五号(一九八七年)一七〜二三頁、Shinya Murase "Trade versus Security: The COCOM Regulations inJapan", *The Japanese Annual of International Law*, no. 31, 1988, pp. 1-17.

(36) Reynolds & Merges, *op. cit., supra* note 13, pp. 240-241.

(37) *Ibid.*, pp. 244-245.

(38) 18 U.S.C.A. Sec.7; Goldman, *op. cit., supra* note 7, p. 135; Reynolds & Merges, *op. cit., supra* note 13, pp. 249f.; OTA, *op. cit., supra* note 30, pp. 42-43.

(39) United States v. Cordova, 89 F. Supp. 298. この事件は被告人が公海上空を飛行中の米国航空機中で暴行を行った事件であるが、当時の米国刑法では「公海上の船舶」のみを規定しているにすぎなかったため、裁判所は米国の刑事管轄権を否定したというものである。

(40) OTA, *op. cit., supra* note 30, pp. 27-28.

(41) 山本草二『国際法』(新版、有斐閣、一九九四年)一一三〜一一四頁、同『国際法における危険責任主義』(東京大学出版会、一九八二年)二三二〜二七一頁、Carl Q. Christol, *The Modern International Law of Outer Space*, 1982, pp. 104f.; OTA, *op. cit., supra* note 30, pp. 44-47.

(42) Goldman, *op. cit., supra* note 7, pp. 129-131.

(43) Peter P. C. Haanappel, "Possible Models for Specific Space Agreements", in K.H. Böckstiegel, ed., *op. cit., supra* note 27, pp. 65-68.

(44) OTA, *op. cit., supra* note 30, pp. 47-48.

(45) 一九七三年の米国とＥＳＡとの Spacelab Agreement 一一条、一九八八年の宇宙基地協定一六条など。

(46) 山本草二「前掲論文」(宇宙開発をめぐる国際法と国内法)(注22)二二一頁参照。

(47) 電気通信審議会『日本電信電話株式会社及び国際電信電話株式会社の外資規制のあり方』(平成三〔一九九一〕年九月一九日)一〇～一一頁。

(48) 山本草二『前掲書』(国際法)(注41)四八三～四八四頁。

(49) Stephen Gorove, "Limiting the Use of Arms in Outer Space: Legal and Policy Issues", *Developments in Space Law*, 1991, pp. 255-289; Carl Q. Christol, "The Militarization of Space", *Space Law: Past, Present and Future*, 1991, pp. 3-66.

(50) 山本草二『注解国際海事衛星機構条約』(第一法規、一九九〇年)一一二～一一三頁。

(51) W.D. von Noorden, "INMARSAT Use by Armed Force", *Journal of Space Law*, vol. 23, 1995, pp. 1-17.

(52) Milton L. Smith, *International Regulation of Satellite Communication*, 1990, pp. 207-209; Unberto Leanza, ed., *The Future of International Telecommunications: The Legal Regime of Telecommunications by Geostationary-Orbit Satellite*, vol. 1, 1990, pp. 159-356.

(53) 第一期における主要な審議内容は次のとおりである。

昭和四二(一九六七)年七月一三日の衆院外務委員会で高島条約局長は、宇宙空間の軍事衛星について明示的な禁止規定はない旨の説明を行っているが、条約の精神からすれば、軍事利用は好ましいとはいえない、としている。謝敷国務大臣は「通信衛星は、これは軍事用あるいは平和利用という区別はないのではないか。一般の通信衛星でも使用の仕方によって変わってくるのではないか」と述べている(同会議録一八号、九、一三頁)。

昭和四三(一九六八)年四月二五日の参院内閣委員会で鍋島国務大臣は「平和利用以外には絶対いたしません」と強調(同会議録一四号、二七～二八頁)、昭和四四(一九六九)年三月一四日衆議院本会議で佐藤栄作総理大臣は「宇宙開発を平和目的に徹して行うにあたっては、……原子力の場合と同様の三原則に立ち、その原則を含む宇宙開発基本法を制定すべきであるとの考え方には、私も基本的に同感」と答弁している(同、三三三頁)。

同年五月八日の衆院科学技術振興対策特別委員会で、石川委員からの、平和利用には非侵略という使い方もあるが、日本の場合は憲法の建前から非軍事と理解すべきではないか、との質問に対し、木内国務大臣は「非軍事という解釈は……大体その通り」と答弁(同、六頁)、同日、宇宙開発事業団法に対する修正案が提出され、第一条中「平和目的に限り」の文言が付け加えられた(同、八頁)。同年六月六日の参院科学技術振興対策特別委員会で、木内大臣は「軍事目的は平和の目的ではない」とし、「防衛庁に使わせるということは全然考えていない」と答弁(同一〇、一三頁)。同年五月九日の衆議院における「わが国における宇宙の開発及び利用の基本に関する決議案」が採択された(同会議録三五号、九〇三頁)のに続いて、六月一三日には参院科学技術振興対策特別委員会でも「宇宙開発事業団法案に対する附帯決議」が採択され、「すみやかに宇宙開発基本法の検討を進め、その立法化をはかること」、および「わが国における宇宙の開発及び利用にかかわる諸活動は、平和の目的に限り、かつ、自主、民主、公開、国際協力の原則の下にこれを行うこと」などが決議された(同会議録九号、一頁)。

(54)　第二期における国会審議の模様は次のとおりである。

昭和五四(一九七九)年の通信・放送衛星機構法案の審議において、同年二月に郵政省が出した通信衛星及び放送衛星の実用化に関する資料では「当面、行政機関等が人命、財産の保護等を目的に開設する公共業務用通信回線及び電電公社が開設する国内公衆通信回線について衛星の利用がこの宇宙条約となるよう早急に計画を進めることとする」とあったが、この点につき同年四月二六日の衆院逓信委員会で、この「行政機関等」の中に自衛隊が含まれるか否かについて質問があった。これについて平野政府委員は「自衛隊は含まれていない」「軍事優先に使用する予定はない」旨述べ(同会議録九号、一二頁)、同年五月二九日の参院逓信委員会でも、自衛隊・防衛庁からの衛星打上げについての要請はなく心配ない、と答弁している(同会議録八号、二九頁)。

同年六月五日の参院逓信委員会で再び平野政府委員は、「郵政省としては宇宙条約と［前記］附帯決議の理念に従って機構法を運営したいと考えているので……防衛庁がたとえば軍事目的のために本機構の衛星を使用することはない」と述べた(同会議録九号、九頁)。防衛庁の伊部説明員も、防衛庁としては現在のところ郵政省で考えている衛星通信のユーザーとなる計画はないし、また独自に衛星を打ち上げる計画もない、と答弁。ただ「将来、世界の軍事技術の趨勢によっては、研究課題にはなりうる」と含みを持たせた(同、一二、二九頁)。同日、「通信・放送衛星機構法案に対する附帯決議」が採択され(衆院では五月九日に採択)、「本機構は平和利用の目的に限り業務の運営に当たること」と決議された(同、一七頁)。

自衛隊による宇宙通信衛星の使用問題に転機となるのは、実用静止衛星CS-2の利用をめぐり昭和五八(一九八三)年二月から五月にかけて展開された一連の論議である。まず同年二月五日の衆院予算委員会で、民社党塚本委員からの「災害時や硫黄島における自衛隊の宇宙通信回線の利用を認めてもよいのではないか」との質問に対し、中曾根総理大臣は「考えてみます」と答えている(同会議録五号、一四頁)。その後四月二七日の衆院外務委員会で外務省加藤(泰)局長は政府委員として「自衛隊が人工衛星を使い、たとえば通信の用に供するような場合に、そのすべてが平和利用に抵触するものではない」と述べ、硫黄島との間に自衛隊が通信回線を持つということについても鋭意検討中である、としている(同会議録七号、三七頁)。

同年三月二四日の衆院科学技術委員会では、偵察衛星の開発や防衛目的の使用について防衛庁の意向が問われたが、防衛庁村松説明員は「偵察衛星は……有力な情報収集手段の一つであると認識し……各種情報昨日の充実が専守防衛を旨とするわが国の防衛にとってきわめて重要であるところから、これに関心を有している」が「現在のところ、その保有についての構想ないし計画はもっていない」と答弁。「海洋偵察衛星を米国側が打ち上げた場合日本側がこれを利用するか、また日米共同で偵察衛星を打ち上げるということ……についても、具体的な構想ないし計画は有していない」と述べた（同会議録三号、一六〜一七頁）。角田法制局長官は、同年四月四日の参院予算委員会で「憲法の範囲内であくまで専守防衛という見地から必要な情報を収集するために偵察衛星を保有するということについて、現行法制の規定だけに限って言えば、それを妨げるものはない」と述べた（同会議録一六号、二五頁）。もっとも後日「そのような偵察衛星を宇宙開発事業団が打ち上げることは事業団法一条の趣旨から言ってできない」と答弁をやや修正した（五月一六日参院安全保障特別委員会会議録四号、六〜七頁）。

(55)　第三期における「汎用性」理論が展開されるのは、昭和六〇（一九八五）年以降のことである。

同年二月五日の衆院予算委員会で海上自衛隊の護衛艦五隻に米国海軍が所管しているフリーサット衛星通信システムを受信するための装置を搭載する経費をめぐって論議が行われた。その際、加藤国務大臣は「このフリーサット衛星というものは通常の通信衛星であって……通信衛星がいろいろな分野でもうごく当たり前に利用されるようになりました。……このように一般的にもう広く世間で利用されている技術を、かりに自衛隊が使うものであっても……一般化・汎用化の原則からお許しいただけるのではないか」と述べた。翌二月六日に政府統一見解が示されたが、それによると「国会決議の『平和の目的に限り』とは、自衛隊が衛星を直接、殺傷力、破壊力として利用することを認めないことは言うまでもないといたしまして、その利用が一般化しない段階における自衛隊による衛星の利用を制約する趣旨のものと考えます。したがいまして、その利用が一般化している衛星及びそれと同様の機能を有する衛星につきましては、自衛隊による利用が認められるものと考えております。ご議論のありましたフリーサット衛星は米軍用の通信衛星ではありますが、既にその利用が一般化しているインテルサット（国際通信衛星）、インマルサット（国際海事通信衛星）、CS-2（さくら二号）のような衛星と同様な通信中継機能を有するものでありまして、このようなフリーサット衛星を自衛隊が利用することは、国会決議の平和の目的の趣旨に反しないものと考えております。」（同会議録五号、二頁）。

同日の衆院予算委員会で民社党塚本委員は、軍縮合意の実効ある検証措置として偵察衛星の使用が考えられてよいのではないかとし、「やがては偵察衛星が、軍縮で日本が検証の措置をとるとするならば必要になってくる」との指摘について、中曾根総理大臣は基本的に賛意を表明しつつ、「ただ自衛隊が具体的にどうするかという問題については、政府としていろいろ検討すべき課題もある」と述べている（同、二四頁）。なお以前、角田法制局長官が、宇宙開発事業団による偵察衛星の打上げはできないとの趣旨の答弁を行ったことについて、昭和六〇（一九八五）年二月二一日の衆院予算委員会で、中曾根総理大臣等は「この答弁は当時、偵察衛星の利用というものが一般化している状況にはない、それを前提として、そういう認識のもとでのもの」であったが、「汎用性の理論は偵察衛星にも適用でき、それが一般化した場合には自衛隊による利用も可能」と答えている（同会議録一五号、二七頁）。

同年二月一八日の衆院予算委員会で、硫黄島の衛星通信回線問題が取り上げられたが、加藤国務大臣は「電電公社が一般にサービスをするときには不平等な扱いをしてはいけない、一般の人たちと同じ公平な扱いをしていただきたい、そういうような、いわゆるサービスにおける公平の観点から電電公社にお願いし、この結果になったもの」と説明している（同会議録一二号、一五頁）。

(56)　Bhupendra Jasani, ed., *Peaceful and Non-Peaceful Uses of Space: Problems of Definition for the Prevention of an Arms Race*, 1991.

(57)　*ICJ Reports 1986*, pp. 98-127, 山本草二『前掲書』（国際法）（注41）九〜一一頁。

(58)　村瀬信也「宇宙の平和利用と査察衛星」『朝日新聞』一九九八年九月七日朝刊（論壇）。

本書収録公表論文初出一覧（年代順）

「条約規定の慣習法的効力――慣習国際法の証拠としての条約規定の援用について」寺沢一・他編『国際法学の再構築・上』（高野雄一先生還暦記念、東京大学出版会、一九七七年）三～四〇頁。（第二章第一節）

「ウィーン条約法条約第三八条の意義」『国際法外交雑誌』七八巻一・二合併号（一九七九年）五七～七八頁。（第二章第二節）

「新国際経済秩序と国際立法過程」『ジュリスト』七三二号（一九八一年）二四五～二五〇頁。（第四章第一節）

「現代国際法における法源論の動揺――国際立法論の前提的考察として」『立教法学』二五号（一九八五年）八一～一一一頁。（第一章第一節）

「国際立法学の存在証明」浦野起央・牧田幸人編『現代国際社会の法と政治』（深津栄一先生還暦記念、北樹出版、一九八五年）一〇五～一二九頁。（第三章第一節）

「国際法委員会における立法過程の諸問題」『国際法外交雑誌』八四巻六号（一九八六年）二五～六四頁。（第三章第二節）

「国連海洋法条約と慣習国際法――『国際立法』のパラドックス」外務省『海洋法と海洋政策』九号（一九八六年）一～二五頁。（第三章第三節）

「宇宙開発の国際法と日本の対応――宇宙基地計画をめぐって」大沼保昭編『国際法、国際連合と日本』（高野雄一先生古稀記念、弘文堂、一九八七年）三二七～三五九頁。（第四章第三節）

「国際慣習法の成否に関する認定――シベリア抑留訴訟第一審判決をめぐって」『ジュリスト』九三七号（一九八九年）七

八～八三頁。（第二章第四節）

「ＧＡＴＴの立法過程」『貿易と関税』四四三号（一九九〇年）一二～一八頁。（第四章第二節）

「地球環境保護に関する国際立法過程の諸問題――主権国家の位置と限界」大来佐武郎監修『地球環境と政治――地球環境保全のための新たな国際協調体制の確立に向けて』（講座地球環境・第四巻）（中央法規出版、一九九〇年）二一七～二三〇頁。（第五章第三節）

「国内裁判所における慣習国際法の適用」広部和也・田中忠編『国際法と国内法―国際公益の展開』（山本草二先生還暦記念、勁草書房、一九九一年）一三三～一七〇頁。（第二章第三節）

「宇宙関係諸条約の履行と国内法整備――民間宇宙活動をめぐる米国の法制」『立教法学』（奥脇直也と共同執筆）三六号（一九九一年）七一～九〇頁（村瀬執筆部分）。（第七章第三節）

「国際環境法――国際経済法からの視点」『ジュリスト』一〇〇〇号（一九九二年）三六〇～三六五頁。（第五章第二節）

「海洋環境の保全と国際法」『国際問題』三九八号（一九九三年）四四～五三頁。（第五章第四節）

「シベリア抑留補償請求事件控訴審判決」『判例時報』一四八二号（一九九四年）一八五～一八九頁。（第二章第四節）

「国際環境法における国家の管理責任――多国籍企業の活動とその管理をめぐって」『国際法外交雑誌』九三巻三・四合併号（一九九四年）一三〇～一五九頁。（第五章第五節）

「ガットと環境保護」日本国際経済法学会編『国際経済法』三号（一九九四年）一～二四頁。（第五章第六節）

「国際紛争における『信義誠実』原則の機能――国際レジームの下における締約国の異議申立手続を中心に」『上智法学論集』三八巻三号（石本泰雄教授退職記念号）（一九九五年）一八九～二二一頁。（第六章第五節）

「『貿易と環境』に関するＷＴＯ紛争処理の諸問題」『貿易と関税』五三五号（一九九七年）七八～八六頁。（第六章第四節）

「国際環境条約の履行確保と経済的手段――気候変動枠組条約の下における環境税および共同実施について」日本エネ

ルギー法研究所『国際原子力安全・環境保護規制と国内法制の接点』（平成六・七年度比較環境法制班報告書）（日本エネルギー法研究所、一九九七年）一二七〜一四七頁。（第七章第一節）

「日本の国際法学における法源論の位相」（国際法学会百周年記念大会報告）『国際法外交雑誌』九六巻四＝五号（一九九八年）一七五〜二〇三頁。（第一章第二節）

「国家管轄権の一方的行使と対抗力」村瀬信也・奥脇直也編『国家管轄権――国際法と国内法』（山本草二先生古稀記念、勁草書房、一九九八年）六一〜八二頁。（第六章第一節）

「国際組織の一方的措置と対抗力――国連憲章第七章の下における軍事的措置の容認をめぐって」『上智法学論集』四二巻一号（栗城壽夫教授・山本草二教授退職記念号）（一九九八年）五〜三八頁。（第六章第二節）

「原子力平和利用国際レジームの法構造――ＩＡＥＡ保障措置の位置と機能」日本エネルギー法研究所『国際原子力利用法制の主要課題』（平成八・九年度国際原子力法制班報告書）（日本エネルギー法研究所、一九九八年）六七〜九一頁。（第六章第六節）

「国際環境レジームの法的側面――条約義務の履行確保」『世界法年報』一九号（一九九九年）二一〜二二頁。（第五章第一節）

「『環境と貿易』問題の現状と課題」森島昭夫・大塚直・北村喜宣編『環境問題の行方』（ジュリスト増刊）（有斐閣、一九九九年）三一四〜三一八頁。（第五章第七節）

「武力不行使に関する国連憲章と一般国際法との適用関係――ＮＡＴＯのユーゴ空爆をめぐる議論を手掛かりとして」『上智法学論集』四三巻三号（一九九九年）一〜四一頁。（第六章第三節）

事項索引

〔ウ〕

〔エ〕

〔オ〕

〔カ〕

〔キ〕

〔コ〕

〔ス〕

〔セ〕

〔ソ〕

〔タ〕

〔チ〕

〔ツ〕

〔テ〕

〔ト〕

〔ヒ〕

〔フ〕

〔へ〕

〔マ〕

〔ミ〕

人名索引

〔ア〕

アイゼンハワー (Eisenhower, Dwight D.) 122
アゴー (Ago, Roberto) 223,233,238,245,256,257
アトキン (Atkin, J. R.) 157
アムーン (Ammoun, F.) 105
アランジオ・ルイス (Arangio-Ruiz, Gaetano) 223,480
アリアス・シュライバー (Arias-Schreiber, A.) 274
アルバレス (Alvarez, A.) 546

〔イ〕

イェリネック (Jellinek, Georg) 191
石本泰雄 (Ishimoto, Yasuo) 551,552,569,590,591
伊藤不二男 (Ito, Fujio) 48

〔ウ〕

ヴァッテル (Vattel, Emer de) 15,190,194
ヴァラット (Vallat, F.) 222
ヴィラリ (Virally, Michel) 32,37,38,155
ウールジー (Woolsey, Theodore Dwight) 46
ヴェイユ (Weil, Prosper) 25,29,36
ウェストン (Weston, Burns) 505
ウォルドック (Waldock, Humphrey) 123,222,233,532,540
ヴォルフ (Wolff, Christian) 15,190
ウシャコフ (Ushakov, N.A.) 222
ウストール (Ustor, E.) 222

〔エ〕

エヴェンセン (Evensen, Jens) 223
エストラデ (Estradé, S.) 334
エルエリアン (El-Erian, Abdullah) 222

〔オ〕

大沢章 (Osawa, Akira) 54
オースティン (Austin, John) 12
小木曽本雄 (Ogiso, Motoo) 222

〔カ〕

カーニー (Kearney, Richard D.) 222,223,226
カヴァレ (Cavaré, Louis) 156
ガジャ (Gaja, Giorgio) 505
カスタネーダ (Castañeda, Jorge) 37,288
カステンマイヤー (Kastenmeier, Robert W.) 321,674
カッセーゼ (Cassese, A.) 138,156,541,545
ガルシア・アマドール (Garcia Amador, Francisco V.) 223
カルボー (Calvo, Carlos) 63
神田孝平 (Kanda, Kohei) 45

〔ク〕

クェンティン・バクスター (Quentin-Baxter, Robert Q.) 223,240,419
クリントン (Clinton, William Jefferson) 625
クルイロフ (Krylov, S.B.) 515
来栖三郎 (Kurusu, Saburo) 106
クレスタッド (Klaestad, H.) 574
グレノン (Glennon, Michael) 505
グロ (Gros, A.) 574
グロティウス (Grotius, Hugo) 14,190,194
クロフォード (Crawford, James) 223
クンツ (Kunz, Josef) 77,155,256,280
ケルゼン (Kelsen, Hans) 155,191,550,590,591

〔コ〕

コー (Koh, Tommy) 274,275
香西茂 (Kozai, Shigeru) 501
コーベット (Corbett, Percy) 13,33
ゴールディー (Goldie, L.F.E.) 243
コシュトゥニツァ (Kostunica, V.) 549
小森光夫 (Komori, Teruo) 123,279
コルドヴァ (Córdova, Roberto) 221

〔サ〕

サールウェイ (Thirlway, Hugh) 594
ザイドゥル・ホーヘンフェルデルン (Seidl-Hohenveldern, Ignaz) 25
サンドストレム (Sandström, A.E.F.) 222

〔シ〕

ジェニングス (Jennings, Robert Y.) 237
ジャクソン (Jackson, John H.) 305
シャクター (Schachter, Oscar) 505,613
シュウェーベル (Schwebel, Stephen M.) 223
シュトルップ (Strupp, K.) 279
シュミット (Schmitt, Carl) 54
ジョンソン (Johnson, D. H. N.) 243
シン (Singh, Nagendra) 81
シンマ (Simma, Bruno) 524,530

〔ス〕

スアレス (Suarez, Francisco de) 190
スカリトクル (Sucharitkul, S.) 222
スクビシェフスキ (Skubiszewski, Krzysztof) 32
スターク (Starke, Joseph Gabriel) 472,477
スピロプロス (Spiropoulos, Jean) 223
スペンダー (Spender, P.) 546
ズレク (Zourek, J.) 222

〔セ〕

セル (Scelle, Georges) 13,209,222,238
千賀鶴太郎 (Senga, Tsurutaro) 47

〔ソ〕

ソーン (Sohn, Louis B.) 294
曽野和明 (Sono, Kazuaki) 247,291

〔タ〕

太壽堂鼎 (Taijudo, Kanae) 63
田岡良一 (Taoka, Ryoichi) 50-54,60,63,65
ダガード (Dugard, C. John R.) 223
高桑昭 (Takakuwa, Akira) 161
高野雄一 (Takano, Yuichi) 74,584
高橋作衛 (Takahashi, Sakue) 47
高林秀雄 (Takabayashi, Hideo) 62
立作太郎 (Tachi, Sakutaro) 47-50,54,63
田中耕太郎 (Tanaka, Kotaro) 31,35,36,54,247
田中忠 (Tanaka, Tadashi) 536,590
ダマト (D'Amato, Anthony) 18,74,75,102,103,119,120,183,275,552
ダレス (Dulles, John Foster) 122
ダンジェロ (D'Angelo, J.R.) 538

〔テ〕

ティアム (Thiam, Doudou) 223
デーリンク (Doehring, Karl) 124
デ・カストロ (de Castro, F.) 106
デュピュイ (Dupuy, R. J.) 288
寺尾亨 (Terao, Toru) 47

〔ト〕

ドゥ・ヴィシェ (de Visscher, Charles) 13,239
トゥンキン (Tunkin, G.) 238
トムシャット (Tomuschat, Christian) 511
トリーペル (Triepel, Heinrich) 191,192

〔ナ〕

ナイホルム (Nyholm, D. G.) 102

〔ニ〕

西周 (Nishi, Amane) 45

〔ネ〕

ネグレスコ (Neglesco, D.) 16

〔ハ〕

ハーディング (Harding, W.G.) 122
バウエット (Bowett, D.W.) 243

バクスター (Baxter, Richard R.) 25,26,74,75,77,102,103,108-110,119,205,218,243,271,293,376
ハックワース (Hackworth, Green Haywood) 515
ハドソン (Hudson, Manley O.) 188,221
パリー (Parry, Clive) 11
バルトシュ (Bartoš, Milan) 222
バルボザ (Barboza, Julio) 223,419,420

〔ヒ〕

ビトリア (Vitoria, Francisco de) 190
ヒメネス・デ・アレチャガ (Jimenez de Aréchaga, Eduardo) 81
ヒューズ (Hughes, C.E.) 122
ヒューデック (Hudec, Robert) 363,488
ビン・チェン (Bin Cheng) 17

〔フ〕

フィートン (Wheaton, Henry) 46
フィールド (Field, D. D.) 195
フィオレ (Fiore, P.) 195
フィッツモーリス (Fitzmaurice, Gerald) 222,232,238,591
フーバー (Huber, Max) 37,209
フェアドロス (Verdross, A.) 155,238
フォースター (Forster, I.) 81
ブライアリー (Briery, James Leslie) 192,222,232
ブラウンリー (Brownlie, Ian) 289
ブラックストーン (Blackstone, W.) 131
フランソワ (François, J.P.A.) 221,238
ブルンチュリ (Bluntschli, J. C.) 195

〔ヘ〕

ベジャウィ (Bedjaoui, Mohamed) 222
ベルナドッテ (Bernadotte, F.) 498
ペレ (Pellet, Alain) 223,505
ベングゾン (Bengzon, C.) 81
ベンサム (Bentham, Jeremy) 31,193-195

〔ホ〕

ボス (Bos, Maarten) 33
ホセイン (Hossain, Kamal) 41

〔マ〕

マーシャル (Marshall. J.) 132
マカフリー (McCaffrey, Stephen C.) 223
マクネア (McNair, Arnold) 21,192
松井芳郎 (Matsui, Yoshiro) 505
マッテ (Matte, N. M.) 335
マルコフ (Marcoff, M. G.) 334
マレク (Marek, Krystyna) 124,239,240

〔ミ〕

ミクルカ (Mikulka, Václav) 223
箕作麟祥 (Mitsukuri, Rinsho) 46,63
宮崎繁樹 (Miyazaki, Shigeki) 99
ミロシェヴィッチ (Milosevic, Slobodan) 519,549

〔ム〕

ムーア (Moore, J. N.) 276

〔メ〕

メンデルソン (Mendelson, Maurice) 33

〔モ〕

モロゾフ (Morosov. P.D.) 538

〔ヤ〕

安井郁 (Yasui, Kaoru) 54,55
山本草二 (Yamamoto, Soji) 125,127,141,161,472,490,491,509
ヤンコフ (Yankov, A.) 232

〔ヨ〕

横田喜三郎 (Yokota, Kisaburo) 50-55,63,64,238

〔ラ〕

ラウターパクト (Lauterpacht, Hersch) 13,192,214,219,222,232,243,279,513,523
ラオ (Rao, Pemmaraju Sreenivasa) 223,419

ラザフィンドラランボ (Razafindralambo, Edilbert) 419
ラシャリエール (Lacharrière, Guy de) 226, 247,280
ラックス (Lachs, Manfred) 105,222

〔リ〕

リースマン (Reisman, Michael) 207,276,533
リード (Read, J. E.) 18
リップハーゲン (Riphagen, Willem) 223,479

〔ル〕

ルーダ (Ruda, José Maria) 81,575
ルソー (Rousseau, Charles) 12
ルテール (Reuter, Paul) 222,233,234,244

〔レ〕

レーガン (Reagan, Ronald) 250,325,667,670

〔ロ〕

ローゼンストック (Rosenstock, Robert) 223
ローラン (Rolin, Henri) 49
ロス (Ross, Alf) 12
ロゼンヌ (Rosenne, Shabtai) 233
ロドリゲス・セデーニョ (Rodriguez Cedeño, Victor) 223

判例索引

〔ア〕

アモコ・カディス号事件:米国連邦裁 370,408,410-412

アモコ・カディス号事件(対アスティエロス造船会社):イリノイ州連邦控訴審 1983.2.3. 402,409

アモコ・カディス号事件(対アモコ他):米国連邦裁イリノイ北部地方東部支部 1984.4.18.、米国連邦裁イリノイ北部地方東部(賠償) 1988.1.11.、米国連邦裁控訴審 1992.1.24. 401,403,404,409

ある種の国連の経費に関する事件:ICJ(勧告的意見) 1962.7.20. 499,500,546,547

アングロ・イラニアン石油会社事件:ICJ(イギリス対イラン) 1952.7.22. 515

アンバティエロス事件(管轄権):ICJ(ギリシャ対イギリス) 1952.7.1. 515

〔イ〕

イラン人質事件:ICJ(米国対イラン) 1979.12.15.(仮保全措置命令)、1980.5.24.(判決) 474,479,517,537

インド通行権事件:ICJ(ポルトガル対インド) 1960.4.12. 16,36,514

〔ウ〕

ウィンブルドン号事件:PCIJ(イギリス、フランス、イタリア、日本対ドイツ) 1923.9.17. 83,122

〔エ〕

エイジャン・レア・アース(ARE)社事件:マレーシア最高裁 1993.12.23. 430

エーゲ海大陸棚事件:ICJ(ギリシャ対トルコ) 1978.12.19. 36,514

エビ・ウミガメ事件:WTO 1998.5.15.(パネル)、1998.10.12.(上級委員会) 456,481,557,636

〔オ〕

オーストリア・ドイツ関税同盟事件: PCIJ(勧告的意見) 1931.3.19. 85

オーデル河国際委員会の地域的管轄権に関する事件: PCIJ(オーデル河委員会構成国) 1929.9.10. 84

オデコ事件:東京地判(第一審) 1982.4.22.、東京高判(控訴審) 1984.3.14. 56,126,146,150,161,170,171

〔カ〕

化学肥料事件:GATT(チリ対オーストラリア) 1950.4.3. 579

核実験に関する事件：ICJ（オーストラリア、ニュージーランド対フランス）1974.12.20. 97,110,367,395,573,595
核兵器使用に関する事件：ICJ（勧告的意見）1996.7.8. 59
ガソリン事件：WTO（ヴェネズエラ、ブラジル対米国）：1996.1.29.（パネル）、1996.5.20.（上級委員会） 456,464,565,639
合衆国対コルドヴァ（United States v. Cordova）：ニューヨーク州東部連邦地裁 1950.3.17. 677
カナダによる米国からのニシン・サケの輸入制限事件：GATT（米国対カナダ）1988.3.22. 438,452
缶詰果物事件：GATT（米国対 EEC）1985.2.20. 580

〔キ〕

キハダマグロ事件：GATT（メキシコ対米国）1991.8.16. 353,434,442,443,447,450,456,478,481,553,557,559,562,563,566,635
漁業管轄権事件：ICJ（イギリス対アイスランド）1974.7.25. 36,57,80,81,91,92,124,473-475
漁業管轄権事件（管轄権）：ICJ（スペイン対カナダ）1998.12.4. 476,486
漁業事件：ICJ（イギリス対ノルウェー）1951.12.18. 18,80,165,475,477,563

〔ケ〕

原爆訴訟：東京地判 1963.12.7. 160,170,182

〔コ〕

光華寮事件：京都地判 1977.9.16.、大阪高判 1982.4.14.、京都地判（差戻し後第一審）1986.2.4.、大阪高判（差戻し後第二審）1987.2.26. 161
航空機事件：ICJ（イスラエル対ブルガリア）1959.5.26. 514
国際民間航空機関理事会の管轄権に関する事件：ICJ（インド対パキスタン）1972.8.18. 513
国連の役務中に被った損害に対する賠償事件：ICJ（勧告的意見）1949.4.11. 498,499,547
国家の介入に関する総会の権限事件：ICJ（勧告的意見）1950.3.3. 546
国境紛争事件：ICJ（ブルキナ・ファソ対マリ）1986.12.22. 486
コルフ海峡事件：ICJ（イギリス対アルバニア）1949.4.9. 384,515

〔サ〕

サバチーノ事件：米国連邦最高裁 1964.3.23. 133

〔シ〕

ジェノサイド条約に対する留保事件：ICJ（勧告的意見）1951.5.28. 547
シベリア抑留事件：東京地判（第一審）1989.4.18.、東京高判（控訴審）1993.3.5.、最判 1997.3.13. 56,126,142,149,162,172,181

〔ス〕

スーパー・ファンドに関する事件：GATT（カナダ対米国）1987.6.17. 434,440,451,623,626,639
砂川事件：最判 1959.12.16. 125

〔セ〕

政府間海事協議機関の海上安全委員会の構成に関する事件:ICJ(勧告的意見)1960.6.8. 514,574
石油および石油製品に対する国内課税に関する事件→スーパーファンドに関する事件

〔タ〕

第二次キハダマグロ事件:GATT (オランダ、EC 対米国)1994.5.20. 636
タイによるタバコの輸入規制および内国課税に関する事件:GATT (米国対タイ)1990.11.7. 436,452
ダニューヴ河ヨーロッパ委員会事件: PCIJ(勧告的意見)1927.12.8. 16
WHO とエジプトとの間の 1951 年協定の解釈に関する事件:ICJ(勧告的意見)1980.12.20. 36,573,575,617

〔チ〕

チュニジア・リビア大陸棚境界確定の履行に関する事件:ICJ(チュニジア対リビア)1985.12.10. 574
チュニジア・リビア大陸棚事件:ICJ (チュニジア対リビア)1982.2.24. 277,485,574
チュン・チー・チェン対英国(Chung Chi Cheung v. The King):英国枢密裁判所 1939. 157
張振海ハイジャック事件:東京高判(控訴審)1990.4.20. 145

〔テ〕

テキサダ号事件:和歌山地判(第一審)1974.7.15.、大阪高判 1976.11.19. 56,146,154,170,171,182

〔ト〕

東京水交社事件:東京地判 1966.2.28. 160
トレイル溶鉱所事件:仲裁裁(米国対カナダ)1938.4.16 (中間判決)、1941.3.11.(最終判決) 366,384,406,415,418,424,428

〔ナ〕

ナミビア事件:ICJ(勧告的意見)1971.6.21. 36,264,345,417,500,515,574,591,617
南西アフリカ事件(第二段階):ICJ (エチオピア、リベリア対南アフリカ)1966.7.18. 31,35,40,247,396,513,515,595
南西アフリカに関する表決事件:ICJ(勧告的意見)1955.6.7. 523
南西アフリカの国際的地位に関する勧告的意見:ICJ(勧告的意見)1950.7.11. 591

〔ニ〕

ニカラグアに対する軍事・準軍事活動に関する事件:ICJ (ニカラグア対米国)1986.6.27. 182,534,539,575,687
西サハラ事件:ICJ(勧告的意見) 1975.10.16. 514
日本家屋税事件:PCA(日本対英国、フランス、ドイツ)1905.5.22. 47

〔ノ〕

ノッテボーム事件(第二段階):ICJ (リヒテンシュタイン対グアテマラ) 1955.4.6. 76,77,88,89,91,101

〔ハ〕

パケット・ハバナ号事件:米国連邦最高裁 1900.1.8. 132
バルセロナ・トラクション会社事件(第二段階):ICJ (ベルギー対スペイン) 1970.2.5. 82,371,403,417,431
パルマス島事件:PCA(オランダ対アメリカ) 1928.4.4. 37

〔ヒ〕

ビーグル海峡事件:仲裁裁(アルゼンチン対チリ) 1997.2.18. 36
庇護事件:ICJ(コロンビア対ペルー) 1950.11.20. 16,36,79,82,86,88-90,118,165
ヒューズ航空機会社対合衆国事件:米国 690,691

〔フ〕

フィリピン・アドミラル号事件:英国枢密院司法委員会 1975.11.15. 131
フランコニア号事件:英国 1876. 131
武力行使の合法性に関する事件(仮保全命令):ICJ(ユーゴスラビア対米国他) 1999.6.2. 526,527,549
プレアビヘア寺院事件:ICJ (カンボジア対タイ) 1962.6.15. 474

〔ヘ〕

米国関税法 337 条に関する事件:GATT(EC 対米国) 1989.11.7. 437
米国自動車税に関する事件:GATT(EC 対米国) 1994.10.11. 624,639
米国によるカナダからのマグロの輸入制限事件:GATT (カナダ対米国) 1982.2.22. 438,451
米国のアルコール・麦芽飲料に関する措置をめぐる事件:GATT (カナダ対米国) 1992.6.19. 443
平和条約解釈事件:ICJ(勧告的意見) 1950.3.30.(第一段階)、6.18.(第二段階) 515,547
ベーリング海オットセイ事件:仲裁裁 (イギリス対アメリカ) 1893.8.15. 346-348

〔ホ〕

北海大陸棚事件: ICJ (西ドイツ対デンマーク、オランダ) 1969.2.20. 6,17,56,91,92,94,147,165,170,171,183,247,266,277,573
ボパール・ガス爆発事件:米国ニューヨーク州南部連邦地裁 1986.5.12.、インド最高裁 1989.2.14. 369,370,408,410-412,419,425

〔マ〕

マヴロマチス事件:PCIJ (ギリシャ対英国) 1924.8.30. 84

〔ミ〕

南アフリカがナミビアに引き続き存在することの法的効果→ナミビア事件

〔メ〕

メイン湾事件:ICJ(カナダ対米国)1984.10.12. 574

メキシコからのキハダマグロ輸入制限に関する事件→キハダマグロ事件

〔モ〕

モロッコにおけるアメリカ合衆国国民の権利に関する事件:ICJ(フランス対米国)1952.8.27. 85,514

〔ユ〕

ユーゴスラヴィア旅券法の違憲性に関する事件:ユーゴスラヴィア憲法裁 1977.3.16. 135

油糧種子事件: GATT (米国対 EEC) 1990.1.25. 580

尹秀吉事件:東京地判(第一審)1969.1.25.、東京高判(控訴審)1972.4.19.、最判 1976.1.26. 56,73,74,144,149,169,170,182

〔ラ〕

ラヌー湖事件:仲裁裁(スペイン対フランス)1957.11.16. 366

〔リ〕

リビア国有化事件:仲裁裁 1977.1.19. 37, 288

〔ロ〕

ローチュス号事件:PCIJ (フランス対トルコ) 1927.9.7. 16,52,53,78,469,552,677

ロッカビー航空機爆破事件:ICJ (リビア対英国、米国) 1992.4.14.(仮保全)、1998.2.27(管轄権) 513,531

〔ワ〕

ワンダラー号事件:仲裁裁(英国対米国)1921.12.9. 348

条約・国連決議・その他文書索引

＊太字の頁数は当該条約(条文)等が説明されている節(項)等の最初の頁を示す。

(1)多数国間条約

〔ア行〕

IAEA 憲章:〔採択〕1956.10.26.〔発効〕1957.7.29. 600,601,605,606,614
3条A・5項 600,601、3条B項4 605、11条F・4項 601、12条A・7項 601、12条C項 605、19条B項 605
IMF 協定:〔採択〕1945.12.27.(ワシントン)〔発効〕1945.12.27. 539
ILO 憲章:〔採択〕1946.10.9.(モントリオール)〔発効〕1948.4.20. 582,583
24条 582、26条 582、26条4項 583、33条 583
EEC 設立に関するローマ条約:〔採択〕1957.3.25.(ローマ)〔発効〕1958.1.1. 38,438
30条 438、36条 438、85条・86条・135条 38
インテルサット(国際電気通信衛星機構)協定:〔採択〕1971.8.20.(ワシントン)〔発効〕1973.2.12. 663
インマルサット(国際海事衛星機構)協定:〔採択〕1976.9.3. 663,682
3条3項 682
ウィーン会議議定書:〔採択〕1815.6.9.(ウィーン) 84
ウィーン外交関係条約:〔採択〕1961.4.18.(ウィーン)〔発効〕1964.4.24. 104,222,241
ウィーン条約法条約:〔採択〕1969.5.23.(ウィーン)〔発効〕1980.1.27. 36,56,104,113,222,241,290
4条 104、9条2項 287、26条 111、31条1項 500,573、31条3項b 435,500、32条 205,259,283、34条 111,112,385、34条〜37条 71、35条・36条 112、36条1項 109、36条2項 109、37条 113、38条 6,19,33,71,**107**,248,550、43条 71、44条3項 137、53条 105,230,263,530、第三部第三節 61、第三部第四節 33,107
ヴェルサイユ平和条約:〔採択〕1919.6.28.(ヴェルサイユ)〔発効〕1920.1.10. 84
380条 83
宇宙基地協定:〔採択〕1988.9.29.(ワシントン)〔発効〕1992.1.30. 331,422,663,673
5条 331、16条 331,692、21条 331,675、22条 331,677
宇宙救助返還協定:〔採択〕1968.4.22.(ロンドン、モスクワ、ワシントン)〔発効〕1968.12.3. 310,663
宇宙条約:〔採択〕1966.12.19.(国連総会)〔発効〕1967.10.10. 38,309,324,334,424,661,663,677,681-684,688,694
1条 324,334,679、1条1項 678、2条 678、4条1項 681、4条2項 681、6条 355,422,423,577,663,664,672、6条・7条 337、7条 664、8条 316,317,322,422,663,673,675、9条 681,

687、前文 387
宇宙損害責任条約:〔採択〕1972.3.29.(ロンドン、モスクワ、ワシントン)〔発効〕1972.9.1. 310,337,663,677
2条2項 324、7条 337
宇宙物体登録条約:〔採択〕1974.11.12.(国連総会)〔発効〕1976.9.15. 310,314,663
1条(a) 315、1条(b) 315、2条 317,322,323,675、2条2項 317、10条 335
衛生・検疫措置の適用に関する協定(SPS協定) 447,635
OAS憲章(米州機構憲章):〔採択〕1948.4.30.(ボゴタ)〔発効〕1951.12.13. 182,535
欧州人権保護条約:〔採択〕1950.11.4.〔発効〕1953.9.3.
24条 584
オゾン層保護に関するモントリオール議定書:〔採択〕1987.9.16.(モントリオール)〔発効〕1989.1.1. 380,445,455,462,561,616,629,641
2条8項a 628、4条 353,363,375,386,445,562,641、5条 374,375、5条1項 386、5条2項・3項 386、8条 586、不遵守手続 352,589、不遵守手続1項・4項・8項 586、不遵守手続4項 590
オゾン層保護のためのウィーン条約:〔採択〕1985.3.22.(ウィーン)〔発効〕1988.9.22. 380
前文2項 384、2条 381、2条2項 421

〔カ行〕

外交関係条約:〔採択〕1961.4.18.(ウィーン)〔発効〕1964.4.24. 222,241
外交官等保護条約:〔採択〕1973.12.14.(国連総会)〔発効〕1977.2.20. 222,,225
海底核兵器禁止条約(海底非軍事化条約):〔採択〕1971.2.11.(ロンドン)〔発効〕1972.5.28.
3条 587、8条 38
海底電信線保護万国連合条約:〔採択〕1884.3.14.(パリ)〔発効〕1888.3.1. 78
海洋投棄規制ロンドン条約:〔採択〕1972.12.29.(ロンドン、メキシコシティ、モスクワ、ワシントン)〔発効〕1975.5.28. 397
核兵器不拡散条約(NPT):〔採択〕1968.7.1.(ロンドン、モスクワ、ワシントン)〔発効〕1970.3.5. 596,600-607,614-616
1条・2条 615、3条 355,615,616、3条1項・4項 602、4条 616、6条 615、10条 38、追加議定書 602
GATT→関税と貿易に関する一般協定
環境改変禁止条約:〔採択〕1977.5.18.(ジュネーヴ)〔発効〕1978.10.5.
5条 587
環境保護に関する南極条約議定書:〔採択〕1991.10.4.(マドリッド)〔発効〕1998.1.14. 424
13条4項 585
関税と貿易に関する一般協定(GATT):〔採択〕1947.10.30.(ジュネーヴ)〔暫定適用〕1948.1.1. 39,296-307,353,354,357,373,375,**433**,454,**457**,**553**,579-582,588,589,623-625,627,633-636,641,642,644
1条 434,443,458,487,488,554、2条 458,487,554、3条 434,443,458,487,488,554,623,624,626,637,638、3条1項 638、3条2項 440、3条2項 626、3条4項 576、6条 441、9条1項 445、11条 434,458,487,554,637、16条 441,626、19条 303,304、20条 353,375,434-436,438,443,444,451,460,463,489,559,566,624,634,637、20条(a)項 435、20条(b)項 434-438,447,448,450,451,458,463,487,489,554,559,561,642、20条(c)項 435、20条(d)項 435,437、

20条(f)項 435、20条(g)項 434,438,439,458,487,488,554,559,567,636、20条柱書 458,567,636、20条(h)項 354,450,463,489,562,642、21条 435、23条 555,594、23条(b)項・(c)項 594、23条1項 578、25条5項 375,450,461,560、30条 303、第4部 462
気候変動枠組条約:〔採択〕1992.5.9.(ニューヨーク)〔発効〕1994.3.21. 357,623,628-630,633
3条3項・5項 634、4条1項c 640、4条2項(a) ・(d) 629、4条2項(e) 642、前文8項 421
北太平洋オットセイ保存暫定条約:〔採択〕1957.2.9.(ワシントン)〔発効〕1957.10.14. 348
12条 584
京都議定書:〔採択〕1997.12.11.(京都)、未発効 357,364,631,**633**
12条 636、17条 636、18条 363,641、2条1項(v) 634、2条1項a(i) 640、2条3項 634、4条 636
漁業条約:〔採択〕1958.4.29.(ジュネーヴ)〔発効〕1966.3.20. 221
空戦に関する規則:〔採択〕1922.12.11.(ハーグ)、未発効 160,170
25条 609
国の権利および義務に関する条約:〔採択〕1933.12.26.(モンテビデオ)〔発効〕1934.12.26. 38
公海条約:〔採択〕1958.4.29.(ジュネーヴ)〔発効〕1962.9.30.
21条 91,93,221
拷問等禁止条約:〔採択〕1984.12.10.(国連総会)〔発効〕1987.6.26.
21条 584
国際機構条約法条約:〔採択〕1986.3.21.(ウィーン)、未発効 222,241
国際刑事裁判所規程:〔採択〕1998.7.17.(ローマ)、未発効 223
国際刑事法に関するモンテヴィデオ条約:〔採択〕1889.1.23.(モンテヴィデオ) 80
国際原子力機関の特権及び免除に関する協定:〔採択〕1959.7.1.(ウィーン)〔発効〕1960.7.29.
7条 615
国際司法裁判所規則:〔採択〕1978.4.14.〔発効〕1978.7.10.
38条1項・2項 485
国際司法裁判所規程:〔採択〕1945.6.26.(サンフランシスコ)〔発効〕1945.10.24.
36条2項 485、38条 16,43,79,481,557、38条1項a～d 12、38条1項b 72、38条1項d 476、40条1項 485、59条 476
国際人権(自由権)規約:〔採択〕1966.12.16.(国連総会)〔発効〕1976.3.23. 584
40条 583、41条 583,584、41条1項a・1項b・1項e・1項h 583、42条 583
国際人権(自由権)規約選択議定書:〔採択〕1966.12.16.(国連総会)〔発効〕1976.3.23. 583
国際水路の非航行利用に関する条約:〔採択〕1997.5.21.(国連総会)、未発効 223
国際電気通信条約(ITU条約):〔採択〕1982.11.6.(ナイロビ)〔発効〕1984.1.9. 663
国際熱帯木材協定:〔採択〕1983.11.18.(ジュネーヴ)〔発効〕1985.4.1.(暫定)
29条 585
国際連合憲章:〔採択〕1945.6.26.(サンフランシスコ)〔発効〕1945.10.24. 182,197,498,500-502,511,520,522,529,534-541,545-547,550,600,687
1条1項 521,533、2条2項 530、2条4項 509,517,519,525,528,529,531-533,538-540,681、2条6項 386,550、2条7項 521、2条7項但書 532、5条 492、6条 492、11条 499,515、11条2項但書 515、13条1項 198、13条1項a 88,283、14条 499,515、17条 492、22条 515、24条 508、25条 531、27条 528、27条3項 501、29条 499,506、39条

502,504,505,515,535,537、40条 502,505、41条 502,504,505,507,537、42条 504,505,507、42条～48条 507、43条 38,504,506、48条 506,507、47条 504,506、51条 502,505,507,509,519,524,529,531、53条 524,548、98条 499、102条 23、103条 525,530,531,549、第6章 491,497、第7章 388,490,491,497,499,**502**,516,519,521,524,527,528,531-534,538,605,611、第8章 519,524,542
国際連盟規約:〔採択〕1919.6.28.(ヴェルサイユ)〔発効〕1920.1.20. 197
12条1項 533、15条7項 533,534、20条 531、22条 515
国籍法の抵触に関する条約(ハーグ条約):〔採択〕1930.4.12.(ハーグ) 1937.7.1. 77,91,93
1条 88、5条 88、20条 90
国連海洋法条約:〔採択〕1982.4.30.(第三次国連海洋法会議)〔発効〕1994.11.16. 8,242,246,**248**,296,424,481,485,550,557,649,654,657-659
56条 648、60条 649,651、60条1項 651,653、60条1項・2項 648、60条2項 654,655、60条3項 649,651、60条4項 656、60条4項～7項 649、60条5項 656、60条7項 651、60条8項 652、65条 445、80条 649、87条 649、94条3項a 371,404、136条 264,387、136条～ 263、137条 249、139条1項・2項 423、157条 264、192条 367,381,394,396、193条 385、194条2項 370,399,401,403,421,423、202条・203条 374,386、207条 393、207条～ 577、208条～212条 393、275条～277条 374,386、300条 573、308条1項 269、309条 252、310条 253、前文 252,273、第3部 261、第5部 262,272、第6部 649、第11部 249,**262**,269,270,273,278,303,372,423、第12部 393、付属書III 4条4項 423
国連海洋法条約第11部の実施に関する協定:〔採択〕1994.7.25.(ニューヨーク)〔発効〕1996.7.28. 269
国家財産等の国家承継条約:〔採択〕1983.4.7.(ウィーン)、未発効 222
国家と国際機構間または国際機構相互間の条約法に関するウィーン条約:〔採択〕1986.3.21.(ウィーン)、未発効 113,222,241
34条～ 122

〔サ行〕

暫定適用に関する議定書(GATT):〔採択〕1947.10.30. 305
ジェノサイド条約:〔採択〕1948.12.9.(国連総会)〔発効〕1951.1.12.
6条 38
死刑禁止議定書(国際人権(自由権)規約第2選択議定書):〔採択〕1989.12.15.〔発効〕1991.1.7.11.
4条 584
出身国で居住を再開する帰化市民の地位に関する全米条約:〔採択〕1906.8.13.(リオデジャネイロ) 77
ジュネーヴ海洋法4条約(領海、公海、漁業、大陸棚):〔採択〕1958.4.29.(ジュネーヴ) 91,221,228,242,246,252,261,272,277,648
ジュネーヴ条約第1追加議定書:〔採択〕1977.12.12.(ベルン)〔発効〕1978.12.7. 610
52条・55条 609、56条 609,611、56条3項 609、81条 612
ジュネーヴ捕虜条約:〔採択〕1949.8.12.(ジュネーヴ)〔発効〕1950.10.21. 146,164,168
66条・68条 142,145,162-165,167,168、67条 163
政治的庇護及び避難に関する条約(1939年モンテヴィデオ条約) 80
政治的庇護に関する条約(1933年モンテヴィデオ条約):〔採択〕1933.12.26. 80,88,90

絶滅の恐れのある動植物に関するワシントン条約:〔採択〕1973.3.3.(ワシントン)
〔発効〕1975.7.1. 447,455,462,561,567
戦時海軍砲撃条約:〔採択〕1907.10.18.(ハーグ)〔発効〕1910.1.26.
5条 609
船舶起因の海洋汚染の防止に関する条約(MARPOL条約):〔採択〕1973.11.2.(ロンドン) 397

〔タ行〕

対国際機構国家代表条約:〔採択〕1975.3.14.(ウィーン)、未発効 222,241
大陸棚に関する条約(大陸棚条約):〔採択〕1958.4.29.(ジュネーヴ)〔発効〕1964.6.10. 17,93,96,
105,106,221,657
1条 95、1条〜3条 92,146,147,170、2条 95、4条 93、4条〜 92、5条 93,648、6条 92-95,
277、12条 92
多角的繊維取極(MFA) 303,304
WTO紛争解決に関する了解〔採択〕1994.4.15.(マラケシュ)〔発効〕1995.1.1. 464,488,565
3条2項 463,565,566、3条7項 568、23条 489,556
地球温暖(気候変化)防止条約:〔採択〕1979.11.13.(ニューヨーク)〔発効〕1994.3.21. 379
長距離越境大気汚染に関するECE条約:〔採択〕1979.11.13.(ジュネーヴ)〔発効〕1983.3.16. 380
2条 367,381、前文5項 384
長距離越境大気汚染に関するECE条約・ソフィア議定書:〔採択〕1988.10.31.(ソフィア)
〔発効〕1991.2.14. 380
長距離越境大気汚染に関するECE条約・ヘルシンキ議定書:〔採択〕1985.7.8.
(ヘルシンキ)〔発効〕1987.9.2. 380
月協定:〔採択〕1979.12.5.(国連総会)〔発効〕1984.7.11. 310
TBT協定(スタンダード協定) 350,640
旧2条22項 446、旧14条 446、2条2項 446,625、付属書 446、付属書I 454
特別使節団条約:〔採択〕1969.12.16.(国連総会)〔発効〕1985.6.21. 222,241
トラテロルコ条約(ラテン・アメリカ核兵器禁止条約):〔採択〕1967.2.14.
(メキシコシティ)〔発効〕1969.4.25.
16条 587

〔ナ行〕

NAFTA →北米自由貿易協定
南極鉱物資源条約:〔採択〕1988.6.2.、未発効 424
8条 423
南極条約:〔採択〕1959.12.1.(ワシントン)〔発効〕1961.6.23.
前文 387、1条 681
南極生物資源保存条約:〔採択〕1980.5.20.(キャンベラ)〔発効〕1982.4.7.
22条2項 585
日米加公海漁業条約:〔採択〕1952.5.9. 82
日本国との平和条約:〔採択〕1951.9.8.(サンフランシスコ)〔発効〕1952.4.28.
19条(a) 174
農業に関する合意(GATT)

7条2項・付属書2・10項 442

〔ハ行〕

ハーグ陸戦規則:〔採択〕1907.10.18.(ハーグ)〔発効〕1910.1.26.
27条 163,609
ハーグ陸戦条約→陸戦ノ法規慣例ニ関スル条約
バーゼル条約:〔採択〕1989.3.23.(バーゼル)〔発効〕1992.5.5. 370,455,462,561,585
白燐を使用して生産されたマッチの製造および輸入の禁止に関する多数国間条約:〔採択〕1906.9.26. 444
犯罪人引渡に関するボリビア協定:〔採択〕1911.7.18. 80
庇護に関するハバナ条約:〔採択〕1928.2.20.(ハバナ) 80,88
フェロー諸島周辺の水域における漁業についての取極:〔採択〕1973.12.18.(コペンハーゲン) 81
不戦条約:〔採択〕1928.8.27.(パリ)〔発効〕1929.7.24. 117
部分的核実験停止条約:〔採択〕1963.8.5.(モスクワ)〔発効〕1963.10.10. 97,106
4条 38,106
紛争処理に関する了解(GATT、ウルグアイ・ラウンド) 581
分布範囲が排他的経済水域の内外に存在する魚類資源(ストラドリング魚類資源)及び高度回遊性魚類資源の保存及び管理に関する1982年12月10日の海洋法に関する国際連合条約の規定の実施のための協定:〔採択〕1995.8.4.〔発効〕2001.12.11. 485
米州機構憲章→OAS憲章
米州人権条約:〔採択〕1969.11.22.(サンホセ)〔発効〕1978.7.18.
45条 584
貿易関連投資措置協定(TRIM)〔採択〕1994.4.15.(マラケシュ)〔発効〕1995.1.1. 637
2条 637、3条 637
北欧環境保護条約:〔採択〕1974.2.19.(ストックホルム)〔発効〕1976.10.5. 426
北東北極海たら漁業の規則に関する協定:〔採択〕1974.3.15. 81
北米自由貿易協定(NAFTA):〔採択〕1992.12.17.〔発効〕1994.1.1. 442
104条 455,462,489,561、付属書104.1 455
補助金・相殺措置に関する協定(GATT、ウルグアイ・ラウンド)
8条2項c 441
補助金・相殺措置に関する協定(GATT、東京ラウンド)
11条1項f 441

〔マ行〕

マドリード条約:〔採択〕1880.7.3.
17条 85
南太平洋において長距離流し網を用いる漁業を禁止する条約:〔採択〕1990.12.24.(ウェリントン)〔発効〕1991.5.17.
3条2項 454
南太平洋非核地帯条約→ラロトンガ条約
無国籍削減条約:〔採択〕1961.8.30.(ニューヨーク)〔発効〕1975.12.13. 221

綿製品取極 303

〔ヤ行〕

ヤルタ協定〔採択〕1945.2.11.(公表)1946.2.11. 38
有害廃棄物のアフリカへの移動に関するバマコ条約:〔採択〕1991.1.29.(バマコ)
19条 585
輸出入の禁止制限の撤廃に関する国際条約:〔採択〕1927.、未発効 444
油濁事故の場合の公海上の介入に関する国際条約(公法条約):〔採択〕1969.11.29.
(ブラッセル)〔発効〕1975.5.6. 398
油濁損害に対する民事責任に関する国際条約(私法条約):〔採択〕1969.11.29.
(ブラッセル)〔発効〕1975.6.19. 398,409
5条・9条 400、9条 408
油濁防止条約:〔採択〕1954.5.12.(ロンドン)〔発効〕1958.7.26. 397

〔ラ行〕

LAFTA 設立に関するモンテヴィデオ条約:〔採択〕1960.2.18.(モンテヴィデオ)〔発効〕1961.6.1.
4条 38
ラロトンガ条約(南太平洋非核地帯条約):〔採択〕1985.8.6.(ラロトンガ)〔発効〕1986.12.11.
付属書4 587
陸戦ノ法規慣例ニ関スル条約(ハーグ陸戦条約):〔採択〕1907.10.18.(ハーグ)
〔発効〕1910.1.26. 275
2条 257
陸戦ノ法規慣例ニ関スル条約附属規則:〔採択〕1907.10.18.(ハーグ)〔発効〕1910.1.26.
23条 160,170、46条 160
領海条約:〔採択〕1958.4.29.(ジュネーヴ)〔発効〕1964.9.10. 221
4条3項 648、7条4項 146,170、8条648、9条648、
領事関係条約:〔採択〕1963.4.24.(ウィーン)〔発効〕1967.3.19. 104,222

(2)二国間条約

〔ア行〕

アメリカ=エクアドル間帰化条約:1872.5.6. 101
アメリカ=ベルギー間帰化条約:1868.11.16. 101
アメリカ=モロッコ間条約:1787. 514
アメリカ=モロッコ間平和友好条約:1836.9.16. 86
20条 514
アラスカ購入条約:1867.3.30.(ロシア-米国) 346
ESA = 米国間政府協定:1973.8.14. 338
石井・ランシング協定:1917.11.2. 22
イタリア=スイス間民事・商事判決の承認執行に関する条約:1933.1.3. 430
イラク=フランス間原子力協力協定:1975.11.18. 607

宇宙開発に関する日本国とアメリカ合衆国との間の協力に関する交換公文:1969.7.31. 310
英国=アイスランド交換公文:1961.3.11. 473

〔カ行〕
国境区域の環境保護・改善のための協力に関する米墨間協定:1983.8.14. 455
キャンプ・デーヴィッド協定:1978.9.17. 39

〔サ行〕
SALT-I 暫定協定:1972.5.26.
5条 682
新パナマ運河条約:1977.9.7. 108,110

〔タ行〕
WHO とエジプトの間の 1951 年協定:1951.3.25. 575,617
中国= IAEA 間保障措置協定:1988. 614
朝鮮休戦協定:1953.7.27. 536

〔ナ行〕
日米安保条約:1960.1.19. 687
日米間の科学技術研究開発協力協定:1980.5.1.
3条 326,327,338
日米地位協定:1960.1.19.
17条 323
日米犯罪人引渡条約:1886.4.29.
4条 74
日米半導体協定:1986.9.2. 580
日ソ共同宣言:1956.10.19. 174,175
日ソ北西大西洋公海漁業条約:1956.5.14. 82
日中原子力協定:1985.7.31. 614
日本= IAEA 間保障措置協定:1977.3.4. 602

〔ハ行〕
パナマ運河中立条約:1977.9.7. 108,109
2条 109,110、3条 109
パナマ運河に関する英米条約(ヘイ=ポーンスフォート条約):1901.11.18. 83,108-110,122
米加間の国境環境保護条約 455
米国= ESA 間スペースラブ協定:1973.
11条 692
米国=旧ソ連間 ABM 条約:1972.5.26.
12条 682
米国=パナマ間条約(ヘイ=ブナウ=ヴァリア条約):1903.11.18. 83,109,110
米ソ中部大西洋公海漁業協定:1967.11.25. 82

米ソ北東太平洋漁業協定:1967.2.13. 82

〔マ行〕

モロッコ=イギリス通商条約:1856.12.9. 86
モロッコ=スペイン間条約:1861.11.20. 86

(3)国連決議・その他の文書

〔ア行〕

アジェンダ21(1992.6.14.) 630
ASEAN設立に関するバンコク宣言(1967.8.8.) 39
安全保障理事会決議
82号(1950.6.25.) 535
83号(1950.6.27.) 535
84号(1950,7,7.) 535
276号(1970.) 510
457号(1979.11.25.) 537
461号(1979.12.31.) 537
487号(1981.6.19.) 608
502号(1982.4.3.) 538
505号(1982.5.26.) 538
660号(1990.8.2.) 502,503,608
661号(1990.8.6.) 502
665号(1990.8.25.) 502
666号(1991.9.13.) 609
678号(1990.11.29.) 503,507,508,526,608
687号(1991.4.3.) 606,609
699号(1991.6.17.) 606
707号(1991.8.15.) 606
715号(1991.10.11.) 606
743号(1992.2.21) 503
748号(1992.3.31) 531
777号(1992.9.18.) 548
807号(1993.2.19.) 503
814号(1993.3.26.) 504
816号(1993.3.31.) 503
836号(1993.6.4.) 504
908号(1994.3.31.) 504
929号(1994.6.22.) 504
940号(1994.7.31.) 504
958号(1994.11.19.) 504

1154 号(1998.3.2.) 526
1160 号(1998.3.31.) 527,539,543
1199 号(1998.9.23.) 527,539
1203 号(1998.10.24.) 527
1244 号(1999.6.10.) 521,544
一般特恵スキーム(UNCTAD) (1971.) 39
越境汚染に関する勧告(OECD) 426
NPT 再検討会議最終宣言(1985.) 611
OECD 資本自由化規約(資本自由化コード) (1961.12.12.) 373
16 条・17 条 581
汚染者負担原則実施勧告(OECD) (1974.11.14.) 441,453

〔カ行〕

外交伝書使・外交封印袋に関する条文草案 222,242
環境政策における経済的手段の利用に関する OECD 理事会勧告(1991.) 622
環境と開発に関するリオ宣言(1992.6.14.)
第 2 原則 421、第 11 原則 427、第12原則 433、第15原則 362、第16原則 441,453,642
北朝鮮に関する IAEA 理事会決議(1993.4.) 606
恒久有人宇宙基地の詳細な定義及び予備的設計に関する協力プログラムのための日本科学技術庁と合衆国航空宇宙局との間の了解覚書(1985.5.19.) 328
前文・1 条・2 条・3 条・4 条・5 条・9 条・12 条・14 条 326、前文 2 項 327、4 条・5 条・7 条・9 条・10 条 329、15 条 327
国際海底機構準備委員会宣言(1985.8.30.)
前文・1 項・2 項・3 項・4 項・7 項・8 項 249
国際法委員会規程(第 2 回国連総会 174 条決議) (1947.11.21.) 198
1 条 2 項 218、1 条・5 条 89、2 条 198,213、8 条 198、15 条 145,169,218,228、16 条 199,239、16 条 7 項 240、16 条・17 条 225、18 条 198、18 条 1 項 218、18 ～ 24 条 224、23 条 1 項 231、23 条 1 項 a 231、23 条 1 項 b 231,232、23 条 1 項 c・d 232、23 条 2 項 232、24 条 228
国際法委員会の法典化作業に関連する国際法の概観(1948.) 214,219,237
国際貿易機関(ITO) 憲章(ハバナ憲章) (1948.3.24.) 289,305
国際法によって禁止されていない行為から生じる有害な結果に対する国際責任に関する条文草案(1989.) 223,241,419
1 条 419,420、3 条・4 条 420
国際法の概観(1971.) 215,224,237
国連総会決議
第 2 回 174 号決議(ILC 設置、委員会規程採択) (1947.11.21.) 198,213,214
第 7 回 711 号決議(1953.8.28.) 536
第 21 回 2205 号決議(UNCITRAL 設立) (1966.12.17.) 211
第 34 回 150 号決議(1979.12.17.) 289,291
第 41 回 66 号決議(1986.12.3.) 335
第 47 回 1 号決議(1992.9.22.) 549

第48回263号決議（1994.7.28.） 269
国家・固有財産の裁判権免除に関する条文草案 222,244
国家責任条文草案 223,225,241,594
旧19条 230、旧19条2項 387、旧19条3項 388、19条 542、48条2項 480、50条・53条 542、第2部 479
国家の経済的権利義務憲章（経済憲章）（第29回国連総会決議3281号）（1974.12.12.） 6,22,284,**287**
1条・2条 384、2条2項 37,288、2条2項c 41,289

〔サ行〕

最恵国条項に関する条文草案 113,222,233,241
7条・8条 122、23条・24条・30条 290
G-8外相会議議長声明（1999.5.6.） 544
事故による汚染に対する汚染者負担原則の適用勧告（OECD）（1989.）
14項 453
自然人の国籍の国家承継に関する条文草案 223
資本自由化コード 373
条約の留保に関するガイドライン草案 223
深海底原則宣言（第25回国連総会2749号決議）（1970.12.17.） 249,263
深海底資源先行投資に関する海洋法会議決議（1982.4.30.） 264
新国際経済秩序行動計画 284
新国際経済秩序樹立宣言（第6回国連特別総会3201号決議）（1974.5.1.） 22,224,284
人類の平和と安全に対する罪に関する綱領草案 223
ストックホルム人間環境宣言（1972.6.16.） 39,368,370,384,399,407,421-424,427,428,432
スペース・ラブに関する了解覚書 327
世界人権宣言（第3回国連総会217A号決議）（1948.12.10.） 26

〔タ行〕

大規模遠洋流し網漁業に関する決議（第46回国連総会215号決議）（1991.12.20.） 454
多国籍企業に関する行動綱領案 39
多国籍企業のガイドライン（1976.） 39
多数国間条約形成過程の再検討・最終文書（1984.9.） 201,203,208,239,240,245,306
I項1b 241
地球気候変化に関するUNEP決議（1989.5.24.）
11項e 386
仲裁手続に関するモデル規則（1958.） 204,222,228,232
天然資源に対する恒久的主権宣言（第17回国連総会1803号決議）（1962.12.14.） 384
4項 41
天然資源に対する恒久的主権宣言（第28回国連総会3171号決議）（1973.12.17.）
12項 41

〔ナ行〕

NASA = ESA 間の了解覚書 327,339
日本= ESA 間了解覚書(1985.6.3.) 338
日本=カナダ間了解覚書(1985.4.16.) 338

〔ハ行〕

プンタ・デル・エステ宣言(GATT) (1986.9.20.) 296
米国大統領一般教書(1984.1.25.) 309,325
平和に対する罪の法典草案 230,244
ヘルシンキ会議最終議定書(ヨーロッパにおける安全と協力に関する会議の最終議定書) (1975.6.23.) 39

〔ヤ行〕

友好関係原則宣言(第 25 回国連総会 2625 号決議) (1970.10.24.) 224,384,551

〔ラ行〕

リマ宣言(UNIDO 第 2 総会) (1975.3.26.) 287,288

著者
村瀬 信也(むらせ しんや)

1943年　愛知県名古屋市に出生
1967年　国際基督教大学卒業
1972年　東京大学大学院法学政治学研究科修了（法学博士）
　　　　立教大学法学部専任講師を経て、
1974年　同学部助教授、ハーバード・ロー・スクール客員研究員（1976年まで）
1980年　国際連合本部事務局法務部法典化課法務担当官（1982年まで）
1982年　立教大学法学部教授（1993年まで）
1993年　上智大学法学部教授（現在に至る）
1995年　コロンビア・ロー・スクール客員教授、ハーグ国際法アカデミー講師
1998年　アジア開発銀行行政裁判所裁判官（現在に至る）

主要著作　『国際法の経済的基礎』(有斐閣、2001年) ほか。

専　　攻　国際法、国際環境法

International Lawmaking: Sources of International Law

国際立法——国際法の法源論

2002年5月20日　　初　版第1刷発行　　〔検印省略〕

＊定価はケースに表示してあります

著者 © 村瀬信也／発行者 下田勝司　　印刷・製本　中央精版印刷

東京都文京区向丘1-20-6　郵便振替00110-6-37828
〒113-0023　TEL (03) 3818-5521(代)　FAX (03) 3818-5514
E-MAIL:tk203444@fsinet.or.jp

発行所　株式会社　東信堂

Published by TOSHINDO PUBLISHING CO., LTD.
1-20-6, Mukougaoka, Bunkyo-ku, Tokyo, 113-0023, Japan

ISBN4-88713-436-3　C3032　¥6800E